天津市智库成果选编

天津市社会科学界联合会◎编

天津出版传媒集团

天津人民出版社

图书在版编目（ＣＩＰ）数据

天津市智库成果选编 / 天津市社会科学界联合会编
. -- 天津 : 天津人民出版社, 2024.1
（天津社科应用文库）
ISBN 978-7-201-20203-7

Ⅰ.①天… Ⅱ.①天… Ⅲ.①社会科学—文集 Ⅳ.
①C53

中国国家版本馆 CIP 数据核字(2024)第 043138 号

天津市智库成果选编
TIANJINSHI ZHIKU CHENGGUO XUANBIAN

出　　版	天津人民出版社	
出 版 人	刘锦泉	
地　　址	天津市和平区西康路35号康岳大厦	
邮政编码	300051	
邮购电话	（022）23332469	
电子信箱	reader@tjrmcbs.com	

责任编辑	郑　玥
特约编辑	王佳欢　林　雨　佐　拉　郭雨莹　武建臣
美术编辑	李晶晶

印　　刷	天津新华印务有限公司
经　　销	新华书店
开　　本	710毫米×1000毫米 1/16
印　　张	47.75
插　　页	2
字　　数	600千字
版次印次	2024年1月第1版　2024年1月第1次印刷
定　　价	239.00元

前　言

2021—2023 年,在中共天津市委宣传部的领导下,天津市社会科学界联合会坚持以习近平新时代中国特色社会主义思想为指导,组织带领全市广大社科工作者,认真学习贯彻习近平总书记关于建设中国特色新型智库的重要讲话、指示批示精神和对天津工作"三个着力"重要要求,学习贯彻党的十九大、二十大精神和市第十一次、十二次党代会精神,贯彻落实中央和市委关于建设中国特色新型智库的文件精神,紧密结合天津实际,加强理论和实践研究,深入开展天津市社科界"千名学者服务基层"大调研系列活动,积极推动社科界智库工作发展,努力在咨政建言、理论创新、舆论引导、社会服务、公共外事等方面发挥应有的作用。

三年来,全市广大社科专家学者聚焦高质量发展、高水平改革开放、高效能治理、高品质生活的社会主义现代化建设和"十项行动",围绕京津冀协同发展、脱贫攻坚、全面建成小康社会、"一基地三区"建设、滨海新区开发开放、乡村振兴、疫情防控、智能制造、自贸区建设、数字经济等重点工作,扎实推进智库与实际部门对接服务,深入实践、深入基层、深入群众,开展调查研究,积极咨政建言,不断推进智库建设走深走实。

为全面反映三年来天津社科界智库工作发展新探索、新进展、新成效,天津市社会科学界联合会组织编写了《天津社科应用文库——天津市智库成果选编》一书。全书包括"智库发展报告""实践案例选编""'千名学者服务基层'大调研成果选编""社科界咨政要报精选"的部分成果等。以期在发现和培养人才、引领社科应用研究方面发挥积极作用,团结带领全市社科工作者建功新时代、奋进新征程,为推动京津冀协同发展战略走深走实、全面推进天津社会主义现代化大都市建设提供理论支撑和智力支持。

本书编委会

2023 年 10 月

目　录

智库发展报告

天津市智库发展年度报告(2021—2023)
——天津市社科类智库现状与发展对策 ······················ （003）

实践案例选编

自由贸易试验区的进取与挑战
——天津自由贸易试验区融资租赁产业发展与制度创新的样本
··· （027）
着力提升产业链供应链韧性和安全水平
——天津滨海新区"主导产业＋主题园区"模式培育壮大生物
医药产业链的实践探索 ································· （043）
从"闯新"到"创新"
——天津市滨海新区法定机构改革的推进之路 ··········· （060）

党建引领 共同缔造
　　——天津市滨海新区推动市域社会治理效能提升的实践与思考
…………………………………………………………………（077）

港产城融合发展的天津实践
　　——由滨海新区到"美丽滨城"的转型之路 …………………（090）

天津市社科界"千名学者服务基层"大调研成果选编

推动天津自贸区在京津冀协同创新中建立自贸试验区联合新片区的
　　对策研究 ………………………………………………………（113）
推动我市未来产业发展的几点建议 ……………………………（123）
推动天津深度融入共建"一带一路"的建议 ……………………（131）
"双循环"格局下天津面向东北亚发展的对策建议 ……………（140）
推进滨海新区打造社会主义现代化建设先行区的对策建议 ………（150）
发挥滨海新区优势推进高质量发展的建议 ……………………（158）
抢抓 RCEP 机遇利用"单一窗口"促进产业集聚的对策研究 ……（167）
助推天津高质量技术迭代和升级的金融创新示范区建设研究 ……（174）
天津市科技创新人才引育用的现状与对策研究 ………………（182）
推进新时代天津市高校思政课教学高质量发展的对策研究 ……（190）
世界职业院校技能大赛创新与发展研究 ………………………（198）
提升我市中职老年服务与管理专业学生职业道德素养研究 ………（205）
"再本土化"视域下高校归国留学人员统战机制创新策略研究 ……（214）
天津市产业工人队伍思想教育工作研究 ………………………（222）
天津"设计之都"艺术创新人才培养研究 ………………………（239）

基于产业结构穿透式分析的税收竞争力研究

　　——以天津市制造业为例 ………………………………………（247）

外需不足情境下天津制造企业发展活力再激发的对策研究 ………（256）

加快天津市战略性新兴产业高质量发展对策研究 ………………（262）

加快推进能源“双碳”落地　助力绿色低碳发展行动研究 …………（271）

加强天津市景观河道水岸安全管理的建议 ………………………（279）

推动人才返乡入农　助力全面乡村振兴的思考 …………………（287）

发展天津市新型农村集体经济的对策建议 ………………………（301）

精细点状化供用地破解文旅项目用地难研究 ……………………（308）

天津市大运河乡土文化挖掘利用研究 ……………………………（315）

天津打造能源先锋城市研究

　　——双碳技术选择视角 …………………………………………（323）

天津市石化化工行业绿色低碳转型发展策略研究 ………………（330）

数字化转型助力天津经济高质量发展对策研究 …………………（338）

进一步提升天津市医疗服务水平　全面推进高品质生活创造行动的

　　建议 ……………………………………………………………（345）

加快推进医疗器械行业改革　破解部分高端医疗器械进口依赖困境的

　　建议 ……………………………………………………………（353）

加快推进天津市更高水平的全民健身公共服务体系建设　打造人民群众

　　高品质生活的有效途径研究 …………………………………（362）

地方政治生态评价体系的建构及优化对策研究 …………………（372）

天津构筑市场化、法治化、国际化营商环境研究 …………………（387）

推进基层理论宣讲分众化、全覆盖的对策研究

　　——以红桥区“小院讲堂”特色品牌为例 ……………………（395）

互联网新技术立法滞后问题对策研究 ……………………………（404）

数据资产交易规范研究 ……………………………………………（412）

社科界咨政成果精选

2021年

抢抓服务业扩大开放综合试点重大机遇 加快建设区域商贸中心城市

………………………………………………………………（423）

以"链长制"推进我市构建新发展格局的五大着力点 ………（429）

进一步繁荣我市夜间经济的对策建议 ………………………（435）

"双城"格局下滨海新区加快经济高质量发展的思考 ………（440）

加快我市数字经济发展的对策建议 …………………………（444）

进一步推动我市会展经济发展的对策建议 …………………（449）

保障和改善我市群众生活用水的对策建议 …………………（454）

接续发挥天津力量 推动东西部协作再升级 ………………（459）

2022年

关于优化我市养老服务市场的对策建议 ……………………（464）

深化"你好,天津"网络短视频大赛 推动天津城市形象传播能力提升

………………………………………………………………（468）

加快天津跨境电商发展的对策建议 …………………………（471）

关于在社区治理中提升社区党组织引领物业管理能力的对策建议 …（475）

进一步发挥世界智能大会资源集聚效应提升辐射能力的对策与

建议 ……………………………………………………（479）

抢抓"东数西算"政策窗口期 加快发展我市大数据产业 …（482）

以创新思维讲好天津新故事的建议 …………………………（486）

治理学习类 APP 乱象的建议 ………………………………（490）

加快我市河湖生态水量保障工作的对策建议 …………………………（493）

加快废旧物资循环利用体系建设的建议 ………………………………（497）

新发展格局下以创新驱动激发天津经济新动能的对策与建议 ………（501）

提高我市"专精特新"企业参与制定企业技术标准能力的策略建议

　　………………………………………………………………………（506）

加快推进商事制度改革　提升天津产业转移承载能力的建议 ………（509）

新时代高技术技能人才培养的对策建议 ………………………………（514）

天津自贸试验区抢抓 RCEP 发展机遇的对策与建议 …………………（519）

加强知识产权保护　优化蔬菜种业市场环境的建议 …………………（523）

加快推进我市高水平大学科技园建设的对策建议 ……………………（527）

社会资本参与街区商圈改造升级面临的四类难题及应对之策 ………（531）

加大引育"灯塔企业"　切实推动我市制造业立市战略的建议 ………（536）

进一步加强数字人才队伍建设的建议 …………………………………（540）

推动我市中药全产业链高质量发展的建议 ……………………………（544）

以经典汽车展示为切入点　打造天津汽车生产消费价值链的建议 ……（548）

推进我市现代农作物种业高质量发展的建议 …………………………（551）

加快培育建设国际消费中心城市的对策建议 …………………………（555）

2023 年

"数字+"赋能中心城区更新提升的路径 ………………………………（559）

发挥超大城市集聚优势　激发本地消费市场　增加第三产业比重的

　　对策建议 ……………………………………………………………（563）

加快我市新能源产业布局的建议 ………………………………………（567）

加快打造我市制造业知名品牌的对策建议 ……………………………（571）

以元宇宙为新支撑点　推进"天津制造"向"天津智造"转型升级的建议

　　………………………………………………………………………（575）

多措并举推进天津绿色低碳高质量发展的建议 …………………（580）

促进我市乡村旅游高质量发展的建议 ……………………………（584）

推动沉浸式体验型文化消费嵌入公共文化空间的建议 …………（589）

进一步优化我市营商环境 推动民营经济高质量发展的建议 ……（593）

构建航运物流生态建设组合拳 打造北方国际航运核心区升级版 …（597）

创新高校青年教师思想教育引导方式的建议 ……………………（601）

借鉴"淄博烧烤"模式繁荣我市文旅业和假日经济的对策建议 …（605）

多措并举推动我市社工站高质量发展的建议 ……………………（609）

增强沉浸式旅游体验消费 解决"客多钱少"发展困境的建议 …（613）

助推大学科技园高质量发展的对策建议 …………………………（617）

壮大我市科技中介力量 助力天开高教科创园高质量建设的建议 …（622）

活化工业文旅资源 提升高品质生活的建议 ……………………（627）

依法盘活国有性质房地产充实财政提振经济的建议 ……………（632）

推进天津乡村振兴创新实践的对策建议 …………………………（637）

优化法治营商环境 助推民营经济高质量发展的建议 …………（641）

党的二十大以来理论界关于"中国式现代化"的研究动态分析

………………………………………………………………………（645）

关于加快天津市充电基础设施网络建设的对策建议 ……………（653）

数智"黑科技"助力文博场馆"炫"起来的建议 ………………（658）

打造"北方会展之都"的五大抓手 ………………………………（663）

用好天开高教科创园布局时机 积极抢占产业新赛道的建议 ………（668）

以"土特产"引领乡村特色产业发展的建议 ……………………（673）

对天津城市文化特质的认识和建议 ………………………………（678）

顺应数字化变革趋势 大力发展平台经济 ………………………（684）

做足"天开"文化文章 推动高教科创园"四力"提升的建议 …………（688）

激活工业遗存助力中心城区更新的对策建议 ……………………（692）

打造具有"天津气质"虚拟数字人物城市 IP 形象的建议 ………… （696）

生成性人工智能 ChatGPT 应用风险及对策建议 ……………… （700）

注重实践探索 强化理论研究 推动我市志愿服务高质量发展

　　的建议 …………………………………………………… （704）

借鉴国内外科技园发展规律 促进天开园构建创新创业生态体系

　　的建议 …………………………………………………… （708）

近期天津市蓄滞洪区灾后重建的几点建议 …………………… （713）

扶持和监管并重 加快天津市大模型研发和推广应用的建议 ……… （717）

解码津门"人文经济学"推动文旅融合释放发展新动能的建议 …… （721）

促进天津市"地铁文旅"融合发展 擦亮津城文化新名片的建议 …… （725）

落实侨代会精神 助力天津市侨资企业高质量发展的对策建议 …… （729）

传播妈祖文化 弘扬妈祖精神 助力天津高质量发展的建议 ……… （733）

激活天津市文旅资源存量 助力城市更新的对策建议 …………… （737）

进一步提升天津市网格化管理和服务效能的对策建议 …………… （742）

附　件　天津智库联盟成员一览表 …………………………… （747）

后　记 ……………………………………………………… （751）

智库发展报告

天津市智库发展年度报告(2021—2023)

——天津市社科类智库现状与发展对策

天津市社会科学界联合会课题组

习近平总书记指出,建设中国特色新型智库是党中央立足党和国家事业全局作出的重要部署,要精益求精、注重科学、讲求质量,切实提高服务决策的能力水平。中国特色新型智库是智力的汇聚和研究成果的输出平台,能够为国家决策提供全面、深入、科学的治理支持。深入推进中国特色新型智库建设,着力打造一批具有重要决策影响力、社会影响力的新型智库,为国家在战略选择、创新思路等方面提供智力支持,有助于推动科学民主依法决策、推进国家治理体系和治理能力现代化、提升国家软实力,同时使中国声音、中国故事更好地走向世界,增强中国在国际上的影响力。

为更好了解我市智库联盟及新型智库建设情况,市社科联依托天津市智库联盟通过实地走访调研、访谈和开展网上问卷调查等方式,向市教委、市科技局、市科协等部门了解相关情况,对我市 140 余家智库机构进行深入调研,征求意见建议。同时,采用多种方式了解国家高端智库及国内其他省市相关智库建设情况。在此基础上,形成此研究报告。

一、加快建设中国特色新型智库的重要意义

1.习近平总书记的重要指示和中央的有关精神

党的十八大以来，习近平总书记就建设中国特色新型智库、建立健全决策咨询制度作出了一系列重要论述和指示。2014年10月，习近平总书记主持召开中央全面深化改革领导小组第六次会议时强调，要从推动科学决策、民主决策，推进国家治理体系和治理能力现代化、增强国家软实力的战略高度，把中国特色新型智库建设作为一项重大而紧迫的任务切实抓好。党的十八届三中全会审议通过的《中共中央关于全面深化改革若干重大问题的决定》明确提出"加强中国特色新型智库建设，建立健全决策咨询制度"。2015年初，中共中央办公厅、国务院办公厅印发《关于加强中国特色新型智库建设的意见》，国家民政部等九部委相继出台了《关于社会智库健康发展的若干意见》，为中国特色新型智库体系建设提供了路线图，国家高端智库建设逐步进入"快车道"。《国家"十四五"时期哲学社会科学发展规划》也明确提出，要加强中国特色新型智库建设，着力打造一批具有重要决策影响力、社会影响力、国际影响力的新型智库，为推动科学民主依法决策、推进国家治理体系和治理能力现代化、推动经济社会高质量发展、提升国家软实力提供支撑。

2.中国特色新型智库的科学内涵

中国特色新型智库是以战略问题和公共政策为主要研究对象、以服务党和政府科学民主依法决策为宗旨的非营利性研究咨询机构。新型智库具有咨政建言、理论创新、舆论引导、社会服务、公共外交等重要功能，是智力的汇聚和研究成果的输出平台，能够为国家和地方决策提供全面、深入、科学的智力支持。在面对复杂多变的国内外形势和问题时，新型智库能够通过专业的研究、政策分析和咨询建议等方式，为决策者提供准确的信息和科学的建议，提高决策的科学性和针对性，从而更好引领和推动高质量发展。

3.中国特色新型智库的重要定位

中国特色新型智库是党和政府科学民主依法决策的重要支撑,是国家治理体系和治理能力现代化的重要内容,也是国家软实力的重要组成部分。当今世界正处于变乱交织、新旧格局加速转换的历史关头,百年未有之大变局加速演进,要求我们密切跟踪世界发展大势,准确把握时代发展潮流,在立足深入开展国内和区域研究的基础上,加强国际问题研究和中外关系研究,建立高水平的复合型智库。深入研讨并持续加强中国特色新型智库建设,有助于为推进中国式现代化争取良好的外部环境,通过跨学科交流合作,推动前瞻性战略性研究和探索,为国家发展提供创新思路、战略选择和高质量的智力支持;也有助于为推动构建安危与共的人类命运共同体、构建均衡稳定的新型国际关系和国际秩序提供强有力的舆论支撑。

基于以上重要意义,围绕推动全市社科类新型智库和天津智库联盟工作实际,以及 2021—2023 年天津智库工作,深入开展调查研究,不仅有利于进一步提高认识和站位,而且有利于提升工作质量,推进新型智库建设、天津智库联盟工作,服务天津市高端智库遴选和建设走深走实。

二、研究方法

(一)开展调查研究

近年来,对天津的几十家智库机构进行实地调研,同时采取多种方式对全国各省市重点智库建设情况进行系统了解,有关情况如下:

1.全国性调研情况

2021 年以来,通过电话咨询、资料查对等办法,对国家高端智库情况进行了初步了解。截至目前,通过多批确定国家高端智库试点单位 29 家,国家高端智库培育单位 16 家,合计 45 家。通过赴北京、上海、河北、江苏、福建、吉林、山东、重庆、海南等地走访调研,其他省区市采取电话沟通、资料收集等办法,对全国各省区市及港澳台地区智库建设情况进行了解,着重了解各地推进高端(重点)智库建设、制定相关政策等情况,形成了调研报告。2023 年,在中南财经政法大学,调研了高校智库发展与治理问题;在长春,与吉林省委宣传部及省社科院有关部门负责同志交流吉林智库建设情况,与国家高端智库培育单位吉林大学东北及东北亚研究院负责同志交流研讨了新型智库建设情况,以及就国家高端智库建设关键环节等问题进行沟通。

2.天津实地调研

为全面了解我市不同种类智库的建设情况,2021 年以来,通过走访座谈、交流研讨、线上沟通等方式,深入南开大学、天津大学、天津师范大学、天津财经大学、天津外国语大学、天津商业大学等高校,以及国家海洋信息中心、天津社会科学院、天津市科学技术发展战略研究院等,累计开展各类调研 30 多次,涉及智库机构 80 余个。2023 年,多次深入国家海洋信息中心,实地调研国家海洋战略智库建设和贡献情况,以及通过自然资源部等申报国家高端智库情况,就建设天津重点智库、加入天津智库联盟等工作进行了沟通交流。在天津市科学技术发展战略研究院,与研究院负责同志等座谈交流,了解研究院发展情况,共同探讨下一步发展思路和服务研究院发展的有关措施等。在市委宣传部有关部门负责同志带领下,调研天津商业大学、天津外国语大学、天津科技大学等单位智库建设情况,进行工作交流,就如何做好智库工作与各智库机构进行沟通交流、宣讲。在天津师范大学国家治理研究院,了解新型智库建设发展情况以及存在的问题。深入实践,与天津大学中国传统村落与建筑文化传承协同创新中心等多家智库进行交流调研。

3.智库情况填报

2022 年、2023 年两次推进智库信息系统填报,收到了良好的效果,对全市智库机构有了较为深入的了解。2022 年,对 107 家智库进行了填报,较为系统地了解了全市社科类智库建设的相关情况。同时,侧重要求各单位推荐重点智库,通过比较和遴选,共挑选 45 家重点智库,形成有关情况报告,通过市委宣传部审定后报中宣部。2023 年 3 月初，在 2022 年系统填报基础上，为核定天津智库联盟成员智库，推进智库工作，编纂智库发展报告，向市委党校、社科院、各高校、科研院所，以及社会独立智库等发出通知，进一步了解社科界智库建设情况，包括智库机构基本情况，各智库在咨政建言、理论创新、舆论引导、社会服务、公共外事等方面发挥的作用、取得的业绩，对 2021—2023 年各智库工作情况进行系统了解，共有近 150 家智库进行了填报。同时，还对天津智库联盟组织架构等事宜征求了意见。在各智库积极申报，主管单位初步筛选的基础上，组织集中分析遴选，多次召开会议研究商议，最终核定天津智库联盟成员智库 141 家，核定智库联盟议事会成员单位 38 家。

4.调研全市高校智库和科技智库情况

2021 年以来，多次与市教委、市科技局等沟通交流，了解相关情况。2023 年 5 月，为详细了解天津市新型智库建设情况，与市教委、市科技局有关部门沟通交流全市高校智库建设情况和智库研究中心建设情况。截至目前，市教委确定的天津市高校智库 48 家，高校培育智库 11 家；市科技局确定的科技型智库 15 家。同月，市科技局组织南开大学、天津大学、天津工业大学、天津科技大学、天津理工大学、天津科技战略研究院、天津市生态环境科学研究院、天津国际生物医药联合研究院等 15 个科技型智库，走进天开高校科创园，并进行座谈交流，研讨下一步科技型智库发展思路。

（二）开展问卷调研

2023 年 6 月中旬，面向天津智库联盟，开展《天津智库联盟建设基本情况》的问卷调查，在智库建设基本情况、人才团队情况、存在问题和发展意见建议等方面，设计 30 个问题，通过"问卷星"的形式开展调查研究。共 112 人填写，填写人的身份有智库负责人、研究员、工作人员等，其中研究人员数量最多，为 57 人，所占比例为 50.9%。

1.智库的基本情况

调查问卷中,智库所属单位类型有党政机关、社科院、党校行政学院高校、科研院所、企业、民办非企业单位社会组织(学会协会)等,其中问卷填写人来自党校行政学院高校和科研院所数量最多,分别为73所、18所,所占比例分别为65.2%、16.1%,来自企业、党政机关数量最少,数量分别为3所、2所,所占比例分别为2.7%、1.8%。从问卷情况看,大部分智库成立时间都较长,5年以上所占比例为65.2%,其中10年以上的占比达到38.4%,成立时间在1年之内的新智库所占比例仅为5.4%。

2.资金保障情况

智库的经费来源主要是财政拨付和自筹经费,所占比例分别为44.6%和45.5%,很少部分是通过社会捐赠和其他渠道获得。2022年,智库经费规模在50万元以下所占比例最多,大约占到72%,投资经费过百万元的占比为17.9%。其中,承接非政府部门以及企业决策咨询研究项目经费占所有经费比重在10%以下所占比例最多,为47.3%,其次是比重为10%~30%所占的比例,为28.6%,比重超过50%所占比例仅为12.5%。

3.人才团队情况

截至2023年5月底,各智库专职人员数量在1~10人的所占比例最大,为52.7%,数量在31~50人之间的所占比例最小,为15.2%。其中,专职人员中副高级职称人数比例超过30%的智库所占比例很大,接近80%。但是大部分专职人员并没有跨部门工作的经历,仅有很少的专职人员有跨部门工作的经历。调研发现各智库专职研究人员拥有海外学习工作经历的人数不多,大部分在10人以下。截至2023年5月底,各智库中兼职人员数量在1~5人的所占比例最大为57.1%,6~10人的所占比例为22.3%,也有一些智库其兼职人员数量超过50人,所占比例为6.3%。截至2023年4月底,所有兼职人员中副高级职称人数比例在10%以下的和在50%以上的智库所占比例接近,分别为36.6%和32.1%。

4.项目成果情况

2022年度,各智库单位的课题来源主要是外部政府部门、上级部门安排以及内部自主选题,占比分别为36.6%、26.8%、25.9%,仅有4.5%来自外部企业。各智库单位承担外部项目的方式主要是直接委托和公开招标,占比分别为53.6%和30.4%。各智库单位承担的项目级别为省部级和厅局级的占比较多,分别为41.1%、42.9%,国家级的项目偏少,占比为12.5%。问卷调研还了解到,2022年各智库单位承担课题的经费规模在10万元以下的占比最多,为47.3%,其次是经费规模为10万元~30万元的,占比为29.5%,经费规模超过50万元的智库占比较少。各智库承担的课题项目其转化渠道主要是论文发表、内参报送领导以及委托方直接采用。

2022年,各智库以单位名义报送内参、公开发表论文及专著的数量大部分为1~5篇,占比为50%,数量超过11篇的总体占比约为35%。各智库其成果主要发布平台为咨政内参、官方网站、公开报刊媒体和专家专著出版。近三年,各智库单位报送咨政成果数量集中在1~5篇,报送数量在6~10篇和20篇以上的占比也较多。报送后被副市(省部)级以上领导批示的数量在1~5篇的智库占比最多为54.5%,也有部分智库报送成果后,没有得到领导批示。近三年,研究成果被厅局级以上单位采用和奖励数量都是在1~5项的智库占比最多,分别为58.0%、58.9%。

5.交流合作情况

近三年,智库机构举办面向天津市内外的专业性会议论坛数量在1~5次的占比为51.8%,超过10次的总体占比为13%左右,没有举办的所占比例为23.2%。近三年,组织天津市外调研以及交流活动(不含天津市内调研交流)次数在1~3次、4~6次的智库占比居多,分别为32.1%、27.7%,15次以上的占比为14.3%。近三年,智库组织过境外调研1~3次的所占比例为24.1%,此外也有少部分智库组织过4~10次。2022年度与其他单位联合承担决策咨询研究课题1~3次的智库占比最大,为54.5%,也有少部分智库进行过11次以上的联合咨政,总占比为 2.7%。

三、智库建设基本状况

通过调研发现,我市智库机构数量和规模在逐步增加,智库类型也呈现逐步丰富的发展态势,优势智库资源相对集中,上述特点较为突出。

(一)智库数量和规模稳步增加

1.我市各类新型智库的数量增加

近年来,随着党和国家对智库建设的重视,我市各类新型智库的数量不断增加。目前,在中国智库索引天津版(CTTI-TJ)数据库中收录的天津智库机构有 160 余家,其中主动申请加入天津智库联盟的智库机构近 150 家,核定141 家。截至 2022 年,入选 CTTI 来源智库的累计达 76 家。就其智库机构数量来说,南开大学、天津大学、天津师范大学和天津财经大学所属智库机构数量较多,达 10 家以上。

2.我市智库分布及人员情况

我市智库机构主要分布在高校,天津市丰富的高校资源为天津智库建设提供了强大的人力资源和专业支持。从天津智库联盟 141 家成员智库情况看,来自南开大学、天津大学、天津师范大学等 19 个高校的智库机构共 112家,占 79%。国家海洋信息中心、市委党校、天津社会科学院、教科院、其他科研院所、社会独立智库等 29 家,占 21%。从人员总量来说,CTTI-TJ 数据库共收录 1500 多位智库专家学者,分布在经济学、管理学、教育学等 10 余个学科。从各智库的科研人员规模来看,国家海洋信息中心科研人员数量最多,全职人员 400 余人,其中具有高级专业技术职称的人员 197 人;天津社会科学院专业研究人员 184 人,也是相对较多的。

3.我市智库成立年限情况

从智库成立年限来看,2000 年以前成立的智库数量较少,主要有国家海洋信息中心、天津社会科学院、天津市经济发展研究院、南开大学日本研究中心、天津市科学技术发展战略研究院等,这些智库是天津市较早成立的一批智库。天津社会科学院成立于 1979 年 3 月,是我市规模较大的综合型哲学社会科学研究机构,现已有 15 个研究所,6 个职能部门,7 个智库研究中心。2000—2010 年间智库建设数量逐渐增多,主要有南开大学政治经济学研究中心、天津大学中国文化遗产保护国际研究中心、天津财经大学公共经济与公共管理研究中心、天津科技大学能源环境与绿色发展研究中心等。

2010 年以后新成立的智库数量最多,如中国新一代人工智能发展战略研究院、南开大学京津冀协同发展研究院、天津大学生物安全战略研究中心、天津大学亚太经合组织可持续能源中心、天津社会科学院东北亚研究中心、中共天津市委党校创新型与服务型政府建设研究中心、天津师范大学国家治理研究院、天津市自由贸易区研究院、天津外国语大学"一带一路"研究院、天津城建大学城市绿色发展研究中心等,尚处于发展早期,活力较强。总体看来,我市智库发展前景广阔,智库规模、实力在稳步增强。

(二)智库类型逐渐完善

总体来看,我市智库发展势头较好,党政部门、社科院、党校行政学院、高校、军队、科研院所和企业、社会智库在推动天津经济社会发展中发挥了重要作用,在类型上逐渐完备,尤以高校智库数量最多、力量最强。依据智库研究领域的不同,大致将我市社科界智库划分为五大类。其中,经济管理领域智库数量最多,有 20 多家,其次为文化及专业特色领域智库、社会及生态领域智库,共计 20 家左右。整体看,我市新型智库发展基础较好,发展空间较大。

1.经济管理领域智库

主要由南开大学经济与社会发展研究院(京津冀协同发展研究院)、国家知识产权战略实施研究基地(天津大学)、市委党校新时代现代化经济体系建设研究中心、天津市经济发展研究院、天津滨海综合发展研究院、天津财经大学中国经济统计研究中心、天津商业大学现代服务业发展研究中心、河北工业大学企业信息化与管理创新研究中心、中国民航大学临空经济研究中心、天津乡村振兴研究院(天津农学院)等智库机构组成。各智库依托高校及有关科研单位的学科优势,聚焦国家战略、紧密结合天津市发展中心工作、密切追踪行业动态,致力于产业政策、金融政策、对外贸易政策、国际消费中心城市建设等相关经济政策的研究,为天津市高质量发展建言献策。

2.党的建设和政治领域智库

主要由天津市中国特色社会主义理论体系研究中心、市委党校新时代天津党的建设决策研究中心、市委党校新时代法治政府建设研究中心、南开大学中国政府与政策联合研究中心、天津师范大学国家治理研究院等智库机构组成。围绕新时代党的建设、党的决策、党的创新理论开展研究阐释,对当代中国重大现实问题进行理论研究,积极围绕政府改革创新热点提供调研咨询服务,强化咨政研究,为党和政府科学决策提供意见和建议。

3.文化和社会领域智库

主要由天津市艺术研究所、天津师范大学乡土文化教育研究中心、天津中医药文化研究与传播中心、天津大学中国社会计算研究中心、天津市舆情研究中心(天津社会科学院)、天津师范大学风险治理与应急管理研究中心、天津法治信访研究基地(天津工业大学)、天津市教育现代化研究智库(教育科学研究院)、天津医科大学突发公共卫生事件应急研究中心、天津职业技术师范大学职业教育教师研究院等智库机构组成。研究领域涉及乡土文化、中医药文化、非物质文化遗产、艺术设计、教育医疗、社会治理等多个方面,各个智库之间研究的重点突出、特色鲜明,在文化传播与社会治理等方面发挥了重要作用,具有较强的专业性、针对性,社会效益比较突出。

4.生态和城市发展领域智库

主要由国家海洋信息中心、天津社会科学院、南开大学循环经济与低碳发展研究中心、天津大学中国绿色发展研究院、天津市工业和信息化研究院、天津城建大学城市绿色发展研究中心、天津科技大学碳中和研究院、天津财经大学无形资产评价协同创新中心、天津理工大学智能制造与智慧安全创新管理研究中心、天津财经大学珠江学院城乡融合发展研究中心等智库机构组成。各智库积极围绕生态环境和城市发展问题开展研究,聚焦海洋经济发展、能源环境与绿色协调发展、"双碳"、绿色发展、制造业立市、"双城"发展、天津城市建设、城乡融合发展等问题,助力天津社会主义现代化大都市建设。

5.国际化领域智库

主要由天津社会科学院东北亚区域合作研究中心、南开大学经济一体化与全球治理研究中心、南开大学日本研究中心、天津大学 APEC 可持续能源中心、天津外国语大学应急外语研究院、天津外国语大学东北亚研究中心、南开大学希腊研究中心、天津职业技术师范大学非盟研究中心等智库机构组成。国际化领域智库的研究定位比较准确、方法独特,以国际问题研究为主,研究水平普遍较高,影响力较大,在城市国际化、对外交流、公共外交、国别研究等领域发挥着独特作用。

(三)智库优势资源相对集中

我市新型智库机构中综合性智库较少,大部分是专业特色型的。从机构类别看以高校智库为主,从区域分布看基本在市区。南开大学、天津大学、中国民航大学、国家海洋信息中心等 11 家中央驻津科研单位,以及市委党校、天津社会科学院、天津师范大学、天津财经大学、天津医科大学、天津科技大学、天津外国语大学等 20 家市属院所都集中在市中心城区。此外,国家级重点实验室、工程中心 40 个,市级重点实验室、工程中心 65 个,拥有"两院"院士,"973"和"863"计划首席专家、"长江学者"特聘教授、"千人计划"入选者等一大批高端人才。智库及智库高端人才相对集中,便于进一步整合资源、做强做大。同时,随着天津滨海新区开发开放进一步深入,开发开放、新一代人工智能、自贸区建设、生物医药产业等领域的智库资源也在逐渐增多,为我市经济社会高质量发展、滨海新区开发开放等提供了智力支撑。

四、智库建设重点工作

多年来,天津市委、市政府高度重视新型智库建设,认真贯彻落实习近平总书记重要指示要求和中央部署,出台了《天津市加强新型智库建设的实施意见》等多个文件,在天津市哲学社会科学"十四五"规划中也对新型智库和智库联盟建设提出了明确要求,在市委、市政府和市委宣传部领导下,市社科联具体组织推动,在市教委、市科技局、市科协等单位和各高校、科研单位、智库机构的共同努力下,做了大量深入细致的工作,取得了明显成效,国家海洋信息中心、南开大学中国式现代化研究院、天津大学生物安全战略研究中心、天津师范大学国家治理研究院、天津市科学技术发展战略研究院等一批智库成长壮大,全市适应新时代发展要求、具有鲜明中国特色的新型智库体系框架初步形成,智库建设从无到有、力量从弱到强、服务领域从窄到宽,部门行业智库、专业特色智库、高校智库、社会智库等不断发展。

1.完善组织构架,搭建全市智库发展共建平台

2016年,天津市社会科学界联合会成立智库工作小组,着手协调推进社科界新型智库建设,在市社科联设立智库工作专家委员会,2019年调整为专门委员会,指导推动智库工作。2017年,市编办批准在市社科联设智库工作处,2019年调整为智库工作部,具体组织开展智库工作,2017年12月6日成立天津智库联盟。联盟成立近六年来,在市委宣传部的坚强领导下,市社科联积极发挥桥梁纽带、组织协调作用,团结带领一百多个智库联盟成员智库,紧紧围绕京津冀协同发展等国家战略和全市改革发展大局,扎实推进新型智库

建设,在调查研究、咨政建言、理论武装、舆论引导、信息交流、人才培训、服务中心工作等方面做了大量卓有成效的工作,为繁荣发展哲学社会科学,服务天津社会主义现代化大都市建设作出了积极贡献。

2022年以来,经过智库申报、主管单位筛选、组织集中遴选,以及会议研究商议,最终核定联盟成员智库141家。制定《天津智库联盟工作方案》,设立联盟议事会,2023年10月18日召开天津智库联盟换届会议,通过《工作方案》和联盟组织架构,选举议事会总召集人1名、召集人11名、成员26名;确定联盟秘书处,设秘书长1名、副秘书长6名。智库工作机构的建立和组织架构的完善,为全市新型智库建设提供了组织保障,搭建了发展平台。

2.积极参与"千名学者服务基层"大调研活动,加强智库人才队伍建设

2017年5月,按照市委宣传部统一部署,市社科联牵头开展天津市社科界"千名学者服务基层"大调研活动,引导广大社科工作者走出"书斋",真正把论文写在祖国大地上,用大量的调研实践锤炼了大批智库人才队伍。6年多来,大调研活动共组织各高校、科研院所等120多家社科单位和智库机构的专家学者10000多人次,开展各类调研课题1932项,形成各类调研成果5500余项,大批研究成果得到应用转化。"千名学者服务基层"活动为天津新型智库建设培育了大批骨干人才和青年学者,为服务天津经济社会发展提供了有力的人才和智力支持。大调研活动得到中宣部主要领导表扬,入选全国《宣传思想文化工作案例选编(2020)》和天津市《深学笃用 天津行动实践案例选编(2022)》,多次获得市委常委、宣传部部长等市领导表扬,全国十多个省市以多种方式与天津交流相关经验做法,各类媒体累计报道500多次。

2021年,作为全市庆祝建党100周年重点活动之一,在市委宣传部领导下,市社科联组织开展庆祝建党100周年"思想的力量——新时代党的创新理论天津实践大调研",组织106个调研团队,分成10个工作组,历时半年多,召开大小50多个会议,形成一批高质量调研成果,精选101篇汇编成《思想的力量——新时代党的创新理论天津实践》,引起广泛关注,主要成果得到

市委主要领导同志批示肯定。2022年,组织深学笃用走基层专题调研,开展天津市社科界重点应用调研课题和深化应用调研课题,以及合作调研课题,首次面向全国开展"揭榜挂帅"重要调研课题,与中央党校合作开发典型案例,累计开展各类课题146项,取得了明显成效。2023年,聚焦市委、市政府提出的高质量发展"十项行动",组织开展天津社科界"十百千"主题调研活动,共入选入围重点、应用、合作课题212项,一批研究成果得到了应用转化,进一步深化"千名学者服务基层"大调研活动,并长期坚持下去,在引领全市社科界"把论文写在祖国大地上""把学问写进群众心坎里"的过程中,把锻炼智库人才队伍建设引向深入。

3.发挥智库专业特长,打造咨政建言品牌渠道

6年来,天津智库联盟聚焦新型智库咨政建言、理论创新、舆论引导、社会服务和公共外交等重要功能,积极拓宽智库咨政渠道,提升智库咨政建言能力建设。2010年,市社科联创刊《社科界咨政要报》,截至2023年11月上旬累计报出275期。2023年以来,聚焦我市中心任务和"十项行动",结合"十百千"主题调研活动,进一步提高《要报》的针对性和时效性,共报出61期,其中42期获市级领导同志肯定批示61次。同时,与市委统战部、市委研究室、市委办公厅、市委国安办、市政府研究室等市级部门进一步加强党政智库建设,强化咨政功能,成效明显,2023年累计为上述有关部门提供咨政成果400份,其中200多份被采用,30多份采用后报送中办等中央有关部门。2023年内获得党中央主要领导和国务院领导同志批示,为多年来首次,进一步提升了《要报》渠道品牌价值。2023年7—9月,在市委宣传部领导下,市社科联组织召开座谈会,开展调查研究和征集工作,撰写《对天津城市文化特质的认识和建议》《对天津城市旅游口号征集的梳理与建议》,获得市委常委、宣传部部长的批示肯定。

4.开展交流和培训,提升智库服务中心工作能力

近年来,十分注重智库自身建设,强化交流和培训。累计组织召开系列高

端智库培训会、智库研讨会、座谈交流会等活动 50 余场,搭建智库交流平台。组织召开"中蒙俄经济走廊建设研讨会""第二届'一带一路'沿线城市智库联盟理事大会暨'一带一路'城市战略专题研讨会",联合承办中联部与市政府主办的"一带一路"国际港口城市研讨会等。2019 年,组织部分智库学者赴美国交流考察 14 天,得到分管市领导肯定。2022 年,开设"智库微课堂""智库交流营",截至目前已举办 15 期,接受培训学者超 5000 人次,深得智库学者欢迎。特别是近期举办的几期"智库交流营"活动,邀请市委研究室、市发改委、商务局、工信局、市统计局等实际部门领导聚焦"十项行动"进行专题授课,着力提升智库机构围绕中心、服务大局的能力。多年来,编纂系列《天津市智库年度报告》共 4 册,编纂《天津智库工作手册》《天津智库联盟手册》《天津智库人才名录》等智库工作资料 5 册,累计印刷 3000 余册,受到智库学者和社会普遍欢迎,为培训智库人才发挥了重要作用。

5.开展智库评价,引领智库工作整体上水平

多年来,深入开展智库机构调查研究,借鉴外地经验做法,开展智库工作顶层设计,含新型智库建设规划、工作方案等内容。2017 年 5 月,和南京大学中国智库研究与评价中心、《光明日报》智库研究与发布中心签署合作协议,共同开发"中国智库索引天津版"(CTTI—TJ),推动天津地区智库研究、评价与发布工作,通过严格的评审程序,多年来累计推动包括中共天津市委党校在内的 76 家智库入选 CTTI 来源智库,数量在全国名列前茅。2017 年 12 月组织天津智库联盟以来,持续开展天津智库机构的调研、评价、遴选工作,2023 年完成智库联盟换届,完善组织架构。市教委组织开展天津市高校智库评选工作,推动高校智库建设,市科技局组织开展天津市科技智库评选工作,推动市科技智库建设。

6.搭建合作平台,提升智库与服务社会工作质量

近年来,在"千名学者服务基层"大调研活动中,专门开设与相关实际部门、部分区共同推进的"合作项目",由合作单位提供调研选题和课题经费,由

市社科联组织遴选研究团队,累计推进完成合作项目360余项,涉及经费400多万元,推动智库机构与实务部门、各区、基层单位对接,更好服务我市经济社会高质量发展。如2021年与自贸区创新发展局开展自贸专题课题研究,并于9月推进组建京津冀自贸区智库联盟。2022—2023年,聚焦推进共同富裕、金融创新、对口支援等重点工作,与市农业农村委、市金融局、市合作交流办开展重点合作调研课题8项,以"揭榜挂帅"的方式面向全国或全市公开征集研究团队,在全国形成了较大影响。2022年以来,组织优秀智库专家团队与中央党校合作,开发天津自贸特别是融资租赁创新典型案例,2023年已进入中央党校课堂讲授,多次获得市委常委、滨海新区区委书记,市委常委、宣传部部长的批示肯定和表扬,相关案例内容在天津市委党校、滨海新区区委党校等单位讲授和推开。

7.着手天津市高端智库建设,积极申报国家高端智库

2021年以来,在市委宣传部领导下,逐步推动全市高端智库和高端培育智库工作,着手推进国家高端智库申报工作。在调研了解全国各省、区、市新型智库特别是高端智库建设情况,对本市智库进行深入了解的基础上,研究起草天津市高端智库遴选和管理办法,推动相关工作。2023年,市委宣传部牵头,市社科联配合,在以往工作基础上,多次召开专题会议,研究相关工作,推进天津市高端智库遴选工作。2021年开始,市委宣传部牵头,着手推进国家高端智库申报工作,2023年进一步升级加力。3年来,市委宣传部领导带队,多次与中宣部及有关部门负责同志沟通了解有关情况,推进有关工作。2023年3月,中宣部社科工作办有关处室负责同志一行来天津调研重点智库建设情况,走访南开大学、天津大学相关智库,召开专题座谈会,对天津新型智库建设提出意见建议。在国家自然资源部和中央外事办的支持下,国家海洋信息中心正式申报国家高端智库。2023年,市委宣传部、市社科联领导多次深入国家海洋信息中心,从多角度支持信息中心申报国家高端智库。

五、存在的短板和不足

近年来,天津新型智库建设取得了一定成绩,但通过调研,也了解到天津社科类智库建设还存在一些短板和不足。

1.智库发展顶层设计有待提升

天津智库基础工作比较扎实,重点工作也有不少创新突破,但需要进一步加大顶层设计,制定未来发展规划,在机制建设、优质资源整合、资金、人才、政策等保障方面还需进一步加大力度,需系统推进新型智库工作提质升级,建设市级高端智库,实现国家高端智库零的突破。部分智库对其发展定位、主要目标、重点任务还不够清晰,对未来的规划设计有待进一步加强。智库间的联系还不够紧密,形成合力不够,容易造成低水平的重复研究。

2.智库高端人才队伍建设有待加强

智库的发展需要人才,天津智库专职研究人员中具有副高级职称人员占比30%以上的占76%以上,有较好的基础。要想各类智库更好发挥作用,为国家战略实施和天津市中心工作提供更好更多的建议,重点需要培养或吸纳更多的智库高端人才,特别是智库所涉领域的领军人才。同时,国际化智库领军人才有待培育,以服务于天津国际知名度、影响力的提升。

3.智库评价机制建设有待改进

近年来,智库机构的激励、评估、考核等机制建设有很大进步。但部分高校智库机构仍然按照教学科研人员标准对智库研究人员进行评价,导致智库研究人员,特别是青年科研人员为智库服务的内在动力不足,有待完善。部分学者反映,大调研课题级别不明确,部分高校在学者评职称时难以纳入,影响了学者参与的积极性。同时,大多数智库的运行机制还相对传统,人员流动渠道不够畅通,以获得批示或内参采用为主要评价标准,缺乏对公众影响力等方面的综合评估,有待进一步完善。

4.形成有重要作用的研究成果和影响力有待提升

调研发现,大部分智库交流交往较少,资源整合不足,部分智库习惯于"单打独斗",有重要作用的战略性智库研究成果较少,部分课题归纳提升不够,切中国家战略和全市中心工作,具有前瞻性、可操作性、切实管用的重要成果还不够多,重要智库成果的报送渠道、成果的转化有待进一步加强,为国家战略和天津中心工作服务的能力还有待进一步提升。不少智库与政府之间的联系仍以传统的简报、汇报、请示等方式进行,近年有所改善,但仍有差距。智库的信息化程度和水平不足,对社会发展和公众舆论的影响程度有待增强。

5.经费保障有待加强

新型智库以公益性和非营利性为特征,但是智库的各项活动,比如实地调研、外出访谈、交流研讨、项目成果的输出均需费用,只有提供充足的经费,才能保障智库各项活动的正常展开,以及智库的正常建设运营。部分学者反映,经费支持较少,导致调研的地点和对象有限,无法开展外地调研。目前,我市智库建设方面内生动力、造血功能不足,所需经费仍存在保障力不足的问题,有待进一步加强。

六、进一步发展的对策建议

按照中央和市委对新型智库建设的要求,在市委宣传部领导下,根据天津智库发展现实情况,针对上述不足,2024年起,要充分发挥市社科联桥梁纽带、协调服务作用,进一步提升智库工作质量,现提出如下建议:

1.加强顶层规划设计,提升智库整体实力

要认真学习贯彻习近平总书记关于中国特色新型智库系列重要讲话和指示批示精神,学习贯彻中央和市委关于中国特色新型智库建设的文件精神,坚持党管智库原则和智库政治属性,努力在创新体制机制、整合优质资源、搭建交流平台等方面多下功夫。市社科联,特别是天津智库联盟要更好发

挥"联"的优势,团结带领全市广大智库工作者听党话跟党走,凝聚服务国家战略天津实施和天津高质量发展的强大智慧合力。在市委宣传部领导下,进一步深入调查研究,积极创造条件,加强全市智库工作的顶层设计,制定发展规划,明确智库发展指导思想、工作思路和任务目标、重点工作和保障措施等。同时,引导各智库进一步理清其发展定位、主要目标、重点任务、措施办法等。结合实际,推进相关资源整合,进一步健全智库研究的激励、评估、考核机制,加强智库人才队伍建设。突出成果导向,加强渠道建设,加强资金保障工作,多措并举,系统提升智库工作质量,提升智库整体实力和影响力。

2.做实天津智库联盟,提升智库有效支撑力

进一步完善天津智库联盟组织架构,做实联盟议事会和秘书处。借鉴先进地区经验,结合我市经济社会发展和智库资源现状,因地制宜,抓好联盟工作方案的职责落地工作,不断增强联盟在智库工作中的支撑力。借助大调研工作等,联合开展学术交流活动,加强智库与实际部门之间、各智库机构间的对接和交流合作,增强服务的针对性和有效性。进一步加强"智库交流营"、智库培训等平台载体建设,结合联盟智库资源禀赋,在京津冀协同发展、科技创新、金融服务、国家治理、海洋战略、生物安全、自贸建设、滨海新区开发开放等领域逐步打造若干重点智库集群,形成智库合力。支持有条件的联盟成员智库主办或联合主办高端智库论坛和国际智库峰会,逐步打造天津智库研讨重要品牌。把广大智库专家的积极性、主动性、创造性引导好、保护好、发挥好,真正把智库联盟建设成为智库工作者之家。推动组织向国家高端智库和智库工作先进地区交流学习,借鉴外地好的经验和做法,取长补短,优势互补。适当加强智库联盟工作宣传推介,不断扩大影响力。

3.注重智库成果质量,提升智库服务能力

中国特色新型智库以服务党和政府科学民主依法决策为宗旨,肩负着重要使命。要创新智库评价和激励机制,鼓励智库机构多出高质量成果。要组织引导更多智库学者紧贴国家战略和市委、市政府中心工作,基层实践需要,走出书

斋,直面社会,参与实践,寻找真资源,做实真学问,贴近实际、贴近生活、贴近群众,永葆旺盛的生命力。突出成果导向,特别注重咨政成果的提升和报送工作。鼓励智库学者同时在理论创新、舆论引导、社会服务、对外事务等方面提出成果,开展工作。引导智库以重大现实问题为主攻方向,深入研究制约经济社会发展的重点难点问题,在京津冀协同发展、滨海新区高质量发展、制造业高质量发展、科教兴市人才强市、港产城融合发展、中心城区更新提升、乡村振兴全面推进、绿色低碳发展、高品质生活创造、党建引领基层治理等方面深入调查研究,形成一大批具有战略性、前瞻性、操作性、切实管用的重要成果,积极建言献策,为国家战略天津实施和市委、市政府科学决策提供参考,提升服务能力。

4.强化咨政渠道建设,提升智库影响力

要加强对我市新型智库建设的规划、指导、组织和协调,出题目、交任务、压担子、提要求,增强服务意识,畅通服务渠道,努力推动优秀智库成果与相关部门对接,运用于各项决策中,推动更多成员智库真正当好市委、市政府的"思想库"和"智囊团"。聚焦新型智库咨政建言等重要功能,积极拓宽智库咨政渠道,提升智库影响力。截至目前,市社科联、社科院、市委党校、市社会主义学院,以及南开大学、天津大学、天津师范大学等都建立了各自的建言通道。同时,市委宣传部、市委统战部、市委研究室、市委办公厅、市委国安办、市政府研究室等市级部门进一步加强党政智库建设,强化咨政功能。下一步,将更加聚焦中心任务和"十项行动",结合"十百千"主题调研活动,遴选高质量调研成果和咨政成果报出,打造咨政建言品牌渠道,更好服务于京津冀协同发展等国家战略和天津社会主义现代化大都市建设,为党委和政府科学民主依法决策提供更多智力支持。

5.锤炼智库人才队伍,提升智库核心竞争力

体现智库实力的根基在人,在智库人才,智库人才的生命力在于深入扎实的调研实践。要进一步加强智库人才队伍建设,特别是鼓励加强复合型、国际化的高端智库人才队伍建设。要进一步做优天津市社科界"千名学者服务

基层"大调研活动品牌,为天津新型智库建设培育更多骨干人才和青年学者,为服务天津经济社会发展提供有力的人才和智力支持。要立足京津冀,聚焦"十项行动",引导广大社科工作者走出"书斋",深入研究制约经济社会发展的重点难点问题,积极建言献策,真正把论文写在祖国大地上,用大量的调研实践锤炼大批智库人才队伍。在推进大调研工作中,结合实际,以线上线下的形式,多组织有针对性的工作推动会、座谈交流会、对接研讨会,发放"明白纸"等方式进行协调服务。借助智库交流营、上门宣讲、专题推动、小组交流等多种方式,进一步加强咨政建议和调研报告撰写的辅导培训,助力成果提升。组织部分获得领导批示的同志给大家讲解和分享调研及成果撰写经验,邀请市级实际工作部门同志介绍情况。通过多种措施,综合提升智库学者扎根基层、服务中心工作的内生动力,提升智库的核心竞争力。

6.开展智库评价,提升智库工作内生动力

结合天津智库联盟建设,进一步加强智库单位调查研究,加强智库工作的交流引导,在智库联盟中开展评价激励工作,发挥重点智库示范作用,实行联盟成员智库动态管理,鼓励先进,鞭策落后。继续推进"中国智库索引天津版"(CTTI—TJ)和CTTI来源智库评选工作,对既有CTTI来源智库进行督促推动,逐步实行动态管理,对落后智库进行黄牌警告,条件成熟时推动末位淘汰机制。支持市教委、市科技局开展高教智库和科技智库建设,加强沟通协调,加强协同作战。在市委宣传部领导下,稳步推进我市高端智库和高端培育智库遴选、建设工作,继续推进国家高端智库申报工作,助力全市新型智库建设上水平。开展赴外地智库考察调研,积极参加全国性智库高端峰会,创造条件参访国际知名智库,鼓励智库学者在国际智库论坛上发声。学习借鉴外地好的做法经验,引导智库进一步加强自身建设,进一步凝聚智库专业特色,提升智库引导力和内生动力。

7.建设天津市高端智库,集聚申报国家高端智库突破力

在市委宣传部领导下,进一步深入调研,借鉴外地好的经验,制定《天津

市高端智库遴选办法（试行）》《天津市高端智库管理办法（试行）》。由市委宣传部牵头，制定相应政策措施，在现有工作基础上，组织开展天津市高端智库申报和遴选工作，结合京津冀协同发展等国家战略，"十项行动"和市委、市政府中心工作，遴选出天津市高端智库若干家、高端培育智库若干家。下一阶段，重点建设市高端智库，对有实力申报国家高端智库的单位作为重中之重，给予各方面支持，不断增强实力，达到国家高端智库高度和水平。同时，按照市委要求，由市委宣传部牵头，市社科联配合，继续支持有关单位申报国家高端智库，早日实现本市国家高端智库"零"的突破。

8.推动制定相关政策，提升措施保障力

借助天津市高端智库建设机遇，探索设立高端智库建设领导机构，加强组织保障。同时，加强与市教委以及各高校等科研单位协调，推广有益经验，在智库学者业绩考核、职称评聘、晋升加薪等工作中，加大应用研究的考核权重，鼓励更多的专家学者投身智库建设和咨政应用研究。继续提升智库工作质量，实现质的有效提升和量的合理增长，加大对天津市高端智库经费支持和工作保障力度。鼓励各科研单位对所属智库的经费、人才、激励等进行政策性保障，汇聚人才、多出成果。加强资金保障工作，鼓励智库开展横向合作，以多种方式开展服务，多渠道筹措智库建设所需经费，增强智库建设方面造血功能。加强新型智库与各实际部门、区对接，以交流研讨、成果发布、项目落地等方式，放大智库成果成效，提升智库工作的社会认可度和美誉度。进一步加大媒体宣传报道力度，以专题报道、案例撰写、智库建言专版专栏、专题访谈等方式，进一步提升智库工作品牌效应。加强与各兄弟省区市社科联的交流互动，开展经验分享，更好服务京津冀协同发展等国家重大战略实施和天津社会主义现代化大都市建设。

做实做好新型智库工作，提升智库工作质量，责任重大，使命光荣。下一步，要全面贯彻中央、市委的决策部署，坚定信心，锐意进取，开拓创新，扎实工作，努力推动我市智库工作再上新台阶，为更好服务京津冀协同发展等国家战略和天津高质量发展贡献智慧和力量。

实践案例选编

自由贸易试验区的进取与挑战

——天津自由贸易试验区融资租赁产业发展与制度创新的样本

中共中央党校课题组

对外开放是中国经济发展的强大驱动力。进入 21 世纪,中国在推动对外开放、发展外向型经济上,采取了有力的措施,取得了丰硕的成果。其中,2013年开始实施的"自由贸易试验区"(简称自贸试验区)战略,围绕着中央提出的"大胆试、大胆闯、自主改"的倡议,探索出多种发展道路。在这一过程中,各地自贸试验区在招商引资、产业培育、制度创新上都取得了可圈可点的成绩,有共性也有各自的特色。

党的二十大报告指出,要"推进高水平对外开放"。自贸试验区作为改革开放先行先试的主体,势必要走在前面。天津自贸试验区在飞机及大型设备的融资租赁产业发展上做出了积极的尝试,目前也面临推进更高水平对外开放的任务。我们尝试以其为例,从其发展历程中,探寻我国自贸试验区不断进行制度开放和制度创新的足迹,聚焦推进更高水平开放所面临的共同挑战。

一、概况

天津自贸试验区于 2014 年 12 月 12 日宣布成立。[①]试验区总面积为 119.9 平方公里,主要涵盖 3 个功能区:天津港东疆片区、天津机场片区以及滨海新区中心商务片区。天津自贸试验区的坐落地滨海新区,是国家综合配套改革试验区,国家定位是中国北方对外开放的门户、高水平的现代制造业研发转化基地,北方国际航运中心和国际物流中心、金融创新运营示范区、改革开放先行先试区(简称"一基地三区")。

天津东疆综合保税区[②]多年来立足融资租赁业,走出有自身特色的创新发展之路。截至 2022 年 6 月,在融资租赁领域,东疆片区内累计注册各类租赁企业和项目公司超过 3700 家。其中,40 余家央企、百余家上市公司在东疆布局租赁板块,租赁标的基本实现全覆盖,租赁资产规模 1.4 万亿元,约占天津市 70%、全国 16%。目前,在业务内容方面,东疆拥有 2000 余架飞机、近 400 艘船舶和 63 座海工平台,跨境租赁资产突破 1000 亿美元,约占全国80%。

二、从零起步,尝试破局

天津东疆保税区成立于 2008 年,位于天津海关特殊监管区,是天津港的重要组成部分。正因为这些原因,东疆成立之初的发展定位主要是航运物流

---

① 我国的自贸试验区共 21 家。2013 年设立的上海自贸试验区是第一批,2014 年 12 月 12 日设立的第二批包括天津、福建和广东三家自贸试验区。2017 年成立了第三批自贸试验区,分别是辽宁省、浙江省、河南省、湖北省、重庆市、四川省、陕西省等 7 地。2018 年 10 月 16 日设立海南自贸试验区,2019 年 8 月 26 日设立山东、江苏、广西、河北、云南、黑龙江等自贸试验区。

② 2020 年,为充分发挥其对外开放平台的作用,深化自贸试验区先行先试的改革开放,东疆片区被升级为综合保税区。

和国际贸易领域。

然而东疆甫一成立，就遇到经济寒流。2008年国际金融危机爆发，给世界经济带来沉重的打击。当年，世界银行发布预测称，2009年全球经济增速仅为0.9%，全球贸易将出现逾25年来的首次下滑，降幅或达到2.1%，流入发展中国家的私人资本净额将缩水近50%，并预计中国2009年的经济增长率将从2008年的9.4%降至7.5%。当时的波罗的海指数从10000多点下降到200多点。国际航运市场进入前所未有的寒冬，港口冷冷清清。

东疆是一片吹海造田造出来的海滩，自身几乎没有任何有价值的资源。没有政策，没有资金，没有产业，有的只是东疆开发区的十几个人。俗话说，巧妇难为无米之炊。但是东疆人没有等米下锅，而是找米做饭。

机遇蕴含在挑战之中。2008年金融危机发生后，中国政府采取了适度从紧的货币政策，严格管控贷款，银行机构惜贷严重。为了满足实体经济对资金的需求，经过金融管理部门批准，新修订的《金融租赁公司管理办法》开始实施，一些金融机构另设金融企业或融资租赁企业，成为那些急需资金，但难以从银行获得贷款的企业筹措发展资金的重要渠道。2007年11月28日，工银金融租赁有限公司在天津滨海新区注册成立，①由中国工商银行股份有限公司全资设立，注册资本110亿元人民币。工银金融租赁有限公司是国务院确定试点并获中国银监会批准开业的首家银行系金融租赁公司，这无疑是一个机遇。

另一个机遇就是天津的空客飞机组装厂建成。2009年，天津空客A320总装线下线了第一架飞机。这架飞机由中航材旗下的奇龙租赁买下，租赁给四川航空使用。面对这一机遇，东疆管委会的李主任很是兴奋。他说，一定要把这一单的融资租赁业务留在中国。

---

① 2007年3月，中国证监会发布《金融租赁公司管理办法》，允许银行设立金融租赁公司，从事融资租赁业务。

所谓融资租赁,是出租人根据承租人的请求,按双方的实现合同约定,向承租人指定的出卖人,购买承租人指定的固定资产,在出租人拥有该固定资产前提下,以承租人支付所有租金为条件,将一个时期该固定资产的所有、使用和收益权让渡给承租人的一种融物和融资相结合的租赁方式。飞机租赁是金融租赁服务的典型。飞机租赁业作为支撑航空业发展的生产性服务业,是航空制造、运输、通用航空及金融业的重要关联产业。[①]

通俗地讲,假设企业想投资扩大生产或购买先进机械设备,但在自有资金缺乏,而银行又不能提供贷款的情况下,还有一条可供选择的渠道就是非银行金融机构,即金融租赁公司或投资公司,请求其购进企业指定的设备,并采用租赁的方式由企业使用,企业根据合同向该金融租赁公司支付租金。如果这种购买资产的款项来自一家投资公司,融资租赁公司就要在收取一定的中介费后,将租赁费转给投资商。如果该融资租赁公司由自有资产投资,该公司既获得手续费,也可获得租赁费。比较典型的案例就是航空公司请求融资租赁公司买进指定的飞机,并以租赁的方式出租给航空公司。该航空公司按照事先与融资租赁公司签订的协议,向融资租赁公司支付飞机租用的租金。租赁公司在扣除服务手续费后将约定的租金交给投资方,融资租赁公司扮演中介的角色。

为了拿下这架空客飞机的租赁业务,东疆管委会的人员与融资租赁的两方进行了紧密的沟通,但是最终奇龙租赁还是选择在爱尔兰成立了一家SPV公司,由这家公司完成了这笔飞机租赁业务。在三方均为中资背景的情况下,此单业务最终还是由爱尔兰项目公司完成,这对天津各级政府及监管部门造

---

① 爱尔兰自1975年开展飞机租赁业以来,政府陆续推出了多项有利于飞机租赁业的优惠政策和措施,吸引了大批飞机租赁公司在爱尔兰注册并将飞机资产放在爱尔兰,大批从事飞机租赁业务的法律、金融、技术和管理专业人才也向爱尔兰聚集,使爱尔兰成为具有全球领先地位的飞机租赁和融资中心。目前,在爱尔兰注册的飞机租赁公司50多家,机队规模最大的前15家租赁公司中有14家在爱尔兰开展飞机租赁业务,拥有飞机总数10000余架,管理的资产规模超过1000亿欧元,约22%的全球飞机机队以及全世界40%以上的租赁飞机机队在爱尔兰管理。

成了巨大的震动。

之所以这一单业务出走国外,跟国内操作飞机租赁的业务经验不足有关,但最主要的还是交易方的成本偏高。航空公司从境外进口租赁一架飞机可以按照租赁贸易形式办理报关进口手续,按照租金分期缴纳进口环节税收,而如果租赁公司在国内采购飞机,需要就飞机价款一次性完税,占压了大量资金,且未来二手飞机出口相应的关税也无法退税。

面对企业提出的相关需求,东疆积极争取国家各部委给予支持。通过联合兄弟省市的相关部门,多次到北京各部委汇报沟通,同时邀请部委相关领导来津调研,深入了解行业及企业创新需求。从2009年开始,东疆租赁产业得到国家各部委的全力支持。银监会研究项目公司的管控模式,允许金融租赁公司在国内保税地区设立SPV;国家发改委先行试点租赁公司享受国家便捷外债通道;财政部、税务总局明确大飞机租赁进口同样享受优惠税率,开展融资租赁货物出口退税试点等优惠政策;海关总署推出了进口租赁货物一点监管及跨境资产交易相关政策;国家外管总局推动境内经营性租赁收取外币租金业务试点、母子公司共享外债额度的外债便利化改革,以及离岸融资租赁对外债权登记政策。

2009年11月,在商务部、人民银行、海关、财政部、国家税务总局、发改委等部委的大力支持、指导下,东疆首次将海关特殊监管区对贸易的监管政策运用到金融领域。在特殊区域设立项目公司,从境外采购飞机实现了保税功能,再从特殊区域向境内报关租赁监管实现了与跨境租赁同样的分期缴纳进口关征税的进口保税租赁模式。工银租赁①与南方航空完成了两架波音777货机的租赁业务,此单业务开创了中国保税进口租赁飞机的第一单,也成功打破了境外对中国航空租赁市场的垄断。

---

① 工银金融租赁有限公司由中国工商银行股份有限公司全资设立,注册资本110亿元人民币,成立于2007年11月28日,注册地在天津滨海新区。

三、从 0 到 1:成为飞机融资租赁产业聚集中心

2014 年 4 月,天津自贸试验区宣布成立。为了使飞机融资租赁业务更上一层楼,天津自贸区对标爱尔兰,多次派团到爱尔兰访问,学习国际融资租赁开展的经验。爱尔兰是当今全球飞机租赁业的聚集地。该国自 1975 年开展飞机租赁业以来,政府陆续推出了多项有利于飞机租赁业的优惠政策和措施,吸引了大批飞机租赁公司在爱尔兰注册并将飞机资产放在爱尔兰,大批从事飞机租赁业务的法律、金融、技术和管理专业人才也向爱尔兰聚集,使爱尔兰成为具有全球领先地位的飞机租赁和融资中心。目前,在爱尔兰注册的飞机租赁公司 50 多家,全球机队规模最大的前 15 家租赁公司中有 14 家在爱尔兰开展飞机租赁业务,拥有飞机总数 10000 余架,管理的资产规模超过 1000 亿欧元,约 22% 的全球飞机机队以及全世界 40% 以上的租赁飞机机队在爱尔兰管理。

天津自贸区的员工切身感到,要实现融资租赁业务在天津的发展,必须有配套的政策体系、透明可操作的优惠政策与管理制度。正是在法律、金融、技术和管理方面,有着协调、统一、透明、可操作的市场环境,优惠的税收政策,业务手续简化等方面的优势,爱尔兰才成为全球最大的飞机融资租赁中心。天津必须建立起这样高水平的、开放的市场经济营商环境。

天津为了支持自贸试验区融资租赁业务的发展,2009 年出台了《促进我市租赁业发展的意见》、2011 年国务院公布了《关于天津北方国际航运中心核心功能区建设方案的批复》(简称 51 号文件);同年,国家发改委《关于引发天津北方国际航运中心核心功能区建设方案的通知》为这个方案给予东疆港在国际船舶登记制度、国际航运税收、航运金融和租赁业务等 4 个方面 22 项具体创新政策,为东疆保税港经营融资租赁业务范围和领域的扩大及提升提供了政策依据。2011 年,天津市金融办下达了《关于做好融资租赁等级和查

询工作的通知》;2012 年,天津财政局下达了《关于在天津东疆保税港区试行融资租赁货物出口退税政策的通知》①;2012 年,国家税务总局发布了天津东疆港区融资租赁货物出口退税管理办法》;2013 年,交通部发布了《关于天津东疆保税港区船舶等级制度创新试点方案的复函》。2014 年后,出台的新政策数量有所减少,但是实践上的创新速度加快。

天津自贸试验区的飞机租赁业务突飞猛进式发展。到 2022 年 6 月,在民用飞机租赁上,已经达到 2000 多架大飞机的规模。不少人很好奇,为什么在既无航空公司又无飞机制造企业的天津,能把飞机租赁业务规模做得这么大? 现在东疆所实施的各项试点政策大多在其他自贸试验区复制,为何融资租赁公司仍愿意到东疆来聚集? 东疆为他们提供了哪些有价值的服务? 通过到东疆参观学习,发现他们也在探寻答案,探索适合自身特点的业务创新。

表 1　飞机融资租赁的逐年交付数量(单位:架)

2012 及以前	2013	2014	2015	2016	2017	2018	2019	2020	2021	2022
102	155	176	147	213	300	281	178	163	172	174

在通过不断的制度创新来推动飞机融资租赁业务发展的同时,东疆人认识到,要想更多地开展国际业务,还需要更大魄力的集成式制度创新。目前,国内公司在涉及国际融资租赁业务时还存在很多制度障碍。例如,如果金融租赁公司来自国外,首先涉及在中国生产的飞机要销售给外国的企业。理论上,这是一笔出口业务,那么海关就要关注出口退税问题。但是如果这家外国租赁公司,购买后要出租给中国的航空公司,理论上,又是飞机的进口,又要办理进口纳税的手续。这样太复杂了,如果我们将该笔业务通过综保区的融资租赁企业来经营,那么该融资租赁公司就可以按照事先签订的合同,由综

---

① 2011 年,天津东疆综合保税区结合国内船舶出口业务,向财政部、海关总署、税务总局争取了融资租赁货物出口退税政策试点。民生租赁 7 艘散货船实现了融资租赁出口退税,也标志着中国的船舶海工首次通过出口租赁的形式销往境外。

保区注册的公司买入该飞机,实施保税,这样就不需要走出口退税的程序。如果再由中国企业租赁,由于租赁公司也是在综保区注册的,也不需要再交纳进口关税。因此,在综合保税区平台下,该飞机是在保税状态下进入租借使用或运营过程的。而且如果融资租赁公司不是外资企业,而是中资企业,那么这样一笔业务的租赁费自然就由注册在综保区的融资租赁公司获得了。显然,在综保区的开放平台上,中资融资租赁公司具有得天独厚的竞争优势。但是涉外融资租赁业务的实际操作需要国家发改委对涉外金融业务简化程序的改革予以批准,需要财政部对"出口退税制度"的宽容或批准,需要海关对进口征税的配合或批准,需要人民银行对外汇使用提供便利或批准,需要滨海新区,乃至天津市对金融租赁业务开展的认可和鼓励。这是一个非常复杂的涉及多部门协调、多环节链接、多分管机构批准和认可的联合接续的决策过程。

四、从 1 到 N:将融资租赁拓展到其他业务

发展是一个长期持续的过程。天津自贸试验区并不满足于飞机融资租赁业务,开始尝试将该业务融入其他行业,不断攀登新的台阶。

第一级台阶是开发船舶租赁业务。

在船舶融资租赁业务上,天津具有一定的优势:区域内有造船厂,也有大量的船舶交易活动。东疆在海关、外管、税务、海事、港航等部门的大力支持下,打通产业发展痛点。围绕船舶离岸租赁业务新需求,天津外管局向国家外管总局争取到了在天津率先开展离岸融资租赁对外债权登记政策试点;市税务局研究优化增值税减免审批流程,促进国产船舶租赁出口,主动服务企业"走出去";天津海关围绕央企平台去产能的相关需求,主动服务企业,创新监管模式,实行异地监管;天津海事局围绕碳达峰、碳中和国家战略及海上风电工程的效率要求,推行"东疆事东疆办""不停航登记"等便利化措施;市港航局对重点航运项目营运资质"立等可取"。一系列措施为离岸船舶租赁营造了

友好的营商环境,得到了企业的一致认可。第一笔船舶融资租赁业务,是民生租赁,完成了 7 艘散货船的融资租赁,实现了出口退税。

船舶的融资租赁和飞机不同,种类更多,业务更具有多样性。在这方面,天津东疆协同各融资租赁公司,推出一系列具有专业性、特色性的政策和业务。2021 年,随着国际航运市场强势复苏,前期的政策业务创新和服务经验积累为东疆赢得了先机。东疆"船舶租赁"迅速占领市场,服务了行业转型升级需求,进一步巩固了在全国租赁业的领先地位。2021 年,东疆新增船舶首次突破 100 艘,同比增长 182%,2022 年,东疆新增船舶达到 151 艘,同比增长超 40%。

第二级台阶是开发海工租赁业务。

早在 2013 年,国内一些大型企业预期未来海洋工程机械制造会有巨大发展,开始大举投资。2015 年,国家公布《中国制造 2025》后,国有船舶制造企业及部分地方民营企业加速涌入该领域。以南通、大连、青岛、福建等地方的造船企业为主,全国各地的船舶制造厂家竞相上马海洋工程项目。

然而自 2016 年开始,受国际油价大幅度下跌的影响,开采石油成为赔本的买卖。一些海洋工程机械的订货商,寻找各种理由弃单、退货。2018 年底,国内各家央企船厂由于受前期大量海工装备订单被弃单所困,经营状况持续恶化,大量海工平台资产价值对折,为了避免境外资本抄底中国海工装备战略资产市场,国务院国资委整合五大央企船厂海工资产过剩产能,组建成立了国海海工资产管理公司,旨在统一盘活处置央企过剩海工资产。东疆发挥在租赁产业上的产业优势,提出了以保税经营性租赁的形式,实现海工资产时间换空间,盘活利用相关装备。这种保税经营,一方面解决了存量海工设备盘活使用,另一方面为船厂带来经营性现金流,同时也服务了降低我国能源对外依存度的国家战略。截至 2022 年底,东疆累计处置海工平台超 60 座,累计处置海工资产超 893.6 亿元!随着国际油价的回升,相关资产价值已回升至账面价值 8 成以上,有效避免了国有资产的流失。

2018 年 11 月，招商局工业在东疆完成一座价值 1.5 亿美元的自升式钻井平台租赁业务（海龙二号），即租给中海油服在大连旅顺海域进行钻井作业。为了促成该业务落地，东疆结合企业业务需求，协助设计产品路径，通过海关异地监管，使平台直接从船厂拖往作业地，无需靠岸天津东疆，降低了企业的操作成本；通过保税经营性租赁业务，实现了按租金分期缴纳关增税，降低了承租企业税收负担；通过在海事局登记临时国籍及悬挂临时中国国旗，便利了中海油服在旅顺等军事管理区域开展业务；通过股权结构调整，利用东疆融资租赁母子公司共享外债额度的外债便利化改革政策，成功切分招商局通商融资租赁外债额度，从香港借入低成本资金，该单业务创造了多项海工平台租赁业务的第一，也为国内海工去产能提供了一个解决方案。东疆通过租赁业务嫁接产业上下游，一方面服务了国家战略，完成了南海、渤海湾石油勘探作业任务；另一方面探索通过租赁模式化解平台去库存问题，有利于我国海工制造产业实现结构调整和转型升级。

东疆的海工租赁业务为租赁双方创造了价值。首先，东疆首创的海关保税经营性租赁业务给双方带来好处。保税租赁的优势在于其灵活性和经济性，一方面境内有租约时，可以通过租赁进口按照租金分期缴纳关征税，交付承租人在国内沿海勘探作业；另外一方面在境外有租约时，可以将平台退租到保税港区内，再租赁给境外客户，灵活满足国内和国外两个市场，实现企业利润最大化。其次外汇经营性收取外币租金业务极大便利了交易各方。在天津东疆开展经营性租赁业务的租赁公司，在购买租赁物的资金 50% 以上来源于自身的国内外汇贷款或外币外债，或者租赁物从境外租入并需要对外支付外汇租金的情况下，可收取外币租金。特别是船舶海工租赁领域，经营性租赁业务以外币计价结算，企业收取外币租金减少了汇兑成本、降低了汇率风险，为企业未来在全球范围内处置资产和深度参与国际竞争提供了保障。

2022 年 7 月，天津东疆的企业又将融资租赁业务延伸到二手车出口领域。天津华图汽车物流有限公司的一批新能源二手出口车发往位于埃及的中埃·泰达苏伊士经贸合作区。"我们是最早获得天津市二手车出口试点资质的企业,仅 2022 年上半年出口车数量、货值就已超 2021 年全年。"华图总经理史运昇说:"良好的产业生态,是集聚产业、催生业务的土壤,东疆二手车出口整条产业链配套非常完备。"据统计,2022 年上半年,东疆二手车出口货值超 1600 万美元,为 2021 年全年的 2 倍,全市占比近 80%。东疆正在聚集汽车融资租赁、国际贸易、进口检测、经典车保税展示、二手车出口、智能网联测试等要素,加快打造汽车大流通枢纽。

良好的营商环境和"赚钱"效应,吸引了一批租赁企业在天津东疆落户,其中不乏行业龙头,如工银租赁、民生租赁、远东宏信、国海海工、招商工业、福船集团等。到 2022 年 10 月,区内聚集各类租赁公司近 4000 家,总资产突破 1 万亿元,占全国的近 1/3。飞机、船舶、海工平台业务规模,均占全国的 80% 以上,继续保持领先优势。天津自贸试验区已经成为各大央企集团、大型国企优先搭建租赁平台的最大集聚地。

天津东疆融资租赁业务的发展,也成为中国制度集成创新的一个样本。东疆在有了新的创新项目设想后,会到相关部委进行沟通协调。各相关部委秉持自贸试验区"先行先试"的态度,在时机成熟时在东疆进行政策试点。在取得了试点成效后,再推广普及到其它自贸试验区。以保税进口租赁模式为起点,东疆相继开创了出口租赁、联合租赁、转租赁、离岸租赁、跨境资产交易等约 40 种跨境租赁创新结构,在促进产业转型升级、服务国家战略等方面发挥着重要作用。

天津东疆还试水开发美元业务。2015 年,人民币对美元汇率大幅度波动,东疆大量的跨境租赁资产以美元计价,美元负债,由于国内经营性租赁只能收取人民币租金,很多企业面临着汇率损益带来的负担。东疆在国家外管总局的支持下,首先试点经营性租赁在境内收取外币租金的相关政策,并于 2016 年实现了母子公司共享外债额度的外债便利化措施。此外,东疆还在租赁物海关异地监管、租赁法律物权保障等方面做了大量的探索和尝试。

五、从 N 到产业生态系统

天津东疆自开展飞机租赁业务以来，一直致力于打造"租赁产业生态圈"，建设与国际接轨，适宜租赁产业发展的营商环境。在政策研究、业务创新、专业服务、司法保障、人才聚集、金融支持等方面不断进行优化和完善。东疆打造专家创新团队，结合企业创新需求，与监管部门推动租赁产业创新，形成租赁产业协同联动的创新氛围。在服务方面，东疆与金融、海关、海事、外汇、税务等监管部门组成综合服务团队，提供"管家 + 专家"式服务，为企业解决疑难问题。同时，全国唯一的租赁法庭就落户在东疆。该法庭更加有针对性地为区域产业发展保驾护航，满足租赁行业迫切的司法需求，助推东疆成为融资租赁企业的优选地和产业聚集的辐射地。此外，东疆首创的保税进口租赁模式在预提所得税上相较于传统跨境租赁的成本优势，得到了大量国内航空企业的认可。

天津东疆保税港区融资租赁的发展不仅局限于金融租赁产业，还带动了产业生态系统的形成和发展。首先，飞机租赁及相关服务业成长壮大，使得天津成为中国飞机租赁的中央舞台。借助融资租赁，在天津装配的空客 320、321 飞机市场得以开拓。更重要的是，中国研制的大飞机 919 已经有 100 多架的订单，其中大部分是通过东疆融资租赁实现的。发展进口保税租赁业务促进了国内飞机租赁公司的快速成长，后者是助推国产飞机进入国内和国际市场的中坚力量。通过东疆平台，租赁公司已开展新舟 60、新舟 700、ARJ21 等多型号国产飞机的租赁业务。目前，国产大飞机 C919 的订单中，七成来自中国的飞机租赁企业，同时东疆通过与天津空港联动，通过租赁产业带动了空客天津总装线、海特高新飞机保税维修、飞机客改货、飞机资产管理等更多产业的发展，促进了区域发展，带动了就业。

其次，工程机械和平台产业得到发展。2021 年全年天津东疆片区完成船舶租赁业务107艘,资产价值达25.87亿美元。推动了大型医疗设备的引进、使用和修复再利用,大大提高了先进医疗器械在中国的使用,一些中小城市的医院也用上了核磁检测器械。

最后,生物医药研发得以推动。中国生物医药研究院充分利用天津东疆港片区的融资租赁,引进高水平试验仪器设备,加快生物医药的研发速度,推出生物治疗、病毒疫苗、生物基因再生、植物基因培养等国际前沿医药研究。

和融资租赁企业一起,天津自贸区深耕业务模式创新,形成可复制可推广成果。在海关、外汇管理等监管部门的大力支持下,相继开发出保税租赁、SPV①租赁、出口租赁、联合租赁等多种租赁交易结构。租赁监管模式创新走在前列,成功推动租赁飞机海关联动监管、跨境直租飞机资产交易海关监管、租赁飞机跨关区等多个海关模式创新。先后开展了外汇资本金意愿结汇、经营性租赁收取外币租金、租赁公司外汇资金集中运营、租赁公司外债便利化(即SPV共享母公司外债额度)、融资租赁可兼营与主营业务相关的商业保理业务等多项金融配套政策创新试点。成功开展了租赁公司进口大飞机进口税收、融资租赁货物出口退税试点等多项税收政策试点。此外,探索完成无形资产租赁、信托船舶基金融资结构、海上风电安装平台进口租赁等国内首单业务模式,国家租赁创新示范区建设成效显著。这些制度创新使得天津自贸区成为各类融资租赁企业的热土。

为了更好地营造各类产业生态系统,天津自贸区还对标国际优秀标杆,力争提供国际一流服务。关注全球租赁业发展动态,不断学习借鉴国际先进经验,探索完善租赁业发展配套法律、税制、监管等制度创新。首创"专家 + 管家"式服务理念,打造一支将创新能力作为核心竞争力的租赁创新服务团队。为租赁模式设计税务机构、制定通关模式、提供融资渠道信息、信息归集撮合交易、专业解读法规政策,为企业解决后顾之忧。

---

① SPV是指特殊目的机构或公司在链资产证券过程中,购买、包装证券化资产,以及以此为基础发行资产化证券,向国外投资者融资。

六、天津自贸试验区面临的新挑战

党的二十大提出"实施自由贸易试验区提升战略"。这是中国推进更高水平开放的一项重要内容。天津自贸区继续提升融资租赁业务必须明确自身面临的主要挑战。

一是来自兄弟自贸试验区的复制学习，将激化业内竞争。目前看，天津自贸试验区的融资租赁企业业务规模迅速扩张，聚集效应和规模优势日益明显。看到天津自贸试验区取得的成绩，不少其它地区也都跃跃欲试。尤其是有本地航空公司或大型飞机制造产业的地方，也都希望发展自己的飞机融资租赁产业。例如我国南部某大省，为了支持本省自贸试验区的飞机租赁业务，要求本省国资控股的航空公司在通过融资租赁买入飞机时，必须选择在本省注册的租赁公司。同样的现象还发生在东南沿海某城市。中国自贸试验区发展的基本指导原则是先进带后来，复制推广成为通行原则。也就是说，天津自贸试验区所进行的制度创新会在复制到兄弟自贸试验区后，失去制度上的优势。在这种情况下，天津自贸试验区如何在业务创新、营商环境优化上取得更大进步，保持自身竞争优势，无疑是一个更艰巨的任务。

二是和国际竞争对手差距很大，开展国际业务存在较大的制度障碍。天津自贸区的发展目标是建设具有世界影响力的全球飞机租赁中心，建设具有国际影响力的船舶租赁中心，国际领先的出口租赁、离岸租赁中心，但目前90%以上的租赁业务还是服务于国内市场，国际业务难以大规模展开。主要原因在于我国跨境租赁在税收、货币兑换、法律保护等方面与国际先进区域还存在较大差距。

首先是企业所得税税率差距大。爱尔兰租赁业法定企业所得税率为12.5%（实际有效税率低于6%），新加坡、维京群岛、巴拿马、利比里亚、马绍尔群岛等船舶租赁聚集地的实际有效税率更低，而我国大陆地区所得税税率为

25%，很难与境外离岸飞机及船舶租赁成熟地区竞争。跨国融资租赁企业到天津落户的积极性也很难被激发出来。

其次是双边税收协定的问题。我国与全球 106 个国家签订了双边税收协定，平均税率为 10% 左右，爱尔兰与 76 个国家签订的双边税收协定多为 0 税率，税收负担差异也较为明显。较高的税收成本难以支撑国内租赁公司在国内广泛拓展海外业务，很多租赁企业不得不在境外设立项目公司开展海外业务，不仅造成了国内税源的外流，也导致飞机、船舶等国家战略资产所有权的外流。①

最后是人民币的可兑换问题。国内融资租赁公司为国外企业办理融资租赁服务，就会涉及外币和人民币的兑换问题，就要承担换汇成本和锁汇成本，面对汇率波动的风险。这成为中国融资租赁业务涉足国际业务时的一大制度短板。人民币的可自由兑换是人民币国际化大战略中的重要内容，未来会在时机逐步成熟时稳妥推进。如果能在中国各自贸试验区选择特定业务（如融资租赁）先行试点推动，将能激发相关领域开发国际业务的巨大潜力。

全球租赁市场是一个快速增大的蛋糕。2012 年至 2022 年的 10 年里，全球的租赁年交易额从 2900 亿美元发展到 7600 亿美元，年均增长超过 10%，远远高于同一时期全球 GDP 的增长速度。如果不能在税收税率标准、税收服务上和爱尔兰等开放高地缩小差距，不能实现人民币自由兑换上的推进，那么我国的融资租赁企业全面参与国际市场的难度将很大。以天津为代表的中国自贸试验区，要想成为对标国际高标准的开放阵地，也将面临巨大挑战。

---

① 天津自贸试验区的船舶租赁业务发展较快，一个原因在于近几年全球船舶需求量大，做租赁业务利润高，以至于在国内设立的船舶融资租赁公司在支付了 10% 税收之后，依然有一定的利润。未来如果该业务需求下降，国内船舶融资租赁业务的竞争劣势将凸显，该行业的发展将遭遇较大的阻力。

结语

天津东疆新建之初,可谓白手起家。东疆人捕捉到国际市场带来的示范效应,依靠天时地利人和,通过大胆试、大胆闯、自主改,开启了从 0 到 1、从 1 到 N、再从 N 到营造产业生态系统的艰难历程。

中国自 2013 年宣布上海自贸试验区成立至今,分多批共成立了 21 家自贸试验区。这些自贸试验区在开放发展的道路上,和天津自贸试验区一样,通过先行先试,积极推动制度创新,为国家提高开放水平、构建新的开放格局,做出了巨大的努力。当前,它们也遇到了和天津自贸试验区未来发展相似的挑战,也在积极探索如何破题。

党的二十大报告为我们提出了新的任务,即推进更高水平的对外开放。何为更高水平开放?为了实现这一目标,自贸试验区应该做什么?在相关的顶层设计上,在新一轮制度创新上,应该怎么做?

本文作者:徐杰、时红秀、马晓芳、汪彬

着力提升产业链供应链韧性和安全水平

——天津滨海新区"主导产业＋主题园区"模式
培育壮大生物医药产业链的实践探索

中共天津市委党校课题组

党的二十大报告指出:"我们要坚持以推动高质量发展为主题,把实施扩大内需战略同深化供给侧结构性改革有机结合起来,增强国内大循环内生动力和可靠性,提升国际循环质量和水平,加快建设现代化经济体系,着力提高全要素生产率,着力提升产业链供应链韧性和安全水平……"长期以来,中国凭借"世界工厂"的巨大代价换取了经济高速增长,却陷入全球产业链低端锁定,一些重要产业的产业链上下游环节,包括产业发展的关键命脉——核心技术,始终掌握在发达国家手中,给经济安全和可持续发展埋下重大隐患。突破关键产业核心技术壁垒,实现技术自主可控,推进产业基础高级化、产业链现代化水平,是实现高质量发展、构建新发展格局的内在要求,也是提升中国产业全球竞争力,维护产业安全、经济安全、国家安全的必然要求。

生物医药产业是近年来发展迅猛的朝阳产业,同时也是关系民生福祉和国家安全的重要战略性产业。依托现代化产业园区,多地政府将生物医药作为推动经济高质量发展的战略性产业,纷纷确立打造百亿、千亿甚至万亿级别生物医药产业集群的战略目标。然而由于我国生物医药产业起步较晚,且在生物工程技术领域长期落后,导致国内生物医药产业的关键核心技术始终垄断在几大跨国生物医药企业手中,研发、原材料供应和销售渠道等环节都高度依赖国外,产业链自主可控能力较弱。

对此,天津滨海新区积极探索"主导产业 + 主题园区"模式,充分发挥政府在推动产业链式集聚发展中的积极作用,着力抓科技创新,着力抓载体建设和平台打造,着力抓龙头企业培育和产业集聚,围绕产业链发展,全力串链补链强链,打造出近千亿级现代化生物医药产业集群,且在疫苗、干细胞等多个关键领域实现了技术创新和自主可控,对我国生物医药产业冲破发达国家技术封锁、提升产业链韧性和安全水平发挥了重要作用。

一、内忧外患:发展现代生物医药产业路在何方

随着医药产业的迭代升级,以传统中医药和医药外包为支柱的中国医药产业已经逐渐显现出不适应现代医药产业高速发展、高科技化发展的弊端,很难肩负起构建现代化产业体系的重任。国家开始大力发展战略性新兴产业后,作为医药产业新支柱的生物医药产业被纳入战略性新兴产业范畴,逐渐成为各地培育主导产业的热门选择。然而在技术长期落后于发达国家且创新能力不足的情况下,发展生物医药产业之路可能一帆风顺吗?这中间会遇到哪些问题,我们又该如何解决?

(一)困境:创新不足,国内药企艰难生存

生物医药产业是以现代生物技术为基础的新兴产业,其发展高度依赖科技创新。我国生物技术的研发和应用起步较晚,从事生物医药产业的人数仅相当于美国的 1/4,从事生物技术研发人才相对不足,技术水平长期落后于发达国家,成为制约我国生物医药产业高质量发展的短板,也是在全球产业链

中受制于发达国家的重要原因。虽然近年来我国生物医药产业发展迅速，一些本土企业创新能力不断提升，逐渐进入全球药企 50 强，但与发达国家老牌药企相比还有很大差距。大多数国内药企在发达国家的技术垄断、市场垄断下处于艰难生存困境，特别是一些传统中医药企业，发展前景更为堪忧。

以天津中新药业为例，作为老牌国企和中医药企业的代表，其汇聚了达仁堂、隆顺榕等众多中华老字号，拥有速效救心丸、安宫牛黄丸、藿香正气水、胃肠安丸等多个享誉国内外的中药名品。在激烈的市场竞争中，中新药业以中华传统医药为基础，不断推陈出新，丰富产品种类，并且经多次改制、重组、上市，很好地解决了企业快速发展、扩张面临的资金紧张等问题，也获得了极大成功。以中新药业、天士力等药企为支撑，生物医药产业也成为天津传统优势产业之一。但随着现代生物科学技术的兴起，药品加速更新换代，从中药到西药再到生物药，科技含量越来越高，医药产业发展的重点也由传统医药产业向生物医药产业转移。在这种情况下，传统中医药产业在创新能力、盈利能力和市场占有率等方面的相对劣势越来越明显：一是创新研发不足，科技创新投入偏低，不仅明显低于国外药企，也低于国内民营医药企业；二是竞争力降低，市场萎缩明显，主要产品的产销量、营业收入、总体利润率水平均呈下降趋势。

尽管中新药业凭借雄厚的发展基础仍是天津医药产业领军企业，中医药产业也仍然是天津优势产业，但产业竞争力持续下降，不能满足现代医药产业发展需求，作为区域主导产业前景不容乐观。这也是国内大多数地区中医药产业发展普遍面临的问题。

(二)希望：医药外包给生物医药产业带来了什么

在国际市场上倍受打压使我们清楚地认识到，仅依靠传统中医药产业支撑不了现代医药产业的发展，也难以扭转我国医药产业在国际市场上的竞争劣势。大力发展现代生物医药产业是构建现代化产业体系的必然要求，也是重塑我国医药产业核心竞争力的不二选择。面对国内生物医药技术落后和国外生物医药技术封锁的双重困境，最初我们选择通过大力发展医药外包产业来加速培育国内生物医药创新环境和市场，但生物医药属于典型的"高投入、高风险、高产出、长周期"行业，这些特点导致生物医药企业发展不平衡，国际知名药企在华投资企业凭借技术优势和母公司雄厚背景快速发展壮大，而国内中小企业普遍因创新能力不足和融资渠道不畅而面临生存困境。

坐落于天津滨海新区经开区的诺和诺德（中国）制药有限公司是一个典型的外商投资企业（外商独资），由丹麦诺和诺德公司于 1995 年在天津投资兴建。经过八次增资，天津工厂已经成为诺和诺德在亚洲最大的胰岛素灌装工厂和唯一的耐用注射器械生产厂，是诺和诺德全球战略性生产基地之一，给天津医药产业的发展注入了新活力。但和国内大多数医药外包企业一样，诺和诺德在天津建工厂主要采用的是生产外包（CMO 或 CDMO）模式。在这种模式下，外资药企只是把中国作为生产车间，利用国内的优惠政策和较低的劳动、地租成本赚取超高利润，并没有像我们期望的那样带来先进技术，提高国内生物医药产业自身的创新能力。近 3 年，诺和诺德在国内连续增资，目的是利用我国各类产业园区的优惠政策、先进制造业基础和廉价的人工成本，不断完善在华产业链，逐渐形成自己的闭环生产体系，而国内能得到的产业外溢效益极少，核心产品也几乎没有技术溢出。

从表面上看，诺和诺德在天津的迅速扩张对天津生物医药产业的发展起到重要的带动作用，但并没有从根本上解决天津生物医药产业创新能力不足、产业竞争力弱、优势不明显等问题。全国其他产业园区在外资药企的发展中也面临同样问题，外资药企占用大量土地、政策、人才资源，但对本土生物医药产业竞争力的培育、提升没有起到应有的作用，一个重要原因就是这种"两头在外"的生产方式导致的产业低端锁定。生物医药外资企业快速发展，但核心技术和市场都在国外，国内生产企业赚取微薄的"代工利润"，新产业的发展没能超越以往的"世界工厂"模式。

(三)觉醒:走自主创新之路,大力发展战略性新兴产业

显然,依靠外资企业发展现代生物医药产业这条路也走不通。因此,要想解决中国这样的发展中大国面临的"阿喀琉斯之踵"问题,摆脱在全球产业链中的低端锁定,就要全力以赴打好技术创新攻坚战,加快构建现代化产业体系。特别是进入21世纪以后,几次影响较大的疫情让我们更加深刻地认识到,发展自主可控的生物医药产业不仅关系到中国制造在全球产业链中的地位,同时还关系到人民健康和国家安全,是重要的战略选择。加快发展本土生物医药产业势在必行,且首先要突破国外技术封锁这第一道关卡,实现产业自主创新和产业链自主可控。

2010年9月8日,《国务院关于加快培育和发展战略性新兴产业的决定》(以下简称《决定》)发布,确定了新能源、新材料、信息通讯、新医药、生物育种、节能环保、电动汽车等七大产业为未来重点培育的战略性新兴产业。强调必须坚持发挥市场基础性作用与政府引导推动相结合,坚持科技创新与实现产业化相结合,深化体制改革,以企业为主体,推进产学研结合,把战略性新兴产业培育成为国民经济的先导产业和支柱产业。此后,在国家政策的引导下,全国各地以产业园区为依托,开始大力发展生物医药产业,掀起生物医药产业发展热潮,我国医药产业迎来了创新发展的春天。

大力发展自主可控的生物医药产业既是天津顺应现代医药产业发展趋势的客观需要,也是天津重塑产业发展优势、在构建新格局中做出应有贡献的内在要求,更是摆脱对医药外包产业的依赖、提升生物医药产业链韧性和安全水平的必然选择。2011年,天津发布《天津市工业经济发展"十二五"规划》,对原有八大优势支柱产业(航空航天、石油化工、装备制造、电子信息、生物医药、新能源新材料、国防科技和轻工纺织)进行优化调整,决定加快培育壮大航空航天、新能源、新材料、新一代信息技术、生物医药、高端装备制造业、节能环保等战略性新兴产业。在此背景下,以滨海新区为主要承载地,天津

现代生物医药产业迅速实现了从无到有、从小到大、从弱到强的跨越式发展。

（四）困惑：生物医药产业怎样实现从立起来到强起来

自《国务院关于加快培育和发展战略性新兴产业的决定》发布后，全国各地纷纷将发展的重点聚焦到战略新兴产业上来，生物医药产业更是其中较受欢迎的一个。截至 2019 年底，全国有 168 家国家级高新区和 219 家国家级经开区，共 387 个国家级产业园区，其中有 193 家将生物医药产业作为重点发展方向，占比高达 49.9%，生物医药企业数量也迅速增加到 2 万多个。虽然个别企业，特别是一些大中型生物医药企业创新能力和发展能力在不断提升，已经具备搏杀国际市场的能力，但国内生物医药产业总体竞争力仍处于较弱状态。一方面是因为我国生物医药产业发展中的一些关键技术难以在短期内实现突破，另一方面是包括研发、原材料、检验测试、销售渠道、临床应用等在内的重要上下游产业环节被发达国家控制，产业安全性、稳定性受国际市场影响较大。

长期以来，天津医药产业发展以中医药产业和医药外包产业为支撑，生物医药产业的自主可控能力较弱。尽管生物医药产业已经成为天津重点发展的战略性新兴产业，但以如此薄弱的产业发展基础实现生物医药产业从无到有、从小到大、从弱到强的艰难转变是一个现实难题。对此，天津滨海新区充分发挥政府在科技创新中的主导作用，打造集成化创新平台，培育具有自主创新能力的产业主体，加速完善现代化生物医药产业链条，创新"主导产业 + 主题园区"模式，进一步引导产业链式集聚，探索出一条持续增强产业链供应链韧性和安全水平的创新之路，逐渐形成了包括原料药、中药、化学药、生物药、细胞治疗、医疗器械制造等在内的现代化生物医药产业体系。

二、政府适时作为：创新平台助力生物医药产业跑出加速度

技术水平低、创新能力弱是我国生物医药产业实现高质量发展的最大瓶颈，也是建设现代化产业体系亟待攻破的难题，更是滨海新区发展现代生物医药产业要解决的首要问题。突破生物医药技术"卡脖子"问题，要依靠市场和政府"两只手"共同发挥作用，而在市场竞争并不利于我国的情况下，政府的作用就显得更为重要。滨海新区从建设生物医药产业创新平台着手，为生物医药产业的创新发展提供条件、奠定基础，天津国际生物医药联合研究院的诞生就是一个典型例子。

（一）创新与突破：成立联合研究院，凝心聚力抓科技创新

2006 年 6 月，科技部与天津市政府签署协议，在天津滨海新区共建"国家生物医药国际创新园"（简称"创新园"），并成立"天津国际生物医药联合研究院"。作为"创新园"的核心和标志，联合研究院以创新药物和生物医药共性、关键技术的研发为切入点，聚集国内外高水平人才，引进国内外尖端技术，承办国内外重大项目，取得优质创新研究成果，建设优秀人才集聚和培养中心、国际合作的桥梁，以及生物医药技术研发转化的领航区和标志区，在推动科技创新、助力新区生物医药产业发展方面发挥了不可替代的作用。

1.探索"政府搭台、市场机制；国有资产、企业运营"的管理模式

为了充分发挥政府和市场"两只手"的作用，联合研究院打破传统科研院所管理模式，按照"政府搭台、市场机制；国有资产、企业运营"的理念实现"政府＋市场"双重管理机制，即政府制定战略发展方向，项目、人才和运营则全面接受市场的考核和调控；国有资产投资基础建设和仪器设备，使用权交付企业，实现国有资产价值最大化和可持续利用。由于是"四部一市"共建单位，联合研究院的创新探索得到了各方大力支持，很快形成了上下联动的资源集

聚与整合效应,开创了部市合作典范。

2.创新"不设围墙、开放联合;国际认证、互利共赢"的合作模式

在实践中,联合研究院探索出"不设围墙、开放联合;国际认证、互利共赢"的合作模式,即以不设围墙、开放联合为基本原则,实现资源利用的最优化;以国际认证、互利共赢为根本目的,实现人才、项目、运营管理的国际化。在这种理念下,联合研究院与一批国内外著名科研机构、高等院校以及知名企业都建立了良好的合作关系,汇聚了国内外同行业大量优势资源,形成政、产、医、教、学、研、资的合作链条,推动生物医药产业协同发展。

(二)筑巢引凤:全程孵化,扶植企业做大做强

实现生物医药产业的自主可控,要依靠具有自主创新能力的本土企业。但是在本土生物医药产业主体小、散、弱的情况下,如何培育具有自主创新能力的生物医药企业也是困扰滨海新区的一个难题,联合研究院的成立恰恰在生物医药企业的培育过程中发挥了极其重要的作用。凭借系统的顶层设计,联合研究院在全国率先建立了"专业综合性大平台 + 众创空间 + 孵化器"模式的生物医药产业创新创业平台。4.2万平方米的生物医药专业化孵化空间不仅为企业提供了 3000 余台共享设备和纯水室、离心室、清洗室等公共实验设施,还能提供运营、技术、科技项目申报、知识产权申报、药监许可申报、融资等配套服务,以及实验用品供给、安全管理、环境保护等管理与服务,吸引和孵化了众多具有自主知识产权的现代化生物医药创新企业,也帮助一些企业不断做大做强,成为区域龙头企业和行业领军企业,康希诺生物就是其中的典型代表。

1.从无到有:培育本土生物医药创新企业

作为生物医药产业的重要组成部分,疫苗产业关系国民生命健康,在关键时刻也关系国家安全稳定,是重要战略领域,实现产业自主可控意义重大,但全球疫苗行业长期被四大疫苗企业(辉瑞、葛兰素史克、默沙东、赛诺菲)垄

断。中国是世界第三大疫苗市场,但自给能力弱,2021年以前,中国疫苗贸易一直处于逆差状态。国内疫苗研发和产业化起步相对较晚,发达国家和企业已建立了一定的技术壁垒,疫苗的研发和产业化需要自主攻克诸多技术难题,举步维艰。我国第一个疫苗产品从研发到达到世卫组织认证,耗费近十年时间和近十亿元资金投入。生产技术、产业转化、质量管理等方面的多重缺陷使国内疫苗产业健康可持续发展和产业安全都存在隐患,威胁人民健康、社会稳定和国家安全。

发展国内疫苗产业刻不容缓,但首先要解决疫苗产业主体不强、技术创新不足等基本问题。2008年,联合研究院赴加拿大招商,遇到时任赛诺菲全球开发总监的华侨宇学峰博士,极力邀请其归国创业。但对于宇学峰博士来讲,归国创业意味着放弃国外的优渥条件,还要面临创业途中诸多艰难险阻,光凭一腔热情远远不够。为此,联合研究院经多方努力,帮助康希诺创业团队克服重重困难,为企业的成立和成长提供了必要条件。2009年,康希诺生物正式在滨海新区经开区成立,成为我国第一家也是截至目前唯一一家由留学归国人员创办的疫苗研制企业。

2.从小到大:扶植领跑全球的生物医药龙头企业

2020年,康希诺为全球抗疫做出卓越贡献,这个名不见经传的生物医药企业一下子蜚声中外,也成为中国疫苗技术克服国际封锁的重要突破口。但谁又能想到,这个迅速实现弯道超车的创新疫苗企业是从联合研究院的一间不足80平方米的实验室中走出来的呢?创业之初,康希诺几乎没有什么实验设备,只有一台发酵罐是完全属于康希诺的,其余用的都是联合研究院提供的仪器。康希诺创始人宇学峰曾感慨地说:"国际生物医药联合研究院为康希诺的成功打下了坚实基础,这里不仅有分析检测等各类平台,还有专门的服务人员,可以让创业者沉下心来搞研发,让成功来得更快一些。"在联合研究院的大力支持下,仅仅用了11年时间,康希诺就实现了从疫苗仿创研发到自主创新的跨越,成长为拥有四大技术创新平台、多个疫苗仿创研发和创新研发管线的现代化、国际化疫苗企业。

3.从弱到强:打造现代化生物医药产业集群

在持续扶植重点生物医药企业做大做强的同时,联合研究院依托医脉众创空间打造优秀科技企业培育基地,引进有前景的创业团队进行培育,利用大平台设施和研发队伍为创业团队、孵化企业提供技术支撑,在企业达到一定标准时吸纳进国家级孵化器的队伍中继续扶持,加速成果转化、产业化,大大降低了创新创业成本,激发了企业创新创业活力。截至目前,累计引进和培育孵化 340 家科技企业,包括以康希诺、丹娜生物等为代表的留学生创业企业,以国药国际研发中心、科伦北方研究院等为代表的国内大型药企分支机构,以及若干来津投资的国际生物医药企业子公司,形成了较为完备的生物医药产业链。

(三)夯基铸魂:联合研究院助力补短板强弱项

随着生物医药产业的发展壮大,特别是一些创新型企业的集聚,对产业链完备性的需求更加迫切,对资金和人才的需求也日益强烈,这些企业自身难以解决的发展问题更需要政府和平台的帮助。联合研究院在有效推动园区内生物医药产业补短板、强弱项方面发挥了积极作用。

1.垒石筑基:搭建平台提供技术支撑

在国家科技部、天津市及滨海新区的共同支持下,联合研究院围绕新药研发链和产业链,联合天津市有关高校、医院、企业等优势资源,谋划和建设了专业化、系统化、具有国际先进水平的药物研发综合性大平台体系,包括药物发现平台、药物研发信息平台、医药智能平台、药物分析测试平台、天津市创新药物早期成药性评价企业重点实验室、生物药 GP 中试平台、药物安全评价中心、临床研究平台、中药新药研发平台、抗感染药物研发中心等,覆盖了从疾病机理到临床前研究的整个技术链条,为国内外 800 多家机构提供了 20 万次以上的专业技术服务,为天津乃至环渤海生物医药产业发展提供了有力的技术支撑。

2.开放包容:引贤纳才构筑人才高地

研究院积极探索引才育才新途径、新模式,逐渐发展成为生物医药领域的"高端人才聚集地、创新创业首选区、产业技术人才输送地"。除了创始院长饶子和院士、现任院长曹雪涛院士、领衔中药新药研发平台的张伯礼院士、领衔成果转化的英国皇家工程院崔占峰院士等院士团队外,研究院还依托良好的全链条药物研发技术平台,为天津市吸引聚集了18名国家级人才、47名天津市级人才,以及一大批创新创业人才,成为天津发展生物医药产业的中坚力量。

3.活血通络:医脉基金引导产业集聚

资金是所有生物医药企业创新发展中面临的大问题,对此,联合研究院成立了医脉基金,重点支持天津市及滨海新区生物医药企业,尤其是联合研究院内孵化培育的医药企业,服务具有较强自主创新和原创技术研发能力的大健康产业创新企业,重点投向新药研发、创新生物技术、高端医疗器械等大健康产业,对引导产业进一步向滨海新区集聚发挥了重要作用。

目前,基金已启动多个项目投前磋商和尽调,拟投储备项目40余个,包括河北仁合益康药业集团、上海创诺医药、天津欧德莱生物等。正是依托包括天津国际生物医药联合研究院、国家合成生物技术创新中心等专业化技术创新平台,滨海新区大力培育具有自主创新能力的生物医药企业,在多项生物医药技术方面实现重大突破。在政府大力引导下,一大批创新型生物医药企业在滨海新区集聚,使这里成为全国生物医药产业重要创新基地和产业集聚高地。如今,生物医药大健康、人工智能科技、新一代信息技术和新能源新材料四大科技产业集群枝繁叶茂,一个近千亿级的世界级生物医药产业集群正在滨海新区这片土地上崛起,成为推进滨海新区自主创新和原始创新、加快新旧动能转换、支撑天津高质量发展的重要战略引擎。

三、"主导产业+主题园区":提升产业链韧性和安全水平之路的新探索

得益于创新优势和集聚产生的规模效应,滨海新区生物医药产业迅速发展壮大。2020年,新区生物医药产业总产值约460亿元,同比增长14.3%,在天津市生物医药产业工业总产值中占比超过60%,成为天津高质量发展的新引擎。但是产业上下游环节的有机衔接与联动仍然不足,产业内布局不合理,700多家企业分散布局在开发区、高新区、生态城、保税区等多个产业园区,点多线长,部分园区间还存在同质化竞争现象,内耗严重,对外竞争缺乏合力。产业园区作为现代化产业的集聚发展地,同时也是培育现代化产业体系的重要依托,要最大限度地支撑产业的集聚发展,可以通过建设专业化园区,为产业空间集聚和链式发展创造条件。为此,滨海新区创新"主导产业 + 主题园区"模式,在推动生物医药产业与园区形成良性互动格局的同时,实现了主导产业的发展壮大和产业链的提质升级,探索出一条产业基础高级化、产业链现代化的创新之路。

(一)科学规划:"主导产业 + 主题园区"重构产业链空间布局

和全国大多数开发区一样,滨海新区依托经开区、高新区、保税区等,快速完成了要素集聚、规模和数量扩张的任务,成为天津产业发展核心载体和重要引擎,但也不可避免地陷入要素分散化、产业同质化的困境,导致产业整体竞争力下降,对天津总体发展的支撑作用不断减弱。如何重塑产业发展优势是摆在滨海新区面前的一个现实问题,其关键是以现代化产业园区为载体,集聚优势要素、优势产业和优势项目,形成专业化、集聚化、规模化发展的现代化产业集群、产业链和产业体系。对此,滨海新区制定《滨海新区产业空间布局指引实施方案》,重新规划经开区、保税区、高新区、东疆港区、生态城

重点产业,探索出"主导产业 + 主题园区"发展模式,迅速打开现代化产业体系建设新局面。

1.主题园区的设计:从多样化集聚到专业化聚集

"主导产业 + 主题园区"的本质就是主导产业和主题园区的组合,一边是若干个产业园区,另一边是若干个主导产业,到底怎么进行组合?滨海新区经过综合分析研判,最终确立了"4-2-1"的布局思路,即每个开发区主导产业发展方向原则上不超过 4 个,各开发区每个片区主导产业发展方向原则上不超过 2 个,主题园区细分产业发展方向原则上不超过 1 个。通过"4-2-1"布局的设计,有效矫正了传统园区多样化集聚导致的资源分散、产业竞争力难以做强的弊端,推动优势产业资源更好地实现专业化聚集。

2.主导产业选择:从"大而全"到"精而优"

尽管滨海新区在工业体系的完备性上具有比较优势,但传统"大而全"的发展模式也在一定程度上导致了资源分散化,产生了产业多而不精、大而不强的现象。建设现代产业链和产业体系要做精做优主导产业,引导资源围绕主导产业加速聚集。滨海新区围绕"1+3+4"现代化产业体系建设方向,结合新区产业发展优势,选取了新一代信息技术、生物医药、高端装备制造、新能源新材料、航空航天、现代服务业等 6 个产业作为全域重点和优势产业加以培育。

3.主导产业 + 主题园区:从同质竞争到优势互补

结合各开发区产业基础和资源优势,确定经开区重点发展新一代信息技术、化工新材料、汽车制造、生物医药;保税区重点发展高端装备制造、食品加工制造、运输设备制造(航空航天、铁路、船舶)、国际贸易;高新区重点发展新一代信息技术、现代新兴服务业、生物医药、新能源新材料;生态城重点发展智能科技服务、文化健康旅游、绿色建筑与开发;东疆港区重点发展融资租赁及商业保理、国际贸易、航运物流等。虽然一些开发区有共同的主导产业,但各个开发区之间、各个片区甚至各个小片区之间各有侧重,各抓各段,从而实现了错位布局和资源优化配置。

(二)营造良好生态：主题园区服务产业链发展的创新探索

具体来看，在"主导产业 + 主题园区"模式中，主题园区扮演什么角色、发挥什么作用，不仅直接关系到主导产业的培育成效，更关系到整个产业链供应链的可持续发展能力。在滨海新区"主导产业 + 主题园区"的探索中，主题园区在以下几个方面发挥了重要作用，有力地推动了主导产业的发展，同时为完善生物医药产业链条和产业体系奠定了坚实基础。

1.要素整合

通过主题园区的建设，实现了要素的专业化集聚。一是加快产业主体集聚。围绕主导产业谋划标志性实体项目，引育龙头企业，促进大中小企业梯次发展，完善产业链配套，支持产业链向价值链两端延伸，形成良性产业发展生态。二是提升园区的专业化载体功能。根据主导产业的发展需求，主题园区有针对性地完善主导产业发展所需的专业化基础设施，提升专业化载体功能；建设主题园区"十通一平"，开展"新三通"，补齐加强主导产业发展所需的新配套，补足双千兆网络、大数据服务、检验检测等精准配套环节。三是提供升级版科技服务。面向主导产业科技创新需求，围绕主导产业"卡脖子"技术问题强化科技创新支撑，以产业园区为载体打造"重点实验室 + 技术创新中心 + 工程创新中心 + 企业应用创新中心"全生命周期创新体系；通过政策引导和资金支持、鼓励主题园区建设孵化器、众创空间等孵化载体；完善园区内检验检测、技术研发、产品认证、成果推广、知识产权服务等综合公共服务。四是完善社会保障与配套供给。全面落实升级版人才政策，下放人才认定、评价权限，拓展升级滨城人才服务证事项，优化教育、医疗、住房等领域公共服务，支持各类人才在滨海居家兴业；加大滨海产业基金支持力度，鼓励主题园区设立产业发展基金、发行专业债券，用足政策性银行和开发银行金融支持政策，复制推广知识产权融资租赁试点经验，推动知识产权质押融资、园区集合授信。

2.体制机制创新

滨海新区"主导产业＋主题园区"模式很好地实现了科技创新与制度创新的协同,实现了软硬实力双提升。一是推动园区管理模式创新。即打破传统僵化的园区管理模式,以提高管理运营效率为目标选择园区管理单位,由园区管委会管理或是专业化公司管理。对于大部分采取管委会管理模式的园区,也要面向主题园区发展需求,结合"放管服"改革、法定机构改革,创新管委会服务机制,组建主题园区专业化高素质开发运营团队、招商引资团队、企业服务团队。创新"招商三官"工作机制,首席政策官统筹协调土地、产业准入、能源环保等领域政策保障;首席金融官统筹金融资源与项目对接;首席数据官负责项目与数字经济融合发展。二是完善"政府＋市场"管理机制。按照适宜性、灵活性、专业化原则,鼓励有条件的园区开发建设主体进行资产重组,调整优化股权结构,引入社会资本,探索可持续发展的市场化运营模式,实现"政府＋市场"优势结合。三是升级政务服务。建立主题园区"线上＋线下"的综合服务平台,设立"政务服务工作站",做好"专家＋管家"式服务;推动实现服务范围更广、办理时间更短、服务感受更佳;完善场景建设服务,强化技术应用场景供给,编制滨海新区资源共享清单、能力共享清单、需求共享清单,实现主题园区资源使用效用最大化、最优化。

(三)强基聚链:"主导产业＋主题园区"加速生物医药产业链提质升级

主题园区的建设加速生物医药产业实现专业化集聚,不仅巩固了其作为区域主导产业的优势地位,也为产业链的不断壮大和完善奠定了坚实基础。滨海新区以产业链建设为核心抓手,全面实施"链长制",依托龙头企业吸引上下游企业向主题园区聚集,通过资源优化配置不断做大做强生物医药产业链,逐渐形成包括医疗器械子链、生物制造子链、制药子链、中药子链在内的现代化生物医药产业体系。

1.构建"龙头拉动、配套跟进、集群发展"产业梯队

滨海新区围绕细胞产业推进自主创新和原始创新,聚焦突破一批细胞产业"卡脖子"关键核心技术,加速科技成果向现实生产力转化,着力打造更具竞争力的"京津冀细胞谷"和细胞产业集群,在服务和融入新发展格局中发挥了重要作用。一是依托龙头企业吸引产业聚集壮大。在众多专业化平台的支撑下,滨海新区细胞产业取得快速发展,涌现出以康希诺、中源协和为代表的一批细胞产业龙头企业,带动上下游企业不断向主题园区集聚,逐渐形成生物医药产业的全产业链条,包括以康希诺为代表的现代疫苗产业,以中源协和为代表的干细胞产业,以合源生物为代表的CAR-T免疫细胞产业等。二是开展政策先行先试以实现配套跟进。充分利用自贸区、自创区政策优势,建立自贸区联动创新示范基地,实行细胞治疗先行先试,推进细胞治疗临床转化应用试点,筛选细胞治疗病种,开展小范围试单,摸清细胞治疗从研发到临床应用的全流程监管体系,为产业发展试制度、试标准,为后期大范围先行先试奠定基础。三是打造有主题有灵魂的创新集聚区。以打造产业链构建产业集群、以产业集群配合打造产业生态,牵头落实"八个一"工作任务,即制定一套工作方案,组建一个产业链专家服务团,培育一批以产业联盟为依托的产业链支撑机构,发展一批产业链龙头骨干企业,打造一批产业链园区载体,实施一批产业链重点项目,梳理一批产业链关键核心技术,形成一套产业链专属政策组合包,精准推动产业链高质量发展。

2.形成"原始创新＋应用创新＋产业化基地"全链条产业体系

在众多主题园区中,以经开区和保税区为集中承载地的京津冀特色"细胞谷"建设取得的成效最为显著,在打造产业集群、攻克关键核心技术、形成自主可控产品、建设创新平台和高科技园区、开展创新政策和试点示范工程、谋划优质项目等方面做了突破性创新,形成了依托龙头企业吸引上下游企业聚集的"原始创新＋应用创新＋产业化基地"全链条产业体系。

一是充分发挥平台带动作用推进原始创新。依托中国医学科学院血液学

研究所、天津药物研究院、中科院天津工业生物技术研究所等大院大所,形成细胞产业发展的基础核心支撑,解决产业技术"卡脖子"难题。二是充分发挥企业主体作用强化应用创新。推行创新积分制试点,建立以企业为主体、市场为导向、产学研深度融合的技术创新体系,打造立体化人才培养体系,建立健全科技和金融融合机制,成立天津中科海河生物医药产业基金、凯莱英生物医药产业创新基金等 10 余支基金,覆盖从研发到成果转化全生命周期科技金融支撑体系。三是充分发挥产业化基地作用实现延链补链强链。依托细胞生态海河实验室、合成生物学海河实验室等创新基地,增强创新策源能力,推动新建一批国家级重点实验室和技术创新中心。针对产业链上下游配套不全,供应链关键设备和原料耗材自主可控能力不强等问题,吸引外部企业入住,推动生物药关键进口"卡脖子"技术和产品替代,完善产业集群生态。

结语

改革开放以来,以产业园区为载体,各地迅速实现资源集聚,开启快速工业化进程。经过数年的发展,普遍形成了相对稳定的产业体系,也培育出各具特色的主导产业、优势产业。但是随着全球科技革命的不断迭代升级,新产业新业态新模式相继涌现,现代产业体系的内涵持续拓展,国际竞争的焦点更加聚焦于高科技、战略性的现代化产业。新形势新挑战迫使产业园区优化升级,以适应现代化产业体系建设新要求。因此,如何立足优势、着眼未来,培育更具带动力作用的现代化产业体系,更好地发挥产业园区的载体功能,打造更具国际竞争力的现代化产业集群,形成优势互补、互利共赢的产业空间格局,不断增强产业链供应链韧性和安全水平,不仅是各地实现高质量发展的内在要求,也是构建更加畅通的"双循环"新发展格局的客观要求,这是一个值得进一步深入思考的问题。

本文作者:王坤岩、臧学英、郭贝贝

从"囿新"到"创新"

——天津滨海新区法定机构改革的推进之路

天津师范大学课题组

开发区是我国改革开放后最重要的经济发展载体和制度创新实践之一，自 1984 年首批国家级经济技术开发区设立以来，开发区历史在我国已发展了近 40 年。截至 2022 年 4 月，我国省级以上开发区总数达 2776 个，其中国家级各类开发区 669 个，覆盖了全国所有的省区市。开发区逐渐成为各地拉动经济增长的"火车头"、优化产业结构的"试验田"，为国家实施重大发展战略提供重要载体。但随着资源、政策等传统红利边际效应递减，机构重叠化、同质化、低效化等诸多问题开始显现，部分地区逐步启动机构改革进程。其中，法定机构作为一种组织机构模式是推进国家治理体系和治理能力现代化、推动政府职能转变、深化事业单位改革、优化公共服务等方面的重要尝试。法定机构具有独立法人地位，一方面由传统行政制度授权得来特定职权，另一方面又不直接参与市场活动，主要是通过"委托—代理"模式服务于区域管理、科技创新和经济转型等事项。相较于传统的"开发区管委会属于政府派出机构"的定位，法定机构改革逐渐成为我国公共部门改革的重要参照模式之一。

2019 年,天津市直面各开发区管理模式僵化、干事创业活力不足等问题,大刀阔斧推进法定机构改革。各开发区从社会琐事中解放出来,让专业的人干专业的事,聚焦主责主业,集中精力招商引资、发展经济,瞄准经济主战场,旨在打造一支具有开发区特色的"野战军",开辟出一条高质量发展新路。滨海新区下辖天津经济技术开发区、天津港保税区、滨海高新区、东疆保税港区、中新生态城五个功能区,空间占比大,规划面积超过 1000 平方公里,占新区面积近一半,占全市面积近十分之一,各开发区经济总量占新区比重超过60%,占全市比重超过 25%,如此大规模的法定机构改革实属首次。滨海新区法定机构改革作为深化改革、开放创新的方式之一,其改革目标是什么?如何发挥滨海新区法定机构在分担政府压力、节约行政资源、提高运行效率方面的效用?怎样冲破法定机构改革过程中的重重阻碍?这些问题值得深入探讨。

一、盐碱地上的艰辛创业:改革开放以来天津开发区发展蝶变

1984 年,中央决定开放包括天津在内的 14 个沿海港口城市,作为我国实行对外开放的一个新的重要步骤、新中国成立以来经济政策上的一次重大调整和改革。"开发区大有希望",这是邓小平同志 1986 年视察天津开发区的题词。

(一)开发区先行先试:天津勇当改革发展"排头兵"

滨海新区的故事,发轫于盐碱荒地,没有产业基础、没有基础设施、没有成熟经验可循,天津开发区在碱花如霜的不毛之地上开始起步。面对阡陌纵横的一个个盐池和大片荒凉的滩涂,最初的建设者以"精卫填海"的意志,率先提出"投资者是帝王""服务也是投资环境"等理念,建设仿真国际投资环境,吸引外资企业投资兴业,使天津开发区成为全国改革开放的领跑者。

1994 年 3 月,天津市规划和建设的天津滨海新区——包括原塘沽区、原汉沽区、原大港区三个行政区和天津开发区、天津港保税区、天津港区以及东丽区、津南区的部分区域,这是滨海新区作为一个区域概念首次被正式提出。2006 年 5 月,国务院印发《关于推进天津滨海新区开发开放有关问题的意见》,批准天津滨海新区成为继上海浦东之后第二个国家综合配套改革试验区。天津滨海新区的功能定位是:依托京津冀、服务环渤海、辐射"三北"、面向东北亚,努力建设成为我国北方对外开放的门户、高水平的现代制造业和研发转化基地、北方国际航运中心和国际物流中心,逐步成为经济繁荣、社会和谐、环境优美的宜居生态型新城区。

滨海新区开发开放正式上升为国家发展战略,肩负起改革攻坚"探路者"和深化开放"先遣队"的光荣使命,努力为新时期深化改革、扩大开放探索新途径、积累新经验。从行政管理体制改革、金融体制改革,到土地管理体制改革、涉外经济体制改革,再到社会管理体制改革,滨海新区开始在一系列领域先行先试。

在行政管理体制改革上,以"简政放权"作为改革棋局的"先手棋"。2014年 5 月 20 日,全国第一家国务院批准的滨海新区行政审批局正式挂牌成立,将滨海新区政府 18 个部门的 216 项行政审批职能进行整合,全部划入行政审批局,审批机构由原来的 18 个变为 1 个,审批人员由 600 人减少到 109人,审批印章由 109 颗变为 1 颗,实行"一枚印章管审批",在全国率先破解"公章四面围城、审批长途旅行"顽疾,最大限度地简政放权,该交给市场的都交给市场,加快向服务型政府转变。

在经济领域改革上,大力发展以金融业为核心的现代生产性服务业,积极推进北方国际航运中心和国际物流中心建设。2015 年 4 月,中国长江以北首个自贸试验区在天津挂牌成立,三个片区全部位于天津滨海新区。随着天津自贸试验区 175 项制度创新举措落地实施,滨海新区制度创新掀起新的高潮,用占全市 1% 的面积创造了全市约 12% 的地区生产总值、近 10% 的一般预算收入、1/4 的实际利用外资,以及 1/3 的外贸进出口额。大宗商品现货保税交易、海关特殊监管区域间保税货物流转监管模式、融资租赁公司收取外币租金等 10 项创新经验已在全国复制推广。

在社会领域改革上,围绕"十大民生工程",从完善基础设施的"九通一平"(供电、供水、燃气、供热、排水、排污、邮电、有线电视和土地填高平整)到营造投资环境的"新九通一平"(信息通、市场通、法规通、配套通、物流通、资金通、人才通、技术通、服务通和建立 21 世纪中国的新经济平台),着力抓好教育、文化、医疗卫生、保障性住房、流动人口管理服务等方面的体制机制创新。

从经济体制改革,到综合配套改革,再到全面深化改革,"敢闯深水区"的滨海新区,始终挺立在改革先行的潮头,改革大戏紧锣密鼓,改革进程蹄疾步稳,改革大潮波澜壮阔,"改革与发展"成为滨海新区的优势特色。

(二)多点开花闯新路:各类功能区拓围增效势头强劲

滨海新区的设立就是改革创新的产物,因改革而生、因改革而兴。自 2006 年纳入国家发展战略后,滨海新区持续深化功能区体制改革,形成经济技术开发区、天津港保税区、高新区、东疆保税港区、中新生态城五大功能区,五大功能区成为滨海新区经济建设的主力军和主战场。紧紧抓住改革的根与魂,滨海新区成为国内对外开放区域形态最为齐全的地区——天津经济技术开发区连续 19 年在全国开发区综合评比中名列第一,滨海高新区成为国家自主创新示范区,天津港保税区诞生全国第一个空港保税区,东疆保税港区创全国面积最大保税港区,中新天津生态城建世界上第一个国家间合作开发的生态城市。

1984 年,天津经济技术开发区在渤海湾一片盐滩上成立,是我国最早的一批经济技术开发区。"一只机"(摩托罗拉寻呼机)、"一碗面"(康师傅方便面)是经济技术开发区建设的表象记忆。秉承"让投资者赢得利润"的理念,紧紧抓住开发开放的历史性机遇,不断拓展招商渠道,脚踏实地深入实际,产业结构发展脉络经历了由轻到重、由初级到高级的不断转变,逐渐由传统的四大支柱行业向电子通信、汽车、装备制造、生物医药、新能源新材料、食品饮料、石油化工、航空航天、现代服务业等九大支柱行业转型。

天津滨海高新技术产业开发区成立于 1988 年,1991 年经国务院批准成为首批国家级高新区,2014 年获批成为国家自主创新示范区。形成以信创产业为首位,以新经济服务业、生物医药、新能源、高端装备制造为支撑的"113X"高端产业体系。全力建设"中国信创谷""细胞谷",集聚以中科曙光、飞腾、麒麟、360 为代表的一批战略性新兴产业,成为天津市创新资源最为丰富、自主知识产权拥有量最多、经济增长最具潜力的区域。

1991 年 5 月,天津港港区盐碱荒滩上围网立区,北方首个符合现代国际经济发展要求的保税区——天津港保税区正式诞生。天津港保税区现已包含保税区、保税物流园区、综合保税区等多种海关特殊监管形态。2021 年,天津市综合保税区进出口值 2538.7 亿元,占天津市进出口总值的 29.6%。从海港发展至空港,再扩土到临港的重组整合,形成民用航空、海洋经济、高端装备制造、快速消费品四大集聚产业,新一代信息技术等产业快速崛起,一个开放的保税区正全面融入全球产业链。

在天津港东北部,有一片浅海滩涂人工吹填造陆形成的半岛式港区。天津东疆保税港区于 2006 年 8 月 31 日经国务院正式批准设立,面积 10 平方公里,是我国当时规模最大、开放度最高的海关特殊监管区域。天津东疆保税港区肩负着改革开放"先行先试"的角色,我国飞机融资租赁第一单、船舶离岸租赁第一单都出自这里,飞机、国际航运船舶和海工平台租赁业务目前分别占全国的 90%、80% 和 100%,打造租赁业的"东方的爱尔兰"。"过去有公司想租赁国内组装生产的飞机,要跑到欧洲办手续,现在东疆帮您搞定!"东疆国际航运与金融发展促进中心副主任李晖说。

2008 年 9 月,中新两国政府间合作项目——天津中新生态城开工建设。

为改善 1/3 盐碱荒滩、1/3 废弃盐田、1/3 污染水面的恶劣生态环境,生态城完成绿化 755 万平方米,建成 8 个绿化公园,区绿化覆盖率达 50% 以上,市政管网普及率 100%;实施智慧灯杆、智慧停车场、智慧公交站等,老百姓通过家里的信息屏就可以实时查看路况信息等一系列智慧项目;神州数码、太极计算机、浪潮等行业领军项目纷纷在生态城落地,带动大数据、云服务、智能设施等产业集群发展,加快建设国际合作示范区、国家绿色发展示范区、产城融合示范区和智慧城市示范区。

从开发区"一枝独秀",到开发区、保税区、出口加工区、保税物流园区、综合保税区、保税港区、综合配套改革试验区、自贸试验区"群芳争春",滨海新区已成为国家多层次开放的"试验田"。

从 20 世纪 80 年代天津经济技术开发区艰苦创业、勇做"试验田",为改革开放探路;到滨海新区上升为国家发展战略,成为全国综合配套改革试验区,为全国改革发展积累经验;再到层层推进和深化要素市场化改革、法定机构改革等体制机制改革,打出推动高质量发展、创建繁荣宜居智慧新城大旗,滨海新区勇立潮头,以推进改革开放伟大实践为使命,以创造改革开放的滨海样本为职责,高歌猛进、砥砺前行。

二、新时期的新困惑:天津开发区管理体制何以裹足不前

1978 年党的十一届三中全会作出了改革开放的重大决策。随之而来的是国门的打开、外资的引进、对外贸易的快速发展等新景象。在外向型经济的助推下,国民经济社会发展开始进入快车道。1980 年,改革开放尚处于"摸着石头过河"的阶段,在仍然盛行计划经济的背景下,开发区属于"新生事物",需要突破既有的管理制度,因而具有试验性质。对中央政府而言,批准设立开发区既是为了谋求更快的经济发展,更是着眼于探索改革开放之路;对地方政府而言,则需要依托开发区建设,营造经济发展的物质环境和制度环境,包

括土地的开发、配套设施的建设和管理模式的创新,并施行税收等方面的优惠政策以及制度上的支持,以降低"客商"的运营成本、加快地方的经济增长,并在技术外溢、劳动就业、财税增长等方面获得长期利益。

1986年8月21日,中国改革开放的总设计师邓小平来到天津经济技术开发区,参观了天津经济技术开发区第一家合资企业——丹华自行车有限公司,倾听了开发区负责人的工作汇报后,总设计师不仅留下了那句著名的论断——"对外开放还是要放,不放就不活,不存在收的问题",而且欣然题词"开发区大有希望"。滨海新区自经济技术开发区成立之后,从开发区"一枝独秀"到多层次开放试验田"百花齐放",从经济改革"一马当先"到全面深化改革"万马奔腾",从高速增长到高质量发展,这片勇立潮头、敢为人先的热土,改革开放创新的浪潮,层层迭起、奔涌不息,不断打造开放"新高地",不断树立改革"新地标",不断厚植发展"新沃土",演绎着一个又一个"春天的故事",映射出中国改革开放四十多年的壮丽图景。如今,镌刻着小平同志"开发区大有希望"题词的各式各样的纪念碑遍及全国各地的开发区,这是一代伟人对于中国改革开放的伟大预言和坚定信心,经济技术开发区和改革开放相伴而生,对中国的经济社会发展和改革开放起到了重大作用。

滨海新区是国家综合配套改革试验区,是带动区域经济发展的重要引擎,是影响天津经济发展的关键,承担着先行先试的重大使命。打造名副其实的改革开放先行区,关键是把开发区的作用发挥好、把开发区的活力激发出来。长期以来,开发区坚持改革开放、聚焦经济发展,为滨海新区乃至全市发展作出突出贡献,但在法定机构改革前也积累了一些深层次的矛盾和问题。

(一)改革创新步伐难以适应经济高质量发展要求

在天津,开发区是全市改革开放的"排头兵"、高质量发展的"主阵地"。一直以来,开发区注重以服务至上、效率优先的管理理念闯新路、开新局,但在国家关于建设用地审批、生态环境保护等方面政策约束趋紧的形势下,开发区依靠特殊优惠政策取得的聚集产业资源优势开始消退,迫切需要重新审视自身优势和寻找新的发展模式。与此同时,随着国内工业化步入中后期,技术水平更加接近世界前沿,新兴产业发展方向更具不确定性。综合来看,各开发区在发展定位、要素集聚、产业整合等方面敢于打破禁锢、特事特办的魄力明显不足,在深化改革上缺乏颠覆式、首创性的招法。同时,在扩大开放上缺乏全球视野和前沿思维,缺乏快人一步的举措和成效。比如,天津自贸试验区 3 个片区在商事制度创新上的力度还不够,对企业的吸引力还不足,截至 2018 年底累计注册企业仅有 7.8 万家, 而前海蛇口自贸片区在 2018 年底就达到近 18 万家。

(二)人事管理体制僵化难以充分激发干部队伍干事创业热情

经过多年发展,随着开发区管辖区域的扩大,城市化进程不断加快,经济和人口总量不断增加,开发区管理服务职能在逐渐拓展,这也造成了各开发区管理部门行政化、机关化倾向日益明显,承担大量社会管理职能,抓经济、上项目、促发展的精力被"稀释",一线直接从事招商引资工作的人员一度仅占 10%,主责主业不突出;坐着"铁交椅",端着"铁饭碗",过着旱涝保收的日子,主动作为、勇于担当、拼搏进取的意识不强;"凭业绩论英雄"导向不鲜明,缺乏有效的考核激励机制,干部使用上论资排辈、平衡照顾和工资待遇上平均主义现象比较突出。

(三)产业转型升级进程中面临断档压力和发展降速风险

高效推动产业融合发展是开发区成为本地区制造业、高新技术产业和生产性服务业集聚发展平台的关键。一段时间以来,新区各开发区产业结构偏重偏旧的问题比较突出。虽然生物医药、人工智能、新能源新材料等新兴产业发展速度较快,但总体规模不大、占比不高,致使新旧动能转换不畅、青黄不接,出现了"换挡乏力"和"换挡失速",主要经济指标出现了不同程度回落。

2018年,保税区GDP同比下降5.8%、生态城GDP同比下降3.6%、高新区工业产值同比下降11.1%,在兄弟省市追赶竞争中,面临巨大压力。更为急迫的是,由于上述新兴产业培育周期长、见效慢,接下来依然需要长期战略跟踪和投资。

在滨海开发区发展实践中,效率驱动下的发展目标与政策初衷一度产生了很大程度的背离,这是导致上述悖论的主观原因;随着我国经济社会的发展和宏观环境的改变,尤其是加入WTO、全球金融危机等外部机遇与挑战的并行出现,决定了开发区本身的定位、发展策略和尺度关系等也需要适时调整。

三、法定机构改革的生动实践:天津滨海新区治理创新再出发

(一)法定机构:行政体制改革超常规深化中的探索革新

1.法定机构的基本属性与功能定位

(1)法定机构的基本属性

法定机构的基本属性主要体现在以下3个方面:

①法定机构具有行政职能,依法行使行政职权。但它不是行政机关,不在《地方组织法》的调整范围内,不具有行政编制,其工作人员并非公务员。

②法定机构属于新型的公法人。法定机构是指由专门立法设立,具有法人地位,自主运行,实现专门性目的的非营利性公共组织。

③法定机构是独立于行政编制、事业编制和企业编制的新型公共管理组织,基于授权而成为授权行政主体,基于职权委托而成为职权行政主体。法定机构受政府或其设立的机构领导,大多按决策和执行二分制结构组织,具有一定的灵活性。

（2）法定机构功能定位

法定机构作为一种具有鲜明特色的公共服务组织形态，相对于政府部门、事业单位、社会组织和企业，呈现出公共性、独立性、灵活性、自主性等特质，能起到其他组织形态难以起到的作用。但正是因为其"四不像"的特征，才直接导致了法定机构性质不明确，进而引发运营方向困惑、寻租腐败、挤压社会新生力量、弱化府际关系等问题。理清法定机构究竟为何存在，不仅是对新公共管理劳动分工和专业化需求的回答，也为后新公共管理时代的公共事务共同参与合作提供了前提条件。法定机构的机构宗旨与事物范围具体如下：

①机构宗旨：高效率地提供公共产品和服务。法定机构应是政府依据法律设立的履行公共管理和服务职能的公共事务组织，其存在的目的在于克服传统科层体制中行政成本高、行政效率低的弊端，实现行政组织的精简化和效率化。2003年，香港特别行政区民政事务局在《公营架构内的咨询及法定组织——角色及职能检讨》中专门就法定机构的职能进行了定位。一个基本方向就是使法定机构的角色定位更加明确，除非成立法定组织是执行有关职能的最适当和最具成本效益的方法，否则不应予以成立。从政府的角度来看，政府可以要求它们尽量做到自负盈亏，但并不指望它们以盈利为导向，政府首要关心的是法定机构提供的公共产品和服务是否切实高效。法定机构不按一般的行政程序运作，不受专门行政法规约束，旨在提高行政效率，避免传统行政因程序、法规的约束性太强而造成保守、迟缓和僵化的问题。无论法定机构具体承担的是执行政府的政策法规、通过行政管理和市场监管提供服务，还是承担咨询、建议等职责，都要以提升社会管理和服务效率为宗旨。

②事务范围：政府做不好，民间做不了之事。法定机构的职能具有专门性和特殊性，法定机构基于特殊的使命而产生，为了确保其实现特殊的功能，不仅要采用特殊的管理模式，还要有特殊的事务范围，并赋予其特殊的使命。法定机构的主要任务是通过其在基础设施及公共服务领域的经营活动营造良好的市场环境，以促进市场公平竞争和保障经济活动的正常运行。因此，法定

机构要着眼于履行公共机构的职能,与现有的行政主体和市场主体耦合式发展,为所不为,成为治理网络的重要组成部分:第一,法定机构定位于承担"政府做不好,民间做不了"的公益事务,如果是政府自身可以优质承担的行政事务,则没必要专门设立法定机构,同理适用于民间。第二,法定机构定位于承担不以盈利为主要目的的科教文卫等公益事务,也就是说法定机构不能承受绝对自负盈亏的市场风险。第三,法定机构定位于承担目前行业协会、社会组织由于自我发展程度不足而无法承担的公益事务,这部分事务将随着社会组织的日益壮大而逐步归还给社会。

2.国外法定机构改革的典型经验

国外法定机构的改革起步较早,积累了大量的有益经验和错误教训,对我国法定机构改革有着较为重要的意义。基于此,主要介绍英国、新加坡、美国和日本四国的法定机构改革经验。

(1)英国执行机构的运作机制

英国是当今世界行政改革的先驱。20世纪80年代,英国行政改革中创设的执行机构成为之后日本、新加坡等国家仿效的原型。20世纪70年代,英国政府受到新技术变革、全球化和国际竞争等的挑战。由于在处理经济、社会等问题上的无能以及公共部门管理效率的低下,英国政府面临着日益严重的财政危机、管理危机和信任危机。这些危机迫使英国政府开始实施一系列变革措施,"下一步行动方案"和执行机构改革就是此次改革的产物。为了推行"下一步行动方案",英国保守党政府专门设立了项目小组,筛选出一部分政府机构率先进行执行机构改革。执行机构的设立过程主要由执行机构候选者的上级主管部门、方案项目小组和财政部三方参与。

(2)新加坡法定机构的运作模式

新加坡的公共管理职能主要由行政机构和法定机构行使。行政机构包括总理公署、社会事业部、国家发展部等,通过制定经济发展战略和中长期计划,明确经济发展目标和重点部门,从而实现对经济的直接干预。法定机构是由专门的立法机关设立的执行专门职能的官方自主机构,它在形式上隶属于政府各部,实际上保持相对独立性。新加坡有着各式各样的法定机构,领域广泛、作用灵活。法定机构具有政府部门不具备的灵活性和高效性,在经济发展和社会管理中承担着以下四种功能:一是帮助国家组织和发展经济活动,比如经济发展局和贸易发展局;二是提供民生服务,如建屋发展局、中央公积金局和公用事业局;三是提供基本设施服务,如民航局、海事及港务管理局;四是执行管制任务,如金融管理局。

(3)美国独立机构的运作模式

美国独立机构是指存在于联邦行政部门之外的机构,它们名义上服从于联邦政府行政部门,但拥有其独立的行政权力。独立机构根据一定的政治经济和文化需求由国会通过的单独法规建立,法规明确了其工作目标、领域和制定规则的权力。美国独立机构的运作模式围绕着如何确保其独立性展开。各个独立机构的设计目的不同,应对问题也各有差异,美国独立机构的保障性机制主要有:一是委员会制。依据行政机关领导结构的特征,行政机关可分为独任制和委员会制。二是财政保障。财政独立的一个基本方式是将其财政从行政系统预算分离,进行独立预算。另一个方式是保障其财政来源。通常独立机构可以向管制对象收取一定的费率,这些收费构成独立管制机构预算的主要部分。三是总统任命权的制约。任命权成为总统控制行政机构的主要手段,总统通过任命行政官员,将施政纲领体现到组阁计划中。为了防止总统在任命独立机构成员时也参照这一做法,授权法通常会对总统任命进行限制,确保政党均势。四是任期的稳定性。独立机构成员的任期往往比一般政治官员的任期长,其目的是为了确保政策稳定性。五是主席的职责。独立机构委员会主席的产生方式有两种,一种是由总统任命,如美联储主席的任期为4年,由总统指定。另一种是由委员会成员选举,如ICC实行主席轮替制。

(4)日本独立行政法人制度的管理模式

日本20世纪90年代末颁布的《最终报告》《关于推进中央省厅等改革的

方针》《独立行政法人通则法》等文件,规定了日本独立行政法人制度的主要内容。独立行政法人名义上隶属于各省厅,但实际上拥有较大自主权,主管部门和大臣一般不得干涉。2002年4月,日本政府进行了大规模的独立行政法人化改革,将中央政府部门的直属机构改为独立行政法人,以实现政府规划职能与实施职能的分离。在这场涉及科技、教育、卫生、文化等公共事业单位的改革后,日本建立起一套独立行政法人制度,成为日本解决行政问题的灵丹妙药。

日本设立独立行政法人有两个基本条件:首先,独立行政法人所经营的是那些不必由国家直接管理而完全交由民间组织又难以确保其公益性的事务。其次,从组织设立的必要性和合理性角度来看,新建的独立行政法人机构要具有特定业务领域。日本独立行政法人实行行政首长负责制。首长全面负责机构的经营和管理活动,日常事务由行政首长直接做出决定,重大事项需要经运营会议讨论后由行政首长裁决。

(二)求新求变:天津滨海新区法定机构改革模式选择

党的十八届三中全会把推进国家治理体系和治理能力现代化确定为全面深化改革的总目标,新时代中国特色社会主义行政管理改革由此呼唤政府治理现代化理论的重大突破与创新及其实践回应。2019年,按照天津市委部署,滨海新区直面最难啃的骨头,大刀阔斧地推进法定机构改革,5个开发区从行政化的政府派出机构转制为企业化。

在新区的5个开发区内实行法定机构改革,组织推动各开发区厘清管委会职责,剥离社会管理职能;调整优化管委会的管理架构,人员力量全面向招商引资一线倾斜;重新定位管委会干部身份,坚决破除行政化;进一步放权赋能,实现"新区事新区办,开发区事开发区办"。针对内部管理模式趋于老化的问题,为提升滨海新区发展竞争力,再创新再出发,一场"打破铁饭碗,端起瓷饭碗"的干部聘任制改革搅动了开发区公职人员队伍的一池春水。

1.改革定位：瞄准经济主战场，锻造发展"野战军"

以持续改革激发区域活力，天津刀刃向内，通过法定机构改革，转变干部作风，让敢想敢拼真正干事创业的人，担起担子，成为推动产业高质量发展的"野战军"。2019年，天津直面各开发区体制机制僵化、干事创业活力不足等问题，大刀阔斧推进法定机构改革。瞄准经济主战场，打造一支"野战军"，杀出一条高质量发展新路。通过法定机构改革，滨海新区有1800名体制内人员，原地起立，打破身份，竞争上岗。5个开发区内设机构总数，由改革前的190个降至改革后的156个，招商引资和服务企业类部门占比超过80%，形成了氢能产业发展局、融资租赁促进局等156个特色机构，更加符合滨海新区的产业架构。

2.放权赋能减负：创新体制机制加速集聚发展动能

坚持为开发区瘦身强体、轻装上阵，构建放权减负体制机制，推动各开发区集中精力打好区域开发和招商引资攻坚战。深度放权赋能，市人大常委会、市政府修订各开发区《条例》和《管理规定》，进一步明确了开发区管委会的职责权限。滨海新区承接的市级管理权限，只要是各开发区有需求的，一项不留、全部下放。切实减负增效，削减不必要的会议检查考核，严格控制开发区参加区级会议和报送相关材料的数量，避免了重复考核、多头考核，使开发区有更多精力聚焦主责主业。

3.人事革新：多样化用人机制激发人员干事创业热情

滨海新区坚决打破"铁饭碗"，论资排辈的干部任用模式被彻底摒弃，在"有为"才"有位"的竞争机制下，选人用人从"该用谁"变成"能用谁"，干部不再是"能上不能下"，而是3年为1个聘期，"如果不担当不作为，可能连3年都难坐稳"。全体处级干部打破身份界限，行政、事业和企业编制人员一视同仁、同台竞岗，充分发挥人才资源的优势，强化人员自由流通机制，让优秀人才能"进得去"，也能"出得来"。

据滨海新区改革办刘主任讲："虽然说现在来看这一绩效改革是成功的，

但当时开始实施时确是遇到了不小的阻力，比如经开区在改革前有1000多人在编制内，推动这些人去身份、去编制是非常困难的，最终，开发区党委做了大量的制度设计、岗位设计、安抚人心的工作，充分发挥了党建引领的作用，最终2个月内全部转换到位。"

面向全球招聘24位开发区管委会副主任，不设行政级别，年薪50万元起，3年聘期能上能下、能进能退，薪酬严格与年度考核挂钩……这场招聘吸引了1056人报名，拥有硕士及以上学位人员占比74.05%，来自国内天津之外地区的人员占比近一半，特别是来自北京、上海、广东等发达地区的人员占到了25.28%。经过深入考察、反复比选，最终5个开发区继续留任副主任3名，新聘任副主任21名，平均年龄44岁，较改革前整整年轻了9岁。竞争最激烈的滨海高新区管委会分管科技创新的副主任职位，竞争比例高达105∶1。

（三）效能释放：法定机构改革助力新区经济高质量发展

1.发展主体作用更加突出

法定机构改革以聚焦主责主业为前提。滨海新区在岗位设置上人员配置向招商引资、营商环境聚焦。改革前，各开发区管委会是天津市政府的派出机构，编制身份主要包含行政编制和事业编制两大类。按照国务院文件中关于"支持国家级经开区创新选人用人机制，经批准可实行聘任制"的要求，滨海新区把开发区选人用人机制创新作为法定机构改革的重头戏，坚决打破"铁饭碗"，全面取消编制管理，全员聘任、竞争上岗，充分调动工作人员的积极性。在薪酬分配体系创新方面，新区建立了岗位绩效工资制，激发全员的干劲与活力。

2.开放创新力度更加强劲

法定机构改革锚定"全员起立，全员竞聘，打破干部终身制，建立能上能下、能进能出的选人用人体制"；以岗定薪，优绩优酬，建立岗位绩效工资制，制定严格有效的考核评价体系，打破平均主义，开发区法定机构改革，正在形成一套既管当前又利长远的体制机制,把改革的动力、绩效考核的压力传递到每一个人。通过竞聘和选聘,开发区干部队伍年轻化、高知化、专业化特征愈发显著,精神面貌焕然一新,竞争意识、市场思维、创业激情再次成为主旋律。领导班子顺利实现新老交替,能干会干善干的氛围浓厚;年轻干部赢得发展平台,想干愿干积极干的意识强烈;一批外部高端人才投身开发区,注入了新理念新思想新活力,形成了招商促商、干事创业的强大合力。

3.队伍精神状态更加昂扬

强化经济职能,将精力和资源集中在高质量发展上,成为这轮体制改革紧紧牵住的"牛鼻子"。据滨海新区区委改革办相关负责同志介绍,为做好开发区法定机构改革,滨海新区全面加强制度保障,坚持聚焦主责主业,创新选人用人机制,变革薪酬分配体系,完善考核激励机制,大力推动放权赋能,持续放大改革效应。坚决打破"铁饭碗",全面取消编制管理,全员聘任、竞争上岗,充分调动工作人员的积极性。在薪酬分配体系创新方面,新区建立了岗位绩效工资制,激发了全员的工作干劲与活力,工作效率有了明显提升。

四、结语:天津滨海新区法定机构治理创新展望

党的二十大报告举旗定向、高屋建瓴,为今后党和国家的长远发展指明了方向,滨海新区法定机构改革,坚持"三个务必",踔厉奋发、勇毅前行,为全力加速新区"二次创业"、全面建成社会主义现代化强国、推进中华民族伟大复兴不懈奋斗。在当前国内外新形势下,法定机构改革正在重塑各开发区功能,培育创新生态,推动产业发展、招商引资、科技创新等工作取得新成效。

一场前所未有的"动饭碗"深层次改革在滨海新区各开发区铺开。推行法定机构改革,磨砺投身市场、招商引资的锐气,保持舍我其谁、干事创业的血性,以实际行动书写担当、展现作为。通过创新管理方式,进一步激发开发区活力,加快构筑发展新优势,坚决落实法定机构改革部署,勇于先行先试,以

刀刃向内的决心意志除旧布新,提升各开发区发展质量效益,广大干部职工迸发干事创业热情,表现出"野战军"的精神状态。正如革命必然伴随着"流血",任何改革事项的成功都是摸爬滚打、披荆斩棘的过程,毫无阻碍的改革注定不是真正意义上的改革,滨海新区法定机构改革从起步到腾飞再到回落,正在走着"改革—纠错—再改革—再纠错"的改革道路,但毫无疑问,法定机构改革的未来发展十分可观,滨海新区法定机构改革从"闯新"到"创新",道阻且长,机遇和挑战兼具,究竟最终会交上一份多少分数的答卷,拭目以待。

本文作者:宋林霖、李广文、纪泽民、倪明胜、陈志超、张玉帅、刘学、周博文、武岳、苏蕾权、李欣璐、杨俊杰、李昊、张嘉桅

党建引领　共同缔造

——天津市滨海新区推动市域社会治理效能提升的实践与思考

中共天津市委党校课题组

习近平总书记指出,党的工作最坚实的力量支撑在基层,经济社会发展和民生最突出的矛盾和问题也在基层。基层既是贯彻落实党中央决策部署的"最后一公里",也是引领服务群众、推动改革发展的最前沿。近年来,随着市域治理现代化的不断推进,基层社会治理所承载的功能越来越多,同时也面临着资源分散、结构碎片、群众参与度不高等现实问题。如何有效提升市域社会治理水平,真正把"独角戏"变成"大合唱",成为摆在各地政府面前的重要课题。

党的二十大报告明确提出,要"健全共建共治共享的社会治理制度,提升社会治理效能";"加快推进市域社会治理现代化,提高市域社会治理能力";"建设人人有责、人人尽责、人人享有的社会治理共同体"。2021年,中共中央、国务院印发了《关于加强基层治理体系和治理能力现代化建设的意见》,对于新时代基层社会治理创新提出了明确要求,特别强调要把党的领导贯穿基层治理的全过程、各方面。如何把这些政策要求转化为基层社会治理的具体举措,更好发挥党建引领基层治理的重要作用,真正实现从"要我干"向"我要干"的转变,来看天津滨海新区的探索。

一、千头万绪:新区的挑战有点多

滨海新区位于天津东部沿海,面积 2270 平方公里,海岸线 153 公里,下辖 21 个街镇和 5 个国家级开发区,常住人口 207 万。历史上这里曾是孕育我国近代工业的摇篮,但当时的滨海新区还不是一个整体,2009 年才由塘沽、汉沽、大港三个区合并而成。作为北方首个自由贸易试验区、国家自主创新示范区,滨海新区的优势非常明显,不仅工业基础雄厚,市场主体众多,而且有着得天独厚的港口优势和海运便利,再加上政策优惠的加持,可谓是天时地利人和,5 个国家级开发区扛起了天津的经济大旗,经济总量几乎占据了天津经济的"半壁江山",是当之无愧的"领头羊"。

但是随着经济要素的集聚、各类人才的涌入,新区的社会结构发生了深刻变化,人民群众的利益诉求日益多样,基层治理的矛盾问题越来越突出,"区域广阔""资源分散""利益碎片"成为困扰新区治理的重要瓶颈。据新区相关负责人介绍:滨海新区 2270 平方公里的辖区内,包含了海域、陆地、港区、油区、园区等多种类型,既有国际化、现代化的高端社区,又有经济欠发达、管理难度大的渔村、乡村,还有像大港油田、天津港这样的"巨无霸",光是世界 500 强企业就有 146 家,非公企业高达 15 万家。此外,还有大量科研院所、高科技企业、产业孵化中心等主体。

随着产业链的不断发展壮大,大量年轻人聚集到新区工作生活,这些年轻人既要工作赚钱,也要定居生活,对于住房、教育、医疗、娱乐等方面的需求非常旺盛。但是滨海新区的民生保障供给与市区相比是滞后的,导致大量人口白天在新区上班工作,晚上回到市区居住生活,形成了独具特色的"潮汐"人流、"钟摆"人口,高峰时期每天往返于中心城区和滨海新区的通勤人数甚至高达 30 万人。这一方面决定了政府必须提供多样化、差异性的社会服务，满足不同市场主体的个性需求；另一方面也要求政府必须把分散杂乱的治理要素整合起来，有效提升社会治理效能，努力营造更有利于企业发展的良好营商环境和社会环境。

习近平总书记指出，社会治理的重心必须落到城乡社区，社区服务和管理能力强了，社会治理的基础就实了。面对辖区人口结构多元、利益主体多样的实际，如何有效协调不同行业、部门、群体之间的利益关系，构建起完善的市域社会治理体系，一直是新区管理者思考的重要问题。

二、风起微澜：一件"小事"引风波

近年来，随着城市品牌意识、形象意识的不断增强，文明城市创建成为风靡全国的新潮流。作为国内影响力大、含金量高的综合性城市品牌，全国文明城市既是检验综合实力，特别是社会治理能力的"终极对决"，更是对城市治理水平和品牌形象的极大提升。早在 2018 年，滨海新区就已经开始参与全国文明城区创建，但是第一年的成绩并不理想。2019 年，虽然测评结果提高到了 90.43 分，新区也以第 8 名的成绩进入了第一梯队，但是压力依然很大。连续两年创建文明城区，效果都不理想，背后的原因到底是什么？一件发生在创文创卫过程中的"小事"引起了新区领导的注意。

2020 年 7 月，全国文明城区创建进入了攻坚阶段，区委领导到基层一线调研时发现，虽然各级政府很努力，党员干部也都很辛苦，但是并没有形成一个非常好的氛围。在创建文明城区的过程中，新区党员干部纷纷走上街头参与环境清整、交通疏导、志愿服务等创建工作。看似场面热火朝天，党员干部个个干劲十足，但是新区领导却发现，参与文明城区创建的似乎都是党员干部，而鲜有普通群众。创建全国文明城区本应是一个全民参与、人人尽责的过程，但是群众参与的积极性似乎并不高，对于党员干部的志愿活动是"围着看"而不是"跟着干"。甚至在有的点位,党员干部拔除杂草、清整环境,群众却站在道边上三五成群、冷漠围观,甚至还有挖苦嘲讽。对此,参与创城的党员干部也是一肚子苦水,单靠这么几个人何年何月能创建成功?

这些问题引起了全区上下的深刻反思,创建全国文明城区的初衷到底是什么?如果企业和群众都不参与,那么创建全国文明城区能成功吗?反过来讲,即便拿下了全国文明城区的名头,但是群众的参与热情没有被动员起来,对于新区的发展又有什么意义呢?只有找出背后的深层原因,真正把群众动员起来,文明城区创建才能事半功倍。进一步调查发现,群众之所以参与度不高,一是因为过去的思维惯性,认为创文创卫就是政府的事,群众热衷于当看客而不是参与者;二是对政府的工作不满意,群众的核心诉求没有得到解决,存在不想参与、不愿参与的情况;三是有些党员干部工作中的形式主义,引起了群众的反感。

这件创文创卫中的"小事"可以说从一个侧面折射出目前新区社会治理体系存在的问题。如何快速提升新区社会治理能力,激发群众的参与热情,实现从"要我干"向"我要干"的转变,成为新区上下共同关注的问题。

三、管中窥豹:传统治理何以低效?

在天津,滨海新区虽然顶着一个市辖区的名头,但是无论从产业还是人口来看,都已经是一个中等城市的规模,各类企业和大量人口的集聚,使得滨海新区比普通城市要难治理得多,需要协调多元治理主体的利益,回应不同社会群体的诉求,而传统的社会治理模式显然已经无法满足这些需要。在深刻反思中,新区管理者认为,之所以在创建文明城区中,群众的参与度不高,根本原因就在于现有的社会治理体系需要更新了。那么已经运用了这么多年的治理模式为什么会不灵了呢?问题的关键实际上还是在于治理理念的显著差别,管理和治理虽然只有一字之差,但却意味着社会治理的目的、主体、内容、方式都发生了深刻变化。

从治理内容看，随着政府职能从原来的行政管制型向服务供给型转变，要求政府必须提供全方位、高质量、均等化的公共服务产品。而滨海新区此前的定位是天津核心区的补充，片区大多为不同主题的产业功能区，在治理内容上更偏重于产业规划和基础设施建设等传统供给，对于群众的日常需求关注不够，基层治理还存在很多空白点，由此带来的直接后果就是新区多元治理主体的缺位，企业和群众参与既无动力也无渠道。

从治理资源看，虽然市域治理往往是治理体系最完备、治理资源最丰富、治理要素最齐全的层级，但是治理资源丰富与社会治理高效并不能完全画等号。尤其对于滨海新区而言，作为天津最大的市辖区和经济发展的"领头羊"，所拥有的治理资源比较丰富，但是分散化、碎片化的问题也比较突出，资源优势、要素优势还没有真正转化为治理优势。

从治理结构看，传统治理基于权力本位，形成了以政府部门为主导的科层逻辑，整个治理体系的运转是靠分层负责、部门主抓来推动的，相关部门各吹各的号、各唱各的调，很难形成工作合力。近年来，随着政府职能的转变，新区的治理模式发生了深刻变化，但是传统治理模式仍占主导。滨海新区在创建全国文明城区中的很多做法，其实折射的正是传统治理结构的影子。

党的十九届四中全会提出，要完善党委领导、政府负责、民主协商、社会协同、公众参与、法治保障、科技支撑的社会治理体系，建设人人有责、人人尽责、人人享有的社会治理共同体。这就要求基层社会治理必须突破传统治理科层制的结构限制，构建跨层级、跨部门的新型社会治理体系，形成系统整合、多元协同的现代治理格局，真正实现从"我在干，你在看"向"跟着干，一起干"的转变。

四、党建引领：基层治理找到"金钥匙"

进入新时代，滨海新区承担着构建"津城""滨城"双城发展格局的重要责任，面对市域社会治理主体多元、要素多样、结构复杂的状况，新区的管理者一直在思考，如何才能突破群众参与度不高的治理困局，找到一条串联起各类治理要素的主线呢？党的二十大报告明确提出，各级党组织要履行党章赋予的各项职责，把党的路线方针政策和党中央决策部署贯彻落实好，把各领域广大群众组织凝聚好。如果把基层党组织的政治功能和组织功能充分发挥出来，推进以党建引领基层治理，拓展群众和企业参与市域治理的制度化渠道，也许就找到了突破基层治理困局的"金钥匙"。

正是基于这样的考虑，在市域治理实践中，滨海新区提出了"党建引领，共同缔造"的理念，试图以此来将区域治理、部门治理、行业治理、单位治理有机结合起来，推动各类基层组织按需设置、按职履责，形成多元主体共同参与的"乘数效应"。

客观来讲，"党建引领，共同缔造"的理念确实非常符合中央精神，也具有很好的制度设计，但是最终能不能实现呢？滨海新区首先盘了盘自己的家底。从组织资源来看，全区 8865 个基层党组织、15 万名党员，分布在新区的城乡社区、各行各业，能够有效连接起基层社会治理的不同主体，形成示范带动的良好效应。从组织权威来看，面对新区主体多元、利益多样、资源分散的客观实际，显然只有基层党组织才能发挥总揽全局、协调各方的领导核心作用，最大限度调动各种力量和资源共同参与社会治理。从组织能力来看，基层党组织具有较为强大的整合协调、组织动员能力，能够把市域范围内的各类治理主体关联在一个系统上，推动市域社会治理由"分散碎片"向"系统集成"转变。

既然"党建引领，共同缔造"完全有实现的基础，那么应该如何引领？滨海新区规划了五项具体措施：一是明确治理主体。针对传统治理主体缺位的问题,整合优化了民生、产业两类红网格,通过发挥基层党组织领导轴心作用,把群众、企业等多元主体都"统"到网格里面。二是集成治理资源。针对原有治理资源分散的问题,由党组织把党员干部、机关部门、社会力量、居民群众等治理要素有效统筹起来,共同破解治理难题。三是完善治理体系。针对传统治理体系不健全的问题,优化纵横交织、经纬相联、功能交融、高效协同的党建红网格,形成微事、小事、中事、大事四级处理架构。四是提升治理效能。针对传统治理模式低效的问题,充分发挥考核指挥棒作用,对机关单位实行"三考合一",对村居开展"评星定级",对市场主体推行信用管理,对居民群众进行正向激励,对盟员会员①给予赋能礼遇。五是推进智能治理。依托区委"组织在线"系统平台赋能智慧党建,实时展现党组织和党员的活跃度、志愿服务情况;开发"百姓需求"程序模块,形成民生事项办理工作闭环。

这样党建引领共同缔造的格局基本形成,治理主体缺位、治理资源分散、治理体系不健全的问题得到了有效解决,市域社会治理效能也有了提升的基础。但是通过"党建引领,共同缔造"真的解决了群众参与度不高的问题吗?

五、共同缔造:众人拾柴方能火焰高

党的二十大报告明确提出,要健全基层党组织领导的基层群众自治机制,增强城乡社区群众自我管理、自我服务、自我教育、自我监督的实效。而实施"党建引领,共同缔造",核心是要"建设人人有责、人人尽责、人人享有的社会治理共同体",以城乡社区为基础,发动广大群众参与社会治理。为此,滨海新区以创建全国文明城区为切入点,精心谋划了以决策共谋、发展共建、"滨城"共管、效果共评、成果共享为内容的"党建引领,共同缔造"工作体系。

一是强化决策共谋,群众的事群众多商量。滨海新区的决策共划分为三

---

① 盟员会员是指产业(人才)联盟成员和共同缔造理事会会员。

个层面:在村居层面,依托 6933 个红网格打造邻里互助议事平台,谋划解决环境整治、物业管理、基础设施维修等群众最迫切的民生实事。在街区层面,打造商圈共同缔造理事会,通过制定自治公约,强化共同体意识,推动商户互相监督、共同提升,持续优化街区治理环境。在园区层面,组建产业(人才)联盟和主题园区共同缔造理事会,聚焦招商引资、招才引智、项目落地、子女入学等问题,引导辖区企业共谋发展思路,破解发展难题。

二是强化发展共建,多元治理主体各担其责。推动建立四级联动共建体系。党员干部示范建,4800 余名区级机关党员干部下沉基层、入列轮值,2.5 万名党员干部深入村居、扎根网格,不仅实现城市社区全覆盖,而且还有 511 名中坚力量延伸到两翼偏远薄弱的农村。机关单位带动建,深化逐级包联、分级包保、责任到人的工作机制,在区级领导包保服务基础上,85 家区级机关单位党组织"认证进网格"开展包联共建。社会力量协同建,通过行业党建引领和主管部门带动,引导社会力量、市场主体积极履行社会责任,发挥各自优势特长到网格服务群众。居民群众参与建,以机关志愿者、社区志愿者、专业志愿队为基础,建立学习宣传、文化健身、互帮互助、文明风尚等"4+N"志愿服务队 1452 支,超 25 万人次参与志愿服务活动。

三是强化"滨城"共管,推动美丽新区共同建设。构建形成全方位、立体化的治理体系。构建全覆盖的共管网络,发挥属地网格党员群众能动性,将微矛盾、微困难化解于无形;村居"两委"、党员干部主动认领群众诉求,迅速高效解决跑冒滴漏、民生关怀等小事;凡是村居解决不了的事,统一由街镇一键"吹哨","派单"至职能部门解决;重难点问题由区级领导带头认领,集中攻坚突破疑难问题。构建全周期的智管平台,依托网格化服务管理综合平台,构建"一网 + 一脑 + 一数"①的立体多维治理运行体系,打造"发现上报—受理审核—分拨处置—核查结案—考核评价"闭环处理流程。采用 7×24 小时全天

① "一网"是指一网统管的工作模式,"一脑"是指一个社会治理运行大脑,"一数"是指一个社会治理大数据中心。

候工作模式,实时承接天津12345便民服务热线处置事项。构建全方位的专管体系,实施行政执法、矛盾调处、高危人群专管,对于"四失""五类"人员逐人建台账、分类定措施,建立"区级领导包片、职能部门包线、街镇(开发区)包点、村居负责人包人"的四级包保机制,并为11个街镇、504户独居老人试点安装智能感知报警系统。

四是强化效果共评,答好新时代民生答卷。坚持把群众知晓度、感受度、满意度作为党建引领共同缔造的评价标尺。深入落实政府服务评价和向群众汇报制度,对于涉及群众切身利益的事项做到事前全面公开,广泛征求群众意见;在项目实施过程中,定期组织群众代表看进展、看质量,深入了解真实评价和主观感受。从2019年起策划推出首档电视问政类节目《现场问政》,通过现场提问打分等形式征求群众意见、督促问题解决。在"组织在线"智慧系统中建立"群众吹哨"平台,最终办理效果由群众实时跟踪评价;充分借鉴开发区法定机构改革成果,在"三考合一"方案中,面向群众、企业、基层实施终端问效。在全国文明城区创建中,新区群众满意度测评由2018年的78分提升到了2020年的97.4分,并最终以直辖市城区第5名的成绩获评第六届全国文明城市。

五是强化成果共享,让发展成果惠及全民。围绕便民、惠民、利民要求,精心组织实施20项民心工程,推动"滨海通办"政务服务改革,将民政、卫建、残联等77个服务事项直接下沉到街镇、社区,实现线上办、马上办,全区通办。开发"滨海百姓需求"小程序,有事扫码、随手拍照,为5万多居民解决实际问题近10万件。对群众诉求集中的56个老旧小区实施集中改造,规划新增4000余个停车位,集中化解规划建设、资金补偿、人员安置等40项历史遗留问题,推动解决500余项信访积案。坚持"基层吹哨、部门报道",压实领导干部包保责任,全力推进街镇经济发展,让高质量发展成果与民共享。在2021年"我为群众办实事"实践活动群众满意测评中,总体评价为"好"的达到99.6%。

滨海新区通过2年多的实践,累计解决各类民生问题8.7万个,办理民生实事 6000 余件,有效破解了市域社会治理"靠谁实施""怎么开展""为谁服务"等现实问题,显著增强了党在社会治理中的政治领导力、思想引领力、群众组织力、社会号召力,真正形成了"我是滨海人、人人为滨海"的生动局面。

六、治理延伸:产业联盟带来新动能

天津市第十二次党代会提出了全面建设社会主义现代化大都市的目标任务,而其中产业发展和社区治理犹如"车之两轮""鸟之两翼",两个轮子都要转起来,才能实现市域治理效能的有效提升。在此背景下,滨海新区把"党建引领共同缔造"的理念延伸到了主导产业发展中,在纵、横两个维度组建起了产业(人才)联盟和主题园区共同缔造理事会,为新区产业发展引来了源头活水、注入了强劲动能。

针对新区产业发展存在的短板,2020 年 7 月,滨海新区聚焦"1+3+4"主导产业,相继成立了信创、海洋装备、生物医药、融资租赁等 18 个产业(人才)联盟,实现了对 12 条重点产业链全覆盖。相关业内人士表示,"联盟的成立让企业在招商引资、招才引智中由'单打独斗'向'协同作战'转变,以联盟名义举办的人才对接会、产才洽谈会、培训交流会等活动,让更多产业链上下游企业参与进来"。

产业(人才)联盟到底是如何运转的呢?在联盟组建上,滨海新区就坚持高标准谋划推动,与各开发区共同商定联盟公约,精心挑选联盟成员,反复推敲选定主席、副主席、秘书长人选,高标准设计联盟揭牌、授牌仪式,确保"党建引领共同缔造"的理念能够成为联盟内部共同的价值追求。在联盟权限上,按照"盟内盟外不一样"的思路,向联盟下放了 19 项人才项目评审认定推荐权,支持"盟内事盟内办",实现人才引育在联盟内的便捷高效。比如在 2022 年引进创新创业领军人才项目评审中,新区就把评价权交给了产业一线,让离人才最近、最了解人才的用人主体当主角。在联盟运行上,每个联盟都紧紧围绕主导产业和相关产业链建立,开发区+部门主要负责同志为"双链长",按照"联盟吹哨、部门报到"的原则,及时对接盟内人才、项目、资金等各项需求和重难点问题,第一时间帮助联盟协调解决。

滨海新区正是通过"党建引领,共同缔造",瞄准自主创新重点和主导产业发展目标,以产业(人才)联盟为载体,充分发挥重大创新平台载体的强磁吸附作用,构建"政府搭台、人才主角、产业发展"的创新体系。联盟成立以来,已经累计引进高层次人才5000余人,联结企业和高校院所1807家,吸引集聚研发人员2.3万余名,促成产业合作链项目近3000个,涉及资金额超1500亿元。

与此同时,新区还升级出台了"滨城人才服务证制度",按照"既管大又管小、既管工作又管生活、既服务本人又兼顾家人"的原则,对人才实行"专家+管家"服务,满足人才多元化需求,提供成长乐业支持和宜居乐游服务两方面、10大类事项,真正实现了"一证在手、服务全有"。产业(人才)联盟正在成为滨海新区产业系统生态的重要一环,"链+盟"的运行模式越来越成为协同创新聚能环、产业发展加速器、人才集聚强磁场、产教融合承载体。

在推进产业(人才)联盟强链补链的同时,滨海新区还在30个主题园区首创了以企业为核心的"主题园区共同缔造理事会",聚焦招才引智、招商引资、项目落地、人才落户、子女入学等企业和人才关切,按照"企业吹哨、服务马上到"的原则,打造"理事会、秘书处、智囊团"三位一体的运行模式,建立"提问题、给答案、建制度"的问题解决机制,累计发起政企恳谈、银企对接、项目撮和、校企共建等活动70余场,走访企业660余次,帮助企业解决问题1794件。滨海—中关村是第一个建立党建引领共同缔造理事会的主题园区,相关负责人表示,"原来园区企业申办政策兑现、资质类许可、人才落户等要跑到多个地点、多个窗口办理,现在园区设置了政务工作服务站,帮助企业一站式解决20多项高频事项,大大提高了办事效率"。2021年上半年,在共同缔造理念引领带动下,园区创新创业活力迸发,新增注册企业572家,是

2020 年同期的 1.3 倍,来自北京的企业 199 家,占比 34.2%,完成全口径税收 4 亿元,其中科技型企业税收贡献同比增长 120%,一大批国高新、国科小、"雏鹰"、"瞪羚"企业快速成长。

目前,滨海新区 5 个开发区及 6 个街镇先后成立 34 个各具特色的共同缔造理事会和 18 个产业(人才)联盟,完善和提升 12 个集群、10 条产业链,串联起 72 个主题园区的 8000 余家企业。产业(人才)联盟和主题园区共同缔造理事会,是滨海新区"党建引领,共同缔造"理念在产业发展中的具体运用,是社会治理成果向产业活动的治理延伸,实现了市域社会治理从低效到高效的显著提升。在 2020 年国家发改委对 18 个国家级新区营商环境综合测评中新区位列第二,13 项指标成为相关领域标杆。

七、雄关漫道:基层治理创新永远在路上

改革开放以来,中国社会结构的最显著变化之一,是从"农村中国"走向"城市中国""产业中国"。中国的城市化率已由 1978 年的 17.92% 提高到 2021 年的 64.72%,城市治理、产业集聚已经成为当代中国社会的"基本盘""主阵地"。未来的市域治理现代化到底是一种什么样的形态仍需要不断探索。

习近平总书记多次强调,基层强则国家强,基层安则天下安,必须抓好基层治理现代化这项基础性工作。党的二十大报告明确提出,"基层民主是全过程人民民主的重要体现",要 "健全基层党组织领导的基层群众自治机制","拓宽基层各类群体有序参与基层治理渠道,保障人民依法管理基层公共事务和公益事业"。滨海新区党建引领共同缔造的实践既是提升市域社会治理效能的重要方式,更是全过程民主的重要体现,为推进基层治理体系和治理能力现代化提供了新鲜经验。基层社会治理创新是一项系统工程,并非一朝一夕、一蹴而就。随着市域治理环境越来越复杂,人民对美好生活的需要与社会治理能力之间的张力越来越大,基层治理创新的道路不会停歇。

但是毋庸置疑,未来基层治理创新必须放在推进国家治理体系和治理能力现代化这个大框架下来思考和谋划,需要各个主体之间相互支持、相互配合,需要一套完善的管理体制和制度。如何结合当地实际,走出一条具有本地特色的基层社会治理道路,不断提升市域社会治理效能,是摆在我们面前的重要课题。

本文作者:贾锡萍、张国亚、李光、韩剑颖、张齐、杨萌、屈则伸等

港产城融合发展的天津实践

——由滨海新区到"美丽滨城"的转型之路

天津社会科学院课题组

2019 年 1 月 17 日，习近平总书记在天津港考察时强调，"经济要发展，国家要强大，交通特别是海运首先要强起来。要志在万里，努力打造世界一流的智慧港口、绿色港口，更好服务京津冀协同发展和共建'一带一路'"。几年来，天津港遵循习近平总书记重要指示精神，在港口建设和服务国家战略方面取得一系列令人瞩目的成就。全球首个技术自主可控的"智慧零碳"码头、全球首个港口自动驾驶示范区、无人驾驶集装箱卡车等一系列创新的"中国方案"令同行瞩目，让这个百年老码头焕发出新的生机活力。天津港已成为拥有集装箱航线 130 条，同世界上 200 多个国家和地区的 800 多个港口保持贸易往来的世界级大港。辐射京津冀及中西部地区的 14 个省、市、自治区，70%左右的货物吞吐量和 50%以上的口岸进出口货值来自天津以外的各省、市、自治区。

在取得辉煌成就的同时，随着辽宁、山东和河北三省完成省内港口资源整合，天津港面临越来越严峻的区域港口竞争形势。从 2017 年开始，唐山港和青岛港的港口货物吞吐量都超过天津港，天津港从曾经的北方港口货物吞吐量第一大港下降到第三位。从港口城市国际影响力看,2022 年版的"新华·波罗的海国际航运中心发展指数"显示,上海、宁波、广州、青岛、深圳的世界排名分别是第 3、10、13、15 和 17 位,天津排名在 20 名之外(2021 年天津排名第 20 位)。加快世界一流现代化国际枢纽港建设,持续提升港口服务辐射能力,需要天津港在港产城深度融合发展中实现自身高质量发展。

另一方面,从天津提出"工业发展重点东移,大力发展滨海地区"的战略构想以来,经过 30 多年的持续快速增长,滨海新区经济社会发展进入新的历史阶段。寻求经济发展新模式,构造经济增长新载体,探索经济成长新支点,实现滨海新区经济大转型、大发展、大超越,已经历史性地摆在了新区人面前。把"港产城融合发展"作为实现转型、发展和超越的重要抓手,不仅有助于为天津港建设北方国际航运枢纽提供更好支撑,而且有助于滨海新区打造京津冀协同发展和共建"一带一路"的战略支点,为滨海新区经济的大转型、大发展并最终实现大超越构建新载体、形成新支点,加快建成生态、智慧、港产城融合的宜居宜业美丽滨海新城。

新发展阶段,构建港产城深度融合发展格局,对天津港和滨海新区都具有重要的实现意义。那么当前的港产城融合发展现状是什么?存在哪些主要问题?未来应如何推动港产城深度融合发展?为此,有必要系统梳理天津港与滨海新区的港城关系演化历史,分析港产城融合发展现状,总结推动港产城融合发展的成功经验,为新发展阶段构建港产城深度融合发展新格局提供新思路和新想法。这也是深入贯彻实施党的二十大精神和市第十二次党代会精神的具体实践,对滨海新区打造港产城融合活力区具有重要现实意义,也为其他地区推动港产城融合发展提供借鉴和参考。

一、塘沽新港涅槃重生，港口独立于城市发展，港城联动不足

　　天津港历史源远流长，萌发于汉，成港于唐，兴盛于明清。东汉时期，开凿河渠，使诸河相通，合流入海，形成了以海河为主体的内河航运网。唐贞观年间，常年从南方向军粮城一带运输军粮，逐渐形成军粮城港口。从元朝起，直沽港开始兴盛，成为元、明、清王朝的交通要冲和畿辅重地。第二次鸦片战争后，天津被迫对外开埠，各国纷纷在紫竹林地区沿河设立租界并修建码头，俗称"紫竹林租界码头"。侵华期间，日本在海河口北岸开始修建塘沽新港，但直至日本投降时也未完成全部工程建设。新中国成立前，由于国民党军队撤离时的破坏，塘沽新港变成了百孔千疮的"死"港。

　　新中国成立后，党和国家非常重视天津港口建设。1951 年，当时的中央政务院决定修建塘沽新港，成立了以时任交通部长章伯钧为主任委员的"塘沽建港委员会"，拉开了我国自力更生建设港口的序幕。仅仅一年之后，第一期建港工程就圆满完成，使几乎淤死的港口重新焕发了生机。

　　1952 年 10 月 17 日，塘沽新港举行开港典礼，万吨级货轮"长春"号驶入港口，嘹亮的汽笛声向全世界宣布天津港口的新生，掀开了新中国港口建设发展的新篇章！一周之后的 10 月 25 日上午，毛泽东亲临塘沽视察新港，留下了"今后，我们还要在全国建设更大更多更好的港口"的历史回声！

　　为更好地服务国家经济建设，新生的天津港先后开启了第二期、第三期建港工程。1959 年 3 月，作为国家"二五"重点工程项目——新港第二期建港工程启动，1961 年 5 月竣工，改写了天津港不能全天候接卸万吨巨轮的历史。1973 年 4 月，第三期建港工程开工。到 1979 年，天津港新建改建深水泊位 25 个，由此奠定了中国北方主枢纽港的地位。

　　改扩建后的天津港朝气蓬勃，开创了我国港口发展多个记录。1973 年 9 月，开通新中国第一条国际集装箱班轮航线。1980 年 4 月，全国第一家港口

集装箱公司在天津港成立。1981年1月,由我国自己设计、施工兴建的新中国第一个专用集装箱码头在天津港建成投产,开启新中国集装箱运输新纪元。自1993年起,天津港货物吞吐量每年以千万吨级递增,2001年货物吞吐量突破1亿吨,成为我国北方第一个亿吨大港,跻身世界港口20强之列。

新中国成立后,天津港港口能级得到快速提升,但受多重因素影响,很长一段时期,天津港与天津城市经济发展缺乏联动性。一是管理体制因素。从1950年9月成立交通部天津区港务局直至改革开放初期,天津港一直是交通部直管的政企合一的管理模式。1984年,天津港开始实施"双重领导、地方为主"的行政管理体制。双重领导体制运行了近20年,2003年开始政企分离改革。2004年6月,天津港(集团)有限公司正式挂牌。由于地方政府长期无权过问港口建设和发展,造成港口发展与地方经济发展联动较少。二是空间距离因素。天津港到天津市中心城区距离约50公里,在天津市设立经济技术开发区、推进"工业战略东移"和建设滨海新区前,城市经济发展重心在中心城区及近郊区,港口距离城市人口产业密集区较远,城市产业发展与港口关联性不足。三是经济体制因素。在实施改革开放政策之前,我国港口运输以计划经济下的内贸为主,港口外贸更多服务于国家战略需要,利用港口发展外贸推动城市经济发展受到诸多限制。

二、开发区临港而建,城市发展借力港口,港城矛盾显现

1984年12月,紧临天津港设立天津经济技术开发区,港口与城市的关系掀开新篇章。依托港口发展外向型经济,激发城市经济活力成为天津城市发展基本方略,但在港口与城市经济发展相互促进的同时,港城矛盾也逐渐显现。

(一)设立经济技术开发区,推动港城联动发展

1984年3月26日至4月6日,中共中央书记处和国务院召开沿海部分

城市座谈会,着重讨论如何加快步伐更好地利用外资、引进先进技术及沿海部分港口城市进一步开放等问题,决定在天津等 14 个沿海港口城市兴办经济特区。

按照中央部署,1984 年 4 月 13 日至 15 日,中共天津市委召开常委扩大会议,传达座谈会精神。会后,市委、市政府从全市各大专院校、研究机构及市政府各有关委办局和当时的塘沽区抽调 36 人,组成天津市进一步对外开放及经开区方案制定小组,着手确定天津经开区选址方案。5 月至 7 月,方案组对原塘沽区、汉沽区、大港区和东郊区(现为东丽区)进行大面积查勘和广泛研究,拟从胡张庄、黄港、邓善沽、官港、塘沽盐场三分场 5 个方案中选定一个(参见图 1)。

(一)胡张庄方案

该区域地处天津市东丽区,为国有土地,西界津汉公路,南到北外环路,东临北排污河,北至永定河,面积约 11 平方公里。地势较高,地质条件好。

(二)黄港方案

该区域位于天津市塘沽区黄港水库以南、塘汉公路以西、杨北公路以北、黑猪河以东,面积约 20 平方公里。地势平坦,土质条件好。

(三)邓善沽方案

该区域位于天津市塘沽区海河左岸,南临大沽化工厂,近期可开发 2.85 平方公里,远期可开发 14 平方公里。有城市依托,距塘沽区中心仅 1 公里。

(四)官港方案

该区域位于天津市大港区官港水库四周,近期可开发 4 平方公里,远期可开发 7 平方公里。土地大部国有,距石油天然气管道较近。

(五)塘沽盐场三分场方案

该区域位于天津市塘沽区城区中心东北部,西临京山铁路,南靠计划修建的京津塘高速公路,北接北塘镇,东沿港口海防路,毗邻天津港,交通方便,面积 33 平方公里。

图 1 天津经济技术开发区选址方案

通过充分论证,确定经开区选址塘沽盐场三分场。其中一个重要考量就是该地址紧靠港口,京津塘高速公路、津港铁路、新港四号路等路网密集。7月 26 日,市委第 22 次常委会议同意天津经开区选址在塘沽盐场三分场。在此之后,历经波澜壮阔的开发建设,天津经济技术开发区用骄人的发展实绩,印证了这一决策的远见与正确。

刚成立时的开发区只是一个规划面积为 33 平方公里的盐碱荒滩,经过建设者们筚路蓝缕的奋力开拓,到 1990 年,已成长为初具规模的、焕发勃勃生机的现代产业园区。1990 年底,天津开发区累计共批准中外合资、中外合作和外商独资企业(以下简称"三资"企业)217 家,累计投资总额达 41102 万美元,开工投产的三资企业已超过 120 家。共有 21 个国家和地区前来天津开发区投资。2021 年,天津经开区地区生产总值(GDP)2379.60 亿元,其中,第二产业增加值 1371.14 亿元,第三产业增加值 1008.46 亿元。截至 2021 年底,经开区外商及港澳台投资企业累计达 6081 家,实际使用外资累计达 657.19 亿美元,投资方来自 66 个国家和地区。

(二)港口和城市联动性增强,港城矛盾开始显现

紧临天津港设立天津经济技术开发区,借助开发区的发展,提升了天津港与天津城市经济发展的联动性。与此同时,港城矛盾也开始显现,集中表现在天津港与开发区间的矛盾。

1987 年 3 月 12 日,经交通部和天津市政府联合批准,《天津港总体布局规划》正式颁布实施。天津港成为全国第一个经国家批准总体布局规划的海港。从规划图上可以看到,天津港与天津经济技术开发区间仅隔着一条海防路,也即后来的海滨大道。

当时,承担港口货物集疏运功能的两条主干道新港四号路和后来的泰达大街横穿天津经济技术开发区的生活配套区,其中泰达大街把生活配套区和工业生产区在空间上分离。在开发区产业和人口快速集聚的同时,港口货物

吞吐量也在持续增加,港口货物集疏运对天津经济技术开发区区内道路交通和周围环境的负面影响也越来越大。尤其在天津港开通"北煤南运"通道,成为我国北方的能源输出港后,由于港口运煤以公路运输为主,煤炭在运输过程和在港口堆放装卸过程中都对周边环境造成了污染。

总的来看,这一时期的港城矛盾(或者说港区矛盾)主要体现在3个方面:

一是以重型卡车为主的港口货运交通极大地影响开发区的城市道路通行质量和通行能力。有数据显示,直到2010年,天津港仍有88%的集装箱公路货运要经过开发区核心区。道路客货运交通混行导致开发区城市交通常年不畅。同时,受疏港重卡高频率冲击的影响,开发区城市道路路面结构损坏加剧,导致路况不断恶化,增加城市道路维护成本。

二是港口货物运输和装卸过程对周边区域的环境污染等。汽运煤污染曾经长期是港城矛盾的焦点。"过去,这里是白汽车开进来,黑汽车开出去,员工上班从不敢穿浅色衣服。"天津港远航矿石码头公司技术部经理张有旺说。一辆辆运载煤和矿石的重型卡车穿梭于港区和内陆之间,给沿途各地带来粉尘污染,引发的交通拥堵和安全问题更是令人揪心。泰达大街货车噪音扰民长期是附近居民投诉的热点问题。

三是船舶停靠港口对周边海域的污染。船舶靠港污染主要包括含油污水、船舶洗舱水、生活污水和空气污染。有数据显示,一艘靠港船舶排放的污染物,相当于数百辆集装箱卡车;一艘集装箱货轮靠港期间排放的大气污染物,相当于100至300辆重型卡车的排放量;一艘邮轮大致相当于2200辆的排放量。

三、滨海新区开发开放,城市空间重构,港城矛盾加深

建设滨海新区是天津城市发展空间的一次重大调整,推动各类资源加速向滨海新区聚焦,城区不断向外扩张。同时,随着改革开放和我国加入世贸组

织,外向型经济得到快速发展,促使天津港港口规模持续扩大。城区和港口同时向外扩张,推动港城矛盾随之逐渐加深。

(一)滨海新区开发开放,盐碱滩上矗立起新城区

1985 年 4 月,天津市十届人大三次会议通过天津市城市总体规划方案,方案中对天津的城市布局概括为"一条扁担挑两头",即整个城市以海河为轴线,改造老市区,作为全市的中心;工业发展重点东移,大力发展滨海地区。

1994 年 3 月,天津市正式提出用十年左右时间,基本建成滨海新区。明确了滨海新区建设的总体构想:"以天津港、开发区、保税区为骨架,冶金、化工为基础,商贸、金融、旅游竞相发展,形成一个以新兴产业、外向型为主导,以自由港口为发展方向,基础设施配套、服务功能齐全,面向 21 世纪的高度开放的现代化经济新区。"

2004 年,滨海新区实现生产总值 1250.2 亿元,占全市生产总值的比重达到 42.6%;实现工业总产值 3030.75 亿元,占全市的比重为 52.6%;完成固定资产投资 565.47 亿元,占全市的 44.9%;外贸出口 136.99 亿美元,占全市外贸出口的 65.7%;实际直接利用外资 17.44 亿美元,占全市的 70.6%。经过十年建设,滨海新区成为全市经济发展的龙头。

2005 年 10 月,党的十六届五中全会通过《中共中央关于制定国民经济和社会发展第十一个五年规划的建议》,建议中明确提出:"继续发挥经济特区、上海浦东新区的作用,推进天津滨海新区等条件较好地区的开发开放,带动区域经济发展。"2006 年 3 月,十届全国人大四次会议通过《中华人民共和国国民经济和社会发展第十一个五年规划纲要》,正式确定推进天津滨海新区开发开放。5 月,国务院发布《关于推进滨海新区开发开放有关问题的意见》,天津滨海新区开发开放由区域发展战略纳入国家发展战略。

2009 年 11 月,国务院批复同意天津市调整部分行政区划,撤销天津市塘沽区、汉沽区、大港区,设立天津市滨海新区,以原三个区的行政区域为滨

海新区的行政区域。

2013年5月,习近平总书记在考察天津时,来到滨海新区先后考察了天津国际生物医药联合研究院、中新天津生态城,对滨海新区加快发展提出殷切希望。习近平总书记指出,要以滨海新区为龙头,积极调整优化产业结构,加快转变经济发展方式,推动产业集成集约集群发展。

目前,滨海新区已建设成为管理5个国家级开发区和21个街镇的现代化滨海新城,是全国综合配套改革试验区、国家自主创新示范区、北方首个自由贸易试验区,荣获全国文明城区和国家卫生城区荣誉称号。形成以新一代信息技术、汽车和机械装备制造、石油化工、新能源新材料为特色的产业集群,汇集一批高水平科研机构和创新平台。2021年,地区生产总值达到8760.15亿元,占全市GDP总值的比重达到55.8%。

在滨海新区城市发展水平快速提升的同时,天津港也在加速成长,成为具有重要影响力和辐射服务能力的世界级港口。21世纪前十年,天津港货物吞吐量实现了连续4个亿吨的跨越。2011年,货物吞吐量超过4.5亿吨的天津港一跃成为世界第四大港。直到2016年,天津港在港口货物吞吐量上一直牢牢占据北方第一大港的位置。2021年,港口货物吞吐量达到5.3亿吨,集装箱吞吐量超过2000万标准箱,世界十大货物吞吐量港口排名第10位,全球集装箱港口吞吐量排名第8位。

(二)区域资源配置失衡,港城矛盾逐渐加剧

在天津港和滨海新区快速发展的背景下,大量资源要素伴随人口向新区集聚,受区域空间有限、城市配套服务不足、港口集疏运体系不完善等多方面因素影响,天津港与滨海新区间的港城矛盾逐渐加深,集中表现在如下五方面:

一是港口发展挤压城市空间。通过多次扩区,天津港陆域面积由重新开港时的不足1平方公里拓展至130多平方公里,口岸线总长32.7千米,水域

面积 336 平方千米,形成由北疆、东疆、南疆、大沽口、高沙岭、大港六个港区组成的大型港口企业集团。

以海滨大道为界,滨海新区核心城区东面的海岸线资源全部在天津港所辖范围内,城市向海发展的方向受阻。围绕货物进出港建设的疏港铁路和公路或者穿过城市建成区,如新港四号路、泰达大街;或者绕城而建,如东海路、京津高速,破坏了城市空间分布的连续性。港口配套设施如堆场、仓库紧临城市居民区或者城市公共设施而建,挤压城市生活空间。

二是产业发展挤压生活空间。从建设经济技术开发区到实施工业东移战略到滨海新区开发开放,天津城市东部沿海地区的发展更多聚焦于以工业为主的产业发展,为提升全市经济能级服务,导致从规划到建设都偏重产业发展,生活空间受到挤压。以开发区为例,规划面积为 40 平方公里的天津经济技术开放区,其中工业区面积为 28 平方公里,生活区面积为 12 平方公里,而生活区面积还有相当一部分是用于金融、商贸商务、科技创新、公共服务等产业发展,生活服务发展空间受限。

三是配套不足制约城市发展。在滨海新区成立之前,公共服务领域上的优质资源传统上集中于天津市中心城区,滨海新区所在的汉沽、塘沽和大港三区的优质公共服务资源相对欠缺。在开发区和滨海新区建设过程中,各级政府部门都非常重视引入优质教育、卫生和商业服务资源,并取得了一定成效。但相对于人口规模的快速增长,滨海新区城市配套尤其是优质公共服务和商业资源数量仍显不足,制约了城市规模扩大和质的提升。由于不愿意在滨海新区居住,不少人选择在新区上班,在中心城区居住,每天往返中心城区和滨海新区的通勤人数在高峰时期曾经达到 30 余万人。同时,由于新区产业偏重工业,吸纳就业能力强的服务型产业发展不足,导致新区人口持续流出,2014 年到 2020 年的六年间,滨海新区常住人口由 239 万人下降到 207 万人,减少了 13.39%,年均减少 2.4%。

四是港口与城市间产业关联度不高。天津港的主营业务包括港口装卸、港口物流、其它相关港口服务(金融服务、理货服务、代理服务、劳务服务、后勤服务、物资供应)等,港口服务主要集中在码头作业、运输仓储和港口管理服务等附加值低、贡献度不高的下游产业,缺乏技术含量高、创造性强、档次高端、附加值高的产业功能,对新区产业发展辐射影响力弱。在与港口衍生的港口船舶等先进装备制造业和航运金融、航运保险、航运交易、海事仲裁与法律、航运咨询等高端港口服务业上,在离岸贸易、跨境电商、邮轮旅游、冷链物流、滨海旅游等涉港产业上,滨海新区产业基础薄弱,港口与新区间产业联动效能不够突出。

五是功能区模式割裂城市整体性。功能区一直是滨海新区经济建设的主力军和主战场,天津经济技术开发区、天津港保税区、滨海高新区、东疆保税港区、中新生态城、中心商务区、临港经济区七个功能区聚焦抓项目、搞建设、促发展,有力推动滨海新区经济社会发展,推动新区产业体系向高端化、高质化、高新化迈进。但随着时间的不断推移,功能区发展中的深层次矛盾也逐渐显现出来。相互之间缺乏战略协同,一定程度上存在各自为战,发展分散化、形不成合力、攥不紧"拳头"等问题突出。比如,每个功能区都强调完善区域内城市功能和民生配套,投入大量人力、物力、财力建设住宅、学校、医院等公共服务设施,致力于解决区域内的职住平衡问题,形成一个完整的"城镇社会"。这种模式的好处是提升功能区的吸引力和竞争力,但是不利于在整个城市区域内进行综合配套统筹,割裂城市发展的完整性。

四、建设宜居生态"美丽滨城",城市功能逐步完善,港产城融合谱新篇

2006年,国务院出台的《关于加快天津滨海新区开发开放有关问题的意见》中指出,天津滨海新区要逐步成为经济繁荣、社会和谐、环境优美的宜居生态型新城区。在推进滨海新区开发开放过程中,着力化解港城矛盾,推动港

产城融合发展,提升港产城融合发展水平,真正实现以港兴城、港城共荣是天津市和滨海新区各级政府部门高度重视的问题。天津港与滨海新区发展不协同问题正在逐步得到化解,新发展阶段,港产城融合发展正在书写新的篇章。

(一)建设智慧绿色港口,缓解港城发展冲突

调整港口运输结构。2017年4月,天津港率先在全国港口中全面叫停汽车运煤,提前3个月完成国家下达的任务。30年来,汽车车队从山西、内蒙古等地犹如巨龙般源源不断往来天津港长途运送煤炭的历史从此画上了句号。与之配套的,作为过去煤炭散货驿站,有着12平方公里面积的天津港散货物流中心也正式"下岗"了。作为我国北方重要的煤炭下水港口,如今的天津港煤码头实现了煤炭铁路集港运输,大幅度降低了运输车辆尾气排放和扬尘污染。积极推进大宗散货由公路运输转为铁路运输,由散货运输转为集装箱运输。推广矿石与煤炭"满载来、满载走"的绿色运输模式,打造"公路转铁路+散货改集装箱"双示范港口。目前,天津港铁矿石铁路运输比例已达到65%,铁路运输增量和增速均居全国领先地位。

加强港区环境治理。从陆地和海岸两侧落实"双碳"目标,一边强调对新建码头、岸电设备、空调设备的碳排放要求,一边对存量码头和港区的环保改造升级进行"一盘棋"考虑。运营全球首个"零碳码头",实现100%使用绿色电能、"绿电"100%自产自足,码头能耗较传统自动化集装箱码头下降17%,实现在能源生产和消耗两侧的二氧化碳零排放。投入1亿多元完成翻车机地坑喷淋系统、沿线皮带配重区域封闭、完善传送带喷淋设施等环保改造,建成防风网工程,让装卸过程中产生的烟尘无处逃逸。实现自有港作业船舶以及具有受电能力的来港作业船舶,靠港期间岸电使用率达100%。建成污水处理厂,设计处理能力合计每天5800吨。做好入海排污口规范化管理及海岸线周边清理整治,直排海污染源100%达标。在全港安装国内港口首个生态环境大气智能监测平台,建设174个监测点,实现24小时全程动态预警监控。

优化进出港通道。随着路网结构逐步优化,天津港对外连接的货运集疏运高速公路已包括京津高速、长深高速、滨海绕城高速、津港高速和荣乌高速等,改变了京津塘高速是主要汽运集疏港高速公路通道的局面。与此同时,天津港集疏运专用货运通道首开段于 2022 年 7 月 1 日正式开工建设。该通道起于京津塘高速公路与长深高速公路交叉处,止于天津港港区内海铁大道,全长约 21.3 公里。建成后将进一步优化港口的集疏运体系,化解港城交通矛盾,形成天津港"北进北出"对外联络的快速通道,同时也完善了滨海新区北部地区干线公路网络,形成了快速疏解客货运的交通大动脉。

港产城矛盾正在逐步得到缓解。港区空气质量正在变好。天津港集团工作人员毕薰云感慨不已,"多年前,艺术团来我们企业慰问演出,一场下来演员们各个灰头土脸","现在空气质量好了,我们在港里连着工作几天,衣服也还是干净的"。言语间,毕薰云流露出骄傲与自豪。

(二)积极引入优质资源,补齐民生领域短板

滨海新区与市教委、市卫健委签署推进滨海新区教育卫生事业高质量发展合作协议,积极引入优质教育医疗资源,加快补齐社会事业短板,促进新区教育卫生事业高质量发展。

积极引入优质教育资源。为弥补滨海新区优质中小学教育资源不足,滨海新区积极推动与中心城区知名中小学合作办学。中心城区多所知名中小学已在滨海新区设立分校并正常运行,包括天津市南开中学滨海生态城学校、天津市第一中学滨海学校、天津市实验中学滨海学校、天津外国语大学附属滨海外国语学校、昆明路小学滨海学校、实验小学滨海学校等,正在积极推进耀华中学、新华中学在滨海新区设立分校。同时,积极引入本市之外的优质教育资源,包括北京师范大学天津生态城附属学校、天津港保税区的临港清华实验学校、华东师范大学附属(天津)中旭学校等。推动南开大学、天津大学、天津师范大学、天津科技大学等高校在新区高起点举办公办附属学校(幼儿园),

推动天津音乐学院在滨海新区举办特色鲜明的公办艺术类高中阶段学校。

积极引入优质医疗资源。为改善区域医疗卫生条件,提升开发区竞争力,天津经济技术开发区分别在 1990 年、2003 年投资建设了泰达医院和泰达国际心血管病医院,并且于 2005 年异地扩建泰达医院,目前两所医院都是三级甲等综合医院。滨海新区建立后,新区政府持续加大优质医疗资源引入力度。2008 年,与北京大学医学部签署协议合作共建天津市第五中心医院;2014 年,医院正式晋升为天津市三级甲等综合医院,成为北京大学教学医院;2016 年,纳入北京大学附属医院管理体系;2017 年,医院增名为北京大学滨海医院。2014 年 4 月,滨海新区政府与天津中医药大学合作共建天津市滨海新区中医医院。2021 年 6 月,天津市滨海新区中医医院暨天津中医药大学第四附属医院通过三级中医医院评审。2021 年 7 月,新区与天津中医药大学签署共建第二周期合作协议,逐步将天津市滨海新区中医医院建成具有三级甲等水平的现代化中医医院。2020 年 6 月,中新天津生态城与天津市中心妇产科医院签署合作共建天津市中心妇产科医院滨海院区,天津市中心妇产科医院将入驻中新天津生态城。

（三）加快生态新城建设,促进职住平衡

建设"产城融合、功能完备、职住平衡、生态宜居、交通便利"的生态新城是滨海新区破解港城矛盾、实现港产城融合发展、优化区域功能布局的重要举措,中新生态城是滨海新区推动港产城融合的重要探索。

产业基础雄厚。智能科技服务、文化健康旅游、绿色建筑与开发三大主导产业聚集发展。一汽丰田新能源汽车、华慧芯、科大讯飞等一批智能科技头部企业相继落地,国家重点文化出口企业占天津市 60%以上,获批国家文化出口基地,丹娜生物、杰科生物等一批本土优秀企业迅速成长,培育壮大海洋特色文旅产业,拥有 12 个主题景区和 6 个文化场馆,获批国家全域旅游示范区。

优质教育医疗资源集聚。引入南开中学、北师大附属学校、天津外大附属学校等优质教育资源,区内每千人学位数达到233个,在校学生超过2.8万人。北京大学滨海医院正式入驻,天津大学新城医院开诊,加快建设天津市中心妇产科医院滨海院区,区内每千人口床位数达到8.2张,高于全国平均水平,"综合医院—社区医院—家庭医生"三级诊疗体系不断完善。

商业配套设施完善。爱琴海购物公园、季景天地零碳智慧购物中心等大型商业综合体及13个社区商业中心投入运营,商业配套逐步完善,满足群众多元化购物需求,形成10分钟优质生活服务圈。

目前,中新生态城居住人口超过10万,正在向着"高质量发展、高品质生活"的生态之城、智慧之城、幸福之城前进,建设成为宜居宜业宜游的国际合作美丽滨海之城,成为"滨城"北部的经济发展引擎和社会配套辐射源,率先建成社会主义现代化建设的先行区。职住平衡的目标在逐步达成,滨海新区和中心城区每日通勤人数已由最高峰时的30余万人下降到如今的4万人左右,中新生态城等一批新城建成,人口导入能力在增强。

(四)大力发展"飞地"经济,推动区域均衡发展

为推动互利共赢、促进区域协同发展,滨海新区发展了两种"飞地经济",一是从滨海新区到其他区的"飞地园区"经济,一是滨海新区内部的"飞地经济"。

前者指天津经济技术开发区、天津港保税区和高新区的"飞地园区"。天津经济技术开发区形成了"一区十一园"的发展格局,包括东区、中心商务片区、西区、南港工业区、中区、一汽大众华北基地、逸仙园、微电子、现代产业区、新兴产业区和滨海中关村。其中,西区、一汽大众华北基地、逸仙园和微电子4个园区属于飞地园区。西区横跨东丽和滨海新区,后三者分别位于宁河、武清、西青行政区内。天津港保税区下辖空港区域(空港经济区)、临港区域(原临港经济区)和海港区域(海港保税区),空港区域属于飞地园区,坐落在

东丽。高新区下辖华苑科技园、渤龙湖科技园(未来科技城核心区)、塘沽海洋科技园和京津合作示范区。其中,华苑、渤龙湖和京津示范区 3 个片区都属于飞地园区,华苑科技园(又叫海泰高新区)坐落在西青区,渤龙湖横跨东丽与滨海新区,京津示范区全域坐落在宁河区。

新区内部的"飞地经济"是各开发区、街镇通过跨空间的行政管理和经济开发,实现两地资源互补、经济协调发展的区域经济合作模式。2020 年,滨海新区出台《关于促进滨海新区"飞地经济"发展的实施意见》,通过规划、建设、管理和税收分配等合作机制,鼓励各开发区、街镇打破行政区划限制,将本开发区、街镇引入的项目放到其他开发区、街镇的产业园区、商务楼宇,实现优势互补、互利共赢、协调发展,开创新区经济合作新模式。典型如东疆保税港区将跨境电子商务新贸易形态拓展至新港街,使自贸区政策和新港街充分互动融合;中新天津生态城将集群式注册方式引进到茶淀街,帮助茶淀街对接多个项目等。

(五)提升核心区发展能级,优化城市空间布局

泰达科创城位于滨海新区核心区,北接响螺湾,隔海河与于家堡相连,总占地约 16.65 平方公里,其中 5.5 平方公里位于自贸区范围内。该项目总投资额超过 700 亿元,致力于打造产城融合、宜居宜业、生态智慧、充满活力的国家级科创新城和京津国资产业汇聚的改革新高地,带动各项资源聚集以及人口的导入,为于家堡、响螺湾提供配套支撑,为"滨城"核心区聚人力,促进产城融合发展。

泰达科创城定位为北方科创中心,在数字经济引领下,将打造"一个核心"加"三个支撑"的产业结构体系,即以科学研究和基础创新为核心,以人工智能与信息技术、高端智能制造和"双碳"经济三大产业为支撑,持续引入头部企业,夯实产业基础。

泰达科创城参照中新天津生态城的开发模式,致力于打造高端制造集

聚、职住平衡、配套完善、智慧绿色的生态城升级版,构建滨城"北生态、南科创"的空间布局。泰达科创城的建设有助于进一步完善滨城核心区功能,带动各项资源及人口加速导入,为推动滨海新区产业升级、完善城市空间结构、打造真正产城融合的科创新城积蓄力量。

(六)推进"十大工程",滨城建设绘制美好前景

为加快补齐民生短板,系统解决职住不平衡、两翼不平衡、开发区和街镇不平衡等问题,统筹"滨城"高质量发展和高品质生活,滨海新区科学谋划了一批补短板、夯基础、蓄动能、促发展的重大工程项目,统称"美丽滨城"建设"十大工程"(参见图2)。"十大工程"着眼于增强城市载体功能、提升城市发展品质、完善新区城市功能、提升生态环境品质以及推进新型基础设施建设。因承载补城市"短板"、擘画滨城美好未来的希冀与梦想,工程计划甫一亮相,

1	实施轨道交通系统工程	打造轨道上的京津冀
2	实施双港集疏运工程	建设国际航运核心区
3	实施城市交通承载力工程	构建畅达城市交通网
4	实施城市更新改造工程	打造高品质现代都市
5	实施新型城镇化工程	实现城乡一体化发展
6	实施社会事业提质工程	补足公共服务短板
7	实施市政配套完善工程	保障城市基础优质供给
8	实施生态环境提升工程	建设"双碳"示范城市
9	实施文旅商业提升工程	打造"双中心"重要承载区
10	实施新型基础设施工程	引领"三新"经济发展

图2 "美丽滨城"建设"十大工程"

立即引发各方关注,一场"美丽滨城"建设的攻坚战就此打响。

2022 年 12 月 9 日,伴随着天津市轨道交通 Z2 线一期工程开工,"美丽滨城"建设"十大工程"正式启动。"十大工程"共安排重点项目 221 个,总投资 5731 亿元,其中"十四五"期间预计完成投资 2488 亿元。按照规划,"十大工程"完工后,"滨城"综合承载能力、公共服务能力、基础配套能力将显著增强,生态环境、创业环境、营商环境持续优化,生态、智慧、港产城融合的宜居宜业美丽"滨城"基本建成,美丽"滨城"美好前景令人充满期待。

为高质高效完成"十大工程"建设任务,新区将建立四个方面的推进机制。

一是领导机制。专门出台"十大工程"建设总体方案,将"十大工程"纳入"美丽滨城"建设攻坚行动计划,集中全区之力,集中指挥调度,强化督办考核,抓好落地实施。

二是逐年度、分梯度建设推进机制。坚持"项目为王",统筹优化"十大工程"建设时序和项目布局,合理确定项目梯次,形成滚动接续机制。每年年初制定年度"十大工程"实施计划和项目清单,并全面提高建设、审批效率,确保压茬推进,直至建成投用。

三是多渠道、市场化投资保障机制。为保障项目实施,新区坚持经营城市理念和市场化思路,制定全方位建设投资支持政策,统筹盘活各类资源,拓宽建设投融资渠道。在保障财政投入的基础上,还将以更大力度吸引社会资本投入。

四是项目推介机制。加大"十大工程"主题发布、策划宣传、招商推介等工作力度。

五、港产城融合一直在路上,国内外港产城融合案例

传统上,港口远离城市核心区发展,可以有效避免港口生产运营活动对城市运行的干扰。但随着现代港口生产运营模式的转变,港口发展越来越需

要更加完善的城市经济功能支持。因此,围绕港口建设城市经济功能区或者是新城,在为港口发展提供更好支撑的同时,也为城市发展提供新动能,如上海的临港经济片区、韩国的釜山镇海经济自由区等。

(一)上海临港新片区建设港产城融合示范区

中国(上海)自由贸易试验区临港新片区总面积873平方公里,由核心承载区、战略协同区两部分组成,核心承载区面积为386平方公里(包含先行启动区),战略协同区面积约为456平方公里。

依照上海临港新片区"十四五"规划,到2025年,聚焦临港新片区产城融合区,建立比较成熟的投资贸易自由化便利化制度体系,打造一批更高开放度的功能型平台,集聚一批世界一流企业,区域创造力和竞争力显著增强,经济实力和经济总量大幅度跃升,初步实现"五个重要"目标;初步建成具有较强国际市场影响力和竞争力的特殊经济功能区,在若干重点领域率先实现突破,成为我国深度融入经济全球化的重要载体,成为上海打造国内国际双循环战略链接的枢纽节点;初步建成最现代、最生态、最便利、最具活力、最具特色的独立综合性节点滨海城市;基本建成服务新发展格局的开放新高地、推动高质量发展的战略增长极、体现人民城市建设理念的城市样板间、全球人才创新创业的首选地。

(二)韩国釜山建设港产城融合发展区

1876年开港的釜山港位于韩国东南部,是韩国第一大港口,也是连接韩国与世界各地的门户港,在韩国的工业现代化和经济发展中发挥了重要作用。由于釜山港无法满足日益增长的货物集散需求,20世纪90年代,韩国政府决定在距旧港口(现称"北港")以西约25公里处开辟新港,并于2003年在新港腹地设立釜山镇海经济自由区。

釜山镇海经济自由区依托韩国的第一大港口,且拥有复合运输体系、造船和汽车制造业以及丰富的旅游资源。韩国政府把培养尖端运输零配件产业和构建世界级旅游休闲基地作为釜山镇海经济自由区的发展目标，力争将其打造成世界一流的物流和商业中心。

韩国政府通过减免税费、提供金融支持、放松监管和一站式服务等激励政策，大力推进经济自由区建设。入驻的外国投资者在经营过程中可享有更大的自由空间，不仅可享受各种税收减免优惠，在厂房建设、土地租赁、技术研发方面也能享受政府的资金支持。此外，经济自由区还放宽或取消了对外商投资的各种限制，实行外汇制度自由化，允许主要的外国货币在经济自由区内自由使用。为更好地吸引外资，经济自由区大力改善居住环境，不仅建设了大量绿地与休闲娱乐设施，还引进国外高校的分校、国际知名医疗机构，并在政府服务中使用英语。

结　语

从设立天津经济技术开发区起，经过近四十年的开发建设，滨海新区的产业布局和城市功能逐步完善，为推动港产城深度融合发展提供了良好基础。新时代、新阶段、新征程，以港产城深度融合推动滨海新区高质量发展迎来历史性机遇。以党的二十大精神和市委十二次党代会精神为指引，加强滨城城市发展顶层设计，优化城市空间布局，提高城市核心区建设能级水平，促进高水平创新要素集聚，大力发展涉港产业，发展特色港口城市文化，提升产业人口导入能力，积极推进制度型开放示范区建设，是推动港产城深度融合发展的着力点，是探索中国式现代化滨海方案的重要内容。

本文作者:石森昌、庞凤梅、贺然、沈丽妹、孔志萍等

天津市社科界"千名学者服务基层"
大调研成果选编

推动天津自贸区在京津冀协同创新中建立自贸试验区联合新片区的对策研究

南开大学中国自贸试验区研究中心课题组

中国(天津)自由贸易试验区(以下简称天津自贸试验区)是经国务院批准设立的我国北方第一个自贸试验区,自2015年挂牌以来,天津自由贸易试验区以开放促改革、促发展、促创新,扎实推进制度创新,积极服务国家战略,取得重要成绩。在相关部门的共同推动下,445项改革创新措施实施率超96%。天津自贸试验区投资贸易便利化水平明显提高,市场经济体制更为完善,营商环境逐步优化,改革开放红利大幅释放,试验田功能得到体现,在服务国家对外开放、京津冀协同发展、"一带一路"建设等重大战略中发挥了重要作用。

一、京津冀自由贸易试验区合作的条件

京津冀自由贸易试验区开展合作具备良好的基础和条件,分别体现在交通载体、物流运输、资源禀赋、要素流动、区域行政壁垒淡化、优势产业互补和市场腹地广阔等方面。

第一，京津冀地区与京津冀自贸试验区在交通载体方面优势叠加，为京津冀自贸试验区开展合作提供基础。作为中国的"首都经济圈"，京津冀地区拥有超过 1.1 亿的人口和 22 万平方千米的土地，是我国北方最重要的城市群。在广阔的区域内，打造便利的交通载体是京津冀协同发展和京津冀自贸试验区合作的前提。自 2015 年《京津冀协同发展规划纲要》发布以来，京津冀协同发展不断升级，其中京津冀率先推进交通一体化。近年来，京津冀地区铁路网、公路网以及高速公路网密度均远高于全国平均水平。公路方面，三地取消区域内高速公路省界收费站，北京大兴国际机场高速、新机场北线高速（京开—京台）、京礼高速等建成通车，河北唐廊高速也与京津连通。铁路方面，京张铁路、京雄城际全线开通，京津、京沪、京滨和津兴高铁等逐渐交织成网。京津冀区域交通一体化不断优化完善，与国内其他地区和国际的联系也更加便捷。与此同时，京津冀自贸试验区自身也具备各自的交通载体优势。其中，天津港东疆片区重点发展航运物流、国际贸易和融资租赁，是中国北方国际航运中心和国际物流中心的核心功能区。天津机场片区是天津先进制造业和研发转化的重要集聚区，也是中国华北地区重要的航空货运中心。京津冀自贸试验区通过加强跨省级行政区域的大兴机场临空经济区与三地自贸试验区之间的联动，在交通载体方面实现全方位的协同。因此，京津冀区域交通一体化与京津冀自贸试验区交通规划相互协调，为京津冀自贸试验区合作机制建设提供良好的交通载体条件。

第二，京津冀自由贸易试验区基于交通载体优势，合作打造绿色物流新模式。京津冀自贸试验区在京津冀区域交通网络的不断优化和运输能力的不断提升的基础上，逐步推进绿色物流和智能物流网络建设。秉承绿色健康的设计理念，推广使用节能环保低碳的绿色解决方案，依托先进信息通讯技术为物流运输智慧赋能，成立"天津港·北京平谷服务中心"和"天津港·平谷多式联运中心"，共同打造海铁联运的新型绿色环保、数字化和智能化物流模式。这为京津冀自贸试验区合作机制提供了绿色数智物流运输条件。

第三,京津冀地区具有丰富的资源禀赋。在土地资源方面,京津冀地区耕地和林业用地分布合理。2019年,京津冀三地耕地和林业用地面积总计分别为721.07万公顷和903.13万公顷,其中河北占三地总面积的比重分别为90.85%和85.88%。在能源资源方面,京津冀三地石油基础储量分别为3349.9万吨、26576.4万吨和274.91万吨,三地煤炭基础储量分别为2.66亿吨、2.97亿吨和43.27亿吨,天津和河北分别在石油基础储量和煤炭基础储量上占有优势。同时,天津和河北的天然气基础储量分别为274.91亿立方米和338.03亿立方米,河北的铁矿基础储量丰富,达到26.59亿吨。在生态环境方面,北京、天津和河北的森林覆盖率分别达到44%、12%和35%,大气污染治理效果明显。京津冀地区丰富且优质的资源是三地协同发展和自贸试验区开展合作的重要保障。

第四,京津冀协同合作,不断优化要素配置。要素的有序配置可以在一定程度上降低资源错配程度,有效提高企业生产率水平和经济效益,提升地区经济发展质量。首先,京津冀三地劳动力资源丰富,人才流动便捷。2020年,京津冀地区城镇新增就业人数总计149.1万人,三地新增就业人数分别为26.1万人、37.1万人和85.9万人。同时,京津冀地区普通本专科生毕业总人数为6.4万人,其中三地占比分别为22.91%、21.35%和55.74%。其次,金融资本在监管部门的有效管理和引导下,在服务民生和保护生态环境的同时,逐步实现资本有序扩张。除了土地、劳动和资本等传统要素,京津冀地区在技术共享、数据流通方面也提出更高的要求。北京、天津和河北协同建设京津冀大数据综合实验区,围绕5G、人工智能和区块链等技术建设新一代信息基础设施,布局数据存储与流通中心,并逐步推进数据科学技术在交通物流、医疗健康、文化旅游等领域的应用,实现政务信息一体化、工业信息平台化、服务体系数智化,打造区域内数字经济发展新平台。京津冀地区基于三地比较优势,推进要素在区域内自主流动和有序流动,为京津冀自贸试验区开展合作提供要素条件。

　　第五,京津冀三地区域行政壁垒不断淡化,为三地自贸试验区合作提供条件。由于区位优势和京津冀协同发展战略部署,北京、天津和河北的政策匹配度较高,行政壁垒逐渐减少。在此基础上,京津冀自贸试验区逐步打破属地机制,在三地自贸试验区内达成 57 项政务服务事项"同事同标",既减少企业办事流程提高政务服务效率,又为招商引资、创新研发以及成果转化平台搭建消除区域间的行政壁垒。

　　第六,京津冀三地优势产业相互补充,产业协同不断升级,为京津冀自贸试验区合作机制奠定产业基础。2020 年,京津冀实现地区生产总值 8.6 万亿元,极大促进了环渤海经济区的发展。整体上,京津冀三地第三产业增加值均占全产业增加值半数以上,第二产业次之,第一产业增加值占比最少。其中,河北贡献了京津冀地区第一产业增加值的 92.43%,尤其是在农业部分。同时,天津和河北依托自身工业基础和资源环境的优势,对京津冀地区第二产业增加值的贡献较大。北京则积极布局高技术产业,其第二产业增加值也达

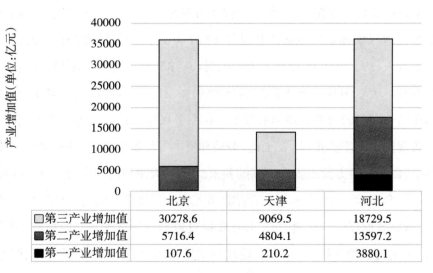

图 1　2020 年京津冀地区产业增加值分布

数据来源:根据《中国统计年鉴 2020》和国家统计局国家数据网站中的数据整理所得,https://data.stats.gov.cn/easyquery.htm?cn=E0103。

到 5716.4 亿元。在第三产业上,北京和天津凭借在科技创新和高端人才方面的集聚效应占据优势地位,河北也通过错位布局积极发展第三产业。三地产业协同互补,为京津冀自贸试验区的合作赋能。

第七,京津冀地区具有广阔的市场腹地,在市场和需求方面为三地自贸试验区合作机制提供有利条件。京津冀地区处于环渤海经济圈的核心位置,具有巨大的市场需求。2017 年,北京、天津和河北的居民消费水平分别为52912 元、38975 元和 15893 元。与此同时,周围省份和城市也成为京津冀自贸试验区市场腹地的重要组成部分。例如,除京津冀三地以外,山西、陕西、内蒙古、宁夏、河南、青海、新疆等省份也是京津冀港口群的直接腹地。[①]2020年,作为京津冀港口群的组成部分,天津港和秦皇岛港的货物吞吐量分别为49220 万吨和 21880 万吨。

二、京津冀自贸试验区合作面临的挑战

京津冀自贸试验区的合作机制为京津冀协同发展带来新的活力,但这个机制不是一蹴而就的,也将面临一系列的挑战,需要在不断地尝试中逐渐完善与升级。

首先,新冠肺炎疫情对全球经济带来了巨大的冲击,世界上其他国家经济恢复情况并不一致,中国如何参与和修复全球价值链对于中国经济发展重新步入正轨与世界经济协同发展十分关键。在这个过程中,京津冀自贸试验区如何对标国际高标准自由贸易开放准则,将自身打造成为高质量对外开放"试验田"面临诸多挑战。一方面,京津冀自贸试验区需要积极参与恢复甚至延伸原来所在的全球价值链。2021 年上半年,北京地区进出口总额达到 1.42

---

① 王素君、曲毅:《京津冀港口群协调发展的港口与腹地关系分析》,《经济与管理》,2008 年第5 期。

万亿元人民币，比去年同期增长 26%；[1]天津口岸外贸进出口总值达 7668.4
亿元，比去年同期增长 26.2%，其中出口 3609 亿元，进口 4059.4 亿元；[2]河北
省进出口总值为 2513.8 亿元，同比增长 29.9%，其中出口 1430.7 亿元，进口
1083.1 亿元。京津冀三地在疫情之后均实现对外经济贸易活动的恢复和贸易
额的快速增长，但要想回到疫情前的发展速率上，仍然需要一段时间过渡。另
一方面，京津冀自贸试验区对接国际高水平自由贸易开放标准时间紧迫。
RCEP 等国际高水平区域合作协定要求货物贸易和服务贸易更大程度的自由
化，在投资准入前国民待遇与负面清单的市场准入以及投资便利规定等方面
提出更高的要求，同时注重对原产地规则、知识产权保护、电子商务、竞争政
策和政府采购等规则的制定和监督实施。京津冀自贸试验区需要在尽量短的
时间内适应和迎接这些更高的对外开放标准，从而有效承担京津冀地区在开
放过程中面临的压力与风险，为其他自贸试验区、自由贸易港和国内非自贸
试验区地区提供开放经验。

其次，如何助力京津冀三地进一步实现产业协调布局与产业结构优化升
级，怎样更好地完成"北京研发、津冀转化"，是京津冀自贸试验区合作机制建
设过程中面临的关键问题之一。近年来，京津冀协同发展效果显著，三地在传
统制造产业和高技术产业上协调合作。北京在疏解非首都功能的同时着力发
展高技术产业，天津和河北基于已有制造业优势，打造成为北京科研成果转
化平台。但需要注意的是，京津冀三地在产业协同方面仍有需要提升和改进
的空间。近年来，三地同时布局高技术产业，在医药制造业、电子及通信设备
制造业和航空航天器制造业上优势互补，但三地在高技术产业的发展上仍存
在重叠现象。例如，在计算机及办公设备制造业上，北京的企业数明显多于天
津和河北，但近两年天津在该行业的营业收入逐渐反超北京，北京作为创新

---

① 袁璐:《上半年北京地区进出口创历史新高》,《北京日报》,2021 年 8 月 4 日。
② 天津海关:《天津海关外贸统计情况在线访谈》,http://www.customs.gov.cn/tianjin_customs/427
932/427935/3881254/index.html,2021 年 10 月 18 日。

发展的中心城市,如何与天津协同布局高端计算机设备制造,同时河北如何实现在高技术产业上与京津的错位发展,都是京津冀协同发展和京津冀自贸试验区合作机制面临的挑战。

图 2　京津冀地区规模以上计算机及办公设备制造业营业收入

数据来源:根据国家统计局社会科技和文化产业统计司《中国高技术产业统计年鉴》(2009—2016、2018、2019)整理所得,其中 2017 年的数据未公布。数据统计口径为年主营业务收入 2000 万元及以上的工业企业法人单位。

最后,在深化改革开放的过程中,也需要自贸试验区"大胆试、大胆闯、自主改"进行市场经济体制机制改革。建设中国特色社会主义市场经济,既要体现社会主义制度的先进性,又要发挥市场这只"看不见的手"的作用,这对政府与市场之间的关系提出更高的要求。进一步完善和协调政府干预与市场调节机制之间的关系,需要逐渐转变政府的职能范围,使政府成为市场的服务者和监督者。一方面,政府转变为市场的服务者,同时为市场内的企业和市场外的研发机构搭建信息共享平台,协助制定行业内统一的规范和标准,降低研发载体与企业之间或企业与企业之间的信息搜索成本和交易成本,促使资本、劳动等要素有序自主流动,进而推动企业创新发展和市场经济稳定运行。另一方面,政府也要做好监督工作,防止资本违法违规流动,减少资源错配,同时逐步引导企业参与构建具有"绿色环保、低碳节能"特点的市场环境。根据十九大精神,自由贸易试验区和自由贸易港成为深化经济体制机制改革和市场经济改革的试验田。自由贸易试验区既要主动进行深化改革的尝试,也可以通过积极对接国际高标准开放准则,倒逼市场经济体制机制改革。①因此,京津冀自贸试验区合作过程中如何承载改革风险压力,对推进经济体制机制改革和抗衡外部经济冲击意义重大。

三、加快京津冀自由贸易试验区合作的建议

京津冀三地提出京津冀自由贸易试验区的合作机制,是对深化改革和扩大开放的一次新的尝试。京津冀自贸试验区合作机制为推进京津冀协同发展重大战略赋能,对京津冀地区积极参与高水平国际自由贸易区创造有利条件,同时也对国内其他地区的发展与合作提供经验和参考。对于加快京津冀自由贸易试验区合作机制的建设,我们有如下建议。

第一,作为对外开放和自由贸易的高地和试验田,京津冀自由贸易试验区需要注重制度创新。京津冀三地自贸试验区应在协同合作的基础上,共享制度创新成果,探索创新市场准入机制,突破现有体制机制中的束缚,实现"制度先行",进一步推进贸易、投资、资金流动、物流运输、人员流动等方面的自由化与便利化。同时,京津冀三地自贸试验区建立政府监督下的全面风险管理制度,推行"负面清单",提高外资投资效率。京津冀自贸试验区互通互联,通过示范效应和溢出效应,在京津冀地区内复制推广优秀的制度经验。

第二,京津冀自由贸易试验区需要积极对接国际高水平对外开放经贸标准,实现自贸试验区可持续发展。这要求京津冀三地自贸区协调一致,借鉴国

---

① 佟家栋、张千:《中国加入 RCEP 与经济体制机制改革深化》,《长安大学学报》(社会科学版),2021 年第 2 期。

际高标准自由贸易和投资规则。因此,京津冀自贸试验区需要协同打造区域内一致的知识产权保护规则,共同完善相关法制建设,为本地和国外企业创新发展营造良好的营商环境。其中,京津冀自贸试验区尤其需要注重对知识产权保护相关条款的设置和对其实施的保障,这是京津冀地区更好参与新一轮工业革命浪潮、引进先进企业和发展高技术产业的关键。与此同时,京津冀自贸试验区在对接这些高标准自由贸易准则的同时,也要进一步探索在服务贸易和数字贸易领域的合作机制。

第三,京津冀自贸试验区在推进市场经济体制机制改革方面应当有所作为。京津冀三地自贸试验区需要依托自身改革权限优势,结合三地发展的政策需求,积极主动探索政府在市场中的作用和地位。与此同时,京津冀自贸试验区应当尽快建立和完善自贸试验区内制度创新容错机制,调动政府和企业的积极性,贯彻实施竞争中性原则,为深化市场经济改革提供保障。

第四,在京津冀地区产业一体化的背景下,京津冀自由贸易试验区需要助力区域内产业结构优化。京津冀三地自贸试验区在串联本地企业和海外市场的同时,也是国外企业与本地市场沟通的桥梁,在塑造京津冀地区产业结构方面作用明显。京津冀自贸试验区既要稳定推进三地在第一产业上互补,也要关注京津冀三地在第二产业和第三产业上的布局和协同发展。京津冀自贸试验区通过开展合作,在高技术产业上优势互补,形成"北京研发,津冀转化"的发展格局,实现高技术产业链的强化、扩展与延伸。

第五,京津冀自由贸易试验区需要促进要素在区域内自主有序流动。首先,京津冀自贸试验区在合作机制下制定人才政策和协同发展基金措施。在人才政策方面,京津冀自贸试验区既要完善人才引进配套政策,探索区内技术型人才和高端人才的引进和服务模式,又要重视本地人才培养,依托京津冀地区丰富的教育资源,发挥现代数字教育技术优势,探索区域内高校与海外高校合作办学与教育资源共享。在协同发展基金设置方面,在京津冀三地政府引导和市场运作等原则下,在使合作基金聚焦区域内重点项目的同时,防范可能产生的风险。其次,京津冀自贸试验区在协同合作基础上推进技术与数据在京津冀地区内的有序流动。三地自贸试验区在数据要素的共享上要保持开放态度,合力打造数字共享、计算和分析平台,为推动京津冀地区数字经济发展助力。

第六,京津冀自由贸易试验区合作创新需要注重产学结合。一方面,京津冀自贸试验区政府应当为企业与高等院校及研究所等研发机构搭建信息共享平台,合作制定区域内通用标准,协助企业与研发机构进行有效沟通。另一方面,需要注重京津冀自由贸易试验区智库联盟的建设,充分发挥智库联盟在京津冀自由贸易试验区协同创新研究、决策咨询研究、研究成果汇集和学术交流等方面的优势和产学结合的作用,推进京津冀地区协同创新和发展。

第七,京津冀可以在武清、廊坊和大兴建立"自由贸易试验区联合片区"。该片区的建设既是在原有的京冀都有明确片区的基础上,将天津原有的中国(天津)自由贸易试验区扩展区结合起来,尝试三个自由贸易试验区片区的联合。同时,也可以充分发挥京津冀三个自贸区现有多层次先行先试政策赋权。进一步展开大胆试、大胆闯、自主改,并利用综合优势,形成优惠政策互补,构造新的体制机制系统和运行系统。让市场机制在资源配合中发挥主导和决定性作用。

本文作者:佟家栋、刘程、彭支伟、涂红、张千、鞠欣、范龙飞、赵思佳

推动我市未来产业发展的几点建议

天津市工业和信息化研究院课题组

习近平总书记多次指出,抓紧布局未来产业,提升产业基础高级化、产业链现代化水平。未来产业已成为衡量一个国家科技创新能力和综合实力的重要标志。世界主要发达国家高度重视未来产业发展,不断加强对人工智能、量子信息、先进制造、生物技术、先进通信网络等领域的前瞻布局。我国正处在新一轮科技革命与发展方式转变的历史交汇期,大力发展未来产业对培育发展新动能、优化产业结构、增强发展优势等都具有重要意义。北京、上海、深圳、广州等先进城市主动谋划和布局未来产业,加快未来产业培育步伐,抢占未来产业发展制高点。"十四五"时期,是天津市推动高质量发展、构建新发展格局的关键时期,应加快谋划未来产业,系统布局前沿科技领域。

一、国家层面布局情况

《中华人民共和国国民经济和社会发展第十四个五年规划和 2035 年远景目标纲要》明确提出,在类脑智能、量子信息、基因技术、未来网络、深海空天开发、氢能与储能等前沿科技和产业变革领域,谋划布局一批未来产业;在科教资源优势突出、产业基础雄厚的地区,布局一批国家未来产业技术研究院;加强前沿技术多路径探索、交叉融合和颠覆性技术供给,实施产业跨界融合示范工程,打造未来技术应用场景,加速形成若干未来产业。

2021 年 12 月,国家发展和改革委员会联合工业和信息化部发布《振作工业经济运行 推动工业高质量发展的实施方案》,明确提出组织实施未来产业孵化与加速计划,推动建设一批国家未来产业先导试验区。2022 年 11 月,国家科学技术部、教育部批复了 11 个未来产业科技园建设试点,支持高水平研究型大学、地方政府(或国家高新区)和科技领军企业协同,着眼未来产业重点方向,构建未来产业应用场景,完善创新创业生态,打造未来产业创新和孵化高地。

表 1　未来产业科技园建设试点及培育名单

序号	名称	建设单位
未来产业科技园建设试点		
1	空天科技未来产业科技园	北京航空航天大学、中关村科学城管理委员会、沙河高教园区管理委员会
2	国防与信息安全未来产业科技园	北京理工大学、北京市房山区良乡大学城管理委员会、中关村科学城管理委员会
3	未来能源与智能机器人未来产业科技园	上海交通大学、宁德时代未来能源(上海)研究院有限公司、上海市闵行区人民政府
4	自主智能未来产业科技园	同济大学、上海市杨浦区人民政府、上海市嘉定区人民政府
5	未来网络未来产业科技园	东南大学、南京江宁经济技术开发区管理委员会
6	光电与医疗装备未来产业科技园	华中科技大学、武汉东湖新技术开发区
7	生物医药与新型移动出行未来产业科技园	中山大学、广州市人民政府、广州汽车集团股份有限公司、广州医药集团有限公司
8	未来轨道交通未来产业科技园	西南交通大学、成都市人民政府
9	空天动力未来产业科技园	西北工业大学、西安市人民政府、陕西空天动力研究院有限公司

续表

序号	名称	建设单位
10	航天高端装备 未来产业科技园	哈尔滨工业大学、哈尔滨市人民政府、哈尔滨高新区、哈尔滨电气集团
未来产业科技园建设试点培育		
1	量子信息未来产业科技园	中国科学技术大学、合肥国家高新技术产业开发区

二、先进地区未来产业发展经验

北京、上海、深圳等先进城市,为加快未来产业前瞻布局,相继出台未来产业发展规划明确重点领域,制定专项财政政策加大扶持力度,构建多种新型研发机构加速技术创新和成果转化,推动未来产业的培育和发展。

(一)聚焦重点领域,加快前瞻布局

依托自身产业基础,针对前沿科技领域进行超前谋划,将未来产业作为一个独立的产业门类。2013 年,深圳在全国率先提出"未来产业"概念,出台《深圳市未来产业发展政策》,依托产业基础,将生命健康、海洋、航空航天等产业纳入未来产业重点发展领域。2021 年,深圳市结合现有产业特点,提出"未来产业引领计划",将未来产业聚焦到 6G、量子科技、深海深空、智能网联汽车等领域。2018 年,广州开展未来产业发展研究,对尖端生命科学、区块链、量子通信等前沿领域发展基础进行全面摸底,形成一系列战略研究成果,制定了科学合理、步骤清晰、操作性强的发展路径。2021 年,北京出台《北京市"十四五"时期高精尖产业发展规划》,提出打造面向未来的高精尖产业新体系。2021 年出台的《上海市战略性新兴产业和先导产业发展"十四五"规划》和 2022 年出台的《河南省"十四五"战略性新兴产业和未来产业发展规划》,均将未来产业作为一个单独的门类进行界定,并确定六大重点发展领域。

（二）加大资金支持力度，实现精准扶持

统筹专项资金和产业基金进行精准发力，实现资金的扶持"数量"和"质量"。2020年，上海在《数字化转型年度重点工作安排》中提出，围绕类脑智能、量子通信、6G等前沿技术领域，重点支持100个基础研究和应用研究项目。2021年，上海基础研究与前瞻性重大技术研究共分配到6.5亿科技专项资金。同年，厦门启动未来产业培育工程，并制定《未来产业发展目录》，围绕10个重点领域34个行业，聚焦关键技术攻关、重大产业化、研发机构建设等方面，投入科技创新资金近10亿元，实现资金"点对点"扶持。2021年，北京印发《北京市高精尖产业发展资金管理办法》，采用贷款贴息、保险补贴、拨款补助等多种方式支持高精尖产业发展，结合认缴规模近200亿的高精尖产业发展基金，强化了对高精尖产业的资金支持力度。为引导资本流向未来产业，多地设立细分领域产业发展基金，比如安徽省量子科学产业发展基金，北京中关村生命科学园产业发展基金、上海人工智能产业投资基金等。

（三）瞄准实际创新需求，建设新型研发机构

围绕基础性研究、成果转化、科技企业孵化等核心需求，有针对性地设立一批新型研发机构。2018年，北京印发《北京市支持建设世界一流新型研发机构实施办法（试行）》，围绕量子信息、生命科学、基因技术等未来产业重点领域，相继布局和培育了北京量子信息科学研究院、北京脑科学与类脑研究中心、北京干细胞与再生医学研究院等一批高水平国际化的新型研发机构，加强在基础前沿、共性关键技术领域研发，加快了顶尖人才集聚。上海聚焦原创性研究、重大产品研发、产业链创新等方面，围绕人工智能、量子科学、脑科学等前沿领域，相继创建了上海产业技术研究院、复旦大学类脑智能科学与技术研究院、上海微技术工业研究院等一批新型研发机构。2020年，南京出台《南京市关于推动新型研发机构高质量发展的管理服务办法（试行）》，认定

了近百家新型研发机构,其中 50%以上研究领域涉及未来产业。

三、我市未来产业发展的基础

经过多年的积累,我市未来产业发展已具备一定基础,在类脑智能、深海空天、基因技术、未来网络等重点领域创造了多个全国第一和世界之最。

一是在类脑智能领域,国家级先导区获批。2019 年 5 月,由天津大学和中国电子信息产业集团联合研发的全球首款脑机接口专用芯片"脑语者",在天津举办的第三届世界智能大会上正式发布,该芯片让"意念"隔空打字成现实。2021 年 2 月,天津(滨海新区)国家人工智能创新应用先导区成功获批。

二是在氢能源领域,氢能生产能力位居全国前列。目前我市已聚集了渤海化工、国氢能源、亚力气体、法国液空、海德利森等企业,工业副产氢年产达到 3 万吨。制氢技术持续改善,工业制氢的氢气纯度达到 99.99%以上。氢气"储-运-充"、燃料电池系统、燃料电池车辆、燃料电池汽车检测等产业链关键环节均实现布局,制氢能力(年产氢)位居全国前列。

三是在深海空天领域,新产品实现多个世界之最。2021 年 9 月,随着长征七号遥四运载火箭成功发射,滨海新区天津新一代运载火箭产业化基地跻身世界最大的航天基地。长征五号、七号、八号运载火箭和空间站核心舱在火箭基地完成总装,世界最大的航天器 AIT 中心已建成使用。此外,由青岛海洋科学与技术试点国家实验室和天津大学共同研发的具有我国自主知识产权的万米级"海燕 –X"水下滑翔机再次刷新了此前由它保持的水下滑翔机下潜深度的世界纪录。

四是在基因技术领域,量产疫苗为抗疫提供保障。2021 年 4 月,在位于经开区西区的康希诺新冠疫苗三期生产基地,目前国内获批上市唯一采用单针免疫的重组新型冠状病毒疫苗实现批量生产,为构筑免疫屏障提供了重要物资保障。雾化吸入接种型疫苗克威莎成为国内获批的首款腺病毒载体新冠疫苗。在国家的统一调配部署下,该疫苗逐步在全国推广接种,其安全性与有效性已获得全球多国认可,已出口墨西哥、巴基斯坦、匈牙利、智利、阿根廷等国家。此外,康希诺与军事医学科学院联合研发的国内首个埃博拉疫苗是我国具有完全自主知识产权的创新性重组疫苗产品,该疫苗已在我市实现量产。

五是在未来网路领域,车联网完成规模化部署。2021 年 5 月,天津(西青)国家级车联网先导区车路协同全息感知环境一期工程建设完成。在 40 千米的测试道路上,共有 60 个全系感知路口。每个路口加装了边缘计算、激光雷达、毫米波雷达、视觉传感器等路侧设备。目前,60 个全息感知路口已与华为、大唐、星云、海康等 6 家企业的 200 余套智能车路终端信息互联互通,实现了我国首个 C–V2X 开放场地互联互通规模化部署。

四、我市未来产业发展的建议

为推动我市未来产业发展,争创国家未来产业先导试验区,在前瞻谋划、政策支撑、新型研发机构建设等方面提出以下六点建议。

(一)尽快出台专项发展规划和行动计划,进行系统顶层设计

系统梳理我市未来产业发展要素,全面掌握产业链和创新链基本情况,摸清产业“家底”,形成未来产业“两图三清单”,“两图”为产业图谱和产业地图,“三清单”为企业清单、项目清单、研发机构清单。结合我市未来产业发展特点,出台专项发展规划,制定《天津市未来产业重点发展领域目录》,明确未来产业的发展目标、重点领域、关键环节、核心任务及保障措施,形成“十四五”时期未来产业发展的指导性文件。在《天津市氢能产业发展行动方案(2020—2022 年)》和《天津市车联网(智能网联汽车)产业发展行动计划》的基础上,尽快出台其他重点领域产业发展行动计划,制定科学合理、目标清晰、操作性强的发展路径,绘制产业发展“施工图”。

(二)增设专项政策资金和产业发展基金,引导资本精准发力

统筹智能制造、新动能引育等现有政策资金,增设对未来产业的扶持,重点加大关键核心技术攻关、重大科研成果产业化、高端创新人才(团队)引育、新型研发机构建设等方面的投入力度。充分发挥海河产业基金等基金作用,加强政府基金与市场化基金协调互动,引导各类资本特别是国有资本,对未来产业领域提供支持。积极探索设立氢能源、生命科学、车联网等一系列产业发展基金,引导资本精准发力。鼓励各类重大科技创新平台(实验室、技术创新中心等)和重点高校院所设立科技创新基金,对前瞻性、引领性和颠覆性的技术创新项目给予重点支持。

(三)聚焦基因技术、先进计算、未来网络等重点领域,加速科技成果转化

鉴于我市在生物制药、信息技术应用与创新等产业领域具有一定发展基础,结合细胞生态海河实验室、合成生物学海河实验室和先进计算与关键软件(信创)海河实验室等新型研发机构,建议聚焦基因技术、先进计算、未来网络等重点领域,加快打通"从 0 到 1 再到 N"的创新成果转化路径。充分利用北京高精尖科技创新资源和成果,联合本地高校和科研院所,打造"原始研究在北京、成果转化在天津"的京津协同创新共同体。依托海河实验室资源,针对未来产业建设一批特色孵化器、加速器、创业苗圃等创新载体,支持引导企业、高校及科研机构共建技术研发和成果转化联盟,创立专门的未来产业发展促进机构,加速基础研究、应用研究、产品研发到规模产业化、市场推广等创新全流程整合,建立以成果转化需求为导向的研发和转化机制。

(四)瞄准初创企业,培育未来产业创新主体

探索我市未来产业领域科技型小微企业引培路径,系统遴选优势领域初

创企业作为重点培育对象,支持企业设立技术创新中心,持续储备未来产业主体。结合我市"专精特新"中小企业培育工程,确定未来产业重点领域"专精特新"中小企业年度培育任务指标,为重点领域初创企业提供"一户一档",提供涵盖优惠政策、税收风险、纳税服务等内容的税收解决建议。支持创新型中小企业参与国际标准、国家标准、行业标准和地方标准的制修订,不断提升标准的先进性、适用性和科学性。

(五)制定专项人才政策,抢抓未来产业智力资源

依托"海河英才"行动计划升级版,发挥十大产业人才创新创业联盟作用,精准引进人才和项目。设立未来产业发展人才专项资金,建立高层次科技人才信息平台,围绕重点领域开展全球科技人才分析和监测,构建全球猎聘网络,通过"量身定制、一人一策"方式,精准招募顶尖人才和团队,超前储备未来产业人才。针对未来产业龙头型、成长型、初创型三类企业,制定企业家培育计划,激发企业家干事创业积极性、主动性、创造性,增强企业家带领企业奋力拼搏、争创一流的本领,提升企业的市场竞争力和品牌影响力。

(六)依托主题园区建设,打造未来产业园区

依据《天津市产业主题园区建设实施方案(2021—2025年)》,在第二批主题园区的申报和评审工作中,有针对性地对以未来产业作为主导产业的园区进行政策倾斜,主动探索政府、科技界、企业、投资机构等多元主体参与的未来产业园区联合共治机制,构建未来产业协同创新体系。不断培育未来产业新业态,建设一批未来产业孵化器、加速器、实验场,形成未来工厂、未来医院、未来商业等标杆示范场景。

本文作者:周鹏、程晓、刘媛媛、张文玉

推动天津深度融入共建"一带一路"的建议

天津外国语大学"一带一路"天津战略研究院课题组

习近平总书记在党的二十大报告中指出,推进高水平对外开放,加快建设贸易强国,推动共建"一带一路"高质量发展。市第十二次党代会报告也提出天津要深度参与共建"一带一路"。天津按照全面建设社会主义现代化大都市的奋斗目标和总体要求,可借力区域全面经济伙伴关系协定(RCEP)的全面实施,强化与东北亚、东盟、欧盟等国家和地区的经贸往来和产能合作,深度融入共建"一带一路"。

一、推进基础设施互通,最大限度发挥海空两港优势

在加强"硬联通""软联通"上双向发力,巩固提升"轨道上的京津冀"建设成效,加快建设北方国际航运核心区,打造世界一流智慧港口、绿色港口、枢纽港口,打造区域航空枢纽和国际航空物流中心,持续推进京津冀世界级机场群、港口群建设。依托天津自贸区,提升国际航运服务功能,构建与京冀紧密联系、与沿线国家和地区互联互通的海陆空立体化综合交通网络。

（一）强化天津港枢纽功能

1.强化国际枢纽港口地位

天津港作为对接和服务"一带一路"沿线国家及内陆省份的重要便捷出海口,在已有25个内陆无水港的基础上,可向我国中西部、中亚地区扩展,形成沿经济走廊、大陆桥分布的无水港体系。积极推动建立国际联运业务协调机制,统筹解决运输中涉及的海关监管、商品检疫检验等问题。在欧洲目的港口区位选择上,天津可把德国的汉堡港、荷兰的鹿特丹港作为重点合作伙伴。巩固向南向北向西服务腹地,向东吸引日韩货物,强化国际枢纽港口地位。同时可联合航运、铁路、物流企业不断完善通道布局,在运输组织模式、技术装备研发、运输服务规则衔接等方面不断取得新突破,充分利用场站资源,为蒙古国客户提供"一站式"专业化港口物流服务,将中蒙班列打造成为国际贸易、国际中转业务的重要服务平台。

2.建设智慧型港口,提升港口能级

主动对标国际一流港口,采用先进电子信息网络和通信技术对港口进行全方位管理。建立无纸化电子报关检验系统、船舶和货运数电子申报系统、船舶车辆的卫星定位系统等。运用国际上先进的码头操作系统,实现港口装卸过程无人化。加速实施一批高端高质的智慧港口项目,推进5G、物联网、大数据、人工智能等新技术与港口各领域深度融合,为全球港口智慧化升级提供"天津港方案"。建立"一带一路"沿线物流信息库,向世界公开提供物流信息。扩大东疆集装箱码头规模,建设大港港区深水航道、东疆二港岛等工程。以天津港为龙头,加强与唐山港、秦皇岛港、黄骅港等港口规划与重点项目对接,与河北省港口群形成合理分工。

3.加强港口国际合作

完善天津港与沿线港口的航线网络,大力发展集装箱干线运输。探索与俄罗斯合作利用北极航道发展对欧货物运输,加强同蒙古国的出海口建设合作。推进国际港口联盟建设,积极参与缅甸皎漂港、中缅中心渔港和综合基地等建设和经营,探索同缅甸、老挝等共建临港经济合作园区。进一步优化港口空间布局和资源配置,建成全球资源配置枢纽港和连接国内外两个市场的贸易港。

(二)增强空港辐射能力

1.强化支线功能

继续加快建设异地候机厅、机场长途客运站,以及京津城际铁路机场延伸线、蓟汕高速公路等路网工程,实现机场集疏运网络与轨道交通等公共交通网络的无缝衔接。与首都机场、大兴国际机场错位发展,开辟国际非主流城市,国内二、三线城市支线航空线路,完善国际航线网络。

2.确立货运服务体系

在货物运输方面,天津机场具有较强的竞争力。可确立以货运为龙头,带动客运发展,以货养客的发展路径,合理调整客、货运输服务结构。优化航线布局,开通天津至蒙古乌兰巴托,东南亚、南亚,以及中亚比什凯克、西亚巴库、中东迪拜、欧洲布鲁塞尔、德国杜塞尔多夫等地的货运航线等,开辟"空中货运丝绸之路"。积极发挥自贸区平台吸附作用,建立以航空物流为基础,以航空制造维修,航空服务业为补充的航空产业群。加快天津航空物流区建设,拓展保税仓储、保税维修、国际中转、国际配送和采购等功能,打造国际航空物流中心。

二、促进投资贸易便利化,扩大国际经贸的竞争优势

与"一带一路"建设对接,加快"走出去"步伐,构建互利共赢、安全高效的开放型经济体系,打造我国北方对外经贸合作新引擎。

（一）推进自贸区先行先试

牢记"为国家试制度，为地方谋发展"使命，全面实施自贸试验区提升战略，稳步扩大规则、规制、管理、标准等制度型开放，以"五个自由便利、一个安全有序流动"为牵引深化集成改革创新，推进创新经验复制推广，更大力度服务天津高质量发展。积极推进天津自贸区先行先试，深化跨境贸易便利化专项行动，与海关、商务局、金融办等联合提出需要国家授权的事权清单，争取推出较多的能在国内领先的经验。进一步放宽现代服务业、先进制造业等市场准入，建立对外投资合作"一站式"服务平台，对不涉及敏感国家和地区、敏感行业的境外投资项目全部实行备案制。

（二）提升国际化消费水平

创新消费供给体系，深度推进产品创新、模式创新和平台创新，全面提升天津消费的特色化、便利化和国际化水平。推动文商旅体跨界融合，集中力量、集成功能、集合空间、集聚业态，全面优化商品和服务供给。探索消费业态和商业模式创新，加快口岸进境免税店、跨境电商线下实体店、保税商品展示中心等建设，大力促进定制服务、绿色服务、智慧服务、体验服务等新兴服务形态发展，推动人工智能示范应用以及共享经济、众筹定制等服务模式创新，探索绿色技术的普及应用，推动绿色消费。搭建一批消费领域开放平台，打造彰显天津文化特色、引领国际时尚的消费场景，全面提升天津消费的承载力。建成一批标志性商圈和商业街区，打造特色地标汇集国内外一线品牌，形成一批具有国际影响力、天津辨识度的潮流时尚街区、历史文化街区、特色美食街区。

（三）搭建新型贸易合作平台

设立国际采购中心，在与我国已签署互惠贸易协定的国家和地区设立机构,并通过线上、线下多元化销售方式促进商品快速流通。创新贸易合作方式。发展沿线国家的新型贸易方式,鼓励开展离岸贸易、大宗商品交易、融资租赁、跨境电商、文化贸易、汽车平行进口等新型贸易;增强对沿线国家及地区转口贸易服务功能,推动建立国家采购中心联盟,加强同沿线国家驻华使馆、商协会等机构联系,扩大天津口岸进口商品品种和渠道。

三、加强产业国际合作,推进产业转型升级与创新

发挥天津先进制造研发基地的产业优势,准确把握"一带一路"沿线国家重点产业发展需求与天津产业结构调整优化升级的契合点,积极开展在先进制造、科技创新、能源资源、农产品加工等重点领域的产业投资和科技合作,建设大宗商品境外生产基地,助推天津优势产业"走出去"。充分利用泰达苏伊士经贸合作区的成功经验,在沿线国家和天津自贸区适时适地双向打造更多功能完善、运营高效的投资载体。

(一)优势产业走出去

积极开展制造业领域合作,鼓励具有自主知识产权和较高技术水平的高端优势产业"走出去",推动装备制造、航空航天、工程机械、生物医药、电子信息、汽车制造等行业企业,到沿线国家和地区投资兴业。拓展工程承包市场,支持制造企业与对外承包工程企业组建战略联盟,推广"工程总承包 + 融资""工程总承包 + 融资 + 运营"等合作模式。借力自贸区先行先试优势,加强区块链、物流与供应链管理合作,鼓励海运、陆运、航空等物流企业与沿线国家建立物流服务基地,积极推进津蒙东疆物流园建设。

(二)加速先进技术国际合作

加强与跨国公司研发中心、国际知名研究机构和产业组织合作,共建产

业与技术创新联盟。依托天津国际技术转移中心、科技外交官国际技术转移服务平台,围绕节能环保、生物医药等战略性新兴产业,开展专业领域国际技术转移合作,疏通与沿线国家技术资源对接渠道。发挥天津作为欧洲企业服务网络(EEN)中国北方中心主站点的优势,实现与欧洲技术合作和技术转移网络的资源共享,建立与沿线国家的技术转移协同服务网络体系。

(三)深化能源资源合作

加强油气、煤炭、铁矿石等能源资源联合勘探开发,扩大同沿线国家和地区的能源资源进口规模。加强风电、太阳能等清洁能源合作,推动电网互联互通,加快推进蒙俄煤气电一体化能源综合保障、泰国光伏电站等项目建设。推动能源产业园区合作,鼓励有条件的企业以项目投资、技术合作、园区共建等方式推动能源合作发展,探索跨区域、跨境园区共建和利益分享机制。

(四)搭建企业国际化和跨境并购的重要平台

鼓励企业海外并购主体落户自贸区,瞄准全球产业链价值高端,通过海外并购获取技术、研发能力、品牌和国际销售渠道。确立企业及个人对外投资主体地位,支持企业及个人开展多种形式的境外投资合作。

四、加强民心相通,塑造天津国际化城市的良好形象

以文化为纽带,以活动为载体,以机制化交流为核心,完善友好城市交流网络,提升大型会议论坛国际影响力,扩大与沿线国家和地区人文交流合作,形成以友好促交流、以交流促合作的良好局面。

(一)加速"鲁班工坊"建设步伐

鼓励有条件的职业院校继续在海外探索建设"鲁班工坊",加快优化"鲁

班工坊"的海外布局以及品牌塑造。强化政府的统筹与规划,建立健全校企合作推进"鲁班工坊"的协调联动机制。借助产业与项目的跨国合作,从小到大地谋划与推进中美、中欧创新人才培训项目与高技能人才的国际化基地建设。加大与中亚、西亚、东南亚、南亚地区在教育培训方面合作力度,推动建立国际职业教育联盟。

(二)搭建国际友城交流平台

积极参与并着手建立一批国际友城交流合作平台,使交流主体更加多元,交往内涵愈加丰富。积极参与中日韩自贸区、孟中印缅地方合作论坛、中蒙俄及中巴经济走廊、中国与东盟合作(10+N)及其框架下的澜湄次区域合作、中国与中东欧(16+1)合作等国家级交流合作平台。多渠道、多领域地建立地方政府间的合作平台,打造一批特色品牌项目,树立天津国际形象。同时,利用自贸区海关特殊监管区"境内关外"功能,合作推进文化艺术品会展,国际艺术品保税展示、存储、交易、监管使用等实物展销业务,打造保税仓储、展示、交易为一体的文化艺术品专业化平台。

(三)推动高端国际会展落户

借助首都资源及国家会展中心建设契机,发挥天津自贸区优势,积极争取一批含金量高、契合度高、影响力大的会展在津举办。抓住"一带一路"建设机遇,以"海丝路"港口城市,尤其是国际友好城市为切入点,与外交部、中联部及"一带一路"国际智库合作联盟积极协商,继续合作举办"夏季达沃斯论坛""一带一路"国际港口城市等高端论坛,打造天津融入"一带一路"建设的系列品牌。同时,通过主题推介活动、展览展示、参观考察等方式,全方位宣传推介天津融入"一带一路"倡议的最新发展成果。

五、强化风险防范，深化"一带一路"合作保障措施

（一）加强投资风险的创新管控

整合经济、商务、金融、外交、安全等多部门的资源，建立统一联合的投资风险管控机构，统一部署、统一领导、统一管理；理顺顶层设计与地方管理的关系，加快机构建设，形成多层次的投资风险控制与管理格局。

形成海外利益维护的全球治理新模式。健全风险预警应急机制，推进海外利益维护的立法工作；建立海外利益安全的"属地伙伴"关系，实现管理人才的属地化；全面融入、深度参与各种全球治理机制，提升国际规则话语权。

保障"一带一路"投资项目的高效运行。对"一带一路"沿线涉及的投资合作项目加强风险论证、预警、协调、评估；构建金融服务支撑体系。创新跨国金融服务，积极提供融资、财务、交易金融、境外资产管理等多方面金融服务，强化资产配置能力，为"一带一路"重大项目落地和高效运行提供融资保障。实施外商投资国家安全审查制度。完善对"走出去"企业的法律政策培训和风险救助专业服务。加强重大金融风险识别和系统性金融风险防范。

（二）健全知识产权保护和运用体系

建立知识产权争端解决与快速维权机制。支持建立知识产权运营中心。放宽对专利代理机构股东和合伙人的条件限制。完善知识产权保护和运用体系。推进知识产权保护中心建设。完善知识产权金融创新体系，创新知识产权融资产品。完善知识产权评估机制、质押融资风险分担机制和方便快捷的质物处置机制。

（三）建立科学完善的监管制度

完善信用评价基本规则和标准，实施经营者适当性管理，按照"守法便利"原则，把信用等级作为企业享受优惠政策和制度便利的重要依据，试行建立"白名单"制度。建立主动披露制度，实施失信名单披露、市场禁入和退出制度。完善商事登记撤销制度，对以欺骗、贿赂等不正当手段取得登记的，登记机关可以依法撤销登记。高标准建设智能化监管基础设施，实现监管信息互联互认共享。

完善外商投资安全审查、反垄断审查、行业管理、用户认证、行为审计等管理措施，在风险研判和防控中加强信息技术应用，建立联防联控机制，实施严格监管、精准监管、有效监管。建立检疫、原产地、知识产权、国际公约、跨境资金等特殊领域风险精准监测机制，实现全流程的风险实时监测和动态预警管理。

本文作者：冯雷鸣、乔章凤、刘媛媛

"双循环"格局下天津面向东北亚发展的对策建议

天津社会科学院　　程永明

　　党的二十大报告提出,要"加快构建新发展格局,着力推动高质量发展",同时提出要"实施扩大内需战略同深化供给侧结构性改革有机结合起来,增强国内大循环内生动力和可靠性,提升国际循环质量和水平"。2021年1月25日,天津市人大十七届五次会议审议并原则通过的《政府工作报告(讨论稿)》指出,作为"十四五"开局之年的2021年,天津市要充分发挥朝内服务辐射"三北"地区、朝外直面东北亚、面向太平洋的"两个扇面"独特作用,着力打造国内大循环的重要节点、国内国际双循环的战略支点。无论是天津市还是京津冀协同发展,在对外上都面临的一个"扇面"就是直面东北亚,面向太平洋。东北亚地区富有活力的经济合作环境,全球经济重心东移的趋势,为天津以及京津冀区域的进一步发展提供了难得的机遇。本文提出以下对策。

一、在促进区域协调发展中推动天津高质量发展和高水平对外开放

加快构建以国内大循环为主体、国内国际双循环相互促进的新发展格局是党中央在国内外环境发生显著变化大背景下充分利用国内国际两个市场、两种资源的优势，推动我国开放型经济向更高层次发展的重大战略部署。这一重大战略部署对于探讨国内区域与国际区域双循环以及天津与东北亚区域合作也同样适用。

1.东北亚区域合作与发展大格局中的天津及京津冀协同发展

天津及京津冀协同发展既要主动面向东北亚，服务东北亚，更要有意识地融入东北亚区域合作与发展的大格局中去。天津在新一轮高质量发展中，建议实施依托京冀，辐射环渤海以及"三北地区"，直面东北亚，走向全世界的战略。建议操作中坚持紧靠北京，协调南北（南为山东半岛，北为辽东半岛），西联东拓（西为中国西部地区，东为东北亚各国），共同发展的方针，抓住机

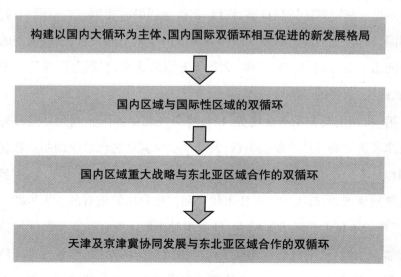

图1　双循环层次图

遇,扬长避短,重点先行,有序竞争。围绕天津在区域发展中的比较优势,加快重大项目建设,聚集发展能量,不断增强聚集辐射能力。

2.区域联动下的天津高质量发展

在环太平洋地区快速发展的现状下,建议推动环渤海区域调整优化经济结构,将天津的高质量发展与东北振兴、京津冀协同发展、中原经济区、东北亚经济圈密切联系起来。加强与华北地区、西北地区、东北地区乃至中原经济区的联动,在国内区域与国际区域的联动中实现天津的高质量发展与高水平对外开放。

二、发挥天津优势,推动京津冀与东北亚的深度合作

拓展京津冀区域与日韩两国经贸合作的深度和广度,提升区域国际竞争力。以中、日、韩三国为中心的东北亚经济圈具备崛起为世界经济中心的充分潜力。作为东北亚区域的主要国家,与中日韩三国间经济合作的必要性和重要性相比,三国间实质上的经济合作还远远不足,区域内的相互投资规模也明显不足。京津冀区域与日本、韩国、朝鲜等国隔海相望,与"一带一路"的海上邻国具有较强的经济联系。京津冀地区由于其空间关系、经济地理的特殊性和两市一省经济、社会、环境、文化等方面的联系,客观上形成了一个具有人缘、地缘、业缘的经济统一体。

第一,利用既有制造业优势,积极吸引东北亚各国企业尤其是日韩企业来天津投资发展。从产业结构看,天津及京津冀地区已形成的制造业优势对韩国和日本的产业升级和结构调整已经构成了积极的推动作用。按照经济学的自然禀赋理论,韩国的中间技术优势和京津冀区域现有的一大批技术水平高、工资成本低的劳动大军结合,日本相对充裕的资金和京津冀区域巨大的投资需求相结合,不但会使相互的优势得到充分的发挥,给各方带来巨大的比较利益,而且为各国的产业结构调整提供了难得的战略机遇。东北亚地区

的国际分工格局,有利于再造天津国际中心城市的功能。进一步扩大对外开放的步伐,营造良好的区域营商环境,利用既有优势和资源,积极布局日本、韩国产业园区,形成产业集聚效应,提升天津的对外开放水平和城市国际竞争力。

第二,凭借京津冀区域内雄厚的制造业基础和优势,加速我市产业结构调整,强优势、补短板,融入并积极主导构建"东北亚产业链",整体提升东北亚地区的产业国际竞争力。

第三,东北亚区域是全球经济比较活跃的地区,建议以 RCEP、CPTPP、中日韩自贸区谈判等区域协定为重要平台,积极加强京津冀区域与日韩两国的经贸合作与人文交流,在共建东北亚经济圈、中日韩港口合作、共建东北亚卫生防疫共同体、构建"中日韩文旅圈"等领域拓展新的合作空间。

第四,天津及京津冀区域内企业应在中央及三地政府支持下,央企、国企、民企联动,官民协同,按照行业领域或产业链分工,组建"企业海外发展联盟"积极"走出去",同时带动"三北"地区,赴东北亚各国开展直接投资与并购业务。

第五,借鉴日韩两国主要都市圈在围绕基础设施、环境治理、公共服务等方面努力实现区域内平衡发展、强化资源配置等方面的有效做法,在大气环境治理合作、人才流动、引导社会力量积极参与等方面克服京津冀区域在城市体系分布不尽合理的现状。

三、将滨海新区作为推进东北亚合作的试验区

天津滨海新区地处环渤海中心,是首都北京和华北、西北的出海口,处于东北亚合作的中心。

第一,天津保税区作为滨海新区的核心功能区,加快建设面向东北亚的国际物流标志区,积极引导企业向供应链管理模式转型,重点做好与俄罗斯、蒙古的原材料、日韩两国的工业制成品以及四国在华企业的物流服务。

第二,大力吸引国内外大型物流企业集团落户,发展专业化、社会化的第

三方和第四方物流,充分利用保税区物流园区功能政策,依托亚欧大陆桥的地缘优势,加强与国际枢纽港的互动,推动海空港的直通,成为衔接日韩,贯通俄蒙的东北亚国际分拨中心。

第三,完备市场交易体系,创新贸易与市场业态,使保税区成为东北亚跨国商品及原材料的采购与交易中心。依托天津滨海国际机场,加快与北京等周边机场的货运直通。拓展公共保税仓储、国际物流配送、转口贸易及口岸服务等功能。

第四,大力引进航空物流企业,促成中国北方航空物流中心的建立,加强政府间的联系与协调,促进东北亚高速信息网络、亚欧大陆桥海陆空交通枢纽等方面的合作,探索组建东北亚银行,形成与东北亚各国密切的金融合作机制。

四、将天津打造为"东北亚创新研发基地"

第一,在深度融入京津冀协调发展的基础上,凭借京津冀区域在设备、技术、人才等方面良好的技术研发优势,主动加强与日韩间的合作,在新型业态、产业融合、互联网+、智能经济等方面加强创新合作和技术研发合作,积极吸引日韩企业在天津建设创新研发中心,开展共同研究和合作研发。

第二,搭建中日韩科技服务平台。加强中日韩三国产官学研合作,搭建中日韩技术研发、工业设计、知识产权等公共服务平台;推动建立中日韩孵化器联盟,为科技型创新企业在项目孵化、专利保护、科研创新等方面提供服务;以中新生态城动漫产业园为依托,建设中日韩青年创客园,推动中日韩高技术创客园之间的互动;依托中小企业云服务平台,整合市场咨询、文秘翻译、展览展示、法律服务、金融服务等资源,搭建一站式国际服务与合作平台。

第三,搭建日韩人才交流平台。围绕天津自贸试验区和产业园区,积极引进天津急需和紧缺的高层次国际人才;定期举办中日韩创新创业大赛、路演等活动和中日韩技术、人才交流活动,拓宽与日韩两国高端团队及人才交流渠道;通过举办中日韩高新技术发展论坛,扩大中日韩企业、高校间的技术交流,加强中日韩创新创业孵化合作。

第四,鼓励国内知名企业在天津规划建设面向东北亚区域的研发基地。天津应充分利用联想集团与天津合作的示范带动效应,强化创新研发企业在天津的集聚效应,进而将天津打造为东北亚创新研发基地,共同推动东北亚区域创新体系的构建。

五、将天津建成东北亚区域的消费中心城市和商贸中心城市

加快培养建设国际消费中心城市和区域商贸中心城市,是天津"十四五"规划的目标任务,也是国家对天津功能定位的具体要求。

第一,紧紧依托中国(天津)自贸试验区以及海关特殊监管区域等开放平台,对妨碍内外贸易一体化发展的各类规章制度进行必要的修改和完善,进一步优化营商环境。

第二,着力提升天津滨海国际机场的航空枢纽功能、航空物流功能、航空服务能力,持续开展消费促进活动,通过优化内外联通物流通道,推动形成区域内外贸易的辐射集散中心。

第三,用足国家会展中心(天津)等资源要素,强化会展业与产业升级、贸易物流、旅游消费俄协同促进功能。争取在中医药、矿业、智能产业等方面着力打造具有天津特色的会展业品牌。

总之,建议充分发挥天津在东北亚地区的地缘、文缘、业缘、人缘等优势,把产业联系、企业合作、政府交往、人文交流、民间往来等力量组合起来,强化与东北亚各国的经贸合作,增强和发挥综合优势,打出"组合拳",将天津建设成为东北亚区域的消费中心城市和商贸中心城市。

六、将国家会展中心(天津)打造为东北亚国际会展中心

大力发展国际会展产业,以国家会展中心的运营为契机将天津打造成为东北亚地区知名的国际会展中心。

第一,在现有的中国国际矿业大会、夏季达沃斯论坛等国际会议的基础上,疏解部分北京的国际会议职能,积极吸引和争取各类国际会议尤其是非政府类、专业领域的国际会议在天津的举办。

第二,重点以东北亚特色会议为主,推动国家会展中心(天津)承接和主办以各类东北亚为主题的各种展览和地区性国际会议。利用天津在医药领域尤其中医药领域的优势,借鉴横滨经验,争取高端医药领域的大型国际会议落户天津。

第三,配合新兴产业发展,推动双碳、数字经济等领域的国际会议或国际展览落户天津。筹划以京津冀协同发展为主题的展览和会议,凸显特色,重建自己的会展品牌,形成系列会展活动,打造辐射性广、集聚力强、影响力大的物品交易、人文交流、信息交换的集散地。

七、持续深度对接日韩实现 RCEP 经济效益的最大化

以 RCEP 生效为契机,着力构建中日韩自贸区战略先导区,充分发挥承接东北亚的优势,辐射东北亚连接全球经济。

第一,通过对接我国在 RCEP 中对日本、韩国在关税减让、投资、原产地规则、服务贸易、跨境电商、知识产权保护等方面的相关承诺和限制,在天津自贸试验区进行率先开放和创新,为中日韩 FTA 的达成进行风险压力测试。

第二,利用好 RCEP 中的国际经济合作条款,加强与日本、韩国相关地区和仁川、釜山等特殊经济区域,在医疗美容、生物医药、信创产业、人工智能、

融资租赁、商业保理、海洋产业等方面的合作,打造国内国际双向循环的资源配置枢纽,促进中日韩产业链、供应链、价值链和分销网络的调整和重塑。

八、积极对接"一带一路"服务东北亚

第一,积极发挥天津滨海新区、自贸区、天津港的区位优势,打造国际集装箱转运中心;积极引入国际国内班轮公司设立航运基地,深化国际港口合作,促进港航互动合作;构建面向全球、便捷高效的集装箱运输网络,重点拓展"一带一路"国际集装箱航线,加密至东南亚、欧洲、美国、地中海等地区航班,发展双向对流的中日、中韩海运快线;强化津冀港口间干支联动,大力发展水水中转,打造东北亚集装箱转运中心。

第二,提升服务腹地能力,优化内陆营销网络,构建贯通"三北"、联通中蒙俄经济走廊的腹地运输网络,扩大中欧班列国际海铁联运规模;对接"一带一路",在陆海空物流方面,尤其是对欧货运专线积极发挥"架桥"功能;积极服务辐射"三北"地区,可以将京津冀区域的本土货物、天津及其周边的外资企业的货物、日韩两国的转口货物,运往中东欧及西欧。

第三,向东服务"日韩",加速东北亚区域对接"一带一路"。利用中欧班列,为京津冀区域的大量日资企业、韩资企业的对中东欧、西欧出口提供便利;作为日本、韩国对中东欧、西欧出口的"中转站",扩大为其提供中转服务的职能。

第四,改变京津冀区域中欧班列空车回国的局面。鼓励京津冀区域企业在中东欧、西欧各国以多元合作方式建立深加工企业,丰富面向中国京津冀区域乃至三北地区的出口;在京津冀区域对接中东欧、西欧等国中欧班列的对象国、对象地区建立物流中心,集结出口中国的物资,利用中欧班列运输回国。

九、积极构建蒙古国对外贸易的"天津通道",持续推动中蒙俄经济走廊建设

第一,积极构建蒙古国融入东北亚经济圈的"战略平台",力促天津成为连接蒙古国—内陆腹地—日韩等东北亚地区的全新战略平台,积极构建蒙古国对外贸易的"天津通道",让天津港成为蒙古国货物运输和对外贸易最便捷的通道。

第二,协同整合天津战略资源,充分发挥天津作为中蒙俄经济走廊东部起点的作用,加快建设与俄罗斯、蒙古国贸易需求相适应的基础设施,打造利益共同体。

第三,关注俄罗斯、蒙古国改善投资环境、促进大型项目国际合作的经济振兴政策,寻求合作领域的战略对接,积极参与其"东向"发展战略的实施。

第四,发挥咨询职能,以天津自贸试验区建设经验积极推动中蒙自贸协定联合科研,助力"津蒙"合作领域的拓展。

第五,以天津与俄罗斯、蒙古国的友好城市为载体,以主题交流、职业技术培训、专业技术援助等为主要内容,构建津蒙、津俄人文交流的"天津模式"。

十、打造东北亚职业教育交流基地

第一,集中日韩优质职业教育资源,构建中日韩产教融合发展共同体,推进产教融合协同育人,推广产教融合标准,提升天津职业教育国际影响力。

第二,设立教育专属区,积极引进日韩一流大学。建议在天津自贸试验区设立教育专属区,与日韩名校合作创办大学,将天津建成我国乃至世界人才培养高地、人才聚集地。天津自贸试验区可以利用日韩教育资源,与日韩教育机构开展开设 2+2 课程模式等多层次、多形式的合作在自贸试验区联合办

学,吸收国际上先进的办学理念和办学模式,联合培养学生,互派留学生。

第三,加速京津冀区域与东北亚各国间的人才流动,有针对性地培育东北亚区域所需的日、韩、俄、蒙等语种的外语人才、国际商务人才、专业技术人才,积极吸引东北亚各国的留学生赴京津冀区域各高校留学、进修,为京津冀区域与东北亚区域的互动储备各类专业技术人才,进而形成两个区域间的"人才互动"。

第四,扩大天津职业教育的国际知名度,继续打造"全国职业院校技能大赛"这一品牌,争取将天津作为全国职业院校技能大赛的永久赛场。

推进滨海新区打造社会主义现代化建设先行区的对策建议

天津社会科学院课题组

一、打造京津冀协同发展高地

（一）推进重点领域合作

布局环渤海市郊铁路交通网络,规划滨海新区直达雄安新区的区间快速路,融入环渤海区域 1 小时城市通勤圈。构建三大机场间便捷的轨道交通网络,打造轨道上的京津冀机场群。强化区域农产品产销合作和保障协同,打造京津冀农产品保障安全共同体。推动南港 LNG、京津输油管道等重点项目投产运营,加快建设北方大宗商品交易中心、国际冷链物流基地,打造环首都"一小时鲜活农产品"冷链物流圈,保障北京油气能源和生活物资供应安全。

（二）强化京滨协同创新

围绕新技术、新材料、生物医药、高端装备制造等新区优势领域,与北京相关机构展开联合技术攻关,集中突破一批卡脖子核心关键技术。充分发挥京津冀科技资源共享服务平台作用,推动重大科研基础设施、大型科研仪器、科技文献、科学数据等科技资源合理流动与开放共享。建立与北京全国科创中心联动机制,聚焦重点发展领域对接北京创新资源,促进科技资源向新区集聚。加强与北京高等院校和科研院所合作,促进高校院所成果在新区转化。

(三)加强京滨产业协作

聚焦智能科技、装备制造等代表性产业,推动共同培育扶持区域龙头企业和配套产业链,联手打造世界级先进制造业集群。推动建设氢能示范产业园,加快北方氢能应用先行区和京津冀氢能供给集散枢纽建设。高标准建设京滨"细胞谷",推进"一核、两区、多园"的产业空间布局进程。打造京滨海洋协同发展示范区,创建京津冀海洋科学研究中心,打造海洋协同创新中心。

(四)高水平建设协同发展示范区

推动滨海—中关村科技园、中欧先进制造产业园、未来科技城京津合作示范区、北方航空物流基地、南港化工新材料基地等重点载体平台创新发展,争取向新区疏解或布局符合新区功能定位的央企,推动央企和龙头企业区域性、功能性总部及新兴业态项目向新区集聚。

二、打造自主创新典范

(一)高标准推进载体建设

支持布局重大科技基础设施和共性技术平台,探索中央财政资金、地方资金、社会资本共同参与的重大科技基础设施建设和运行投入机制。努力建设国家重点实验室、大科学装置和创新基础平台,按照"核心＋基地＋网络"的模式布局建设海河实验室。重点推进与天津大学、南开大学等高校联合共建大学科技园,推进建设世界知名的大学科技产业园区。全面提升滨海—中关村科技园、京津冀科研成果转化中心、新经济创新平台、军民融合创新平台等国家级创新平台功能。大力实施创新集聚"N谷行动",提升"中国信创谷""生物制造谷""细胞谷""北方声谷"等一批主导产业突出的创新标志区建设水平。

(二)加强核心关键技术攻关

实施全方位攻坚关键核心技术的"清单"管理体制,聚焦信创产业、生物制造、先进计算、电子信息等关键创新领域,制定滨海新区的"保持现有优势""解决'卡脖子'问题""抢占未来战略必争领域"三类技术攻关清单。积极参与实施具有前瞻性、战略性的国家和天津市重大科技专项,突破"卡脖子"关键核心技术和行业共性技术研究,攻克一批对外高度依赖的关键核心技术,形成一批占据世界科技前沿的优势技术。推动国家科技创新2030国家重大项目、国家重大科技专项、国家重点研发计划,承接国家科技计划项目在滨海新区落地实施。

(三)强化企业创新主体地位

支持企业牵头组织创新联合体,成为技术创新决策、研发投入、科研组织和成果转化的主体。深入实施创新型企业梯度培育行动,加快推进"雏鹰—瞪羚—领军"企业梯度培育体系,构建大企业与中小企业融通创新的高精尖企业集群。深入推动大型企业建设国家双创示范基地及创新平台,搭建"龙头企业+双创孵化"建设体系。推动领军企业研发创新链条前移,鼓励企业成立高水平研究院,鼓励企业加大研发投入,支持中小企业加速技术迭代改进。构建"研发+制造+服务"模式,促进各类创新要素向企业集聚。发挥企业家在技术创新中的重要作用,重视企业家的首创精神。

(四)推进创新要素集聚

探索政府与企业设立"滨海科学基金"的路径,制定"滨海培育计划"。打破单位界限和学科壁垒,共同开展重大、交叉课题的研究,发挥高校、重点科研院所和龙头平台企业科学研究的源头作用,加大对应用基础研究的支持力度。鼓励企业、高校院所参与全球科技创新合作,与"一带一路"沿线国家(地区)开展广泛合作。完善政府引导、市场主导的技术转移体系,打造科技成果转移转化的聚集地。完善"众创空间—孵化器—科技园区"全链条孵化体系。探索"创业导师＋持股孵化""天使投资＋创新产品"等新型孵化模式。积极谋划布局滨海大学生创业园。打造升级版"海河英才"创新人才引育计划。

三、打造改革开放先锋城市

(一)全面深化改革

深化要素市场化配置改革,完善要素市场交易规则和服务体系,拓展公共资源交易平台功能,深化土地要素市场化改革,推行集体经营性建设用地入市、跨产业用地类型合理转换等用地供给灵活模式,加快培育数据要素市场。做深做优做实法定机构改革"后半篇文章",深化"三考合一"机制。纵深推进"放管服"改革,落实"零跑动"改革。深化"证照分离""一企一证"综合改革,探索商事主体登记确认制。全面落实"一制三化"改革,打造"场景式"审批模式。全面实施准入前国民待遇加负面清单管理制度,放宽市场准入,破除隐性准入壁垒,推动"非禁即入"普遍落实。探索建立行政处罚事前警示、首次豁免、信用修复等多层次容错纠错机制。完善产权保护,构建知识产权行政保护和司法保护相衔接机制,建立健全涉政府产权纠纷治理长效机制。

(二)加快制度型开放

对标国际一流自由贸易港区和国际高标准经贸规则,争取大幅放宽市场准入,建立投资贸易自由化便利化制度体系。探索保税研发、保税检测、保税维修再制造、保税展示交易等制度创新,完善综合保税区开放功能。大力发展离岸贸易、跨境金融、国际大宗商品交易、数字贸易、跨境电商、高端消费品保税展示交易等产业,打造离岸贸易创新发展实践区。把数据自由高效有序流动作为自贸创新主攻方向,探索数据确权、评估、交易、跨境流动、网络安全等数字经济制度创新突破,建设海陆空数字经济产业链全面发展的"国际数字服务港"。巩固提升融资租赁业发展优势,创新"租赁+"品牌,促进租赁业支持实体经济发展和转型升级。

(三)高水平建设北方国际航运枢纽

加快建设世界一流智慧绿色枢纽港口,提升港口基础设施能级,完善港口服务功能,提高港口智慧化数字化水平,促进港口绿色清洁发展。拓展陆海双向联通大通道,打造国内沿海运输主干线通道,做强南北联动内贸干线,大力培育国内沿海运输主干线,强化津冀港口干支联动,巩固提升天津港内贸集装箱北方干线港地位;拓展近远洋外贸航线海上通道,扩大近远洋外贸集装箱航线覆盖范围,加密现有航线航班,开发与区域全面经济伙伴关系协定成员国及共建"一带一路"国家的航线;畅通欧亚陆上通道,大力发展集装箱海铁联运和中欧(中亚)班列,提升中蒙俄经济走廊物流服务水平,积极开拓与中亚国家的海铁联运业务,构筑联通日韩、东北亚地区与欧洲的国际陆海物流大通道。

四、打造燃动内需引擎

(一)打造国际"亲海"消费地标城市

以丰富的岸线资源为依托构建沿海蓝色旅游走廊,扎实推动国家级全域旅游示范区建设。深入实施航母主题公园提升工程、国家海洋博物馆提升工程、邮轮港城建设工程、海洋主题文化旅游度假区工程以及海上旅游观光线路开发工程等"五大工程",推进"亲海"消费的邮轮旅游发展实验区、世界海洋文明体验中心、国家海洋休闲运动中心,以及北方国际邮轮旅游中心的"一区三中心"建设。

(二)打造全球高品质消费资源汇聚地

培育首发经济,实施国际品牌、设计师品牌、定制品牌等名品名店进"滨城"发展首店经济行动,推动设立品牌概念店和产品体验店,提升国际品牌聚集度,吸引国际消费品牌跨国企业来"滨城"设立区域性总部、功能性总部。积极引育具有全球影响力的电影节、时装秀、音乐会等文化展演活动。做大"购滨海"品牌影响力,建成一批大型高端商业购物中心,促进现有商业载体向体验化转型升级。繁荣活跃夜间消费,打响"夜购滨城""夜游滨城""夜读滨城"等"夜滨城"品牌。

(三)打造北方国际商贸物流集散枢纽

大力发展中转集拼和离岸贸易,加快能源、资源类商品和先进技术设备进口集散地、北方消费品进口集散地建设,打造面向东北亚及欧美地区的国际采购、分拨、配送中心、国际物流运营中心、国际集装箱转运中心、北方国际冷链物流中心以及全国进口贸易促进创新示范中心等"五大中心"。积极引进全球智能物流解决方案龙头企业,加快拓展智慧仓储和智慧冷链物流等领域,加大智慧物流基础设施建设,形成智能化、全流程、大平台的智慧物流综合服务体系,打造国家智慧物流服务高地。

(四)打造国家"大商贸"产业示范基地

坚持"互联网＋外贸"发展方向,拓展进出口、离岸、转口等贸易业态,加快引聚新型跨境电商总部、综合服务平台,形成完整的跨境电子商务产业链和生态圈。构建集数字标准、数字治理、数字要素、数字应用等为一体的"数字服务大平台体系",加快数字贸易商业模式、监管模式、信息化管理和国际合作等的先行先试。完善进口汽车产业链条,设立全国进口汽车大数据中心、销售定价中心。支持发展众包、云外包、平台分包等新模式和服务型制造等新业态,打造国家服务贸易基地。

（五）打造区域商贸中心主题集聚地

引导综合消费品批发市场向展贸中心转型,加快连锁经营布局推广,建设面向京津冀、辐射"三北"的区域大型商品交易市场。培育壮大一批年销售额超过百亿元的商贸企业,支持大型生产企业设立商品销售公司,支持电商龙头企业设立全国或区域性总部、功能性总部。鼓励企业依法合规发展大宗商品保税、非保税、离岸交易业务,提升国际大宗商品现货交易市场和期货保税交割功能,建设北方进口大宗商品交易结算中心。

五、打造幸福城市标杆

（一）提升城市建设品质

致力于打造世界一流城市群核心区,以人民为中心,产城融合、绿色低碳、安全健康、人文传承等理念融入城市规划建设全过程。引导产城人融合、人房地钱联动,促进职住平衡。推行地下综合管廊模式,实现城区和各功能区架空线全面入廊入地。促进经济开发区向城市综合功能区转型,实现功能区与街道深度融合发展。推进"数字孪生城市"建设。推行城市运行一网统管,实现公共设施智慧化运行管护。推动土地复合开发利用,用途合理转换,探索增加混合用地供给。探索城市建设项目与债券期限更好匹配。

（二）着力增进民生福祉

发展多层次、多支柱养老保险体系,推动企业年金、职业年金、储蓄型养老保险和商业养老保险协同发展。健全低收入群体精准识别机制,完善分层分类的社会救助体系。完善基本医疗保险、失业保险、工伤保险统筹制度。保障妇女儿童合法权益,完善帮扶残疾人、孤儿等社会福利制度。建立完善新业态就业人员劳动权益保障机制。建立多层次医疗服务体系,加大知名医疗机构引进力度,促进优质医疗资源扩容和均衡布局。建设体育强区,形成全覆盖、高水平的全民健身公共服务体系。打造特色鲜明的文化滨海,大力弘扬社会主义核心价值观,塑造人文城市精神,涵养滨海文化气质,讲好新阶段"滨城"故事,加强社会主义精神文明建设,着力打造文化强区。巩固提升国家公共文化服务体系示范区建设成果,创新发展"十有"模式,促进文化惠民服务创新。保护传承具有滨海特色的优秀历史文化。

(三)提升城市治理水平

把"党建引领、共同缔造"理念融入社会治理各方面,发挥政治、法治、德治、自治、智治"五治融合"综合效能,构建共建共治共享的社会治理格局。提高社区服务功能,实现资源职能进街道、便民服务进社区、优质物业进社区、人文关怀进家庭、服务 APP 进手机。持续开展法治政府示范创建,构建具有新区特点的政府治理体系。推进数字法院、数字检察建设,构建现代化、信息化公共法律服务体系。坚持人民至上、生命至上,把安全发展贯穿发展各领域和全过程,提高本质安全水平,增强城市韧性。坚定维护国家政权安全、制度安全、意识形态安全。提升应急管理能力,完善扫黑除恶长效机制,建设"无黑"城市。

本文作者:靳方华、石森昌、李晓欣、刘俊利、单晨、谢心荻

发挥滨海新区优势推进高质量发展的建议

天津滨海综合发展研究院课题组

党的二十大报告提出,高质量发展是全面建设社会主义现代化国家的首要任务。市第十二次党代会提出了建设高质量发展、高水平改革开放、高效能治理、高品质生活的社会主义现代化大都市的发展目标。推进高质量发展,滨海新区有基础、有优势,走在了全国前列。2019 年 10 月,国家专门出台支持滨海新区高质量发展的文件,明确了滨海新区在新时代承担的新使命。市委、市政府出台了支持滨海新区高质量发展的落实意见和配套政策,实施了"津城""滨城"双城发展战略。2021 年,"推动天津滨海新区高质量发展"被纳入国家"十四五"规划。经过多年的创新发展和实践探索,滨海新区传统优势得到进一步巩固,新生优势得到进一步发展,推进高质量发展的综合比较优势进一步放大。

一是区位优势独特。从国际看,滨海新区是欧亚大陆桥的东起点,是"一带一路"国家战略的重要结合点,是具有通达世界能力的综合交通枢纽。从国内看,滨海新区背靠"三北",服务辐射 13 个省(市、自治区)和 2 亿人口的潜在客源市场,发展腹地辽阔,是京津冀协同发展战略的重要引擎,是衔接南北、贯通东西的重要节点,战略地位极为重要。

二是港口优势优良。滨海新区拥有综合性国际海港和区域性大型客货运枢纽机场,以两港为核心,海铁、海空、空铁联运体系日趋成熟,基本建立了辐射全国、面向全球的综合港航运输体系。海港货运吞吐量突破 5 亿吨,同世界上 180 多个国家和地区、500 多个港口建立了贸易合作关系,是俄罗斯、蒙古和中亚五国的重要出海口。空港区域枢纽功能逐渐完善,是具备北方航空货运中心和大型门户枢纽功能的国家级区域性枢纽机场,天津滨海国际机场第二航站楼投入使用,形成 5000 万人次旅客、110 万吨货邮吞吐能力,服务京津冀协同发展的功能和水平得到极大提升。

三是创新优势明显。国家自主创新示范区加快建设,聚集国家合成生物技术创新中心、国家先进计算创新中心等市级以上研发机构 528 家,国家级众创空间 24 家。新一代超级计算机、"PKS 信创体系"、12 英寸单晶硅片、全球首款软件定义互连芯片和内生安全交换芯片等关键核心技术实现重大突破,中科曙光分布式存储系统位列中国海量存储系统榜首,全球首次实现二氧化碳到淀粉的人工全合成。成立 17 个产业(人才)联盟,"人才特区"建设成效显著,建成中国(天津)知识产权保护中心和中国(滨海新区)知识产权保护中心,国家知识产权示范城区加快建设。

四是产业优势突出。滨海新区打造"1+3+4"主导产业,工业总产值突破万亿元,建成 8 个国家新型工业化产业示范基地,形成 4 个千亿级产业集群。大力培育发展战略性新兴产业连续获国务院办公厅督查激励,获批国家人工智能创新应用先导区、国家新一代人工智能创新发展试验区,生物医药、网络信息安全产品和服务产业入选国家战略性新兴产业集群,细胞、新能源、国产自主可控信息安全产业入选国家创新型产业集群试点。新业态新模式加快发展。金融租赁和融资租赁公司资产总额突破 1.9 万亿元,飞机、船舶、海工平台跨境租赁业务总量占全国 80% 以上,成为全球第二大飞机租赁聚集地。商业保理资产总规模跃居全国第一位,平行进口汽车连续五年进口量占全国 65% 以上。保税维修和再制造蓬勃发展,成为亚太地区重要的航空制造维修基地。

五是改革优势显著。作为国家级新区,新区自贸试验区、自主创新示范区、综合配套改革试验区等众多国家级先行先试载体,改革创新成果丰硕。自贸区投资贸易便利化改革加快推进,累计实施497项制度创新举措,38项试点经验和实践案例在全国复制推广。先后实施了3个综合配套改革"三年计划",在金融改革、涉外经济体制、土地管理、国有企业等方面先行先试。建立了"一颗印章管审批"的滨海模式、全国首创信用承诺审批分级管理,率先推行"一企一证"综合改革。全面实施开发区法定机构改革,经验做法得到国家深改委充分肯定并向全国推广。

作为国家级新区和国家综合配套改革试验区,滨海新区应成为全国高质量发展的排头兵、先行者和实验区。滨海新区要立足比较优势,锻强长板、放大优势,推动美丽"滨城"实现高质量发展,努力在全市打造社会主义现代化大都市建设上走在前、作表率。

一、不断放大区位优势,打造京津冀协同发展和共建"一带一路"战略支点

一是打造服务京津冀协同发展示范区。深化京津冀港口群、机场群协作,加强海、铁、路、空联动,加快京滨、津雄等城际铁路建设,建设天津港集疏运专用货运通道,推进海关异地通关互认,构建海陆空网四位一体的通道体系,打造京津冀高效便捷"出海口"。调整完善承接载体功能和布局,全力承接北京央企二三级总部以及科技项目,加速推动配套产业集聚,培育形成一批总部楼宇,打造京津冀配套完善"产业区"。筹建天津石油天然气交易中心,完善天然气产供储销体系,建设国家能源战略储备基地,打造京津冀能源物资"供应地"。突出"河、海"特色,聚焦周末游、短途游市场,依托生态城、经开区全域旅游示范区建设,推出一批展现"滨城"特色的网红"打卡地"和精品旅游路

线,打造京津冀宜居宜游"后花园"。

二是深入推进"四路协同"。深化内陆无水港设施共建和海铁联运班列线路拓展,畅通融入海上"一带一路";高标准建设中意(欧)中小企业园等平台,探索建设中日、中韩产业园,推动中埃·泰达苏伊士经贸合作区等提档升级,推进陆上"一带一路"提质扩量;推进国际航空物流中心建设,加快建立链接全球主要经济体的空中"一带一路";建设京津冀跨境电商枢纽,提升跨境电子商务综合试验区功能,推动在沿线国家和地区布局电子商务海外仓,深化网上"一带一路"创新突破。

二、不断放大港口优势,打造一流"双港"建设的升级版

一是强化天津港门户功能。深化"一港六区"统一运营管理,提高资源配置效率。加快港口型物流枢纽建设,扩大中欧班列海铁联运功能,大力发展多式联运,积极拓展集装箱航线航班,推动形成干支联动的东北亚国际集装箱转运新中心,打造过境运输的集散中心。支持港航信息、金融保险、航运经纪等现代航运服务业发展,提高口岸进出口贸易本地结算率。深化津冀港口群协同发展,做强环渤海内支线,拓展内陆无水港布局,开拓京津冀和"三北"地区航线资源。加强与广州、厦门、宁波等港口合作,打造"两港一航"精品航线,畅通南北大循环物流通道。深化完善天津港"三线十区百店"内陆物流网络,持续优化阳光物流直营、加盟店布局,深化天津港"直通车"服务,进一步提升营销网络整体运行质量。

二是提升滨海机场区域枢纽功能。发展临空物流,拓展货运航线航班和货运市场,完善国内干支线航线网络,加快中国国际航空物流中心和北方航空货运中心建设。加快推动天津机场三期改扩建工程。提速建设航空口岸大通关基地,积极推进航空口岸联检服务中心、顺丰电商产业园、中远空运北方基地等重点项目建设。高标准建设航空物流区,着力引进国内外掌握关键货

源的大型综合物流服务商、掌握中高端市场的物流快递企业、大型全球货运代理企业、经营高端仓储和智能仓储的物流仓储企业、电子商务企业入驻情况,建立航空货物转运基地,集聚航空物流产业要素。

三、不断放大创新优势,打造自主创新重要源头和原始创新主要策源地

一是打造创新发展先导区。布局国家科技战略力量,积极争取国家和市级重大科技专项支持,高标准建设信创、合成生物学、细胞生态等海河实验室,加快"中国信创谷""生物制造谷""细胞谷""北方声谷"等创新标志区建设,着力突破信创、先进计算、生物制造等领域一批"卡脖子"关键核心技术。大力推动国产 E 级计算应用创新环境研发与生态、国家合成生物技术创新中心建设,打造天津版"国之重器",初步形成"海河实验室 + 技术创新中心 + 工程中心 + 产业基地"的产业创新体系,打造我国重要关键核心技术战略新高地。深化与中科院、工程院以及清华、北大、国防科大等院校创新合作,打造培养人才、科技研发、金融支持、成果产业化"四位一体"创新模式。大力推进南开大学滨海校区建设,加快建设天津科技大学科技园。发挥企业创新主体作用,健全"科技型中小企业—高新技术企业—雏鹰企业—瞪羚独角兽企业"梯次培育体系。构建开放包容创新生态,建立以应用为导向的科技成果转化机制,建设科技成果产权交易中心、科技成果转化基地、中小试熟化平台,巩固推广"创通票""银政通"等制度创新成果,积极探索知识产权证券化,强化知识产权保护、运用和服务,大力提升科技成果本地转化率,打通从科技强到产业强、经济强的通道。

二是打造人才特区。发挥产业(人才)联盟作用,形成联合攻关、协同创新、成果转化新优势。建立"企业按需点人、新区配套服务"机制,健全人才"引育留用评"政策体系,集聚创新人才。策划创建"海归小镇",着力建设海外人

才离岸创新创业基地,打造国际人才集聚区。加强与重点高校战略合作,吸引更多高校毕业生来新区创新创业。大力弘扬科学家精神和工匠精神,实施高技能人才培养计划,加快培养一批敬业专注、技艺精湛的"海河工匠"和技能大师。

四、不断放大产业优势,打造服务国内大循环的重要节点

一是打造全国产业配套中心。聚焦"1+3+4"主导产业,以产业图谱、空间布局指引和重点支持产业目录为指引,大力实施串链补链强链工程,全面实施"链长制",做强智能科技、生物医药、新能源、高端装备、汽车等"强链",壮大新材料等"新链",延长石油化工、航空航天等"短链",前瞻布局智能机器人、智慧医疗、数字经济、海洋技术等新赛道,培育更多"专精特新"企业和制造业单项冠军,打造一批千亿级战略性新兴产业集群。支持产业链向前端研发和后端销售延伸,推动产业链上下游、产供销、大中小微企业整体配套,提升产业链发展能级和整体竞争力,建设全国产业配套中心。以"4-2-1"产业布局为指引,推动各开发区、街镇园区差异发展,打造一批有主题、有灵魂的产业园区,夯实转型发展载体。

二是打造现代服务业的升级版。深入落实全市服务业扩大开放综合试点举措,进一步放宽现代服务业的市场准入,做优商业贸易、仓储物流等传统生产性服务业,并向交易中心和结算平台转型,大力发展软件与信息服务、法律服务等新型生产性服务业。发挥国家数字服务出口基地示范作用,培育新区数字服务贸易促进平台,规划建设中国·天津数字谷,争创国家数字经济示范区。大力发展互联网平台服务型经济、共享经济,培育壮大网络货运、跨境电商、直播电商、线上医疗等新业态,发展首店经济,吸引国际知名品牌开设首店、首发新品,培育一批具有较强影响力的新型消费商圈,打响"购滨海"品牌,扩大"滨城"城市品牌效应,全面建设国际消费中心城市核心承载区。加快

生活方式转变和消费结构升级,拓展健康、养老、旅游、文化等服务领域,促进生活性服务业向多样化和高品质转变。

三是畅通金融与实体经济循环。发展供应链金融,打造"数字仓库＋可信仓单＋质押融资＋大宗商品市场＋场外风险管理"综合服务体系。建立完善中国租赁资产登记流转平台,建设高水平国家租赁创新示范区。做强商业保理,打造北方"商业保理之都"。构建以滨海产业基金、高质量发展资金为主体的多元化投融资体系,高水平建设滨海基金小镇,激发制造业源头活水。完善企业上市服务体系和政策支持体系,推动更多符合条件的企业通过资本市场直接融资。

五、不断放大改革优势,打造更高能级"双循环"战略引领区

一是持续优化营商环境。落实各项惠企政策,清理不合理收费,降低全社会交易成本,打造市场化营商环境。依法平等保护各类市场主体产权和合法权益,打造稳定、公平、透明、可预期的法治环境。全面实行准入前国民待遇加负面清单管理制度,建立符合国际惯例的市场经济运行机制和体系,打造国际化营商环境。建立健全社会信用体系,开展守信激励创新试点,营造良好的社会信用环境。持续深化"放管服"改革,创新"场景式"审批模式,推动实现"智能审批",深化"一企一证"改革,坚持线上全办、马上就办、全区通办,打造便利化营商环境。

二是推进要素市场化配置改革。优化创新型产业用地和复合型用地的规划用地模式,建立健全节约集约利用土地评价及挂钩机制,提高亩均产出和税收贡献。统筹实施"滨城"新市民政策,试行"滨城"特色的居住证和户籍制度,畅通劳动力和人才流动渠道。建设多层次资本市场体系,提升排放权、粮油、金融资产等交易场所功能,积极参与国家基础设施公募REITs等试点。建

立健全数据资源要素市场化配置体系,加快建设北方大数据交易中心,推动数据资源与金融、科技、实体经济深度融合。健全要素价格市场形成机制,推进海水淡化工业利用和新能源发电、LNG 燃气直供,进一步降低企业生产成本,让企业获取最大效益。

三是打造世界一流的自由贸易园区。全面落实创新时限最先、政策上缘最高、创新幅度最宽、创新内容最大胆的"四最"要求,推动实业创新、实用创新、实效创新,打造世界一流自由贸易园区。完善自贸区区域功能和产业布局,积极推进自贸区扩区,加快联动创新区建设,实现区内试验和区外复制良性互动。发挥自由贸易账户优势,发展"贸易+制造+结算"业态,集聚更多财务中心、结算中心、订单中心。推进综合保税区功能升级,积极探索"综保+自贸"制度创新举措,做优保税加工制造、保税物流分拨、保税研发设计、保税维修再制造、保税展示销售功能。研究设立国际科技工业园,探索"境内离岸"研发创新业务。在产业对接、金融创新、政务服务等领域加强京津冀自贸协同创新发展,形成优势互补、各具特色、共建共享的协同发展格局。

六、不断放大资源优势,打造资源节约集约利用示范区

一是打造"双碳"先导示范区。发展绿色产业,积极开发利用风能、光能等绿色能源,综合利用盐田、油田等资源优势,探索推进"盐光互补"、海上光伏等示范项目建设,打造 CCUS 技术应用示范,大力发展氢能、冷能等特色双碳产业。积极探索用能权交易,支持天津排放权交易所创新交易产品。聚力绿色生态,优化提升绿色生态屏障,持续实施水系连通、地下水源置换工程,保护修复自然岸线、湿地、地下水、入海河流等生态资源,高质量推进"一带一湾"建设。倡导绿色生活,加快建立生活节能减排测算、评估机制,推广绿色建筑,全面推进生活垃圾分类,强化水资源利用总量和效率指标双重管控,打造"无废城市""低碳城市"。

二是打造海洋经济发展示范区。以打造国家海洋经济科学发展示范区为战略契机,坚持陆海统筹,依靠自然资源、海洋科技优势,全面发挥产业带动作用,探索产业配套支持政策,吸引社会资本注入。建设海洋经济综合服务基地和创新驱动发展核心区,构建沿海蓝色生态休闲带,重点打造经开区南港工业区、保税区临港片区、滨海高新区海洋科技园、中新生态城、天津港港区五大海洋产业集聚区域,推动形成各具特色、协调发展的"一核一带五区"海洋经济发展新格局。以海水综合利用产业为切入点,带动海洋高端装备制造、海洋生物医药、海洋油气及石油化工业、海洋旅游与文化产业、航运服务业等海洋新兴产业加速聚集,积极谋划海洋经济发展新动能。

本文作者:庞凤梅、段吉闯、尚凯丽

抢抓 RCEP 机遇
利用"单一窗口"促进产业集聚的对策研究

天津财经大学课题组

2020 年 11 月 15 日,《区域全面经济伙伴关系协定》(Regional Comprehensive Economic Partnership,简称 RCEP)签署,为我国在新时期构建更高水平的开放型经济新体制,形成以国内大循环为主体、国内国际双循环相互促进新发展格局提供了巨大助力。RCEP 协定在简化海关程序、提高通关效率等方面为缔约国的贸易主体提供了更高程度的便利,有助于降低贸易成本、推动产业链和供应链优化、重塑亚太区域价值链和促进区域经济一体化。在此背景下,作为贸易便利化重要工具的"单一窗口",其内涵和外延正在变化,即由为海运和贸易的服务逐渐拓展至为多元和高端产业集聚的全产业链一体化服务,由覆盖通关业务协同、贸易与物流业务协同逐渐转变为覆盖企业、监管部门和海关等的多元协同。这给我市利用"单一窗口"发挥产业集成效应、完善"1+3+4"现代工业产业体系建设带来了巨大机遇。

一、我市国际贸易"单一窗口"发展现状

(一)对接国家标准规范,通关效率居全国前列

在系统方面,我国国际贸易"单一窗口"建设由中央和地方两个层面推动,中央的国际贸易"单一窗口"标准版侧重共性功能,地方侧重个性化功能,中央和地方口岸相关部门之间数据共享共用。我市的国际贸易"单一窗口"平台于 2015 年 7 月 1 日建成运行,实现了"一个平台,一点登录,一次录入,一点反馈"。2017 年,国家口岸办开发建设国家"单一窗口"标准版,我市率先对接"单一窗口"国家标准版,形成了以国家标准版为主、兼具地方特色功能的"单一窗口"建设发展格局。目前,我市"单一窗口"已完成与国家标准版 16 类服务功能的全面对接,货物申报、舱单申报、运输工具申报应用率达 100%。2020 年,天津口岸海运出口货物通关时间为 1.48 小时,同比压缩 57%,比全国平均通关时间低 1.47 小时,速度居于全国前列。

(二)地方特色功能丰富,增效降本效应突出

我市依托国际贸易"单一窗口"标准版,结合本市进出口企业实际需求以及贯彻建设高水平"单一窗口"的部署要求,积极开发建设地方特色应用。目前我市国际贸易"单一窗口"中包含"跨境电子商务""口岸收费目录""平行进口汽车""京津冀协同"等 17 个地方特色应用,进一步为企业提供了高效便利的通关服务。2020 年 11 月,"关税保证保险"这一地方特色功能在中国(天津)国际贸易"单一窗口"地方特色功能版块正式上线运行,该功能由具备资质的保险公司为企业提供关税担保,在货物通关时,凭借"一张保单"即可享受"先放行后缴税"的便利保证保险业务,企业资金成本大幅降低,为提高进出口企业通关效率以及保证国家税款安全发挥了重要作用。

二、我市国际贸易"单一窗口"发展面临的问题

目前我市国际贸易"单一窗口"已经取得了较好的成绩,但也面临着一些普遍性的问题:

(一)系统功能流程性偏多,缺少智能化因素

目前"单一窗口"的功能主要集中在实现货物申报、舱单申报、企业资质等业务流程类,其中有相当比重的部分属于程序性的创新,比如简化程序、缩减时间、降低费用等,缺少统一的智能化平台来实现各个部门之间的互联互通,很多信息不能被有效共享,业务办理过程所积累的数据尚未有效利用,基于大数据、人工智能、区块链等技术的全局视角信息分析、集聚等功能尚不足。

(二)定位局限于"通道经济",产业集聚功能亟待提高

"单一窗口"的定位目前局限于为参与国际贸易和运输的各方提供一个单一平台,以提交标准化信息和单证,只是起到"窗口"和"通道"的作用,为企业提供的诸如产业发展方面的服务有限,利用"单一窗口"实现多元和高端产业集聚,从而实现智能监管、生产加工增值转型、产业链溯源、物流业深度融合的能力亟待提高。

(三)与区域内省市衔接不够,国际合作有待加强

第一,与区域内省市合作的广度和深度有待加强。目前我市"单一窗口"特色功能中已有"京津冀协同"功能,但是仅限于与"北京单一窗口"中的"空港电子货运""空港区块链""海港区块链"三个方面的流程层面合作。第二,重复建设多、统筹规划少。我市与京冀"单一窗口"地方特色应用建设中相似功能、相似应用的建设重复较多,地方特色不够凸显,同时建设中普遍采用的网

络技术、数据格式、单据和信息字段标准化方面却缺少统一规划、存在较大的差别。第三,我市与 RCEP 主要贸易伙伴在"单一窗口"方面的合作与对接亟待加强,目前上海已经与马来西亚的"单一窗口"以及澳大利亚新南威尔士港进行了对接。

三、利用"单一窗口"促进我市产业集聚的建议

(一)打造"单一窗口"智慧服务生态,发挥智慧港口集聚功能

将 5G 通信技术、云平台、大数据、物联网、区块链、人工智能等新技术作为"单一窗口"建设的主要技术支撑,提供更具智慧化的服务,打造"智慧港口"。对标 RCEP 区域内先进港口,加强与 RCEP 成员国的合作,在"单一窗口"建设中,共享与应用通关、物流、金融等国际贸易全量业务数据,港口积累了包括码头泊位、船期安排、拖车排班、进出口货物种类及流量流向等大量有价值的数据,挖掘数据背后隐性贸易、物流特征,全过程实时信息管理,实现口岸治理和决策的科学化、精准化,同时利用"单一窗口"开展行业应用设计,促进数据商业化应用,创造更大的商业和社会价值,从而吸引优质生产、贸易、物流等相关产业集聚;通过北斗定位系统等空间地理信息技术精准定位,评估口岸通关时效,实现业务全景展示与统一调度指挥;加速区块链技术应用,解决口岸"放、管、服"创新改革过程中的信息共享与安全问题。强化与 RCEP 成员国的航运物流合作,为航运物流产业发展提供完善的交通运输、营商环境等区域内软硬性基础设施,发展与之相关新型航运服务经济,建设现代航运物流产业新的集群体系。

(二)发挥"单一窗口"信息集约和共享作用,实现服务业集聚

推动形成"企业信用 + 商品质量"的全新动态监管链,增强"单一窗口"在数据采集、数据管理、数据挖掘等方面的能力,全面融合进出口业务流、信息

流、资金流、实现关、港、贸、税、银的一体化全链条运作。推动跨境电商、平行汽车、市场采购、贸易服务、物流仓储、航运物流等服务产业集聚；实现检验检测服务商、溯源标识服务商、软硬件设施支持、政策信息服务、跨境服务高端人才等高端服务聚集；实现知识产权保护、消费者权益维护等公共服务集聚；实现跨境支付创新、国际供应链产业、创新型金融、产业基金、溯源保险、高端智库和研究院等商业模式创新。

具体而言，可利用"单一窗口"发展检验检测服务，与 RCEP 成员国开展合格评定互认，电子证书联网，推进与相关国家在标准、计量、认证认可、检验检测的制度对接、标准协调和结果互认，加快培育、聚集一批第三方检验检测认证机构；探索基于"单一窗口"的在线技术交易模式，推动技术交易市场集聚，并开展专利统计、专利分析、专利预警等专业知识产权服务工作；还可利用"单一窗口"加快集聚持牌类金融机构，加快聚集财务公司、金融租赁公司、消费金融公司、汽车金融公司、货币经纪公司等消费金融业，积极探索聚集资产管理、财富管理、基金、创投、风险投资等新兴金融。另外还可以 RCEP 成员方内部数据安全跨境流动为抓手，以区块链为技术支撑，实现 RCEP 成员国之间贸易单证互认、贸易数据互通，为贸易企业赋能。未来还可以在此基础上拓展贸易结算、金融等职能，比如建立离岸转手贸易报价流转平台，进而实现从港口、物流中心向贸易结算和金中的转变。

（三）拓展"单一窗口"功能，推进"串链补链强链"工程，促进制造业产业集聚

在传统服务海运和贸易全链条功能的基础上，将"单一窗口"的功能拓展至产业层面，打破上下游产业"数字壁垒"，实现产业信息共享、消除"信息孤岛"，为企业提供如经营决策支持、通关物流可视化、贸易融资信用服务等大数据应用的增值服务。集中攻坚信息技术应用创新、动力电池、车联网、集成电路等重点产业链，利用"单一窗口"促进实现监管、生产加工增值转型、产业

链溯源、物流业深度融合,进一步串联关键环节、补齐薄弱环节、强化优势环节,推进全产业链优化升级。抓住 RCEP 产业链、供应链集成效应,依托"单一窗口"构建工业互联网平台和产业链集成服务生态圈,为产业链上下游企业提供面向 RCEP 成员国的智能仓储、高端加工、柔性生产、智慧物流、在线交易、供应链业务、产品质量溯源、平台技术输出、市场配套等全产业链一站式服务和智能解决方案,推动我市制造业集群化发展。

在产品质量溯源方面,可借鉴广东自贸试验区"全球质量溯源体系"建设经验,利用"单一窗口"在 RCEP 范围内采集商品从生产、贸易、流通直至消费者的全链条质量信息,RCEP 成员国企业将商品质量信息导入"单一窗口",商品抵达口岸后,检验检疫机构通过溯源体系实施精准监管、快速验放;商品进入流通环节后,消费者、企业及监管部门通过溯源码或网页查询快速获取全链条溯源信息及特殊状态提醒,同时可进行咨询、举报或投诉,动员全社会质量相关方通过信息反馈参与大质量管理,从而促进区域内生产、市场采购出口、航运物流、跨境电商保税网购等产业集聚。

(四)依托"单一窗口"建设跨境投资征信体系,促进高端企业集聚

借鉴海南国际投资"单一窗口"模式,将"单一窗口"扩展至投资领域,利用 RCEP 的投资"虹吸效应",探索建设面向 RCEP 成员国国际投资"单一窗口"模式,为投资者提供"一站式"服务。建设以投资综合服务为核心,集合办事指南、外资项目分析、投资环境与政策宣传、活动信息发布、投资资讯、外资企业信息报告、投诉受理通道等功能为一体的跨境投资"单一窗口"服务平台,并利用"单一窗口"推进 RCEP 成员国跨境征信体系建设,以区块链技术加强跨境资本流动监管,可采用投资者评分表制度,即由"单一窗口"根据投资者经济状况、以往的信用记录以及在"单一窗口"系统的交易表现自动将投资者按风险大小分为多个等级, 对不同等级的投资者授予不同的信用额度,审批程序也有所差异,在此基础上强化项目信息源的捕捉和遴选,明确招商

重点。重点维护和拓展世界 500 强企业为代表的跨国企业、重点央企和知名民企的主攻龙头型和旗舰型的项目,及时捕捉有价值的投资动态信息,促进高质量企业聚集。

(五)加强区域间"单一窗口"合作,服务京津冀协同发展

汲取国内外先进"单一窗口"管理理念、管理模式和管理经验,强化与京、冀"单一窗口"的合作,推进京津冀产业链优化重组。例如,利用"单一窗口"建设京津冀新能源基础设施数字化体系,探索构建京津冀新能源设施与城市热力管网、交通网络的协调式运行的综合能源网络平台。在跨境电商方面,可以利用"单一窗口"建立跨境电商"京津冀公共分拨中心",即同一保税区的不同保税仓发货不再需要独立向海关申报,而是通过区域间"单一窗口"的合作实现多仓联动、进口包裹统一申报,就地集包分拨,提升跨境电商进口商品的配送时效。区域间"单一窗口"的合作,从本质上讲是将各地区政府与市场的资源对接,通过数据的互联共享,避免重复建设,并让数据实现更大范围的跨界流动,从而形成更好的服务功能。

本文作者:齐俊妍、马德隆、曹杰

助推天津高质量技术迭代和升级的
金融创新示范区建设研究

南开大学经济学院课题组

高质量的技术迭代和升级离不开金融资本的支持,金融创新示范区的建设应当以助力企业等科技创新主体的发展为己任。近年来,我市围绕引聚风险投资、扩大间接融资覆盖面、强化对接服务等方面,出台了一系列金融促进科技成果转化的相关政策,有力推动了科技成果转化。但是,当前我市科技企业融资难的问题依然存在,金融机构对我市中小型科技企业成果转化的推动作用比较有限,相关政策举措的落地实施仍需强化。本课题组通过对浙江、上海等地金融服务机构,以及我市银行、基金等金融服务机构、大学科技园等成果转化"首站"开展深度调研,发现与先进地区科创金融创新支持技术的实迭代和升级的实践相比,我市金融系统存在的问题,并提出相关对策建议。

一、存在问题

(一)风险资本不畅通

第一,投资机构募资难。天津市现有的投资机构总部较少,仅占全国投资机构总数的 1.81%，并且有很多股权投资基金的注册地在天津，实际运营及服务却并不在天津，并且缺少头部投资机构。同时，股权投资行业存在两极分化，中段机构做强成为头部机构之后就不再愿意投资小项目，从而无法继续支持一些早期技术创新的项目。第二，投资机构退出难。当前天津市的风险资本退出渠道较为单一，尤其是较早期介入支持科技企业研发创新的天使投资，只有并购和回购是常用的退出方式。若没有合理、完善的退出机制，就无法引导风险资本为促进技术迭代和升级保驾护航，也无法通过倒逼机制缓解募资难的问题。

(二)科技金融机构的风险约束较高

商业银行重"资产抵押"的贷款方式与科技企业技术迭代和升级的资金需求之间有不可避免的矛盾，对科技型企业的风险容忍度尚未完全放宽，且当前天津市商业银行对科技型企业绿色通道的审批周期仍然较长。除商业银行之外的金融中介机构，如融资租赁公司、政府性融资担保机构等，目前规模较小，未形成规模效应导致助力难。

(三)知识产权金融缺乏信用担保

对于科技企业而言，知识产权是其最为重要的资产，因此知识产权金融的发展对于是否能满足科技企业融资需求是最为重要的，但是天津市当前的知识产权金融体系还存在几个亟需解决的问题，第一，天津市当前的知识产权金融市场尚不完善，相较发达地区，缺乏政府背书担保的环节。第二，当前天津市的知识产权金融产品较为传统，对中小型科技企业的针对性较弱。第三，天津市对所引入的知识产权第三方中介机构的扶持力度不足，从而导致其难以实现自身协助中小型科技企业发展的意愿。

（四）企业上市融资力度有待加强

虽然天津市的高新技术企业上市规模可观，但是与其他城市相比仍有追赶空间。通过对比天津市与经济发达地区科技企业数量发现，天津市的上市高新技术企业、上市专精特新企业等不同层次的科技型企业的数量规模虽然在与日俱增，但是高质量科技企业的数量并不可观，在各大企业榜单中并不具备优势。这导致天津市的高新技术企业在技术升级和迭代中获取社会融资的渠道受阻。

（五）科技金融相关信息的交流不畅通

第一，政府、企业与市场之间的信息交流渠道不畅通，科技企业不够了解政府给予的各种优惠政策，只专注于研发自己的产品，这将导致科技企业对自身的发展没有长期的规划。另外，天津市的金融局、科技局、工信部所掌握的是不同维度的企业信息，但是部门之间的信息交流还不够通畅。第二，科技园区内的研究端与金融端无法接洽。尤其是在基础研究环节上，研究人员多集中在高等院校或研究所，潜心专注于技术研发与产品升级，其资金需求难以被金融机构知晓。第三，天津市金融创新性业务目前缺乏持续发展动力。天津市并不缺乏金融创新的思想氛围，但一些金融创新业务缺乏长期发展的支持，导致这类金融创新业务难以在天津发展壮大。

二、产生问题的原因

（一）风险投资"募"和"退"渠道单一、效率不高

天津市在设立天使母基金方面投入巨大，期望通过将目前现有的创投和天使母基金合并之后再由财政增资一部分，达成建立百亿级的天使母基金的目标。但是对于子基金合作的门槛较高，如何推动落地也是值得讨论的问题。

且在天使基金中,由于目前市场上缺乏耐心资本,几乎没有 IPO 退出的形式,资金难以陪伴企业从种子期、初创期到成长期、成熟期全生命周期的成长。天津 OTC 虽然成立较早,但挂牌企业数量少,挂牌进展缓慢是一大痛点。另外,天津 OTC 属于产权交易机构主导的模式,券商参与度不够,未能在区域股权市场建设上更多的以专业的身份参与其中,发挥的作用不够明显。

(二)科技金融风险分担和补偿机制发展尚不成熟

首先,天津市各家银行目前在针对科技型中小企业融资方面虽有相关政策,但由于规模、适用性等问题,导致政策难以真正落实。其次,由于银行尽职免责制度落实不够到位,导致银行客户经理"畏贷、惧贷"的情况普遍存在。最后,当前担保资金来源单一,尚未形成合力。目前,天津市有 8 家政府性的融资担保机构,累计的担保金额仅有 21.68 亿元,整体数额较少。银行发放的担保类的科技型企业贷款中,政策性融资担保不足 5%。担保机构规模也较小,整体实力不足,对给提供担保服务的科技型企业要求较高,政策受众面不大。

(三)知识产权评估、定值、处置和变现阻碍知识产权金融发展

知识产权是科技型企业最重要的资产项目,然而市场上并未存在一个具有公信力的知识产权定价平台,使得企业可以凭借知识产权作为一种融资手段。目前,市场上知识产权评估机构越来越多,但良莠不齐,同时存在恶性竞争,会进一步引发金融机构对知识产权融资信赖度降低,导致企业难以凭借知识产权获得资金支持。

(四)企业缺乏上市的针对性培育和金融支持

目前,科技型中小企业的融资模式大部分是依靠企业的自有资金,融资途径较为单一。许多科技型中小企业由于信息不对称的原因,对于风险投资如天使投资的信息知之甚少,导致企业争取到风险投资的机会少之又少。即

使科技型中小企业运用大量资金研发出核心技术,企业也无法利用其无形资产获取足够的资金进行运转,资金仍是企业很难填补的一大缺口。

(五)政府金融服务工作推进难,政策难以有效落实

天津市历年出台的和科技型中小企业相关的政策措施其实很多,但由于各种原因导致政策难以落地,无论是政府部门内部还是政府和企业之间都存在严重的信息不对称问题亟待解决。首先,政府各部门分管企业服务的不同环节,无法做到数据有效对接。其次,政府和企业之间信息沟通存在障碍。一方面,优惠政策因缺乏配套细则、门槛过高等问题无法真正落地,存在"空转"现象;另一方面,也存在企业只顾埋头研发,并未专门去了解各项优惠政策的现象,从而使各种政策的效用大大降低。

三、对策建议

(一)打通风险资本"募、退"关键环节,引聚早期风险投资基金

一是强化天使母基金政策引导作用。进一步细化基金功能定位,为深耕我市重点产业领域,服务我市重点大学、研究院所等创新主体的基金扩展筹资来源,补齐我市天使投资、创业投资短板。

二是发挥国资风投机构作用。鼓励有需求、有条件的国有企业依法依规从事创业投资活动,擦亮"国资风投"品牌;加强国资风投机构与市场化风险投资机构的合作互动,通过引导民营资本以参股的方式支持科技成果转化,在单个成果转化项目上实现国资风投与市场化风投的融合,形成风险投资资金之间的良性互动。

三是构建良好的风险资本退出环境。依托天津OTC,整合相关金融资源,深化对中小微科技企业的投融资服务,优化科创专板,做强"专精特新板",探索打通与上交所科创板、北交所的衔接上市渠道,全力打造服务科创企业"种

子－成长－上市"全过程的典型案例,建设成为科创板、创业板、北交所等上市企业培育中心。

(二)完善科技信贷服务体系,提升科技信贷普惠水平

一是鼓励金融机构用好国家科技创新再贷款政策工具。针对"高新技术企业""专精特新"中小企业等科技企业,扩大信贷供给规模。

二是进一步完善科技企业担保体系。加速整合已有各类政府性融资担保机构,统筹建设市级担保体系,扩大担保资金规模,强化服务本市科创企业功能;推动以政府性融资担保机构牵头,促成"政策性担保 + 商业性担保 + 保险"联动,强化科技金融风险分担和补偿机制。三是引导科技银行产品创新。推广滨海高新区"科创积分贷"信贷模式,加快发现和精准支持一批研发能力强、成长潜力大、掌握关键核心技术的中小企业。

三是引导银行联动其他金融机构创新。探索和推动商业银行与创投基金等外部风险投资机构"投贷联动"合作模式,引导银行适度放宽对合作机构的门槛,以多方合作的方式引导社会资本助力科技企业融资。

(三)推动知识产权金融创新,为科技成果转化提供"定制服务"

针对优质企业知识产权特点,推进天津知识产权融资租赁、质押融资工作,探索知识产权证券化。为打通科技成果转化"最先一公里",提供"定制化"金融服务。

一是创新知识产权金融服务。依托东丽区、滨海新区知识产权示范城区建设,推广知识产权证券化及知识产权融资租赁的成功经验,拓宽初创型企业融资渠道;扩大知识产权风险补偿金覆盖范围,在现有质押融资风险补偿的基础上,将融资租赁、证券化等知识产权风险纳入补偿金补偿范围;深化"政银保"服务创新,为银行进一步开展知识产权质押融资提供增信支持。

二是扩大知识产权金融应用范围。发挥大学科技园等园区内初创型企

业集聚优势,探索以科技园区、产业主题园区为载体的知识产权金融批量化服务。

三是建立具有公信力的知识产权评价体系。针对长期以来科技型企业知识产权定价难的问题,整合市场上现有的第三方专业机构资源,深化银行、第三方机构及政府间的合作,鼓励各类金融机构加大对企业知识产权质押融资的服务力度和范围,推动知识产权市场良性长远发展。

(四)建立以上市为导向的"金融加速器",加快上市公司"倍增"计划落地

探索天津"金融加速器"模式,促进天津市科技成果转化,培育领军企业,引领重点产业链高质量发展,为落地天津上市"倍增"计划提供平台支撑。

一是依托科技园区,引育专业科技金融加速器。推动园区政府与第三方专业机构加强合作,针对园区重点企业,提供从企业前期甄别、早期孵化、靠前对接到上市培育的全流程、市场化、专业化"金融加速器"服务,提高企业上市成功率。

二是依托天津OTC,发挥"金融加速器"特定服务功能。依托天津OTC,强化三大交易所天津服务基地建设,以上市企业储备库为基础,引入"金融加速器"服务,为拟上市公司提供多渠道上市方案。

(五)建设综合金融大数据服务平台,强化信息互通建立金融服务信息综合发布、共享平台

打通政府、企业与市场之间的信息交流渠道,满足金融支持科技成果转化"最先一公里"的信息需求。

一是建设科技金融信息共享平台。积极落实《天津市促进大数据发展应用条例》,打通"信易贷""津心融"等分属不同部门的金融服务平台底层数据,加强天津市发改委、科技局、金融局、统计局、税务局、人民银行天津分行和银

保监局等金融科技管理部门间数据共享使用机制和渠道。

二是以展会赛事为依托强化信息发布交流。依托天津中国企业国际融资洽谈会、创新创业大赛、创新挑战赛等展会赛事,做好科技成果集中路演;借助"金桥之友"科技金融大讲堂等宣传与交流平台,强化科技金融政策及产品的宣讲。

三是发挥天津市科技成果展示交易中心作用。扩展平台功能,积极引导企业早期科技成果直接与市场需求、金融资源对接。

四是协同京津冀区域级政府部门共建科技金融信息平台。依托京津冀科技成果转化基金,借力北京金融资源集聚优势,实现区域间科技金融信息共享,加强区域之间的交流合作。

本文作者:李俊青、邓向荣、张冬冬、张雪莹、张雨菲、祝嘉佳

天津市科技创新人才引育用的现状与对策研究

南开大学课题组

天津聚焦高质量发展战略目标和未来需要,坚持"以用立业、以业聚才",围绕产业急需、产业链薄弱环节等,大力引育战略人才,吸引和集聚科技人才,壮大高技能工匠队伍,全力建设人才强市、打造人才高地。本文在分析我市人才引育用工作进展及人才供求格局中的新情况的基础上,提出提升引育用能力与环境营造的政策建议。

一、天津市人才引育用工作进展与效果

(一)围绕新时代人才工作出台了系列文件和举措

近年来,我市大力引育战略人才,围绕新时代人才工作密集出台文件和实施系列举措。在人才培养方面,采取精准措施,加快培养创新型人才。在平台建设方面,借助"津洽会""华博会"等人才智力对接平台和重大平台项目、增强高层次人才和紧缺人才的引育力度。在强化激励方面,鼓励成果转化,强化多方受益。在优化服务方面,进一步赋权松绑、充分释放科技人才活力、丰

富人才引育体系,优化人才创新生态,初步形成了人才引领科技创新、创新支撑高质量发展的良好态势。

(二)人才引育实施效果与人才环境的优化

聚焦重点产业招引人才提升引育水平。科技部门定期对我市436台的引智引才成果追踪调查显示,截至2022年10月,"海河实验室"已确立119个首批自主立项项目,吸引聚集了38名两院院士,97名国家杰青和长江学者领衔的3000多名各类人才,引才聚才"强磁场"效应初步显现。

高技能人才队伍建设受到高度重视。把提高劳动者技能水平作为加快传统产业向战略性新兴产业转型的重要支撑,也作为推进人才强市战略的重要内容。为加强技能型人才培养出台了一系列政策法规来推动高技能人才队伍,极实施高技能人才培养工程和职业技能振兴计划,不断完善高技能人才培训基地的建设。对接重点产业链和科技园区加大引智育才。以产学研协作类创新基地聚焦关键核心技术领域,组织专业人才集聚攻关,探索人才集聚和产学研可持续协作机制;以创新创业孵化类创新基地聚焦孵化优质科创企业,营造区域释放人才创新创业创造的生态氛围。

优化人才环境和服务体系。一方面,改革体制机制。通过推行"揭榜挂帅"、技术总师负责制等机制,推行经费包干制,切实为科技人才赋权松绑。围绕科研人员与管理人员合同管理制度、科研人员薪酬管理制度、服务保障制度和业绩考核制度等人事人才制度建设开展先行先试。另一方面,人力资源服务体系的创新。通过重点平台建设、创新业态引领,产业园集约化,现已培育和聚焦了云账户、中轩等行业领军企业和几百家人力资源服务机构,形成了人才交流、猎头寻访、派遣外包、人才测评、人事代理、人力资源外包、管理咨询的全链条的服务体系。2022年3月,我市"国家人力资源服务出口基地"正式获国家人社部和商务部认定并建设启动,京津冀人力资源服务与发展联盟也相继成立。

筑巢引凤,以科技创新平台引人聚才。创新平台是推动产学研协同创新和科技成果转移转化的合作载体、也是各类优质资源汇聚的承接平台。在海河实验室等重大创新平台建设的同时,我市实施以才荐才、平台聚才、定向对接的引人用人机制,依托创新型企业、重点高校、科研院所、新型研发机构、产业技术研究院、创新创业孵化园区等全面推进产学研用的融合。截至2022年9月,我市重大创新平台已聚集各类科技人才3万余人,其中包含领军人才在内的高层次人才数量达到5000人,以平台以才荐才定向对接,引才聚才"磁场"效应逐步显现。

二、人才供求格局中的新情况与新挑战

（一）新时代人才流动和供求格局的新变化、新特点

1.国内高层次人才的流向为一线城市和中心城市

长三角、珠三角、京津冀的中心城市已成为高层次人才的集聚地,京沪广深等一线城市对人才的引力明显大于天津等城市的态势难以扭转。对于天津来说,对高层次人才的吸纳势不在优、引力不足,为此需要根据自身的特点和条件考虑和选择与一线城市尤其是北京的人才错位和互补,探索扬长避短、差异化的人才引育用路径,探索更优的育人、引人、用人的宜居、宜业生态环境。

2.疫情后大学毕业生择业形势从紧

这对于天津来说,加强人才的吸引储备是一时机。同时要把握好这批95后、00后毕业生的价值取向和行为特点,对这些年轻人来说发展前景好、能施展才华甚至有创新创业风险的岗位也会有吸引力。

3.从产业布局上看,伴随长三角、粤港澳大湾区重大国家战略的实施,同时受北方地区经济发展放缓的影响,同质化竞争带来的政策红利进一步下降,其他地区出台的更加有力的产业政策会对增强对要素资源和人才的引力

"人才南流"和北京对各类人才的虹吸将构成对天津人才引育用的新挑

战,也是天津人才工作的约束条件,这些都会对人才流向带来巨大影响。

(二)各地人才政策侧重点及其演变的内在逻辑

2021年后,多地的人才政策呈现由"以引为主"到"引育结合""管评并举"过渡的态势。不少地区出台政策提升本地区人才能力、优化人才知识结构;通过加强人力资源市场管理,构建数据库加强对本地区人才状况的了解和管理;对本地区人才的能力、绩效、贡献等进行客观公正的评价,进一步激发人才效能的释放。

通过政策数据库查询,近五年来各地共出台了975条人才政策,各地的人才政策主要分为三大类:一是以"引"为主的人才引进保障类政策;二是以"育"为主的人才培养发展类政策;三是以"管"为主的人才管理和人才评价政策。研究发现,人才政策制定的底层逻辑正在发生变化,即由供给侧向需求侧转变。即原先政策制定的出发点是考虑政府能提供什么,现在政策的出发点则越来越多地考虑人才需要什么。

由于各地引才竞争的白热化,倒逼政策由供给思路向需求思路转变,体现了政策制定更加以人为本、精准化和柔性化,政策制定者能够站在服务对象的角度思考问题,从而更好地解决人才引进中的问题。这种转变也应广泛应用人才发展的各个环节,如人才管理政策、人才评价政策、人才发展政策、人才流动政策等。

(三)科技人才和技能人才的配置特点与供求缺口

我市职业技能人才队伍规模不断壮大,能力水平和综合素质不断提升,高技能人才所占技能劳动者的比重高于中西部城市,但在总量、结构和素质上与上海、深圳等市相比仍有一定差距。科技人才和高技能人才供需不匹配、结构待优化。从"十四五"产业发展对人才配置的需求看,从今后几年随着大项目、新项目的集聚和建设,对数字经济、平台经济等方面的人才需求会进一步上升。从结构上看,随着一批研发中心的建成,基础性、应用型研发人才需求会上升,这对高端人才吸引形成压力,尤其是在生物制药、绿色石化、智能制造产业。从产业转型升级看,转型升级重点在智能制造,产业数字化,数字产业化。服务型制造、智能制造对人才的需求将会有较大压力,人员结构调整,素质提升都会有较大发展。与高质量发展的需求相比,科技人才和高技能人才供需不匹配问题仍然突出,尤其是在新兴产业和高新技术领域。调研显示,目前企业普遍反应人才供需不匹配,生物医药、基础算法、重要软件开发等领域的领军型人才、能够把智能技术和商业模式创新相结合的复合型人才及综合素质较高、懂技术能操作的高级蓝领缺口很大,其人才结构也亟待优化。

三、引育用能力提升与环境营造的建议

(一)把握人才流动新情势,适时调整人才工作侧重点

各地出台的人才政策大致分为三类:以"引"为主的人才引进保障类政策,以"育"为主的人才培养发展类政策,以"管"为主的人才管理和人才评价政策。近两年各省市区人才政策的侧重点正在发生结构性变化,呈现由"以引为主"向"引育结合""管评并举"转变。工作重心从扩大人才增量转向优化人才存量并举,更注重对本地区人才的能力、绩效、贡献客观公正评价,进一步激活人才的创新主动性,释放才智潜能。

一方面,应根据我市"十四五"规划的发展需求,借助人力资源大数据,作一次人才分类调查摸底。根据各类人才的流动和供求情势,理清我市对不同类型人才的需求强度及结构,应对其他一线城市尤其是北京对同类人才的吸纳情况,选择与其不同的人才错位和互补策略,探索扬长避短、差异化的人才引育用路径,制定针对性更强、竞争力更足的引人留人政策,建设更优的人才宜居宜业生态环境。

另一方面,把握人才流动的新情势、新特点,抓住机遇加大人才储备。近

年来,国内外人才的供求格局和人才流动出现新情势,海外留学人员"寻求谋职"、国内应届毕业生"推迟就业"值得关注。应抓住海外中高层人才及留学生在海外择业谋职的预期降低,寻求回国谋职创业的动机增强的"海归潮",加大吸引海外人才来津发展。同时,疫情期应届大学毕业生择业形势从紧。 大学生、研究生择业受冲击较大,可供选择的机会比之往明显见少。应抓住人才供求格局变动及需求岗位缩小的机遇,加强人才的吸引和储备,为天津科技创新和经济发展的再发力积淀优质资源。

(二)把握人才配置新特点,提升人才引育用效果

一方面,要提升人才引育用能级,营造创新氛围浓、创业机会多的生态。创新经济条件下,各类创新人才发展的生态环境有了新的内涵:一要完善运转效率高、机制灵活的服务体系。如互联网、软件企业成长周期比较短,业务扩张速度很快,创新性技术和成果要求快速转化应用,应在"131 计划""海河英才计划"中设立专项,为用人单位精准对接,为创新者提便捷高效的支持,如在筹资金、转化成果等方面灵活通畅。二要为各类人才的创新创业提供空间和机会。在创新驱动型经济中,生产智能化、专业化成为产业组织的新特征,构建独有的、有比较优势创新环境和创业氛围既是吸引人才的前题又是人尽其才的关键。三要营造周到舒心、高品位的人文环境。提升人文环境的能级和水平,使新人才的工作环境更便捷周到,生活环境更宜居舒心,文化氛围更浓郁。

另一方面,要拓展人才配置思路,创新人才引用模式。"非接触式"配置正在成为人才引用的途径之一。这一配配置方式包括专用人才的线下短期服务、线上远程支持、异地合作等。疫情加快了跨地域"非接触式"人才配置已在诸多领域的应用,并日益为人才供需双方接受。与"非接触式"相适应,就要求在人才配置理念上"不求所在,但求所用"。人不一定常来津驻津,而又能异地在科技创新、成果转化、项目运作、业务拓展等方面为天津做事、做贡献。这类

短期服务、远程支持、外包服务、异地合作等形式的人才引用应给予同样的支持和认可,尤其是在科技创新园区、金融商贸集聚区,完全可以借助北京人才资源为天津发展服务和助力。

(三)以业聚才,以用立业,构筑引才聚才新途径、新载体

依托快速发展和重大创新平台、重点项目吸引和集聚高端科技人才是人才强市的重要途径。

1.保持较快的经济增速,为以业聚才提供支撑

我市人才总量不足、引人聚人的竞争力不强的重要原因之一是经济总量小、增长速度放缓,新兴产业、新兴业态、新项目少,招商引资的增量小,进而人才施展才智的空间和机会就受限,难以形成以业聚才的强大引力。要形成人才资源竞争新优势,必须把握发展主动和增长定力,扩大有效投资并保持较快的经济增速,这是引人聚人的根本所在。在守住系统性风险的底线的同时适度超前安排基础设施和重点项目的融资投资,弥补基础设施建设、动能转换和产业创新等供给侧的短板,为以业聚才,围绕产业和重大项目链靶向引才聚才,为高质量发展提供坚强有力的人才智力支撑。

2.以开放式创新的方式为新型人才的引育用提供了新载体

我市以重大创新平台和项目聚集各类科技人才取得了较好效果。围绕战略性新兴产业和高新技术产业建立"博士后创新联合体"等载体,将大项目、大公司全产业链布局与我市制造业价值链提升行动对接,借力创新平台、重大项目、总部机构招引各类专业人才,形成以业聚才,以用立业的良性互动。通过产学研强强联合的多方协同共建,突破大学、研究机构、企业分离的局限,通过构建博士后人才"联招、联育、联考、联用"的培养平台,提高对博士后人才吸引力和承载能力,形成我市高层次创新人才培养的磁场和高地,带动创新资源和新产业产业在津集聚。

（四）注重人才政策集成、举措协同和精准施策

近年来各省市人才战略更注重政策集成和举措协同,将以"引"为主的引进保障类政策、以"育"为主的培养发展类政策、以"管"为主的管理和评价类政策链接起来,贯穿于人才战略的全过程。从天津的发展现状看,精准施策要处理好两个关系。一是人才规划与产业规划匹配协同,注重补齐科技和产业发展的急需人才和紧缺人才。二是通过政策集成将扩大人才增量与优化人才存量结合起来,在吸引人才的同时盘活和激活现有人力资源。

在吸引高层次人才方面要注重政策叠加、分类精准施策。一是将领军人才的引进要与创新团队建设结合起来。对领军人才重在搭建平台、委以重任（如为其组建试验室、研究中心并赋予相应的职位和职责）,以充分发挥其专业知识、创新力、影响力、招引力。通过"科技领军人才"或"经营领军人才"的品牌作用,聚集一批专业人才和高端技术,或引进一组经营业务,同时作好其团队的服务保障,在人才激励政策上要兼顾个人和团队,使吸引领军人才的政策与团队建设有效的衔接。二是将京籍人才的引进与承接非首都功能项目结合起来,"以项目引人,以人落项目"。以科技和金融人才为例,我市加大了吸引北京总部功能性机构、央企区域总部和金融后台服务机构（如数据中心、研发中心、客服中心）的力度,这些项目和业务是靠专业经营人才支撑的,项目落地的关键是业务落地,而业务的开展靠的是专业人才。

本文作者: 周立群、裴蕾、安明瑜、周彩云、王晓岚、谢思全

推进新时代天津市高校思政课教学高质量发展的对策研究

天津财经大学马克思主义学院课题组

党的十八大以来,以习近平同志为核心的党中央高度重视高校思想政治工作,特别是思想政治理论课(以下简称思政课)建设工作。思政课是立德树人的关键课程,关系到"培养什么人、怎样培养人、为谁培养人"的根本问题。教学质量是思政课教学成效的重要基础和根本保障,课题组在充分的前期调研和实践探索的基础上,对天津市高校思政课教学质量提升面临的时代背景、现状、问题进行了深入的总结分析,对思政课教学质量提升提出了具有针对性的对策和建议。

一、推进马克思主义学院内涵式发展,打造思政课"智慧课堂"

新时代新使命,必须深入推进高校马克思主义学院系统化建设和内涵式发展。2021 年 9 月中共中央印发《关于加强新时代马克思主义学院建设的意见》,要求把马克思主义学院建设作为基础性、战略性工程,推动实现高质量发展。因此,建强、建好马克思主义学院,不断提升马克思主义学院的科学化、规范化、现代化水平是加强和改进高校思想政治教育工作的必然要求,更是深入推进马克思主义中国化、时代化、大众化的必然要求。一方面,马克思主义学院要在制度建设、师资建设、硬件建设等方面系统推进;另一方面,新时代的马克思主义学院必须适应时代要求,深入推动以"数字马院"和思政课"智慧课堂"建设为鲜明特征的内涵式发展。

(一)建设符合新时代思政课教学质量发展要求的"数字马院"

在数字信息时代,高校马克思主义学院的建设与发展不能忽视社会的新发展、新变化,要积极应对,"数字马院"建设正是对时代要求的回应。"数字马院"建设要逐步向内涵式发展,在使用现代化数字信息技术提升和改进教育教学方式的同时,从与时代发展相结合的高度,从社会存在决定社会意识的理论视角去探寻"数字马院"建设的真正价值和意义。

第一,马克思主义学院建设者要具有"数字信息思维",把"数字信息思维"与"理论思维"相结合。马克思主义学院的建设者不缺乏理论思维,可能缺的是对数字信息时代的深刻感知能力,主动用数字信息时代的技术、理念解决教学、科研、人才培养和宣传马克思主义主流意识形态的思维方式。

第二,马克思主义学院的建设者要练就驾驭数字信息技术的能力。马克思主义的传播与发展必须与时代同步,要运用时代赋予的最先进的传播理念和传播技术,更好地拿起和运用理论武器,让马克思主义在数字信息时代的意识形态领域中牢牢把握引领作用。

第三,马克思主义学院的建设要深刻把握时代特征和人的本质。遵循社会存在决定社会意识的基本原理,把握数字信息时代人的思想形成和发展规律,从而有针对性的开展理论教育和意识形态引领。

（二）遵循新时代思政课教学规律，全面建设思政课"智慧课堂"

传统思政课与新时代思政课在根本目标上是一致的，旨在培养一代又一代社会主义建设者和接班人。在数字信息时代，传统思政课原有的一些优势受到了冲击和挑战，而以大数据为基础的智慧课堂建设能够赋予传统思政课堂以新的生命力。转变是深层次和系统性的，不仅仅是教育方式方法上的，更是基于共同的教育目标，对教育规律的科学把握与运用。

第一，深入理论探源。要对高校思政课智慧课堂的理论渊源和科学依据进行系统的理论上分析和研究，进一步丰富高校思政课智慧课堂建设的理论基础，澄清各种误区和偏见，避免误入歧途。要通过对大数据本质的认识，探求其如何反映高校思想政治教育规律、当代大学生思想形成发展规律，以及思政课堂教学规律，开展理论探索和论证。

第二，创新教学实践。以大数据为基础的思政课智慧课堂建设聚焦于课堂教学实践，运用新思维转变教学观念、改进教学环节、打造新型师生关系、教学关系，做到知己知彼、精准施教、智慧教学。搭建一个线上线下相结合、伴随教学实践不断升级完善的智慧课堂建设数据平台，一方面用大数据为智慧课堂建设提供科学支撑，另一方面把课堂教学方方面面的数据反馈充实到数据库平台，不断提升思政课堂的智慧程度，切实提升思想政治教育效果。

第三，搭建协同体系。大数据时代的高校思想政治教育和思政课智慧课堂建设不是孤立的，大数据本身需要社会相关信息单位和高校各个部门高效、有针对性的协同供给。大数据的获得、分析和运用是一个系统的工程，课堂教学大数据的形成和使用需要高校诸多部门的协同配合。这种协同本身就是一种信息技术和大数据的联合供给、共享和共用，这就需要一个合理的机制形成智慧课堂建设的协同效应，为智慧课堂建设开辟一个高效的协同机制。

第四，坚持目标导向。以大数据为基础的高校思政课改革创新，构建科学合理的思政课智慧课堂新模式。以大数据为基础，充分发挥数据的基础性作用,必然要整合一套科学机制,确保数据的科学高效运用,信息的全面反馈,从而全面提升思政课堂教学的效果。最终要扬弃传统课堂模式,构建高校思政课智慧课堂实践体系。

二、按照"六要"标准和"八个相统一"要求,打造一支能战能胜的思政课教师队伍

(一)在思政课教师队伍理想信念建设上凸显"六要"标准

实施思政课教师队伍素质提升工程,为思政课教学高质量提升提供最强有力主导力量。习近平总书记在 2019 年 3 月 18 号召开的学校思想政治理论课教师座谈会上的重要讲话中对思政课教师提出了"六要"要求,即政治要强、情怀要深、思维要新、视野要广、自律要严、人格要正。马克思曾指出,"教育者本人一定是受教育的"[①],新时代的思政课教师,特别是新加入到这支队伍中的教师在理想信念、价值观念、行为方式等方面应具有鲜明的时代特征。天津市高校要以"六要"为标准,探索新形势下思政课教师队伍建设的新特点、新规律,在保持政治原则的前提下,有针对性地开展教育引领。

(二)在思政课教师队伍能力建设上凸显"八个相统一"要求

习近平总书记在学校思想政治理论课教师座谈会上提出,讲好新时代的思想政治理论课,必须做到"八相个统一"(坚持政治性和学理性相统一,坚持价值性和知识性相统一,坚持建设性和批判性相统一,坚持理论性和实践性相统一,坚持统一性和多样性相统一,坚持主导性和主体性相统一,坚持灌输性和启发性相统一,坚持显性教育和隐性教育相统一)。近年来,全国高校马克思主义学院和思政课教师都在努力朝着这一高标准、高要求迈进。"八个相

---

① 《马克思恩格斯文集》(第一卷),人民出版社,2009 年版,第 504 页。

统一"的真正贯彻和落实需要遵循思政课教师成长规律和思政课教学规律，是一个循序渐进的过程。

第一，要注重教育培养针对性和精准性。重点对转岗进入和刚毕业入职的思政课教师强化思政课程思维意识的培养，实现教学理念提升和角色定位的快速准确转换。

第二，要注重不同阶段教师的互补性。要凝聚思政课教师团队的智慧，互相启发、共同努力。在思政课教师队伍建设中更好运用好集体备课、课程研讨、以老带新、新老互学等形式，让"八个相统一"在思政课队伍的共同建设发展中真正落到实处。

三、加快构建"大思政课"格局，激活各类教育资源，推动思政课教学高质量发展

2022 年 7 月教育部等十部门印发了《全面推进"大思政课"建设的工作方案》的通知，通知要求要改革创新思政课教学主渠道、善用社会大课堂、搭建大资源平台、构建大师资体系、善用大数据技术、拓展工作格局。天津市高校思政课教学应牢牢抓住这一契机，仅仅围绕立德树人中心任务构建独具特色的"大思政课"格局。

（一）紧紧围绕立德树人根本任务推进"大思政课"建设各项工作，做到"大"而不散

天津高校大思政课建设既要开拓思路，敢于出击，拓宽思政课建设路径。在运用社会资源上搭建平台，实行"直通车"式的对接路径，让学生能够成建制、集体式参与社会实践、参加好社会大课堂的学习，无距离接受优秀传统文化和红色革命文化熏陶，沉浸式体验中国特色社会主义伟大事业在天津的实践，运用好本市人工智能技术发展成果，让大数据走进思政课。要紧紧围绕立

德树人根本任务开展各项工作,以习近平新时代中国特色社会主义思想为指引,深入学习贯彻党的二十大精神,用新思想、新理论铸魂育人。"大思政课"建设重在人人参与、协同创新、协同发力,切实形成一股强大的育人合力。

(二)"大思政课"建设要做好教育资源的扩增、转化和创造性运用

"大思政课"建设不单是教育主体的增加和教育渠道的增多,关键是各类教育主体的参与是否充分发挥了应有的育人职责,各类渠道的贯通是不是充实和丰富了教育资源,各种资源的转化和运用是否能够产生"化学反应",让学生耳濡目染、真正受到感染和熏陶。"大思政课"建设过程中有两类资源得到的丰富和发展,一类是理论资源,以开放的姿态吸收哲学社会科学中的有益理论成分,汲取其中的教育价值,在坚持马克思主义的引领下发挥其应有的教育功效,改变过去思想理论教育单调和枯燥的局面,创造生动活泼而又有政治原则的良好局面。这类理论资源不会自动为我所用,要注意甄选、筛查和创新性运用。一类是社会实践资源,要从思想政治教育的视角分析整理社会实践资源中蕴含的育人价值,让学生既能有感性的认识和体会,更要有理性的认识与深刻的反思。例如,在红色历史资源的挖掘与运用方面,天津是一座具有丰富红色资源的城市,红色血脉绵长、红色遗迹众多、红色基因深刻而鲜明。参观大沽口炮台,就要让学生深刻认识到"落后就要挨打"的深刻历史教训,树立为实现中华民族伟大复兴的中国梦努力奋斗的信念;走进平津战役纪念馆,就要认识到中国共产党领导的伟大革命胜利来之不易,要在新时代发扬新的斗争精神,接好接力棒,不断毅勇前行;走进庄严肃穆的周邓纪念馆,就要深思和敬仰伟大无产阶级革命家的崇高理想信念,树立远大理想,激发起无尽的斗志。

四、科学深入推进高校思政课教学质量评价工作，建立科学、全面、系统的评价体系

（一）提高政治站位，提升思政课教学质量评价的根本理念

思政课教学质量的提升是一项系统性工程，其中健全和完善的教学评价指标体系是提升思政课教学质量的重要内容和有效手段。党和国家在历次颁布的关于思想政治教育工作及思政课教学工作的意见及工作要求中都明确指出了要制定合理、全面的思政课综合评价指标体系。2018 年 4 月，教育部制定出台了《新时代高校思想政治理论课教学工作基本要求》，要求中明确提出要建立健全多元评价机制，对思政课教学质量进行综合评价。2019 年 8 月，中共中央办公厅、国务院办公厅印发的《关于深化新时代学校思想政治理论课改革创新的若干意见》中明确指出，要切实改革思政课教师评价机制。由此可见，完善思政课教学评价指标体系是提升思政课教学质量，完善思政课建设体系的必由之路，也是推动思政课教学改革的现实要求。建立高质量择优配备体系，建设高质量培养、培训体系，形成科学合理的评价体系。

（二）思政课教学质量评价要科学把握教师与学生的辩证关系

思想政治工作从根本上是做人的工作。思政课教学效果最终要在教师与学生的教学相长、思想碰撞和内化与外化中体现出来。作为思政课教学过程中的主体，教育者和受教育者都应全面深刻认识到这一工作的重要作用和重要意义。在教学过程中，思政课教师要以高度的政治责任感，做好思政课教学的组织、实施、管理和考核等各项工作，切实履行好主导职能，在这一过程中思政课教师决不能只顾三尺讲台。具体应从以下两个方面着手：

一是以教师为主导，建立以评促教的动态评价指标体系。教师是思政课教学评价的主体，科学评价思政课教师主导作用的发挥需要把原则性与灵活

性结合起来。原则性即牢牢把握思政课的政治性、意识形态性,坚持用马克思主义立场、观点和方法统领思政课教学,用习近平新时代中国特色社会主义思想铸魂育人,真正做到"在马信马、在马言马、在马践马",理直气壮讲好思政课,为建设牢不可破的社会主义主流意识形态,守土有责、守土负责、守土尽责。灵活性即主导作用的发挥要注重把握规律,全面了解学生、观察学生,既总览全局又细致入微;既把握学生思想动态,又关心学生成长,做好学生的"大先生"和领路人。

二是以学生为主体,构建符合学生成长发展需要的评价指标。信息技术的发展促使思政课堂与新媒体深度融合,给教师的课堂教学带来机遇与挑战,以互联网新媒体技术为依托的线上线下混合教学模式应运而生。在这种线上与线下相融合的教学模式中,教师与学生的关系与以往在单一教学模式中的情况相比表现出了新的特点:传统教学模式中教师为教学主体,学生为被动受众的不对等关系逐渐弱化,学生的主体性地位不断凸显,师生之间更加趋于平等,双向互动日趋明显,授课内容和授课形式更加地灵活多样。教师的教学活动应按照"以学生为主体"的原则,在教学内容上,要关切学生所思、所想,及时在思政课堂中洞察学生困惑、解答学生问题;从教学手段来说,应创新高校思政课的教学方法,拓展传统教育载体,将新媒体技术融入课堂教学中,增强思政课教学的吸引力和实效性,使思政课成为学生真心喜爱、终生受益的课程。

总之,高校思政课建设与教学质量提升始终是一个重大课题,要求思政课教学必须在坚持思想政治教育工作基本规律、基本原理和基本方法的基础上常变常新。天津市高校要在现有基础上,不断发挥自身优势思想政治教育资源,抓好顶层设计,构建协同机制,搭好共建共享平台,不断推进思政课教学质量新的提升与发展。

本文作者:杜广杰、丛屹、金雪飞、刘思源、李慧、张晃、杨建仿、杨曼灵

世界职业院校技能大赛创新与发展研究

天津市教育科学研究院课题组

由中华人民共和国教育部、中国联合国教科文组织全国委员会、天津市人民政府共同发起的首届世界职业院校技能大赛(简称"世校赛")于 2022 年 8 月 20 日在天津圆满落下帷幕。首届世校赛以全国职业院校技能大赛为基础,以鲁班工坊为纽带,以中国职业教育教学模式、教学标准、大赛装备、教学资源为支撑,实现了多项重大创新,办成了一届"高起点、入主流、国际化、有特色"世界性赛事,构建了国际职业院校师生增进友谊、切磋技能、展示风采的重要平台。作为世界职业技术教育发展大会的重要组成部分,大赛的热度和影响还在持续,如何以首届大赛为契机,持续做好后续赛事研究、成果转化、新赛项研发等工作,需要认真总结,超前谋划。本文在分析首届世校赛设计开发、筹备规划、组织实施的基础上,提出增强世校赛影响力的对策建议。

一、首届世界职业院校技能大赛进展与成效

世界职业院校技能大赛是世界职业技术教育大会(简称为"大会")"会、盟、赛、展"的品牌活动,在办赛理念、办赛机制、赛事组织等方面取得了一批

创新成果,创建了首届高规格的世界性赛事,呈现了中国职业教育高质量发展,构建中外院校"手拉手"组队参赛方式,建立会赛一体、赛展一体的赛事机制,打造促进中国职业教育标准走出去的重要抓手。

(一)高标准高水平组织实施,比赛形式内容丰富

赛事组织设计坚持高起点高标准。由科研机构着手设计,以职业教育国际知名品牌鲁班工坊建设成果为核心内涵,以中国技能竞赛制度为支撑,起点和标准高,国际化程度高。大赛设置天津主赛区和江西分赛区,赛项分为竞赛和展演两类,共 8 个赛项单元 23 个比赛项目,除 2 个竞赛类赛项在江西外,其余均在天津赛区。赛项设置突出服务实体经济和展现中国传统文化,见表 1 所示。

表 1　首届世界职业院校技能大赛赛项数量与占比

类型及占比	赛项单元	赛项数量	占比
竞赛类 65.22%	装备制造	5 个	21.74%
	电子与信息	7 个	30.43%
	交通运输	1 个	4.35%
	财经商贸	1 个	4.35%
	能源动力与材料	1 个	4.35%
展演类 34.78%	中国制造与传统文化	装备制造 2 个	8.70%
		传统文化 3 个	13.04%
		电子与信息 1 个	4.35%
	能工巧匠	1 个	4.35%
	非物质文化	1 个	4.35%

(二)参赛覆盖范围广泛,赛事宣传报道强劲

本次大赛共有 107 个国家参与,共 1362 人。其中参赛国家 70 个,参与国家 37 个;国内外赛点 200 个;参赛队 229 支,参赛选手 880 人。本次大会共有 45 家媒体、297 名媒体人员及团队到会采访,天津市还邀请了商业网站 14

家、网络大 V100 名。《人民日报》《中国日报》《中国教育报》、中央广播电视总台、中国教育电视台、人民网、新华网、《天津日报》、津云、天津广播电视台等媒体从 8 月 8 日线上比赛开始，对大赛比赛和开闭幕式进行了深入报道。据不完全统计，媒体报道大赛约 388 篇次，其中天津媒体报道大赛 200 篇次，津外媒体报道大赛 188 篇次。

（三）赛事创新性设计，多维度创设激励技术技能人才成长氛围

首届世校赛围绕大会"后疫情时代职业技术教育发展：新变化、新方式、新技能"主题，立足当前经济社会发展和职业教育发展，积极回应大会对世校赛的定位要求、职业教育对接实体经济、职业教育改革最先进成果走出去、世校赛与其他技能竞赛的区别、中国传统优秀文化传承、提升和扩大职业教育影响力、推进职业教育国际合作与交流等七个问题，在赛项类型、赛项设置、赛项单元、赛题、组队方式等方面进行了创新设计和大胆实践。

一是创新性构建"同比赛、共交流、齐分享"崭新赛事。创新组队参赛方式，开创性地实行"手拉手"组队，中外选手组成参赛共同体，一同报名、一同训练、一同比赛、一同获奖，形成以鲁班工坊建设院校与工坊所在国合作学校为代表的世界各国职业院校师生"同比赛、共交流、齐分享"的崭新赛事。

二是创新性构建基于工程实践创新项目的比赛形式。构建了基于工程实践创新项目的比赛形式，突破单纯技能比拼，创设工程化、实践性、创新型、项目式的竞赛环境和条件，全面考察参赛选手综合能力，提升选手全面发展和可持续发展的能力，整体呈现走出去的中国职业教育教学模式、标准、装备与资源。

三是创新性构建技术技能延续融通的赛项单元群组。聚焦服务实体经济发展的竞赛类赛项，与能工巧匠的展演类赛项，构成"今天小匠"与"明天工匠"的呼应。同时，大赛在展演类赛项单元设置航空航天应用项目展演，呈现顶端科技、工程实践领域与职业教育领域的链条式对接，体现现代职业教育

体系纵向延伸、横向融通的建设方向。

四是创新性组织线上赛场线下赛点的后疫情时代比赛。兼顾国内外实际情况,综合赛场条件、设备要求、网络速度、执裁监督等因素,根据国际标准、公平公正、协作配合、科学竞赛、强化质量、加强交流六项原则,实施线上赛场线下赛点的比赛,保证竞赛公正公平。

五是创新性构筑以鲁班工坊国家品牌为标志的国际交流平台。聚集鲁班工坊建设成果,与来自世界各国职业院校师生切磋、分享中国先进的教学模式、技术装备、教学资源,构筑以鲁班工坊国家品牌为标志的国际交流平台,增强中国职业教育话语权、主导权和影响力。

六是多维度创设激励技术技能人才成长氛围。建立了奖励奖金制度,对竞赛类赛项获得金牌、银牌、铜牌和优胜奖的参赛队实施重奖。同时,设置能工巧匠展演单元,展现技能成才报国历程,营造尊重技术技能人才、重视技术技能人才、激励技术技能人才的浓厚氛围。

二、世界职业院校技能大赛面临的挑战

首届世校赛还面临赛务系统功能不够完善、资源成果长效转化机制不够健全、特色品牌还未在众多世界性技能赛事中建立等挑战。

(一)世校赛资源成果长效转化机制不够健全

首届世校赛举办后,正在逐步建立世校赛资源成果长效转化机制。中国特色先进职业教育教学模式还未深入应用到资源成果长效转化机制建设中,还未建成优质、普惠性、拓展性的赛事资源库,还未形成赛课证资源转化机制,参赛职业院校对赛事资源的应用不多,资源成果转化应用的短期效果还未拓展为先进职业教育教学模式推广应用以及岗课赛证综合育人的长远效果。

（二）特色品牌还未在众多世界性技能赛事中建立

世校赛举办时间较短、频率较低,还未在众多世界性技能赛事中建立赛事特色品牌。2022年8月,首届世界职业院校技能大赛首次举办,且每两年举办一次。目前,世界性技能赛事主要包括世界技能大赛、欧盟技能大赛,以及各国举办的技能大赛,如德国技能大赛、瑞典技能大赛、澳大利亚技能大赛、俄罗斯技能大赛、美国技能大赛;国内也举办中国国际技能大赛、中华人民共和国职业技能大赛、一带一路国际技能大赛、金砖国家技能大赛等世界性技能赛事。世界技能大赛自1946年开始举办,被誉为"技能奥林匹克"。欧盟技能大赛,包括各国技能大赛的举办均源自世界技能大赛。中国国际技能大赛2017年开始举办,一带一路国际技能大赛2019年开始举办,具备较长的举办时间;金砖国家技能大赛自2022年起开始每年举办一届,举办频率高。

（三）赛务系统功能不够完善

赛务系统是世校赛持续、深入的关键支撑,是办赛前、中、后各时期与国内外职业院校联系的重要路径之一。首届世校赛受时间、资金、报批程序等多因素影响,赛务系统功能只开发了部分基础模块功能,如报名管理、成绩管理,满足基本比赛需求,还未把赛务系统使用、管理与信息化服务、日常教学服务全面融合,还未实现赛务信息的多级互动、赛务信息资源的全流程覆盖,赛务系统还未发挥出更全面、更深入、更安全地支撑大赛设计、筹备、实施及成果转化等的重要作用,赛务系统功能还需要进一步完善。

三、世界职业院校技能大赛对策与建议

全面贯彻习近平总书记致世界职业技术教育发展大会贺信精神,进一步

202

提升大赛的国际性,按大会既定每两年一届,距离下一届比赛还有一年窗口期,力争将窗口期变成"黄金期",推出更多求新务实的创新实践,进一步完善赛务系统功能设计,构建大赛研究与成果转化的长效机制,深化世校赛特色发展与品牌建设。

(一)以赛促改,探索世校赛资源成果的国际长效转化机制

第一,以工程实践创新项目(EPIP)教学模式为指导,建设优质、普惠性、拓展性的赛事资源库。将赛题中的企业真实生产工作项目转化为教学案例,将赛题技能点、设备技术规范等转化为课程资源,将赛题、竞赛设备、赛场设计等整合转化为教学实践项目,将赛项中来源于企业的"真实"的生产和服务场景、核心技术以及"完整"的生产和服务项目,转化为指导职业院校专业建设、教学实践、技术服务等的拓展性资源,赛事资源库面向国内外参赛职业院校师生共享共用,进而将资源成果转化应用的短期效果拓展为先进职业教育教学模式推广应用的长远效果。第二,以岗课赛证综合育人为基础,探索形成赛课证资源转化机制。以赛项执委会为单位成立资源转化小组,将赛项装备、赛项任务、赛项技能点、技术规范、赛项评价指标转化为教学设备、课程教学内容、实践项目、教学评价标准,引导职业院校对相关资源进行二次开发再利用,基于相关赛项资源,开发相应职业技能等级培训教程、考核标准等,提升世校赛资源成果转化的系统性、组织性、制度性,推动世校赛资源成果长效转化。

(二)特色巩固,完善世校赛赛项单元的真实与完整性设计。

赛项单元的设计是世校赛与同类型世界技能赛事不同的一个重要的特色创新和探索实践,还需进一步提升赛项单元的国际性与前沿性,完善赛项单元的整体架构以及赛项群组的衔接逻辑的真实性、完整性设计。第一,基于国际经济发展整体趋势,围绕制造业、战略性新兴产业、现代服务业、数字经

济等实体经济现代产业体系重点产业,优化赛项单元的产业领域设置;聚焦产业链高端化、智能化、绿色化转型升级的关键环节,产业链新技术、新装备、新工艺创新的关键环节,确定赛项单元对应的产业链具体环节。第二,聚焦与产业链关键环节对应的供需链、价值链、创新链等,对接产品的工艺逻辑或服务的供给逻辑、价值创造逻辑、技术创新逻辑等,设计相互衔接有序的赛项群组,完善赛项单元整体架构,真实、完整地呈现产业链关键环节的工艺流程、服务流程、价值流动、技术创新。第三,围绕乡村振兴、区域协调发展、一带一路战略,围绕增进人民福祉、实现人民对美好生活的向往,围绕统筹职业教育、高等教育、继续教育协同创新等国家重大重点战略,以及围绕中国传统文化与技艺设置相关的展演类赛项单元。

(三)数字赋能,完善赛务系统功能开发

第一,完善基础功能模块,增加赛务人员安全管理、物资管理、后勤管理等功能。扩展赛务系统全对象、全流程的服务范围,实现赛前、赛中、赛后对大赛相关人员、数据、材料、资源等的信息化、数字化、智能化管理。第二,开发应用模块,增加赛务数据分析、成果资源转化(科研教研)、掌上 APP 等功能。围绕赛务系统全对象、全流程服务,在已有报名和成绩管理功能基础上,进一步完善赛事人员管理,资源管理,后勤管理,数据采集、存储、挖掘、分析,成果转化与资源应用功能等。第三,增强赛务系统安全管理,强化应急处置、运维安全保障,确保服务器、赛务系统、数据等不因偶热的或恶意的原因而被破坏、更改或显露。把赛务系统使用、管理与信息化服务、日常教学服务全面融合,实现赛务信息的多级互动、赛务信息资源的全流程覆盖,让赛务系统活起来。

本文作者:耿洁、李文

提升我市中职老年服务与管理专业
学生职业道德素养研究

天津职业技术师范大学课题组

我国已进入老龄化阶段,对养老机构及护理人员的需求不断增加,对老年服务与管理人才也提出了更高要求,既要具有完备的专业技能,更要具备较高的职业道德素养。这就为老年服务及管理人才的培养提出了高要求。根据天津市人力资源和社会保障局统计数据显示,天津市已经进入老龄化社会,对具有较高职业道德素养的老年服务与管理专业人才的需求量巨大。《天津市 2019—2020 年度市场紧缺职业需求程度及补贴标准目录》将养老护理员纳入天津市非常紧缺职业①。随着经济条件的改善以及人们对生活品质的高要求,老年服务不仅是生活照料,更需要精神方面深层次的全身心照顾与关怀。这就对养老服务与管理从业人员提出了更高的要求,除了具备娴熟的专业技能,还要有爱心、有耐心、具有奉献精神、懂得老年人的心理需求等,导致具备较高职业道德素养的养老护理员更加紧缺。应对这一需求,天津市调

---

① 天津人力资源和社会保障局,http://hrss.tj.gov.cn/zhengwugongkai/zhengcezhinan/zxwjnew/202012/t20201206_4493182.html,2019 年 8 月 19 日。

整中等职业学校专业设置和人才培养模式，在开足开齐思政课的前提下，充分挖掘专业技术课的"思政元素"，将职业认同感、爱岗敬业、乐于奉献、团队精神等思想品德教育有机融入专业技能培养和科学知识传授之中，多渠道提高学生的职业道德素养，满足老年人日益增长的精神需求。

本调研围绕职业道德素养，从职业认同感、职业道德认知、职业道德情感、职业道德意志等四个维度设计问卷，以天津市两所开设中职老年服务与管理专业的学校为调查个案学校，随机抽取两校该专业学生 321 名，并选取两所学校 4 位教师及两家级别不同的养老服务机构 2 位管理人员和 4 位从业人员的访谈，深入分析中等职业院校老年服务与管理专业学生职业道德素养存在的问题及影响原因，并提出有效提高其职业道德素养的针对性策略，以期提高老年服务与管理专业学生的职业道德素养，更好地服务于天津市养老产业，促进养老产业健康可持续的高质量发展。

一、天津市中职老年服务与管理专业学生职业道德素养存在的主要问题

（一）职业认同感不强

调查问卷和访谈结果均显示，目前中职养老服务与管理专业学生职业认同感不强。如图 1 所示，就学生对未来职业的期望来说，老年服务和管理工作在该专业学生期望的工作排列中并不靠前。就实际工作而言，老年服务与管理相关的工作也无法满足学生的期望。访谈中一位老师说："学生到养老机构实习时，通过与从业人员的交流，有时会得到好多负能量，比如养老护理相关工作发展空间小，工资收入低，被人瞧不起等，这些都会导致学生对该职业的认可度低。"访谈过程中一位养老机构的管理者的说法更证实了这一点。"养老护理人员目前的收入大部分都是中等偏下，再加上社会上对该职业的认知有偏差，片面地认为就是伺候人的活，导致养老护理员流动性大，每年新招聘

的中职毕业生,很快就出现流失现象,尤其是来自城市的男孩子,嫌工资低,名声不好,怕影响找对象,基本都干不长,农村的相对好一些。"

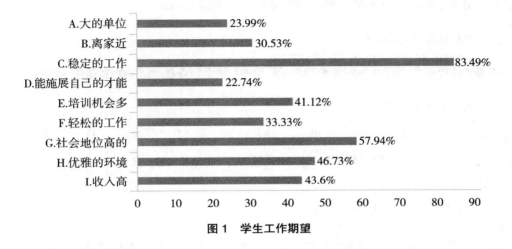

图 1 学生工作期望

(二)职业道德认知欠缺

调查数据显示,仅有三分之一的学生认识到职业道德素养在未来工作中的重要地位,这说明学生对职业道德认知欠缺。具体如图 2 所示,在"你认为在未来的工作中你哪些方面需要提升"回答中,有 34.58%的认为需要提升专业技能;22.74%的认为需要提升工作态度;3.43%的认为需要提升团队意识;36.76%的认为需要提升职业道德素养,2.49%的认为需要提升其他方面。在访谈中,一位老师提到"学生对思政课、法律基础、文明礼仪、老年人心理学等与职业道德素养相关的课不感兴趣"。一位养老机构管理者也谈到,"学生来实习时更多是关注专业如何提高,而如何与老人的沟通、怎样提高老人的幸福感、如何给老人心理上的疏导等方面关注的不多"。无论是老师还是养老机构的管理者均认为,目前学生对职业道德养成的欲望不高,没有认识到职业道德素养的重要性。这些都会导致学生对职业道德规范不清楚,职业道德的判断力不高,职业道德认知欠缺。

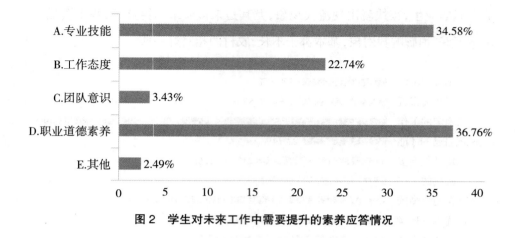

图2　学生对未来工作中需要提升的素养应答情况

（三）职业道德情感匮乏

调查显示,在职业道德情感方面,学生最突出的问题是责任感不强,主动奉献的精神缺乏。访谈中一位老师提到,"现在的学生,都被家长们宠坏了,缺乏集体荣誉感,比如有时候因值日生有事不能及时做卫生,当天宿舍检查卫生准扣分,其他同学很少主动打扫,还有部分学生经常忘了自己做值日"。另一位老师也提到,"部分学生不喜欢所学的专业,让她再去爱岗敬业很难,她们去实习时,到了养老机构就是应付,三天两头有事请假。还有部分同学,照顾老人时没有耐心,不能从老人的需求出发,只是机械的把布置的工作完成,职业道德情感薄弱,无法满足老人的心理需求。"通过老师的访谈和调查问卷分析,均可以看出目前部分学生的职业道德情感匮乏,不能满足现代养老产业高质量发展的需求。

（四）职业道德意识薄弱

在学生"看到老人有困难,您会怎么办"问答中,主动服务占比81.62%,有时主动服务占比12.77%,不能主动服务占比0.62%,不确定占比4.98%,可见,部分学生关爱老人的职业道德素养有待进一步提高。访谈中,一位老师也提到,"在实习中,很多学生对分的工作岗位不满意,说又脏又累,不想干。还有一部分,让家长打电话要求调整工作岗位,说是孩子没干过这么累的活,不给调整,个别家长就给孩子请病假,导致实习无法保质保量完成"。这说明部分学生缺乏吃苦精神,对一些有难度的岗位选择逃避,而不是主动去适应岗位的需求。另外一位老师也说到,"学生实习中,有时因老人耳背等原因,与老人的沟通不畅,造成与老人之间产生误会时,大部分同学只是抱怨老人或者抱怨工作不好,还有的女生遇到该类问题感觉受了很大委屈哭个不停,很少思考如何提高自身的沟通技巧,提升自我的职业道德素养去解决问题"。这说明学生的抗挫折能力和担当精神都不强,职业道德意志薄弱,不能适应行业发展的需要。

二、原因分析

(一)社会负面宣传,导致职业认同感差

社会对老年服务与管理相关工作认知上存在片面性,认为只有学习不好,没其他技能的人才从事相关行业,脏苦累成了行业的代名词。学生受社会上负面宣传的影响,势必对该职业不喜欢、不认同。

(二)招生渠道单一,整体职业道德素养欠佳

目前,天津中职招生渠道单一,主要以天津应届初中毕业生为主,生源学生自身的职业道德素养不高,导致在人才培养过程,整体提升学生的职业道德素养难度较大。

(三)专业师资队伍薄弱,未形成教育合力

调查显示,应对近几年市场需求,有些中职学校新开设了老年服务和管理专业。老师基本以新招聘和从其他院系调入为主,大学阶段学习老年服务

与管理专业的少,专业老师基本都是边缘学科通过公开招聘来的,在养老机构从事过相关工作的"双师型"教师不多,真正了解未来职业需求的少之又少。在育人的过程中,教师之间也缺乏沟通交流,没有形成教育的合力。

(四)职业道德素养提升途径的提供不能满足学生需求

大多数学生想通过多渠道提升自身的职业道德素养,其中排在第一位的是到养老机构实习。但实际上,学校的供给与学生的需求有差距,不能满足学生的需求。

三、提高中职老年服务与管理专业学生职业道德素养的对策

针对中职老年服务与管理专业学生职业道德素养现状、问题及原因,不难看出,要想提升该专业学生的职业道德素养,有社会的责任、学校的责任及学生个人的责任。就学校这一主体而言,可通过拓宽招生渠道,调整育人模式,加大正面宣传,打造师资队伍,调整授课方式等途径,促使学生职业道德素养的提升,从而更好地适应养老行业高质量发展的需要。

(一)拓展招生渠道,使学生来源更多样化

目前,养老机构中护理员队伍相当大的比例是来自农村50岁左右的女性剩余劳动力,她们大部分仅经过了短期的培训就上岗,具有较强的吃苦耐劳精神和抗挫折能力,但由于接受的教育时间较短,本身的职业道德素养无法满足高质量的养老服务。访谈中,她们也表示希望能接受更专业的培训,提升自我的职业道德素养,获取更高的收入。因此,可以借鉴东部发达地区的中职院校取消招生的年龄限制的做法,把需要在职培训人员纳入生源来源,通过开设网上课堂,进行直播培训,将职业道德素养的内容进行隐性的融入,培

训合格后为其推荐适合的工作岗位。这样不仅可以满足养老护理员队伍"量"和"质"上的紧缺,也可以提升在职人员的素质,间接服务农村地区剩余劳动力转移,增加农民的收入,助力乡村振兴。

(二)加大正面宣传,提高职业认同感

目前,一提到养老护理相关工作,大多数人的直观印象就是脏、苦、累、低收入等负面的词汇。因此,社会、政府、学校应加大老年服务与管理相关从业员的正面宣传。政府部门,可以在五一劳动奖章、劳动模范、先进工作的评选中增加养老护理相关工作从业人员的比重,选树典型,弘扬劳动光荣的时代风尚,提高从业者的社会地位,还可通过相关节日的设立及相关活动的开展,提高社会对老年服务与管理从业人员的认知。

新闻媒体要加强关于老年服务与管理从业人员的正面报道,让从业人员感受到社会对他们的尊重,激励更多的人投身到这个老年服务与管理相关职业中。学校,可以将宣传栏与微信公号、短视频、H5 等网络新媒体相结合,广泛宣传老年服务与管理相关从业人员的先进事迹。定期邀请优秀的从业人员给学生开设成长经验分享会,让学生认识到养老服务与管理相关行业的发展前景,切实感受到本专业的社会地位,增强职业认同感。

另外,可以大力宣传和推广天津市政府的做法,即天津将民政局备案的养老护理员纳入"海河人才"计划,从业人员达到一定等级后,可以按照技能人才落户津城,将社会福利事业的彩票公益金用于养老服务,提高一线工作人员的工资收入。一方面,提高了社会对老年服务与管理相关从业者的社会地位,提升了从业者的职业自豪感。另一方面,也弘扬了爱老尊老的文明新风尚。

(三)加强师资队伍建设,提升培育能力

中职院校老年服务与管理专业要加强校企的深度合作,实施"请进来、走出去"战略,提高师资队伍建设。将养老服务机构优秀的从业者聘为校内专家,定期组织与专职教师进行教研活动,提升其对行业所需人才的认知,增强其对学生职业道德素养的培育能力。分批次组织校内专职教师走进养老服务业发达的国家、地区的知名养老机构,走上一线工作岗位,提高其实践能力,努力形成一支专业化、职业化、国际化的德艺双馨的"双师型"专职教师队伍,提高教师职业道德行为的培育能力,增强对学生的引领示范作用。

教师通过走进养老机构一线,能更好地感受老人所需所想所盼,将其内化为自身职业素养,在给学生开展专业技能讲解时,将其融入其中,起到润物无声的教育作用,从而提高了学生的职业道德素养。

(四)打造课程思政示范课,增强职业道德情感

习近平总书记强调:"其他各门课都要守好一段渠、种好责任田,使各类课程与思想政治理论课同向同行,形成协同效应""要坚持把立德树人作为中心环节,把思想政治工作贯穿教育教学全过程,实现全程育人、全方位育人。"①中职院校特别是开设老年服务与管理的院校,要顺应时代潮流,深挖专业技能课、实践课中的思政元素,将思政教育融入课堂教学,将价值引领、技能传授、素质提升有机结合起来,打造精品课程思政示范课,增强学生的责任感、奉献精神等职业道德情感,培养"德智体美劳"全面发展的人才,使学生在任何岗位,都能以一个积极向上的心态,保持高度的责任感、使命感,高效完成岗位任务。

可以由学校组织同一个班级不同学科的老师定期集体备课研究分析学情,特别是专业课老师与思政老师共同备课,两类课程同频共振、相互渗透,将教学的各个环节融入思政元素,有意识地把思政理念和精神渗透融入到老年服务与管理专业类课程当中。完善课程思政体系建设,充分发挥专业课的育人功能,才能更好地满足中职生全面发展的需求,达到全科育人、全程育人

---

① 习近平:《把思想政治工作贯穿教育教学全过程 开创我国高等教育事业发展新局面》,《中国领导科学》,2017年第2期。

和全员育人的"大思政"格局,才能进一步增强学生的职业道德情感,从而在未来的职业发展中才能走得更远,更好的服务社会。

(五)融入劳动教育,培养意志品质

中等职业学校主要是培养具有先进技能的劳动者,开展劳动教育有着得天独厚的优势,在劳动实践中,体验和感悟职业道德素养,磨练职业道德意志。实训课时,可以组织学生分小组进行角色扮演,在小组内让部分同学穿上成人纸尿裤,戴上围嘴等扮演失能老人,部分同学扮演养老护理员,互换角色分享感受,既增强了课堂的趣味性,从而更好地理解老人的需求。中等职业院校老年服务与管理专业在培养学生的职业道德意志时,可以定期组织学生利用节假日走进养老机构、社区居家养老社区开展志愿服务,通过身体力行和身心感悟达到"正心立德、劳动树人"的目的[1],在实践中磨练自己的职业道德意志,提升职业道德素养。

本文作者:邵长兰、李法岩

---

[1] 王坤、张敏、董毅:《劳动与职业启蒙教育认知度的实证研究》,《职教论坛》,2019年第11期。

"再本土化"视域下高校归国留学人员统战机制创新策略研究

天津市社会主义学院课题组

据欧美同学会数据显示,自 1978 至 2017 年底,我国留学生归国人数占留学总人数的 83.73%,这表明我国已进入"大众留学"时代。天津始终将海外人员工作摆在突出位置,每年举办引才专题活动超过百场,惠及留学回国人员超千人,截至 2021 年初,累计引进留学人员 5.2 万余人。留学归国群体成为新时代统战工作的新高地。特别是随着 80 后、90 后留学的增多,高校留学归国学者逐步年轻化,他们既具有国际视野和经验,又满怀报国情怀和愿望。较先前归国人员而言,新的留学主体呈现出更高的国际化水平,具有更为理想化、少束缚的价值观,参政意愿不断提高。然而新时代留学人员统战工作有待创新,特别是针对高校归国留学人员的思想意识和心理需求的关注度尚不充分。

一、高校归国留学人员统战工作机制创新研究的必要性

《中国共产党统一战线条例》明确规定:"各省(自治区、直辖市)、副省级

城市和省会城市应当建立留学人员组织。"①高校统战工作应将厘清统战和高校两者之间的关系为首要任务②,求新求变,探索新时代高校归国留学人员统战机制创新的突破点和着力点,最终通过强调意识形态引领工作与统战工作从根本目标上的一致性,推动大团结大联合的工作主题在高校统战工作实践中的独特理论制度导向作用,突出巩固和加强一致性和多样性相统一的高校归国留学人员统战意识。

加强留学人员"再本土化"机制建设是创新留学人员统战路径、延伸和丰富社会主义核心价值观、贯彻我国一致性和多样性并存的大统战文化的根本着手点。本文以探索"再本土化"导向下新时代高校归国留学人员统战工作机制创新策略为研究目标,深入梳理高校归国留学人员统战工作的促进和制约因素,针对当前如何践行多元化的高校统战工作机制进行路径和对策分析,最终提出优化以留学人员为统战要素的新时代高校统战工作机制创新策略。因此,及时把握留学归国青年学者的思想特点,有针对性地开展统战工作,积极推进留学归国青年学者"再本土化",为全面建设社会主义现代化大都市作出新贡献,是新时代统一战线工作亟需解决的重要课题。

二、再本土化视域下我国高校归国留学人员统战工作面临的挑战

在当前"大众留学"的时代背景下,归国留学人员的引才、留才、用才机制创新成为我国高校统战工作面临的新挑战,同时为"十四五"时期,落实"十项行动"的关键时刻深化大统战工作格局提供新时代的实践经验。

---

① 《中国共产党统一战线工作条例(大字版)》,2021 年第 13 页。

② 汪禹、吕戎:《新时代高校统战工作的实践探索》,《学校党建与思想教育》,2019 年第 20 期。

（一）留学人员"归海"意愿强烈引发海外人员再流失隐患

《中国留学发展报告（2016）No.5》指出，在 918 名留学归国人员的调研中，具有"再归海"意愿人员占比为 68%[①]，这部分归国人员普遍在海外具有工作经验，外语水平较高，能够适应国外生活工作环境，但回国后面临着国内社会关系网络断层，国内单位缺乏国际型团队对接，过渡期缺乏必要支持和理解，工作能力和国际化理念不被认可。由此可见，高端"留学"再"归海"现象势必引发我国海外人员再流失的重大隐患。

（二）高校归国留学人员与本土人员价值取向差异性、多样性矛盾日益凸显

留学人员归国数量不断增多，大幅度加大统战对象层次的多样性，特别是归国留学人员逐步成为高校教师的重要组成部分，遍布于教学、科研、行政等关键岗位。同时，高校归国留学人员在观念和诉求上呈现出与本土人员较大的差异性，特别是归国科研人员国别和专业多样化对于我国科研硬件设施和研究理念带来一定冲击，"国际化"和"再本土化"二元体系创新成为做好高校归国留学人员统战工作面临的严峻挑战。

（三）高校归国留学人员统战工作"一刀切"现象凸出

由于留学国家、文化背景、留学经历、专业技能等方面的差异性，高校归国留学人员个体特征较鲜明。然而，现阶段高校统战工作同质性较强，缺乏多层次、多维度、多格局的工作细则，特别是尚未完善从政府政策，引进渠道，意识形态工作，大统战工作格局完善与深化，到侨海对接，特殊人员培养，合作共赢等方面的多维度创新实践，高校统战工作尚未形成与时俱进的"再本土

---

① 民盟北京市委课题组、宋慰祖：《新时期留学归国人员统战工作研究》，《北京社会主义学院》，《统一战线理论研究（2018）》，北京社会主义学院，2018 年。

化"机制。

（四）高校归国留学人员参与统战活动、社会服务尚未纳入高校岗位工作量计算

高校在引进海外人才时提供落户安家、绩效补贴、项目经费、提供居所等优惠条件，同时对引进的海外人才在科研成果、教学工作量等方面提出较高的工作量认定要求。然而，高层次党外留学人员无法平衡参加统一战线工作和活动、社会服务与繁重的高校岗位工作之间的"再本土化"矛盾。

（五）高校统战工作人员普遍缺乏海外经历和背景

现阶段高校归国留学人员具有年轻化、自由化、国际化以及参政意愿提升的主体特征。相反，高校中从事统战工作的相关人员多数不具备留学背景，进而未能深刻把握海外归国人员在文化背景、学科专业、思想意识形态上呈现出的独特性，尚未形成针对海外人员的"再本土化"统战工作机制创新。

（六）高校统战工作数据化平台建设有待完善

高校归国留学人员统战工作仍以校属统战部门管理为主，信息化水平建设不足，未能实现各高校之间人员信息和统战信息互通，高校统战工作"信息孤岛"现象突出，出国和归国留学人员统战工作尚未实现平台化、数据化统筹，进而高校归国留学人员"再本土化"信息机制建设不足。

三、高校归国留学人员"再本土化"统战机制创新策略

基于深化大统战工作格局的要求，突出高校党委在留学人员统战工作领域的引领和协同作用，对于新时代高校归国留学人员统战发展路径和机制创新具有独特优势：一方面，从宏观制度和文化层面考量高校统战工作的现状

和挑战,坚持以优化统战机制创新评估体系、创新多元化统战机制以及践行一致性和多样性并存的统一战线原则,成为破解我国高校海外人员统战工作制约条件和现存问题的必要前提;另一方面,结合留学人员在对统战工作理解等方面的微观思想行为特征进行分析,深层次挖掘高校海外人员统战机制内在逻辑和影响效应,探索高校归国留学人员"再本土化"意识形态的微观推动机理,有助于加强社会主义核心价值观在高校归国留学人员中的延展和传承。

(一)以"共识教育"为基础,培养理想信念先行者

1.打造一支又红又专的高校统战干部队伍

"红"是指高校统战干部要擅于运用统一战线重要法宝,突出思想政治引领,切实筑牢共同思想基础,引导归国学者始终不渝坚定捍卫"两个确立"、坚决做到"两个维护",团结带领广大留学人员继承发扬留学报国的光荣传统,自觉做到爱国与爱党、爱社会主义高度统一。"专"是指高校统战干部要正确处理一致性和多样性关系,科学把握和认知留学归国青年学者价值取向差异性、多样性问题,对于留学国家、文化背景、留学经历、专业技能等方面的多样性,归国青年学者个体在学术观念和政治参与上呈现出多样化的显著特征有所把握,达到同频共振。要坚持求同存异、求同化异,着重提升归国青年学者的社会责任感,促进归国青年学者在各自岗位上努力报效祖国、服务人民,为高校科研、教学、行政工作提供稳定的智力资源。

2.发挥社会主义学院"三个基地"作用

《社会主义学院工作条例》明确规定社会主义学院要"充分发挥统一战线人才培养基地、理论研究基地、方针政策宣传基地作用"。紧紧围绕"爱国情怀与报国理想"主题教育,综合运用讲授式、案例式、互动式教学方法,针对归国青年学者、高校统战干部、新生代留学生代表开发专业性、针对性课程,定期举办不同层次的归国青年学者骨干专题研修班,深化对于党的路线、方针、政策的理解;围绕党委、政府的中心工作加强对策研究,努力为党委、政府决策

提供科学依据,发挥好"智库"作用;在培训过程中,发现人才、培养人才、使用人才、管理人才,教育引导广大归国青年学者深刻认识中国共产党为什么"能"、马克思主义为什么"行"、中国特色社会主义为什么"好",为打造留学报国人才库提供有价值的参考数据。

(二)以"参政议政"为依托,激发建言献策内驱力

1.营造良好参政议政氛围

各高校党委要充分认识做好新时代留学人员工作的重大意义,贯彻落实党中央相关决策部署,支持欧美同学会开展工作,为留学人员更好发挥作用营造良好氛围。进一步深化完善大统战工作格局的研究,加强对海归人才的人文关怀,推进中共党员与非中共党员的海归人才的联系交流,定期召开高校无党派人士和留学人员参政议政专题座谈会,及时了解海归人才的物质需求与精神需求,虚心听取海归人才对学校、学院工作建议与意见,建立良好的信任关系,营造良好参政议政氛围。注重借助发挥各级统战组织、平台的作用,推动自身事业和参政议政工作的双发展。

2.培养建言献策智囊团

深度挖掘统一战线重要法宝的高校驱动力,积极促进各层次海归青年学者认真研究、积极作为、精准协调专业理念的国内外差异性,切实提升参政议政能力和水平,就贯彻落实新发展理念、经济社会发展、全面深化改革、推动创新创造重大问题,立足天津的"十四五"规划和远景目标,紧紧围绕中共中央高度重视、社会各界普遍关注、基层群众最为关切的难点问题,深入调查研究,为市委市政府多谋良策,多出实招。

3.持续挖掘旗帜性人物

高校归国学者的社会影响从历史上看很大程度上依托于一批旗帜性人物,他们大多是造诣很深的专家、学者,是享有崇高威望的社会活动家。随着时间的推移,老一代旗帜性人物先后辞世,目前高校新一代旗帜性人物尚未

形成,在参政议政中的引领作用,特别是在统一战线工作中的凝聚作用比较薄弱。因此,要在持续挖掘旗帜性人物上下功夫,畅通和扩展高校归国青年学者政治安排途径,积极推荐学术上有影响、国内外联系广、参政议政能力强的归国青年学者担任各级人大代表、政协委员。

(三)以"数据建设"为平台,打造联动联控系统化

1.打通高校统战工作堵点

通过普查归国学者的诉求以及统战干部的基层工作难点,有针对性地将大数据技术运用到高校统战工作上,进一步完善留学报国人才库。系统谋划推动留学归国青年学者参与统战工作纳入高校岗位工作量计算,充分协调统战工作与本职工作之间的平衡,调动高层次留学归国青年学者参与统战工作的积极性和主动性。

2.宏观调配高校统战资源

现阶段海外人才统战工作中应围绕以"人"为根本,以"科技"助力的核心理念,将"智能技术"重点应用到统战信息宣传,高校海外人才引进,政府党外人士政策信息发布等数据的联动联控中,为归国青年学者"再本土化"统战机制打好智能化建设基础。解决高校统战工作"信息孤岛"现象,实现各高校之间人才信息和统战信息互通,建议统战部门牵头、各部门协调配合规划归国青年学者智能数据平台建设,加强高校间信息对接,宏观调配高校统战资源。

(四)以"讲好中国故事"为举措,推进宣传队伍建设新发展

1.提升分析国情能力

讲好中国故事,首先要明国情、懂国情。必须加强出国归国留学青年学者的学习,帮助他们深刻了解中国道路、中国制度、中国政策、中国文化、中国精神,深刻感受中国人民的所思所想所盼。只有坚持国家站位,胸怀大局,才能站在更高视野,讲好中国故事。

2.增强媒体传播能力

全媒体时代,面对更加个性化、多元化的受众需求,要增强出国留学青年学者借力网络媒体、社交媒体进行国际传播的能力,多平台、多方位发声。必须加强对于融媒体形势下国家传播规律的把握,必须加强对于不同国家网民信息需求的研究,创新传播形势,展示中国制度优势。

3.提高对外交流能力

进一步凝聚归国人才力量,推进实现高校和科研院所中海归人才在高科技领域的学科合力。结合本土特色、城市文化,通过现代化媒体和科技手段加速向世界传播新时代中国人民的团结奋斗、精神追求,让中国形象逐步走进海外受众心中,做到春风化雨、润物无声。

本文作者:吴星辰、石晶辉、白文娟、付婕、池艳鹏

天津市产业工人队伍思想教育工作研究

中共天津市委党校 王 芳

天津作为中国近代工业的发祥地之一、全国工业产业体系最完备的城市,为适应新一轮科技革命与产业变革要求,提出把制造业作为立市之本、强市之基。而产业工人是制造业的主体力量,在新形势下,培养造就一支适应新时代要求的产业工人队伍,是天津实现制造业立市的重要支撑。习近平总书记指出,我国工人阶级是我们党最坚实最可靠的阶级基础。在当代中国,工人阶级和广大劳动群众始终是推动我国经济社会发展、维护安定团结的根本力量。因此,必须要重视对产业工人群体的思想教育工作,夯实根基、凝聚人心、汇聚力量、增进团结,充分发挥思想引领作用,为天津制造业立市奠定坚实基础。

一、现状分析

天津经济技术开发区是我国首批国家级开发区之一,近年来在新发展理念的指引下,做大现代产业集群,延伸产业链,努力建设符合高质量发展要求的现代化产业体系,在国家级开发区中保持了领先地位。作为我国经济规模最大的国家级经济开发区之一,天津经济技术开发区拥有一支规模庞大的产业工人队伍,统计数据显示,2020 年该区第二产业生产总值占全市比重超过 55%,为此,课题组以经济技术开发区为案例进行产业工人队伍思想教育工作研究,并于 2022 年 5 月对该区各企业产业工人开展问卷调查,共收集到 1527 份有效问卷,其中国有 / 集体企业、民营 / 私营企业、股份制企业、外商投资企业(独资 / 中外合资 / 合作)各占 46.26%、13.06%、9.25%、31.43%。

(一)人口学特征

1.男性产业工人数量占绝对多数

在收集到的 1527 份问卷中,男性产业工人为 1116 人,占比 73.08%,女性产业工人有 411 人,占比 26.92%,约为男性产业工人的三分之一。

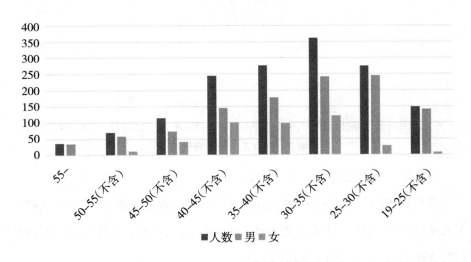

图 1　各年龄段产业工人数量及性别情况

2.产业工人队伍较为年轻

问卷中,30–35 岁人数最多,达 362 人,占比为 23.7%;55 岁及以上人数最少,仅 37 人,占比为 2.4%。平均年龄为 35.8 岁,较《第八次中国职工状况调查》中全国职工队伍平均年龄 37.1 岁略小,说明天津经济技术开发区产业工人队伍整体较为年轻,年龄结构较为合理。

3.男性产业工人未婚比例较高

1527 人中,已婚达 71.05%,未婚为 25.47%。分性别看,男性中未婚比例为 30.65%,高出女性近 20 个百分点。

4.产业工人平均受教育程度接近专科水平

数据显示,参与问卷的产业工人平均受教育年限为 14.65 年,接近大专水平,说明天津经济技术开发区产业工人的学历较高。其中,男性产业工人受教育程度相对较高,在 1174 位具有大专及以上学历者中 75.2%为男性,523 位本科及以上者中 65.4%为男性。

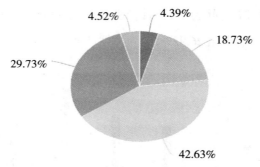

● 初中及以下 ● 高中(含中专、中技、职高) ● 大专(含高职) ● 大学本科 ● 研究生及以上

图 2 产业工人受教育情况

5.产业工人中三分之一为外来人口

参与调查的工人中有 1028 人(67.28%)户籍所在地是天津,非津户籍产业工人来自山东、吉林、河北等邻近地区居多。值得注意的是,非津户籍中农业户口有 391 人,占所有非津户籍的 78.2%。

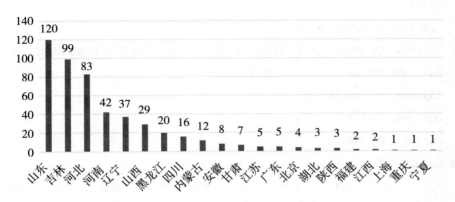

图3 产业工人中非天津户籍分布情况

6.女性产业工人管理岗位占比大,但男性产业工人技术水平相对更高

男性产业工人中,中高层管理人员及基层管理人员占比达16.6%,较于女性的26.3%比重;而专业技术人员方面男性占比远高于女性,分技术等级来看,男性产业工人在中高级工、技师、高级技师等各个技术等级均领先于女性产业工人,也较多地拥有中高级职称。值得注意的是,天津市首批10位"海河工匠"也均为男性,这可能是因为专业技术产业工人所从事的技术型工作具有较高的强度、风险和复杂性,男性较女性具有先天的体能优势。

7.产业工人中党员占比为22.46%,集中分布于管理和技术岗位

问卷中中共党员共343人,其中男性占比近七成。分岗位看,普通产业工人和班组长中中共党员数量占比均约为13.12%,而中高层管理人员中这一比例超过了55%。值得注意的是,专业技术人员中共党员比例达到了27.67%,显著高于平均水平。

8.产业工人收入水平有待提高

据天津市人社局通报,2020年全市职工平均月工资为6777元,参与问卷调查的新区产业工人平均月收入明显低于这一水平(详见图4),说明产业工人的待遇方面有较大提升空间与需求。

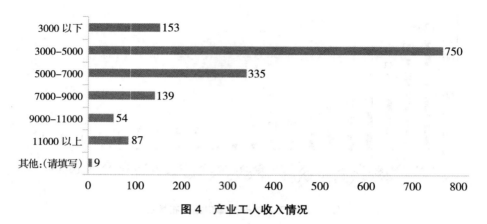

图 4　产业工人收入情况

(二)思想状况

1.产业工人政治成份简单

参与问卷调查的 1527 人中,超过半数政治面貌为群众,无党派人士与民主党派人士分别仅为 2 人、1 人;且绝大多数(93.58%)不信仰任何宗教。

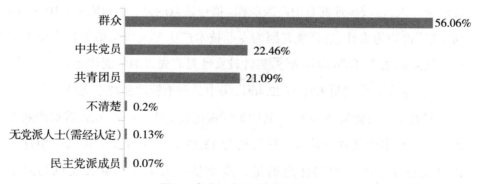

图 5　产业工人政治面貌分布

2.产业工人生活压力较大

问卷中九成人感到有生活压力,其压力来源主要来自收入较低(69.74%)、房价越来越高(40.6%)、看病就医费用高(31.3%)、工作时间长工作量过大(26.59%)与子女教育问题(26.52%)等方面。

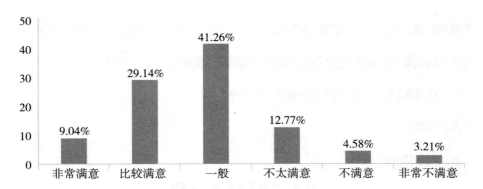

图6 产业工人对目前生活状况的自我评价

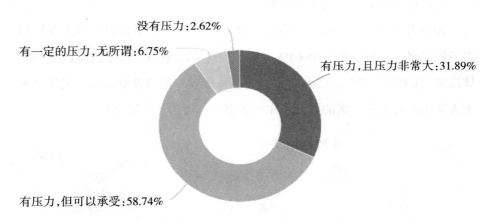

图7 产业工人现阶段的压力感受

3.产业工人对大政方针了解不足

参与调查的1527人中,仅18.8%非常关注和了解党的政策和国内国际形势,逾七成为比较或一般关注与了解,还有32人表示不关注。这与产业工人的身份认同感有关,虽然绝大多数的产业工人(79.77%)认同自己是社会主义建设者,但仍有23人表示不大认同或不认同。

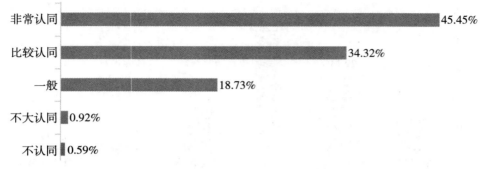

图 8　产业工人的身份认同感

4. 产业工人对相关政策不熟悉

2017 年 4 月,中央出台了《新时期产业产业工人队伍建设改革方案》,但参与问卷的 1527 人中有 65.68%并不了解这一政策,77.8%不清楚改革的总体思路,且半数产业工人(50.43%)认为改革成效一般或没有成效。说明产业工人队伍建设改革方案的普及工作与普惠工作做得还不够到位。

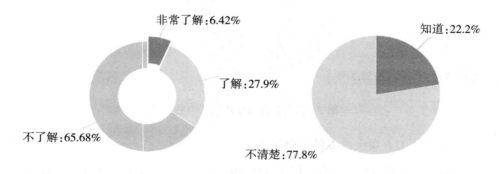

图 9　产业工人对《新时期产业产业工人队伍建设改革方案》的知晓情况

5. 产业工人对党组织、党员认可度较高

在党组织和党员发挥积极作用方面,六成以上的产业工人表示有作用。说明党组织与党员在产业工人群体中有着举足轻重的影响,应充分发挥党组织与党员的先进作用,团结产业工人群体,积极投身于社会主义建设事业中。

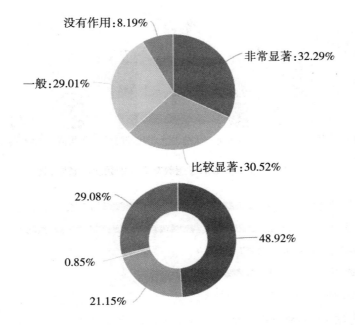

●非党员与党员没有明显区别 ●党员更受重视 ●非党员更受重视 ●不清楚

图10 产业工人对党组织、党员的认可度

（三）参加思想教育活动情况

1.产业工人参政议政意愿不足

调查中仅有 73 人有通过信箱、热线或网站平台向政府提出意见、建议的经历，95.22%的人从未有过参政议政经历。

2.产业工人对接受思想教育热情不高

虽然绝大多数参与调查的产业工人对于接受思想教育活动均表达了非常积极与正面的评价，但仍有 273 人表示从不参加思想教育活动，且有 27 人投票不愿意参加。阻碍他们参加思想教育活动的主要原因是与工作时间有冲突（72.04%）、工作任务繁重（41.72%）。此外，调查中有 57.17%的产业工人并不清楚公司中专门负责开展思想教育活动的机构，17.88%的参与者认为他们没有参与思想教育活动的渠道，这些情况严重影响了思想教育工作的开展，需要引起重视。

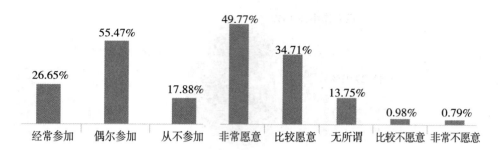

图 11　产业工人参加思想教育活动的频次与意愿调查

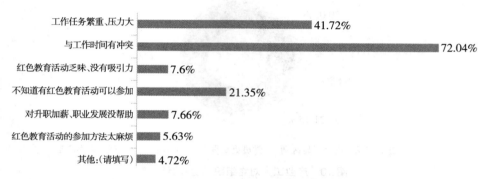

图 12　阻碍产业工人参加思想教育活动的主要原因

3. 产业工人参加思想教育活动的渠道不够丰富

调查中,产业工人们参加思想教育活动的渠道主要是开会、上课、座谈等集中方式(35.36%)与公众号、短视频等新媒体方式(33.46%),他们对于思想教育活动的开展形式有更多的期待,如观影、参观、典型人物现身说法、新媒体方式等。

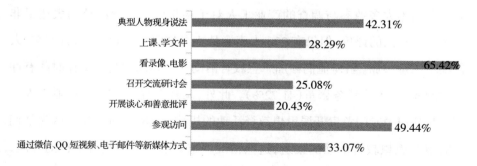

图 13　产业工人愿意参加思想教育活动的开展方式

二、产业工人思想教育工作存在的主要问题

企业是中国特色社会主义建设中的重要物质基础,直接关系着经济高质量发展的成效,同时也是社会发展与民生改善的关键。对企业而言,新时代不仅要应对竞争日益激烈的国际国内市场,还要面对思想日益多元的职工,需要适应产业工人思想和需求的新变化,有效开展工人群体的思想教育工作,这是企业能够进一步发展的关键所在,更是天津能够实现制造业立市强市的重要支撑,因此必须找到影响企业开展思想教育工作的各种消极因素,对症下药、及时消除。当前,阻碍企业有效开展产业工人思想教育工作的因素很多,主要包括以下几个方面:

(一)对开展思想教育活动重视不足

调查显示,很多企业的思想教育活动流于形式,不能定时定期地开展工作,工作机制不健全,企业管理层的工作重心仅放在生产经营方面,管理者普遍认为工人的思想教育工作不重要、可有可无,甚至严重忽视,思想工作的缺失将严重影响企业的凝聚力与执行力。问卷中有近12%的工人认为所在企业对员工关心不足甚至毫不关心,近三分之一者认为仅一般关心,这是对思想工作重视不足的直接体现,必须深刻认识到思想教育工作的极端重要性,只有真正抓实做好工人的思想教育工作,才能营造良好的企业文化氛围,为企业的生存与发展提供智力支持与思想动力,做大做强做优企业。

(二)思想教育工作体制机制不健全

由于对工人群体的思想教育工作不重视,多数企业并未制定有效的思想工作制度,不能满足实际工作需要,存在方式落后、手段单一、流程简化等问题,缺乏监督审核与奖惩机制,造成思想教育工作无法真正落到实处、形成

实效。

虽然调查中近九成的产业工人有参加教育活动的意愿,但却难以获取参与渠道,多数企业没有建立完善的管理体系,使得思想教育工作处于可有可无的状况。很多企业的思教工作无法提高产业工人的政治素养,更无法统一思想与认识,从而在一定程度上制约企业的进步与发展,不能充分体现工人的主人翁地位,导致他们丢失干事创业、奋进拼搏的劲头。

(三)思想教育活动参与方式不丰富

数字时代下,社会影响因素与生活方式明显不同于过去,呈现出多样化、信息化、碎片化、即时性等特征,人们学习知识、接收信息、表达观点的渠道更丰富、更具互动性与时效性,思想教育工作的开展方式也应随着时代发展进行相应调整,并引导广大群众在纷繁复杂的数字资讯中辨别有效信息、摒弃垃圾内容,避免各种思想病毒的滋生。调查显示,产业工人接受的思想教育活动缺少互动,相对较为枯燥、没有吸引力,也无法及时掌握学习动态与教育成效。单一的活动方式让产业工人缺乏学习积极性,有可能会造成企业职工思想政治素养滑坡,对企业的管理将产生不利影响,应进一步丰富产业工人参与思想教育活动的方式,提高此项工作的效率。

(四)思想教育工作反馈渠道不畅通

过去的思想教育工作模式较多地体现出集中、统一、同步、单向向下的特点,虽然在一定时期较好的实现了上下一致、步伐整齐、共同贯彻的意图,发挥了团结群众、集中力量的优势,但无法适应千变万化的时代要求,单面效能显然无法贴近广大产业工人的思想实际。必须改变过去单向向下的工作模式,畅通反馈渠道,在企业内部上下级之间建立有效的沟通渠道,让个人意愿能够得到畅快的表达,在管理层与产业工人之间形成有效互动,在思想教育工作中既兼顾个体差异、又要总结工人群体的共性特征,以适合工作实际、大家喜闻乐见的形式开展工作,并根据受众群体的反馈意见及时调整,提高思想教育工作的效率与成效。

(五)思想教育活动内容缺乏针对性

勇于承担建设社会主义现代化强国的重担是新时代产业工人不可推卸的责任,要实现这一目的离不开思想教育工作的引导,习近平新时代中国特色社会主义思想的注入,使得思想教育工作的内容更加丰富多彩,面对不同的个体需要开展更具针对性的教育内容。当前,工人们不仅关心国家政策和国际国内形势,更关心与个人利益息息相关的政策环境变化。因此,在开展思想教育活动中,应将此项工作与工人自身的发展紧密联系,让个人事业与国家发展同频共振,让个人理想与民族复兴同频共振,让每一位产业工人能够从思想深处建立起社会主义建设者的身份认同感。

三、对策建议

企业是社会的经济细胞,思想教育工作的引导作用、激励作用、协调作用在企业生存与发展中发挥着重要作用,应适应新时代特征,有效开展产业工人的思想教育工作,统一思想、提高认识,充分发挥产业工人的积极作用。

(一)加强企业党组织与群团组织建设

调查显示,产业工人对党组织和党员高度认可,应充分利用这一优势,加强企业的党组织建设,积极发挥党组织在社会基层中的战斗堡垒作用。同时,共青团、工会、妇联等群团组织的建设能够加强党与群众的联系,助力提高企业管理能力、构建和谐劳动关系,加强群团组织建设对于开展思想教育工作非常重要。应着力开展以下工作:

第一,建立全覆盖的党组织和共青团组织。大型企业中的党团组织建设通常能够得到保障,但中小企业党的基层组织与共青团组织建设难度大、管理困难,甚至很多中小企业与党团组织长期处于脱离状态,这将直接影响中小企业的政治意识、大局意识、核心意识和看齐意识的提高。虽然单个中小企业内部职工体量小,但整体中小企业的职工体量巨大,不能让党团组织在广大中小企业达到全覆盖将严重影响产业工人群体的整体思想水平提升,亟需加强此项工作。可以由相关主管部门牵头成立中小企业联合党团组织,指导中企业有效开展党团活动和思想教育工作,充分发挥党团组织凝聚人心、推动发展、服务企业中心工作的强大力量。

第二,培育高素质的企业思想教育干部队伍。企业应高标准、严要求选用负责思想教育工作的干部,本着精干、协调、高效的原则,将那些思想觉悟高、群众基础好、带动效应强、管理能力好的同志选拔到思想教育工作岗位上来,切实保证企业思想教育工作有人管、有人抓。要对思教干部加强政治、理论、业务培训,提高他们善于求同存异、体谅包容、平等待人、协商办事的工作能力与水平,并有意识地将思教干部选用与管理队伍建设结合起来,促进培养后备干部和复合型人才,提高企业思想教育干部队伍素质,为思想教育工作奠定坚实的人力资本基础。

第三,建立健全企业思想教育工作体制机制。目前造成产业工人的思想教育工作停滞不前的重要原因之一在于相关工作制度的不健全,有些企业有专职部门却未有效开展工作、有些企业甚至根本就没有专职部门。因此,在加强所有企业的党团组织与工会等群团建设基础上,应由各级党团组织或群团组织担负起全面开展思想教育工作的责任,形成有困难找组织的良好氛围,让党团组织与群团组织成为全体民众的知心人、主心骨,将广大群众全部纳入思想教育活动中,并考虑到工人群体的特点与需求,有针对性地开展教育活动,畅通反馈渠道与沟通机制,提高工作成效,最大限度的团结一切力量。

第四,加大在工人中培养发展党员的工作力度。大力挖掘品德高尚、技艺高超的楷模,吸纳工人队伍中的先进分子入党,营造人人学先进、个个想入党的积极氛围,不断提高产业工人中的党员比例和质量,重视在生产服务一线、重要创新领域、重点攻关项目、重大建设工程以及非公企业、中小企业中培养发展党员,重视在劳模工匠、技术能手、创新人才等优秀产业工人骨干中培养发展党员,充分发挥党员的先锋模范作用。并适当增加工人在各级党团组织中的代表比例,选拔具有一定参政议政能力的工人代表在各类群团组织挂职和兼职,确保彰显产业工人主人翁地位的各项制度安排落到实处。

(二)拓展思想教育活动的渠道与方式

数字时代,人们接收资讯、学习知识的形式多种多样,思想教育活动也应进一步拓展渠道、丰富方式,改变过去只是开会、上课、念文件的传统模式造成的思想教育活动枯燥无味、浪费时间的刻板印象,以生动多样、工人喜闻乐见的形式开展教育活动,吸引受众群体,提高工作效率。

第一,在职业教育培训中增加思政内容。目前,职业教育培训中重技能、轻思教的现象非常普遍,思政课边缘化明显。应大力提高思政课在职业教育与技能培训中的占比,增加中职院校的思政师资力量,丰富教育内容,帮助就读职业院校的学生与参加技能培训的工人树立正确的世界观、价值观、人生观,厚植"大国工匠"培育沃土。

第二,提高思想教育活动的数字化水平。数字技术的快速发展极大的改变了社会经济的运行模式,数字平台也已成为人们相互联系、工作、学习的重要渠道,特别是在新冠疫情的冲击下,更加凸显了网络阵地对人们思想教育的关键力量。新时代,数字技术与数字平台已成为思想舆论的重要阵地,掌握网上舆论主导权、利用数字技术与数字平台开展思想教育活动,是当前开展思想教育工作的重要方式。企业开展思想教育工作离不开数字化的助力,应积极提高思想教育活动的数字化水平,充分利用网络形式,如学习强国、党建网站、知识论坛、工作软件等,灵活多样开展思想教育活动,提供反馈与沟通交流渠道,提高思想教育工作的效率,统一思想、凝聚力量。

第三，将思想教育工作融入群团活动。思想教育活动应丰富多彩、形式多样，将思想教育工作融入普遍受工人群体欢迎的参观、团建、联宜等活动中，改变传统刻板印象，提高思想教育活动的吸引力。创新活动形式，比如年轻人喜欢的剧本杀、角色扮演等活动，可以加入爱国教育、政治理论知识等内容，让参与者通过切身体会感受历史、感悟当下，增加使命感与幸福感；还可以通过开展故事分享会的形式，让年长者结合自身的经历与时代发展浪潮，回望过去、展望未来，提高责任感与荣誉感。

第四，积极争取高校的师资与智力支持。高校拥有专业的思想政治理论师资队伍，可以依托高校为企业培育更能适应时代发展需要、思想素质更强、道德水平更高的新时代产业工人队伍，并提供企业所需的思想教育课程设计、需求调研、问题分析等服务，为企业的思想教育工作给予强有力的智力支持。

（三）丰富和创新思想教育活动的内容

2017 年 2 月，习近平总书记提出，要"造就一支有理想守信念、懂技术会创新、敢担当讲奉献的产业工人队伍"。建设一支这样的高素质产业工人队伍，必须要加强思想政治教育，不断提高工人的政治素养与思想认识。而思想教育工作应坚持以人为本，尊重个体差异，满足个性化教育需求，有针对性地开展思想教育活动，不断丰富和创新思想教育活动的内容，推动思想教育工作深入有效地开展。

第一，大力开展习近平新时代中国特色社会主义思想教育。广泛开展主题教育活动，正确认识中国共产党的领导、正确认识中国特色社会主义制度、正确认识社会主义民主与法治、全面理解新发展理念，了解党和国家的大政方针，把习近平新时代中国特色社会主义思想的核心要义融入生产生活的方方面面，夯实广大产业工人团结奋斗的思想基础，引导广大产业工人坚定对中国特色社会主义的信念、对实现中华民族伟大复兴中国梦的信心。

第二，充分尊重产业工人的个体差异与个性化需求。产业工人群体庞大，所拥有的文化背景、成长历程不尽相同,对相同的思想教育内容会有不同的看法与态度,从而导致思想教育工作的影响与效果也明显不同。因此,思想教育工作必须兼顾个体差异与群体共性,有针对性地对不同人群进行不同内容的思想教育。譬如,对领导干部,应着力提高他们的政治素养与领导能力,更好地发挥他们的带头作用;对普通党员,应积极开展党的理论与形势任务教育,强化其先锋模范作用;对年长工人,要做好思想教育,充分发挥他们承上启下的骨干作用;对年轻者,应着重加强理想信念教育,帮助其树立正确的三观、激发其投身事业的热情。只有真正把思想教育工作研精、做活,才能不断提高思想教育工作的说服力、感染力、吸引力与战斗力。

第三,关注产业工人的心理健康、做好心理教育。心理压力已成为当下职场中最常见的问题,过于繁重的心理压力会引发大量的心理疾病,若没有有效的措施予以解决,会越来越多地影响职场员工的日常生活与工作,进而影响企业发展。有不少工人心理处于亚健康状态,压力过大,疲于应对。调查中,九成工人表示处于压力下,对目前生活感到满意的不足四成。应经常性的开展谈心谈话,及时了解掌握工人的思想状况,有效疏导与帮扶他们克服困难、释放压力,强化工人的心理素质,让工人能够感受到企业对他们的关心(调查中有12%的工人表示企业对他们的关心不足或完全不关心),提高他们的归属感。

(四)充分激发产业工人的身份自豪感

第一,加大社会宣传引导力度。综合发挥主流媒体、新兴媒体作用,全方位、多渠道地宣传产业工人的先进典型和重大改革举措,营造尊重劳动、崇尚技能、鼓励创造的社会氛围,大力宣传产业工人在经济社会发展中的重要地位和突出贡献,切实营造有利于产业工人成长成才的舆论环境。

第二,发挥先进示范带头作用。以评选表彰劳模活动为契机,聚焦劳模和一线产业工人,打造"工人先锋号""金牌工人"等工作品牌,扩大示范引领效应,让"蓝领专家""知识工人"成为每一个产业工人的自觉追求,在全社会大力弘扬劳模精神、厚植工匠文化,大力宣传产业工人在经济社会发展中的重要地位和突出贡献,形成尊重劳动、尊崇技术的社会理念,营造"崇尚一技之长、不唯学历凭能力"的良好社会氛围,形成有利于产业工人成长成才的舆论环境。并邀请劳模、工匠现身说法,让普通工人近距离感受先进、接受教育,提高产业工人作为社会主义建设者的身份认同感,让工人们将自身的职业发展、个人理想真正与国家发展、企业发展结合在一起。

第三,强化主体意识、积极参政议政。在产业工人队伍不断壮大的过程中,各种价值观相互冲撞、交锋的局面下,工人阶级能否在天津制造业立市战略中发挥主力军的作用,取决于产业工人队伍能否建立起体现工人阶级本质的先进价值观,强化自身的主体意识。应充分发挥主人翁意识,通过积极参与新型"学徒制"等活动,将传统工艺、核心技术、先进技能传承下去,让整个行业的产业工人群体发展有后劲、职业有前景;并结合工作经验和自身体会,积极为推动天津市产业工人队伍建设与制造业发展献计献策,主动为工人阶级发声。

天津"设计之都"艺术创新人才培养研究

天津美术学院课题组

天津作为北方最早的开放城市和近代工业发源地为近代创造了第一台电视,第一辆自行车等100多个中国第一。迈入新时代,天津面临经济转型的关键节点,设计创意产业必将成为优化经济结构、转变发展方式的重要途径之一。2018年继深圳、上海、北京、武汉之后,天津正式启动了联合国"设计之都"的申请工作,当下天津"设计之都"的打造,急需具有新时代创新精神和创造能力的多层次、复合型人才的不断涌现。

天津在专业艺术人才培养上,坐拥培植优秀艺术人才成长的沃土,南开大学、天津大学、天津美术学院等一批高校和专业学院培养了大量的优秀专业艺术人才。本研究就高等艺术教育在国家"新文科"战略部署的引领下,深挖优秀传统文化及其传承,深耕艺术、人文、科技的融合,在提升高尚艺术情操,构建高水平的实践教学平台,培养创新能力和实践能力等方面提出建议,为天津设计之都的高水平建设工作助力。

一、国内外"设计之都"艺术创新人才培养的主要做法

"设计之都"首次设立于2004年,是联合国教科文组织创办的"创意城市网络"中的一部分,目前全球已有40座城市评选为"设计之都"。在发展过程中,国内外"设计之都"充分依托和发扬自身资源禀赋和城市性格;在发展方向上,以动漫设计、建筑与环境设计、工业设计、数字创意设计为引领,构建全产业链设计产业体系;在空间布局上,依托以城区为核心的设计产业区域,协同带动周边联动发展,形成完整的设计产业格局。其通过创造良好的艺术设计创新环境,吸引了大量设计创新型企业和人才在当地创业和发展,为设计创新人才的培养打造出良好的基础和氛围,也为其他城市设计创业的发展提供了良好的借鉴意义。

当前,国际形势呈现新产业、新业态、新商业模式,以及人工智能数字时代的到来,对高等艺术人才提出了更高标准,也对高等艺术教育的培养模式提出了新的要求。从国内外艺术设计卓越人才培养取得的经验来看,以构建知识能力结构为基础,以专业实践与艺术创新为主导,培养具有创新精神的艺术人才已成为共识与发展趋势。

一是当代教育整体从重知识继承传授的传统教育转变为更为注重创新精神塑造的现代教育,以开发和激励创造力的创新性教育成为世界主流。日本艺术创新人才最显著的成效在于形成"官、产、学"三位一体的协同发展模式,即将代表官界的产业振兴集团、经济产业省等和代表产业界的开办创新创业教育的非营利性组织以及代表学界的高校进行有效组合,打通成果转化壁垒。

二是艺术设计体现出的跨专业、复合型的开放特征,艺术设计专业呈现出文理交融、艺工协同的趋向,使得其必须不断吸纳多学科的新思想、新观念、新方法、新理论、新形势,在学科交叉和综合总不断革新自我。上海在"艺

术服务社会""设计为民生"价值观引领下,"坚持校内教学和校外实践相结合的育人模式""双师制引领精准定位地域文化创新人才培养""加强跨专业课程群建设、构建"需学研产用"协同平台""发挥学生主体作用、多维架构社会服务"等一系列措施,为长三角地区的乡村振兴积累了有应用研究价值的优秀案例。

三是重视加强基础研究,针对艺术实践中产生的方法规律、语意表达等加以清晰梳理,逐步形成科学性强,落地性强的教学理念。美国艺术创新人才培养注重在艺术人才个性化、创新能力、艺术素养等的培养。一方面注重实践性、实用性和人性化的教育培养,强调艺术与技术相结合,将美学观念与工业化生产相统一。另一方面积极倡导名师团队建设与特色人才培养,激励艺术设计人才从社会需求和生产需要出发,极力提供创新契机与平台,通过发展艺术设计产业推动人才培养。

四是通过实际项目、相关竞赛的深度参与,注重在实战的过程中,对学生自我组织能力的训练、发散性创作思维的培养、专业激情的激发以及创造潜能灵活性和独创性的开发。德国艺术创新人才培养倡导动手能力和理论修养并重的思想,强调教学、研究、实践三位一体教育的理论体系,呈现出理论与实践并重、讲究求真务实、重视与企业合作的鲜明特点。

五是当今信息技术迅猛发展,提供了充足的横向教学资源并使得深化教学创造向纵向发展,打破以往院校之间、专业之间的壁垒成为趋势,以全面提升艺术创新人才的综合素质。日本艺术创新人才培养最显著的成效在于形成"官、产、学"三位一体的协同发展模式,即将代表官界的产业振兴集团、经济产业省等和代表产业界的开办创新创业教育的非营利性组织以及代表学界的高校进行有效组合,打通成果转化壁垒。

二、探索艺术创新人才培养的主要途径

习近平总书记强调,"美术、艺术、科学、技术相辅相成、相互促进、相得益彰,要把更多美术元素、艺术元素应用到城乡规划建设中"。新时代对高等艺术教育提出了新要求,而创新型艺术人才的培养关键在于高等教育本身的创新,在于机制和方法的创新。要"以推进素质教育为主题,以提高人才培养质量为核心,以创新人才培养机制为重点,以完善相关条件和政策保障为支援,促进高等教育与科技、经济、社会紧密结合,加快培养规模宏大、富有创新精神、勇于投身实践的创新创业人才队伍"。

一是厚培艺术情操。艺术设计不仅是一门学科、一种职业,更是一种"艺术为民、设计为民"的意识与责任。通过课程思政的潜移默化,通过项目调研与采风,广泛了解人民对美好人居环境的新需求,将"人类命运共同体"生态可持续的发展、优秀传统地域文化的传承,城市建造中国工匠精神的发扬入脑入心。

二是更新教学理念。树立以教师为主导、以学生为主体的"以生为本理念";树立根据不同学生的学习特点设定"一人一案、因人制宜"教学目标,并给予特定指导与支持的"因材施教理念";树立给予学生更为宽泛的展露自身天分才华、艺术潜质机会的"自主开展理念";树立创新实践、弹性学习与灵活创业相结合的"创新创业理念";树立线上、线下以及线上线下相结合的教学理念,在教学组织形式、教学管理体制、教学空间安排等打破传统的"互联网 + 教学模式"。

三是优化课程体系。在奠定广博的知识根基、扎实的综合艺术素养、建立良好的实操和创新思维能力的基础上,走出课堂以问题和设计项目为导向,加强与社会需求的直接互动,切实培养出能解决实际问题的实战型人才。

四是改革培养方式。一方面建立研讨式、参与式、启发式、探索式、开放式

等有利于激发艺术思维活力的师生平等、教学相长的教学方法。另一方面建立"产、学、研、用"四位一体的培养模式,以创作激发教学、以展示活化教学、以竞赛促进教学、以实战检验教学。

五是健全评价机制。确立以艺术基础知识、创新实践技能、创新思维能力、创造性学习能力进行综合评判的多样化方法,其目的在于有利于艺术设计创新人才的早期识别与评价,有利于体现艺术人才培养规律的根本把握,有利于艺术大师不断涌现的制度沃土构建。

三、当前天津艺术创新人才培养存在的主要问题

一是艺术创新的时代引领作用不突出。首先,富含艺术主题以及能够贯彻国家艺术方针和文化精神的优秀艺术设计作品、艺术展览活动高度与广度不足。其次,缺少既能紧扣中国艺术优秀格调又能体现时代风尚多元化的设计作品,缺少当代高科技及新兴表现形式与艺术思想结合的手段。最后,艺术设计作品缺少对时代潮流的引领作用,艺术设计作品在引领城市风貌发展的过程中缺乏语言风格的独创性。

二是艺术创新人才培养思维不超前。首先,艺术创新人才培养思维不超前,没有充分评估国际发展趋势,缺乏战略高度新专业发展对策。其次,缺乏校企联合培养创新做法,不能有效提升学生创新实战能力。最后,在教学中更多偏重专业技能培养,缺乏经济、政治、人文、自然等多学科交叉共融,不利于学生整体素质基础的奠定以及发展高度的达到,难以成为"艺术大师"的摇篮。

三是艺术创新人才培养招法不多。首先,培养方法仍固守传统模式,对专业领域中前沿的新理论、新实践缺乏探索,对新时代人才的创新能力结构、知识结构和个性结构方面革新不充分。其次,创新型育人体系、创新教学方法、数字化前沿教学手段综合应用不足,创新型授课形式、新型教学思路有待全面提高。最后,在新文科、新工科、新农科背景下,艺术创新人才培养尚未突破

壁垒,缺乏跨学科、跨专业、跨媒介育人环境,多学科、多元视角交叉推进力度不够。

四是艺术创新高端人才打造体系不完善。首先,高层次艺术创新人才评判标准且存在重学历轻能力痼疾,以及重引进轻培养的不可持续问题,艺术大师出现断层。其次,治理机制不完善,主要表现在分管职能部门对艺术创新的重视程度不够,对艺术创新人才独特的思维方式、工作特点灵活管理的办法生硬。最后,虽然天津市近年来艺术创新环境不断优化,但在全社会范围内尚未形成浓厚的艺术创新文化氛围共识,甚至相关院校专业排名呈下降态势,艺术赋能城市发展乏力等现实问题。

四、天津高等艺术教育未来发展对策

天津有着六百年悠久历史,也是一座中国近代文化、经济名城,是开近代文明风气先河的城市,在中国近代历史中占据了非常重要的地位。在新时代背景下,我们要承续天津百年美术文脉,助力美丽天津和近代文化名城建设,就需要一大批能够讲好天津故事,传播好天津文化,建设好天津城市的专业艺术人才,这需要全面提升天津高校科技创新和人才培养能力,坚持立德树人,坚持以美育人、以文化人,提高学生审美和人文素养,提升服务经济社会发展的能力。同时在思政铸魂、人才培养体系创新、一流学科专业锻造、科技成果转化、学术协同创新、师资引育提升等方面还有很多提升的空间,这也是新时代下天津高等艺术教育面临的挑战和机遇。习近平总书记"让人才根系更加发达,形成天下英才聚神州、万类霜天竞自由的创新局面"的阐述为艺术人才可持续培养指明了奋进的方向。"发展是第一要务,人才是第一资源,创新是第一动力",作为"设计之都"的天津聚焦了世界眼光,用艺术赋能城市发展的关键是创新人才的培养,实现产业由"制造"向"创造"升级。具备独立之人格、诚实之态度、探索之精神,以及具备创作激情、人文关注的情怀、国际潮流视野的艺术创新人才培养是今后长期的重点,才能保障我市建设成"思想与文化交流、智慧与艺术碰撞"的可持续发展的设计创新经济增长极。

(一)塑造立德励学奋发的精神

习近平总书记指出:"做好美育工作,要坚持立德树人,扎根时代生活,遵循美育特点,弘扬中华美育精神,让祖国青年一代身心都健康成长。"

一是从决定新时代人才成败的关键因素入手,坚持守正创新,以科学的世界观和方法论形成创作活动的精神指南和行动指导。二是构建一切为公的人格魅力和探索牺牲精神。高尚的人格、真诚的工作态度是开展工作的良好基础,坚韧不拔的毅力与顽强的信念是走向最终胜利的基石。三是形成独立思考意识,学术上敢于质疑权威,虽千万人吾往矣不怕寂寞对真理的坚守;同时也要关心社会、了解社会,增强团队协作能力,用设计诠释人们对美好生活的向往,培育公众参与热情。

(二)遵循新时代艺术创新人才培养科学规律

习近平总书记指出:"择天下英才而用之,关键要遵循社会主义市场经济规律和人才成长规律。"

一是始终坚持以"四力"即"创新性思维能力、丰富的想象能力、卓越的实践能力以及独立获取知识的能力"作为创新性人才智能素质培养的最终目标。二是遵循艺术人才感性思维能力强、感知能力敏锐的特点,注重艺术天才的尽早发现与重点打造,注重能激发他们创作灵感的审美、情操、意趣等综合艺术素养的全面提升。三是尊重艺术人才教学、创作的独特性,形成艺术专才而非通才的培养体制并形成与之相对应的工作环境、规则制度、评判标准的整体塑造。

(三)形成全社会普遍的艺术创新意识土壤

习近平总书记指出:"要在全社会积极营造鼓励大胆创新、勇于创新、包容创新的良好氛围,既要重视成功,更要宽容失败。"

一是激发全民的创新激情,树立创新创造未来的强烈意识,形成自觉创新、乐于创新的沃土,只有这样才能实现习近平总书记"让人才根系更加发达"的期许。二是宽容的态度对待创新出现的失误。创新本身就具有挑战性和冒险性,失误也为将来的成功提供经验,培育宽容的土壤才能使崇尚创新的意识蔚然成风,才能让各行各业充满创新的勇气与活力。三是不断完善提升创新的举措和激励制度,切实保护创新成果利益,才能为"大众创新、万众创业"的可持续发展蓝图提供坚实保障。

(四)构建艺术创新拔尖人才的卓越培养体系

习近平总书记指出:"播种下自主创新的种子,也要深耕制度创新的土壤。要坚持科技创新和制度创新"双轮驱动。""

一是打开人才培养边界,炸开人才象牙塔。大学之大在大师,企业之强在强人,艺术人才培养要集合大师与强人优势资源形成共同多方培养新模式,搭建高校、院所、政府部门、企业等多方协作平台,打破院校的藩篱走出象牙塔。积极推动高等教育、职业教育相辅相成,一流院校与知名企业形成链条。二是跨越专业边界,实现复合型人才培育。艺术创作不仅要有专业技能更要有社会人文、自然地理、未来科技等诸多边际学识,整合跨学科、跨专业教育资源培育即专又博的复合知识结构是趋势。三是突破成果边界,以结果为导向。作为应用型学科在教学与社会需求间应实现无缝连接,突破以往教学成果边界,要以实际项目为导向增强实战性,以社会的实际人才需求衡量标准作为导向。

本文作者:高颖、王钧、孙明博、邬旭

基于产业结构穿透式分析的税收竞争力研究

——以天津市制造业为例

天津财经大学课题组

近年来,天津市深入贯彻落实习近平总书记对天津市提出的"三个着力"重要要求和党的十九届历次全会精神的具体举措,持续推进制造业产业结构优化转型,在制造业税源质量提升方面也取得了长足进步。党的二十大报告指出,建立现代化产业体系,坚持把发展经济的着力点放在实体经济上,加快建设制造强国、质量强国。当前,天津市正处于经济转型升级的决战决胜期和构建新发展格局的争先进位期,如何在"十四五"时期畅通全市制造业重点产业链、强化税源内生增长动力、实现经济高质量发展显得尤为重要。

税收竞争力是一个地区税源质量和税收产出能力的客观反映,能够保证政府财政收入的稳定增长,为减税降费、科技强市等战略举措提供财力保障,有助于产业结构优化和区域比较优势形成,而地区产业结构的优化升级和地区比较优势的扩大,又会反作用于地区税收竞争力水平,培植高质量税源,从而形成良性的经济发展循环。制造业作为天津市的重点产业,理论界建议紧紧围绕其运行方向进行深度研判,充分发挥税收数据对制造业结构的穿透式分析功能。从税收角度提出优化制造业税源结构、增加制造业利税产出、强化制造业综合竞争力的务实措施,为政府部门制定科学有效的政策提供证据支撑,是天津市"十四五"时期夯实"制造业立市"战略、发挥制造业基础优势、提高税收竞争力的重要路径。

一、天津市制造业税收竞争力提升中存在的问题及成因

(一)行业税源较为分散,税源结构有待优化

天津市制造业中高税收集中度的行业数量较少,税收在各行业间分布较分散。2021 年制造业中税收贡献度排名前三的行业分别是汽车制造业(21.21%)、石油加工业(17.52%)、计算机设备制造业(5.64%)。可以看到,除去汽车制造业和石油加工业,天津市制造业中其他行业的税收贡献率均低于10%,剩余各行业税收呈现出"小而全"的分布特点(见图 1)。

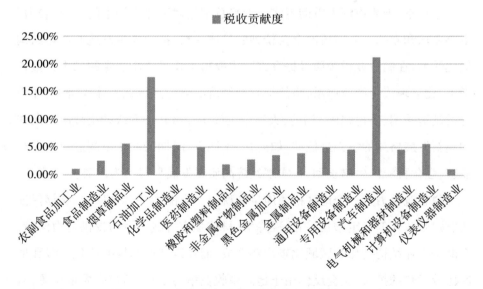

图 1 2021 年天津市制造业中部分行业税收贡献度

制造业中两大支柱税源行业可持续性不足。天津市石油加工业主要依托于初级油气资源,所缴纳的税款中 77.44% 来自成品油加工的消费税。此外,

受到疫情冲击,2020 年天津市该行业利润率为 –8.58%,2021 年利润率也低于制造业平均利润率。可以看出,传统的石油加工业在受到突发事件冲击时,抵御风险能力较弱。汽车制造业作为天津市的另一支柱税源产业,2021 年实现税收 182.49 亿元,税收绝对规模均高于其他三个重点对比城市。具体到税种来看(见图 2),天津市汽车制造业中增值税占比为 32.81%,比其他三个对比城市低 10%~20% 左右,说明天津市汽车制造业的产业链条存在不完整或者产品附加值不够高的问题;另外,天津市汽车制造业中的个人所得税占比为1.68%,比其他三个重点对比城市低 2%~3% 左右,说明天津市汽车制造企业的员工平均收入水平不高,这可能是从事基础研发的专业技术人才存在缺口所造成的。

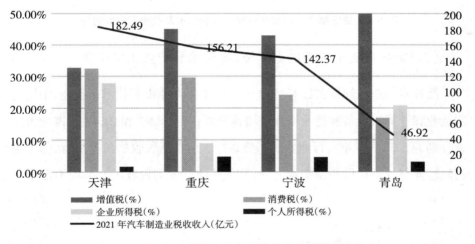

图 2 2021 年四个城市汽车制造业税收及其税种构成

税收内生增长动力不足,现有税源结构有待调整。天津市制造业中有部分行业利税产出能力较强但并未得到充分发展,税收规模并不算大(见图3)。从近五年行业平均利润率来看,烟草制品业等五类行业近五年的平均利润率不仅高于目前作为支柱税源的石油加工业(2.54%)和汽车制造业(6.83%),也高于天津市制造业整体近五年的平均利润率(4.74%),但这些行业的税收贡献度均不高。

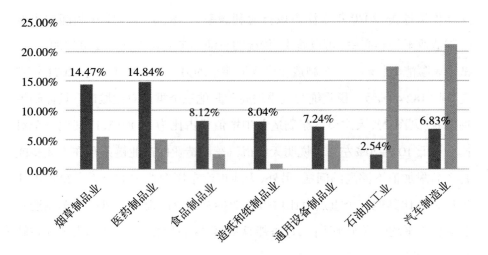

图3　天津市制造业中部分行业平均利润率及税收贡献度对比

（二）新兴产业税收汲取力不强，高技术制造业比重不高

高技术制造业规模占比有待提升。2021年天津市高技术制造业、中医药制造业和计算机设备制造业增加值增速分别达到18.9%和21.4%，占全市比重分别为5.6%和7.4%，行业发展态势良好。但是从税收的角度来看，除了医药制造业与计算机设备制造业之外，其他具体行业的税收占比平均不足1%，

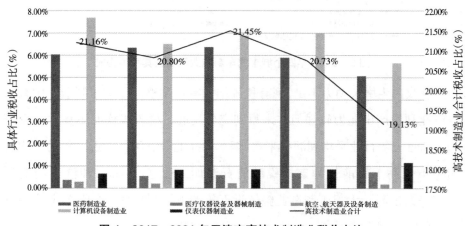

图4　2017—2021年天津市高技术制造业税收占比

高技术制造业的规模仍有待进一步提升(见图 4)。此外,近五年内天津市高技术制造业税收产出占制造业税收的比重一直维持在 20%左右,增长态势与其产值规模的增速并不相符。

天津市战略新兴产业领域的龙头企业和领军企业的数量和规模有待增加。大多数行业无法越过营业收入 100 亿元的门槛。以天津市"12 条重点产业链"中的生物医药产业链和航空航天制造产业链为例,生物医药制造业中仅有 1 家企业年营业收入达到 100 亿元以上,而航空、航天器及设备制造业中没有企业年营业收入达到 100 亿元以上。

(三)民营企业经营状况欠佳,税收贡献支撑不足

天津市制造业重点税源财务数据统计结果显示:部分民营企业分布广泛的行业存在成本高、利润率低的发展困境。2021 年制造业中成本费用率最高的几个行业中民营企业的比例均较高,例如有色金属冶炼和压延加工业共有 16 家企业,包括 13 家民营企业。成本费用率最低的几个,中国有企业的比例明显偏高,例如医药制造业共有 67 家企业,其中包括 8 家国有企业,且这些国有企业的营业收入水平均较高。以上的分析说明:这些成本较高的行业也是民营企业分布较广的行业领域,对于行业成本高、企业市场竞争力弱等问题要给予足够的重视。

在 2021 年天津市制造业领域中,民营企业平均利润率仅为 11.8%,远低于国有及国有控股企业的平均利润率水平(36.9%)。2021 年民营企业共实现税收339.41 亿元,占全部制造业税收的 45.59%,户均税收产出仅为 0.3 亿元,远低于国有企业(3.58 亿元)和外资企业(0.53 亿元)。说明民营企业利税产出能力较弱,税收贡献度较低。

二、天津市制造业税源结构优化及税收竞争力提升路径

(一)加强顶层制度设计,贯彻税收法定原则

当前我国对"税收竞争力"这一概念尚未形成统一说法,部分地方政府将"税收竞争力"与"税收竞争"混淆,形成恶性税收竞争干扰市场秩序。中央政府建议建立科学完整的现代税收竞争力评价体系并纳入法规条例,各地方政府也可利用这一科学评价体系,充分发挥税收在国家治理中的基础性和保障性作用。

参差不齐的财税政策不仅会造成地区间税负差距,也会为避税行为创造空间,建议天津市整合并规范现有的税收优惠政策,除了与国家区域发展战略相联系的税收政策之外,要严格管控其他区域性税收优惠或变相优惠政策,提高财税收支运行效率,增强地区税收综合竞争能力。

天津市作为税收流入地区,可积极探索与其他地区政府的跨区产业集聚及利税分成机制,推动数字经济产业集聚范围向区外扩张,促进数据、人才等要素资源在地区间畅通流动。这不仅有利于天津市进一步扩大数字产业的发展规模,也有利于建设全国统一大市场,提升国家整体税收竞争力水平。

(二)迭代升级重点优势产业,以产业链延伸税收链

纾解汽车制造业发展难题,助力尽快实现迭代升级。一方面,要适度提高汽车制造业的中资比例,加大核心自主知识产权的技术研发。天津目前汽车制造业以中外合资或外资企业居多,长期过分依赖合资车企会削弱天津车企自主研发能力。建议重点培育一批新兴国产造车企业,逐步打造更多知名自主汽车品牌。另一方面,要促进天津市汽车制造业向电气化、智能化转型。加强高等院校、科研院所和汽车零部件企业合作,助力节能和新能源汽车关键零部件的发展,为天津本地新能源汽车的发展提供基础支撑。

着眼传统产业高成本困境,提升盈利能力与创税水平。黑色金属冶炼和压延加工业、有色金属冶炼和压延加工业、金属制品业作为天津市制造业中的重点行业,近年来由于过剩产能、成本居高不下等问题导致产业优势并不明显。一方面,建议通过对相关行业的大型企业司法重整,从产品结构、工艺流程、成本控制等供给侧端口重塑企业资产质量和盈利能力,拓展传统重工业新的发展领域,提升整体产业集群的经济效益和税收竞争力。另一方面,鼓励企业引进自动化、专业化生产设备,对传统车间进行智能化改造,提高企业工序集成化程度和生产效率,降低生产成本,形成规模效益。

(三)优化传统产业内部结构,探索高利税行业新税源

目前,天津市除了石油加工业和汽车制造业以外,其他行业的税收贡献均较为分散,无法对税源结构的稳定性起到有效支撑作用。因此,在制造业产业结构转型升级的过程中,要注重以产业结构调整税源结构。

加快油化产业转型进程,推进绿色石化集群发展。一方面,要积极开展与石油石化行业相关的上下游企业进行对接,推动产业链协同发展。例如,天津石油石化产业可以从加强与轻纺工业在新型消杀产品、可降解循环塑料方面的合作等方向,优化产业布局,促进绿色化转型。另一方面,天津市石油石化行业建议抓紧"十四五"时期新一轮基础设施建设机遇,通过提高技术创新能力,延伸新化工能源、新材料等产业链条在全市的布局。

聚焦高利税行业,调整现有税源结构。目前,天津市部分行业,如医药制造业、化学纤维制造业、纺织业以及通用设备制造业等均有较高的利税产出水平,但这些行业对全市的税收贡献度却均不高。因此,建议适度扩大这些行业的产业规模,适当调整现有制造业税源结构,增强高利税行业对制造业税收结构的支撑作用。

（四）政策技术人才多措并举，激发新兴产业税源活力

继续完善财税激励政策，增强政策的精准性、调控的科学性和激励的有效性。坚持落实落细研发费用加计扣除、制造业固定资产加速折旧等税收优惠政策；建立政府对企业研发的风险分担机制，设立企业研发风险准备基金，构建政府对企业研发的收益保障机制；进一步提升政府及企业的透明度，加大对创新资源配置的社会监督。

定期梳理战略新兴产业目前阶段中的技术优势、技术难关和技术需求等清单，集中天津市科研力量重点攻克技术难关、占领技术高地，积极搭建交流学习平台，促进企业之间进行技术交流与合作，全面提升天津市战略新兴产业的全要素生产率，提高新兴产业对天津市税收收入的贡献率。

强化制造业领域的12条重点产业链，促进战略新兴产业进一步集聚。一方面，要持续推进重点产业园区建设，积极发展区域新兴产业集群，发挥产业集聚规模效应；另一方面，建议甄选一批潜力企业作为行业领军企业的后备力量，优先考虑相关企业的延链招商，多途径了解如天地伟业、中环集团、海尔（天津）以及力神电池等制造行业领军企业对于配套服务的真实诉求，建立企业的发展动态监测数据库，时刻关注相关企业产业链条中存在的关键性缺口。

持续引进高端人才、高质量创业团队和科研机构，提升天津市科技人才、科技服务、科技成果和科技金融的集聚优势。一方面，注重在创新中凝聚人才，充分发挥天津市高等院校的学科特色优势，发展环大学创新生态圈；另一方面系统配置各类资源要素，搭建政府服务和支撑平台，集聚重点实验室，提升创新资源集聚度，为战略新兴产业发展壮大源源不断提供科技支撑。

（五）聚焦民企发展瓶颈，壮大优质潜力税源

与其他几个城市相比，天津市民营经济存在着总量规模不大、优质企业不多、创新能力不强、品牌建设不足等问题。一方面，要推动国有资本从没有

竞争优势的设备制造、计算机设备制造业等竞争领域有序退出,并引导天津市优势企业通过并购、参股、技术合作等方式,对其上下游民营企业进行改造扶持,提高民营经济资本运作效率。另一方面,可以充分发挥海河产业基金的作用,撬动社会资金和民间资本投入,加强对民营企业的扶持和重点产业链的全链条支持,延长基金投资期限,最大化企业创新效应。此外,要充分利用税收、市场监督、社保等大数据构建政府对市场主体的综合信息平台,为优质民营企业融资提供有效信息,减少与债权人之前间的信息不对称,为民营经济在发展中遇到的融资困难扫清障碍。

本文作者:陈旭东、沈利芸、高晓涵

外需不足情境下天津制造企业发展活力再激发的对策研究

天津理工大学课题组

"十项行动"凝聚了市委、市政府对天津未来发展的全局性思考,其中"科教兴市人才强市行动""制造业高质量发展行动""乡村振兴全面推进行动""绿色低碳发展行动"这四项行动事关天津制造企业发展的未来。作为曾经的世界级制造城市、中国制造业版图中重要的组成部分之一,天津制造业门类齐全并具有较为完整独立的产业体系,其在国内及全球制造业系统中的位置与参与度不仅影响全国制造业的产业链布局与稳定性,亦影响着中国制造业整体的现代化水平。

天津制造企业利用有限的资源,吸纳了相当大比例的人就业,在当前特定背景下最有可能成为经济振兴的"发动机"。天津制造企业不仅贡献了本地税收,支持了本地经济,也给域外企业源源不断地输送着质优价廉的原材料、零部件、产成品等。但随着技术更新迭代加快、国内外市场不确定因素增多、双碳政策到位,天津制造企业从全链条多环节重新突破的呼声越来越强烈,树立天津制造企业发展自信、疏通其发展羁绊、优化政府对天津制造企业资源配置结构。

一、基于天津制造业类别视角的发展现状、问题与破局思路

依据世界经济合作与发展组织（OECD)2011 年发布的制造业分类标准与天津市 42 部门投入产出表,分析表明天津有三个高技术(通用设备,通信设备、计算机和其他电子设备,仪器仪表)、四个中高技术(化学产品、专用设备、交通运输设备、电气机械和器材)、四个中低技术(石油、炼焦产品和核燃料加工品、非金属矿物制品、金属冶炼和压延加工品、金属制品)和六个低技术(食品和烟草、纺织品、纺织服装鞋帽皮革羽绒及其制品、木材加工品和家具、造纸印刷和文教体育用品、其他制造产品和废品废料)制造业门类。发展的现状、问题与破局思路如下:

第一,高、中高技术制造业在产业链、价值链体系中更容易受到企业内外环境因素的影响。天津四类制造业国内价值链嵌入的变化趋势相近,都是以 2015 年为拐点先降后升,并且各年嵌入度数值较为接近。但 2010—2015 年间进行的产业结构调整,对高、中高技术制造业影响较大,对低技术制造业的影响最小。高技术制造业需要较高的研发强度及自主创新能力,创新创业环境、创新人才、资源与技术的供给都会影响高技术制造业的增值效果。随着产业结构调整效果显露,产业综合实力提升,创新科技园的建立与产业创新体系的完善,促进高技术制造业开始构建完整的产业链条,其在国内市场的地位逐步提升。

第二,低、中低技术制造业在产业链、价值链体系中更易受到各种生产要素与产品供需因素的影响。低技术制造业相对于高技术制造业来说存续时间更长,在改革开放初期我国就主要发展这种技术要求低、资源与设备投入稳定的大规模生产制造业。由于这种生产制造业产品存在差异化程度小和准入门槛低的特性,同时国内外对此类产品需求量较高,因此产业结构调整没有

太多触碰这类制造业,它们受到的影响最小。如果要提升低、中低技术制造业的竞争优势,提升其产业价值,就要体现产品的差异性并取得成本上的优势。创新驱动产业链整体发展的思路可以使高技术产业的创新向低技术产业扩散和转移,知识的流动与扩散可以促进低技术产业的知识积累,提高这类产业创新能力,完成低成本、高效率的产品输出,使该类产业价值增值,提升产业链现有水平。

第三,天津点与面、内与外、高与低的制造业产业链体系没有很好兼顾。天津点与面、内与外、高与低的制造业协同不足是困局焦点。以天津制造业对市场的依赖情况为例:高、中高技术制造业展现出"外向性"的特征,其产品对国外市场依赖性很强,是产业经济边界外扩的体现;中低、低技术制造业更依赖于国内市场需求,体现出"内向性"的经济特征。

天津高、中高、中低和低技术四类制造业在全球价值链嵌入的变化趋势都是以 2015 年为拐点先降后升,但各年嵌入度数值有较明显的区分。嵌入全球价值链的程度从高到低分别为高、中高、中低和低技术制造业,并且高、中高技术制造业更多地参与了全球价值链当中。虽然天津高、中高技术制造业在全球价值链的嵌入度较高,但国际上高技术行业会通过技术、市场及政策等因素叠加进行强烈的竞争,这可能会逐渐压制天津高端技术制造业的价值链嵌入,过度嵌入价值链反而会抑制产业发展。

与高技术制造业相比,劳动、资金较为密集的低、中低技术制造业的低行业壁垒使其更容易融入全球价值链当中。不过为保证此过程的持久性,需要突出产品成本、产品特色、供货速度、供货质量优势。

二、基于天津制造业环境视角的发展现状、问题与破局思路

（一）特种人才孕育不足、执业资格证书获取和各种体系的认证与生产冲突

现今部属院校主要培养央企、国企等各级通用型高端人才，市属院校主要培养国企、大型私企等通用型高级别人才。高职类院校鉴于师资与软硬件投入困局，难以培养出适应社会需求的先进制造类特种技术人才和先进基础型特种工艺人才，导致诸多制造企业这类人才得不到适时补充，更谈不上储备。某些制造企业出现了某一工艺"死磕"单一师傅的现象，致使该工艺将面临失传或断代的困境。

此外，政府实施的企业体系认证、特种行业工人执业资格证书获取方式与企业生产经营时间有一定冲突。特种行业人才各种执业资格的培训、企业各种体系的认证需要花费很大精力和工作时间去从事，有的甚至需要停工停产配合，给制造企业正常生产经营造成一定困扰。建议相关部门配合天津"科教兴市人才强市行动"，协助企业和员工合理、低成本地拿到证书。如下沉到企业实施特种人才培训和企业体系认证，安排入工厂、入门户点对点不停产培训，使得培训活动既能落到实处，又能扭转培训地点远离厂房、脱产培训对制造企业生产经营的影响。

（二）一部分制造企业不易获取公共资源

中小型制造企业同样有攻关关键技术的需求。天津市科技企业孵化器目前入门条件对中小型制造企业不太友好，它们的一些关键攻关技术无法进入孵化器，由于这些中小型制造企业自身研发投入力不从心，导致其萌生发展焦虑。建议市委、市政府相关部门配合天津"制造业高质量发展行动""乡村振兴全面推进行动"和"绿色低碳发展行动"，有选择性集聚一定公共资源向有

研发需求的中小企业开放，提升科技在中小型制造企业发展中的嵌入度、贡献度。

(三)企业转型需求迫切,但缺乏转型思路

由于国内市场基本饱和、环保要求日益严格、碳中和碳达峰的要求倒逼、新品种扩充准入难度很大等原因，重资产型制造企业扩张和注资壁垒加大。为了生存下去,技术革新、数字化转型的内在冲动很强,但转型思路缺乏,需要外界注入转型思路和做法。

通过宣传提高制造企业对市场发展方向的敏感度,引导企业对重要技术趋势制定数字化转型方案。用先进的数字化技术来替代终将被时代淘汰的传统生产技术和管理方式,将生产与管理所需要的信息组织起来形成数据化模型。赋予该模型供应链主体信息,优化传统制造行业生产与管理模式。在数字技术引领下减少成本、提高质量、缩短供货期,适时捕捉行业企业的先进经验,多频率深层次地与各个先进企业进行生产与业务上的交流与学习,提高自身的数字化技术承接和应用能力。

三、天津制造企业发展活力再激发的对策

(一)强调促进制造业高质量发展的同时也要重视提升产业链上主导企业、配套企业的现代化水平

制造业产业链现代化是一个国家或地区经济持续增长的基本保障,围绕产品要素将相关企业与环境纳入同一个框架当中,通过政策与技术的协同达到稳定状态,保障产业链平稳运行。期间可根据市场环境的变化调整企业资源投入，同时不断地输入新的技术与知识来达到更高水平的产业链稳定状态,持续增强制造业产业链中企业协同,提升产业链竞争性、提升产业经济效益,应对全球经济不确定性带来的活力下降问题。强化国有大中型企业及头

部企业引领作用、聚集效应,以"制造业高质量发展行动"为契机,发挥天津制造业基础雄厚优势、补足中小型制造企业为大型企业、头部企业配套的生产服务能力。

(二)继续深化"校企紧握手"专题系列活动

号召各企业负责人、技术专家、人事主管同步参与"校企紧握手"专题系列活动,做实这项活动,多维度共同打造校企握手通道。完善制造企业人才培养体系,加大学生下企业学习与师傅进课堂传授知识课时,优化两者相结合的学科专业建设模式,培育造就一批校园"雏鹰工匠",激励校园学生深入实践的学习劲头,源源不断向制造业"大国工匠"输送后备人才。布局"共享特殊人才"政策,为企业提供问题解决资源。建立制造业供求对接平台,定期发布供给需求清单,缓解企业成长压力。

(三)强化规划与方案引导,优化企业数字化转型制度供给体系

鼓励制造企业对核心流程进行数字化改造,优化陈旧工序布局,管理部门在能力范围内逐步加强数字化升级。转型过程体现一种先易后难、先关键后一般、先低成本后高成本的有序数字化改造历程。

组织制定产业链双碳规划,给制造企业管理与执行部门提供一套整体性、长期性的行动指导方案。这样有助于制造企业提前部署符合双碳政策目的、要求、方式、方法乃至进度等相关的工作,使后续产业链双碳方案的执行工作具体化。

本文作者:杨红雄、门峰、郝晋清

加快天津战略性新兴产业
高质量发展对策研究

天津市科学技术发展战略研究院课题组

战略性新兴产业是引领未来发展的新支柱、新赛道。随着我国经济进入新发展阶段,战略性新兴产业对构建现代化产业体系、促进经济高质量发展的动力引擎作用更为突出。调研发现,近些年天津在战略性新兴产业培育方面进行了诸多创新实践,但仍存在发展能级不高等问题。对此,通过分析战略性新兴产业发展态势及战略导向,对标借鉴重点省市经验,提出对策建议。

一、战略性新兴产业发展态势及战略导向

(一)顶层布局加速优化,政策红利密集释放

在新一轮科技革命和产业变革加速演进背景下,战略性新兴产业已成为我国及重点省市抢占未来竞争制高点、实现经济高质量发展的"重要突破口"。自 2010 年我国首提培育发展战略性新兴产业以来,国家"十二五""十三五""十四五"规划等系列重磅文件均专篇布局战略性新兴产业发展。党的二十大报告也明确强调,"推动战略性新兴产业融合集群发展,构建新一代信息

技术、人工智能、生物技术、新能源、新材料、高端装备、绿色环保等一批新的增长引擎",为新阶段战略性新兴产业发展提供了重要遵循和方向指引。此外,国内重点省市政策连贯性与布局超前性特征日益凸显,上海、深圳、江苏、天津等三十余个省市相继出台专项规划及政策近百余项,将强化战略新兴产业谋篇布局、推动产业集聚发展作为重要发力点,以此把握战略主动,抢抓未来竞争优势。

(二)产业能级加速跃升,经济引擎作用突出

立足全国视角,我国拥有全球最齐全的战略性新兴产业门类和超大市场规模的基础优势。近些年,我国战略性新兴产业呈迅猛发展态势,产业增加值增速明显高于规模以上工业增加值增速,经济增长动能引擎作用持续深化。据公开数据统计,截至 2021 年底,我国战略性新兴产业增加值达 15.3 万亿元,占国内生产总值比重为 13.4%,党的十八大至今实现倍增翻番。着眼区域维度,安徽省以 28.8%的增速位列全国第一,福建省(21.8%)、江西省(20%)、山西省(19.5%)紧随其后,其余省份增速均达两位数水平,战略性新兴产业发展对区域经济增长的促进效应显著。

聚焦天津实际,近年来,市委、市政府持续优化产业布局、探索产业创新发展路径,2023 年一季度战略性新兴产业增加值同比增长 7.0%,高于规上工业 3.9%,回升向好态势明显;最新印发的《制造业高质量发展行动方案》明确提出 2027 年战略性新兴产业规模首破万亿的发展目标,以追赶跨越模式向前瞻布局模式转变,加速推动战略性新兴产业发展。

(三)产业聚集效应凸显,区域竞争新力渐强

从产业区域发展宏观格局看,我国战略性新兴产业主要集中在东部沿海地区和经济发达省市,长三角、珠三角、环渤海以及长江中上游四大战略性新兴产业集聚区初步形成,中西部地区正加速崛起。从国内产业园区区域分布

看,江苏、浙江、广东、山东等沿海经济发达区域重点园区分布较密集,总体呈"东强西弱"态势。从重点企业区域集聚度看,据《全国科技创新百强指数报告2023》显示,全国科技创新企业500强中约75%分布在东部经济发达省份,尤其是北京、深圳、上海等一线城市带动效应显著。天津地处京津冀都市圈和环渤海经济带的核心交汇点,具备集聚技术、企业、园区等核心要素的明显优势,信创谷、细胞谷、生物制造谷、京津医药谷、神农谷等多谷联动为天津战略性新兴产业集聚发展提供强力支撑。可以预见,未来天津战略性新兴产业集聚化发展特征将愈发凸显,有望在区域竞争中实现弯道超车。

（四）产业集群持续壮大,细分领域优势突出

加快培育融合集群是我国战略性新兴产业发展的未来主方向。随着新技术、新模式、新业态不断涌现,我国战略性新兴产业跨界融合发展导向日益明确,部分重点省市相继形成了一批产业空间高度集聚、上下游企业协同紧密的战略性新兴产业融合集群。在国家发改委公布的首批66个战略性新兴产业集群中,山东(7个)、广东(6个)、上海(4个)、北京(4个)等位居前列;其中,生物医药领域(17个)居细分领域首位,新型功能材料(9个)、信息技术服务(7个)、智能制造(7个)等领域潜力巨大。截至目前,天津重点领域战略性新兴产业融合集群培育成效初显,网络信息安全产品和服务、生物医药成功入选国家级战略性新兴产业集群名单;相继获批新能源、信息技术应用创新、高端装备制造、高端医疗器械、海洋工程装备5个国家级创新型产业集群;信息安全、动力电池、京津冀生命健康集群(国内唯一一家跨省联合打造)入围国家先进制造集群名单;此外,滨海高新区海洋产业集群、南港工业区千亿级石化产业集群正强势崛起,未来发展潜力巨大。

二、重点省市培育战略性新兴产业的经验做法

近些年,上海、深圳、浙江、安徽、江苏等诸多重点省市持续创新举措,全力推进战略性新兴产业高质量发展,已形成一批可复制可推广的典型经验,示范引领作用显著。

(一)前瞻规划布局,深度挖掘应用场景,抢滩未来产业新赛道

各省市相继出台未来产业发展专项政策、规划,加速培育未来产业生态,抢下"先手棋"。一是"重仓"布局未来产业。北京、江苏、广东、湖北等 9 个省市通过"高水平研究型大学 + 地方政府(或国家高新区)+ 科技领军企业"协同模式共商共建未来产业科技园试点;上海实施未来布局"领跑计划",聚焦打造 5 大未来产业集群,建设 15 个左右未来产业先导区;浙江省率先启动 33 家"未来工厂"试点,部署打造区域集聚、网络协同两种类型、30 个左右未来产业先导区。二是提速未来技术研发载体建设。北京聚焦量子信息、生命科学等方向建设北京量子信息科学研究院、北京脑科学与类脑研究中心等新型研发机构,湖北集中布局建设区块链、氢能、双碳等 6 家前瞻性科技创新平台,南京面向未来网络、区块链、量子科技、脑科学等方向布局近 20 家研发机构,推动未来技术产业化。三是积极推进应用场景示范。南京聚焦未来网络、元宇宙、量子通信等领域发布优质场景 15 个,合肥成立全国首个场景创新促进中心,打造"全域场景创新之城",成都加速实施"创新应用实验室 + 城市未来场景实验室 + 十百千场景示范工程"场景供给流程,青岛认定两批创新应用实验室和场景应用实验室,赋能未来产业发展。

（二）重构产业链梯度，打造"硬核"产业载体，加快培育世界级产业集群

各省市通过"产业空间＋产业地标＋特色小镇"模式加快培育战略性新兴产业集群。一是构建产业空间梯度体系。深圳规划建设总面积约300平方公里的20个先进制造业园区，形成"启动区、拓展区、储备区"产业空间梯度体系；广东首次对全省21个城市培育发展20个战略性产业集群的区域布局的重要程度进行星级标注。二是打造特色"产业地标"。浙江、江苏、江西、山东等地依托优势产业、特色产业推进精品小镇规范建设。如浙江率先实施EPC工程总承包模式，打造德清地理信息小镇、杭州梦想小镇，由政府负责初期规划建设管理运行，垫资代建或与企业联建产业大楼，再由企业以综合成本价购房入驻。三是打造高能级产业集聚区。安徽组建十大新兴产业综合性产业创新中心，布局建设26个省级重大新兴产业基地，提升产业集群核心竞争力；浙江省实施36个产业集群（区域）新智造试点，旨在依托数字化提升产业集群发展质量。

（三）实施专项工程，构建多层次基金体系，强化产业金融支撑

各省市频繁出台各类金融支持政策，为战新产业培育提供"金融活水"。一是实施企业上市专项工程。北京、广州等地发挥上交所、深交所、北交所区域基地服务优势，实施科创企业上市"钻石工程""育英计划""科创领头羊工程"等。二是设立多层次产业引导基金。上海将战略性新兴产业的低息贷款政策从集成电路扩大至人工智能、生物医药领域；深圳设立战略性新兴产业集群专业化投资基金，出台支持风投创投机构发展政策；浙江省通过"一园一院一基金"特色举措加快培育高能级未来产业；安徽设立以"母子基金"架构运营的主题基金群、功能基金群、天使基金群三大基金群16只母基金，逐层撬动社会化资本。三是创新政府金融投资管理模式。北京、广州等地为政府性融

资担保机构给予注册资本金补助,完善对担保机构绩效评价体系,落实尽职免责制度;合肥创新建立"国资引领—项目落地—股权退出—循环发展"的产业运作模式;安徽采取"专业团队 + 跨部门协作 + 政府决策"的直投机制,项目尽调、法务均由专业团队负责,决策由基金投资委员会负责,较好解决政策性与市场化兼顾难题。

(四)改革体制机制,打造试点示范样板,推动创新政策先行先试

一是深化科技攻关体制改革。深圳市推行"悬赏制"攻关、"赛马式"竞争、"揭榜制"奖励、"里程碑式"赞助等创新政策,助力重点项目科技攻关。二是推动地方层面产业立法。深圳、北京、上海、广东等地通过推动重点产业专项立法,为发展战新产业扫清观念障碍、解除后顾之忧。如深圳已率先在人工智能、细胞和基因业、数字经济等重点产业领域完成专项立法,上海聚焦浦东新区生物医药产业完成"量身定制"立法,海南通过立法支持重点产业园区改革发展。三是积极探索试点示范建设。浙江引导企业积极承接国家知识产权试点、企业投资项目审批承诺制改革试点、"标准地"和企业投资"一窗服务"试点等,成功出让全国首块"标准地";江苏每年设立战略性新兴产业和服务业标准化试点项目,加强标准化试点示范建设。

(五)强化组织体系,深化核心要素支撑,优化产业创新生态

一是推动高层组织范式变革。浙江成立由政府主要领导负责的五大高能级未来产业平台领导小组,组建管理机构和专业运营团队,推进"一室两厅"(新产业平台专班办公室和产业展厅、招商客厅)建设。二是加强产业人才支撑体系。江苏率先推出集领军人才发现、创新集群人才支撑、科技招商智能导航三大系统功能的"苏州全球科技人才地图",基本实现全球范围"一键选人";合肥推动校地企共建现代产业学院、产教融合研究生联合培养基地和二级学院。三是优化产业服务配套。上海聚焦人工智能、集成电路、生物医药产

业设立行业 CTO 社区;深圳市率先出台《优化营商环境》条例,率先实施新型知识产权法律保护试点;广东强化知识产权保护,重点推进战新产业集群高价值专利培育,深化开展产业集群专利导航。

三、加快天津战略性新兴产业发展的对策建议

"十四五"时期,天津可加快创新战略性新兴产业发展举措,乘势而上、率先破局,在区域产业竞争中赢得先机,加快赋能"制造业立市"战略布局和支撑全市经济社会高质量发展。

(一)高点定位:强化战略引领,竞逐未来产业赛道

一是强化未来产业顶层设计。加快制定出台天津未来产业发展专项政策规划和关键未来技术发展路线图,强化与科技部、教育部等主管部门沟通衔接,争取未来产业科技园试点,谋划建设未来产业先导区、加速园和试验场。二是加速未来产业创新平台布局。加大面向未来产业的基础研究资金投入,鼓励政府、投资机构、学术界、龙头企业、链主企业联合组建未来产业技术创新战略联盟,加速打造未来产业研究院、工程技术中心、工程研究中心、创新平台、新型研发机构,率先培育全国未来产业研究中心。三是推动未来场景应用开发。积极对接未来技术供给和需求,聚焦细胞与基因治疗、合成生物、未来网络、元宇宙、量子通信、区块链等前沿技术领域,联合企业、行业协会等多元主体共同开发建设一批未来技术早期应用场景。

(二)做强主核:深化链群协同,锻造产业融合集群

一是推进产业链横纵双向协同整合。以天津产业链高质量发展为契机,加速推进产业链企业上下游兼并重组,打造产业链"链主"企业,提高产业集中度和行业话语权;加速构建跨产业的战略性新兴产业链联盟,提升产业能

级。二是打造产业集群梯次发展体系。探索发展"主题园区＋创新孵化器＋产业基金＋产业联盟"模式，聚焦信息安全、动力电池、京津冀生命健康三大国家级先进制造业集群发展，加速构建"国家级—市级—区级"三级产业集群梯次发展体系；引导政府机构、高校院所、龙头企业等主体共建产业园区（集群）促进机构，支持各主题园区培育、锻造一批高品质、高能级产业融合集群。三是因地制宜培育产业特色小镇。充分发挥天津特色小镇规划建设工作联席会议制度作用，推动市发展委、市科技局、市工信局、市财政局等主管机构联合梳理特色小镇培育名单、创建名单，立足天津优势产业基础，加速培育一批科技创新类特色小镇、先进制造类特色小镇。

（三）金融赋能：聚焦产融联动，拓宽金融服务覆盖面

一是加强企业上市辅导服务。对标沪深交易所、北交所等各层次资本市场准入条件，挖掘、遴选有上市基础、上市意向的重点企业建立储备库；"一企一策"精准把脉，制定针对性上市辅导方案，协调解决上市过程中遇到的问题；探索建立上市服务机构"白名单"机制，加强机构与重点企业的对接，挖掘、培育上市挂牌后备企业。二是发挥政府创业投资基金引导作用。探索设立早中期政府引导投资基金，充分发挥天使母基金、高成长初创科技型企业专项投资作用，围绕天津市重点产业链布局，通过"子基金＋直投"方式，引导社会资本加大对成果转化早期的投资力度。探索"投拨结合"联动机制，推动市、区产业引导基金与社会化创业投资机构联动，引导社会资本投向具有战略性、牵引性的重大科技创新项目，强化对天津市重点产业链、重点园区、重大创新平台的专项支持。三是大力引育市场化风投机构。依托滨海新区经开区、河西区等创新基础好、金融生态优的区域，规划建设特色街区、楼宇等"标志性"创业投资集聚区。以清科、投中等知名机构发布的榜单为依据，对头部、专业化风投开展"靶向招商"。拓宽风险投资退出渠道，探索依托天津OTC设立风险投资、创业投资份额转让平台。

（四）体制创新：突出先行先试，完善产业政策体系

一是创新重大项目支撑机制。借鉴深圳经验，创新建立"悬赏制"攻关、"赛马式"竞争、"揭榜制"等科技攻关模式，引导中小企业深度参与未来颠覆性技术研发。二是积极探索重点产业专项立法。充分发挥滨海高新区"双自联动"政策叠加优势，加快推进细胞和基因、人工智能、数字经济等重点产业立法。三是探索建立核心产品准入制度。允许国家、地方尚未制定标准但符合国际先进产品标准或者规范的低风险核心产品和服务，通过测试、试验、试点等方式开展探索应用，由"先行先试"上升至"先行示范"。

（五）多元支撑：加强统筹协调，营造产业创新生态

一是持续强化组织领导。持续发挥产业链高质量发展指挥部办公室统筹协调作用，深化多部门会商协调机制，确保重点工作落到实处；充分发挥各领域产业专家智囊作用，建立战略性新兴产业发展专家指导委员会，为产业规划、产业政策、重大工程等提供咨询建议，提高战略性新兴产业发展决策水平和服务企业水平。二是加大产业人才引育供给。细化重点产业领域专才引进计划，弱化人才学历、职称等硬性门槛，打造以"能力 + 业绩"等结果为导向的评价体系，吸引重点产业专才入津；依托天津大学、南开大学等重点高校科教资源优势，分类立项建设打造一批定位准确、亮点突出的战新产业学院、未来产业技术学院和未来产业研究院，搭建多模式、多层次的人才培养体系，培养战新产业适用人才。三是强化知识产权支撑。积极引导高校、科研院所、龙头企业等多元主体与优质科研资源对接，共建共享"产业专利技术池"；支持龙头企业参与和主导国际标准、国家标准、行业标准的制订修订，加强高价值知识产权创造和前瞻性战略性布局。

本文作者：于鑫、金鹿

加快推进能源"双碳"落地
助力绿色低碳发展行动研究

中共天津市委党校课题组

党的二十大报告对加快发展方式绿色转型,积极稳妥推进碳达峰碳中和作出部署,提出加快规划建设新型能源体系,推动能源清洁低碳高效利用,为我们在能源领域落实"双碳"目标提供了根本遵循。本文围绕助力"绿色低碳发展行动"落地,以天津市能源发展现状为例,对能源绿色低碳转型存在的普遍性问题进行了调研分析,并提出对策建议。

一、天津市绿色低碳发展现状

近年来,天津市立足能源"双碳"落地目标,在推进绿色低碳发展领域取得了明显成效。

(一)制定和发布系列政策法规指引绿色低碳发展。

《天津市碳达峰碳中和促进条例》(以下简称《条例》)于 2021 年 11 月 1 日正式实施。《条例》积极响应《巴黎协定》,以法规形式明确了管理体制、基本制度和绿色转型、降碳增汇的政策措施,为天津市实现"双碳"目标提供坚强法治保障。2022年3月,市发展改革委发布《天津市能源发展"十四五"规划》,该规划指出,"十四五"末,完成减煤10%任务目标,煤炭占能源消费总量比重降至28%左右,电能占终端用能比重提高至38%,非化石能源比重力争比2020年提高4个百分点以上。旨在推动实现产业结构调整与高耗能制造业企业的绿色技术应用,并推动高耗能制造企业实施节能改造,逐步淘汰落后及过剩产能。2022年底,天津市委经济工作会议正式提出推动天津发展的"十项行动",将绿色低碳发展列为其中之一,从源头减碳、过程降碳、末端固碳的角度明确加快能源绿色低碳转型、全面发展绿色科技、大力发展绿色金融、积极发展循环经济、推动零碳低碳先行先试五项具体任务措施。

(二)建立和完善系列体制机制保障绿色低碳发展

天津市将碳排放量较大的企业(每年超过2万吨)纳入配额管理并加强对重点企业碳排放的数据监管,落实"双碳"行动初见成效。此外,为更好发挥"双碳"的引领示范作用,开展低碳示范试点建设工作并推动生态工业示范园区建设。开展环境保护年度引领企业评选,以激发企业节能减排的积极性。在天津市筹办的世界智能大会中,包括"双碳"目标下的数字经济发展国际高峰论坛及"科创中国"智能科技助力"双碳"论坛,为以数字经济赋能"双碳"经济和以智能科技助力"双碳"经济,推动实现高耗能制造业企业的绿色技术应用及转型提供了智慧支撑。发起成立国内首个"双碳"产业联盟,成立天津新能源产业联盟,成功举办首届"智慧新能源"论坛和城市储能发展论坛,形成聚共识、育生态、促发展的良好生态。2023年,市发改委、工信局、电力公司等部门和单位共同筹备的全国首个政企合作的电力双碳中心建成投运,为电力大数据融合模式和应用机制探索了新路径和新形式,为政府精准科学调控提供支撑,为各类用能主体提供节能降碳增效系列服务,在天津市高质量发展和生态文明建设中,打造了创新成果,引领天津低碳转型。

（三）实施和推进系列办法措施助力绿色低碳发展。

天津市每年对重点企业进行碳排放核查,根据核查结果组织碳排放配额有盈余或存在缺口的企业通过碳市场完成交易履约。截至 2023 年 6 月 30 日,纳入全市碳交易试点的 145 家企业全部完成 2022 年度碳配额清缴工作,履约率连续 8 年达 100%。动态更新全市碳交易试点纳入企业名单,总数达到 167 家(含转入全国碳市场的发电企业 23 家,其中 1 家同属于天津碳市场和全国碳市场),全市 70% 以上的碳排放量纳入碳配额管理,覆盖面持续扩大。创新开展绿电碳排放核减,率先提出企业购买的绿色电力在测算碳排放量时予以核减,提高了企业继续购买使用绿电的积极性。通过搭建交易供需平台、拓宽交易信息共享渠道等形式,助力企业开展碳交易。碳价格稳中有升,均价由 2022 年 34.3 元 / 吨提高到 2023 年 6 月的 36.1 元 / 吨,市场运行平稳有序。"双碳"目标倒逼天津制造业的数字化转型,智能科技、数字经济赋能冶金、纺织等传统产业实现生产方式的变革,从根本上改变煤、石油等能源在制造中的应用占比,采用新的生产工艺、清洁能源、生产方式,实现制造业的可持续发展,为其他地区打造制造业"双碳"约束下的天津模板。

二、问题和不足

一是能源结构偏"黑"。能源结构是城市资源禀赋、经济结构变化、能源开发利用情况的多元化表现。能源结构的低碳转型是推进能源"双碳"落地的重要表征。天津市能源消费仍以化石能源为主,煤炭占一次能源消费比重达 42.9%（2021 年数据）;非化石能源消费占比较低,规划"十四五"末期达到 11.7%,对比瑞典（69%）、挪威（67%）等国际标杆国家仍有一定差距。电力供应仍以火电为主,2022 年天津市新能源发电装机占比 18.1%,发电量占比 9.1%,对比国际标杆,德国、葡萄牙等国家新能源发电占比均达到 29%;外来电比例约 24%，与北京、上海超五成外电相比仍有一定差距。

二是能效水平偏"低"。以单位 GDP 能耗为代表的能效水平，是说明城市经济活动中对能源利用程度的重要指标，反映着城市经济结构、技术装备水平和能源利用效率的变化。天津市单位 GDP 能耗较高，约为 0.52 吨标准煤/万元（2021 年数据），是北京的 3 倍、上海的 1.9 倍、英国的 3.1 倍、德国的 2.4 倍，精细化、精益化生产管理水平仍较先进城市有较大差距。电能占终端能源消费比重低，电能是高利用效率的终端消费能源，综合来看，天津市各产业电能消费占比仅为 35.6%，低于广东、浙江、青海、福建、江苏等省份超过 10 个百分点。

三是能源协同偏"弱"。能源协同是各个能源资源生产、转化、传输和消费之间的协调与平衡。能源协同能够提高能源利用效率、保障能源供应安全、促进能源可持续发展。当前天津市新能源发展规划刚性约束不够，已纳入开发计划的新能源规模超过"十四五"规划规模，在一定程度上加剧了能源转型矛盾。在源网协同方面，新能源规划定总量，但未明确具体项目、布局和时序，造成配套电网工程难以同步纳入规划。在源储协同方面，政策引导下"新能源+储能"模式快速推开，但相关技术标准、监管机制、价格机制等仍有待进一步健全，"为建而建""建而不用"等问题亟待解决。

四是转型成本偏"高"。新能源消纳除电源本体发电成本外，还包括灵活性电源投资、系统调节运行成本、电网扩展与补强投资等系统成本，具有边际成本低、系统成本高的特点。因此，新能源平价上网并不等于平价利用。目前，天津市新能源电量渗透率已接近 10%，为解决间歇性、波动性问题，研究表明，一旦突破 15% 这一临界点，备用成本、平衡成本、接入成本等系统调节成本将大幅提升，需在市场机制和电价模式中予以充分考虑。

五是保供难度偏"大"。近年来，持续性高温等极端恶劣天气频发，同时，动力煤价虽然有所下跌，但仍处于历史高位。这些因素为能源电力安全稳定供应带来诸多不确定性。能源供给作为现代社会发展的基础设施之一，不仅关系到广大人民群众的切身利益，也影响着国家整体形象和稳定发展的大局,甚至是国家主权和安全的保障。新能源"靠天吃饭","极热无风、极寒少光"特点明显,叠加极端天气频发等因素,关键时刻新能源顶峰发电能力有限。天津我市2022年新增装机中风电、光伏发电占比达82.4%。随着新能源逐步发展成为装机主体、电量主体,如何加强能源转型中风险识别和管控,在降碳的同时确保能源安全,需要加强研究、统筹谋划。

三、对策建议

（一）出台和完善投资、财税、金融等引导性政策,扶持新能源发展

在投资领域对新能源发展给予倾斜。综合考虑绿色产业链各环节成本和利益,在投资环节实施补贴或贴息,谋划投资项目"碳评"（低碳减碳评价）制度,从源头上促进绿色低碳发展,保障绿色技术投资产业链利益相关方合理投资回报。

发展绿色金融助力融资。全面做大绿色金融业务规模,联合国内大型金融机构,依托供应链评价体系,探索推动将电能能效分析、综合能效诊断等公司能效公共服务的能效分析结果作为相关民营企业绿色认证或信用评级依据,寻找到新的领域和应用场景,拓展绿色金融业务覆盖面,助力其融资。

优化财政补贴提供政策支撑。财政补贴是政府调控宏观经济的重要方式,既可以通过财政收支直接影响能源供给和需求,还可以通过结构性政策影响社会资本的流向,为新能源产业的发展壮大提供动资金支持。建议从早期直接补贴过渡到对绿色产品生产的补贴,逐渐演变为激励绿色产品消费的补贴和区域试点示范的补贴。

发挥税收调节作用扶持发展。促进激励与约束"双向用力",持续构建和完善环境保护税、资源税、企业所得税等"多税共治"的税收体系。通过合理确定相关税率、制定绿色发展税收优惠政策等,在税费缴纳领域对企业能源转型升级给予支撑。

（二）加快构筑天津市多层次的清洁电力供应体系,保障能源电力供应安全

加快推进煤电机组深度清洁化改造。通过设置煤电清洁化利用专项资金、扩大辅助服务市场等多种方式,推进煤电机组清洁化改造;选择有条件的机组,试点碳捕集利用和封存装备应用,积极探索近零脱碳机组改造升级的"天津模式"。

稳妥有序推进新能源高质量发展。建立适应能源低碳转型的电力安全评估机制,合理划分安全责任;分析新能源大规模发展带来的系统成本上升问题,统筹考虑经济发展需求、电价承受能力,加强政策引导和系统调节能力建设,推动新能源有序发展和高效利用,确保传统能源逐步退出建立在新能源安全可靠替代的基础上。

完善适应新能源的市场及价格机制。坚持保供应、促转型、稳价格,健全促进新能源发展的电力市场机制,推进容量市场建设,完善辅助服务市场,引导全社会公平承担新能源消纳责任和系统容量、调节成本,平衡多元市场主体利益。

（三）进一步推动天津市产业转型升级,提升能源产出率,重点提升终端用能电气化水平

大力开展节能提效行动。加快政企协同办电信息共享,实现电力在项目招商引资阶段超前匹配,精准提供综合能效、分布式能源开发利用等服务,提升能源利用效率。积极推进工业、交通、建筑和居民生活等重点领域节能降碳改造,促进绿色低碳产品推广使用,推动形成绿色低碳生产生活方式。

增强新能源产业链供应链保障能力。建立产业链供应链风险预警机制,密切追踪战略性矿产资源、关键原材料及产品供需情况,提升重大风险识别、监测预警和防控能力。围绕能源产业链短板和"卡脖子"技术,部署一批重大项目,加强清洁能源发电、大容量储能、高效碳捕集利用等领域基础理论和关

键核心技术攻关。

（四）优化科技资源配置，谋划新的产业增长点，提升绿色技术核心竞争力

以新技术带动产业链快速发展。面向能源供销，着力增强煤电在灵活性改造、节煤降耗、生物质掺混发电、CCUS（碳捕获、利用及封存）等方面的技术布局，推动智慧能源小镇技术产业化推广，带动新能源、高端装备制造业等相关产业链快速发展。

以新技术加速相关产业布局。面向高碳产业，在钢铁、化工等重点行业相关环节，以工业流程再造、电气化和去碳化为重点，推广电炉钢、氢冶金等新型电气化技术和新型燃料替代技术研发，加速氢能、生物能源等相关产业布局。

推进研发促进新技术突破。面向能源禀赋，大力发展海洋可再生能源产业，招引海上风电、海洋能利用、新型储能领域高技术企业和科技资源，推进海上风电汇集和输电、海上风电制氢、潮汐能/潮流能开发等相关研发，促进核心技术突破。

（五）进一步固化政企联合保供机制，全面提升能源电力保供能力，确保能源安全

提高系统调节支撑能力。加快煤电机组灵活性改造，推进抽水蓄能和调峰气电建设，支持新型储能大规模应用，从源网荷储各侧提高系统灵活调节能力。加快新能源相关技术标准制修订及场站涉网性能改造，提高新能源对系统的主动支撑能力。

推进电力负荷管理精细化常态化。通过尖峰电价增收、纳入输配电价、市场化交易用户分摊等方式建立需求响应资金长效渠道。综合统筹需求响应资金能力、可调节负荷规模，明确需求响应执行边界和执行效果考核规则，厘清衔接机制，提升需求响应保供能力。

强化需求响应能力建设。出台专项支持政策,通过统一标准、加强宣传、政企协同等举措,积极引导各类负荷统一接入新型电力负荷管理系统,共同参与削峰填谷。近期可推进将不涉及民生和安全的空调负荷接入新型电力负荷管理系统,研究制定非保民空调负荷管理措施包,电力供需紧张时期,按照政府工作要求统一管理。

(六)改革完善天津市电力市场体系功能,积极推动电力市场与碳市场协同建设发展

积极争取电力市场主体地位。持续完善政策法规体系,做强做优省级电力市场,积极争取"京津冀"区域电力市场建设的主动地位,切实提升在多层次交易市场中的活跃度。

推动电–碳市场协同发展。基于碳市场与电力市场相互影响、相互促进的特点,发展完善电力市场与碳市场关联的制度建设,构建电价与碳价有机融合的价格体系,扩大电碳产品交易范围和规模,增强电力市场运行效率以及碳市场的激励作用。

(七)发挥天津市区位优势,积极扩大城市能源转型影响力,带动先进能源技术和优势产能输出

强化能源革命先锋城市品牌建设。以打造北方会展中心城市为契机,紧扣能源革命主题,加快建设具有国际影响力的高端对话平台,研究制定高端智库建设、领军人才培养等方案,推动我市软实力持续提升。

发挥央企领军作用推动能源电力技术"走出去"。建立完善政企协同、便捷高效的能源国际交流机制,带动天津能源技术、电力装备、施工建设一体化走向世界,以点带面形成示范效应。

本文作者:季雅婷、张亚勇、陈元元

加强天津市景观河道水岸安全管理的建议

天津城建大学　王哲生

　　河道景观是居民日常水岸游憩、休闲活动的主要场所,也是重要的城市生态绿色廊道。实施河长制 20 年来,在市委、市政府的领导下,天津市河道管理能力显著提高。但河道水岸景观安全仍存在一些问题。以海河三岔河口至大光明桥的景观河段为例,由非法捕捞、非法放流、高速水上作业快艇,以及未经报备的私人橡皮筏、充气船、船模竞速等活动对河道景观空间的安全构成了不利影响;聚众 K 歌、野蛮施工、网络直播、夜间飙车、燃放烟花爆竹、尬舞形成噪声污染;私人摊位影响通行安全;冬季冰上垂钓、滑冰、游泳等高危活动时有发生,夏季溺亡人数近年来仍居高不下。至 2023 年 3 月,天津市发布了多版的《天津市文明行为促进条例》,但其中有关水岸安全的内容缺乏针对性。因管理权限、执法权限不明晰,导致河道存在安全隐患。

　　2023 年 7 月,习近平总书记对防汛救灾工作作出重要指示。在汛期,水上船只数量频次激增,水岸码头人员流动加剧,各类溺水和违法、违规等不安全行为有上升态势。为进一步提升天津市河道景观综合管理能力,践行绿色智慧发展理念,打造高质量、高素质发展的国际消费型大都市水岸宜居景观生态系统,提高现有河道水利景观资源的应用价值,为居民提供更加优质、文明的水岸景观休闲、娱乐空间,亟须提升水岸河道景观安全综合管理能力。现提出以下建议。

一、提高景观河道水岸安全共治联控管理能力

(一)明确职责范围

进一步强化各级河长的责权范围,强化有关部门责任,提升各责任部门防范意识,建立网格化水岸安全防治体系,制定汛期河道安全管控专项措施与突发性事件预案,打造高质量发展的国际消费型大都市水岸宜居景观生态系统,将河长制向纵深推进。明确具体的巡查点位、巡查时间工单和行动指南细则,对其工作状态进行智能化准确定位。扫清河道管理盲区,根据违法、违规事件的性质对公共安全产生的影响进行定性,保证事件处理流程清晰,处理结果有法可依、有章可循。

(二)强化联动信息预警

一是依据区域、部门的管理范围,由水务、防汛部门在汛期对行洪作业时间、汛情、潜在危险信息进行预警发布,通过官方媒体和权威公众号发布汛期河道安全形势和有关消息,加强安全警示,动态更新市内主要河流水位,水情,加强安全警示,减少因极端天气水情突变导致的意外安全事故发生,使环境风险得到有效控制。二是重要区段可设立水岸安全巡查流动岗,设立驻岸救生员小队,加强专业救援力量,增强日常救援演练和快速反应能力,公安、海事、急救等职能部门形成高效率的安全防控、协调、处理的合作机制,提升保障水岸安全的实战能力。三是对于以河道为界的两个辖区共管的河道,河道中线无法进行明确的标识,试采取按单双日或者上下旬轮岗的方式进行监督,提高监管部门、执法部门须针对城市景观水岸安全进行职责履行能力,对屡教不改的违法、违规行为严肃处理,制定专项整治措施。

（三）强化巡查监管履责

完善巡查工作方案，明确具体的巡查点位，扫清河道管理盲区。将天津市水岸安全问题纳入城市管理总体目标。深挖安全问题根源，规避可能存在的安全隐患，降低事故发生率。结合天津市绿色发展环境战略，在短期内对标差距，补齐短板。根据水岸环境违规、违法行为重复发生率高的特点，进行归类，建立分项档案，定期进行专项治理，防止不法行为回潮，使各类影响水岸安全行为得到持久、有效的管控。不断提高天津市景观河道水岸安全的管理水平，提高水岸安全事故的预判能力与处理能力，为进一步提升天津市文明城市形象，优化水岸环境质量保驾护航。

（四）强化联合应急防控

增强日常救援演练和快速反应能力，由公安、海事、水务、急救等职能部门形成高效率的安全防控、协调、处理的合作机制，建立安全保障方案与应急预案，提升保障水岸安全的实战能力。提高教、管、防、巡、救紧密结合的水岸安全保障体系。

二、依法强化汛期作业与活动的安全管理

（一）加强天津市水上水下作业和活动通航安全管理

加强海事管理机构报备、审批、监督，规范作业行为，消除航道安全隐患，确保水上各类作业的施工安全。

一是加强水上作业船只管理。深入了解作业基本概况、进度安排，规范船舶与浮动设施的作业行为，作业船只统一停放，设专人管理，严禁未经许可的登船行为，在桥体侧位应安装固定的安全绳悬挂附着点，适度调整水位或使用活动平台以使作业面达到最佳位置。流动施工作业船只应配合施工辅助救

生船只与救援设备进行夜间水上施工。二是规范水上作业施工机械设备、物料管理。桥梁管理部门对桥体维护、整修工程应避免船载施工机械、物料堆放无序的问题。加强对作业面的可视化、数字化远程管控能力。三是完善水上作业施工细则。合理安排工程作业时间与作业空间,安放可伸缩式踏板、围栏减少攀爬行为,设置施工防护网架减少人员落水可能,设置施工辅助光源与合理照度,满足照明需要。施工人员正确佩戴安全帽、穿着便于施工的高分子材料救生衣,非作业期间严禁在作业现场内用餐,可在岸边设置临时餐桌及临时休息区。

（二）完善约束对水岸施工安全造成不良影响的水岸活动行为的规章

进一步规范水域环境内的休闲、体育活动类型,减少对旅游、施工、巡逻、作业船只的干扰。采取专项整治措施,对水岸违法、违规事件对河道水岸公共安全产生的影响进行评估定性,保证处理流程清晰、有章可循、处理结果合规合法。

（三）加强水岸工程施工现场管理

一是全面评估水岸工程对水岸安全的影响后确定施工进程,制定出符合施工安全标准的安全生产细则,按计划实施。在施工前期准备阶段对工程进度、建设工程项目总进度目标充分论证,优化设计方案。二是对水岸景观建设项目、实行封闭式作业管理。在施工过程中重点对限定工程作业范围,安装标准化安全防护围栏、围网、围墙,对施工作业面外溢、违规施工、不合理圈占道路、施工现场物料堆放无序与垃圾清运不及时等问题进行严格管理。施工时段须保证施工作业面以外的区域水岸景观的正常使用,保持原有水岸环境形象的完整。三是督导施工单位安全施工、文明施工。施工人员统一着装,佩戴胸卡;工地张贴施工公告,规范使用安全警示用语,减少对水岸游赏休闲活动人群的干扰。严格限定夜间工程作业时间,避免夜间噪音扰民问题的发生,现场派驻专人负责疏导群众通行,减少意外伤害,加强施工安全检查,及时发现、消除施工过程中的潜在危险。四是加大施工项目的预制材料型材与半成品场外加工比例,提高现场装配率,尽可能减少因施工作业时段安排不合理,尽可能避免因施工时间拖延、施工计划不周密导致的对水岸人群的干扰。施工阶段不应损坏原有的水岸安全防护设施、污损景观道路铺装,待施工结束后应对因施工不当造成的作业面内的路面、设施应进行保洁与适度修复处理。

三、创造良好有序、安全便捷的水岸交通环境

(一)做好景观规划中的道路、坡岸的安全设计

在水利部印发的《堤防工程设计规范 GB 50286–2013》的基础上,进行水岸道路分级规划,以适用于天津市河道水岸安全需要。避免因水岸道路规划不合理、道路设施不完善引发的安全事故。科学合理规划河岸各级交通路线,设立路障、防护围栏。沿河道路出口安装智能交通指示灯,机动车限定车速。优化景观坡岸结构与植物群落构成,形成防落水安全屏障的同时保证安全可视范围。

(二)加大对进入堤岸各类车辆的安全管控

一是合理划定河道景观沿岸停车区域,严禁违规车辆占据水岸道路、阻塞交通的违法行为,对水岸外围道路机动车违规停放加大执法力度,科学引导车流入位,保证道路通畅。降低非机动车对行人的侵扰。二是控制共享单车投放量与投放位置,减少共享单车因随意摆放占据河岸空间的问题,精准划定车辆停放区与装卸区。三是加大对各类车辆的安全管控,严禁摩托车、改装车辆和未持有残疾证的三轮车、四轮助力车进入河岸空间,占据水岸道路,阻塞交通。对进入近岸人行空间的电动自行车车速限制在 5km/h 以内。降低非机动车对行人的侵扰,驾驶员须佩戴头盔,靠边行驶,夜间开启车灯,主动避

让行人。四是施工车辆须由监管部门派发临时通行证,方可入场施工。优化园林、绿化、环卫作业车辆的行动路径、改进作业方式,减少对水岸空间的干扰。

(三)保证游船码头及水上活动的安全

一是对码头空间设计采用多层空间构成形式,合理分布游船码头,有序规划使用功能。码头空间设计可采用立体化的空间构成形式,合理规划功能区域。二是开设旅游绿色通道,鼓励通过"i 游天津"文旅 App 网络预约船票的方式,以减少游客购票、候船的等待时长,避免因拥挤发生的意外事故。针对水岸大型节日庆典、特色城市文化旅游室外集会活动期间游客大量集中的问题,合理配比警力,通过短信消息、微信公众号推送的方法发布人流量警示消息,引导水岸人群疏散。三是提高服务与运营管理水平,合理规划游船航线、航程、船只运营数量与码头停放数量,限制船体长度,控制船速,保持船距。四是设置配重合理的隔离设施、可拆卸式防护围栏、严防落水、坠桥及踩踏事件的发生,足额投放救援工具。

(四)对集中设置的水岸空间便民市集、商业空间应规范其经营活动范围

在河岸宽敞地带设置形象统一的摊位,严禁销售车辆违规进入水岸空间,随意摆摊设点,减少对水岸交通空间的侵占。

四、提升城市水岸公共设施、设备的智能化水平

(一)提升水岸景观环境中公共设施的设计、研发与制造水平

加强防汛设施的技术创新和物料储备,强化多功能的设施安全防护功能。通过智能制造,将新材料、新工艺应用于民。通过智能化手段对水岸景观环境中的交通型、水利型基础设施进行检测、维修,防止意外伤害。对沿河景

观环境中的康体设施、儿童游艺设施定期进行维护与升级改造。精准设计景观环境中的设施尺寸,精准计算设施、设备的尺寸,优化材质运用,减少因设计不合理带来的意外伤害。通过外观判别配合智能化手段对水岸景观环境中的桥梁、桥下通道、照明设施、卫生设施、防护设施构造进行科学检测,对老化、破损处进行及时维护整修,消除意外伤害隐患。

(二)提高管控水岸安全信息采集设备的智能化水平

一是通过智能化公共设施、设备对重点景观河段实行安全监控,对高危行为、违法行为进行智能识别。采集人群行为数据,对水岸人员的高危行为、违法行为进行智能识别,通过科技手段增强对违法、违规行为的反应速度和反应能力。二是通过无人机电子巡警驱离违法、违规行为,投放智能警亭、安全警示信息交互设施,投放一键式紧急呼叫装置,增设多功能触屏式旅游安全警示信息交互设施与信息交互装置。三是使用新型水下智能搜救器、水面救生机器人、抛投器等现代化救援设备,提高其救援行动中的应用能力,打造现代化水下救援模式。四是通过大数据精细动态管控人流分布,避免过度聚集风险。

(三)扩大智能灯光控制系统在水岸安全照明中的应用

研发、使用低能耗智慧照明终端,结合远程操控模块,使用智能保护装置,满足不同时段的水岸安全照明的需要。使用智能保护装置,减少设备损耗,降低维护成本,防止触电事故发生。依据夜间水岸环境变化研发低能耗智慧照明终端,提高室外低压可调光环境光源远程操控模块的使用量,满足不同时段的水岸安全照明的需要,使用智能保护装置,降低设备损耗。保证工程质量,避免因照明工程质量问题产生的重复维修问题,防止触电事故发生。

五、增强市民水岸安全意识和参与度

(一)加强水岸安全防护知识的宣传教育

利用车站、码头、公园进行宣传,通过公众号、视频号科普水岸安全知识,提高公众的重视程度。在事故多发河段,强化对外来人员的安全警示提示,发放安全行为指南。

(二)加大民众参与监督力度

加强安全教育,进行水岸安全文明行为引导,鼓励市民开展安全、文明的水上休闲体育活动。倡导市民对违法、违规行为进行监督,对河岸安全隐患进行反映,共同维护水岸安全的良好局面。

(三)加强暑期安全教育

设置中小学生防汛自救知识的网络平台教育课程开展城市水岸安全相关专题教育,家长增强防范意识,履行看护职责。结合综合素质评价开展有组织地开展相应的社区青少年暑期临时托管与素质教育活动,在丰富青少年暑期生活的同时减少溺水事件发生。

推动人才返乡入农
助力全面乡村振兴的思考

天津农学院课题组

习近平总书记 2022 年 4 月 10 日在海南考察时发表的重要讲话指出,推动乡村全面振兴,关键靠人。为推动人才返乡入农,市农业农村委印发了《天津市引导各类人才返乡入乡服务乡村振兴的措施》,积极选派市级机关党员干部到乡村振兴示范村担任驻村第一书记、组织农业科技人员下乡开展成果推广和技术帮扶、鼓励乡镇企业吸引人才就业、鼓励事业单位科研人员到农村创新创业等,产生了引才聚才的积极效果。为进一步推动各类人才返乡入农,本课题组个别访谈 50 余人、实地调研 22 个乡镇和 34 个村,对我市人才返乡入农基本情况、面临问题进行研究,提出了思路和对策建议。

一、制约人才返乡入农的问题及原因分析

（一）乡村资源要素短缺,本土能人和精英返乡易创业难

乡村振兴,人才是关键。本土能人和精英具有深厚的"乡愁",愿意利用自己的人力资本和社会资源为家乡做点事。但由于种种羁绊,在外能人返乡易、

创业难。

第一,精英专长与乡村需求不对接,精英人才的贡献与家乡人的期望不对等,长期在外的精英人才往往生疏乡土文化,不善于处理复杂的亲情关系,城乡社会之间存在着无形的隔阂。

第二,乡村资源要素短缺,返乡能人创业难。乡村尚未形成具有竞争力的创业环境,融资难、融资贵,技术和管理人才短缺,返乡能人初创比较困难。已有的成功案例,主要是依靠扶贫产业资金支持或政府农业专项资金支持实现创业,但这些项目不具有普惠性,难以惠及一般创业者。

第三,农村社会组织发展不平衡,缺少返乡就业平台。除村两委组织外,吸纳和承接新乡贤的社会组织不多,回流社会精英缺乏施展才能的适合平台和岗位。生产队解体后,乡村组织化程度大大降低,乡村需要重建各类社会组织,培育大批创新创业带头人,以带头人创业创造新的就业岗位,吸引城区人才入乡入农。

(二)农业预期营利空间有限,工商企业返乡入农动力不足

工商资本具有趋利性,农业具有投资大、期限长、风险高、预期利润低的特点。在产业转型升级滞后的情况下,农业对工商资本吸纳力不足。目前,部分地区企业乡村帮扶行动主要源于行政推动,企业兴乡和带动农户致富的内在动力不足。地方政府对工商资本进入持谨慎态度,既期望资本下乡带动乡村产业兴旺和农民增收,又担心工商资本圈地占地。政府对吸纳工商资本入农的招数不多、力度不够,在财力状况紧张的条件下,财政支农资金大大削减,农业经营的正外部性和高风险性得不到有效补偿,企业不敢贸然进入。从企业自身看,企业家懂经营会管理,善于把握市场。但工商企业不熟悉农业生产技术和管理技巧,从事农业生产管理力不从心,需要精准锚定企业兴乡的切入点。事实证明,入农企业如果遭遇经营风险,甚至无法支付土地租金,企业和农户都会遭受损失。

（三）大学生返乡入农创业就业意愿不高，职业发展通道不畅通

乡村振兴离不开大学生生力军的支持，尤其农村生源和农科大学生。但大学生下乡入农意愿不强烈。

第一，大学生不爱农不务农现象普遍存在。熟悉农业的农科大学生和农村生源大学生毕业后不愿返乡入农现象较为突出。根据高校就业部门统计数据，2021年，天津农学院已就业毕业生中从事农林牧渔业，以及水利、环境和公共设施管理业的比率仅为16.96%（2020年为16.59%，2019年为12.78%），其中，农学与资源环境学院、水产学院、动物科学与动物医学学院、园艺园林学院4个农科学院已就业毕业生从事农林牧渔业的比率，2021年、2020年、2019年分别为31.13%、28.88%、20.93%，略高于全校平均值。究其原因，主要是新生代大学生从小没有从事农业生产劳动的经历，即使是农村生源的大学生也少有农业体验，难以产生深厚的三农情怀。苦脏累的户外劳作、艰苦的生活条件、较低的预期收入也让新生代大学生望而却步。

第二，宽容人才、鼓励试错的乡村文化尚未形成。刚出校门从事三农工作的大学生社会阅历不足，不善于处理复杂的人际关系，工作中难免犯这样或那样的错误，创业中也会遇到各种挫折。但大学生工作热情高、敢想敢干，具有高成长性，乡村社会应营造鼓励尝试、允许试错、不怕出错的文化氛围。

（四）农业创业风险高成事难，科技人员离岗创业难

第一，由于企事业单位退休待遇上存在较大差别，科技人员不愿意放弃事业编制。在实践中，部分科技人员隐形创业或在企业兼职。现行离岗创业政策规定，离岗创业三年初见成效后，科技人员与原单位脱离关系，离岗人员处于两难选择。

第二，高校支持离岗创业动力不足。离岗创业政策没有顾及高校利益，高校没有从人员离岗创业中获得收益，还要支付社会保险等人事保持成本。兼

职创业的科技人员的教学任务没有减轻,没有享受到更多学校优惠政策。

（五）农业产业发展环境竞争力不高,入农人才职业成长慢

第一,与非农产业相比,农业收入水平较低且上升空间不大。农业企业大学生实习工资在 2000~2500 元之间,而非农企业普遍在 3000 元以上。农业企业工作条件艰苦,自身就业吸纳水平不高,而低水平的薪酬进一步降低了就业吸纳力,这是农科大学不愿意到农业就业的主要原因之一。传统用工理念是越贫穷艰苦的地方能够承担的薪酬待遇越低,结果是越难以吸引到人才,形成贫困循环。

第二,农业农村基层人员职业成长慢。农业经营组织规模小,员工职务晋升的空间不大。农业企业多为民营性质,而民营组织的职称评审制度不健全,农业科技人员职称评定难。不但如此,按照传统专业技术职称评定标准,农业生产和经营管理人员的技术成果难以符合职称申报要求。从事家庭农场、农民合作社、社会化服务组织和农业企业就业创业的专业技术人员职称晋升困难,收入和社会声誉得不到满足。

（六）农业政策缺乏竞争力,农村基层人才环境竞争力不高

第一,再创业扶持政策力度不够。2019 年 12 月人社部、财政部、农业农村部联合制定了《关于进一步推动返乡入乡创业工作的意见》,首次提出"对返乡入乡创业失败的劳动者,按规定提供就业服务、就业援助和社会救助"。在低保制度框架下,创业失败者的生活保障没有问题,但很难筹集到再创业资金。政策支持力度远远不够,返乡创业风险补偿不足。

第二,人才返乡入农就业政策竞争力不高。目前,体制内人才返乡依靠行政推动,尚未形成市场化引才机制。农业支持保护政策竞争力不高,农业补贴增长速度落后于生产资料和人工成本上升的速度,在农产品价格提升缓慢情况下,工农业产品的价格剪刀差扩大,农业预期收益水平对人才吸引力不强,

工农业之间就业吸纳力的较大差别仍然存在。

(七)城乡基础设施和社会服务差别仍然较大

农村人居环境整治尚在由点到面的推广中,城乡道路交通、生活娱乐设施等基础建设还存在较大差距。城乡教育医疗服务水平差距显著,基础教育优质校大都集中在城区,入乡人才最关心的子女就近入学问题得不到解决,降低了乡村人才吸纳力。总体看来,城区集聚了各类型各层次人才,但许多人才的边际生产力不高,难以做到人尽其用。城区人才中不乏来自农村的能人、大学生和退伍军人等,这些人才不乏乡村情结和农业情感,但背井离乡是为了追求更好的成长前景和更优裕的生活条件。人才返乡将可能发挥更大的作用、创造更高的价值。但如何创造条件,构建生态宜居的乡村生活环境、便利快捷的服务环境、陶冶人心的文化环境和成就事业的岗位平台,推动人才偏好变为有效需求,人才供给变为有效供给,并有效衔接人才供给与人才需求,需要政策的干预调整。

二、推动人才返乡入农的思路

(一)立足人才差异化需求

体制内人才和体制外人才需求特征差异较大。体制外人才更多追求成功创业,体制内人才更多追求职业发展。具体而言,企业家和能人需要乡村资源要素和政策支持,实现成功创业。资本具有逐利性,资本下乡入农期望获得预期回报,但利益追逐中可能会滥用土地,破坏农业耕作条件,需要约束和规范下乡资本侵占农民利益的利己行为;高校毕业生需要乡村锻炼成长,提升综合素质能力。但大学生迫切需要职业发展,干事创业,基层政府应为大学生创设职业成长条件;农业科技人才需要项目支持,促进科技研发和成果产业化,并期望从技术成果产业化中获得应有的收益;教育医疗专业人才需要职业成长,但教育医疗文化等专业人才多数在体制内单位工作,难以要求他们舍弃稳定体面的工作岗位返乡下乡,只能立足现有岗位,引导鼓励他们定期下乡提供服务。因此,需要立足各类人才、体制内外人才差异化需求,有针对性地设计政策安排。

(二)着力培育提升农业竞争力

提高人才吸纳力必须提高农业综合竞争力。如果务农不赚钱,没有成长前景,就没有人愿意从事农业。但农业竞争力提升离不开农业政策支持保护。目前实行的农业综合性支持保护政策不足以补偿农业经营外部收益,不足以补偿农业经营风险,影响农民务农积极性。居民消费价格指数(CPI)和农产品价格之间存在高度关联性。农产品价格上升将推升居民消费价格指数(CPI),翻过来又提高了农业生产经营成本(如农资成本、用工成本等),降低了农业收入。但农产品价格在低水平徘徊,农民收入也将难以提高。农产品价格变动存在二律背反律。

从国际发展看,在农业技术水平一定的条件下,提高农业补贴水平,保障农民收益,是普遍采取的办法。提高农业竞争力,既需要农业技术进步,研发和推广新品种新技术新农艺,推动农产品绿色安全优质高效,又需要不断提高农业综合支持保护力度,保障农民收入增长速度超过物价上涨速度,超过非农收入增长速度,这样才有望缩小工农业收入差,缩小工农业竞争力的差别。

(三)营造宜人易业宜居易学的生活环境

人才既要引得来又要留得住。入乡人才长期居留需要营造生态宜居的生活环境、便利快捷的服务环境、陶冶人心的文化环境。如便捷的道路交通、网络通信、商超物流、快递服务等基础设施和优质的教育医疗等社会服务,水电气暖等公共服务,清新整洁的生态环境等。无论是土生土长的在外本土人员,还是生于城市的城市人,都已经习惯城市生活。吸引城市人返乡下乡并长期驻留,需要构建与城市生活环境差距不大的宜居的乡村生活居住环境和便利的公共服务环境,需要配置优质的教育医疗和文化娱乐资源,让入乡人员不降低城市生活质量和子女教育质量,这样才能在农村扎下根留得下。

这就需要针对城市生活习惯,开展乡村人居环境整治和乡村生态治理,完善基础设施和公共服务,挖掘民俗文化、休闲文化和娱乐文化等文化价值,赋予乡村城市缺乏的独特文化和绿色生态,让回流乡村的各类人才适应农村生活,热爱乡村自然,体验乡土乡情,自愿居留乡村服务乡村。需要根据人才层级和贡献配备优质的教育学位和医疗条件,让回流乡村的人才没有后顾之忧,全身心投入乡村振兴事业。

（四）支持入乡人才干成事

成就事业是人才返乡入乡的主要动机。按照马斯洛需求激励理论,凡是人才都具有成就需求和受尊重需求。要想获得高规格的尊重,就要创造卓越成就。

首先需要设立组织、平台和工作岗位,让那些想为家乡做贡献的各界人士找到乡村回流的渠道和载体。尤其是针对体制内专业人才,需要设立分支机构和流动岗位,让返乡人才有岗有位有为。

其次,需要乡村提供资源要素支持,如土地使用、办公居住、融资服务、劳动用工等。这些乡村资源农民用不了、用不好,如果重新配置到返乡下乡人才手里,将提高资源的产出率。

最后,构建有利于干事创业的农村营商环境。乡村营商环境好坏直接影响返乡人才能否留得住、干得好。不少返乡人才不善于跟农民打交道,下乡资本直接与农户打交道的交易成本较高。返乡入乡人才离不开乡镇政府行政服务和村两委的大力支持。地方政府可围绕入乡人才创业就业需求建立乡镇公务人员专人对接联系机制,加强行政效率和服务业绩考核,推动营商环境改善。

（五）实施多元化激励措施

人才具有多样化和差异化需求,需要采取多元化激励方式。人才既需要内在激励,也需要外在激励;既需要正向激励,也需要反向激励。成就事业会产生内在激励,衣食住行也需要外在激励。正向激励如晋升、荣誉、奖励等,反向激励如批评教育、目标任务、法规约束等。人才激励既有保健因素,如衣食住行等,也有激励因素,如职业成长、社会声誉等。对人才施加激励措施的目的是期待人才做出符合期望的行为。对人才激励不是没有边界,当个人利益偏离共同利益时,组织需要制定规章规则,约束个人利益的追求,规范个体行为,促进组织共同利益实现。人才返乡下乡行动既源于个人利益追求,也需要社会公共利益约束,需要正向激励和负向激励相结合。

(六)给返乡下乡人才留出退路

在人才无障碍自由流动的条件下,人才既可以返乡下乡,也可以再次流出乡村。引导鼓励人才下乡入乡不是将人才禁锢在乡村,而是设法留住适合在农村干事创业、热爱乡村、扎根乡村的人才,同时给不适合驻留乡村的人才一个出口、一个试错机会,实现人才与乡村的相互匹配,双向选择。经过试错,那些证明无法在乡村扎根的返乡下乡人员可以另谋出路,政策设计要给返乡下乡人才流出退路。如大学毕业生可以将返乡下乡作为历练过程,如果能够干成事创成业,可以扎根乡村;否则可以另谋出路,寻找新的创业就业渠道。这样入乡人才就没有后顾之忧,可以大胆尝试,来去自由。体制内人才也是一样,可以选择返乡入乡,也可以到期回到原单位工作,下乡服务经历可以作为服务乡村振兴的工作履历。

(七)全职引进与兼职引进相结合

在短期内城区人才入乡障碍难以解除的情况下,乡村引才聚才应采取全职吸纳与兼职使用相结合。全职吸纳有意愿、有情感、有成长性的大学生、能人、退伍军人等青年人才和退休人才,兼职使用在外扎下根、干成事的各类人才。畅通引才聚才的通道和机制,既要激发各类人才为家乡谋事干事的深厚情感,也要充分补偿人才为乡村创造的价值和贡献,引导在外人才把家乡振兴变成自己的"第二事业"。

三、推动各类人才返乡入农的对策建议

（一）建立长效机制,促进党政干部和技术人才下乡驻点

第一,推动市区两级机关、企事业单位干部下村驻点。一是充分发挥市区两级机关、企事业单位党员干部作用,从中选派一批优秀处级干部到乡村振兴示范村担任驻村第一书记,组成工作队到经济薄弱村驻村开展为期三年的工作。二是探索选派将近退休的市区两级机关、企事业单位党员干部到经济薄弱村担任驻村第一书记,考核合格可在退休时给予一定数额的一次性补助。三是选派市区两级机关、企事业单位年轻干部下村驻点锻炼,开展阶段性的乡村建设和乡村治理工作,增加基层工作的经历,考核合格可作为职务职称晋升的重要考量。四是实施在外人才助乡计划。由乡镇、村开展摸底调研,充分挖掘在外的党政人才、企业经营管理人才、专业技术人才和高技能人才,建立在外人才数据库并实行动态管理,根据各村发展需求和个人意愿,可由乡镇党委聘为"特聘乡贤",远程帮助家乡发展。

第二,开展科技助农"耕耘行动"。依托农业产业技术体系专家团队和农业科技特派员队伍,组织市区两级农业专业技术人员组建科技服务组,面向全市乡村振兴示范村和经济薄弱村开展科技助农"耕耘行动",提供农村产业发展咨询、技术服务、技术培训等科技服务,帮助农户和农业经营主体解决急难技术难题。鼓励具有农科背景的各类人才采取专兼结合的方式入乡从事与现岗位专长相关的镇村党建、经济建设、文化繁荣、社会治理等工作,考核合格的给予兴乡津贴。

（二）完善贷款担保和贴息扶持政策，赋能入农人才创新创业

第一，完善入农创业信贷直通车制度。支持返乡能人、新型农业经营主体通过信贷直通车申请担保贷款。根据创办的新型农业经营组织资质给予一定限额内差别化的信用担保支持，明确规定担保费率上限和综合信贷成本上限。

第二，实施担保贷款贴息扶持政策。可由市、区财政对符合条件的新创农业经营主体流动资金担保贷款给予不超过一年的 2% 的贴息扶持，对符合条件的农业经营主体固定资产贷款给予不超过三年的年化 2% 的贴息扶持。

第三，实施农业创业补贴政策。引导和支持符合条件的乡村本土能人、返乡农民工，以及优秀农村生源大中专毕业生、退役军人、科技人员等人才创办家庭农场，并纳入市级示范家庭农场总体创建计划。每年选取一定数量的新创办的家庭农场，采取以奖代补的形式给予 1 万 ~10 万元的创业补贴。

第四，加大财政资金对农业的支持。对公益性强或高风险的投资领域，工商资本既没有投资动力也没有风险承担能力，这就需要财政资金支持，形成财政资金引导，社会资金参与的投资格局。除针对农村基础设施建设的 PPP 融资和国家农业综合开发项目投资外，财政资金应以农业专项形式，更多投入种业科技创新、技术成果转化和产业化、人居环境整治、污染防治和生态建设等，吸引更多工商资本和社会资金入农兴乡。

（三）分类实施职称评定改革办法，促进农业技术人员职业发展

第一，落实职称改革政策引才聚才。鼓励返乡入乡从事农业的专业技术人员参加职称评定。创造便利条件，对农民专业合作社、家庭农场、农业企业、农业社会化服务组织等生产经营主体中农业技术人员，以及自由职业的农业技术人员，进一步打破户籍、地域、身份、档案等制约，明确申报专门窗口。县级以上体制内单位专业人员下乡从事专业技术工作一定年限，可在职称评定给予加分；对在农业高质量发展、农民增收、重大动植物疫病防控、农业重大灾害处

置、农村改革各项事业中做出重大贡献或急需紧缺的优秀农业技术人员,以及在农村一线直接从事生产、农业农村管理服务,并能够解决生产难题或身怀绝技的"农把式""土专家""田秀才""致富带头人"等放宽学历、资历等限制要求。

第二,分类实施职称评定政策。借鉴浙江和山东探索经验,推进职业农民职称评定改革。建立新型农业经营组织和职业农民职称通道,设立正高级职称,被有关部门采用的专题报告、发展规划、技术方案、试验报告、新品种、新技术等可以替代论文。实施技能人才职业资格与专业人才职称转换政策。借鉴湖南省长沙市做法,为鼓励农业科技创新,政府人社部门为农业等特殊工种人才设立专门职称评定序列。如种业科技人才职称评定序列、技术转移人才职称评定序列等。

(四)实行具有竞争性的一揽子财政扶持政策,鼓励体制内人员入乡支农

第一,发放岗位补贴或涉农工作津贴。按照薪酬补偿原则,工作和生活条件越艰苦的地方,越应该给予更高的薪酬补偿,这样才能产生人才吸纳竞争力。借鉴广东省做法,体制内工作人员自愿调动到农业区、街镇同类同级别的工作岗位或一定时期内(保留原工作岗位)到街镇政府工作,财政一次性给予相应的岗位补贴。

第二,实行离岗入农创业科技人员综合扶持政策。暂不限定离岗入乡创业人员与单位劳动关系解除期限。教育部门将高校离岗创业人员编制暂时转为流动性员额(编制待遇不变),不占用高校实际岗位编制。

(五)引管结合与联营合营并举,鼓励企业家下乡入农和联农带农

第一,建立企业家入农激励机制,培育壮大产业龙头企业。街镇政府大力开展农业招商引资活动,吸纳有农业情怀的企业家投资农业,在用地、融资、税费、政治安排等方面向入农企业家倾斜。村庄以土地和资金入股,以联合经

营带动村庄产业振兴。

第二,完善监管机制,规范下乡资本行为,切实保护农户利益。严格监督和规范下乡资本租地行为,完善事前、事中、事后审查和备案制度,建立违规用地预警制度,确保下乡资本合规合法用地。建立缴一押二农地租金预付和土地流转风险补偿金制度,保障农户的土地权益。建立合同签订和合同履行一定范围内公示监督机制和纠纷调解仲裁制度,镇村行政组织介入合同签订履行监督,平等地保护下乡资本和农户的利益。

第三,建立完善工商资本与农户利益联结机制,充分发挥下乡资本辐射带动作用。引导农户以土地经营权、自有宅基地、资金、大型农机具等方式入股,采取租金 + 分红 + 工资分配,合作建设民宿、田园宾馆,发展田园综合体等,建立下乡资本与农户风险共担、利益共享、互惠共赢的利益共同体。政府根据下乡资本联农助农效果给予贷款贴息、融资担保等。

(六)试行"雏鹰归巢"大学生返乡入农计划,推动乡村人才振兴

第一,试行"雏鹰归巢"计划。由市区两级党委组织部门、人社部门制定鼓励大学生返乡入农的相关政策。由国家级和市级农业科技园区、农业领军企业、种业龙头企业等提出人才需求计划;组织部门协调用人单位与农业高校建立合作培养和定向培养机制,预定人才培养清单。天津市农业正在向绿色生态、优质高效的特色都市农业转型,农业生产条件和组织形式将发生质的改变。涉农区可通过制定具有竞争力的薪酬待遇和工作条件,吸引大学生入乡入农实习,体验都市农业价值,推动大学生改变对传统农业的认知,以价值认同和三农情怀吸纳大学生留乡就业。对返乡创办企业、农民合作社、个体经营户的大学生,可申请一定限额的创业担保贷款,由市区两级财政给予全额贴息,并享有免担保费率和一次性创业补贴。对服务农业期限达到一定年限(如 5 年)的大学生,可退还全部或部分学费,并享受"三支一扶"人员考编制的同等待遇。

第二,设立大学生创业风险补偿专项基金,帮助有潜力的创业失败者再

创业。借鉴浙江省经验,由财政出资设立大学生创业风险补偿专项基金,用于扶持创业和补偿创业风险。教育、农业、人社等部门联合对大学生创业项目进行评估,对创业前景好、符合产业发展规划的项目,按照评估等级给予相应额度的全额贴息担保贷款,免除担保费率。如果创业失败,由基金代为偿还一定比例的贷款。对新业态、新模式、新技术以及家政、养老和现代农业创业,政府给予高于其他类型创业的一次性创业优惠政策。

(七)设置组织机构和岗位平台,推进教育医疗专业人才下乡驻点

第一,实施教育医疗专业人员下乡行动计划。建议城市教育、医疗部门通过设立分支机构,采取行政推动和成就事业相结合的激励方法,组织专业人才轮流下乡驻点,并将下乡服务经历作为职务职称晋升和人才评定的重要参考。市和区两级医疗机构定期派出专业医疗人员到农村地区巡诊,帮助村民诊病、理疗和体检等,并建立常态化定期巡诊制度;制订实施城市中小学校与乡村对应学校结对帮扶行动计划,中心城区与环中心城区和远城区结成区域教育发展共同体,建立城区教师结对帮扶农村教师制度,城乡专任教师交流制度,学生互访参观体验等。

第二,实施医护专业人员返乡行动计划。吸纳尚未就业的农村生源医护专业毕业生和有工作转换打算的医护人员,返乡到街镇社区卫生服务中心、村居卫生所、医养结合机构从事医药和医疗护理工作。农业区人社和农业部门建立在外医护人员数据库。镇村两级党组织采取电话联络、座谈联谊、登门拜访等方式,进行"点对点"动员。镇街党委通过公开遴选、统一考察、集体研究等择优确定人选。

(八)加快补齐农村基础设施和公共服务短板,构建宜人宜居的社会生活环境

第一,加快县城基础设施和公共服务建设。加快县城基础设施和公共服

务建设,尤其补齐教育医疗服务短板。教育医疗等优质社会资源,即使不能实现所有街镇全覆盖,也要优先布局在区政府所在的城关镇,以此辐射到所辖街镇,入乡人才可以在县城安家,在乡村工作。

第二,支持高端教育医疗机构在农业区设立分支机构。支持市三级医院、高等院校、重点中学和科研机构等优质医疗教育和科研机构在县城设立分支机构,推动优质社会服务资源向农村集聚。市区两级政府在投融资、建设用地、配套设施建设等方面给予特殊支持。

第三,加快数字基础设施建设。加强农村地区 5G、物联网和千兆光网等信息基础设施建设,提高农村地区网络的速率、稳定性和覆盖广度,解决避免因网络问题造成域外沟通联系的障碍,降低入乡人才工作效率。

(九)采取业务外包方式购买社会服务,兼职引进和柔性使用外部专业人才

第一,兼职引进乡村急需紧缺的专业人才。城区人才利用周末、节假日和寒暑假为乡村提供专业化服务。镇村基层组织可以利用本土在外人才的社会网络资源,帮助沟通衔接乡村发展、乡村建设和乡村治理依赖的域外资源,并根据人才对家乡的贡献给予相应报酬。

第二,以服务外包柔性使用外部专业人才。受制于人才约束,基层组织的非核心业务还可以以外包方式向社会购买服务,柔性使用外部专业人才。街镇站所通过业务招标遴选有资质的组织和人才,与其签订提供如基础设施建设、文化产品供给、专家咨询服务、培训服务和社区服务等专业化服务协议,解决乡村人才短缺问题。

本文作者:刘洪银、王小琼、王淑娟、陈玥、田玉敏

发展天津市新型农村集体经济的对策建议

中共天津市委党校"乡村振兴全面推进行动"课题组

习近平总书记在党的二十大和中央农村工作会议上要求"发展新型农村集体经济",这是引领农民实现共同富裕的重要途径,是把握乡村振兴战略政治方向的必然要求。"十三五"时期,天津市全面完成了农村集体产权制度改革目标,为新型农村集体经济发展壮大奠定了良好的制度基础。新征程上,如何进一步巩固和扩大改革的阶段性成果,做好改革的后半篇文章,通过发展壮大新型农村集体经济,助力天津市乡村全面振兴,是需要解决好的一项重大课题。围绕这一问题,本文深入剖析了当前天津市新型农村集体经济基本特征、发展现状、面临问题,在此基础上提出了发展壮大天津市新型农村集体经济的对策建议。

一、农村新型集体经济的基本特征

集体经济是公有制的基本实现形式之一。在计划经济时期,我国实行了农业合作社和人民公社制度,并以此为载体发展农村集体经济。农村新型集体经济是存在于社会主义市场经济体制当中,在以家庭联产承包责任制为主要内容的农村基本经营基础上形成的。在实践形式上,是坚持资源资产集体所有、股份合作为主要产权形式的"劳动者的劳动联合和劳动者的资本联合"。与计划经济时期的农村集体经济相比,新型集体经济的"新"体现在三个"转变"上,即在经济体制背景上实现了由计划经济到市场经济的转变,在产权结构上实现了由单一到多元的转变,在与个体经济的关系上实现了由互斥到并存的转变。

二、天津市新型农村集体经济的发展现状

2017 年以来,天津在全市范围内统一开展了村集体经济组织成员的身份确认和农村集体资产的清产核资工作,无论是否开展股份合作制改革,各村均被要求开展这两项基础性工作。全市 3628 个村集体经济组织完成了成员身份确认工作,累计确认成员 392 万余人,清查核实资源性资产面积 1020.44 万亩,账面资产 1392.62 亿元,其中经营性资产 839.66 亿元,非经营性资产 552.96 亿元。在成员、资产"两清两确"的基础上,3628 个村集体经济组织明确了集体资源性资产、经营性资产和非经营性资产的所有权权属和成员对集体资产的合法权利。2367 个股份经济合作社开展股份合作制改革,以成员的身份、贡献、承包土地等因素为依据,设立份额形式的股权,明确为成员参与集体收益分配的依据,并不对应锚定集体资产。这种股份合作方式,建立了所有权归成员集体、使用权向集体经济组织集中、收益权落实到户的产权结构。

截至 2020 年底,天津市全面完成了农村集体产权制度改革,为发展新型农村集体经济奠定了坚实的制度基础。共建立股份经济合作社 2367 个,经济合作社 222 个、村委会代行职能的经济合作社 1039 个。2367 个股份经济合作社共界定集体经济组织成员 259.4 万人,折股量化农村集体资产总额 510.9 亿元,累计实现分红 6.46 亿元,阶段性改革目标基本实现。通过改革进

一步摸清了农村家底,明晰了农村集体产权关系,激活了农村各类生产要素,促进了集体资产的保值增值,增加了农民的财产性收入,理顺了农村基层组织的职能,维护了农村社会的和谐稳定,发挥了农村基层组织的职能。

三、天津市农村新型集体经济发展面临的主要问题

当前天津市农村新型集体经济发展还面临着一些问题需要解决,主要体现在以下四个方面:

一是相比于广东、浙江、上海、北京等地区,天津市农村新型集体经济发展动力和活力不强,发展模式较为单一,各村镇之间发展不协调不充分问题突出。

二是由于天津市集体产权制度改革完成之后,大部分村的新型集体经济组织治理仍处于探索阶段,农村集体经济组织和行政组织之间的权责边界仍然较为模糊,主要管理人员交叉任职情况普遍,市场化运营程度不高。

三是城乡要素流动不畅,集体产权制度改革盘活集体资源资产的效应没有完全发挥出来,乡村存在大量闲置集体资源资产有待进一步优化配置。

四是农村集体经济短板仍然显著,未来还需要在资金、人才、土地指标方面加大政策扶持力度。

四、对策建议

(一)培育农村新型集体经济发展内生动力

1.拓宽集体产业发展路径

一是打造物业经营发展模式。支持集体经营性资产规模较大的乡村更新经营基础设施,优化物业服务和营商环境,打造与城市产业衔接密切的产业高质量发展载体。

二是打造生产服务发展模式。巩固和拓展天津市农机托管服务成果,支

持有条件的集体经济组织发展涵盖农资采购、农机生产、产品储运销全流程的农业生产托管服务。允许集体经济组织依法依规统筹负责农地流转,并可适当收取流转服务费、配套基础设施建设费等。

三是打造村庄建设发展模式。鼓励和支持农村集体经济组织统筹利用美丽乡村建设成果,挖掘生态和文化资源价值,面向京津都市消费需求,发展乡村文旅、农事体验、休闲疗养等新产业新业态。

四是探索资金运营发展模式。探索引入村集体存量资金统一存放管理竞争机制,有条件的村可尝试将集体资金进行托管运营,在确保资金安全前提下实现集体资金保值增值。

2.多措并举盘活存量资源资产

一是盘活乡村闲置资源。加快对农村闲置资源和需要进一步盘活资源的摸底和集中整理,搭建闲置资源整合平台,引导社会资本、社会组织和致富带头人等共同参与资产盘活利用。加强对集中连片闲置农房的统一招商,充分挖掘地方特产、民俗文化、生态环境等特色,将其转化为产业发展优势。

二是深化集体经营性建设用地入市试点改革。支持集体经济组织整合零星分散的存量建设用地,确定经营性用途并纳入国土空间规划,依法登记为集体经营性建设用地。支持集体经营性建设用地通过直接入市、入股、联营等方式进行开发,与国有建设用地同地同权同价,增值收益分配向农村集体倾斜。

3.实施集体经济"招才引智"行动

一是构建下乡人才股权激励机制。适度放宽集体经济组织成员身份认定条件,经集体经济组织成员(代表)大会认定后,可让长期参与集体经济发展的支农大学生、退伍军人、返乡创业者并做出突出贡献的人员,享受部分权利。支持有条件的集体经济组织引入职业经理人,负责集体经济组织和公司的经营活动,鼓励懂科技、懂管理的高级人才通过知识产权、管理才能入股,并按股获取分红。

二是加快集体经济发展人才队伍建设。加快乡村规划师、农产业经理人、科技特派员等人才队伍建设，鼓励退休党员干部下乡担任乡村振兴指导员，为集体经济发展提供人才和智力支持。

(二)创新集体经济组织运营模式

1.提升集体经济组织市场化运营水平

鼓励有条件的集体经济组织进行市场化经营机制改革,在保证产权集体所有不动摇、集体资产不流失、集体成员权益不受损的前提下,通过股权经营、项目合作、投资运营等方式实现市场化发展。支持双街、杨柳青等集体经济强镇(街)建立镇(街)级集体经济组织联合体,统筹镇(街)域内集体资源资产联动开发。支持东赵庄村、韩家墅村等集体经济强村通过独资、控股、参股等方式创办公司,探索发展混合所有制经营、职业经理人等市场化运营模式。

2.统筹推进集体经济组织与"三社"融合发展

发挥好"三社"(供销社、农民专业合作社、信用社)的助农作用,推广"信用社＋基层供销社＋村集体经济组织＋农民专业合作社＋农户"的"村社共建"模式,引导集体经济组织与"三社"交叉入股、合股联营,共建产业联合体,形成利益共同体。鼓励集体经济组织领办创办农民专业合作社、劳务合作社、综合服务社,强化村集体服务农民生产、就业、生活的功能,实现村集体和农民双增收。

3.推动集体经济组织协同联动发展

鼓励和支持集体经济组织突破行政区域限制,通过组织共建、产业开发、联合投资等方式,组建乡村振兴区域联盟、共同富裕联合体,实现我天津乡村片区化、组团式发展,推动形成优势互补、以强带弱、产业联动、区域协同、共同繁荣的新型集体经济发展新局面。

（三）提升集体资产市场化交易能级

1.充分发挥农村产权交易平台作用

提高集体资产交易平台活跃度和覆盖范围,将集体经济组织直接管理的资源资产及财政投入后新增的集体资源资产全部纳入,进一步盘活存量资源。提升农村产权交易平台软硬件建设和配套服务水平,打造专业化线下服务团队负责下乡对接,提升平台交易效率。积极引导全市集体经济组织管理人员学习使用平台系统操作方法,丰富和细化平台交易品种。

2.推进集体资产数字化管理和交易

整合天津市农村产权交易、集体资产运营管理、集体财务核算、宅基地管理等信息系统内的数据信息,建立涵盖集体资产管理、运营、交易、监督全流程的数据库和服务系统,扩大天津市涉农数据池,丰富数字技术在盘活集体资源资产中的功能和应用场景。依托数据系统建立集体资产交易风险预警机制,对于可能造成集体资产流失或存在较大经营性风险的交易行为进行分级预警。

（四）加大集体经济政策支持力度

1.加大财政资金支持力度

一是拓展集体经济组织融资渠道。市区两级政府投入一定的财政资金,设立集体经济发展引导基金,撬动更多社会资本投入发展项目。加大对村集体创办或参股的各类实体企业和产业项目的税收优惠政策力度。创新集体经济金融服务模式,健全以信用为基础的服务机制,引导金融机构规范提供信贷、保险支持,鼓励融资担保机构以集体经济组织的经营性建设用地使用权、物业资产、应收账款等权益为抵押,提供融资担保服务。

二是加强对薄弱村的帮扶。加大财政支持力度,引导各村集体经济组织统筹用好各类帮扶资金,合理安排产业项目,提升资金投入效益,确保按期完成帮扶村集体年收入 20 万元以上的既定目标。

2.加大土地政策支持力度

各区每年应划拨 3%以上的新增建设用地指标支持集体经济发展,并适度向薄弱村倾斜。严格落实集体土地征收后的留用地政策,允许集体经济组织为发展产业适当预支留用地指标。在全市范围内开展乡村国土空间综合整治行动,将建设用地复垦指标和耕地占补平衡指标优先用于新型集体经济发展。

(五)健全集体经济发展监督考核机制

1.完善集体经济发展考核激励机制

各区应合理设置集体经济发展考核指标体系,开展"互比互看",表彰奖励集体收入显著增长、产业效益明显提升、联农助农成效卓越的集体经济组织。对于为集体经济发展提供了重要智力支持的外来引进人才和团队,给予职称认定、薪酬绩效、荣誉表彰等方面的支持,激励社会各界人才和团队积极投身乡村振兴事业。

2.健全集体经济组织有效监督机制

一是规范决策监督机制。凡是涉及集体资源资产变动、大额资金投入、重要人事任免和成员切身利益相关的重大事项,均应执行"四议两公开"机制,并向区、镇(街)党委和涉农主管部门审核备案。

二是建立审计监督机制。以天津市乡镇农村社会事业发展服务中心和经管站为依托,成立独立的第三方审计主体,与"村账镇管"的会计委托服务机构剥离,履行农村集体经济审计职权。利用大数据、云计算、区块链等数字技术,研发在线审计系统,为集体经济组织自主开展内部审计和监管机构定期开展专项(换届、巡察)审计提供支撑。

三是健全公共监督机制。开展全市集体经济组织运营事务"阳光行动",及时在线上线下公示集体资产管理、集体财务核算、成员及管理人员变动等情况,并接受集体成员和社会监督,推动集体经济组织健康规范发展。

本文作者:栾江、王俊、涂成悦

精细点状化供用地 破解文旅项目用地难研究

天津农学院　刘奇勇

2022 年中央一号文件提出关于健全乡村建设实施机制的要求，明确指出要立足村庄现有基础开展乡村建设，不盲目拆旧村、建新村，不超越发展阶段搞大融资、大开发、大建设。旅游用地问题长期受到各界重视与关注，而近两年乡村旅游项目的用地难也一直是行业热点。与此同时，传统的供地方式，无法解决乡村供地、农地转用、占补平衡指标等问题，乡村文旅项目难以落地，且对资金要求往往过高，投资方望而却步。在这种形势下，点状供地的土地政策应运而生。乡村文旅项目出于对环境和景观营造的考虑，设施大多小而散，若按传统的成片用地的供给方式开发，会造成很大的土地浪费。对于开发商和政府双方而言，大片供地都不划算。

本文提出的点状供地可将"土地边角料"推向市场，因地制宜布局小型文旅项目，既能盘活零星土地资源，也可适当补充财政性收入。点状供地，是一种创新的土地获取方式，点状是相对于原来的片状而言的。点状供地，将项目用地区分为永久性建设用地和生态保留用地，其中永久性建设用地建多少供多少，剩余部分可只征不转，按租赁、划拨、托管等方式供项目业主使用，项目容积率按垂直开发面积部分计,不按项目总用地面积计。通俗理解,建多少,供多少,用多少土地指标,算多少容积率,通过散点或者带状供给建筑用地,而其他周边土地可以通过租赁的方式获得。

一、文旅项目用地难的主要因素

天津市农文旅融合促进共同富裕取得丰硕成果,仅蓟州区截至 2022 年累计已创建国家乡村旅游重点村 12 个,中国美丽休闲乡村 7 个,上仓、下营两个镇被评为国家一二三产融合先导区,出头岭村成为国家现代化农业产业强镇,获得中央财政资金支持 1000 万元,小穿芳峪村被评为全国乡村治理示范村。天津市目前已拥有坚实的共同富裕产业集群基础,拥有各类型产业增长极的经济强村,但强村形成的规模效应未能体现,尤其对比袁家村、莫干山这些产值过亿的集群型村镇,仍差距较大。天津市未能以这些典型村为核心发挥辐射带动作用,做大做强,充分实现全区乡村人民的共同富裕,主要原因有以下三个方面。

（一）传统供地方式使典型村带动与规模化作用受限

从事文旅项目投资的企业在典型村投资用地如果按照正常流程,用地要走"招拍挂",且以每亩几十万元的拆旧复垦费为标准,动辄上千万。成本高、耗时长的用地指标审批程序,令项目的进度受到影响。与此同时,传统的供地方式,无法解决乡村供地、农地转用、占补平衡指标等问题,乡村文旅项目难以落地,且对资金要求往往过高,投资方望而却步。

（二）传统整片式供地方式致使项目难以落地

在乡村旅游项目中,传统整片式供地方式,由于项目占地较大,用地多,容积率低,政府供地紧张,以及农转用、占补平衡指标等问题,使得项目难以落地。乡村旅游项目出于对环境和景观营造的考虑,设施多小而散,若按传统的成片用地的供给方式,会造成很大的土地浪费,对于开发商和政府双方而言,片状供地都不划算。传统供地方式对资金要求过高,而乡村旅游项目资金回报期又较长,投资方再有钱也难免感到犹豫和吃力。因此,点状供地更符合现实情况,有利于乡村旅游项目的发展。

(三)土地制度执行僵化

很多村有点状供地的现实需求,有的用地指标低于2亩,但因为低于市规划部门规定的2亩地用地审批指标而无法实现,这种土地制度执行僵化未能与时俱进十分突出,与基层需求严重脱节。而如典型的莫干山地区早已实现点状供地用地,村用地总量符合指标要求且土地用途合法,村基层组织在报备后即可开展建设,这样既能实现土地的集约化利用,又能发挥村组织的主动性发展产业,应积极借鉴并改进现有的土地制度执行方式。

二、精细化与点状化融合利用土地资源策略

点状供地可将这些土地推向市场,盘活土地再利用,释放土地管理压力,及时回笼土地成本,适当补充财政性收入。从当前的客观条件来看,几乎每个项目都会留下"土地边角料",点状供地在乡村旅游项目中比片状供地占据更大优势,因此由块状供地转为点状供地,是解决乡村旅游用地问题的合理且关键选择。

近几年全国很多地方都突破性采取点状供地方式,为休闲旅游项目落地谋出路。主要的做法归纳起来非常简单:建多少,供多少,用多少土地指标,算多少容积率。即将项目用地区分为永久性建设用地和生态保留用地,其中永久性建设用地建多少供多少,剩余部分可只征不转,按租赁、划拨、托管等多方式供项目业主使用。项目容积率按垂直开发面积部分计,不按项目总用地

面积计。过去数年内,点状供地方式已为广东省、海南省以及杭、甬、湖、丽等城市在项目审批中所采用,造就了莫干山裸心谷、宁波九龙湖度假村等一批金牌旅游休闲项目。点状供地政策主要涉及在主导用途、供地规模、正负面清单、指标预留、审批管理等方面的主要做法。

天津市可充分借鉴外地先进经验,在乡村旅游项目开发等产业发展中试点精细化点状供地,建议如下:

（一）明确主导用途

聚焦乡村产业振兴,实行点状供地模式。为实施现代种养业、农产品加工流通业、乡村休闲旅游业、乡土特色产业、乡村信息产业及乡村新型服务业等乡村产业项目及其配套的基础设施和公共服务设施建设,确需在城镇开发边界外使用零星、分散建设用地,且单个项目建设用地总面积不超过30亩的,可实施点状供地。包括乡村基础设施(含交通、水利等设施)和公共服务设施用地,乡村休闲农业和旅游项目用地及其配套设施用地,农产品加工、展销、存储等项目用地,农村一二三产业融合发展中的新产业、新业态及旅游新业态用地旅游公路、驿站、交通场站用地。

（二）控制供地规模、保留规划弹性空间

原则上,点状供地的单个项目建设用地面积不应过大。例如,广东、海南等地都明确要求单个项目建设用地总面积不超过30亩。各地可统筹乡村产业发展,优化产业用地布局,引导工业向城镇产业空间集聚,将乡村产业用地纳入国土空间规划体系,并做好与相关专项规划的衔接。各地可在乡镇国土空间规划和村庄规划中预留不超过5%的城乡建设用地规模,优先用于保障点状供地项目建设;对一时难以明确具体用途的建设用地,可暂不明确规划用地性质,待建设项目规划审批时再落实建设用地规模、明确规划用地性质,并于项目批准后更新国土空间规划、村庄规划数据库。

（三）设立正负面清单

点状供地项目通常采取准入负面清单管理,下列情形不得纳入点状供地范围:选址位于相关规划确定的禁止建设区、建设用地涉及占用永久基本农田或突破生态保护红线的项目;不符合国家和省的法律法规以及相关产业政策规定的项目,商品住宅、私家庄园、私人别墅等房地产和变相发展房地产的项目;按规划应当在产业园区集中布局的工业类项目。正面清单主要以乡村主导产业为主,例如,河北怀来县围绕"葡萄 + 文旅"建立主导功能正面清单,鼓励引导已有酒庄建设配套文旅服务设施,明确要求新建(扩建)酒庄建设配套文旅服务设施;根据酒庄自身定位,积极配套文化展览、酿酒体验、名酒品鉴、主题酒店、文创体验、亲子游乐等特色旅游服务配套设施。

（四）规模指标预留（漂浮指标）

由于乡村产业具有灵活布局的特征,往往在规划编制时难以准确预测建设用地布局,因此通常采取指标预留(漂浮指标)的方式,如广东、海南、四川等地提出,在乡镇国土空间规划或村庄规划中预留一定比例的城乡建设用地规模,优先用于保障点状供地项目建设。

（五）加强分类审批管理

必须明确与《土地管理法》第四十五条规定的征地情形不符的,不得办理土地征收手续。审批管理的具体类型包括征转合一、征转分离、不征不转等。具体可参考广东省的审批管理类型:①征转合一。项目区内建设需要使用国有土地的,按照"建多少、转多少、征多少"的原则,依法办理土地征收、农用地和未利用地转用手续,按国有建设用地管理。②征转分离。项目区内建设需要使用集体土地的,依法办理农用地和未利用地转用手续,按集体建设用地管理。在坚持公共利益属性和尊重农民意愿、不涉及占用永久基本农田和严格控制用地范围及规模的前提下,项目区内的生态保留用地可依法办理土地征收手续,按国有农用地或未利用地管理。③不征不转。点状供地项目用地符合以下情形的,可由项目开发主体与土地权利人签订土地使用合同,明确种植、养殖、管护、修复和经营等关系,按原用途管理:农牧渔业种植及养殖用地、生态保留用地,不涉及占用耕地及永久基本农田、不直接固化地面、不改变土地用途的生态景观、栈道、观景平台,以及零星分散面积不超过 200 平方米的公共厕所、停车场等乡村产业项目配套的基础设施和公共服务设施用地。项目区内的农村道路、农业设施、直接为林业生产服务的工程设施按相关规定管理。

(六)多部门联动强化项目协同机制,联合评估论证

一是建立项目联合预审机制。由旅游部门牵头组织国土、住建、环保、农林、水利等部门,对项目的规划条件、用地条件及其他前置条件等进行预审和风险控制,明确项目推进的相关责任,从源头上降低重复投资和项目烂尾的概率。联合预审是出于优化项目、扫清障碍的目的,是帮助磨合项目落地前的各种问题,而不是又设了一道审批门槛。

二是政府与项目招商责任要捆绑。衔接项目预审机制,调整招商引资的考核分值配比,扭转招商部门、乡镇政府各自分割的情况。区级以上人民政府可建立点状供地项目联合评估论证机制,由自然资源部门牵头,会同发展改革、生态环境、住房城乡建设、水利、农业农村、文化和旅游等有关部门,对拟实施点状供地的项目范围进行实地踏勘和综合评估论证,并组织编制项目实施方案,报同级人民政府审定后按规定办理规划、用地等手续。对经济、社会、生态效益良好,不占或少占耕地,使用存量建设用地或未利用地进行开发建设的点状供地项目应当优先报批实施。

（七）试点"点状供地、征转分离"政策制度

充分借鉴浙江淳安、安吉、莫干山等地先进经验，抓紧开展"点状供地""征转分离""差别供地"试点。对依托山林自然风景资源，开发旅游小镇、生态（农业）观光、休闲度假、生态养生、露营运动等生态休闲旅游观光建设项目用地，实行点状配套设施建设用地布局开发；对点状布局单体开发的建设地块，按地块独立供地；实行整体开发的，按多个单体建筑开发建设地块整体组合供地；对项目建设占用的土地，"用多少、征多少，建多少、转多少"，除建设用地外，生态保留用地根据项目开发需要办理征收后，按原土地用途管理可采取国有租赁形式；对现行使用农林设施用地进行项目建设的，抓紧研究用地性质调整政策，并探索项目的串联共享，以景区配套咨询服务中心、集散中心等形式，采取划拨方式供地。

天津市大运河乡土文化挖掘利用研究

天津财经大学珠江学院　钱升华

习近平总书记高度重视大运河工作,指出大运河是祖先留给我们的宝贵遗产,是流动的文化,要统筹保护好、传承好、利用好。天津作为大运河沿线的重要节点城市,其保护传承利用工作备受关注。为此,本课题组以加强天津市大运河乡土文化挖掘利用为着眼点,从推动大运河文化旅游深度融合和高质量发展为切入口,深入天津市大运河沿线涉农区的相关乡镇、文旅景区、农庄村舍开展现场调研。通过多次走访座谈,深切感受到天津大运河乡土文化底蕴深厚、文旅资源丰富、发展前景巨大。

一、基本现状

天津市大运河北起武清区木厂闸,南至静海区九宣闸,全长 182.6 公里,包括北运河 88.6 公里、南运河 88.5 公里、海河 2.0 公里、子牙河 3.5 公里。大运河流经静海区、西青区、北辰区、武清区 4 个涉农区和中心城区的南开区、红桥区、河北区,其中 4 个涉农区的运河长度约 168 公里,超过全长的 92%。在全面推进乡村振兴战略的大背景下,天津大运河沿各涉农区坚持以文化和生态保护为引领,深入挖掘大运河天津段乡村产业资源禀赋与核心价值,着力强化乡村产业特色化、多元化发展,创新乡村产业发展保障机制,构建具有天津特色的大运河乡村产业发展格局,助力天津市大运河文化带建设与乡村振兴战略实施。

当前,天津大运河沿线 4 个涉农区的文化保护传承利用工作正如火如荼地进行,整体呈现出重点项目推进快、生态环境治理优、历史地段保护好、展会节庆质量高、文体娱乐活动多等特点。杨柳青大运河国家文化公园(元宝岛)项目一期工程、天津大运河文化博物馆建设等项目正稳步推进;武清区十四仓遗址、西青区大运河文化学镇等考古勘探发掘项目取得重大进展;杨柳青历史文化名镇、静海区独流古镇等众多文物古迹在做好保护同时实现了活化利用;天津"运河记忆"非物质文化遗产宣传展示活动等精彩纷呈,有力推动运河城市间文化经贸交流;话剧《运河 1935》纪录片《大运河过天津》等文艺作品和全国"行走大运河"全民健身健步走活动、和美乡村篮球大赛等体育活动,让越来越多的人开始认识大运河、走进大运河、爱上大运河。

二、存在的问题

(一)文物保护利用有待提升

近年来天津大运河文物保护管理状况得到明显改善,但也存在保存状况喜忧参半、管理能力参差不齐、活化利用模式单一等问题。调研发现,对于那些保护级别高、地理位置好、开发价值突出的文物遗存,其保护管理开放利用情况较好,而那些保护级别和经济社会价值较低的文物,特别是散落在大运河郊野地带的古遗址、古墓葬和文物建筑,其保管利用不尽如人意。

(二)非遗传承创新有待提升

大运河非遗传承人老龄化程度严重,非遗技艺面临断档失传风险。据统计,天津市大运河沿线共有 9 个国家级非遗项目传承人,其平均年龄 68.8

岁,非遗传承后继乏人问题日益凸显。与此同时,部分非遗传承人墨守成规、因循守旧,缺乏与时俱进的创新意识和学习掌握新知识技能的素质,与现代生产生活融合困难。

(三)价值挖掘阐释有待提升

在学术价值研究方面冷热不均,重宏观轻微观、重热点轻基础等问题一定程度存在,特别是对大运河水工设施、遗址遗存、漕运文化、曲艺文化、盐商文化、自然生态等方面的研究还需进一步加强。此外,研究成果转化率不高,缺乏创新性传承与创造性转化的有效路径与载体,研究成果指导实践应用的成功案例较少。

(四)生态环境治理有待提升

调研发现天津市大运河沿线部分区域存在产业布局不合理、污染负荷较重、优良水体比例不高、生态功能退化等问题,个别地区对大运河生态环境保护管理和整治监管不到位,河堤两岸随意堆放生产生活垃圾、倾倒生活污水、违规开垦荒地,甚至建设临时建构筑物等情况还时有发生。

(五)文旅商体业态融合有待提升

在文艺创作方面,尚无轰动性号召力的大型实景演出,歌舞、音乐、美术、影像等也缺乏影响力的文艺力作。在文创开发方面,相关产品和服务融入大运河文化元素不多、创新研发能力薄弱、经营规模体量偏小、经济社会效益一般。在赛事活动方面,各区围绕大运河陆续开展了诸如健步、骑行、马拉松、龙舟等体育运动,但总的来说参与范围窄、赛事规模小、社会影响力弱。

(六)农村文旅发展质量有待提升

大运河沿线农村地区围绕"吃住行游购娱"六要素用力不均,其产品大都放在吃农家饭、住农家院、看农村风光等简单旅游项目上,而对购物、娱乐等环节着力不多。加之对大运河优美的自然生态环境、深厚的历史人文遗迹和丰富的传统非遗文化等优质资源的挖掘展示不够,反映传统文化、乡村节庆、农耕方式和生活习惯的深度体验项目较少,旅游服务意识弱。此外,农村文化旅游的产业链条较短,特色农产品的深加工能力不强、附加值不高,带动经济发展效果不明显。

（七）天津运河品牌塑造有待提升

目前,天津市正致力打造于"天子渡口　河海津渡"大运河品牌,不过其品牌效应尚未完全凸显,品牌标识、品牌塑造、品牌推广等方面还需要进一步增强。涉农各区在宣传营销方面各自为战,推广模式、传播渠道总体趋同,缺乏足够的辨识度,容易出现内涵表达不清、形象塑造混乱等问题。

（八）展览展示宣传推介有待提升

各区在展览展示大运河独特魅力上还存在不少欠缺。特别是涉及水利、交通、文物等专业领域,其阐释过程多以图片、文字或简易模型为主,缺乏综合运用虚拟现实、人工智能、数字孪生、区块链等元宇宙技术的能力和手段,导致很多观众在游览参观时难以理解和明晰蕴含其中的科学道理,影响了观展体验。

三、对策建议

（一）在加强资源保护上出狠招

坚持"共抓大保护,不搞大开发"理念不动摇。严格落实大运河滨河生态空间管控要求,持续推进河道水系、生态环境、交通航运整治工程,建立健全水环境监测体系,优化水资源合理有效配置,推动大运河旅游通水通航。开展大运河及周边自然生态环境修复,提升沿线林木绿化水平,形成相对稳定健康开放的生态系统,构建大运河绿色生态景观廊道。稳妥推进沿线文物本体修缮和历史文化名镇名村、街区、传统村落的综合整治,实施防灾减灾和安全防范工程,延续传统格局,维护历史风貌。

(二)在加强遗产利用上出新招

鼓励和支持社会力量参与文物古迹、历史村镇街区和工业遗存的活化利用,通过业态更新、功能置换等方式盘活历史文化遗产,重现生机活力。开展沿线遗迹遗址的考古发掘和展览展示,加快天津大运河文化博物馆的建设,推动更多满足开放条件的文物资源向社会开放。提升重要革命历史遗迹、烈士纪念设施、爱国主义教育基地等红色资源的展示利用,组织开展传承红色基因、弘扬英烈精神的纪念活动,培育形成主题鲜明、内涵丰富、形式多样的复合型红色旅游产品。重塑非遗传承体系,实施传统工艺传承人研培计划,探索现代学徒培养模式,传承延续非遗技艺,推动非遗技艺与产品有效融入现代社会、融入生产生活、融入旅游发展。

(三)在加强展示阐释上出妙招

推动价值研究,挖掘文化内涵,依托高等院校、科研机构、专家智库等,围绕文物古迹、传统民俗、漕运文化、水利工程、工艺美术、戏剧小说等进行深入研究,凝练萃取天津大运河特色文化元素和符号,在讲好大运河故事的同时为文旅项目策划和产品设计提供丰富素材。加强科技支撑,创新展示方式,综合运用虚拟现实、数字孪生、全息投影、数字影像等技术手段,开发更多沉浸式互动体验场所展现大运河文化魅力。丰富展示场景,融入当代生活,鼓励和支持非遗文创产品的研发、生产和销售,推动特色非遗项目进入文旅景区、历史地段、交通枢纽等公共空间开展活态展览展示,同时积极融入到各类节庆、商贸、赛事、展会等活动中。

（四）在加强配套服务上出实招

加快杨柳青大运河国家文化公园的建设进度，合理设置游客集散中心、咨询中心、旅游厕所、应急救援等设施。推动原有景区的转型升级、提质扩容和科技赋能，从传统观光模式向沉浸式主题园区转变。完善参观游览消费的软硬件实施，提升餐饮、百货、出租车等窗口行业服务质量，优化消费环境。加快大运河"快进慢游"系统建设，提升大运河景区与现有交通路网的衔接，推进自驾车道、观光公路、自行车道、风景步道的规划建设，加快开发通武廊水上通航线路，合理配置水陆换乘码头，形成融交通、文化、体验、游憩于一体的复合景观廊道。

（五）在加强多元融合上出好招

开展文艺精品创作，推出一批反映大运河文化的文学、话剧、曲艺、音乐、美术、摄影、电影和短视频等作品。搭建文艺和旅游合作机制和交流平台，推动文艺作品向旅游产品的转化，推出大型实景演出、驻场演出和旅游巡演，全方位调动观众"形、声、闻、味、触"五感体验，变流量为能量，变客流为留客。发展体育休闲旅游，推动自驾营地、户外露营、游船码头、健身步道及相关体育设施建设，依托沿线堤岸及慢性系统举办健步、马拉松、骑行、赛艇、龙舟等特色体育活动，推进"体育＋文化＋旅游"发展。推动农旅融合助力乡村振兴，整合绿水青山、田园风光、乡土文化等文旅资源，以产业融合为核心，结合运河文化资源，大力发展休闲度假、传统民俗、旅游观光、农耕体验、健康养老等特色项目，推动大运河特色主题民宿多业态融合发展，激发农村经济生活文化发展活力。

（六）在加强游线开发上出真招

全面分析大运河文化旅游受众群体，以市场需求为导向，开展旅游目的地资源禀赋、交通状况、生态环境、社会经济等方面的调研评估,与旅游企业、研究机构联合推出可实施落地的旅游精品线路。加快推进大运河旅游通航,提升改造现有大运河上的碍航桥梁闸坝等设施,选择航运条件良好、历史风貌完整、自然生态优美的河道开辟水上观光游线,串联起运河沿线的文物古迹和旅游景区。同时,积极参与中国文物主题游径、大运河非遗之路等旅游线路的创建开发,借助国家平台诠释天津大运河的魅力和风采。

(七)在加强产业发展上出硬招

推动传统文化产业与现代创意产业深度融合,创设文旅消费新场景,积极探索在大运河沿线著名旅游景区试点免税市场准入,鼓励开发博物馆、旅游景点夜游产品,丰富夜间旅游消费体验,开辟文旅消费新通道。推动工业遗存保护开发,对大运河沿线闲置的厂房仓库进行更新改造和功能置换,扶植发展具有大运河文化特色的创新创业基地、文创空间和艺术工作室,鼓励建设融传统工艺、现代工业、创意产业为一体的公共文旅空间。加快推进静海运河文旅产业风貌区、独流醋国飘香产业风貌区、杨柳青文创天地产业风貌区、中北商务花园产业风貌区北仓文旅小镇产业风貌区、双街葡萄流光产业风貌区、下伍旗果林瓜香产业风貌区、南蔡童趣康养产业风貌区等新兴乡村产业的发展,从"旅游+"的角度丰富和延伸大运河文化旅游产业链,实现"文旅资源—文旅产品—文旅产业"升级。

(八)在加强智慧文旅上出高招

积极推动基于IPv6的全新一代互联网商用部署,加快数字化基础设施建设,完善大运河沿线景点的无接触服务、智能导览、安全监测等智慧景区建设。加强与互联网公司及公共文化平台的协同合作,提供线上参观、信息发布、游览攻略、意见反馈等功能并及时更新。充分利用手机信令数据对游客的来源地、年龄分布、停留时间、停留区域、游览偏好、消费能力等进行精确分析,提升科学规划和配置旅游线路、餐饮娱乐、购物住宿的能力。综合运用智能装备、混合现实、光影技术、交互技术等数字科技手段,营造虚拟穿越体验、复原式文物展览、全息文化打卡体验等沉浸化场景。

(九)在加强宣传营销上出奇招

创新大运河文化旅游发展的合作组织、机制、政策和措施,多措并举提升宣传营销能力。一方面,积极拓展对外文化交流合作,创新文化走出去的形式和手段,通过举办天津大运河文物展、非遗展、商贸展、艺术节等形式,扩大文化传播范围。另一方面,加强大运河各省市的交流合作,推动成立大运河旅游营销联盟,结合各自发展水平、资源特色、产业布局、交通区位和生态环境开展精准定向营销。借助展览展会、文体赛事、节日庆典、时尚演出等活动,利用抖音、小红书等网络传播平台和线上 OTA、旅行社等销售渠道携手加大网络营销力度,提升宣传推广的广度和深度。

(十)在加强品牌塑造上出大招

坚持以文化为灵魂、以旅游为载体,充分发挥天津大运河沿线优质文化自然旅游资源,着力打造"天子渡口 河海津渡"的品牌形象。组织开展各类宣传推广和交流合作活动,全面系统呈现魅力大运河、美丽大运河、多彩大运河的传统风貌和时代风采。实施品牌推广战略,推行产品供给、服务质量标准化,建立品质保障机制,完善品牌标识系统,推动智库、媒体、企业共同参与品牌推广。通过大运河文化旅游擦亮天津名片,从各美其美走向美美与共,推动天津大运河乡土文化旅游再上新台阶。

天津打造能源先锋城市研究
——双碳技术选择视角

天津科技大学碳中和研究院　孙振清

2020 年 9 月 22 日,习近平主席在第 75 届联合国大会上对全世界宣布了我国的"3060"目标,正式吹响了中国进入世界零碳竞赛的号角。随后 1+N 的系列政策纷纷出台,天津市发布了 19 个文件,包括 2021 年 9 月 27 日在全国率先颁发的《天津市碳达峰碳中和促进条例》等文件,极大地推动双碳目标的实现和全国能源先锋城市建设。但在实施过程中也面临着问题和挑战,需要明确路径,提出有效对策。

一、天津市实现双碳目标面临的挑战

实现双碳目标时间紧迫、涉及面广、任务繁重、影响深远,给天津市经济和社会发展带来诸多挑战。

(一)经济增长与碳排放增速脱钩难度大

一是工业结构中高碳产业占比较高,短期降碳难度大。顺应全球产业发展大趋势和自身优势条件,"十四五"时期天津市明确了"制造业立市"战略部署。然而天津市工业制造业尤其是初级制造业,尚未完成向绿色低碳转型,仍高度依赖传统的煤炭等高碳能源,这进一步加剧了碳排放问题。同时制造业绿色低碳生产方式的应用,需要大量投资和技术创新。这一过程会对经济增长造成冲击。因此,在制造业升级的过程中,如何平衡碳排放的控制与产业发展的需要,是天津市需要应对的挑战之一。

二是全球变暖趋势加剧,居民能耗水平持续增加。能源作为支撑经济社会发展的物质基础,随着高校毕业生留津比例的逐步提高,京漂变津居的人口持续增长,天津市总能源需求将显著增加。特别是全球极端天气频发和居民生活水平提高,生活方式将更加能耗,如私家汽车、大型家电和空调系统的广泛使用,这进一步增加了居民能源消耗。百户空调拥有量由 2011 年的 144.1 台增长为 2021 年的 175.2 台,人均生活用能由 2011 年的 570 千克标煤上升到 2021 年的 925 千克标煤,年均增速接近 5%,生活能源占全市能耗总量比例也由 2011 年的 10.3%增长到 2021 年的 15.6%。因此,居民能源消费逐渐成为天津市碳排放的主要增长来源,减碳和达峰压力加大。

(二)低碳能源转型提速压力大

一是能源结构优化调整难度大。天津市目前仍然处于"以化石能源为主,逐步提速新能源"的发展阶段,优化和调整能源结构任务艰巨。风能、光伏等各类可再生能源利用方面受地理条件约束,难以进行大规模集中式项目开发。目前,天津市能源结构以化石能源为主,高碳化石能源占比过高。煤炭、天然气仍分别占能源消费总量的 32%、21%,可再生能源占比较低,发电量大致只占 3%。在保障能源安全、产业安全前提下,实现非化石能源大规模替代的可选路径较少。能源结构进一步优化调整面临巨大挑战,短期内快速推动难以实现。

二是能源领域核心技术水平和产业竞争力不强。在可再生能源技术方面,滨海新区百万千瓦级"盐光互补"项目已陆续投产,但天津市港口深海风能资源仍尚待开发。远海风电技术成熟度较低,限制了技术溢出效应的发挥。天津市能源存储、数字化和氢能技术等方面的示范项目较为有限,滨海新区燃料电池汽车示范城市群建设尚在推进中。这些消费终端连接最为密切的重点领域,核心技术无法实现本土化推广和再开发,制约了能源结构的进一步优化。

(三)低碳能源技术项目融资难

一是金融机构与能源企业环境信息不对称的问题。实现双碳目标需要大规模的技术投资,包括非化石能源、高耗能产业的技术改造,以及零碳、低碳和负碳技术的研发。天津市已确定了部分优先领域,但在一些关键技术领域,如固态电池技术和低碳氢能储运等方面,存在投资不足的问题。同时,天津市环境信息披露和数据资源共享缺乏有机统一。金融机构对企业能源消耗、绿色项目融资等环境相关信息了解不充分,难以准确评估绿色项目的风险和潜在回报。因此,能源企业面临融资渠道狭窄,融资比重偏低的巨大挑战。

二是碳金融产品创新不足,碳市场效用较为有限。天津市绿色金融内部结构不平衡,主要依赖信贷和债券等传统金融工具,而绿色基金和绿色保险等发展相对滞后。目前,天津市碳市场规模较小、碳金融产品品种较少,自愿碳减排市场还未引入等,限制了碳市场和碳金融规模化发展。这些因素将影响天津市碳市场带动绿色转型、龙头企业率先转型发展、区域减碳减污协同发展等多项功能的发挥,致使高耗能企业难以摆脱转型困局。

二、应对挑战打造能源先锋城市路径

"碳达峰、碳中和"对能源结构调整提出了新标准,"津滨"双城发展格局要求能源设施补短板。

（一）突出重点行业优势，抢占先机

持续推动优势产业发展。借助天津市电池产业较为完整的优势，重点发展储能电池技术、储能电池系统和应用，推动储能产业的发展。发挥天津市企业和技术服务机构作用，加大节能技术研发设计、高效节能装备制造、节能咨询服务、节能设施运行、节能金融服务、节能交易服务，进一步提升天津市企业比较优势。同时，结合天津市油气田开发企业的资源禀赋优势，围绕资源综合利用产业、固碳产业、"碳中和＋"产业、碳中和延伸服务等方面，发挥更大作用。

（二）数智能源管理，节能增效

聚力打造绿色能源。以大数据、人工智能、储能等新技术为支撑，建设"源网荷储一体化"智慧能源系统，推动能源汇集、传输、转换、运行等智能化控制；联合高校院所，着力构建"零碳"供热（冷）能源高效利用、蓄热、储能、氢能、光伏、核能等多个产业创新中心或研发平台；抢抓国家政策利好机遇，加大开发天津市屋顶分布式光伏项目。

聚力打造智慧能源，智慧赋能提质增效。紧紧依托能源智慧管理平台，能源集团重点推进项目管理、财务管理、人力资源管理、安全管理，试点打造24小时智慧客服大厅，实现业务查询办理一体化、智能化。同时借助智慧能源平台，重点研究完善气煤协同、进退联动保供机制，构建保障有力、协同高效的低碳供热体系。

（三）优化能源结构，提升用能质量

天津市通过实施清洁低碳转型、区域能源枢纽等多项重点工程，加快构建清洁低碳、安全高效的现代能源体系，实现能源高质量发展。预计"十四五"末期，天津市煤炭占能源消费总量比重降至28%左右，新增用能需求主要由清洁能源满足,天然气比重提高至 21% 左右,建成区集中供热普及率保持在 99.9% 以上。

建议通过加速清洁低碳转型发展,实施能源一揽子行动。禁止新建燃煤自备机组和燃煤锅炉,严控新上耗煤项目。推进煤炭清洁高效利用,加快现役机组节能升级和灵活性改造,降低供电煤耗。改燃关停燃煤锅炉,完成 30 万千瓦及以上热电联产电厂 15 公里范围内燃煤锅炉关停整合。到 2025 年,在保障能源安全的前提下,完成国家下达的减煤 10% 任务目标。

推进城乡用能精细化管理。将农村供热公用设施逐步纳入全市供热管理体系,促进城乡供热管理一体化。全面推广智能电能表应用,针对功能老旧智能电能表进行更换改造,提升智能电能表可靠性,优化客户购电体验,"十四五"期间实现天津地区智能电表全覆盖。普及物联网智能气表,建立完善的燃气智能服务设施,推广智能物联网燃气表。

(四)全盘规划、有序部署

天津市结合自身区位优势因地制宜,分梯次有序实现碳达峰目标。在碳达峰目标的实现过程中,不能一刀切,建议针对各区的具体经济发展水平和二氧化碳排放情况,结合本地区资源环境禀赋、产业布局、发展阶段等因素,科学合理制定差异化的碳达峰时间表,并采取适当的整合力度和有针对性的实现路径,坚持分类施策、因地制宜、上下联动、梯次有序推进碳达峰。

国家碳中和目标的实现需要各城市准确定位、协同推进。不同城市群可根据自身技术、经济和社会发展情况找准在碳中和目标实现过程中的角色定位,既要追求效率也要兼顾公平。天津市可充分发挥京津冀区位优势,进一步实现优势互补、资源共享,在区域统筹协调下坚持全国一盘棋,共同实现碳中和目标。

结合碳排放情况,充分打造技术优势,在率先实现碳达峰的基础上率先布局碳中和技术研发与应用。技术型和服务型城市在"双碳"目标的实现中需要扮演主导者的角色,这两类城市是碳补偿过程中的"补偿主体"。天津市需要在控制生活领域降碳基础上率先实现碳达峰目标,同时还要为其他城市群提供降碳领域的技术支撑。

三、加快天津市先锋城市建设的建议

天津市尚未形成以双碳目标为引领推动低碳发展配套的降碳、减污、扩绿、增长的协同制度和政策体系。为此,建议加快双碳目标为引领的能源先锋城市建设,在能源生产、消费和梯级利用等方面,走在全国前列。

(一)加快完善法律法规体系

进一步综合梳理天津市现有法律法规,依照国家双碳建设法律法规建设要求,充分考虑统筹产业结构调整、污染治理、生态保护和应对气候变化,协同推进天津市降碳、减污、扩绿、增长的要求,将不符合和阻碍双碳目标实现的法规、文件和条款完善和去除,为实现双碳目标、促进能源转型升级,走在全国前列,消除体制机制障碍。

(二)未雨绸缪对接国际标准

积极做好欧盟及其他国家可能的碳边界调节机制,以及《欧盟新电池法案》等新型绿色壁垒的应对之策。建议尽快成立天津市双碳标准委员会,指导天津市双碳标准制定和采用。参照 ISO14040 标准以及与碳足迹相关量化的国际标准,包括 ISO14064(1-3)、ISO/TS14067、GHG Protocol、PAS2050,以及与碳中和相关的主要标准 PAS2060、INTEB5 和国际标准化组织正制定的ISO/WD14068 标准等,与天津市现有节能标准体系与国际相关标准体系进行对接,为天津市双碳标准约束体系设计提供借鉴;将标准约束体系与法律法规体系、政策扶持体系和监督宣传体系有效链接,积极引导企业做好企业和产品碳排放核算、鼓励进行产品碳足迹核算、碳中和认证等,并作为政策支持依据,为企业打造高质量产品、提升应对国外碳关税能力,提升能力建设,提前营造制度氛围。

(三)加大碳市场激励作用

进一步发挥碳市场作用,积极对接国家碳市场建设,深化天津碳排放权交易,扩大纳入企业范围。在森林碳汇富集地区和绿色生态屏障开发林业碳汇交易项目并开展交易试点;积极推进探索建立用能权交易机制,开展用能权交易试点。适时推进排污权、用水权等交易机制建设,以降低交易成本,提高交易效率。

同时,在控制风险的前提下,适度放开碳交易限制,引导机构投资者进入市场,多元化交易主体和交易品种,探索与国际自愿碳市场对接,提升碳交易市场的流动性。尽早引入碳普惠机制,撬动社会资本投入低碳产业,为绿色低碳转型提供资金。

(四)强化宣传教育,绿色生活成时尚

天津市生活消费引起的碳排放占总量的 13%,且呈上升趋势。为此,以双碳目标为契机,形成绿色低碳生活方式,也是重要举措。

强化宣传、提升能力。发挥各教育团体及社会组织作用,并融入青少年日常生活习惯培养当中,以降碳、减污、增绿为主题开展各类比赛和评比活动。各相关政府部门定期组织结合本部门职能的宣传,如公交系统开展绿色出行主题宣传,教委开展降碳、减污进校园,全媒体平台开展以喜闻乐见的短视频为主的宣传,做到绿色低碳生活转变,润物细无声。

总之,能源结构转型,打造能源先锋城市,是天津市按时达峰和布局碳中和的重要抓手,也是增强天津市产业竞争力,实现高质量发展,推动经济持续增长的一举多得的关键路径,要举全市各方之力,齐心协力。

天津市石化化工行业绿色低碳转型发展策略研究

南开大学循环经济与低碳发展研究中心课题组

一、天津石化化工行业发展概况

天津是中国现代化学工业的发祥地,已有百余年历史,具有得天独厚的自然资源、产业基础、空间区位、港口交通、科技人才等诸多优势,在我国石化化工产业发展格局中综合条件优越、战略地位突出。在天津市的经济版图中,石化化工产业是支柱性产业,是经济平稳增长的压舱石,在全市工业中产值占比高、投资规模大,可谓是稳住经济大盘、支撑制造业高质量发展的关键一环。

(一)石化化工行业支柱地位显著,优势产品产量突出

石化化工行业是国民经济支柱产业之一,经济总量大、产业链条长、产品种类多、关联覆盖广,关乎产业链供应链安全稳定、绿色低碳发展、民生福祉改善。行业能源消费量和碳排放量占全国总量比例较高,2021年中国石化化

工行业总能耗约为 1.95 亿吨标准煤,总二氧化碳排放量约 4.45 亿吨,约占全国二氧化碳排放总量的 13%。随着我国工业化进程逐渐进入后期,钢铁、水泥、有色等高耗能、高排放行业的发展规模已经进入平台期并逐步下降,碳排放也随之减少。而石化化工行业的发展规模预计在未来十多年仍将持续增长,这意味着石化化工行业的低碳转型发展必将影响中国碳达峰目标的实现。

近年来天津市石化化工行业取得了长足发展,优势产品产量整体呈上升趋势,规模效益稳步增长。2021 年,天津市石油化工产业的利润占全市规模以上工业利润总额的 38.9%,同比增长 60.7%,是重要的支柱产业。为充分加快全国先进制造研发基地功能定位,深入推动制造业高质量发展,促进石化化工行业持续健康发展,高水平建设南港工业区世界一流绿色化工新材料基地,在充分听取市场主体、研究机构、行业专家意见的基础上,天津市人民政府制定了《天津市石化化工产业高质量发展实施方案》,并于 2023 年 3 月 14 日印发实施。《方案》要求坚持创新驱动,促进产业高端化发展;优化产业布局,促进高水平集聚发展;打造智慧园区,实现产业数字赋能;强化项目支撑,推动产业协同联动;统筹要素保障,提升服务配套水平;坚守环保底线,提升产业绿色水平;筑牢安全红线,强化产业本质安全。

天津市石化化工产业链结构完善,产品种类丰富,优势产品产量突出。选取三类行业中具有代表性的产品硫酸、纯碱、烧碱、农用化肥、乙烯等进行研究发现,天津市的纯碱、烧碱产量整体呈先增后降趋势,硫酸产量在 2017—2021 年间波动式上升,并于 2020 年达到历史最高值 21.59 万吨,同比增长 12.27%。农用化肥产量在 2017—2020 年间有所波动,年平均产量为 14.96 万吨,2021 年农用化肥产量出现爆发式增长,高达 55.95 万吨。天津市乙烯产量较为突出,在 2017—2019 年产量较为平稳,年平均产量为 132.734 万吨,2020 年产量大幅下降至 111.82 万吨,同比降低 17.42%,2021 年迅速增加至 149.04 万吨,占同年全国乙烯产量的 5.27%。随着中石化天津南港 120 万吨/

年乙烯项目投产,南港乙烯项目将发挥龙头带动作用,推动优势产业延链,加速形成绿色石化化工产业集群。

(二)石化化工行业布局合理,产业发展协同联动

石化化工产业作为天津滨海新区规模第一大的优势产业,经过多年发展,已形成从原油开采、加工到化工产品、化工新材料生产完整的产业链条,技术水平与产业化聚集度全国领先,发展势头强劲,上下游企业已形成协同联动的产业发展格局,同时也形成了以滨海新区为上游原料,各区县为下游应用,逐步辐射至环渤海、华北、国内其他区域及国际市场的产业格局。南港工业区是天津市石化化工产业的主要承载地,立足"世界一流化工新材料基地"的发展定位,不断聚集优质项目,加强产业承载力,正在向着"高端化、精细化、绿色化、安全化、数字化"的新一层级加速跃进,带动着新区石化化工产业开启发展新篇章。

未来,天津市将致力于优化产业布局,着力打造以南港工业区为主战场,保税临港化工集中区、大港石化产业园区协同联动,三地原料互供、资源共享的一体化发展格局。持续优化石化化工产业聚集区管理模式,按照产业上下游一体化发展思路,将中国石化和中国石油现有在津石化化工产业聚集区纳入南港工业区,实行规范化、一体化管理,实现产业链上下游协同发展。天津市石化化工产业结构不断优化,严把项目准入门槛,坚决遏制"两高一低"项目盲目发展。聚焦国内短缺和高端产品,推动产业链延链补链强链,发展高端精细化学品和化工新材料,提升产业链整体竞争力。不断深入推进第五代移动通信、大数据、人工智能等新一代信息技术与石化化工行业融合,实现产业数字化转型。在强化创新引领方面,天津市围绕产业链部署创新链,依托创新链布局产业链。统筹天津市石化科创资源,聚集科创要素,强化企业创新主体地位,利用天津大学、南开大学、产业技术创新战略联盟、物质绿色创造与制造海河实验室等创新平台,推动产学研用深度融合,构建协同创新体系。

二、天津石化化工行业绿色低碳发展现存阻碍

随着天津市石化化工行业的不断发展和规模的扩大,存在碳排放量持续处于较高水平、能源消耗导致的污染和排放量增加、固体废弃物增加,以及数字化、网络化和智能化水平不足等一系列问题。

(一)产品种类复杂,碳排放量水平高

天津市石化化工行业碳排放持续处于较高水平。从总体上看,2021 年天津市石化化工行业的碳排放量在所有工业部门中的占比为 23.8%,总碳排放量达到了 10.2%,占比较大。仅天津市的石油和天然气开采业、石油煤炭和其他燃料加工业、化学原料和化学制品制造业的碳排放总量到 2021 年就达到了 1991.35 万吨。其中,化学原料和化学制品制造业产生了最多的碳排放量。石油、煤炭及其他燃料加工业的碳排放量在 2014 年到 2021 年平稳保持在 400 万吨左右。石油和天然气开采业的碳排放量也在逐步增加,到 2021 年达到了 413 万吨。同时,这三个石化化工行业的子行业的碳排放量在天津市工业行业中分别排到了第二、第四和第五位,属于工业部门中的"碳排放大户"。

(二)能源依赖度高,碳减排压力大

一是随着石化化工行业的规模不断扩大, 对能源的需求量进一步增加, 而传统的石化行业对不可再生能源的依赖度过高,导致产生的碳排放量和污染增加。二是石化化工行业的能源和电力消耗量较大,直接消耗石油、天然气和煤炭等一次能源和电力、热力等二次能源。通常大型石化化工或园区都通过自备热力和电力装置满足日常供热和部分电力需求,大量的热力和电力生产对一次能源的消耗增加导致碳排放量的增长。

（三）固体废料产生量大,循环利用力度低

一是石化化工企业的持续发展, 由此产生的固体废弃物也在不断增加,不合理的利用方式和处理处置方式可能导致废弃物的进一步增加,并且产生大量的温室气体,对生态环境和资源发展产生重大影响。二是石化化工行业的产品种类多、数量大、工艺过程复杂,决定了其产生的固体废弃物种类、数量、成分众多且复杂,使得回收利用的难度增大,产生的污染和碳排放逐渐增加。

（四）产业链关联度高,数字化、网络化和智能化水平低

石化化工行业作为产业链链接紧密的产业, 具备较为先进的自动化基础,但是数字化、网络化和智能化水平还有待进一步提升。一是数字化赋能碳管理、碳减排、碳评价等技术仍处于发展阶段,全方位的数字化碳管理路径不够成熟,企业全面部署难度大。二是由于石化化工行业内部生产网络复杂,核心技术、软件和硬件条件支持不足,算法精准度不高,数据化基础设施对于减污降碳的作用没有充分发挥,数字化引领绿色转型等方面仍存在阻碍。

三、深入推进天津石化化工行业绿色低碳发展的对策建议

（一）完善行业的顶层设计,创造良好的政策环境

加强绿色低碳发展在石化化工行业的政策体系中的地位,完善相关法规政策,针对企业和园区制定具体的实施方案。在已经出台的相关政策规划的基础上,制定石化化工行业绿色低碳发展的行动方案。

一是针对石化化工企业和园区制定总体实施方案, 明确发展方向和措施,做好顶层设计。二是积极推出石化化工行业在能源供给和使用、工艺减碳、数字化转型等方面的具体实施方案,使得企业的绿色低碳发展有据可依。

三是完善相关的保障政策,在绿色低碳项目的保供方面完善政策法规,为石化化工行业的绿色低碳发展保驾护航。

(二)优化产业结构和产业布局,加速产业高质量发展

推动产业结构和产业布局的优化。促进能耗低、碳排放小、有竞争优势的产品项目的优先发展,逐步缩减污染和碳排放高的项目。提高石化化工企业聚集度,实现园区化、集约化发展,发挥聚集化发展的高效传播作用,推进绿色低碳发展方式的应用。

一是因地制宜地发展天津市的优势石化化工产品,大力发展低碳、低能耗的产品项目,对传统的石化化工产品工艺进行绿色低碳改造。二是利用好南港工业区、大港石化产业园区等聚集优势,逐步吸纳石化化工企业进入园区,形成绿色低碳聚集化发展的良好氛围。

(三)优化产业能源结构,加强行业能源管理

大力发展可再生能源,利用可再生电力弥补现有的能源缺口,降低对传统能源的依赖。引入风电、光伏设备进行发电,推进石化化工行业"风光氢储"一体化。推进全过程能源管理体系建设,提升石化化工企业能源利用效率,提高企业碳排放管理水平。

一是引入风电、光伏设备进行发电,建立储能电站,改善企业能源结构。二是积极推进石化化工行业氢能发展,提高绿氢用量占比,促进以氢为原料的行业深度脱碳。三是加强石化化工行业液化天然气(LNG)冷能的开发和利用,提高综合利用效率。四是建设全过程能源管理体系,从能源采购、生产消耗和回收利用等方面对能源进行精细化管理,提高能源利用效率。

(四)推进工艺过程高效化,加强废料的循环利用

在石化化工行业的反应过程和分离过程中推进工艺过程的高效化,降低

过程中的能耗;推进设备装置的高效化,保证设备装置良好的运行状态;推进能源和废料的循环利用,减少用能和用料损耗。

一是推进新型工艺在石化化工行业中的应用,督促石化化工企业对传统工艺的节能提级改造,优化反应和操作条件,提高反应效率,降低能耗。二是对设备的改造和维护提供支持,引进新型高效的设备装置,使设备的运行效率处于最佳状态,推进石化化工行业完成设备高效化升级。三是积极推进能源的循环利用,广泛促进余热利用、蒸汽回用等在生产过程中的应用。四是加强石化化工行业废料的循环利用,减少对环境的影响,实现资源的可持续利用。

(五)推进行业的减污降碳协同,实现清洁绿色发展

有效推动石化化工行业减污降碳协同增效,从源头削减、过程控制和末端治理等开展协同管控,实现提质增效。一是实施清洁能源和清洁燃料,扩大绿电使用比例,使用绿色原料。二是加强能源和资源的高效利用,减少污染物和能量泄露,提升污染捕集及能量回收效果。三是在末端推广和使用低碳废气净化技术,利用废弃物或可再生材料替代原生材料实现减排。四是大力发展碳捕集、利用与封存技术(CCUS)等相关技术,重点通过石化行业尾气回收处理,开展碳捕集与封存技术应用,将回收的二氧化碳用于油田开采,实现减污降碳双重收益。

(六)加速行业的数字化转型,实现数字赋能

推进数字技术在石化化工行业碳减排场景中的应用,促进清洁生产和安全生产,打造智慧产业链,促进石化化工行业的智慧化绿色低碳发展。完善数字化碳管理,从数字减碳、数字管碳等维度构建数字化碳管理体系,切实提高赋能效果。

一是利用数字技术促进智能建模仿真,为先进的控制和优化化工生产过

程提供模拟平台打下基础。二是建立环境排放智能监测与管控体系,实现全生命周期的环境风险管控。三是打造智慧绿色供应链,实现整体协调与全局优化的资源敏捷配置,优化供应链管理。四是完善数字化碳管理,打造科学的数字化碳核算体系,建立健全碳管理数据库。

(七)完善政策保障体系,支撑绿色低碳发展

建立完善的政策保障体系,为石化化工行业的绿色低碳发展保驾护航。一是完善政策机制,在用地、用海、用能、项目审批等方面的政策要加速完善,加强各方面的政策协同。二是加强财政金融支持,重点支持具有重要创新的产学研项目,加大对碳减排、节能降耗等方面的融资支持。三是优化石化化工项目的审批流程,简化对绿色低碳的项目审批管理,对高污染高排放的项目审批要加强监督,加强部门协同,提高服务效率。

本文作者:张墨、巴俊贺、朱志坤、安昕

数字化转型助力天津经济高质量发展对策研究

曼德产业协同创新设计院(天津)有限公司课题组

习近平总书记在党的二十大报告中强调,要"建设现代化产业体系,坚持把发展经济的着力点放在实体经济上,推进新型工业化"。天津市把握数字经济发展机遇,推动制造业数字化转型走深向实,支撑"制造强市、网络强市"建设和数字化发展。本文深入分析天津市数字化转型现状和面临的核心问题,从提升产业经济规模、面向需求精准赋能行业数字化转型、构建产业数字化转型新生态三个方面,提出数字化转型助力天津市经济高质量发展对策建议。

一、天津市数字化转型工作成效

(一)数字化转型赋能"智造",推动产业高质量发展

天津市深入实施智能制造专项资金政策,通过项目带动,加快推进企业数字化、网络化、智能化转型。持续"上云用数赋智"行动,积极推动工业企业上云用云,引导围绕研发设计、设备管理、生产管控、能耗优化、供应链协同、

产品全生命周期管理等关键环节进行云化改造。加强数据管理,释放数据要素价值,在重点产业链中开展数据管理,深度挖掘数字价值,示范数字管理价值,助力产业高质量发展。

(二)创新投入平台示范引领,推动数字化产业纵深发展

天津市多链推进,数字产业化规模水平持续提升,截至 2022 年 8 月底,集成电路产业快速增长,链上 30 家企业累计实现产值 228.4 亿元,同比增长 20.9%,增加值累计增速达 15.5%。高标准建设信创海河实验室,加快推进核心技术攻关。持续开展"互联网 + "行动计划到"5G + 工业互联网"512 工程和 5G 应用"扬帆"行动计划。市级工业互联网安全态势感知平台主体功能初步建设完成,提升了天津工业互联网态势感知和应急响应能力,服务天津本地乃至全国工业互联网企业的健康发展。

(三)打造数字化转型生态体系,激发数字经济发展新动能

天津市新型信息基础设施建设日趋完善,构建了天津市构建泛在互联、全域感知、数据融合、创新协同、安全可靠的新型基础设施体系。通过开展中小企业数字化转型试点工作,遴选培育一批扎根细分行业、熟悉中小企业需求的服务平台,形成一批"小快轻准"的系统解决方案和产品,打造一批可复制易推广的数字化转型"小灯塔"企业,构建中小企业数字化赋能新体系。

二、数字化转型助力经济高质量发展的对策建议

在数字化转型助力天津市经济高质量发展的过程中,面临制造业企业的数字化转型规划能力、支持"1+3+4"现代工业产业的行业数字化转型平台支撑能力、加快推动中小企业数字化转型生态体系不健全等核心典型问题。为此,提出以下建议。

（一）聚焦制造业企业数字化转型，提升产业经济规模

1.打造制造业企业数字化转型标杆

实施优质企业梯次培育工程，打造"专精特新"中小企业，培育制造业单项冠军企业，打造制造业企业数字化转型标杆，引育具有生态主导力的领航企业，加快建设引领全球科技和产业发展的世界一流企业。加快培育具有更高科技水平的科技创新主体，大力推动创新型企业和高新技术企业群体培育力度，着力打造"雏鹰－瞪羚－领军"高成长企业接续发展梯队。大力培育龙头领军企业，引导发展质量高、综合实力好的企业进一步做大做强，形成"龙头企业带动、上下游企业集聚、产业链正向发展"模式。鼓励龙头企业带头实施企业数字化转型"一把手"负责制，深化数字化转型认知，提升数字素养和技能。引导业务部门和技术部门加强沟通协作，形成跨部门数字化转型合力。有条件的企业可探索设立专门的数字化转型部门。

2.搭建政产学研金介创用创新载体

以项目需求为导向，针对制造龙头企业的设计、生产、管理、服务等制造全过程，结合龙头企业实际系统集成技术需求，以"张榜招贤""揭榜挂帅"模式，以用户参与龙头企业接招方式，提升适配能力，提升产业规模、做优产业布局、做高产业能级、做强产业竞争力。加快攻克重要领域"卡脖子"技术，着力推动大学科技园建设，依托区内企业研发机构和高校院所创新平台，加强产业链关键核心技术攻关和共性关键技术研发。按照"政产学研金介创用"建设模式，发挥市场需求和主导作用，以创新供需适配为核心，搭建"基础研究—应用核心技术—应用试验研究—成果孵化与技术转让—核心装备—企业应用—推广应用—行业模式"的全链条创新协同创新体系。

3.鼓励企业开展数字化评估，制定企业数字化转型规划

结合《中小企业数字化水平评测指标》等标准规范，鼓励中小企业与数字化转型服务商、第三方评估咨询机构等开展合作，评估数字化基础水平和企

业经营管理现状,构建评估指标数据管理机制,支撑转型需求分析和转型成效评估。鼓励制造业企业参考与发展需求相适配的内容,用好市场资源和公共服务,因"企"制宜推进数字化转型。适时评估转型成效,优化转型规划实践,以数字化转型促进提质、增效、降本、降耗、绿色和安全发展。引导行业机构积极组织由信息技术、行业技术、工艺制造、企业管理等方面专家,深入行业企业调研,为企业"画像",厘清企业生产经营的机理、流程、工艺,找准痛点、难点、堵点,系统梳理企业的共性问题和需求。针对不同行业中小企业的需求场景,开发使用便捷、成本低廉的中小企业数字化解决方案,实现研发、设计、采购、生产、销售、物流、库存等业务在线协同。

(二)面向行业数字化转型需求,精准赋能行业转型

1.搭建分类分领域特色服务平台

针对企业问题和需求,搭建分类分领域特色服务平台,鼓励服务平台提炼行业共性应用场景,同时兼顾企业个性化需求,提出系统解决方案参与竞争。客观总结和宣传试点的成效与转型经验,探索形成能够满足细分行业中小企业共性和个性需求的工程化样本合同与操作规范,为复制推广打好基础。充分发挥"小灯塔"企业示范作用,推动中小企业"看样学样",实现"试成一批,带起一片"的目的。通过试点形成一批"小快轻准"的系统解决方案和产品,提炼一批聚焦细分行业规范高效、有利复制推广的中小企业数字化转型典型模式,打造一批可复制易推广的数字化转型"小灯塔"企业。建设产业供应链对接平台,打造线上采购、分销流通模式,为中小企业提供原材料匹配、返工人员共享、自动化生产线配置、模具资源互助、防护物资采购、销售和物流资源对接等服务。基于工业互联网平台,促进中小企业深度融入大企业的供应链、创新链。支持大型企业立足中小企业共性需求,搭建资源和能力共享平台,在重点领域实现设备共享、产能对接、生产协同。

2.制定产业数字化转型差异化路径

结合原材料、装备制造、消费品和电子信息产业的不同特色现状,制定数字化转型差异化路径。原材料产业重点围绕生产作业、质量管控、设备管理、安全管控、能源管理、环保管控重点环节开展数字化转型,实现资源优化配置、生产运行平稳、生产过程清洁化。装备制造业重点围绕工艺设计、计划调度、生产作业、质量管控、设备管理、供应链管理重点环节开展数字化转型,实现设计制造一体化协同、全流程透明生产和供应链高效弹性管控;消费品行业重点围绕计划调度、生产作业、仓储配送、质量管控、营销管理、供应链管理重点环节开展数字化转型,实现全链条数据集成互通、产品质量可追溯和产品品质品牌提升;电子信息行业重点围绕工艺设计、计划调度、生产作业、仓储配送、质量管控、设备管理重点环节开展数字化转型,实现生产全流程智能决策、产供销一体化管控和产业链协同优化。

3.依托行业促进组织大力开展供需对接活动

针对装备制造、电子信息、原材料、消费品等领域细分行业特点和痛点,制定智能制造实施路线图,分步骤、分阶段推进。支持有条件有基础的企业加大技术改造投入,持续推动工艺革新、装备升级、管理优化和生产过程智能化。建设行业转型促进机构,加快数据、标准和解决方案深化应用。组织开展经验交流、供需对接活动,总结推广智能制造新技术、新装备和新模式。鼓励智能制造系统解决方案供应商与用户加强供需互动、联合创新,推进工艺、装备、软件、网络的系统集成和深度融合,开发面向典型场景和细分行业的解决方案。聚焦中小微企业特点和需求,开发轻量化、易维护、低成本的解决方案。加快系统解决方案供应商培育,推动规范发展,引导提供专业化、高水平、一站式的集成服务。积极开展双万双服促发展活动,深入企业走访调研,组织各相关部门和配套服务机构,定期开展区域内高端装备的精准撮合对接会,开展一对一、点对点精准化服务。发挥龙头企业的引领作用,形成区域内订货供货供应链地图,建立基于区块链技术的供应链交易流通体系,按照定期定时分享可信的交易交付信息,解除信息壁垒,消除信息孤岛。

(三)构建产业数字化转型新生态,助力区域经济高质量发展

1.加强人才引育,提升制造业企业数字化人才供给

加大专业技术人才、经营管理人才和技能人才的引进、培养力度,尤其是对两化深度融合创新型和复合型人才培养和引进的力度,完善从研发、转化、生产到管理的人才引进培养体系。重点引进国内外高级经营管理人才和掌握关键技术的高层次专家,引进掌握高新技术产业化成套技术的优秀团队。支持职业院校、大型企业等建设数字人才实训基地,提升中小企业数字人才供给。积极组织制造业企业申报新型企业家培养工程入选人才,加强与重点高校人才合作,与京津冀重点高校建立合作机制。创新高校人才培养机制和人才评聘制度。建立多层次的适合制造业数字化转型实际需要的人才培养机制,大力培养高级技能人才和技工队伍。实施知识更新工程和技能提升行动,突出加强创新型、应用型、技能型人才培养。

2.探索"补贷保"等金融模式,拓宽企业转型融资渠道

促进中小企业、数字化服务商和金融机构等的合作,构建企业信用监测、智能供需匹配、大数据风控等服务体系,提供基于生产运营实时数据的信用评估、信用贷款、融资租赁、质押担保等金融服务,为企业获得低成本融资增信,提升中小企业融资能力和效率。打造促进中小企业融资增信的公共服务平台,应用新一代信息技术,提供合同多方在线签署、存证服务,传递供应链上下游信用价值,激发中小企业数据资产活力。以龙头企业为核心,提高融资能力和流动性管理水平,打通生态体系内资金流。支持龙头企业提高融资能力和流动性管理水平。支持符合条件的制造业企业上市融资、鼓励龙头企业发行公司信用类债券和资产支持证券融资。通过龙头企业的交易延长资金链条,能够缓解配套上下游中小微企业资信不足、担保物有限的问题,将资金注入上下游配套企业,从而激活整个产业链的运转。支持供应链金融服务模式

创新,推动供应链金融数字化、场景化、智能化发展。发挥地方政府专项资金作用,支持对中小企业转型带动作用明显的"链主"企业和转型成效突出的"链星"中小企业。鼓励金融机构研制面向中小企业数字化转型的专项产品服务,设立中小企业数字化转型专项贷款,拓宽中小企业转型融资渠道。

3.完善区域配套服务,营造良好的数字化转型发展氛围

应用产业链供应链核心企业搭建的工业互联网平台,融入核心企业生态圈,加强协作配套,实现大中小企业协同转型。应用行业龙头企业输出的行业共性解决方案,加速提升自身数字化水平。基于产业集群开展网络化协作,发展订单共享、设备共享、产能协作和协同制造等新模式,弥补单个企业资源和能力不足。积极接入产业集群的数字化创新网络,利用共性技术平台开展协同创新。积极对接中小企业公共服务平台等载体,参加政策宣贯、供需对接、咨询诊断、人才培训等活动。优化制造业园区资源配置,巩固和提升园区综合实力,建设有灵魂有特色的主题园区。围绕产业高端、企业高质、用地高效,提升土地集约利用水平等目标,利用现代化招商管理模式,通过引入园区运营商,搭建产业合作平台等多种模式,重点建设有灵魂有特色的数字化转型主题园区,凸显区域头部优势,形成新的经济支撑平台。围绕产业链龙头企业和重大项目,针对企业在产业链、供应链、服务链、创新链等方面存在问题,加大政务服务和政策支持力度,用好用足新动能和智能制造扶持政策,推进制造业数字化和智能化升级,进一步优化产业发展环境。

本文作者:郑奇、胡光曦、李凤岐、赵静、邹彦纯、杨天翠

进一步提升天津市医疗服务水平 全面推进高品质生活创造行动的建议

中共天津市委党校课题组

高水平的医疗服务关乎广大市民的身体健康和幸福生活。为了全面落实市委、市政府提出的"实施高水平生活创造行动""更好满足人民群众高品质生活新期待",进一步推进天津市医疗卫生事业加快发展,为群众提供全方位、全周期健康服务,增加市民对美好生活的获得感、幸福感、安全感,本课题组就相关问题进行了调研,并提出以"强基础、补弱项、优布局"为原则的意见建议。

一、制约天津市医疗服务水平进一步提升的"瓶颈"

一是优质医疗卫生资源分布不均。据最新统计数据显示,天津市拥有各级各类医院 432 个,其中三级医院 43 个。优质医疗卫生资源主要集中在市内六区、滨海新区和部分环城区域,远郊区的医疗专业服务能力不足,存在患者向大医院集中、跨区域就诊的现象。天津市医疗联合体建设仍然处在初始阶段,促进医疗联合体快速发展的配套机制和制度有待健全。

二是公共卫生服务体系还存在诸多"短板"。重大疫情防控救治能力不强,医防协同不充分,平急结合不紧密;分级诊疗体系还有待完善;重要医疗机构的引领作用和辐射效应未得到充分发挥。

数字赋能潜力挖掘不足。天津市智慧医院建设仍处在起步阶段,一些服务功能开发不充分,远程医疗服务平台建设不完善,健康医疗大数据的应用场景还有更广阔的开发空间,健康数据在医疗机构之间的共享水平有待进一步提升。

中医药事业传承与发展有待强化。部分患者对于中西医结合治疗模式还不太认同,协同治疗团队之间的配合也需要进一步优化磨合。中医特色重点医院建设未达到《天津市推进中医药强市行动计划(2022—2025年)》确定的阶段预期目标,不能充分发挥优势和引领作用,"名医堂"的运营模式和相关规范标准仍需细化。

卫生人才队伍建设存在诸多制约因素。卫生人才在薪资待遇、职称晋升、人文关怀等方面缺乏保障机制和激励机制,人才流失现象普遍。紧缺专业人才培养机制有待完善,全科医生供求失衡,中医药高素质人才队伍建设存在不足。

二、进一步提升天津市医疗服务水平,全面推进高品质生活创造行动的建议

(一)加快天津市医疗联合体建设

一是加强顶层设计,实现"三个一批",即"规划一批"传染病疫情医疗救治体系建设项目,加快重大疫情救治基地建设,完善城市传染病救治网络,提升各区传染病救治能力。"建设一批"高水平临床重点专科群,以培育市域医疗重点专科群为目标,集中优质医疗资源建设一批知名的市级临床重点专科精品项目、中医名科项目;重点发展儿科、产科、妇科、急诊、创伤、呼吸、重症、

生殖医学、中医皮肤、针灸等高水平临床专科,提升天津市医疗机构在医疗技术、医疗质量、临床研究等方面的国内国际优势。"筹措一批"社区医疗康复中心,促进优质医疗资源下沉到基层,通过不断细化大医院和社区医疗康复中心的职能和分工,逐步形成"小病在基层、大病到医院、康复回社区"的良好就医秩序。

二是强化医疗联合体网格化管理。发挥政府主导作用,以行政区为服务区域,将服务区域按照医疗资源分布情况划分为若干网格,推动辖区二、三级医院和基层医疗机构组建医疗联合体,为网格内的居民提供疾病预防、诊断、治疗、康复、护理等一体化、连续性的医疗服务。三级医院通过加强专科能力建设、培养技术过硬的人才队伍、积极开展新技术新业务,不断提升医院专业水准和管理水平。

三是完善相关配套政策。打通人、财、物等要素流动的渠道,打破束缚医务人员的编制、岗位、身份等"藩篱",重点考核牵头医院医疗资源下沉及与基层双向转诊情况,促进形成利益、责任、服务、管理、文化"五位一体"格局。完善医疗服务价格政策,落实政府投入责任,促进医联体健康发展。强化市、区、社区三级联动,搭建涵盖急救、中医、康复、妇幼、心理、骨科等试点项目,推进卫生健康工作重心下沉,让市民享受到更优质便捷的医疗卫生服务。

(二)构建高质量的分级诊疗体系

一是围绕"四个分开",加快医疗卫生服务体系改革,即围绕推进"城乡分开",提升天津市远郊区医院服务能力,力争农民 90%的疾病在本区内解决;围绕推进"区域分开",有步骤地在环城四区和远郊区建设一批市级医疗中心和区域医疗中心,提高各个区疑难重症的诊治水平,缓解城市中心区三级医院的医疗压力;围绕推进"上下分开",强化基层网底作用,构建大医院和社区医院双向协作和转诊的机制,实现小病在社区、大病去医院、康复回社区,形成合理的就医格局;围绕推进"急慢分开",将三级医院定位为主要提供急危重症和疑难复杂疾病的诊疗服务,二级医院主要接收三级医院转诊的急性病恢复期患者、术后恢复期患者及危重症稳定期患者;加快医保支付方式改革,完善多元复合式医保支付方式,健全符合中医药特点的医保支付方式,逐步提高基层医疗卫生机构提供的服务在医疗服务总量和医保基金支付中的占比。

二是发挥重大基地的引领作用和聚集效应。依托天津市在血液内科、肿瘤科、神经外科、眼科、骨科和泌尿外科等专业领域的优势,加快国家医学中心、区域医疗中心建设,扩大在全国同行业的影响力,持续提升天津市医疗卫生服务水平,满足市民的高品质生活需求。

三是探索国企办医疗机构改革。落实《支持国有企业办医疗机构高质量发展工作方案》,将国有企业办医疗机构纳入分级诊疗和医疗急救体系,选取1~2家有实力的国企进行国企办医疗机构试点,合理配置医疗卫生资源,弥补分级诊疗和医疗急救体系中的"短板"和"盲区",更好地满足市民健康服务需求。

四是完善家庭医生签约服务。根据国家卫健委2022年下发的《关于推进家庭医生签约服务高质量发展的指导意见》,基层医疗卫生机构可根据自身服务能力和条件,为老年人、行动不便、符合条件的签约居民,提供出诊和家庭病床等上门服务,保障市民健康,提升生活品质。

(三)推进数字赋能医疗卫生服务工作

一是加强全市远程医疗服务体系建设。启动全市"远程医疗服务平台",推动信息资源整合共享应用,推动电子健康卡建设,完善市域全民健康信息标准化体系建设,进一步完善以居民人口信息、电子健康档案、电子病历、电子处方等为核心的基础数据库。积极推进各级健康信息平台之间、平台与各级卫生管理机构信息系统之间的互联互通,加快推进全行业信息共享和业务协同。

二是拓展"互联网 + 医疗卫生服务"应用场景。将健康大数据应用从事后管理向事前预警转变,推广"养老院＋互联网医疗"服务模式,打造覆盖老年人全生命周期服务"智慧养老生态链",着力消除"数字鸿沟",推进数字赋能医疗卫生服务"适老化"改造。加快全市"智慧住院"建设,为患者提供分时段预约就诊、移动支付、门诊自助检验结果查询等服务。在拓展新型就医模式的同时,逐步拓宽医疗服务范围,如远程诊疗、线上问诊、"互联网＋护理",异地就医结算,充分利用优质医疗资源,使得居民不出门就能获得先进的诊疗服务。推进"互联网＋医疗急救"体系建设,急救中心引入急救优先分级调度系统,有效实现电子病历、现场视频传输、病人信息采集传输等功能,全面提升应急救援处置效率。

三是完善健康医疗大数据中心建设并推广健康大数据的应用。依托市大数据管理中心和城市大脑项目,搭建起市民健康信息平台,实现对天津市各级各类医疗机构、全市市民及其健康档案、门诊病例、住院病例等公卫医疗数据的汇聚,实现市域范围内一、二、三级医疗卫生机构疾病诊疗及预防工作中业务系统数据的汇聚和应用,加快推进三级医疗机构全诊疗数据采集、汇聚和应用,积极发展云胶片、云病理、云病历,推动检验检查数据资源在医疗机构之间实现共享。在数据存储安全可控的基础上,通过大数据分析和人工智能等核心技术,积极推动健康医疗大数据的转化应用,助推健康医疗大数据产业发展。开发基于5G物联网的基层医疗卫生机构服务平台,为市民提供更具个性化、智能化的医疗健康服务。建成基因测序矩阵、质谱组学检测平台、生物样本库、大数据处理平台、新药检测平台。在样本汇交、数据采集的基础上,以大数据处理平台为枢纽,建立基于信息共享、知识集成、多学科协同的健康医疗大数据挖掘模式,使数据成果通过新药检测平台应用于医药研发等下游产业。

(四)引领中医药事业高质量发展

一是构建中西医协同治疗团队。建设2~3个中西医协同"旗舰"医院,强化临床科室中医能力建设,建立科室间、院间和医联体内部中西医协作机制,打造中西医协同团队,推动建立中西医多学科诊疗体系。在坚持"中西医并重、中西医结合、中西药并用"的原则下,充分发挥中医药独特优势和作用。

二是加快中医特色重点医院建设。通过遴选临床疗效显著、示范带动作用明显的市级重点中医医院,打造一批中医特色突出、临床疗效显著、示范带动作用明显的中医特色重点医院,做优做强一批中医优势专科,培养一批学科带头人和骨干人才,推动一批中药制剂开发应用。建设市级中医医学中心,以高水平中医医院为输出,院地合作、市区共建,实施区域中医医疗中心建设项目。建设布局中医疫病防治基地,开展中医医院传染病防治能力建设;加强区级中医医院"两专科、一中心"建设,加强基层医疗卫生机构中医专科建设,并在每个区级中医医院建成2个具有中医特色的优势专科和1个中医药技术推广中心。建设中西医协同"旗舰"医院,聚焦癌症、心脑血管病、糖尿病、感染性疾病等重大疑难疾病、慢性病和传染性疾病,不断提升中西医结合临床医疗水平。

三是分层级规划布局建设一批中医"名医堂"。按照品牌化、优质化、规范化、标准化的建设要求,构建可推广、可复制、可持续的示范性"名医堂"运营模式,统一标准、规范操作、保证质量,让广大市民"方便看中医、放心用中药、看上好中医"。

四是加大对中医康复、养老支持。积极应对人口老龄化,发展中医药老年健康服务,发挥中医药在老年人慢性病、重大疑难疾病治疗和疾病康复中的重要作用和优势。推动天津市二级以上中医医院加强老年病专科建设,适度增加老年病床数量,开展老年病及相关慢性病防治和康复护理。同时,加大对中医药老年健康服务的支持力度,在中医药老年健康人才培养、学科建设、岗位管理、薪酬分配等方面给予更灵活的政策支持。

（五）进一步优化卫生人才队伍建设

一是确保卫生人才队伍稳定。健全保障机制，完善医护人员休假制度。完善绩效工资实施方案，深化职称制度改革，完善医护人员激励机制和评价机制，建立健全卫生人才分类评价体系和评选制度。适度调整一线医护人员的待遇。提升人文关怀，实施有效心理干预，为稳定卫生人才队伍提供有力支撑。

二是加强规范化培训和紧缺人才培养。建立完善住院医师、专科医师、公共卫生医师、临床药师规范化培训和继续医学教育等制度。加强全科、儿科、麻醉、重症医学、精神卫生、急诊、康复、公共卫生等紧缺专业人才的培养。

三是完善全科医生培养和使用机制。加强全科医生、儿科医生队伍建设，扩大全科医生特岗计划实施范围。健全全科医生下沉基层工作机制，促进其在基层实践中不断提升专业水准。建立"师带徒"制度，不断提升基层全科医生的数量和质量，保证全科医生的供求平衡，尽快实现"到2025年全市每万名常住人口将拥有4名全科医生"的目标。改革完善高职临床医学、中医学等相关专业人才培养模式，积极创建助理全科培训基地，逐步探索制定教育教学标准与助理全科医生培训标准，使其有机衔接。实施农村订单定向医学生培养，推进农村基层本地全科医学人才的培养。

四是加快实施中医药特色人才培养工程。持续开展高层次中医人才培养研修等项目，充分利用科研园区平台优势，调动高校、医院、科研院所和企业积极性，培养一支包括科技领军人才、优秀人才、骨干人才梯次衔接的高层次人才队伍，打造天津市中医学者品牌。完善学历后教育体系，探索长学制、分段式、宽口径的培养方案，构建符合中医药特点的人才培养模式，形成高端人才、中坚力量、青年人才的培养链条，聚力打造京津冀中医药医疗服务高地。夯实基层中医药人才队伍，改革中医药人才流动资源配置机制，鼓励毕业生、离退休老中医药专家、在职在岗中医药人才到基层服务。加强中医技师队伍建设,完善中医医学技术人才队伍体系,适度增加中医技师转岗和在职培训力度,逐步建成一支理论扎实、技术精良的中医技师队伍。完善中医药海外人才培养机制,建强中医药传播人才队伍,培养造就一批外向型领军人才,推动中医药英才海外培养合作项目,大力发展中医药留学生教育,吸引更多的外国留学生来天津市相关高校和研究机构学习中医药知识,发展中医药事业,弘扬中医药文化。

本文作者:王健、周超、孟祥寒、刘东辉,执笔人:王健

加快推进医疗器械行业改革
破解部分高端医疗器械进口依赖困境的建议

天津工业大学课题组

　　高端医疗器械属于技术壁垒高、人才集聚、资本密集的战略新兴产业,但中国作为全球仅次于美国的第二大医疗器械市场,由于相关基础学科和制造工艺的部署,我国拥有的自主研发能力相对薄弱,医疗器械行业在关键领域核心技术受制于人,中高端产品及关键零部件主要依赖进口,这也成为人民群众看病难、看病贵的原因之一。针对高端医疗装备的"卡脖子"问题,必须围绕人民群众不断变化的健康需求,突破部分高端医疗器械依赖进口导致的诊疗困境。本课题组在深入调研的基础上分析了我国部分高端医疗器械发展面临的主要困境,并从产业集群、创新体系、成果转化三个层面提出对策建议。

一、我国部分高端医疗器械进口依赖的困境及原因

（一）医疗器械产业体系不完善

1.高端产品供给能力不足

我国医疗器械市场中高端产品占比25%,然而在国际医疗器械产品市场

中高端产品的占比一般为55%。截至目前,我国有超过34000家注册医疗器械企业,多是生产竞争力不足、市场相对饱和的一、二类医疗器械产品的企业,且占比从2017年的89.23%上升至2021年的94.23%,而附加值较高的三类医疗器械生产企业注册数量占比在2021年仅为5.77%,中高端产品的产能供应能力严重不足。随着人民健康需求的日益增加和医疗卫生事业的不断发展,医疗器械行业下游需求旺盛,市场的供需矛盾亟须调和。

2.行业分散且低水平竞争

我国医疗器械行业呈现小、散、乱、杂的局面,其中90%以上规模在2000万元以下。很多企业为了生存过于强调成本控制,往往采用的原材料较差、选择生产附加值低的产品等低投入方式,尽可能压缩成本,不但生产技术含量较低,重复投入在已经完成进口替代的产品和技术上,从行业的角度浪费了巨大的人力物力,生产的产品质量很难有保证。同时,在外资垄断高端产品的情况下,众多小企业同质化竞争激烈,为了争夺仅有的中低端市场,价格战盛行,导致劣币驱逐良币,耗费过多资源,企业更没有多余精力和动力集中到自身产品的创新研发工作中。

3.缺乏产业集群建设

医疗器械产业具有多样化、创新快、跨界难的特点,企业通过自身力量形成规模化产业困难较大。我国医疗器械产业空间供给方式单一,原有的单一的政府主导下的土地供给和园区建设模式下,无法充分保障建成优质产业空间、符合高端医疗器械产业发展需求的专业园区。与发达国家和地区相比,我国医疗器械产业集群建设在经济发达地区才刚刚起步,特色还不够鲜明、辐射带动效应还不够明显。只有建成全球知名的高端医疗器械研发中心和世界一流的高端医疗器械产业集聚发展高地,才能从根本上改变我国医疗器械行业一直存在的"多小散"、创新不足的局面。

4.国产替代化政策支持不够

目前购置进口医疗设备的门槛很低,对于医疗机构自筹经费购置进口医疗设备,国家没有任何限制条件,使用国家财政拨款购置进口医疗设备,手续也非常简单,进口产品论证、清单制等限制措施在一定程度上形式化严重,不能完全推动国产替代化进程。而且一些国产医疗器械的使用方式遭到不当限制,制约了产品推广,有些设备经规范化清洁消毒即可重复使用,但我国对此管控较严,导致资源浪费严重。另外,我国的高端医疗器械发展时间较短,在同等采购条件下往往处于弱势,采购并使用国产医疗器械的试错代价太高,发生医疗安全事故相关的保障措施还不够完善。

(二)核心技术自主创新能力不足

1.核心技术受制于人

上游零部件制造和供应直接影响我国高端医疗器械的技术走向,是行业发展的基础支撑。我国在材料、化工、电子等加工工艺精密性上明显落后于发达国家和地区,上游零部件和原材料关键技术基础不牢,这也是生产高端医疗器械最容易被国外企业"卡脖子"的关键领域。进口器械在产品先发壁垒和快速迭代升级、全球视野下的上游零部件和原材料关键技术基础、长期市场教育渗透和医疗临床习惯培养等方面都具有强大优势,我国医疗器械行业随时面临外国对我国采取技术和原材料垄断的安全风险。

2.人才供需错配严重

高端医疗器械属于多学科交叉的产物,研发和生产跨越医学、机械、光学、电子、信息、材料等多个学科,需要具备相关专业知识和实际操作技能的复合型人才。但是我国医疗器械相关专业大部分开设在高职院校和中职院校,顶尖高校和专业医科院校开设较少。国内医疗器械方面人才主要集中于产品销售、维修、注册等,与发达国家从业人员数量与素质相比,研发型人才和高水平精密仪器制造人才严重缺乏。当前我国人才培养一般来说是将教学、科研、生产实践各个环节相分离,并没有建立产学研用一体化人才培养模式,不利于促进跨学科、跨领域的复合型人才培养。

3.缺乏鼓励创新机制

高端医疗器械研发及生产周期长、投入大,且存在一定的风险,在政府没有给予充足的财政支持情况下,多数资本不愿承担投资风险大、回报慢的大型高端项目。当前国家在政策层面上对国产高端医疗器械的研发和生产扶持力度不够大,虽然在医疗器械创新研发方面持续推出扶持政策,但精准扶持及落地措施不能完全到位,目前一些创新产品因无审批成例可循,高端医疗器械审批流程存在难以并联等问题,创新产品监管部门搞不清楚如何分类,导致审批注册速度偏慢,周期较长。

(三)科技成果转化水平较低

1.科技成果转化率低

从行业总体科技成果转化水平来看,我国生物医药成果转化率停留在5%左右,远低于发达国家的25%~-30%。高端医疗器械的创新研发技术主要以高校和科研院所为主,但研发成果侧重于学术研究,成果转化率长期徘徊在4%~5%之间,多数成果未能真正实现产业化。据统计,国际上研究开发、中试、成果转化的经费投入一般比例是1∶10∶100,而我国的投入比例仅为1∶1.1∶1.5,这表明现阶段我国医药成果转化资金严重不足,导致多数技术成果都停留在实验阶段,这已成为制约我国高端医疗器械开发和产业化的瓶颈。

2.缺乏"产学研医"协同机制

当前创新制度下医疗机构难以与高校院所、企业共同合作进行高端医疗器械的技术研发活动,科研和临床缺乏对接。首先,体现在作为高端医疗器械产品的使用者和创新的推动者,医疗机构并没有真正融入科技成果转化的分工协作中。其次,大部分科研项目缺乏一定的市场调研,接近一半的高校及科研机构的项目立项更多注重理论和技术水平的先进性,缺乏对高端医疗机构使用医疗器械的需求进行市场调研而忽略了市场需求,使得研发出来的产品并不适用于临床。而且相关技术人员缺乏对市场和监管合规的理解,对影响产品上市的诸多市场因素和困难估计不足,研发的产品不能满足上市评审的繁琐流程和严格标准,阻碍科技成果转化。

3.产业资本化程度低

技术研究方难以形成统一的价值共识。高端医疗器械无论是前期的科研投入,还是后期的产业化,都需要付出巨大的资金成本,因为不确定的科技成果转化收益、各方对待转化的技术价值估值方法上存在偏差等现实原因,影响各方在股权分配、分红比例等重要事项上达成进一步共识。对于科研机构来讲,科研的出发点是追求专业,目的是寻求更高领域的突破,且科技成果的转让、转移、产业化流程较长。但对于多数市场化投资机构而言,获取经济效益是其内在动力或根本目标,投资基金的流动需要采用市场化方式完成,所以在科研成果转化过程中,多数成果因无法获得投资基金而难以实现产业化。

二、破解部分高端医疗器械进口依赖困境的建议

(一)发展高端产业集群

1.构建多梯次企业集群

一是充分利用国外先进企业的技术优势。通过财政支持引入具有世界影响力(世界 500 强、全球行业 100 强)的医疗器械企业,以及上下级关键节点配套企业来我国设立总部、研发中心和高附加值生产基地,提升研发、营销结算、国际贸易等总部核心功能。二是强化企业引领集聚作用。鼓励和引导国内医疗器械企业对上下游相关企业进行收购、兼并、重组,加强资本运作和模式创新,不断拓宽业务领域,同时每年遴选一定数量拥有技术门槛高、市场前景好、成长性的细分领域企业,对创新型初创企业进行重点扶持和培育孵化,推动企业做大做强,构建多梯次企业发展格局。

2.加大关键领域核心技术攻关

一是集中突破一批"卡脖子"原材料和零部件。聚焦突破高端医学影像设备(高端CT、超高场磁共振、多功能超声、多模态分子影像PET-MRI等)、新型体外诊断设备、生物医用材料与植入器械、高性能呼吸机和体外膜肺氧合机(ECMO)、微创外科内窥镜、医疗机器人等设备的关键技术与核心零部件,在细分领域建立全球性技术优势。二是重点攻关大型医疗设备和关键零部件的整机设计以及精密加工制造等工艺。重点开展高端医学影像系统、手术机器人、体外膜肺氧合机(ECMO)、小型质子治疗仪、第三代基因测序仪等重大装备整机研制。三是着力突破植入器械原材料的自主研发技术和生产工艺。积极研发体外诊断试剂酶、抗原抗体、磁微粒/微球/NC膜等主要生物原材料,以及超声换能器高性能压电复合材料、可降解血管支架和金属血管支架等产品,提升诊断试剂和介入器械原材料的创新能力和性能水平。组织推动植入骨材料朝个性化、精准化、智能化方向发展,重点攻克材料功能性增强、免疫性降低、服役寿命延长等核心工艺。四是支持基因科技产业精深化发展。同步发展基因测序产业链相关的体外诊断试剂(IVD)、分子诊断设备和标准品,率先在生命信息、数字化健康管理等领域实现技术研发和产业化重大突破。

3.加强优质产业空间供给

一是打造空间合理布局的产业创新集聚区。优先保障重大创新项目用地需求,以国际一流产业园为标准,选择在产业起步早、基础好、产业发展水平在全国领先的地区快速建设并持有运营一批医疗器械特色产业园,丰富公共服务资源配套,推动大小企业融通发展。二是创新产业空间供给方式。对于优质产业空间,可以采取"国资建设、微利租售""先租赁后出让、弹性年期出让"等方式,侧重保障医疗器械细分领域重点企业的产业空间。三是产业园区发展模式创新。加强产业园区的新型孵化器智能化提升,配合公共服务平台建设,对产业基金统一管理和合理利用,组建高端医疗器械的产业联盟,形成高端医疗器械一体化园区发展模式。

（二）构建协同创新体系

1.建立和创新"产学研医"四方协同的合作模式

一是建立产学研医供需对接机制。鼓励高校、科研院所、企业等研发主体在对市场需求充分调研的基础上，在医疗机构特别是三级甲等医院建设高端医疗器械示范应用基地和培训中心，拓宽新研发的产品应用平台。二是建立研发和临床的良性互动机制。鼓励高校、科研院所、企业等研发主体在医疗机构设立实验室，从医疗器械产品研究项目立项到研发结束，积极征询医务人员的意见和建议，使新研发的产品充分照顾到实际的临床需求。三是鼓励企业参与和承担制定技术标准、管理规范及政策法规。通过充分了解企业需求，使制定的技术标准、管理规范及政策法规更符合企业利益，增加企业自主进行高端医疗器械研发和生产的动力。

2.培养高端医疗器械的复合型高水平人才队伍

一是充实跨领域、高技能、高层次人才队伍数量。扩大高端医疗器械紧缺人才覆盖面，鼓励顶尖高校、科研机构、有条件的医学类高校根据现实需求和医疗器械分类标准，合理进行专业和研究方向设置，确保人才能精通影像设备、治疗设备、体外诊断、植入介入产品等各类高端医疗器械，培养储备更为厚实的对口人才。二是推动人才培养模式创新。建设教学、科研、生产实践相结合的人才培养基地，推动产学研用的人才培养模式，加强校企合作，完善人才激励政策，充分调动科研人员的创新热情。三是加强对国产医疗器械的学习培训。选择国产医疗器械进行操作演练和培训，提升医学生、医院工作人员对于国产医疗器械的了解程度，培养精通我国自主研发的国产医疗器械的专门型人才。

（三）加快科技成果产业化

1.打通高端医疗器械科技成果转化链条

一是加大成果转化资金投入。通过设置专项基金,引导各类企业、投资机构积极选择高端医疗器械科技成果转化,同时解决中小企业成果转化基金不足的问题。二是创新财政科技投入方式。通过与投资机构共同设立成果转化子基金为转化科技成果的企业提供股权投资、加大对银行发放的科技成果转化贷款的风险补偿力度、对医疗器械成果转化做出突出贡献的相关单位进行资金奖励等方式推进科技成果产业化进程。三是重点支持创新型医疗器械的生产和成果转化。加大进入国家创新医疗器械特别审查程序的医疗器械研发、生产、成果转化和新取得二、三类医疗器械注册证并在我国实施产业化的项目的支持力度, 减小创新型医疗器械在实现成果转化和产业化的阻力,缩短医疗器械产品上市周期。四是加强科技成果评价体系建设。形成统一规范的科技成果评价标准,使研发机构与投资机构在科技成果评价中达成价值共识,从而推动成果转化。

2.健全高端医疗器械产业化公共服务机制

一是补齐产业公共平台短板。搭建医疗器械注册人持有制度下的医疗器械全产业链、全周期的第三方专业化服务平台,推动国家医疗器械计量测试中心、相关检验检测机构、科研机构、医院等单位开放创新资源,夯实行业技术创新基础, 大力引进、建设医疗器械研发生产外包服务机构(CRO/CDMO/CMO),以及实验动物服务平台、检验监测平台、转化医学中心等产业公共服务平台,降低科技成果产业化成本,提升医疗器械产业全链条能力。二是搭建科技成果转化数据共享平台和知识产权运营中心。建立科技成果转化项目库、知识产权联盟和专利池,充分挖掘、共享和分析信息资源、先进技术、科技成果,开展精准对接服务,努力解决产业链上中下游企业相关需求方诉求,使自主创新战略从以政策驱动变为以市场需求为导向。

3.加速高端医疗器械国产替代进程

一是引导基层医疗机构单位积极考虑国产医疗器械。在采购层面同样予以倾斜,在确保安全的前提下,不断增加基层医疗机构国产高端医疗器械的数量,提升基层诊疗服务能力。二是降低市场化隐形门槛和试错成本。在确保安全的前提下,加大对国产医疗器械购买的财政补贴力度,提高政府采购份额,在同等采购条件下对国产医疗器械给予倾斜,打开国产医疗器械的国内市场。同时对医疗机构采购并运用国产医疗器械可能造成的医疗安全事故建立相应的风险补偿机制,最大限度减轻应用主体的试错代价。三是严格按照规定进行进口产品论证和采购需求论证。强化进口高端医疗器械的审批、知情、监督工作,将进口论证作为进口产品采购和使用的最紧要关卡,促进进口高端医疗器械的使用比例逐步下降。四是优化国产医疗器械技术评审检查制度。实行审批分类动态更新机制,对于创新产品实行单独分类,充实专业化的技术审评队伍,优化沟通协商机制,缩短产品审评周期。五是建立配套的立体化政策支撑体系。开展远程医疗法理和伦理研究,助推立法与政策完善,助力国产医疗器械快速发展。

本文作者:李祥飞、张振为

加快推进天津市更高水平的全民健身公共服务体系建设　打造人民群众高品质生活的有效途径研究

天津体育学院课题组

　　"十四五"时期是天津市全面建设社会主义现代化大都市的关键时期。2021年末,天津市人民政府发布新周期"天津市全民健身实施计划(2021—2025年)"对全民健身工作提出系列目标与任务要求,提出全民健身成为建设"排球之城""运动之都"的有力支撑,成为社会主义现代化大都市快速发展的驱动力,成为广大人民群众新时代幸福生活的重要方式,成为活力健康城市的靓丽名片。

　　为了解各项目标任务完成情况,本课题组对参与全民健身实施计划的相关单位、各区政府、市级体育社团等,通过问卷调查,实地走访、召开座谈会、研讨会、专家咨询论证等,了解相关工作开展情况,研究改进思路举措,积极探索推进天津市全民健身事业高质量发展、服务百姓品质生活的路径与举措。

一、"十四五"天津市全民健身工作基本情况

（一）强化政策保障，完善运行机制，全民健身场地设施供给逐年增加，补短板、均等化成效逐渐显现

为切实解决群众健身"去哪儿"的问题，"十四五"周期，天津市制定实施系列规划和行动方案。全民健身场地设施供给逐年增加，"补短板"成效逐渐显现。截至 2022 年，建设区级公共体育场馆 60 个，城乡社区（村）健身园 9000 多处，社区户外微场地 260 多处、社区笼式足球场等多功能运动场 400 多片、智慧社区健身中心 5 个、街镇社区全民健身中心超过 110 个、室外智能健身设施达到 280 多处，支持 90 个新建改造公园配建体育设施，288 所符合开放条件的学校体育场地设施向社会开放，基本形成了市级设施全国领先，区级设施日趋完善，街镇级设施效益显著，社区（村）级设施全面覆盖，民营体育设施点多面广，有条件的学校和社会体育场地有序开放的良好格局。

（二）完善办赛机制，打造群众身边的赛事体系，群众体育赛事活动丰富多彩

天津市不断加强市、区、街道（乡镇）、社区（村）四级全民健身赛事活动组织架构的建设，打造了以区、街道（乡镇）、社区（村）三级社区运动会为重点的多层次、多项目、多元化的群众身边的赛事活动。连续举办了 3 届社区运动会，举办了第八届、第九届市民运动会等大型综合性运动会。全民健身赛事活动丰富多彩，市、区、街道、社区四级赛事活动达 1770 场次，带动线下 20 万余群众参与全民健身运动中。

各地、各行业积极打造"一行一品""一地一品"品牌活动。持续做强"三大球""三小球"等项目业余联赛，广泛开展新年登高、健身大拜年、纪念"发展体育运动，增强人民体质"题词、大众冰雪季等市级主题示范联动活动。

积极培育国际智能体育大会、海河龙舟赛、"大美天津"自行车生态巡回赛等品牌赛事活动,举办京津冀轮滑(滑板)邀请赛、毽绳邀请赛、国际公路自行车挑战赛、"和美乡村"农民广场舞邀请赛、半程马拉松、社会体育指导员交流展示大赛等赛事交流活动。

(三)大力普及科学健身理念,健身指导更加精准高效

紧紧围绕市委、市政府关于"大力推进全域科普,提升全民科学素质"的决策部署,扎实推进体育科普工作。目前,天津市共有 8 家市级体育健身相关科普基地,其中 2022 年新认定的天津市女排精神科普基地,为"排球之城"建设提供了强有力的载体支撑。遴选 574 位专家组建了市级健康科普专家库,13 名运动与康复医学专家成为首批成员。

依托电台、电视台、报刊、"三微一端"等传统媒体和新媒体,向全市居民普及健身方法、慢病防治、运动风险防控与急救技术。以"现场 + 直播"科学讲座的形式举办科学健身大讲堂,惠及 10000 人,录制科学一点通栏目,每年在体育频道首播 260 期。

加强社会体育指导员队伍建设,广泛开展全民健身志愿服务工作。积极组织运动员、教练员进社区、进单位、进学校,向基层群众传授科学健身方法。目前,天津市各级公益社会体育指导员总数超过 5.2 万人,每千人社会体育指导员达 2.7 人。积极推进健身与健康示范基地的建设,依托智能化健身设施,探索群众身边常态化的体质健康检测、体育锻炼和运动水平等级评定等,为群众科学健身提供环境与技术支持。

(四)广泛开展重点人群的健身活动,群众身体素养和健康水平不断提升

积极实施青少年儿童体育促进计划。面向全市中小学,市体育局与市教委联合启动"排球之城"青少年排球操推广活动。举办"冬奥冰雪知识大课

堂",扩大冰雪运动在校园的关注度与影响力,完成 50 所中小学"冰雪进校园"活动。充分发挥天津市少年儿童活动中心阵地载体作用,以专业资深教练为班底,开设武术、射箭、艺术体操等培训课程。多种方式提升妇女健身知识,天津市妇联联合天津市健美操协会面向社区开展健身操舞培训 72 场,联合天津体育学院制作推出健身操微课 32 课时、运动康复微课 29 课时。市妇联联手天津市排球管理中心,拍摄制作了 51 期气排球短视频微课,在天津妇联抖音号推出排球支撑专栏中发布推送。

持续推进残疾群体精准服务,残联在全市 16 个区、240 多个街道乡镇和 1400 多个城市社区全部开展了残疾人体育健身活动,并延伸到 2500 多个行政村和 1.6 万个残疾人家庭。实施残疾人康复体育进家庭关爱计划,11680 户重度残疾人享受个性化、精细化的居家康复体育服务,专门组织残疾人康复体育健身指导员入户指导重度残疾人进行康复健身,直接参与活动的残疾人达到 3500 人次。

（五）不断加强基层体育组织建设,打通群众健身服务的"最后一公里"

近年来,天津市不断加强基层体育社会组织建设,市体育局鼓励基层单位广泛吸纳各类社区工作者和社会体育指导员加入到社区健身会中,将他们打造成为社区联系群众的桥梁和纽带,依托社区探索建立"社会体育指导员服务实践基地"。截至目前,全市建设基层社会体育组织——社区健身会 2265 个,共有 5000 余个体育社会组织,每万人拥有体育社会组织数 3.2 个。

为了规范天津市民族体育管理,市民族宗教委与市体育局重新命名了 15 个训练基地,使我市少数民族传统体育训练基地由 8 个增加到 15 个,发放训练经费由原有每年 20 万元的基础上,增加到每年 30 万元,支持天津市举办民族体育赛事活动。

"十四五"期间,天津市切实加强市、区残联组织建设,注重发挥街乡镇残联和社区(村)残疾人专职委员作用,发挥"残疾人体育健身示范点"的示范引领作用,牢牢把握残疾人体育健身活动正确发展方向。在原有基础上,再创建32个"残疾人自强健身示范社区"。通过以点示范、以点带面,推动全市残疾人体育健身活动蓬勃开展。

(六)扩大优质服务供给,拉动体育消费,促进体育产业稳步发展

天津市充分发挥体育产业发展专项资金引导作用,面向全市公开征集大型赛事活动项目、体育产业基地项目、冰雪运动场地项目、贷款贴息等项目,累计扶持体育制造业和体育服务业项目共计73个,支出资金9416.77万元,拉动社会资本投资体育产业14.19亿元。

继续发行体育惠民卡,2021年以来,每年发行50000张体育惠民卡,累计惠及持卡市民96364人,发放补贴1927.28万元,拉动体育消费1.01亿元;连续两年举办"千万健身体验券"发放活动,全市16个区的113家优质健身商户参与,为全市市民免费发放总价值近亿元的健身券,以鼓励广大市民积极参加体育健身活动,拉动体育消费,促进体育产业快速发展。

(七)积极推进融合发展,打造全民健身服务新模式

大力深化体教融合,天津市资助建设各类项目青少年训练基地117个,分布在全市各区的中小学、业余体校、社会俱乐部。积极启动天津市游泳传统特色学校建设工作。积极推进区体校与学校体育融合发展工作,各区体校与200多所中小学签订了共建合作协议。

积极推动体卫融合,创建天津体育医院和天津体育运动康复医疗中心,推进社区运动促进健康中心试点工作。在全市中小学以及基层社区卫生服务机构推广八段锦和五禽戏等传统优秀体育项目,在基层医疗卫生机构通过健康教育医生、家庭医生、康复医师等指导群众开展健身活动与健康促进、慢病干预和康复治疗。

深入推进体旅融合。每年举办全民健身中国赛车嘉年华活动,组织汽车场地挑战赛、京津冀帆船精英赛、山野定向徒步登山活动等,其中 V1 汽车世界入选中国体育旅游精品景区,东疆湾沙滩景区体育旅游线路入选中国体育旅游精品线路。目前,天津市已创建 2 个国家体育旅游示范基地,1 条国庆假期体育旅游精品线路,19 个中国体育旅游精品项目。

(八)广泛开展文化宣传,营造浓厚的全民健身氛围

发挥天津体育博物馆宣传阵地作用,举办系列体育文化展,制作推出《红色馆藏故事》《冬奥故事汇》等新媒体作品。积极宣传、普及冰雪运动文化。推动以天津女排为原型的小说出版发行。加强天津传统体育文化保护利用,支持传统体育、游艺与杂技等申报非物质文化遗产代表性项目,2022 年 10 余个武术传统体育项目入选第五批市级非遗代表性项目。

组织系列文化宣传活动,组建体育系统宣讲团进校园、进社区(村)、进企业,精心组织开展全民健身文化宣讲工作。狠抓典型引领示范,开展天津市群众体育先进单位和先进个人评选表彰活动,东丽区、武清区荣获全国第一批全民运动健身模范市(区)荣誉称号,实现了"以创建促引领,以创建促民生"的良好效果。

(九)强化科技支撑、人才保障,推进全民健身智慧化发展

市科技局支持体育领域科技型企业发展,引导相关企业加大研发投入,认定 17 家企业为国家级高新技术企业,享受相关奖励和企业所得税优惠政策。市体育局积极推进全民健身智慧化服务,按照"互联网 + 青少年体育"的理念,在以天津市青少年运动员注册报名系统为基础,对现有系统进行全面升级改造,构建天津市青少年体育竞赛数字化管理和服务新模式。

鼓励竞技体育和全民健身人才相互支持服务。积极吸纳优秀教练员、运动员、体育教师等加入公益性社会体育指导员队伍,广泛开展志愿服务,提升

群众健身的科学化、专业化水平。积极发挥学校体育教练员队伍的作用,提升学生运动技能和后备人才培养,大力推动"排球之城"建设。

(十)加强组织保障和经费投入,着力打造更高水平的全民健身公共服务体系

坚持党对全民健身工作的全面领导,在天津市市委、市政府的带领下,高度重视全民健身事业发展,把全民健身工作纳入国民经济和社会发展"十四五"规划,纳入各级政府工作报告,纳入各级财政预算,市财政积极筹措资金,"十四五"以来年均投入近 8000 万元,安排各区转移支付资金,2022 年以来累计下达专项经费 1878 万元,支持各区结合自身实际开展全民健身工作。

为进一步完善全民健身公共服务体系建设,保障各项体育工作有序开展,全力推进天津市全民健身条例修订工作,经天津市第十七届人民代表大会常务委员会和市人大常委会表决通过后颁布,于 2023 年 1 月 1 日起施行。印发《天津市社会体育指导员管理办法》《关于全面推动落实社会体育指导员社区(村)全覆盖的通知》,进一步规范和加强社会体育指导员管理工作。

二、发展对策

"十四五"时期天津市全民健身工作取得明显成效,但与全面建设社会主义现代化大都市的新要求,人民群众对幸福美好生活的新需求相比,还需要不断探索全民健身现代化转型建设与发展的新思路、新模式、新机制、新举措等,加快推进全民健身的高质量发展,积极打造人民群众高品质生活。

(一)进一步探索加强多部门深度协同的工作机制,构建新发展格局

结合城市更新行动,统筹与发展改革、财政、住建、自然资源、教育等部门的协同,将全民健身场地设施建设与城市金角银边、老旧小区改造、公园绿

地、山地资源、旧厂房改造相结合,加大各类体育场地设施的共建共享力度,继续推动学校体育设施向社会开放,有效地解决老城区和人口密集地方健身设施缺乏的痛点。

创新办赛机制,建立专业赛事、职业赛事、群众赛事相结合相促进的多层次多样化的赛事活动体系。建立以贴近群众的社区运动会为基础,以全民健身大会、全运会群众赛事活动为牵引的全民健身赛事活动体系。探索创新赛事活动举办方式,推动线上和智能体育赛事活动开展。建立运动安全分级管控体系,分类制定办赛安全标准,落实安全责任。

进一步推进全民健身与全民健康的深度融合发展,制定天津市全民健身与全民健康深入融合发展的意见,整合各类资源,搭建全民健身与全民健康深入融合平台,推广重点人群健身与健康干预项目,统筹推进全人群、全周期健身与健康深入融合服务模式的建设。积极组织支持社会体育指导员开展志愿服务活动,推动国民体质监测站点与医疗卫生机构合作,推广常见慢性病运动干预项目和方法,倡导"运动是良医"理念,探索建立运动促进健康新模式。

(二)加强体育发展各要素资源的融合,以群众需求为中心,探索激发群众广泛参与的全民健身新模式

整合竞技体育、群众体育、体育文化等多种要素资源,积极打造有利于青少年儿童广泛参与体育运动的全社会协同育人新模式。积极推进青少年学校体育提质工程、校外(社区)体育营地、后备人才培养基地建设,推广开展青少年项目技能评定,完善青少年儿童积极参与体育活动的激励机制。

探索公共服务和市场资源协同,切实满足百姓需求的新服务模式,有效推进适老化老年人健身服务体系和老年人"体、医、养"融合服务新模式。以大型体育赛事活动为引领,充分利用民俗民间传统文化、自然环境与资源、打造特色赛事活动品牌,探索全社会广泛参与,构建文化、旅游、体育产业协同发

展新模式。

（三）进一步以人民为中心，积极加大政策引领、组织保障和经费投入，积极打造普及均等、高效便捷的全民健身公共服务体系

一是加快研制《天津市全民健身条例》"天津市社会体育指导员管理办法""群众体育赛事安全指引"等群众体育领域相关法律法规配套的实施细则，为天津市各项群众体育活动的广泛开展提供政策支持。

二是加大全民健身实施计划（2021—2025年）各项工作的组织推动力度，对重点工作，设立专项督导，设立专班，定期协商，统筹推进。

三是对重点领域加大经费投入和市场引领，保障重点环节、关键目标任务，按期高质量完成。

（四）加强社会化组织管理体系的建设，有效激发社会组织活力，满足人民群众多元化、高质量的健身需求

一是推动区级体育总会全覆盖。持续创建服务群众、多方参与的社区健身会，广泛吸纳各类社区工作者、社会体育指导员和全民健身志愿者加入，在全市各社区（村）实现社区健身会全覆盖。加强社会体育指导员协会、指导站点的建设，实现区级社会体育指导员协会、街镇级分会、社区（村）级指导站全覆盖。支持单项体育社会组织建设，加大项目普及和推广力度。加强全民健身志愿服务体系的建设。

二是进一步优化体育产业发展路径，持续打造特色品牌，为天津市体育各类产业营造良好发展环境，提供倾斜政策和支持，进一步带动健身消费，促进我市经济发展。

（五）积极推进全民健身的数字化、信息化、智能化和智慧化服务体系的建设，为普及均衡、高效便捷的全民健身公共服务体系提供技术保障

一是积极推进数字资源的共建共享，探索依托公共服务平台，如"津心办"的全民健身信息服务平台建设。

二是积极推进场馆的智能化升级，室外智能化健身路径等建设，积极探索百姓身边常态化体质健康监测、运动水平等级评定和健身指导等。

三是调动社会力量，广泛打造各类线上和线下相结合的信息服务平台，积极探索完善全民健身激励机制，营造全社会广泛参与的新模式和热烈氛围。

本文作者：王旭光、柴寿未、张华、郑玉婷、宋萍萍、连思芘、张焱

地方政治生态评价体系的建构及优化对策研究

河北工业大学课题组

习近平总书记指出,"做好各方面工作,必须有一个良好政治生态"①。党的十八大以来,以习近平同志为核心的党中央领导集体高度重视地方政治生态建设。习近平总书记明确指出,要全面净化地方政治生态,坚决纠正各种不正之风,以零容忍态度惩治腐败,不断增强党自我净化、自我完善、自我革新、自我提高的能力。地方政治生态共同构筑了我党政治生态的整体面貌。"营造风清气正的政治生态、形成清清爽爽的同志关系和规规矩矩的上下级关系、坚持亲清政商关系、营造向上向善的社会环境"②,必须要优化地方政治生态评价体系,为地方政治生态做好"政治体检",以痛点为靶点,核准实绩、分出优劣,激励先进、鞭策后进,全面净化地方政治生态,保持地方政治生态的健康体魄,为党和国家的各项事业发展提供坚强的政治保障。

---

① 杨巨帅.向着伟大复兴坚毅前行——学习体悟习近平总书记全国两会重要论述[J].中国纪检监察,2018(05):20-23.

② 习近平在中共中央政治局第四十次集体学习时强调 提高一体推进"三不腐"能力政治生态和水平 全面打赢反腐败斗争攻坚战持久战[N].人民日报,2022-06-19(01).

一、建构地方政治生态评价体系的意义

党的二十届二中全会强调,要营造风清气正的政治生态,形成团结协作、敢于担当、善作善成的生动局面。因各地方的主客观条件不同,政治生态建设水平不一。以科学理论为指导、以问题意识为导向、以推动落实为重点,推动地方政治生态评价体系的建设和优化,对于进一步深化全面从严治党意义重大。

地方政治生态建设是我党政治生态整体发展状况的综合呈现。为了整体把握各地区、部门、单位政治生态状况,必须建构好地方政治生态评价体系。明晰地方政治生态评价体系建构的价值意义,为地方政治生态评价体系的优化和发展提供理论基础和方向指引。

(一)有利于化解地方突出矛盾,开创政治生态建设新局面

新时代,地方政治生态评价体系在一些地方运行效果明显。通过考核评价,掌握地方政治生态实际状况,发现政治生态建设工作中的不足和缺陷,找到限制政治生态建设的症结所在,解决地方政治生态存在的突出问题和矛盾,为地方各项事业发展提供良好的政治环境和氛围。地方政治生态评价体系是理论与实践相结合的产物,一方面要有科学的政治生态理论做指导,提炼抽象出既能体现政治生态本质特征,又符合地方发展实际的政治生态评价指标;另一方面要从地方政治生态评价实践出发,总结基层政治生态发展一般规律,借鉴其他地方政治生态考核评价的经验成果,以科学有效的评价手段推进地方政治生态全面净化。各地方在政治生态评价体系的探索中,坚持以习近平总书记关于政治生态的重要论述为根本遵循,借鉴和吸收行政自制理论、行政生态理论、政治系统理论中的有益观点,以科学完备的政治生态评价体系推动全党政治生态建设迈上新台阶,为开创地方政治生态建设新局面提供了有效途径。

（二）有利于加强党的全面领导，不断开辟管党治党新境界

地方政治生态评价体系的构建运行要始终将党的全面领导放在最高位置，充分发挥"总体设计、统筹协调、整体推进、督促落实"的顶层设计作用，确保党的理论方针政策得到不折不扣地贯彻和执行。①净化地方政治生态，是我党百年历程中管党治党的宝贵经验，对于及时纠正各种错误思想，推进党中央各项决策部署在地方的有效落实具有重要作用。地方政治生态评价体系以科学衡量基层地方政治生态现状为导向，有利于党中央掌握各地方政治生态发展状况，推进和落实党中央对于地方政治生态建设的决策部署，也有利于各地方更加全面、系统地开展政治生态建设。

（三）有利于发挥党的政治优势，推进全面从严治党新征程

净化地方政治生态是党的优良传统和政治优势。尤其是党的十八大以来，党中央整饬党风、惩治腐败，在各个领域、各个行业、各个部门推进全面从严治党，全党政治生态建设不断取得新成效。有了良好的政治生态，党的政治优势、思想优势、组织优势、作风优势、纪律优势才能得到充分发挥，②同时也为全面从严治党的顺利推进提供坚强的政治保障。党的十九大将党的政治建设摆在党的建设总体布局的首位，充分体现了加强党的政治建设的极端重要性。地方政治生态建设是党的政治建设的一项长期性工作，持之以恒抓好政治生态建设，发挥好政治生态评价体系的考核评价作用，才能持续发扬我党鲜明的政治品格，发挥我党强大的政治优势。抓好全党政治生态建设为推进全面从严治党提供良好的政治环境和氛围。党的政治建设必须根植于健康的政治生态土壤中，这就需要地方政治生态评价工作发挥其重要价值。落实好

---

① 胡果，刘志强，王珂.改革开放是决定当代中国命运的关键一招[N].人民日报，2022-09-13（01）.

② 秦强.净化地方政治生态：新时代共产党人应当这样做[M].北京：法律出版社，2019:08.

地方政治生态评价工作,不断为续写政治生态建设新篇章提供动力,才能坚持以健康洁净的政治生态赋能党的政治建设,为全面从严治党贡献力量。

二、地方政治生态评价体系存在的不足

不少地方根据当地政治生态建设现状和特点,不断创新和优化政治生态评价模式,为准确判断、预测、引导、激励地方政治生态提供了条件。但由于实践条件、评价思路、考核重点、评价方法等存在差异,各地方政治生态评价体系的构建和实施情况也各不相同,不同地方的政治生态评价工作也难免会出现一定的缺陷和不足,地方政治生态建设面临着新的挑战和任务。

(一)政治生态评价体系建设内生动力不足

在思想观念方面,地方政治生态评价体系的运行主要受到传统政绩观和"官本位"思想的制约和影响。一方面,受传统政绩观的影响,一些地方领导干部畏惧考核评价,揭短露丑。作为公职人员,尤其是领导干部,得到肯定,受到表扬称赞是每个人都渴望的,被"揭短"不仅在圈内圈外"有失体面",也给领导干部造成很大的心理负担。在工作督查与考核中羞于"揭短"的现象在基层十分常见,反映了部分党员干部存在着缺乏责任担当和履职意识的问题。地方政治生态评价的构建和实施无疑给当地领导干部敲响了真干实干、踏实勤奋的警钟。另一方面,受传统的"官本位"思想影响,一些地方领导干部长期处于居高临下的状态,与当地群众的关系淡漠,而普通群众却"畏官、怕官",不敢以客观公正的态度监督和评价领导干部,这种根深蒂固的思想观念影响着政治生态社会评价的客观性;也有的干部"只密切联系领导,不密切联系群众"导致群众对当地政治生态评价持事不关己的态度,对于政府的工作漠不关心,参与到当地政治生态评价也很难表现出对当地党风、政风、社风的关心,对当地政治生态评估缺乏积极性,无法真正发挥社会评价的效用。

在工作能力方面,地方政治生态评价作为一项系统工程,需要投入大量人力、物力、财力成本。由于政治生态建设的长期性、艰巨性特点,各地方还需要把地方政治生态考核评价作为政治生态建设的基础性工作,进行常态化开展。然而由于各方面因素制约,基层地方政治生态考核评价的宣传不到位,部分地方相关部门对"以评促改"推动政治生态优化的途径不够熟悉,运用该评价机制的能力有所欠缺。地方党委、纪委监委往往由于资源有限、操作程序复杂、缺乏把控政治生态评价工作的能力等,很少将有限的资源投入政治生态评价中去,这就在一定程度上限制了地方政治生态评价工作的常态化开展。

在现实行动方面,一些地方党委对于开展政治生态评价的宗旨和目的缺乏正确的认识。由于对当地地方政治生态评价工作的整体把控能力较弱,造成一些地方政治生态评价工作浮于形式,流于表面。开展基层党内政治考核评价的目的不是为了从根本上优化地方政治生态,促进政治系统的健康运行,而是为了完成一项"政绩工程"。由于政治生态评价工作缺乏统一的制度规范和整体的战略规划,各地开展地方政治生态评价工作处于相对自由的状态,其形式也是随地方实际情况而定,造成部分地方对基层地方政治生态评价工作存在不同程度的漠视,其结果就是基层地方政治生态评价难以全面系统的推进。

(二)政治生态评价制度建设尚有欠缺

地方政治生态评价是一项复杂的系统工程,需要加强相关制度和机制的建立健全及各个层面人才的吸纳等,以保障地方政治生态评价体系的科学构建和实施。我国地方政治生态评价系统的相关机制和配套体系还没有健全,许多地方性地方政治生态评价体系仍处于探索阶段;而现有的地方政治生态评价体系的构建实施局限于各个地方,也没有统一的制度要求,多处于自发阶段。当前,由于缺乏相应的制度法规作保障,一些地方政治生态评价体系的细则过于冗杂或者抽象笼统,评估程序没有实现规范化运行,实际操作存在很大的随意性,评估结果就很难做到客观公正。若不补齐制度短板,就无法保障地方政治生态评价体系运行的实效性。

地方政治生态评价的相关配套机制不完善也是制约其实效性发挥的重要因素。对于掌权者来说,政治生态评价监督机制的缺失,很容易造成权力的异化,导致地方政治生态评价中出现"特权"现象。一些"特权"干部不愿接受考核、监督,将自身置于政治生态大考核、大评比之外;有些地方的监督单位缺乏监督的责任感,怕实施监督得罪领导,受到打击报复,从而在政治生态评价中走形式,弱化评价、虚假评价等,制约了当地"以评促改"的进程。此外,信息公开机制的缺失也会对地方政治生态评价体系的运行产生消极影响。人民群众对地方政治生态评价的监督也至关重要。但由于一些地方政治生态评价体系的外部监督渠道不畅通,社会公众未能充分行使自己的监督权,缺少群众的监督和反馈,就会导致政治生态评价存在一定程度的失真。还有容错纠错机制、激励与惩戒机制、反馈预警机制、实时沟通机制等,都是保障和推进地方政治生态评价效用发挥的协同机制,但在地方政治生态考核评价工作中鲜有运用。

(三)政治生态评价指标体系有待优化

由于各地方在构建地方政治生态评价指标体系时立足不同角度,造成了评价标准缺乏权威性和统一性。地方政治生态评价指标体系本身就具有较强的地方色彩,这就导致地方政治生态评价指标的客观性和权威性存在隐患,不能在地方政治生态建设中发挥预期作用。在地方政治生态评价指标体系建构方面,存在以下问题。

其一,政治生态评价指标体系的选取标准与依据不够明确。梳理地方性的地方政治生态评价指标可以发现,关于政治生态健康程度的评价指标众多,不同的指标集合各有侧重,难以取舍,需要采用相应的方法进行合理筛选。但是一些地方政治生态评价指标体系的构建过程中并没有显示评价指标形成的原因和依据,评价指标是否过于笼统简单、是否科学全面、是否具有针对性都不得而知,很难让人信服。

其二,地方政治生态评价指标体系弹性不足。地方纪委监委牵头组织的地方政治生态评价指标体系既要能够包容各部门工作的特殊性和差异性,又要能够体现出公平性、统一性和权威性。尤其是省(直辖市)、市级的政治生态评价体系,评价对象包含多个层级和不同部门单位,其工作内容各不相同,评价的侧重点也不相同,很容易出现有些评价指标不具有普适性的情况。因此地方政治生态评价指标体系既要包含共性指标,也要为特色指标的建立留出余地,遵循政治生态评价指标设定的一般规律的同时,也要兼顾其延展性。

其三,地方政治生态评价指数不仅是衡量地方政治生态状况的直观标准,也是制定当地政治生态建设相关政策的现实依据。有些地方往往只关注当地各单位政治生态指数得分的高低,忽视了政治生态评价指数对政治生态优化政策制定方面的作用。

三、地方政治生态评价体系的构建与优化对策

优化地方政治生态评价体系,是推动全党政治生态健康发展的重要途径,可以为加强党的政治建设奠定坚实基础。为更好地适应政治生态评价需求,迫切需要优化政治生态评价体系,建立更加紧密结合地方政治生态建设实际,充分彰显地方特色的地方政治生态评价体系。通过政治生态考核评价,窥见地方政治生态建设的基本态势,诊断各地方政治生态建设的优劣,成为新的历史条件下推动各地政治生态建设提质升级的突破口之一。

(一)以思想政治建设为引领,激发地方政治生态评价内生动力

地方政治生态评价体系的强大内生动力是推动地方政治生态建设实现稳根本、保长远的关键。进入新时代,先进思想文化对地方政治生态评价工作

的引领作用凸显,是培养党员和领导干部高度思想自觉、文化自觉的内在要求,也是激发政治生态考核评价工作内生动力的重要途径。

1.加强理想信念教育,打造素质过硬的党员干部队伍

做好地方政治生态评价工作,关键是要加强各级党员和领导干部的理想信念教育,强化正风反腐,培养政治素养过硬、本领高强的党员干部群体。党员领导干部有坚定的政治信仰,坚持正确的政治方向,在政治生态建设工作中路子才不会走偏。马克思主义理论是新时代我国意识形态建设的根本源泉,要不断强化党员和领导干部对坚定马克思主义思想、坚定社会主义道路的理想信念教育;深入学习习近平新时代中国特色社会主义思想,唤醒党员干部的初心和使命,引导党员干部牢固树立担当作为意识,消解干部懒政怠政、不思进取的思想观念。

2.厚植政治文化底蕴,夯实文化建设"硬件"基础

地方政治生态评价体系的构建与优化,离不开我党深厚的政治文化底蕴的支撑。我国地方政治生态的建设需要依托于当地良好的政治文化。建设和完善线上线下相结合的文化宣传阵地,保障和拓宽文化引领的有效载体,是传承好我党优秀政治文化的基础。加强报刊、广播、电视、互联网、微信、微博、公众号、宣传窗等多种媒介的文化宣传,利用各种时机开展文化宣传活动,将我党所倡导的理想信念、价值理念、优良传统传播到各级党员干部及人民群众的眼里耳里心里,为地方政治生态的优化与完善提供强大的文化支撑。各级党员干部必须明白,中国共产党建党百年来勇于自我革命、敢于自我斗争的底气和勇气来源于我党没有自身的特殊利益。各级党员领导干部理应确立没有自身特殊利益的意识,完成好人民的嘱托,不辜负群众的信任。面对地方政治生态考核评价工作,当地领导干部要抛开面子,放下架子,时刻保持思想的警惕性,以揭短亮丑的胆识和勇气把工作中存在的问题摆出来,以高度的政治站位、强烈的责任担当、超强的工作能力补齐政治生态短板,下好先手棋,打好主动仗。

3.实施多措并举的激励措施,以有效考评推动有效落实

建立有效政治生态考核评价机制,对取得突出成绩的单位和个人进行表彰,对工作经验和工作成果进行切实分享,保证各单位学有榜样,行有方向,营造出当先锋、打头阵、做表率的良好评价氛围。采取适当的薪酬激励手段,通过津贴、奖金等方式突出政治生态考核成绩较好的单位和干部个人的工作贡献,激励单位和个人搞好政治生态工作。设立政治生态建设先锋单位称号,提高受表彰单位、部门广大党员、领导干部的自我价值感。对政治生态建设成绩突出的单位领导干部予以重用。通过政治生态考评增强党员干部的集体荣誉感,厚植爱党、忧党、拥党、护党的政治情感,促使广大党员、领导干部用心尽责做好本职工作。实现以获得感引领政治生态建设、以成就感激励政治生态工作,以考核评比的紧迫感鞭策和促进党组织内部形成浓厚的评比意识和氛围。

(二)以指标体系构建为重点,推进政治生态评价体系科学运行

构建科学完备的政治生态评价指标体系是优化地方政治生态评价体系的重点工作。抓住重点,才能推进地方政治生态评价体系科学运行。新时代地方政治生态评价体系的生成逻辑以地方政治生态的内涵为依据,地方政治生态评价的指标要素也要依照政治生态生成要素设定,体现出地方政治生态的层级性和综合性。

1.明晰指标选取思路,优化政治生态评价指标设定

构建科学的地方政治生态评价指标体系必须明确政治生态评价指标选取成因,做到理论与实际相结合。优化政治生态评价指标体系必须树立整治和预防相结合的指标构建思想,把地方政治生态建设工作的着力点由事后净化、整治,转变为事前导正、防范。政治生态评价指标体系的设计要坚持科学防治的思路,重视党组织腐败比率等定量指标的客观现状,将基层党组织的学习能力、党员干部的表率作用等对未来发展有预测性的定性指标作为政治生态评价的关键内容。政治生态评价指标体系要包含对既定事实存在的问题的直观

反映,也要及时预防不良现象发生。地方政治生态评价指标体系的构建要立足当下,又要高瞻远瞩,在提高地方政治生态评价指标的针对性和实效性的同时,确保其在长远目标下具有前瞻性和主动性。在构建地方政治生态评价指标体系时,应优先考虑能够重点反映当地地方政治生态建设成效,且能够准确完整得到量化的内容作为评价指标,以保证评价指标的科学性和可操作性。此外,由于政治生态评价所需数据大多涉及党政机关部门,要注意评价指标资料数据的可获取性,保障地方政治生态评价指标的科学完备、真实可靠。

2.整体把握评价方向,突出政治生态评价重点内容

优化地方政治生态评价指标体系要在全面把握评价内容的同时抓住评价重点,突破评价难点,这样才能解决地方政治生态评价弹性不足的问题,实现高质量的政治生态考核评价。地方政治生态评价指标体系既要重视领导班子成员、一把手的党性、觉悟和作风,又要看基层单位的风气和干部群众的反映。[1]要牢牢把握整体评价方向,不断丰富和完善政治生态评价指标子系统,将整体性和全面性贯穿政治生态评价指标选取的全过程,及时补充完善指标设定。抓住重点、突出关键是优化地方政治生态评价指标体系的重要环节。领导班子尤其是一把手是地方政治生态的风向标,对各地方营造优良的政治生态环境起到引领和示范作用。要把党员、领导干部指标体系纳入地方政治生态评价体系的子系统,[2]唤醒其干事创业的初心和使命,使"关键少数"逐渐形成"头雁效应"。

3.设计科学的指标体系,以清晰评价要求督促有针对性整改落实

总结地方党内政治生态评价指标体系,经过系统梳理和优化,得到9个一级指标,分别为:政治意识、党内政治生活、党内规章制度、党内政治文化、党内外监督、清廉程度、选人用人、社情民意、政商关系。每个一级指标下设3

---

① 徐华平.对政治生态评价体系的探究与思考[J].理论视野,2019(07):81-86.

② 乔贵平,吕建明.地方政治生态评价体系的构建与有效实施—基于地方政治生态现状问卷调查结果的分析[J].学习论坛,2020(12):27-34.

至 4 个二级指标,如"政治意识"下设 3 个:政治忠诚度、政治敏感度、政治执行力;"党内政治生活"下设 3 个:开展党内政治生活工作的数量和质量、自我批评的深刻程度、党员干部的培训频率;"党员干部的表率作用"下设 3 个:党内规章制度、党内规章制度的完整度和时效性、党内规章制度的履行效度;"党内规章制度的改进度"下设 3 个:党内政治文化、政治文化的先进性、政治文化的普及率;"政治文化的认同度"下设 3 个:党内外监督、党内监督的有效度、外部监督渠道的畅通度;"党内外监督机制的完善度"下设 3 个:清廉程度、党风党纪教育程度、党员干部违规违纪数量;"腐败惩治与监督力度"下设 3 个:选人用人、初始提名主渠道、考察程序的规范度;"提拔任用的认可度"下设 3 个:社情民意、人民群众的幸福指数、人民群众对党风廉政建设的满意度;"党群关系的融洽度"下设 4 个:政商关系、政府办事的效率、企业办事的成本状况、政企之间的沟通状况。在政治生态评价体系的监督与激励下,督促领导干部发挥示范引领作用,自觉为当地政治生态建设履职尽责,全面把握政治生态评价方向,突出评价重点内容,推动地方各项事业平稳发展。

政治生态建设指标体系表

一级指标	序号	二级指标
政治意识	1	政治忠诚度
	2	政治敏感度
	3	政治执行力
党内政治生活	4	开展党内政治生活工作的数量和质量
	5	自我批评的深刻程度
	6	党员干部的培训频率
党员干部的表率作用	7	党内规章制度
	8	党内规章制度的完整度和时效性
	9	党内规章制度的履行效度
党内规章制度的改进度	10	党内政治文化
	11	政治文化的先进性
	12	政治文化的普及率

续表

一级指标	序号	二级指标
政治文化的认同度	13	党内外监督
	14	党内监督的有效度
	15	外部监督渠道的畅通度
党内外监督机制的完善度	16	清廉程度
	17	党风党纪教育程度
	18	党员干部违规违纪数量
腐败惩治与监督力度	19	选人用人
	20	初始提名主渠道
	21	考察程序的规范度
提拔任用的认可度	22	社情民意
	23	人民群众的幸福感
	24	党风廉政建设的满意度
党群关系的融洽度	25	政商关系
	26	政府办事的效率
	27	企业办事的成本状况
	28	政企之间的沟通状况

4.保证数据来源可靠,推进多方信息协调畅通运转

优化地方政治生态评价指标体系的基础是充分获取准确的评价指标数据信息。在功能完备、运行协调的信息系统的支持下,才能准确把握各地方政治生态工作状况。地方政治生态评价工作是在地方党委统一领导下、由纪委监委牵头,各职能部门互相配合的情况下完成的。政治生态评价工作涉及的职能部门较广,包括组织、统战、宣传等党的部门,监察、审计等监督检查部门,公安、司法等政法和社会保障部门等。地方政治生态评价体系的顺利运行,需要多个信息系统畅通信息传递渠道,保障地方政治生态评价体系的信息传递的多样性和信息来源的准确性,推进地方政治生态评价指标体系的优化。政治生态评价的相关部门相互协作,确保信息收集的准确性和信息传递的畅通性,从而提高地方政治生态评价的科学性和可靠性。

（三）以制度建设为根本,筑牢地方政治生态评价刚性保障

制度具有根本性、稳定性、长期性。政治生态建设必须有规范的制度体系进行指引、规范与修正,为地方政治生态评价筑牢刚性保障。

1.健全评价制度建设,加强地方政治生态评价建章立制

地方政治生态评价体系的相关法规制度应该包括对评价目标、评价计划、评价标准的规范要求,也要对评价主体的多样性、评价程序的严谨性、评价指标体系的科学性、评价方法的适用性、评价结果应用的实效性进行详细规定。以刚性规章制度推进地方政治生态评价工作的制度化、法治化、规范化,保障地方政治生态评价体系的高质量运行。地方人大及其常委会要针对基层政治生态问题频发、争议频出的问题,及时制定相关地方性法规;地方市县级政府要不断完善和优化地方性地方政治生态考核评价的细则、办法,及时弥补规章制度空缺,为地方政治生态评价体系发挥效用提供制度保障。

2.完善相关配套保障机制,推动建立政治生态评价长效机制

健全上级党组织监督、群众监督和有关部门监督的监督体系,最大限度地规范基层政治生态评价工作,保障政治生态评价实现理想效果。完善信息公开机制,通过政府公报、政府网站、新闻发布会等方式进行地方政治生态考核评价过程和结果的公布,提升了地方政治生态考核评价的透明度,也提高了公众对于政治生态评价体系的了解和支持,加强了人民群众关注和参与政治生态考核评价工作的积极性和主动性。建立和完善地方政治生态评价相关的容错纠错机制,适度宽容各地方在探索和创新中的可容性失误,传承和发扬我们党容错纠错的优良传统,为各地方营造良好的干事创业政治生态环境提供动力。

3.狠抓评价制度落实,切实将制度优势转化为治理效能

制度的生命力在于执行。[①]及时主动通过宣传栏等传统媒介和党建网站

---

① 习近平.坚持和完善中国特色社会主义制度 推进国家治理体系和治理能力现代化[J].求知,2020(02):4-9.

等新媒体做好制度宣传工作,向党员、领导干部和广大人民群众做好制度的宣传解释,表明政治生态评价工作的政治意义、具体做法和理想效果,打通党组织内部和社会外部的政策执行通道,将为政治生态考核评价工作的顺利推进提供良好的内外部环境。推动各行为主体严格按照制度履行职责、推进程序、开展工作,防止在制度执行上做选择,搞变通。要避免有的地方部门和单位把制度建设的重心放在建章立制上,把制度建设用来装潢门面,制定好的制度被束之高阁。党员干部要自觉维护制度的刚性约束,做执行制度的表率。各地方要做好落实政治生态评价规章制度的督查工作。各级纪检部门和上级机关要切实将督查责任落实到位,对于违反规定的行为进行严肃处理,借助外力进一步提高党员、领导干部的自我约束能力。政治生态评价体系的地方性法规制度也要与时俱进,对于与时代发展和政治生态建设实际情况不相适应的地方性法规,及时进行适当的修改完善和动态调整。

(四)以强化落实为关键,全面提高政治生态评价体系治理效能

政治生态评价本身就是一个系统工程,评价主体、评价方法、评价指标、评价结果等是一个相互关联的整体,要综合设计,系统实施,确保政治生态评价体系治理效能。

1.优化评价主体机制,落实政治生态评价主体责任

一要做到优化政治生态评价的专家结构。专家团体的知识体系必须能够全面覆盖地方政治生态评价体系所涉及的所有领域,并且评价主体有高度责任感和职业道德,能够保证政治生态评价的科学性、公正性。二要充分发挥社会公众的主体意识,让群众参与到地方政治生态评价中去,克服单一评价主体的局限性,也有助于形成良好党群的互动关系。三要积极引导社会第三方机构作为中介参与到政治生态评价中去,比如大学研究机构或科研机构等。第三方机构独立于政府,一般可以保证地方政治生态评价的可信度和公正度,能够及时反映群众需求,促进地方政治生态建设创新发展。

2.整合创新评价方法,规范政治生态评价操作流程

规范地方政治生态评价流程必须要制定严格的工作标准和规章制度。一方面,制定严谨科学的政治生态评价工作细则。明确以习近平新时代中国特色社会主义思想为指导的工作方针;严格规范政治生态评价目标,明晰政治生态评价工作的出发点和落脚点;公示政治生态评价领导小组成员、清晰呈现政治生态指标具体内容和评价结果应用方式等,为地方政治生态评价工作提供明确的方向指引。另一方面,加强对地方政治生态评价工作的监督。不仅要成立政治生态评价监督小组,对整个政治生态考核评价工作的具体流程进行监督和管理,做好日常监督和应急管理;而且要通过各级党委网站、党委微博、微信公众号等平台公示政治生态评价工作流程和成果,提高政治生态评价工作的透明度,进一步加强对地方政治生态工作的监督和规范。

3.重视评价结果反馈和应用,以考核评价为手段促进改革发展

给予地方政治生态评价结果充分的重视,结合指标得分情况进行整体和专项分析是十分必要的。地方党委要认真分析各部门在政治生态考核评比中呈现出的问题和失误,分析原因并找准对策,切实解决问题。评价结果可通过开诚布公的方式实事求是地反馈给被评价部门和被评价者。以评价结果为参考,按照清单逐一解决政治生态评价结果呈现的各项问题,严抓落实整改,不放过任何一个隐患,从而达到准确认识问题并改正不足的目的。要推进地方政治生态评价体系的预警和监测作用常态化、长效化。根据政治生态评价结果反馈,针对问题突出和重点关注的部门和单位,定期接受"政治体检",及时预防和规避工作失误。对于发展苗头和倾向不良的单位和个人,要给予重点关注,及时纠正失误,引导地方政治生态建设向正确方向发展。

本文作者:商植桐、胡康倩

天津构筑市场化、法治化、国际化营商环境研究

天津师范大学课题组

党的二十大报告指出,深化简政放权、放管结合、优化服务改革;营造市场化、法治化、国际化的一流营商环境。我市第十二次党代会指出,要"坚持社会主义市场经济改革方向,加快构建高水平改革开放新格局"。其中,营造一流营商环境是一个关键的环节。为打通经济发展堵点,赋能企业高速发展,天津不断优化营商环境,在行政审批制度改革、现代科技创新能力提升和公共服务保障体系完善等方面取得了明显成效。但距离天津"十四五"规划中"打造办事方便、法治良好、成本竞争力强、生态宜居的市场化、法治化、国际化一流营商环境"的总体目标仍有提升空间。

一、天津法治化、国际化、市场化营商环境建设情况概述

2019 年以来,天津市先后出台《天津市优化营商环境条例》《天津市优化营商环境三年行动计划》等法规和政策文件,为本市建设国际一流营商环境提供法治保障;2021 年、2022 年连续发布《天津市优化营商环境责任清单》等

一系列改革举措,并对标《国务院关于开展营商环境创新试点工作的意见》改革措施,借鉴 6 个试点城市的创新做法,结合天津市实际制定健全准入和退出机制、提升投资和建设便利度、维护公平竞争秩序、优化经常性涉企服务等 10 个方面 109 条改革措施。此外,推出实施"天津八条""民营经济 19 条""助企纾困 15 条""服务市场主体 36 条""稳经济 35 条"等一系列"暖商新政"。在 2021 年全国营商环境评价中,天津的"市场监管"指标连续两年被树为"标杆","开办企业"指标被评为"标杆城市"之一。

(一)天津营商环境治理的优势

一是全国领先的行政审批制度改革。天津行政审批制度改革创新一直走在全国前列,是天津营商环境的核心优势。2004 年,天津成立了天津市行政许可服务中心。2014 年,天津滨海新区创新行政审批体制,成立全国首个行政审批局,率先实现了"一颗印章管审批"。2018 年,推进承诺制、标准化、智能化、便利化的"一制三化"改革。

二是具有比较优势的现代科技创新能力。天津作为我国北方重要的工业基地,拥有门类齐全的工业体系,汇聚了航空航天、智能科技、装备制造、生物医药、石油化工、汽车工业、新能源和新材料等众多优势产业,聚集高等院校 56 所,国家级院所和国内高水平研发机构超过 170 家,具有深厚的产学研优势和科技创新人才培养基础。

三是高水平的公共服务保障体系。天津高度重视社会事业发展,拥有高水平的公共服务保障体系,体现在稳定就业、养老服务、教育、医疗服务、居民生活、特殊群体扶持等方面。四是明显的区位优势。天津交通便利,囊括"公、铁、水、航、邮"交通运输全要素;自然资源丰富,蕴藏充足的金属、非金属、油气和地热等资源,多样化的植被、野生动物和鱼类等生物资源,独特的水域和盐场等海洋资源;文化底蕴深厚,城市文化具有开放和包容的双重认同属性。

（二）天津法治化、国际化、市场化营商环境既有成效

一是企业营商便利化程度有效提高。天津市"开办企业"指标在 2021 年被评为 2020 年度营商环境"标杆城市"。通过"证照分离"改革，减少企业领取营业执照后的行政审批事项。在深化商事登记制度改革过程中，在全国首创最简告知承诺审批。以市政府名义印发《天津市行政许可事项清单》，其中认领国家行政许可事项本地实施的 681 项，天津市地方性法规设定的行政许可事项 14 项。制定《天津市关于加快推进政务服务标准化规范化便利化的实施方案》。推行惠企政策"免申即享"，最大限度方便企业和群众办事。实现"一窗受理、综合服务"，目前首批 622 项政务服务事项已进驻综合窗口。网上政务服务水平进一步提升，制定了上线第一批"移动端"高频服务事项 79 项和速办服务 22 项。

二是法治化营商环境建设水平显著增强。天津市多措并举持续优化金融信贷营商环境，强化信用增进，推动建立独立公正的中小微企业信用评价服务及资产登记评估机制，开展农业经营主体信贷直通车活动，制定了推动信贷直通车常态化服务的政策措施。《天津市优化营商环境三年行动计划》中明确提出要提高上市公司信息披露质量和健全证券期货纠纷多元化解机制。不断加大社会信用体系建设推动力度，天津市信用信息共享平台在平台命名、建设标准、建设范围、建设内容等方面按照全国信用信息共享平台一体化建设要求，不断完善天津市信用信息共享平台和信用中国（天津）网站建设。

三是国际化营商环境水平对标先进一流。在跨境贸易方面，开展跨境贸易便利化专项行动。2021 年天津口岸进口、出口整体通关时间分别为 34.93 小时、0.74 小时，同比分别压缩 17.3% 和 48.6%，位居全国主要海运口岸前列。2022 年，提出深化"船边直提"和"抵港直装"业务模式改革、提升通关智能化水平、持续优化通关流程，巩固压缩通关时间成效等 6 项天津海关自主创新举措。在外贸发展方面持续加大政策支持，精准化为企业提供服务，制定了外

贸企业帮扶工作方案,畅通物流供应链运输,着力解决外贸企业订舱难、订舱贵问题,探索出缓解航运需求紧张的"3124 天津模式",强化金融支持,深化信保合作机制。

二、天津法治化、国际化、市场化营商环境建设中存在的不足

（一）法治化营商环境——现代政府职能体系及其制度效能发挥效果不足

一是政府权责边界定义不清导致的执法偏颇问题。通过调研发现天津市的行政执法中存在以下问题尚需解决:存在执法扰企问题,存在守信守诺不完整问题,政府权责边界厘定不清晰,存在权力使用不当的现象。

二是公共政策设计科学化及政务公开程度不足影响市场主体预期。短时间内政策对于市场的影响,容易使市场主体对政策的信心度和期待值变化,公共政策的设计存在合理化、科学化的量化及测评,而政务信息公开的程度在一定程度上影响了市场主体的既有信心,进而对天津市的营商环境发展前景有所担忧。

（二）市场化营商环境——"放管服"改革遇阻行政配套保障不足的现实困境

一是产业结构调整的"后遗症"仍待恢复。自产业结构调整以来,天津市处于增长速度换档期、结构调整阵痛期、前期刺激政策消化期的"三期叠加"阶段,表现为经济增速放缓、淘汰落后产能、化解长期积累的深层矛盾。

二是政府敏捷治理能力略显不足。现阶段天津市政府应对市场快速发展变化的方向倾向于稳定,敏捷治理能力略显不足。如 2018 年出台政策文件支持智能科技型企业发展,在此新兴产业的扶持政策中,资金性扶持相对于创

新性扶持的比重更高,对企业的扶持方式略显单一。

三是高素质人才的吸引程度仍较弱。与北京市相比,我市人才黏性指数数据较低,高素质人才在北京的虹吸效应下流失较为明显。

(三)国际化营商环境——金融基础、流通基础、优势基础的有效提升与效能实现不足

一是国际金融优势基础薄弱。天津市离岸金融业务需求尚有不足,境外投资企业数量较少,客户需求量小;同时,天津市大多数境外公司走出去的时间短,信用等级不高,难以形成良好的客户需求。另外,四大国有银行在离岸金融贷款业务方面更倾向于良好信用的优质企业,我市国际金融活力略显不足。

二是流通要素中多式联运的国际贸易基础发展滞后。以多式联运中的海铁联运为例,天津港海铁联运模式下的运输成本优势不足,在管理体制方面,天津港铁路的建设所有权与运营管理权相分离,缺乏有效的协调机制,贸易方式现代化转型进程滞后。

三是区位优势无法有效转化为国际产业分工占比的竞争力。天津出口的产品以大宗货物为主,在国际产业分工中的地位也有待提高,价值链的竞争机制优势一般,产品在出口发展中所占比例不足,外贸结构竞争力较弱。

三、天津法治化、国际化、市场化营商环境不足的原因分析

(一)法治化营商环境的行政事权划分不顺与错位放权衔接不畅

一是行政事权划分不顺。如自贸区改革创新中,自贸区管委会既要承接滨海新区政府及职能部门、又要关注国务院相关部委的多头管理与业务指导,部分事权划分出现空白缺位、交叉重叠、衔接失序。

二是错位放权衔接不畅。放权不得当,有选择的下放责任为先、利益较少

的部分权力。接权不顺畅,基层部门往往对政策标准认知有限、把握不足、缺乏专业性。

(二)市场化营商环境的整体设计欠缺与政策匹配滞后

一是整体设计欠缺。我市产业调整后的阶段性阵痛体现了系统谋划的不足,政府快速适应性调整能力不足则归因于激励机制、考评机制、监督机制、交流机制等配套制度的设计欠缺。

二是政策匹配滞后。滞后的法律法规在一定程度上制约了"放管服"改革进程,以自贸区为例,相关立法及法治体系设计无法有效联通权力清单、责任清单、负面清单的厘定标准,改革陷入无法可依的现实困境。

(三)国际化营商环境的资源要素与政策基础的适时性、前瞻性对接失调

国际化营商环境的问题究其根本,可理解为资源要素与政策基础的适时性、前瞻性对接失调。从我市产业结构调整后的企业阵痛转型结果来看,政策基础与资源要素之间并不调和。营商环境依赖法治与制度建设,在某种意义上讲,影响国际贸易决定性的变量是制度,不单是资源禀赋与收益,因而资源要素在我市国际化营商环境中的效用还需政策基础的及时支撑,政府主体的政策基础设计,需要具备前瞻视野高度与适时调整能力。

四、构筑天津法治化、国际化、市场化营商环境的对策建议

(一)法治化营商环境——法治基础性职能优化的典型思路

一是加强规范化执法建设。运用说服教育、警示告诫等非强制手段,兼顾执法的力度与温度,加强诚信政府建设,推动企业守信守法经营构建"亲清"新型政商关系,做到"无事不扰,有求必应"。

二是加强知识产权保护。加强对关键核心技术、战略性新兴产业的保护，完善知识产权保护协调机制，完善涉知识产权民事、行政、刑事案件一体化办理机制，完善区域管辖协调机制和法律救济制度。三是提升司法服务水平。建立涉民营企业案件办理绿色通道，建立涉民营企业风险预防机制和矛盾纠纷多元化解机制，全面落实普法责任制，丰富法治宣传形式。

（二）市场化营商环境——政策、产业、人才的协调平衡机制

一是加快对企业需求的政策回应速度。站在全局角度，下好全区域、全产业、全周期的一盘大棋，政府要加强对具体改革措施的统筹性、整体性、科学性的总体规划和实施设计，加强创新型政策工具的使用，真正地激发市场活力，提供更多的政策性扶持，为企业的长期发展助力，地方政府应加强与管辖范围内企业的沟通，做出合理的规划与决策，保证市场高效有序的运行。

二是防范产业结构调整风险。要正确认识产业进入"三期叠加"发展阶段所表现的不同特征，在供给方面，加快创新驱动，在需求方面，挖掘新需求，开辟新市场。加快推进市内的供给侧结构性改革，依靠新领域、新产业、新需求、生态要求和行业自律实现经济的稳增长，淘汰落后产能，补齐短板，推动产业转型升级。

三是完善人才引进和培育制度体系。天津市政府应树立科学的人力资源管理观念，制定符合其发展需求的政策，进一步发挥"海河英才"计划的政策红利，开拓和丰富引才模式，完善本市的人力资源市场体系，打造数据完整的信息系统，采用创新方式吸引天津户籍在外务工的人员"回巢"。

（三）国际化营商环境——金融、流通、区位的要素融合互通

一是完善产业调整政策，形成功能一流的国际物流区。优化以天津港为核心的国际现代物流区，形成良好的物流环境，努力把物流中心建设成为面向国际、联系内地、以国际物流为重点、兼顾城市区域物流的世界一流的现代

化国际物流中心。优化冷链物流营商环境,搭建政府服务基础。依托冷链物流基础设施建设背景与政策背景构建冷链物流营商环境。

二是推动自主研发,促进贸易方式转型。全力做好稳外贸工作,积极培育新优势新动能,大力推动自主研发能力和自主品牌建设。积极响应国家供给侧结构调整政策,延伸上下游产业链,全力建设现代化信息网络,在原有基础上创新监管模式,推进贸易方式现代化转型升级。

三是加快金融创新步伐,争取国际性金融组织投资。在特色金融创新的基础上,天津根据国家战略,积极地开发和建设具有国际影响力的于家堡金融中心,建立有国际影响力的金融机构或者分支,搞活城市金融,加大天津在国际的影响力,同时加强对外交流与合作,支持"丝绸之路经济带"的相关工作,在更高、更大的平台上为"一带一路"的发展提供金融支持和服务。

天津"十四五"规划中"打造办事方便、法治良好、成本竞争力强、生态宜居的市场化、法治化、国际化一流营商环境"的总体目标仍需不断完善,从法治化的基础职能优化,到市场化的政策主客体协调,再到国际化的要素融合合力,都需要我市自顶层设计、中观分解、基层实践中寻找难点与痛点,快速解决、迅速疏通,落实天津"一基地三区"功能定位,紧扣党的二十大精神和我市十二次党代会精神,实现天津"十四五"规划目标,建设天津成为高质量发展、高水平改革开放、高效能治理、高品质生活的"四高"社会主义现代化大都市。

本文作者:宋林霖、武岳、蒋申超、李欣璐、张嘉桅

推进基层理论宣讲分众化、全覆盖的对策研究

——以红桥区"小院讲堂"特色品牌为例

天津社会科学院课题组

社区是城市的重要组成部分，是各行各业干部群众安居乐业的家园，也是居民群众联系党和政府的重要纽带。随着社会结构的不断转型和人们职业选择的日益多元化、复杂化，传统组织架构的宣讲模式已难以覆盖越来越多的社会群体。红桥区依托社区建设的"小院讲堂"在实现理论宣讲分众化、全覆盖的目标要求方面具有独特优势，在创新宣讲内容形式、挖掘宣讲内涵效果、联系各类宣讲资源、贴近基层干部群众、常态长效推进基层理论宣讲方面也具有有利条件。

课题组坚持问题导向，围绕推进红桥区基层理论宣讲分众化、全覆盖工作，在红桥部分街道社区、相关职能部门以及基层干部群众中，广泛深入开展调查研究，对红桥区基层理论宣讲的开展情况有了较全面的了解，也发现了一些问题和短板，进而有针对性地提出推进红桥区基层理论宣讲分众化、全覆盖的对策建议。

一、挖掘理论宣讲人才，建设"小院讲堂"常态化宣讲队伍

（一）组建常态化社区宣讲员队伍

发挥社区党组织领导核心作用，充分挖掘吸收社区居民中的宣讲人才，面向社区广泛发动基层党员干部、身边好人、先进典型、优秀志愿者、"社区五老"等加入宣讲队伍，把分散在辖区基层一线的各类乡贤名人、草根名嘴、宣讲能手动员出来，将其中政治素质好、理论水平高、宣讲能力强、热心宣讲工作的人才充实进理论宣讲骨干队伍，形成"传帮带""新老结合"的传承模式，打造一支常年活跃在群众身边的稳定的"草根"宣讲队伍。

（二）结合社区实际打造队伍特色

充分考虑社区的地域特点、历史传承、风俗习惯、居民构成、人才资源、理论需求等情况，打造贴紧实际、各具特色的社区宣讲队伍。鼓励吸引辖区内各类专家学者、机关干部、社区能人、先进代表、民间艺人、"土专家"等热心社会公益事业的优秀人才加入宣讲队伍，依托社区特色人才资源组建社区特色宣讲队伍，建设特色宣讲工作室发挥引领示范，积极开展反映社区群众实际需求的特色宣讲活动。

（三）善于借助外脑外力多种渠道广纳人才

充分挖掘辖区共建单位的理论专家、社会名人、创业能手、业务骨干兼职加入社区宣讲队伍，根据社区实际、采取不同形式，充分利用好目前红桥"千人宣讲团"、职工思想引领宣讲阵地、"文艺轻骑兵"宣讲队的人才资源，为社区宣讲服务，多方挖掘吸收熟悉掌握司法、民政、医疗、教育、新媒体技术的宣讲人才，积极挖掘有文艺创作表演天赋的基层人才，不断拓宽宣讲队伍的专业覆盖面。

（四）整合宣讲人才资源，实现宣讲资源良性互动

宣传部门应有效整合区内红色史迹、新时代文明实践阵地、机关、学校以及企业等阵地资源，充分挖掘区内专家学者、学校教师、企业讲师等师资资源，打破地域、系统限制，建立理论专家、党员干部、宣讲能手为主体的，多层次、广泛覆盖、专兼结合的理论宣讲人才库，建立区、街、社区三级宣讲人才联动机制，搭建开放式的宣讲资源平台，为社区宣讲人才需求提供服务。同时，相关主管部门应加大宣传骨干培训力度，采取走出去、请进来、请上来、走下去等方式，组织开展专业培训、以会带训、活动促训等活动，全方位提高基层宣讲队伍专业能力，不断激发宣讲队伍内生动力。

二、聚焦群众理论需求，打造"小院讲堂"分众化宣讲模式

（一）围绕群众需求点开展菜单式宣讲

坚持以人民为中心，坚持"用户思维""需求导向"，有针对性地组织策划开展社区宣讲活动。着眼基层群众理论需求，摸清找准干部群众与理论的共鸣点，切实把理论的内在逻辑和真理力量讲清楚，把党的路线方针政策说透彻，使党的创新理论真正为群众所掌握；着眼基层群众政策需求，紧密联系广大群众对经济社会发展态势的关注，把理论宣讲与本地各项事业发展实践相结合，说清讲明党的初心使命，把来之不易、实实在在的发展成就展示给群众，把直面问题、对症下药的办法举措告诉给群众，把干事创业、开拓未来的信心和决心传递给群众；着眼基层群众现实需求，聚焦关系群众柴米油盐、衣食住行的小话题开展深入浅出宣讲，使理论宣讲与服务群众、解决问题相结合，及时回应基层所想、群众所惑、百姓所盼，讲出"百姓味道""时代味道"。

（二）针对群众差异点开展靶向式宣讲

坚持针对性、时效性，在深入了解基层群众具体需要的基础上，根据不同群体的认知特点和接受习惯，找准对接点、共鸣点，注重分众化靶向传播，量身定制宣讲内容，点对点推送到群众手中，实现精准传播、有效覆盖。针对不同领域分层次开展宣讲，用群众愿意听、听得懂、能践行的方式，既要讲如何实现中华民族伟大复兴的"大道理"，又要讲如何解决一家一户实际问题的"小道理"；既要有集中统一的权威宣讲，又要有为不同受众量身打造的个性化宣讲。坚持吸引力、感染力，选择用宣讲对象熟悉的话语开展宣讲，从居民身边事、周围事入手，用真情实感讲故事讲道理，把党的声音送到百姓心坎上。

（三）紧扣群众关切点开展精准化宣讲

坚持问题导向，着眼群众民生诉求，摸清和聚焦群众关心关切的热点难点和"急难愁盼"，及时回应关系百姓切身利益的住房、医疗、教育、养老等方面现实问题，及时解疑释惑、析事明理，老百姓哪里想不明白，在宣讲中就往哪里"靠"，切实增强基层宣讲的理论深度、实践力度、情感温度，让群众在情理交融中接受真理、在潜移默化中凝心聚力。既要传播政策、上情下达，又要传递民意、下情上达；既要接"天线"，又要接"地气"，切实把背景成因、现实状况讲清楚，把人民群众的利益安排讲明白，把民生改善政策讲到位，为老百姓解思想之困、政策之惑、现实之难，让群众愿意听、听得懂、有收获。

（四）找准群众兴趣点开展互动化宣讲

创新基层理论宣讲形式，打破传统的"我讲你听"思维，积极搭建理论集市、宣讲超市等宣讲互动平台，开展参与式、互动式宣讲，让理论宣讲贴近现实、贴近群众，真正激发群众兴趣。结合群众喜闻乐见、易于接受的赶集文化，开设"理论集市"，以传统集市摊位形式构建"理论集市"，将图片展览、革命诗词书法展、趣味游园、红色歌曲点唱、人物形象剪纸、猜谜等元素融入其中,让广大群众广泛参与,在情境中体验、在体验中领悟、在愉悦中学习。拓展"互动式"宣讲模式,开设"宣讲超市",组织宣讲志愿者深入文明实践站点、巷尾街头、村居广场、企业车间以及老党员家中、老百姓院中等地,与群众进行互动,在点单中听宣讲,在互动中学理论,激发群众学习兴趣,推动党的创新理论入脑入心。

三、拓展延伸宣讲触角,探索"小院讲堂"全覆盖宣讲路径

(一)加强阵地平台建设,拓展理论宣讲广度

基层理论宣讲要长效化发展,最终还是要落脚到阵地平台建设。巩固社区固定的基层理论宣讲点建设,整合改造社区会议室、党建活动室、阅览室、社区文化活动中心、道德讲堂、宣传栏、文化墙等场所阵地,确保学习有课堂、宣讲有阵地。结合群众工作和生活,将宣讲场所搬到街头巷尾、广场公园、楼道院落、屋前树下,说透传开、到边到底,因地制宜用好各类场地、激活各种资源,解决最基层党组织和党员群众对党的声音"听不到"的问题。充分挖掘体制外的各种资源和力量,构建面向不同层次、不同群体的宣讲骨干队伍,采取"面对面"和"零距离"方法送"讲"上门,长期活跃在群众身边,用群众熟悉的语言解疑释惑,使经常性宣讲持续不断,形成宣讲工作大格局。

(二)积极创新载体渠道,延伸理论宣讲深度

借助重大主题宣传、文化走基层等活动,着力在弄堂小院、工厂车间、建筑工地、社会组织等搭建新平台、微平台,将理论知识从"会场"延伸到"现场",将宣讲课堂送到群众身边。充分用好地方革命遗址遗迹、纪念场馆等资源,深入挖掘讲好我们党的光荣革命传统和革命先辈的崇高品格、宝贵精神,把红色基因传承好、发扬好。统筹兼顾宣讲内容,注重将理论宣讲融入日常、

经常、平常,在"接地气""聚人气"上下功夫,不断扩大覆盖面、提升影响力、增强吸引力,实现"哪里有群众哪里就有宣讲、群众在哪里就宣讲到哪里"的宣讲目标。

（三）强化网络宣讲阵地建设,消除宣讲"盲区""死角"

针对传统的理论宣讲模式无法全覆盖基层群众（例如流动党员、新业态新就业群体、外出打工人员、外来务工人员等）的问题,要运用互联网思维创新理论宣讲,加强网络宣讲阵地的深耕细作,将大讲堂与微课程相结合,建设和用好微博、微信、移动客户端等新媒体平台,广泛搭建"微课堂",开展"微宣讲",实施"微传播",增加"微互动",打造理论宣讲"微矩阵",扩大理论宣讲辐射范围。通过QQ群、微信群、钉钉群、网络直播、抖音视频等形式发布理论内容,充分利用"学习强国"视频会议、小喇叭、无人机、线上课堂等宣讲平台和手段,开展"网上点单"宣讲,使广大党员干部群众能够随时随地学,真正将基层理论宣讲走深走实。

四、创新宣讲形式特色,构建"小院讲堂"长效化宣讲格局

（一）"品牌＋特色",打造"宣讲红课堂"

以打造品牌、突出特色为目标,优化宣讲内容,丰富宣讲形式,压实宣讲阵地,不断提升"小院讲堂"品牌的吸引力、影响力。坚持以党的创新理论为根本,聚焦习近平新时代中国特色社会主义思想,做好学理分析、学理阐释、内容传导、思想指引;坚持以需求和问题为导向,把握基层群众对理论武装的真实需求,确保理论宣讲与人民群众的现实生活相融,多一些"接地气""冒热气""沾泥土""带露珠"的宣讲,切实解决基层群众的思想问题和实际问题;坚持以对象化、分众化、差异化宣传为原则,融合专家理论宣讲、媒体宣讲、典型宣讲、故事宣讲、文艺宣讲、网络宣讲、快闪宣讲等多种形式,分层分类开展多样

化宣讲,真正让群众听得懂,更能够用得上。

(二)"研学 + 讲学",打造"宣讲活课堂"

创新宣讲形式,强化有新意充满"鲜味"方式的宣讲,融知识性、趣味性、灵活性为一体,不拘一格组织开展形式多样的宣讲活动。积极探索精品研学路线,组织宣讲员走进实景场地宣讲,结合本地文化、旅游等靓点,注重在本地红色地标、展览馆等地开展沉浸式实景宣讲。善于抓取身边典型,收集本地的历史文化、道德模范、凡人善举、最美故事等,找准切入点,用小故事阐释大主题,以具体的细节描述传达渲染情绪,让群众从身边典型和朴实故事中领悟意义、感悟正能量。坚持用百姓话说百姓事,用生动的方言俚语拉近距离,用鲜活的故事传播思想,用通俗的语言讲清道理,让群众听得懂、乐意听、有所获。

(三)"创新 + 文艺",打造"宣讲潮课堂"

创新话语表达,将党的创新理论融入群众听得懂、喜欢看、记得住的艺术表演中,用快板、小品、相声以及具有当地特色的歌舞、戏曲等群众喜闻乐见的形式开展宣讲,把"普通话"转化为"地方话""书面语"转化为"口头语",用艺术形式将党的创新理论唱出来、舞出来、演出来,融入基层群众的柴米油盐之中,让理论传播"潮"起来。结合红桥区文化底蕴深厚、民间艺术门类繁多的特点,积极利用群众性的文学创作和戏曲、曲艺等民间传统艺术形式将党的理论创新成果和重大决策部署融入文艺作品创作,编排一批反映人民群众幸福生活和宣传党的理论政策的文艺精品节目,寓教于乐,用"生动说唱"增强党的创新理论的穿透力和感染力。

(四)"线下 + 线上",打造"宣讲云课堂"

通过整合新媒体技术力量,将集中面授和网络微党课相结合,实现"线上

+线下"联动。线上,依托党课宣讲平台充分发挥及时便捷互动性好的优势,搭建自主学习模块,推动理论宣讲内容"上云",配套设置党的理论文献、基本知识、重要时事新闻等学习版块,让党员干部群众自主选课学习,满足个性化需求。制作理论宣讲动画动漫在快手、抖音、小红书等热门平台上播放,让"云上"宣讲有声有色。线下,培养锻炼"专业+个性"的宣讲队伍,运用专业的报告会和专题讲座充分让干部群众享受理论大餐,同时运用现场教学、聊天长廊、座谈等方式和基层干部群众广泛互动,进行分层分众、灵活互动的宣讲,让党的理论入脑入心。

五、整合理论宣讲资源,完善"小院讲堂"体系化宣讲机制

(一)整合协调多方资源,形成理论宣讲整体合力

积极推动理论宣讲与新时代文明实践活动融合贯通,充分利用新时代文明实践中心(所、站),搭建平台载体,为广大党员和群众提供学习参观交流的平台,培养一支新时代文明实践宣讲志愿服务队伍,让志愿服务行动带动理论宣传,聚人气,接地气,让理论宣传"活"起来。发挥区融媒体中心技术和平台优势,积极运用微信、微博、微视频、微课、微文等形式开展理论宣讲工作,引导基层群众自由、自主、自愿点击观看、下载收藏,主动学习。宣传部门应积极协调工会、共青团、妇联、文旅、教育等部门宣讲资源,建立健全积极参与、相互配合、通力协作的高效联动宣讲机制。

(二)健全基层宣讲管理机制,完善基层宣讲制度保障

坚持基层宣讲工作品牌化的思路,从宣讲队伍、宣讲阵地、宣讲内容、宣讲形式等方面全面加强"小院讲堂"功能建设,在主题策划、组织协调、人员选配、活动宣讲等各个环节,建立一套完备的工作流程和活动机制,加强宣讲方向、内容、培训等工作的协调、指导,全面打造宣讲队伍专业化、宣讲体系科学

化、宣讲内容精品化、宣讲阵地规范化的系统化工作机制。强化"小院讲堂"宣讲品牌形象宣传和实践推广，推进基层理论宣讲分众化、全覆盖。建立相应资金保障机制，设立专项经费，加大财政对基层理论宣讲工作的支持，在人员、场地、设施、设备等方面给予保障，确保理论宣讲落实见效。

(三)建立完善激励考核机制，增强基层宣讲活力

出台鼓励基层宣讲工作的制度，制定督促、考核、评比、奖励的具体办法，将理论宣讲工作作为党委(党组)落实意识形态工作责任制考核的重要内容，并采取多种形式，加强检查督导，推进理论宣讲工作扎实开展。建立健全基层宣讲激励约束机制，依托社区"星级评定"工作，推动社区理论宣讲品牌创建工作。深入开展最佳宣讲员、最佳宣讲课"双佳"评选表彰活动，发现、培养一批优秀基层宣讲员。建立健全宣讲人才学习培训机制，加强对基层宣讲员尤其是社区工作者宣讲员的辅导培训，切实提高宣讲队伍的思想境界、理论素养和业务水平，使之成为基层理论宣传工作的行家里手。量化宣讲效果评价，采取抽样调查、网络点赞等方式，及时收集反馈受众信息，科学评估宣讲效果，确保宣讲效果。总结推广基层理论宣讲好做法好经验，形成制度性安排和工作举措。

本文作者:叶国平、李莹、张丽红

互联网新技术立法滞后问题对策研究

天津大学智慧法治研究院课题组

党的十八大以来,习近平总书记全面系统深入阐释了全球互联网发展治理的一系列重大理论和实践问题,为网络空间的未来擘画了美好愿景、指明了发展方向。为适应数字经济蓬勃发展、互联网技术日新月异的现实要求,我国已建立了以宪法为根本,以法律、行政法规、部门规章和地方性法规规章为依托,以传统立法为基础,以网络内容建设与管理、信息化发展和网络安全等网络专门立法为主干的网络法律体系。我国互联网立法的"四梁八柱"基本构建完成。

然而我国互联网行业快速发展的背后,仍存在发展不平衡、规则不健全、秩序不合理等现象,这反映出在互联网新技术领域的立法不能满足互联网行业和技术发展的要求。主要体现为:一是互联网新技术开发应用活动管理立法滞后;二是基于互联网新技术的新平台管理立法滞后;三是基于互联网新技术的新行为规范立法滞后;四是基于互联网新技术的新内容规制立法滞后。本文将全面剖析互联网新技术立法滞后问题并提出相应的完善对策。

一、互联网新技术的立法滞后问题剖析

（一）立法理念问题：管理重于治理

目前互联网立法思维存在重管理轻治理的现象，主要表现在三个方面：

一是重视管控型制度设计，缺乏激励引导型规则创制。现有的法律法规大都具有较强的行政监管色彩，内容上侧重规定管理部门的职权、管理和处罚措施等；规范设计上以管控型为主，缺乏激励引导型规范，多强调互联网服务提供者和互联网用户的责任和义务，而对如何引导互联网社会服务创新、保护互联网企业和网民的权利缺乏设计与考虑。

二是现有规则过度强调政府管理作用，多元主体合作规则虚化。从目前的立法现实看，本应政府、国际组织、互联网企业、技术社群、社会组织、公民个人等多方主体共同参与互联网运行治理中，赋予政府管理职权成为立法的中心话题，而公众等只是一种被动型或者功能型的"虚置"参与，无法发挥其积极性、主体性的作用。

三是调控互联网市场主体行为的市场经济立法不足。目前对互联网市场主体行为的规制仍然不足，主要体现为立法体系仍不健全，在网络服务供应商等主体的责任设计上仍有欠缺；企业市场支配地位认定的标准不完善，致使在实践中仍难以有效界定。

（二）立法领域问题：技术前瞻不足

目前针对互联网新技术的共性问题、潜在风险和损害后果的立法活动尚存在滞后性。这种滞后性突出表现在三个方面：

一是风险预防不到位。所谓风险预防是指在某项新技术在研发知识，应用之前，应当对其技术的社会伦理、安全稳定和个人权利保护等领域的潜在风险进行全面评估，并根据不同的风险等级给予相应的引导纠偏与制止，而

目前的立法中对于体现风险预原则的规则并不足以应对互联网新技术潜在的各类风险。

二是损害预防反应慢。所谓损害预防是指业已发生的基于互联网新技术而产生的各类社会问题,通过必要的立法活动予以防范和制止,而目前的立法活动,因为受限于应对技术、管理体制等问题不能对科技界、社会公众关注的重点问题予以及时立法回应。

三是矫枉过正阻发展。在面对互联网技术蓬勃发展带来的新形势新挑战,立法活动应当采取的是预防为主和相对审慎的行政管理,但是在互联网管理实践中,对于这些新问题新挑战,一些部门和地方会在立法中使用禁止性条款或责任型条款对相关技术"一关了之"或"一罚了之"等一刀切的做法,严重阻碍了相关技术或业态的发展。

(三)立法机制问题:立法资源紧张

一是在时间成本方面,作为一般性法律的互联网专门立法,需要由全国人大常委会审议并通过。按照全国人大常委会议事规则,每年会召开六次左右的常委会会议,每次常委会会议审议通过两部法律,而一部法律需要审议通过的话,至少需要上三次常委会进行三读。而全国需要立法的各类事项浩如烟海,除非有特别重大紧急立法事项外,一般性立法都需要在反复平衡后才能上会审议。所以在互联网基本立法近年来已经有四部法律出台的情况下,再制定新的互联网立法必将受制于有限的立法资源。

二是在人力成本和智力支撑方面,互联网立法,技术性强,需要来自科技界和法律界的专业人士共同参与。而目前既懂技术又懂法律并具有立法经验的专业人才十分匮乏,不能满足互联网新技术发展对立法的需求。

(四)立法体制问题:立法协同不足

一是央地立法协同问题。按照我国互联网属地管理的原则,地方政府不仅需要依照中央法律法规和政策文件进行履职尽责管理执法,还需要结合本地的实际情况和具体问题,敢于就互联网这一地方事务,进行地方立法的创新。而当下地方政府对于创新型互联网管理立法普遍缺乏勇于担当的创业精神,导致互联网立法国家宏观规定多,地方具体落实措施少。

二是区域立法协同问题。互联网新技术的广泛应用,打破了传统的行政管辖区块的体制模式。实践中经常出现的情况是,往往问题出在 A 地,运营者或者数据存放地在 B 地,这就需要由具有管辖权的 B 地部门协同配合。但因为各地执法体制机制制度不同,又没有必要的协同立法,导致处置突发或重特大互联网新技术问题时工作不顺畅。

三是部际立法协同问题。对互联网进行管理,需要网信、公安、工业信息化、文化和旅游部门和其他相关部门进行充分配合。尽管各部门也会协同发布一些文件,但是在调研中突出反映的问题是,网信部门得不到各部门的主动配合,而各部门则希望网信部门管理能够提高工作灵活性。由此就导致了部级协同立法和在后续的法律实施环节协同配合不足的问题。

二、解决互联网新技术立法滞后问题的对策建议

在立法资源紧张短时间尚不明确如何制定法律的情况下,可以从党内法规建设、地方立法创新、部门命令跟进和加强公众参与等方面解决互联网新技术立法滞后问题。

(一)加强党内法规建设,强化"党管数据"顶层设计

党的二十大报告指出,中国特色社会主义最本质的特征是中国共产党领导,中国特色社会主义制度的最大优势是中国共产党领导,要坚持制度治党、依规治党,完善党内法规制度体系。为此,着力加强互联网和数字法治领域党内法规建设,必须从以下三个方面入手。

第一,相关主体要高度重视互联网和数字法治领域党内法规建设。保障"党管数据"的顶层设计落地生效,最关键的是要健全涉及互联网治理的党内法规。应着力强化相关党政主体的有关"党管数据"的认识,将"党管数据"这一顶层设计内化于各级组织和广大党员的思想中,确保相关党内法规的建设和落实。

第二,明确数字法治党内法规建设的重点领域和方向。当前,以互联网为代表的数字领域是我国经济发展的重要方向。同时,互联网还是意识形态斗争的主阵地、主战场、最前沿。因此,数字法治党内法规建设应当围绕"发展和安全"两个方向展开。一方面,通过制定相关党内法规,贯彻党政同责,推动数字经济的发展。另一方面,通过数据安全、个人信息保护、网络安全等重点领域的党内法规建设,推动党政领导干部更好地担负起维护国家安全的职责。

第三,推动数字法治党内法规与我国现行的法律法规相衔接。我国当前有关人工智能、大数据、互联网等数字法治领域的法律有《数据安全法》《网络安全法》等,通过建构数字法治党内法规并推动其与上述法律相衔接,能够更好地发挥数字法治的效能,使得数字经济、数字产业等在法治轨道上有效运行。

(二)鼓励地方立法创新,巩固地方网信创新实践经验

地方立法对地方网信创新实践具有巩固、保障和促进作用,地方立法机关应当高度重视立法工作的引领性作用,通过地方立法创新来推动互联网领域的治理。

第一,在地方立法中应当严格遵循以下原则。一是严格遵循《立法法》和上位法的授权,防止任意立法。二是兼顾"发展和安全"两个主题。地方立法中既要明确促进数字经济、互联网、云计算等产业发展的相关内容,也要注重个人信息和数据的分类分级保护,维护公民和国家安全。三是满足地方数字法治的特殊需求。数字经济发展存在区域差异,地方应当针对性地对上位法

进行细化落实或者作出创制性规定，以解决本地区网络信息治理中的现实问题。

第二，重点推进地方互联网管理法治化。一是创新立法体例，采用综合性立法模式，制定互联网管理的综合性地方性法规。在此种立法模式下，地方性法规可以同时兼顾互联网经济发展、互联网安全、个人信息保护等内容。二是开展重点领域立法。如网络安全、互联网信息流转、数据资源共享、个人信息保护等。三是寻求区域间互联网合作管理的立法创新。互联网数据流转并没有地域局限，因而通过区域间互联网管理立法的协同，能够降低交易成本，优化资源配置。

(三)适时出台部门规章,聚焦前沿技术化解潜在风险

根据技术发展和社会形势的实际需要,适时出台部门规章,聚焦前沿技术,化解潜在风险。

第一,加大对互联网技术研发应用情况的掌握程度。一是要持续对网络前沿技术进行追踪研究,强化互联网新技术新应用的安全评估,加强国家网络安全审查工作,切实防范化解各类网上风险,坚决维护网络意识形态安全和政治安全。二是加快构建关键信息基础设施安全保障体系,重点加强对关键信息基础设施相关技术研发情况的关注。三是重点关注算法推荐、短视频、网络直播、社交网络等领域管理技术,运用新技术改进创新网络传播。

第二,增强对新技术风险的识别、排查能力。习近平总书记指出,维护网络安全,首先要知道风险在哪里,是什么样的风险,什么时候发生风险,正所谓"聪者听于无声,明者见于未形"。因此要坚持技术优先,运用新技术改进创新互联网管理模式,努力跟上日新月异的技术发展新形势。为此必须打造高水平技术人才队伍,要积极吸纳企业家、专家学者、科研人员进入网信部门,使得相关技术人才可以在更高的平台上发挥聪明才智。同时,要建立适应网信工作特点的人事制度、薪酬制度,充分调动技术人才的积极性。在此基础

上,加大对大数据、云计算、人工智能、智慧汽车、元宇宙、深度伪造等领域风险识别和预警技术的研发力度。

第三,加强网信、立法部门与法学研究单位合作,提升部门命令的实效性。一方面,网信部门应当加强与立法部门的沟通协调,及时推动将互联网管理实践探索中的有益经验转化为"小、快、灵"的法律制度。另一方面,网信部门应当加强与法学研究单位的合作。通过成立专家咨询委员会等形式,以法学专家为主,同时兼顾吸收互联网技术、互联网经济等领域的专家。推动上述领域专家参与到部门命令的制定中来,实现互联网管理的科学化、法治化和民主化。

（四）健全公众参与制度,形成互联网多元共治新格局

政府依法行政,是进行互联网管理的重要手段,但同时应当看到互联网建构的是一个虚拟的公共领域,推动互联网产业发展、净化网络环境、维护国家网络安全是一项系统工程,是全社会、全体民众的责任。为此,需要进一步通过法制保障推动互联网管理中的公众参与。

第一,大力提升公众参与互联网管理的意识。努力在全社会形成人人重视互联网管理、人人参与互联网管理的良好氛围。如进一步发挥国家网络安全宣传周的作用,向全社会普及了网络安全知识、提高公民参与互联网管理的积极性。

第二,大力培养公众参与互联网管理的素质。习近平总书记指出,互联网是一个社会信息大平台,亿万网民在上面获得信息、交流信息,这会对他们的求知途径、思维方式、价值观念产生重要影响,特别是会对他们对国家、对社会、对工作、对人生的看法产生重要影响。目前我国互联网上部分网民存在盲目跟风、非理性甚至极端反动的现象。为此,网信部门应当积极弘扬主旋律,加强网络公民素养教育,有效引导网络公民参与互联网管理的行为。

第三,建立公众参与机制,畅通公众共同参与互联网管理的渠道。一是建

立有效的举报渠道,同时做好举报信息的反馈和公开工作,对人民群众反映强烈的问题进行及时曝光。二是促进社会组织发展,有针对性地组织社会力量参与到互联网管理中来。三是加强行业自律,通过推动行业协会建设,实现行业的自我监管。

本文作者:田亦尧、武润良、仲思静

数据资产交易规范研究

天津大学、天津商业大学课题组

习近平总书记明确指出,"要不断做强、做优、做大我国数字经济"。数据要素与数据资产面向数字经济中的"数据"一词,强调了随着数据技术的发展,数据可以成为促进生产的关键要素。同时,数据基础制度建设也关乎国家发展和安全大局。数据资产具有非排他性、可复制性等特征,数据资产市场的存在逻辑与演化过程较为独特。随着社会主义市场经济的发展,数据资产的定价依据、交易方式也从粗放式发展逐步走向正规化。加快构建数据交易制度体系,全面提升我市的数据交易水平,成为亟需解决的重要课题。

一、当前数据要素市场与数据资产市场的主要问题

(一)数据要素市场交易法规尚待完善

虽然国家鼓励数据要素发展,但相关法律法规尚不完善。目前仅有区域性的法律法规,上海、深圳等地区已制定地方性的数据交易法律条例,部分数据交易平台制定了交易规则。监管不完善可能导致数据供求双方面临逆向选择和道德风险,显著增加市场交易成本,降低数据要素市场运行效率。

（二）数据要素市场交易体系有待优化提升

明晰的产权和完善的权属登记制度是开展市场交易的基础。由于数据要素的独特性及其产权的复杂性，当前在数据交易过程中普遍存在数据确权难、数据定价难、监管难的问题，导致市场交易主体入场难，不利于数据要素市场的需求。

（三）数据要素市场交易生态尚需健全

目前，交易系统、交易平台、安全保障等基础设施建设仍处于探索和尝试阶段，数据要素市场仍处于起步阶段，数据供需双方、数据中介服务商等数据交易的相关主体的积极性不高。已有的数据交易主要靠官方撮合，市场主体自发参与的激励不够，未形成健全的多主体参与的数据交易生态系统。

（四）数据要素市场资源供给有待丰富

现有公共数据开放程度较低，数据开放平台中存在数据种类单一、数据重复、数据质量参差不齐的问题。从数据类型来看，共享数据以传统统计数据为主，社交网络数据等新型数据较少，数据开放系统的接口开放率较低。大量有价值的数据分散在公共部门和企业，很多部门和企业尚未摸清所拥有的数据资源情况，难以将数据变为有价值的资产。同时，数据资产流通机制尚未建立健全，不同领域和地区的数据开放共享存在较大障碍。

（五）数据要素市场参与主体权属制度相对滞后

我国目前法律对数据要素相应的使用权、收益权等权利归属没有明确界定，缺乏对数据市场参与主体权益分配的合理保障，同时学术界对数据要素产权归属问题也存在分歧。在目前商业实践中，广泛存在以个人为代表的原始数据生产者并没有获得相应利益补偿的情况，而且常会出现数据处理者损害原始数据生产者的数据权益的情况。

(六)数据要素市场参与主体活跃度有待提升

根据调研情况,目前我国数据交易多以场外直接交易为主,数据要素市场参与各方体现出进场交易意愿不足现状,通过数据平台交易尚未形成规模。造成数据要素市场参与主体活跃度不高的原因,一方面是因为缺乏明确的产权界定和权益分配制度,导致数据资产交易后续的风险并不明确,因此部分参与主体仍处于"观望"状态,不敢主动"进场"交易,而且缺乏相应的市场激励措施,原始数据生产者的数据分享意愿不强,拥有数据资产的主体参与市场交易的积极性不高。另一方面,数据资产市场规则的不健全和数据标准的不统一造成了数据资产的交易成本较大,也抑制了各参与主体的积极性。尤其是关于数据资产的定价标准,在国内仍然缺少跨区域、跨行业的统一的数据交易标准,加上数据产品本身估值难度较大,目前各个数据交易平台的交易规则和定价标准尚未统一。此外,数据人才的缺少也阻碍了数据要素市场参与主体活跃度的提升,由于数据资产交易在技术层面还涉及数据价值评估、数据定价、数据隐私保护等问题,因此需要更多跨学科的精通数据挖掘、分析等专业技术的数据人才。

(七)数据要素市场数商产业发展不均

通过调研分析发现,数据咨询服务商、数据资源集成商、数据分析技术服务商的占比超过半数,这类服务商的业务通常关注数据要素的流通与交易,而涉及数据资产交易的服务商,例如数据合规评估服务商、数据质量评估商、数据资产评估服务商、数据经纪服务商、数据交付服务商等数量和规模依然有待提升,说明了在数据要素市场中数商的职能布局存在不均衡现象,也反映了数据要素向数据资产交易过渡过程中仍然需要数据资产相关数商的发展带动作用。除职能布局之外,数商企业的地区分布也存在不均衡现象。长三角、珠三角以及京津冀地区集聚了全国大多数的数商企业,而中西部地区,尤其是山西、云南、青海等地区几乎没有数商企业,数据交易市场发展受限。

(八)数据要素市场资本化发展有待完善

根据金融市场发展现状,数据要素资本化可以体现为企业运用数据资产质押融资、数据资产股权化和数据资产证券化等多种方式运用数据资产;根据技术市场发展现状,数据要素资本化可以类比技术、知识产权要素参与资本分配的形式,例如以租赁、质押、转让等方式盘活数据资产。但是目前,我国数据要素资本化进程处于新兴时期,多种方式的数据要素资本化仍然处于理论阶段,数据资产质押融资在近两年发生典型案例,而数据资产证券化仍然尚未正式实施,也制约了数据资产融资者和投资者的发展,目前金融市场的个人投资者和机构投资者仍然较少参与数据资产的投资活动。

二、数据要素市场与数据资产市场的优化方式

(一)健全数据交易法规体系

良好的市场秩序有利于数据要素交易流通的活跃,健全的法律法规体系是基础。但相关法律法规尚不完善,全国性的顶层设计有待研究出台,出台数据确权、定价、收益分配等方面的国家层面的规则。借鉴不动产、专利等要素财产登记制度的成功经验,结合数据要素的特点,构建数据交易法规体系。

(二)重点发展数据服务,释放数据价值

针对特定的应用场景,为客户打造个性化的数据服务,有利于满足客户需求,增强客户积极性,促进数据释放价值。具体来说,依靠技术创新完善数据服务价值链。利用隐私加密计算等技术,在保护数据本身不对外泄露的前提下实现计算,将数据所有权与使用权分离,实现"数据可用不可见,用途可

控可计量"，为供需双方提供可信的数据服务交易。

（三）探索多层次数据要素市场体系

结合传统生产要素的发展思路和我国数据要素交易流通发展现状，坚持内外相结合的发展思路，探索多层次的数据要素市场。针对不同层次的数据资产市场，出台配套的法律法规以及相应的监管措施，完善数据要素市场。

（四）立法保护数据资产权属分类

数据权属不明严重阻碍了市场参与主体的数据资产交易活动，甚至给个别参与主体带来合规风险。而且，不同数据单位格式差异、数据交易场所规则差异、数据资产定价差异进一步加剧了数据壁垒现象，导致数据资产在市场中流通和交易不畅，难以激发各参与主体的交易积极性。各地数据立法需要在依照本地数据要素市场发展程度的基础上制定，聚焦本地急需解决的数据要素交易中的现实问题，避免颁布大而全、体系庞大的立法体例，从而为国家层面的统一数据立法提供特色经验。此外，还要严厉打击数据滥用、非法交易、隐私泄露等行为。

（五）推动发展数商行业

首先，数商行业发展要求形成足够密集和频繁的数据跨企业流动，这既需要更多的数据提供者参与提供数据要素，也需要形成更多的市场需求，倒逼市场中形成进一步的数据供应和服务能力，因此推动数商发展需要不断提升行业竞争与考核标准，从而迫使数据的供需双方企业基于更专业的数商来进行数据资产交易。其次，需要降低中小企业进场门槛，由于数据资产交易活动的一系列环节几乎都需要大量的计算能力，而目前的计算能力支持主要依赖于私营企业的云服务业务，在国有云服务体系搭建过程中，可以通过算力资源补贴或支持政策培养中小数商的快速发展。

（六）构建数据资产资本化制度

首先,继续推广数据资产质押融资模式,尽管目前存在少量数据质押案例,但是涉及的参与主体依然有限。其次,试点推进数据资产证券化运作,基于数据资产未来现金流作为偿付来源向投资者发行有价证券,从而调动更多金融市场投资者的参与。此外,研究设立数据信托机制,传统信托机制与数据特性结合,可以有效地促进数据资产的资本化。

三、政策建议

通过调研上海数字交易所、北京市公共数据开放平台、贵州大数据交易中心、人民银行天津分行、天津市河北区金融工作局、河北区数字经济发展办公室等地,提出以下建议。

（一）全面提升交易平台基础建设

一是完善北方大数据交易中心网站建设。综合考虑天津的市场情况,建议全面提升基础建设,提高信息透明度,并全面进行信息披露。如,进一步丰富完善网站内容,提升交易信息可获得性和可读性;综合考虑网站设计、使用的便捷性和知识内容的科普性。

二是细化交易内容,创新服务模式,明确战略目标。根据交易的复杂性、交易的频率、数商与供方的关系、市场结构、需方的相对实力等因素,构建完善平台的主要交易模式。

三是及时更新交易细节、规则、内容、产品等内容。标准化的业务流程和交易方式能够使数据提供者和买家之间快速了解交易内容,高效有序地进行数据交易,从而吸引更多的投资者和市场参与者,达到招商引资的目的。

四是全面提升数据交易服务水平,以数据服务促进数据交易。针对特定的应用场景及行业板块，为客户打造个性化的数据服务，有利于满足客户需求，增强客户积极性，提高用户黏性，促进数据释放价值。

五是根据数据类型和客户需求差异化定价。批量的廉价数据，采用固定定价的模式，方便快捷地完成交易；大公司大规模地定制数据，采取根据信息使用量定价的模式。此外，对于非标准化数据，采用动态定价的方式确定其交易价格。

六是联合本地高校进行数据交易的前沿领域研究和探索。与本地高校及科研团队共同研发探索数据交易的前沿领域，合作开展数据交易和定价研究，不断拓展创新，扩大市场份额，打造政府、高校、科研院所、交易所、孵化器、国际合作等多元主体参与开放包容的数据交易生态系统。

（二）积极培育数据市场参与主体

一是明晰相关政策，提升数据交易参与者积极性。目前北方大数据交易中心尚未形成规模，且产权界定和权益分配制度并未明确，导致数据资产交易后续风险的不确定性，使得市场参与者多持观望态度。尽快出台符合我市发展特点的数据交易政策，推进数据权属分类立法和交易所交易规则的制定。

二是积极培育本地交易数商，推动数商行业发展。目前涉及数据交易的服务商，例如数据合规评估服务商、数据质量评估商、数据资产评估服务商、数据经纪服务商、数据交付服务商等数量和规模依然有待提升。结合激励政策，积极培育数据交易专门服务商，扩大我市数据交易平台的市场参与者范围，带动我市数据交易发展。

三是构建数据资产资本化制度，调动更多金融市场投资者的参与。试点推进数据资产证券化运作，从而调动更多金融市场投资者的参与。此外，研究设立数据信托机制，将传统信托机制与数据特性相结合，有效促进数据资产的资本化。

四是加快数据人才培养,构建数据人才基地。培育专业数据人才,积极扩大数据交易市场的参与主体群体。结合数据资产交易,在技术层面还涉及数据价值评估、数据定价、数据隐私保护等方面需求,积极培育跨学科的精通数据挖掘、分析等专业技术的数据人才。

(三)健全数据交易法律法规和行业标准

一是健全数据交易法规体系,严厉打击数据滥用、非法交易、隐私泄露等行为。针对数据具有低复制成本的特点,坚决抵制数据盗用滥用等行为,依法规范数据交易,维护数据交易安全。

二是协同相关部门和数据行业协会建立数据交易标准。结合数据质量、数据安全、数据隐私、数据合规等方面的标准,提高数据交易的透明度和规范性,降低数据交易的不确定性;推进数据标准化,建立数据标准化体系,促进数据格式、数据质量等方面的统一,避免由于格式和质量差异导致交易失败。

三是协同数据行业协会建立信用评价体系。构建数据交易参与者的信用评价体系,对数据提供者和数据购买者的信用状况进行评估和监控,提高数据市场参与者的整体素质,提升数据交易的信任度和可靠性。

四是加强数据交易市场的监督和管理。建立数据交易监管机构,对数据交易市场的各种行为进行规范和管理,遏制市场乱象,提高市场竞争和创新能力;加强数据伦理和社会责任的教育和培训,促进数据交易市场的健康发展,同时防止出现数据滥用、数据泄露等问题。

本文作者:张维、安雅慧、冯绪、熊熊、张永杰、武自强

社科界咨政成果精选

❖2021 年

抢抓服务业扩大开放综合试点重大机遇 加快建设区域商贸中心城市

天津是首提建设"国际消费中心"和"区域商贸中心"的城市。建设消费和商贸"双中心"是天津在构建国内国际双循环新发展格局中的全新定位,也是抢抓国家服务业扩大开放综合试点机遇、全面提高对外开放水平的重要战略选择。"双中心"具有互动互促性。区域商贸中心是国际消费中心的基础,消费的繁荣又能促进商贸业的发展。建设区域商贸中心城市,不仅要有良好的商贸设施、服务功能和整体环境,还要创新商贸发展模式,构建多层次商贸流通体系,通过商品、服务、技术的聚集和辐射增强城市的资源配置力,提升中心城市服务京津冀及北方地区的能级。

一、依托"互联网+",加快传统商贸业转型升级

(一)把握世界零售业发展趋势,推进线上线下全方位融合,重构零售体系,创新零售业态

一方面,要适应大型超市商品结构百货化和购物中心化、零售业品牌化定制的趋势,重构传统商贸零售体系。支持具备一定规模效应的网络零售企

业布局线下旗舰店和体验店，形成网上模拟体验试用、电子支付、"网订店取"、自助取货等新模式。鼓励商贸企业整合供应商资源，创建"店商＋电商＋服务商"模式。另一方面，要积极发展在线零售业务，将传统商业线下网点渠道资源、商品品牌和服务优势融入网上经营。支持传统商业企业发展线上业务，网络零售企业拓展线下功能，实现线上线下业务、品牌、渠道、顾客等多方资源整合。

（二）协整和延伸产业链条，加快传统商贸企业转型升级

通过工商联手、内外贸联手、农商联手、银商联手、文旅体商联手、展销联手，促进产业跨界融合发展，构建高效合理的发展链和市场分工链。提高中小商业企业的组织化程度，使之融入集团化、连锁化、网络化的商贸体系之中，提升商业企业的经营管理能力和国际化水平。加快连锁经营布局推广，力争实现"十四五"末培育出若干年销售额超过百亿元的批发和零售企业。

二、抢抓非首都功能疏解机遇，吸引商贸资源在津集聚，为城市发展注入新动能

（一）把握商贸产业延展领域宽、新业态发展快的特点，吸引和对接商贸新功能、新业态在津拓展

北京的商贸资源体量大、主体多、业态十分丰富，其商贸流通产业增加值占地区生产总值的 12%，其中进出口贸易额约占全国的 9%，活跃的电商平台 800 余家、交易额 2.9 万亿元。结合天津功能定位，以对接北京的商贸类资源作为承接非首都功能的重点，尤其是在进出口贸易、电子商务、跨境电商、商务租赁、冷链仓储物流、新型交易平台以及商贸综合服务等领域，通过功能对接与业务延伸，吸引更多的新业态、新平台和集成服务商在津拓展业务。

（二）搭建高水平承接平台，提升现代商贸服务的能级和水平

商贸业具有产业聚集度高、要素密集、企业间相互依存度大、对环境标准要求高的特点，为此要搭建高水平的承载平台，为贸易资源落地发展创造条件，提升商贸服务业的能级和水平。有针对性的招引北京大型商业或物流企业入津发展，通过引进、吸收和嫁接先进商品流通模式、营销方式、服务品牌和海外营销渠道，推动我市商贸业融入跨国公司全球采购供应链体系。同时，重点招引跨境电商平台在津生根发展，如阿里巴巴国际站、淘宝全球购、速卖通、米兰网等，通过这些大型网络平台提升商贸业的区域辐射力和全球影响力。

三、聚焦商贸物流枢纽及口岸建设，为服务业扩大开放综合试点提供支撑

（一）加大对物流运输体系的整合，打造商贸物流枢纽城市

推动海港、空港枢纽建设，提升其国际集散功能，增强空间集散效应和区域物流体系服务水平。推进路网、航空、海运、冷链物流等基础设施建设，依托京津冀现代轨道交通体系，加强与周围城市的互联互通；依托滨海国际机场航空口岸，拓展功能，积极承接首都机场货运溢出需求；依托天津港现有优势，拓展内陆无水港布局，推动港口功能向内陆延伸；依托天津冷链物流产业基础，建设北方国际冷链物流基地，打造京津冀 1 小时鲜活农产品冷链物流圈；提升海空两港国际集散功能，增强服务辐射"三北"地区能力；加快港口型国家物流枢纽建设，建立国际采购、分拨配送和物流运营中心；强化天津港内陆物流网络，完善"一中心三节点"服务功能；优化航线网络布局，打造链接洲际的货运枢纽机场。

（二）增强口岸数据互联互通能力，推进"一窗口、一平台"建设，提升要素跨境流动便利化水平

为服务京津冀及北方地区制造业与消费进口市场，我市要围绕海港、空港积极推进数据互联互通工作，实现"通关＋物流"的全流程即时和可视化查询。同时，应以现代化口岸设施为载体，拓展和强化天津口岸的海上门户综合服务功能，将其与海运快件、跨境电子商务和国际中转集拼等新业态紧密集合。提高口岸货代、物流、金融、保险、批发零售等贸易专业服务效率，发展数字联通、新技术应用、供应链创新、数据洞察和云端服务。发展中转集拼和离岸贸易，打造国际集装箱转运中心，推动口岸功能向内陆延伸。协整自贸区、出口加工区、综合保税区、保税仓库等口岸功能，构筑口岸服务全面覆盖的北方大港和海关监管区，提高口岸综合服务能级，提升技术、资金、人员、货物等要素的跨境流动便利化水平，为服务业扩大开放和服务贸易创新发展提供有力支撑。

四、落实服务业扩大开放综合试点建设任务，加快形成商贸服务对外开放新优势

（一）拓展电商服务领域，打造大宗商品国际交易平台

大宗商品交易平台是服务京津冀商品交易的重要支撑。应放大现有的粮油商品交易所、渤海商品交易所、铁合金交易所等交易平台的服务功能，建设与完善东疆保税港区航运交易、大宗商品、高端消费、先进设备等四大特色国际商品交易平台，构筑实体买卖、港口运输、货物中转、网络订购于一体的综合交易体系。同时，发挥汽车、冻品、粮油等大宗进口商品的规模优势，提升区域流产业链服务水平，吸引商贸企业聚集天津。

（二）挖掘电商物流潜能，构筑京津冀电子商务服务平台

构建"大数据＋仓储网络＋资源整合"的服务模式，提升商家和物流服务商的效率。借助已落户天津的阿里巴巴、亚马逊、中国网库、凡客诚品、苏宁易购、当当网等知名电商的物流仓储基地或运营管理中心，推进其与腾讯北方数据中心、惠普全球云计算业务交付中心等对接，做大基于 SAAS 模式的 IT 云运维服务、华胜天成中小企业 IT 云服务等数据服务平台，为电子商务企业提供全方位、高效率、透明化的物流信息服务，形成线上线下相结合、新业态蓬勃发展的平台，加快形成商贸服务对外开放新优势。

（三）落实服务业扩大开放综合试点建设任务，打造跨境电商综合服务平台

依托制造业优势发展跨境电商，通过网上平台以"定制化""小批量"生产方式直接交易，以大规模定制的方式提升制造业水平。加快国家级跨境电商示范区建设，打造集仓储、物流、支付、金融等一体化的公共信息服务体系。提升跨境电子商务综合服务水平，形成集电商、物流、电子支付、海关、国检、国税、外汇、商务等一体化的数据服务体系，完善涵盖电子商务出口报关、检验检疫、结汇、退税等全流程服务，使之成为京津冀跨境电商发展的便利区，为企业"走出去"畅通渠道、提供便利。

五、以国家会展中心建设为契机，打造国际化商贸中心和消费中心，融入双循环新格局

（一）加快会展经济的转型升级，增强其发展活力

我市目前拥有专业展馆 3 个，总展览面积近 24 万平方米，室内展览面积超过 15 万平方米。2019 年，天津举办展览 58 个，仅占全国展览总数量的

1.3%,要实现"十四五"末年举办展会数量达到 200 个的目标还有很大差距。为此,应加快整合会展经济,以国家会展中心(天津)建设为契机,创新和开拓发展会展经济的措施与途径,打造会展经济功能区,高水平举办一批国际一流论坛、会展、赛事,全面展示城市良好形象;深化国际友城合作,加强对外文化交流;提升天津会展经济的品牌影响力,努力实现"会展 + 产业"融合发展的新格局。把国家会展中心(天津)打造成为全球顶级绿色智慧场馆,吸引更多高素质会展专业人员,深耕会展经济服务业,助力天津经济高质量发展。

（二）创新商贸发展模式与消费模式,促进商业繁华

商贸与会展业融合发展,进一步创新商贸发展与消费模式是带动区域发展和产业聚集的重要抓手,也是增强城市商贸功能的必由之路。加大力度实施高品质步行街提升改造工程,形成一批商业地标;培育参与式、体验式等消费新模式、新业态;建设地标性夜生活集聚区,打造魅力"夜津城";致力于到"十四五"末打造形成 2—3 个地标性商业街区,全面提升城市国际影响力;搭建多层次多领域合作平台,吸引更多世界和全国五百强企业落户。

本文作者:李博、周立群

以"链长制"推进我市构建新发展格局的五大着力点

"链长制"是为巩固或优化特定产业发展,制定特定人员担任"链长",围绕该产业链的核心和关键环节,以"补链""延链""强链"为目标的一系列制度设计。我市应以"链长制"精准发力,积极推进并实施"缺链补位、短链拉长、弱链增强、同链错构"战略,开创"十四五"发展新格局。

一、"链长制"正在从"地方经验"成为"全国实践"

"十四五"时期,全球供应链本地化、区域化、分散化趋势加剧。同时,随着国内统一大市场与国内大循环的实现,加速了国内要素自由流动和新一轮要素聚集,产业链集群化趋势加强。在未来 5 至 10 年,粤港澳、长三角、京津冀、成渝经济圈和中部经济区等区域中的 15 个城市将成为下一轮产业链集群化的集聚高地。在此背景下,"链长制"是地方政府肩负的新的治理责任,是政府经济治理权力的一种延伸,目前获得了越来越广泛的认可和推广,正在从"地方经验"逐渐成为"全国实践",在推动形成国内国际双循环新发展格局中发挥着积极作用。

二、我市具备推行"链长制"的基础与优势

（一）工业基础雄厚、门类比较齐全、协作配套能力较强

我市全部拥有联合国产业分类 41 个工业大类行业，207 个工业中类中我市拥有 191 个，覆盖率为 92.3%；666 个小类里，汽车制造业、医药制造业、计算机通信和其他电子设备制造业、食品制造业等 13 个行业的小类中占 608 个，覆盖率为 91.3%。

（二）完整产业链条初步形成

近年来，我市面对新旧动能转换过程中的压力和挑战，坚定不移走高质量发展之路，以构建"1+3+4"产业体系，在中科曙光、飞腾 CPU、麒麟、南大通用、紫光云等龙头企业带动下，正在形成"芯片—整机终端—操作系统—应用软件—平台支撑—信息安全服务—整体解决方案"的特色明显、竞争力较强的 10 余条重点产业链条。

（三）形成了规模较大、优势显著的若干产业集群

"链长制"基础是产业集聚。目前，我市已经形成了以信息安全、动力电池两个全国先进制造业集群为代表的新一代信息技术、高端装备、航空航天、新能源汽车、新材料、生物医药、现代石化等一批特色鲜明、配套完善的优势产业集群。

（四）新动能引育的成效已初露头角

我市信息技术应用创新产业逆势发展、领跑全国，集聚了 4200 余家企事业单位，全国 6 大芯片厂商我市占据 2 家，全国 4 大数据库企业我市占据 3 家，全国仅有的 2 家操作系统公司我市占据 1 家，我市成为全国产业链条最

全、自主创新能力最强、产业聚集度最高、产业支撑最有力的信创产业发展集聚区。

三、实施"链长制",精准施策的五个着力点

(一)以"四个弄清楚"为工作基本点,全面提升政府产业链治理水平,促进产业链深度融合发展

一是摸清我市产业家底,做实"链长制"。立足天津产业链"底图",弄清楚"1+3+4"产业完整产业链所包括的各个关键环节及相关企业、技术、人才等信息,建立健全相应行业企业数据库、技术人才专家库。把握产业技术"路线图",深度嵌入国家产业链发展"架构图"。二是弄清楚我市八大重点产业的产业链实际状况。梳理出各产业链存量状况,分析优劣势和缺失环节、问题所在和发展潜力,完善链上重点企业及上下游核心关联企业清单,形成产业链资料汇编。三是弄清楚八大重点产业的产业链未来发展思路、具体方向、目标和路线图。编制各产业的发展指导目录、产业招商指南、产业创新指南,为未来发展规划提供依据。四是弄清楚八大重点产业需要重点引进、投资建设产业链的哪些关键环节,哪些需要补链、哪些强链、哪些延链;按照优先发展、储备发展、谋划发展三大类项目,梳理出重点产业的产业链建设项目库,绘制产业招商地图,为招商投资提供参考。

(二)以产业规划编制为出发点,充分发挥"链长制"在产业链稳定和发展中的引导作用

制定各产业链"三年行动计划"与"中长期发展规划"。一是攻克产业链"难点"。梳理各产业链的关键性和共性技术,优先布局国外"卡脖子"环节,采取"一链一策"方式,建立问题快速解决机制,帮助企业解决跨区域、跨境产业链供应链协同问题,全力疏通堵点、连接断点。二是瞄准产业技术"前沿点"。

支持引导企业、高等院校、科研机构积极参与一批基础性、前瞻性、引领性的科研项目,引领科技发展方向,为"未来产业"建链补链。三是夯实产业"基点"。鼓励在津高等学校围绕"1+3+4"产业设置学科群,夯实产业发展基础研究,成立云计算、大数据、人工智能等前沿领域专业,健全人才培养体系,深化产教融合、校企合作,建立一批人才实训基地,创新职业教育人才培养模式。

(三)以"链长"治理能力建设为突破点,有效推动产业链转型升级和高质量发展

理清"链长制"行政边界,制定"权力清单"和"责任清单"。一是实施"行政+企业的双链长制"。市政府相关领导同志各担任一个产业链的"行政链长",负责规划、政策、平台建设和部门协调等工作,重点是"拆除"各类行政治理的空间边界"藩篱"。行业领军企业担任"企业链长",侧重技术开发、市场运作、产业链上下游配套等。二是每条链建立一个服务平台,成立产业技术联盟。以链成群、以群固链。积极吸纳行业协会/商会、新型研发机构、创新联合体、中介服务机构、专家学者等多种成员"入链"。着力发展一批大型平台科技企业、创新型骨干企业、产业互联网平台牵头型的产业联合体和产业技术联盟,提供便捷式、体系化、全生命周期的"保姆式"服务,打造以产业生态领军企业为依托的产业生态体系。三是建立健全"行政链长"政绩考核制度。加强"行政链长"考核的引导作用,通过差异化的"行政链长"绩效考核,形成层层落实产业链政策的工作机制。四是谋划成立产业链战略投资基金。发起方可以是市政府、央企、国企、民企和金融机构等。以产业链基金可下设"科技攻关"子基金、"产业链建设"子基金、"灯塔项目"三大方向,推动产业深度发展、优势企业加速发展,加快形成面向未来的优势产业集群。

（四）以"数字化"再造工程为产业链支撑点，强化保障产业链稳定性和安全性

全面深化各产业链关键环节的数字化应用与智能化改造，打造系统化多层次的产业链"云上"体系。一是打造"云上"产业链。继续推动企业"云上"平台建设。积极发展产业链的数字化管理、智能化生产、网络化协同、个性化定制等新模式，培育产业链电子商务、技术共享、平台经济、产业链金融等新业态，促进上下游企业、大中小微企业的融通发展。二是建立产业链大数据监测平台。对产业信息数据进行采集、分析和评估，从宏观层面掌握产业链中产品、技术、人才等方面需求、供给和匹配状况，识别、估测、评价、处理及全程监控风险，全面梳理产业链"卡点""断点""堵点"及供应链断供缺供的风险隐患。

（五）以跨区域合作为助力点，积极融入京津冀协同发展新格局，打造区域产业链竞争新优势

与京冀共同打造跨区域产业链发展新局面。一是谋划成立区域产业链"链长"协商议事机构。确立三地发展目标以及利益分配格局，明确合作共建和产业转移园区 GDP（国内生产总值）和地方税收分解核算比例。出台跨区域协同发展政绩考核办法，核减输出地政府经济考核目标要求，对作出相应贡献的企业和单位等给予奖励。对共建项目和异地转化项目，给予奖励税收返还奖励等。二是协同打造若干特色集群。以雄安新区、"通武廊""静沧廊"、京东黄金走廊等作为产业链共建的突破口，重点推动中关村在津冀科技成果产业化基地的建设和布局，高质量共建一批众创空间、新型研究院、产业园区和"飞地经济"，共管共享一批科技成果转化基地，推动京津高新技术产业带（京津走廊）、沿渤海西岸产业带协同发展。三是以我为主推进京津冀区域若干重点产业链建设。以我市具有明显优势的智能科技（包括信创产业）、高端装备（包括动力电池、风力发电、通信设备制造）、航空航天、石油化工等产业，应扮

演区域产业链"领导者"的角色。智能科技产业链要借重北京中关村科技研发优势,重点推进信息技术、智能终端、集成电路、大数据、物联网等产业发展,巩固移动通信、新型元器件和电子新材料三个优势产业。高端装备产业链要针对京津冀产业转型发展的共性需求,加快提升设计、制造、集成、关键零部件配套、技术服务等区域配套能力,重点发展轨道交通、工程机械、核电装备、智能装备、输变电等10余条产品链,完善协作配套体系。与张家口、北京、保定和廊坊共同打造汽车装备制造产业带。航空航天产业链重点是借助北京研发优势,搭建航空航天技术交流平台,吸纳具有高端技术尤其是关键技术的航空航天制造商零部件和发动机零部件制造商的加盟。石油化工产业链应以"总部 + 基地"模式,与河北共同打造石油化工、精细化工、海洋生物医药、海水淡化和综合利用五大产业链;延伸聚烯烃、聚酯化纤、橡胶制品、化工新材料等30多条产品链,构建高水平的石化产业体系。

本文作者:张贵、郭琪

进一步繁荣我市夜间经济的对策建议

从计划经济时代的"国营夜市",到市场经济大潮涌动催生的个体户小商贩集聚的"夜市",再到大型"商圈"以及当下各地政府倡导的夜间经济3.0版"夜间经济集聚区",繁荣夜间经济释放夜间生产力,已成为当前扩内需、促销费、稳就业的重要抓手。据相关研究,中国夜间消费约占总体零售额的60%,并持续以每年约17%的速度增长。为推动我市夜间经济持续健康发展,本课题组深入调研我市夜间经济发展现状,聚焦存在问题,提出塑造我市夜间经济新格局、开辟发展新空间的对策建议。

一、当前我市发展夜间经济存在的主要问题

(一)空间结构布局有待优化

我市夜间经济主要经营场所分布相对比较松散,受日间消费客流量、知名度等"先天"因素影响,各区夜间经济发展不平衡、不充分问题较为突出。主要表现在:和平区滨江道、五大道、民园广场、津湾广场等地夜间经济发展迅

猛,活跃繁荣;而一些"后天"新建地区,如河东区棉三创意街区、红桥区运河新天地夜市、津南区卢浮广场等地发展相对滞后。由于地区人口结构、居住人口和流动人口比例、居住人口中年轻人占比等诱因不足,难以聚集人气,消费规模偏小。相关部门对我市夜间经济空间布局缺少整体顶层设计,结合时段地段综合研判,全面推进、多点开花,建设人气商圈的有效引导不足。

(二)文化内涵建设有待提升

从消费"菜单"来看,存在明显的文化内生力不足问题。主要表现在:我市夜间经济业态以购物和餐饮为主,其他能有效拉动大众夜间消费的演艺、体育、电竞、剧场、展览、书吧等体验性强、参与度高的创新创意型夜间文化产品供给不足、结构单一,难以满足"90后""00后"夜间消费主力军,特别是难以满足一些年轻高知群体的文化消费需求。同时,对天津城市文化底蕴深度挖掘不够、"津味"不浓,同质化、趋同性问题明显,各地未能积极发掘自身独具魅力的文化特色、资源优势和地域情怀,实现商业品牌、旅游品牌和文化品牌的叠加效应。此外,也缺乏时尚、高效的宣传营销模式,一些新品牌叫不响、"老字号"少活力,打通从文化表达到物质表达"最后一公里"方面仍需加力。

(三)综合服务配套有待完善

发展夜间经济是一项复杂的系统工程,牵一发而动全身。我市夜间经济培育时间较短、发展速度较快,在一定程度上缺少科学精密的前期规划,重建设、轻管理问题凸显。在基础设施供给方面,部分场所如津南区卢浮广场夜市完全露天,受天气状况影响严重;河东区棉3创意街区细节考虑不周,维修养护不及时。在管理服务供给方面,发展夜间经济极易产生交通、安全、噪音、环保等问题,给区域公共服务水平带来考验。如餐饮店延长运营时间,则相应的垃圾清运时间也应适当延长,夜间公共交通延时运营、临时停车场增设等仍有较大提升空间。课题组调查显示,超过50%的受访者认为夜间经济存在清洁环保不到位、停车不便停车位不足等问题。基础设施和配套服务的不完善，降低了消费者的感官体验，制约了经营者持续经营的能力与信心。

(四)政策扶持和监管措施有待加强

新冠疫情对我市夜间经济造成较大冲击，基于调研结果形成的高频词云图分析，"优惠政策""减免力度""金融信贷"等反映出经营者对于政府加强管理服务、加大政策支持的"救市"期望较高。目前，针对夜间经济行政审批环节不够精简、发展初期"散、小、弱、差"等情况仍缺乏有力举措和有效招法。同时，我市夜间经济发展行业自律、企业自治程度偏低，整体上仍依靠政府强化监管以减少矛盾、解决问题，公众参与度不高，社会治理体制不健全，一方面耗费了政府较大人力物力财力，另一方面，弥补政府缺位、市场失灵的重要作用没有发挥出来，不利于夜间经济的可持续发展。

二、进一步繁荣我市夜间经济的对策建议

加快推进夜间经济发展，建议从科学谋划、丰富业态、提能升级、合力保障等方面着手，积极创造良好的夜间经济发展环境，提升夜间经济建设水平，将其作为我市促进经济"短期谋增长，长期谋活力"的重要举措。

(一)多层次优化空间结构布局，点亮"夜津城"消费地标

编制我市夜间经济集聚区发展规划，以"做强内核、辐射周边"为思路，优化存量、培育增量，将我市夜间经济平台从规模建设转向质量建设。一方面鼓励差异化发展，满足不同群体偏好。继续提升打造五大道、意式风情区、时代奥城等精品夜间经济示范区，突出"中西合璧、古今交融""欧陆风情、海河夜景""文化体育＋青春活力"等不同风格，擦亮各夜间经济街区金字招牌以调众口，使其各具特色、错位生长。另一方面，要善于做小做细，尽量满足消费者

个性化需求。强化商圈、步行街、写字楼宇建设,通过精细规划,科学搭配建设一批特色化、精致化小店,打造暖心服务消费生态。同时,结合"一刻钟生活服务圈"标准,发挥小店深入社区的特点,繁荣社区夜间消费,提升夜间经济活力。

(二)多元化丰富夜间经济业态,打造"夜津城"闪亮品牌

优化消费供给,突出"以消费者需求为本、以优质服务引人",培育引进、做强一批时尚、高端、健康的夜间消费业态。一是突出天津"个性"。借鉴杭州印象西湖实景演出、大型歌舞"宋城千古情"、西安"大唐不夜城"、重庆两江夜游、西双版纳"澜沧江湄公河之夜"等经验,包装推出"津津有味"的夜游项目,如推动鼓楼、古文化街、海河沿岸、文化中心等地兴建"夜猫子夜市",实现"餐饮 + 观演""购物 + 休闲""社交 + 健康""曲艺 + 影视"等"混搭",延伸演出服务,深挖消费潜力。二是开发消费型、知识型产品。实现美术馆、博物馆、体育馆、图书馆等延时开放,依托天津大剧院、天津音乐厅、自然博物馆、天津科技馆等重点文化场馆定期举办夜场讲座、展览、沙龙等。鼓励发展不打烊书店、名酒品鉴、电竞赛事、编程马拉松大赛等新兴夜文化品类,不断丰富健身和竞赛市场,引领夜间消费新风尚。

(三)多维度利用现代信息技术,拓展"夜津城"消费场景

通过线上线下深度融合,顺应消费需求新变化。一方面,联合餐饮外卖、"闪购"、极速达等电商平台抢抓夜间消费"黄金四小时",增强实体生活超市、生鲜果蔬、医疗健康等服务范围,发挥"互联网 + 生活服务"雪中送炭之效,实现万物皆可到家,使消费者宅家也能"云逛街",深夜仍有"守护者"。打造浸入式文化体验空间,建设数字博物馆、美术馆、历史风貌建筑和名人故居游览等,改变传统线下经营主要依靠区位的价值判断体系,提升数字化供应链能力。另一方面,积极运用直播等互联网营销新模式。学习借鉴西安、重庆、昆

明、深圳、广州等地官方直播经验,如"西安最中国"跨年活动以 4507 万次播放上榜抖音热门话题、央视新闻客户端连线开展"大嘴款昆明"特别直播、深圳市政府牵头举办"线上购物节"等活动,借助场景化直播便利消费者,为广大商家实现引流和创收。

(四)多渠道健全协调联动机制,完善"夜津城"配套保障

通过城市精细化管理和民生温度管理,持久"点亮"夜间经济繁荣。一是系统性完善管理服务组织架构。可借鉴北京、上海等地建立夜间经济"掌灯人""夜间区长""夜生活首席执行官"制度,成立由各种政策专家和行业龙头企业组成的夜间工作委员会,建立健全"党委领导、政府主导、社会协调、公众参与、法治保障"的协同治理体制。二是有针对性地提供政策帮扶。依据不同季节推出有针对性的促进夜间消费政策措施,平抑夜间消费的季节波动,促进夜间消费总量平稳较快增长。适度放宽夜间经济经营主体准入门槛,简化审批流程,推行便利化申请。用好各类产业发展基金对相关企业进行税收扶持、金融扶持、用工扶持、经营场所扶持,对夜间文化演出给予一定的减免和补贴。三是持续性深化管理服务。在充分论证基础上,结合各区需求,试点在夜间特定时段将部分道路调整为分时制步行街,在夜生活集聚区周边增加夜间停车位、出租车候客点、夜班公交线路等,做好街景打造、装饰照明、标识指引等工作,解决居民夜间消费后顾之忧。四是通过编制夜间消费指南、开发APP(应用程序)、发布夜游地图等方式,实现线上线下联动宣传推广。开设"夜间经济服务中心",针对夜间经济特点制定应急管理措施,在城市管理、治安防控和经济发展三者之间实现动态平衡。

本文作者:李君、陈旭东、姚雅君、陈睿诗、简书涵

"双城"格局下滨海新区加快经济高质量发展的思考

一、"双城"关系解析

随着城市化水平日益提高,为了有效应对城市规模扩张与城市运行效率之间的矛盾,许多国际性大都市纷纷探索多中心的空间发展结构,将城市的部分功能尤其是非核心功能分散布局到市中心区外围区域,并在实践中形成了"新城"(英国)、"卫星城"(法国)、"业务核都市"(日本)等不同空间结构。国内北京和上海也都曾经制定和实施了一系列关于卫星城和新城建设的相关规划,但实践效果均不如预期。

2009年,天津空间发展战略规划中就提到要打造"双城双港,相向拓展,一轴两带,南北生态"的空间布局,其中"双城"就是指中心城区和滨海新区核心区。不同于国内外大城市的新城提法,天津"双城"发展更多是指形成两个具有相对完善生产生活功能且彼此支撑和差异化发展的空间载体,更类似于紧密联系和错位发展的主辅城关系。因此,滨海新区发展必须更多依靠创新的自身增量而非大量转移主城存量。"双城"发展也不应该放弃郊区(含环城四区和老五区），而应是市区、滨海新区和其他区域"各美其美,美美与共"。

二、"双城"格局下滨海新区经济高质量发展的建议

(一)以便捷高效的交通同城化为基础

无论是同属于一个城市的各种新城建设还是属于不同城市之间的协同发展,交通一体化都是基础和前提,而对于当前经济体量较小且中间具有大面积绿色生态屏障的天津"双城"而言,低成本的同城化交通更是"双城"发展的关键前提。但当前"双城"以及滨海新区内部交通便捷性还滞后于现实需求,这已成为"双城"协同发展的刚性制约。在当前天津财政收支压力较大背景下,应本着"不求所有,但求所在"的理念,强化与中铁、中交、中建等技术实力雄厚且资金实力雄厚的央企在交通工程总包 PPT、股份合作、道路沿线土地统筹开发等方式的战略合作。同时地方政府要协调好拆迁及部门利益,在后续运营管理上,多和国内外知名运营公司加强合作和委托管理,更好利用市外资源和社会资本,加快解决"双城"及内部的交通通达性滞后的硬件短板。

(二)以先城后产的精准开发为路径

滨海新区产业主要来自于"开保高生疆"等功能区,其开发模式主要是地方政府从金融机构贷款进行基础设施建设,然后通过税收减免、土地或资金补贴等优惠政策吸引相关企业入驻,从而进入企业规模扩大、人口流入、税收增加、地方政府提供更多优质服务或优惠政策、更多新企业进入的良性循环,呈现出典型的"人随产进"特征。但随着国民生活水平的提升以及进入高质量发展新阶段,日益显现为"产随人走",即新兴产业和风险资本会跟着人才走,而且越是高端人才,越是对工资收入之外的医疗、教育、卫生等完备的社会公共服务业和生态环境越为看重,滨海新区一度"重产轻城"特征明显,社会公共事业难以支撑高素质人才的需求,应多方筹资,加快弥补功能区高质量义

务教育和卫生服务机构滞后短板,构建"不求所有,但求所用,不求所在,但求所为"的开放式、流动性弹性人才使用机制。建议充分借鉴中新生态城的经验做法,通过完善社会公共服务来吸引人才和产业聚集,统筹好与中心城区优质义务学校和知名医院的利益关系,摒弃"产是产,城是城"的分割老路,走"先城后产""产城融合"的发展新路。同时敢于坚持土地的"留白"和"留空"原则,放弃"遍地开花"大开发模式,采用"成熟一片,开发一片"的精准开发做法,构建功能区与街镇之间的利益共同体,使它们"心往一处想,劲往一处使"。

(三)以外援带动和内援驱动的内外互动模式为支撑

应本着"天津之外都是外"的大开放理念,把招商引资作为天津"调结构"和"促转型"的强力支撑,同时利用北京"严格限人"和雄安"严格限产"以及"经济规模北方第二"的有利契机,打造"南方企业进北方最佳落脚点"定位,以"吃啥做啥"的主动服务"店小二"精神,在强化内部协调及完善承接软硬件基础上,积极吸引来自北京的企业总部分支机构、央企部委大院大所、战略新兴产业以及智能经济等新业态,加大对广深、苏浙等民营投资大省(市)的招商引资,并做好企业全流程追踪服务,打造政府服务的滨海"口碑"。此外,作为过万亿经济体,天津在大力促进外援带动同时,更应该整合自身内部要素,做到外援带动和内源驱动的内外互动。天津自身较丰富的科教资源远未得到充分挖掘和利用,应以新型研发机构为抓手,大力用好天南大等科教资源(当前天南大技术合同交易额本地化率不到三成),使滨海新区与国内各高校、科研院所形成长期稳定的合作关系,搭建"政产学研金用"协同体系,推动行业龙头企业与市内外高校联合共建新型研发机构,深化高校院所与产业的互动联通。

(四)以大胆想、创新干的干事担当环境为保障

当前,国家对一个地区的支持往往不是资金和项目的硬支持,而是准许

其在一些微观政策规定上进行先行先试的探索,且试点地方政府先行先试应集中精力优先解决一些产业发展中的现实问题,主要是由于制度壁垒而引致的困点和堵点等。地方政府主动的先行先试要涉及对之前一些制度、政策和规章的创新与突破。因此天津亟需建立包含容错免责机制的大胆想、创新干、优胜劣汰的干事担当环境,特别是要鼓励和保障在融资租赁、商业保险、跨境电商、平行进口、生物医药等滨海新区优先发展领先产业加快发展,利用各种契机清除上述产业发展的政策性路障,打造产业集群发展格局。要真正落实"新城事情新城办"精神,学习上海新城推进经验,逐步构建和优化"双城"闭环管理模式,做到发展理念清晰、政策保障及时、实施举措得力、事后评估规范。

本文作者:薄文广

加快我市数字经济发展的对策建议

一、我市数字经济发展的现状

以 2017 年"世界智能大会"为起点,我市数字经济发展进入了快车道,数字经济正成为我市经济发展的优质动能,呈现出"四有"的新发展态势。

一是有一批优质的先锋企业。集聚了飞腾 CPU(国内六大主流厂商之一)、麒麟软件(国内两大操作系统之一)、云账户(2020 年荣列中国民营企业 500 强第 261 名)、天鹅到家(2021 年新晋独角兽)、狮桥集团(2021 年新晋独角兽)等细分领域优质头部企业。

二是有一批加速转型的示范企业。数字化转型不断提速,涌现出 100 余家数字工厂和智能车间,越来越多的传统企业向数字化转型,如天士力在自用的基础上推出面向行业的中药材追溯体系、聚智互联网医院、智慧慢病销售平台监控等服务。历史悠久的钢铁企业天津市天重江天重工有限公司已转型为专业化第三方数据中心运营商。

三是有一批丰富的应用场景。作为全国唯一的"双先导区"（国家人工智能创新应用先导区与国家级车联网先导区）城市，也是国内为数不多的工业门类比较齐全的城市，孕育了天津港智慧港口、中心生态城智慧交通、"银发"智能服务等一大批应用场景。

四是有一批精准的产业政策。五年来，围绕智能科技和数字经济形成了100余项产业政策措施，夯实了我市数字经济发展的"政策底座"。

二、我市数字经济高速发展中的现实问题

一是数字经济头部领军企业少。我市数字经济产业既缺少像华为、腾讯、阿里、小米等销售额过千亿的国际化的龙头领军企业，又缺少诸如北京（聚集国内75%的数据标注头部企业）、上海（聚集国内工业互联网企业547家，全国第三）头部企业的聚集区。

二是科教资源转变为数字经济资源和生产力的通路没有打通。创新型数字生产要素和载体、人力资源的聚集度较低，没有形成以大专院校、科研院所、技术创新平台或其他形式的研发机构为主体的创新成果转化体系，无法塑造出数字经济发展的引领性平台机构或组织。

三是数字经济场景应用体量偏小。《中国城市数字经济指数蓝皮书（2021）》披露，目前我市数字经济整体规模6641亿元，占GDP（国内生产总值）比重47%，全国排名第11位，在相对量和绝对量上，与北京（19468亿元，占GDP比重55%）、上海（20590亿元，GDP比重58%）相比，我市产业数字化和数字产业化规模还有差距。

四是我市数字经济产业要素集聚能力偏弱。从人才要素上看，《中国数字经济就业研究报告》披露，我市数字经济岗位占全国总岗位数不足5%，与广东（25.74%）、北京（17.79%）、上海（12.25%）和浙江（8.46%）还存在较为明显的差距；从资本要素上看，德勤中国创投报告披露，2019年至2020年第一季

度期间,数字经济巨额股权投融资事件中北京占比就达50%,其次为上海,占比接近五分之一,我市仅占5%;从标志性集群看,我市信创谷营收规模为400亿元左右,产业规模与武汉光谷、合肥声谷(千亿以上级别)差距还比较大,我市还缺乏数字经济标志区,整体体量还比较有限。

三、我市发展数字经济的政策建议

以数字经济发展行动方案为契机,充分发挥我市数字经济发展的优势,加快构建数字经济占国内生产总值(GDP)比重全国领先的发展新格局,使数字经济成为实现天津高质量发展的主导力量。

一是关注领军企业培育,实施更精细的企业激励政策。调研发现,越是精准的企业支持政策越有利于企业的成长。张家港在国内率先开展企业创新积分制,实践证明,该创新招法有助于发现同规模企业的优势与不足,解决企业获得感不强以及企业比拼意识弱的问题,提升企业加快做优做强的信心。目前杭州、广州等地13个国家级高新区已经开始试点推广。当前我市雏鹰—瞪羚—科技领军企业培育体系比较宽泛,同一类型企业之间无法看出差异。为此,建议引入创新积分制做法,通过更为精细的科技企业创新"软实力"画像,促进优质数字经济先锋企业加快发展成为领军企业。

二是推动科教与产业的融合,围绕大学科技园建设数字经济创新发展区。调研发现,很多数字经济优质企业往往来自于大学创新创业项目,如字节跳动、大疆科技、纳恩博、饿了么等。我市有丰富的科技资源,且多数高校都设有人工智能、机器人等专业,可以在大学科技园建设过程中,探索在园区开设我市公共数据访问端口;鼓励华为数据中心、腾讯数据中心、京津冀大数据中心等企业或区域大数据中心在园区设立访问端口,搭建联合数字创新平台,组建数字经济概念验证中心等新兴孵化组织机构,推动"数据孵化 + 校友经济"引育结合,布局建设数字经济创新发展区。建议对大学科技园实施数字经济创新发展区建设给予政策性支持，如对大学科技园孵化培育出瞪羚企业、准独角兽企业、独角兽企业等数字经济企业给予奖励；吸引校友在大学科技园创办数字经济企业，按迁入企业次年对我市地方经济贡献给予科技园奖励。

三是挖掘数字经济应用场景，实施"城市场景清单"。城市场景清单就是政府通过特定渠道发布应用场景需求，为企业提供公平的参与机会，是优化营商环境和发展数字经济的重要举措。横向比较调研发现，成都市围绕政府在城市规划建设管理等方面的需求，梳理出可供新业态企业参与的机会，不定期以清单形式集中发布，截至 2020 年底，共发布了 8 批次 2800 余条供需信息，其中涉及规划编制、解决方案、人才需求、企业配套方面的 1400 余条信息实现了成功对接，对接项目资金达 140 余亿元，也使成都市新经济企业净增 7.1 万户，新经济占 GDP（国内生产总值）比重提升至 25%。为此，建议我市以世界智能大会为主要发布契机，梳理汇总我市各区需求，聚焦服务智慧城市、智能制造、创新创业等应用场景，发布天津市城市场景清单，以揭榜挂帅的形式，促进城市公共资源、政策服务与企业创新需求的对接，充分挖掘与发挥国内外数字经济创新资源。

四是推进数字消费、数字工业应用，加快建设一批产业体验中心、展示中心、推广应用中心。从消费端，要加快提升我市中心城区数字消费活力，加快出台网红、流量经济等符合数字经济发展的产业政策，支持数字经济企业租用场地以建设产品体验中心或展示中心，培育与扩大消费型数字经济产业；从产业端，在滨海新区及周边城区加快发展能源互联网、智能制造等"双碳"经济为代表的数字经济创新中心和推广应用中心，引进高质量的数字经济集成服务商，培育工业低碳数字经济。

五是完善数字经济生态，引育上游服务商和跨境数据平台。调研发现，目前我市数字经济存在上游数据分析链条缺失及数据服务外向型经济不足的问题，这是制约我市数字经济未来发展的短板之一。建议我市应优先补齐数据服务商短板,引育一批"采产销"数据服务商,如数据堂、数海、龙猫数据等等,推动大型互联网企业在津投资设立数据产品服务平台;立足我市自由贸易试验区和服务业试点城市建设,建设国际互联网数据专用通道载体平台,吸引更多有国际业务的企业入驻,推动我市产业加速升级和外向型经济发展,打造国际化数字经济标志区。

六是建立以数字经济为导向的市区两级评价体系。调研发现,政府指挥棒的导向作用,在产业发展孕育期非常重要。建议政府建立以"数据应用渗透率论英雄""数据质量论英雄""数据价值转化论英雄"为导向的指标体系、统计体系和考核体系,推动市区两级齐抓共管。还要设立科学决策专项资金,对重大新经济应用场景建设相关事项提供课题经费支持,包括科技咨询、规划编制、政策制定和产业研究等。

本文作者:赵绘存、王丽平、王莹利、刘晶

进一步推动我市会展经济发展的对策建议

　　近年来,我国会展经济已经从规模扩张转为高质量发展,并呈现出品牌化、规模化、国际化、规范化发展趋势。我市在"十四五"规划中明确提出,建成国家会展中心,打造会展经济功能区。2023年6月国家会展中心(天津)的正式启用,进一步提升了城市辐射带动功能,也为我市建设北方会展经济中心城市开启了新篇章。为借势推动我市会展经济持续健康发展,本课题组通过实地调研深入了解我市会展经济发展现状,聚焦现存主要问题,提出对策建议。

一、当前我市会展经济存在的主要问题

　　(一)政策支持与政务服务环境尚需加强

　　一是财政支持力度尚需加强。我市2018年出台《天津市支持会展经济扶持政策》,2021年津南区出台首个区级会展支持政策《促进会展产业发展实施意见(试行)》,进一步扶持引导企业,助力打造中国北方国际会展城,在助推会展业发展方面发挥了重要作用,但改革支持力度还显不足。目前,市级财

政会展业最高支持为 100 万元,津南区级财政 20~80 万元不等,这一标准低于上海、深圳等地,也与中西部一些城市有一定差距,在会议规模、举办时间、举办频率等方面还有一些限制性条件。二是会展经济的政务服务协同配合尚需加强。当前与会展经济发展直接关联的政府部门 20 多个,涉及政府职能近百项。虽然各部门对会展业都给予了大力支持,但协同配合机制尚需完善,还存在个别部门对政策把握不一致,降低了工作效率。据了解,目前国内许多省市已经单独设置诸如展览局或博览局这样的机构,综合协调相关会展事宜,效果良好。目前,市级政府部门层面尚缺乏会展活动审批一站式"绿色通道",审批备案效率、市场主体满意度与先进城市相比还有待提升。

(二)本地化会展服务业发展水平有待提升

一是市场主体尚需培育。目前我市会展企业和场馆企业等市场主体尚处在培育发展的初期,与区域或全国会展中心城市的地位还有一定差距。主要表现在:截至目前,我市共有展馆 5 个,每年的办展面积、频率等整体规模与沪广深相比还有一定差距。同时,经国际展览与项目协会(IAEE)认证的全国 68 家企业中,天津仅有 1 家(天津国际会展中心有限公司);经国际展览联盟(UFI)认证的展览项目天津只占 3 席,且均为制造业,较为单一。会展业上市公司中,公司注册地在我市的仅有 1 家民营公司(原有另一家"三坤文化"已迁往陕西)。由于目前我市会展企业规模较小,市场竞争力偏弱,专业人才比较匮乏,要形成规模效应与集聚效应尚需要一定时间。二是会展活动的政府主导色彩较浓。我市举办的会展活动大多为政府主导型展会,一些企业特别是国际展览企业参展办展的积极性不够高,市场化作用发挥比较有限,会展经济综合效益尚待提升。三是会展业配套服务机构及人员的市场化服务意识还不够强。展会期间往往短时间涌入大量外地参展商、客商和配套服务人员,此时往往是城市服务理念和实力展示的窗口。但天津会展业整体服务水准在一定程度上将影响今后我市会展经济发展的市场规模。期待国家会展中心稳定运营后,较大幅度改善这一情况。

(三)城市经济活力对会展业的"杠杆"效应有待发挥

一是天津国家会展中心周边区域的经济活力有待激发。城市经济与会展经济具有双向驱动效应,二者之间相互影响、相互促进,而国家会展中心场馆乃至整个津南区身处主副城区的中间待开发或待发展地带,其人文生活与经济发展氛围相对薄弱,现正在规划建设的天津国际会展经济区将极大提升整体水平。二是展馆及其附近公共交通、酒店餐饮、娱乐购物等配套设施建设不足。临近展馆的地铁一号线梨双路北、洪泥河东、上郭庄三站因为乘客少而尚未开放。三是激发城市会展活力的文旅产业和"夜间经济"体量偏小。"夜间经济"有助于激发城市活力和吸引国内外展商,而天津的文旅产业和"夜间经济"规模与国际化大都市和国家级国际级会展中心城市仍有差距。

二、进一步推进我市会展经济发展的对策建议

(一)加大会展经济的政策扶持力度

尽快完善优化促进会展经济发展一揽子政策措施。8月18日,深圳市发布了《深圳市加快商贸高质量发展建设国际会展之都的若干措施(公开征求意见稿)》,提出的系列政策措施值得我市借鉴。我市2017年曾经出台《关于进一步促进会展业改革发展的意见》,建议应根据当前新形势和要求进行修订完善,特别要继续坚持"促进会展业改革发展联席会议制度",加快对我市会展产业发展思路、重大项目布局、重大政策制定和专项规划对接等方面统筹协商,主动谋划一批引领性、带动性和标志性展会项目。大力拓展宣传推介渠道,通过擦亮"城市名片"刷新会展产业"朋友圈",着重吸引契合度高的会展项目落户天津。另一方面,建议尽快参照会展业发达地区的最新做法,按照企业归属、办展档次、展会规模等方面精准出台扶持性政策。特别要注重加大

财税政策支持力度,包括对会展产业链上中下游涉及会展设计、搭建、布展、广告等专业服务商的政策支持标准,实现从单一扶持上游组织者到整条产业链的共同发展。同时,向周边配套设施建设供应商延伸,继续落实技术创新、金融服务等方面的政策支持。

(二)加强我市会展经济软环境建设

经济软环境一方面是政务服务软环境,另一方面是城市活力软环境。为此,首先要合理统筹政务服务与监管二者之间的关系,落实管办分离的会展管理体制,建立市级层面服务会展经济的"一站式绿色审批通道",通过端口前移、限时办结等机制实现友好便捷的政务服务。同时,引进大型会展服务代办企业,或积极培育本地第三方服务机构来提供专业化行政审批代办服务。其次要下大力气激发城市发展活力。借助国家会展中心发展契机,加快会展中心及其附近公交地铁、医疗教育、餐饮购物与文化旅游等行业的配套设施建设,通过延伸会展产业链与价值链打造"会展+N"模式,推动会展业与通信传媒、文化旅游、康养娱乐、酒店餐饮、文创展演等产业融合发展,最大限度发挥会展业技术传播、贸易推动、信息交流、成果展示等功能,实现城市经济和会展经济互动效应。

(三)着力提升本地会展服务行业发展水平

一是以展谋城、跨界融合。加快推动我市会展产业与数字经济、智能经济、绿色经济、创业经济、流量经济、共享经济等业态融合发展,通过创新会展经济发展模式引领产业价值链跃升。重视会展产业中下游集聚区建设,规划发展会展特色小镇、会展产业街区、主题楼宇等外圈集聚区。二是主干引领、外引内培。通过利益联结、关联配套形成良好的会展生态体系。倾心培育扶持本地会展企业,借鉴长春国际企业产业博览会、重庆火锅产业博览会等发展经验,突出天津"文化IP"核心引擎。助推骨干企业以股份合作、兼并收购等方式实现跨区域联合,吸引英富曼展览、法兰克福展览、励展博览集团等具有整合全球资源的头部企业来津合作或设立分支机构,提升我市会展行业影响力和辐射范围。三是随时应变、随势应变。加快发展会展"新基建",推动人工智能、5G、大数据、LBS(基于位置的服务)、物联网等科技手段在会展领域的广泛应用。适应疫情防控常态化要求,广邀海内外客商参与线上展会和"云发布",提供全天候网上推介、供采对接、在线洽谈等服务,打造优质特色商品的线上外贸平台,多渠道推进生产要素高度集聚、配套功能高质集成、优质资源高效集约,整体提升我市会展产业的发展能级。

(四)采取差异化发展策略,精心培养会展人才

一是立足天津区位特点,协调好京津两地展会资源,发挥我市"1+3+4"现代产业体系及全国先进制造研发基地优势,通过市场细分侧重承办或协办国家有关部委以及各全国展组委会、行业协会、专业机构的大型会展项目,引进与培育一批符合天津产业特点和本土特色的大型会展项目,形成"错位竞争、优势互补、内外联动"的差异化发展新格局。二是针对天津本地现有场馆资源精准定位,牢牢把握天津国家会展中心全速建设期,通过重工业题材与轻工业题材相结合、货物贸易与服务贸易相结合,强势打造北方规模最大国家级场馆,提升我市城市会展功能新坐标;充分发挥天津国际展览中心市内展馆的区位优势,定期举办茶艺花卉、建材家装、珠宝首饰、旅游产品等有格调、有活力、有温度的民生消费类展会;大力支持梅江会展中心继续承办世界智能大会等高新智能科技类展会,促进海内外高端产业人才创新创业、科技成果转化落地,以产引才、以才促产、产才融合。三是加大会展业专业人才培养。利用天津职业教育优势,加强与教育资源的统筹协调与优化配置工作。学习借鉴德国汉诺威会展教育经验,利用国家会展中心毗邻海河教育园的优势,开展校企合作大力培养能力高端、素质全面、专业突出的会展人才。

本文作者:陈旭东、李君、唐权

保障和改善我市群众生活用水的对策建议

一、我市群众生活用水存在的问题和短板

（一）调蓄储备和供水输水布局不够完善，生活用水保障能力有待提高。

一是生活用水调蓄储备能力有限。天津现有 5 座水库，其中于桥水库仅调蓄引滦水，北大港水库作为引江东线和应急引黄调蓄水库，目前没有可靠水源，其余 3 座水库合计可用水量仅为 0.55 亿立方米，供水保障能力存在不足。二是供水布局不够合理。有的地区没有本地自建的自来水厂，供水安全存在隐忧。如静海区由于当地没有自来水厂，水源全部依靠市区凌庄水厂长距离输送供给，依赖性和风险性较大。三是保供能力不足。部分水厂规模小、产能难以满足供水需要。如大港区现有水厂小而分散，高峰用水时段水压不足，存在供水不畅、用水不便问题。

（二）水库上游的监管与治理不足，尚未建立完善的水质预警机制

一是引滦水水质不够稳定。由于引滦水源头的潘家口大黑汀水库污染比较严重（尤其夏季），每年6月至10月，于桥水库总氮、总磷指标超标，夏季藻类易集中爆发，土溴素、二甲基异茨醇等指标时有突升，水质不稳定，水厂处理困难。二是尚未建立完善的水质预警机制。目前水务集团在于桥水库上游设置了几个预处理池，开展水质预先处理。但长江水长距离输水，也存在水质污染倾向。一旦水质污染严重超标，超过水厂处理能力，则无法利用，亟需制定原水叶绿素超标解决预案，建立水质变化预警机制。

（三）供水输水管网老化，需要加快管网更新改造

一是随着城市的发展，管道经过多次的变迁及更新，原有的旧图纸已经无法满足现在的精准抢修，需要建设科学完善的网络系统，以解决供水过程中存在的各种问题，如高层住宅二次供水压力不足等。二是供水输水管网老化，需要按计划更换。输水管道最早是铸铁、镀锌管道，容易锈蚀阻塞。一旦输水压力增大，极容易造成水管崩裂漏水。目前老化的输水管道正在更换中，但由于资金约束，进度比较缓慢。三是输水管网管理权属分散影响了输水管网的统一更换，如水务集团负责集团供水服务范围内的管网监测维修更换，其他涉农区由所在区的水务部门和城头集团负责。

（四）农村生活用水改造不到位，城乡统一用水体系不够完善

一是村内输水管网改造不完善。目前，天津农村饮水提质增效工程已接近完成，但供水入户"最后一米"问题尚未完全解决。部分居民家中水龙头尚未进入厨房、卫生间等，而是安装在庭院。这既影响日常生活，冬季又容易造成水管冻裂。受疫情影响，部分农村地区工程延误、施工进度滞后，一些村庄尚处于通水调试工作阶段。二是农村智能水表更换滞后。与城区相比，农村智

慧用水改革进程缓慢。由于资金约束,大部分农村住户仍未完成智能水表改造,还沿用原来的机械表。调查发现,仅滨海新区部分地区、宝坻、静海等地更换了智能水表。水表智能化升级改造滞后,既给居民缴费带来不便,也抬高了收费成本。三是农村水费征缴困难,影响供水服务和节水效果。水费征缴困难是一个普遍问题,尤其在农村地区,这既源于农民的用水意识,也源于缴费方式的不便。水费不能按期按量缴纳,既影响到水处理工作的正常开展,也淡化了农村住户的节水意识,部分农户甚至用自来水浇灌自家菜园。

(五)节水动力不足,节水型社会建设需要加快推进

一是节水宣传不到位,思想认识需进一步提升。对节水工作的长期性、重要性、紧迫性认识不足,部分部门和地区还未将节水工作提升到足够的高度。节水宣传渠道比较单一,不能有效利用新媒体丰富节水宣传手段。二是节水技术研发创新滞后,节水科技服务能力有待加强。天津海水淡化技术主要采用蒸馏法和反渗透法,这两种技术均存在一定的缺陷,海水淡化技术亟需升级迭代。三是用水计量设施和供水管网建设滞后,用水管理服务能力有待提高。农业用水计量设施安装没有全方位覆盖,无法实现精准计量收费。合同节水缺乏政策扶持,没有形成预期效应。再生水供水管网不完善致使再生水厂生产能力不能充分发挥,绿化、道路浇洒、景观环境等诸多本该使用再生水的用户无法正常使用。

二、保障和改善我市群众生活用水的对策建议

(一)加强调蓄储备和供水输水能力保障,确保群众生活供水安全

一是提升调蓄储备能力。建议加强于桥、尔王庄、王庆坨、北塘、北大港五库联调联控建设,适时启动尔王庄水库扩建、北大港水库增容等工程,在做好防洪排涝基础上提高蓄水水量,充分发挥水库、河道、湿地等存蓄水能力。二

是合理规划供水输水布局。针对静海区生活供水高度依赖凌庄水厂的状况，加快建设短期以南水北调中线水、长期以中线水和东线水为主要水源的当地自来水厂。针对蓟州区部分山区村特殊情况，加快建设以杨庄水库为水源的东后子峪地表水厂和以于桥水库为水源的翠屏山水厂二期工程，有效解决山区村供水安全问题。三是提升供水输水保供能力。依托优质水源，加快新建、改扩建水厂进度。针对大港等地部分水厂规模、产能不足等情况，加快改扩建步伐，更新现有老旧设施，提升水厂产能供给、保障供水水压稳定。

(二)建立水质变化四级预警体系，全流域开展水源保护和治理

一是加强引滦水源保护。加强省际间水体联防联控，完善京津冀地区用水协同机制，加快推动潘家口、大黑汀水库综合治理，完善区际生态补偿长效机制，由分段治水向全域治水转变。二是建立四级水质预警体系。建立完善蓝黄橙红四级水质预警体系，确定水质等级标准，制定水质预警发布机制。遵循水质变化规律，预判突发事件对水源水质的影响效果，及时向社会发布水质预警消息。三是水质监测前移。建立全流域、全过程、全阶段水质检测体系，实现市、区、厂三级水质检测结果共享平台。通过水质监测结果判定流域水质状况，为水质预警提供数据支撑。

(三)加快供水输水管网改造，保障畅通用水和节约用水

一是针对天津供水管理方式不够严格、难以实现城乡供水统一管理和"同水、同网、同质、同价"问题，建议研究制定城乡供水一体化管理办法，规范供水管理运行方式，形成共同保障供水设施有序运行的合力。二是制定实施供水输水管网更新改造计划。设立市区两级财政专项补助，支持供水输水管理部门分阶段、分步骤、分轻重缓急地完成城市供水输水管网改造工程。

（四）提升农村供水管理能力，加快补齐农村供用水短板

一是健全农村供水设施建设。鼓励有条件的区、镇、村实施供水入屋工程，探索统一设计、统一施工、统一收费标准，解决供水最后一米的问题。加快村内供水管网建设，对已完成的工程项目，依据建设管理办法和验收标准，明确供水管网设施产权单位、运行管理责任主体、后续运行管护规范。对尚未完成的工程项目，集中资金、重点投入，按期完成建设任务。二是推广智能化水费收缴。在有条件的地区、镇推行智能水表更换，发挥自动抄表、数据远程传输、后台智能管理等功能，推进水费收缴自动化和智能化管理，满足居民"抄表不入户、交费不出户"的便捷用水需求。三是建立健全水价调整补偿机制。制定农村地区动态化的水价调整方案。充分考虑各区、各镇经济发展水平差异，科学制定水价调整补偿政策，推进区域水价合理化。综合运用水价调整、财政奖补等手段，弥补水费收入与运维费用缺口。

（五）加强节水管理，推进节水型社会建设

一是加强顶层设计，完善节水体制机制。要谋篇布局节水规划，确定"十四五"期间市、区两级行政区域用水总量、用水强度控制指标。二是深化水价改革，调整完善居民阶梯水价制度，拉大特种行业用水与非居民用水的价差，完善工业用水价格的动态调整机制。研究节水奖补政策，依据节水工程形成的节水能力按量补贴。推动水资源税改革，充分发挥税法对节水的保障作用。三是完善节水政策法规，推动人大按照新时期治水新要求，做好节水条例、供水用水条例、水法实施办法、排水再生水条例全面修法工作。

本文作者: 刘洪银

接续发挥天津力量
推动东西部协作再升级

"十三五"以来,市委、市政府深入贯彻党中央的决策部署,举全市之力助力帮扶地区打赢脱贫攻击战取得了历史性成就。截至 2020 年底,我市已累计帮扶 330 余万贫困人口脱贫摘帽,为全面建成小康社会贡献了天津力量。实现全面脱贫后,我市要针对既往帮扶存在的问题创新工作方法,推动巩固拓展脱贫攻坚成果同乡村振兴有效衔接,用心用情接续做好东西部协作,助推脱贫地区群众生活改善。

一、"十三五"时期扶贫协作和支援合作实践中存在的问题

（一）帮扶协作支援合作中制度衔接不够通畅

东西部扶贫协作和对口支援实践中,基层制度的衔接不畅影响了精准脱贫攻坚战的顺利推进。比如,扶贫开发与最低生活保障制度衔接不畅,造成了数据采集工作量的倍增,加重了帮扶干部和群众的工作负担;城乡居民医疗保险、大病保险和医疗救助制度分别由人社部门、保险公司和民政部门经办和管理,制度衔接不畅,垫付资金和繁琐的报销程序增加了贫困家庭负担;教

育帮扶过程中,职业教育机构需要与被帮扶地区政府机关、教育部门、人力资源管理部门、劳动部门、招生与就业部门以及行业协会等上级部门沟通、请示、汇报,繁琐的沟通协作工作影响了职业教育扶贫措施推动力,各方协调通道不畅,制约了扶贫攻坚工作的顺利推进。

（二）资金统筹和监督管理措施未形成闭环

系统理论强调扶贫项目要从项目设计、方案规划、项目实施、绩效评估形成闭环管理,最大限度地保证项目质量。东西部扶贫协作和对口支援涉及各个领域和多个部门,资金统筹一直是个问题。一个扶贫项目涉及援助方和受援方的规划、建设、财政、主管部门和验收单位,条块分割不能完全消除,部门之间协作程度影响了资金的统筹,导致难以形成合力,使资金使用效率难以得到有效提升。"十三五"时期我市在6个省市区50个国家级贫困县实施的扶贫项目,投入了大量财政资源和人力资源,致力于协助被帮扶地区解决绝对贫困问题,虽然取得了明显的工作成效,但扶贫项目监督管理未形成闭环是一个比较突出的问题。2018年和2019年,市纪委监委分别查出了241件和256件扶贫助困领域违纪违法问题,分别处理了304人和373人,这些数字提醒我们,监督执纪永远在路上,扶贫助困领域也不能例外。

（三）产业帮扶尚需提升力度

产业帮扶是重点,是基础,是提升被帮扶地区内生动力的有效手段。"十三五"时期,我市在产业帮扶过程中,虽然涌现了市食品集团对口帮扶和田地区肉羊产业扶贫等先进案例,但总体来说,尚存在较大提升空间。一是"三产"融合方面,农产品深加工不足,帮扶地区农民多是出售"原产品",比如甘肃花牛苹果、新疆和田大枣等,由于不能分享加工、流通环节的利润,导致收益增长不明显。二是"三变"改革方面,对于致富项目选择难、农产品营销难、经营管理人才选择难等难题缺乏新的招法和思路,导致被帮扶地区农村集体经济很难壮大。

二、对策与建议

全面脱贫后,中央要求坚持和完善东西部协作和对口支援,调整优化东西部协作结对帮扶关系和帮扶方式,强化产业合作和劳务协作。我市相关部门要积极落实中央和市委的决策部署,坚持问题导向,创新工作方法,对已脱贫县认真落实"四个不摘"要求,强化与甘肃的产业合作和劳务协作。

（一）做好帮扶规划编制,优化帮扶工作机制

1.做好帮扶规划编制,创新工作管理方式

一是加强针对被帮扶地区新时期需求,对接中央和国家部委要求、被帮扶地区省级政府规划、被帮扶地区需求、帮扶方的供给能力,借助第三方力量,自下而上,科学编制帮扶规划。二是对于"十四五"期间被帮扶地区将要重点实施的新型产业写入发展规划，包括休闲农业和乡村旅游建设项目等,打好政策"提前量"。三是在规划实施过程中,坚决减少人为干预,增强帮扶规划严肃性和刚性约束。

2.强化部门协作,加强制度衔接

一是发挥市东西部协作和支援合作领导小组办公室作用,促进各成员单位的信息互通,密切配合,形成合力。二是明确职责和任务,完善沟通机制,形成前方和后方紧密联动、协力帮扶工作格局。三是依托被帮扶地区党委政府建立联席会议制度,健全互通高效的协调管理机制。

（二）强化项目闭环监督管理,提高资金使用效率

1.以闭环管理手段提升协作合作项目质量

完善帮扶项目评估考核机制,对帮扶项目实施全过程风险管控,将项目实

绩与帮扶干部激励机制结合起来。

2.加强帮扶资金管理,提高资金使用效益

一是整合受援双方力量,强化纵向沟通,按照"大类间打通、跨类别使用"原则,探索建立涉农资金和涉农基建投资资金统筹整合长效机制,避免"撒胡椒面",实现规模效应和集群效应。二是建议按照"大专项＋任务清单"模式,指导被帮扶地区科学制定帮扶任务清单,在完成约束性任务的前提下,结合本地实际需求在同一大专项内统筹调剂使用各类资金,整合力量用于基础设施建设和特色产业发展。

3.优化产业帮扶资金拨付

按照产业发展的实际,按照产业实施进度分步骤拨付帮扶资金,提升资金使用效率。

(三)接续做好东西部协作和对口支援工作

1.落细落实过渡期政策,保持帮扶力度不减

过渡期内,要严格落实中央"四个不摘"要求,积极履行帮扶义务,保持帮扶领导机构配置不变,保持帮扶资金投入力度不变,保持帮扶干部人才选派力度不变,达到"扶上马送一程"的目的。

2.全面帮扶,持续巩固帮扶成果

第一,产业合作方面,要围绕"一村一品""一县一业"助力被帮扶地区发展特色产业,加强园区载体建设,着力提升被帮扶地区自我发展能力。第二,劳务协作方面,要结合我市和被帮扶地区产业发展实际,坚持"五互"理念,助力提升劳动技能,联合做好稳岗就业、返乡创业工作。第三,消费协作方面,继续创新消费扶贫模式,发挥企业在消费协作中的主体作用,政府搭建优质特色农产品流通和购销信息平台,扩大被帮扶地区优质农产品在津的消费量。第四,人才协作方面,继续依托我市教育资源优势,助力被帮扶地区培养急需短缺人才,同时强化双向人才交流,为双方高质量发展提供强有力的人力资

源支撑。第五,科技协作方面,以科技项目为依托,开展先进适用技术推广应用和集成示范,实现科技成果和优势资源与特色产业发展技术需求的精准对接和优势互补。

(四)探索和完善机制保障,精准衔接乡村振兴

1.推动农村一二三产业融合发展,拓宽被帮扶地区农民增收渠道

我市相关部门要协助被帮扶地区细化乡镇产业发展规划,合理布局养殖业、设施农业等产业园区和乡村居民居住社区,实现产居创新融合;要总结推广我市蓟州、宝坻、津南、西青等区实践中积累的先进经验,通过粮经饲统筹、种养加一体、农林牧渔旅结合等形式,丰富被帮扶地区乡村经济业态。

2.推进"三变"改革,壮大被帮扶地区农村集体经济

一是助力帮扶地区实现"资源变资产",对农村闲置的土地、劳力、资金、房屋、网络等资源,综合利用创造更多的财富。以甘肃省23个乡村振兴战略国家重点帮扶县为重点,围绕红色资源、旅游资源、油气资源等方面深化产业合作,助力被帮扶地区寻找致富项目。利用国家会展中心、津洽会等平台,创新消费扶贫模式,助力解决被帮扶地区农产品营销难题。二是助力帮扶地区实现"资金变股金",将财政支农资金、资产收益扶贫资金,按照国家政策要求,量化为村集体或农户持有的股金,集中投入到各类经营主体,享受股份权利,按股比获得收益。三是助力帮扶地区实现"农民变股东",将生产要素、生活要素,通过协商或评估折价后,投资入股经营主体,享有股份权利深化职业院校定点帮扶方式,采用"送教"和"代培"相结合的方式,加大电商、农产品深加工等环节职业技能培训,提升被帮扶地区农业合作社、家庭农场经营管理人员驾驭市场经济的能力。

本文作者:李勇、栾江、王得新、郭春海、于长霞、李英杰、吴星辰、刘旻

❖ **2022 年**

关于优化我市养老服务市场的对策建议

　　当前,我市老龄化问题比较突出,尤其高龄老人、空巢老人、失独老人、失能半失能老人等老年人口数量增长迅速,且规模较大。近期,市社科联组织部分专家学者围绕完善老人家食堂、提升居家与社区医养结合养老、推进智慧养老等进行调研,并就进一步推动我市养老服务市场健康发展提出意见建议。

一、完善老人家食堂建议

　　一是多渠道挖掘人力资源,形成稳定的志愿送餐群体。吸引社区内待业人员从事送餐工作,解决社区部分失业人群的就业问题。动员社区内的党员干部、大学生志愿者、社会工作人员组建志愿服务队伍。构建老年群体内部互助机制,鼓励低龄且身体健康的老年人利用闲暇时间为附近老年人提供互助服务,按次积分,兑换老人家食堂餐食,提升助餐互助的积极性。

　　二是健全数字化助餐服务系统,提供针对性配餐。通过政府购买公共服务的方式为老人家食堂提供配套的数字化助餐服务系统，合理安排食材采购，减少配餐浪费。政府与医疗信息技术公司合作，通过采集、分析老年人血压、血脂、血糖等各项指标信息，帮助老人家食堂合理配餐。

三是加强资金支持，补贴方式多元化。对承担助餐服务的机构提供税收、贷款等方面的优惠政策，增强行业的导向性。市财政、物价、公用事业管理部门结合实际，为老人家食堂水电气等公用事业收费提供价格优惠，分档对老人家食堂建设、运营维护、送餐服务等提供补贴。将空置的厂房、宿舍、幼儿园、老年活动中心等设施低价出租给老人家食堂的运营机构，既盘活国有资产，也解决老人家食堂的经费和活动场所问题。引导各类慈善机构关注老年助餐服务，通过"爱心午餐""慈善义拍"等活动，为食堂拓展资金和物资的来源渠道。

四是完善考核机制，加强运营监管。政府可以委托第三方机构对老人家食堂进行考核，将考核结果和奖惩机制挂钩。考核内容包括：老人家食堂的菜品价格、食堂设施、食品安全及卫生、饭菜口味、服务管理等，特别是老年群体的满意度是最重要的指标之一。加强社会监督和行业监督，调动第三方审计和媒体监督力量，对老人家食堂的不合规行为进行曝光，促进食堂规范化运营。

二、提升居家和社区医养结合服务质量

一是拓展医养康养服务范围，推动医养结合服务全面升级。加快建立老年健康服务体系，拓展农村养老服务范围，由乡镇卫生院组织乡村医生面向老年人开展健康教育。针对农村60岁以上失能半失能人员需求，开展入户医疗、护理等专业服务，免收上门服务费。社区养老服务站点开展助洁助浴、健康咨询、精神慰藉、便捷购物等服务。

二是深入开展家庭健康教育，提高家庭医养康养自助互助服务能力。引

导鼓励社区扶老助老服务走进家庭,对重点困难老年人和残疾人提供一对一的个性化照护。引导开展健康管理进家庭,针对特困、孤老、高龄空巢、失能、失独等特殊群体,建立个人健康档案,配备个人健康顾问,借助智能化设备,提供运动监护、睡眠监护、饮食营养保健、生活习惯监护、心脑血管疾病风险评估与保健等服务。

三是创新教育培训体制,精准化培育医养结合养老专业人才。教育主管部门引导职业院校设立医疗康复、医疗护理和养老护理专业,与学生签订养老机构从业年限三方协议,免除学杂费,给予相应生活补助。多样化开展从业人员培训,实施养老服务机构负责人和从业人员培训计划,提高培训补贴标准;组织社区卫生服务中心和乡镇卫生院相关负责人、乡村医生等,开展健康教育专业培训。建议城区医疗单位组织专业人员下乡驻点,向农村医养结合机构派驻医护人员,将下乡服务经历作为职务职称晋升的参考。

四是加快发展为老服务产业,推动医养结合智慧转型。鼓励发展为老服务产业,通过税收、用地、投贷保贴等倾斜性政策培育养老服务新业态新产业,加快开发生产系列智慧养老产品,满足老龄化社会需求。建立城乡一体化智慧养老服务平台,通过与养老院、日间照料中心、幸福院、老人家食堂等养老服务机构数据对接,推进养老服务智慧化转型。

三、推动智慧养老高质量发展

一是打通养老"数据孤岛",建立数据共享、服务决策协同机制。制定大数据管理标准,实施大数据开放与共享实施细则,加强对涉及国家安全、公共安全、商业秘密、个人隐私等数据的保护,严格按照公共数据资源"无条件开放""有条件开放""不予开放"的标准进行数据公开。建设集中统一的政务数据共享交换平台,推动大数据共建共享,消除"数据孤岛",解决数据"聚而不通、通而不用"的问题。鼓励支持从事养老、医疗的社会服务机构,依法依规开发利用政务数据开展业务,同时优先推动医疗、社保等民生领域的政务数据向社会开放,实现政务数据在智慧养老服务方面的增值利用。

二是定智慧养老标准规范,做好"智养政策供给"。第一,通过天津市养老服务联席会议就智慧养老国家规范与地方标准进行专题会商,打通适老化标准壁垒,为老年人提供精准化数字化服务。第二,政府部门进一步加强顶层设计,建立我市养老人才教育培训长效机制。第三,结合智慧社区和基本公共服务体系建设,开展终端和互联网应用适老化水平评测,让越来越多的产品满足老年人的使用需求。

三是综合推动适老化改造,提升老年人智能化体验水平。完善我市智能养老服务平台,搭建社区嵌入式养老服务网络,推动智慧养老与医养康养深度融合。鼓励养老机构工作人员、家属、志愿者等帮助老年人使用智能手机、信息平台等新技术,在民生服务领域继续保留人工面对面服务方式。加强养老服务和养老产品的适老性改造,在基础设施和高科技产品提升方面双管齐下。兼顾养老产品的适老性和安全性。针对老年人容易掉入"数字陷阱"的问题,通过不定期抽查加强监管,严禁借机损害老年人合法权益。

本文作者:刘畅、刘晓银、赵文君

深化"你好，天津"网络短视频大赛推动天津城市形象传播能力提升

2021年11月以来，我市启动"你好，天津"网络短视频大赛，广大市民用饱满的热情讲述着一段段天津故事，充分反映和展示了天津的历史风貌、人文情怀、发展活力，凝聚了城市快速发展的新动能。如何把这种内在力量更好地转化为城市形象传播力，有必要以网络短视频大赛作为案例和样本，深化天津城市形象传播研究。

一、深化"你好，天津"网络短视频大赛活动

一是加强对"你好，天津"网络短视频大赛的引导。引导广大参与者充分运用跨文化传播方式，主题突出、形式多样、特色鲜明地塑造中西合璧、古今交融的海河文化和人文情怀，避免全景式素描。善于从小切口入手，聚焦具体事件和人物，侧重故事性表达。做到主题事件化、事件故事化、故事人物化、人物细节化，让天津故事和天津形象在润物无声中传递直抵人心的力量。

二是加强交流分享和统筹推动。整合优势、统筹力量，遴选"你好，天津"短视频大赛的优秀作品创作团队，组织开展创作交流、经验分享，强化舆论引

导和议题设置,让天津的历史风貌、风土人情等更加丰富和立体,承载更饱满的文史厚度与人文情怀,让更多优秀作品走出天津、走向世界。

二、强化"你好,天津"网络短视频大赛的全民参与

一是调动在津涉外师生、国际友人、国外有感人群、民间爱好者积极性。建立全社会参与的天津形象对外传播机制,处理好传播专业化和大众化的关系,让天津形象的对外传播拥有更多的群体、更大的声势。

二是发挥"头部网红"的作用和优势。通过多种渠道,加强与天津以外网络头部人才、"网络大 V"的沟通与合作,借助他们的人才优势和独特视角讲述好天津故事。

三是拓展对外传播平台。在抖音、快手、微信等国内平台基础上,利用 CGTN(中国环球电视网)、优兔等海外社交平台以及抖音国际版 Tiktok、快手国际版 Kwai,策划发起以天津民俗风貌为主题的线上活动,通过各种渠道将网络短视频推向推特、脸书等国外平台。

三、细化"你好,天津"网络短视频大赛的精准选题

一是.加强网络短视频对外传播调研。加强受众分析与传播实效评估,做好受众需求偏好调研,针对不同地区、不同群体偏好推送的传播内容,提升传播效果;加强对国内外受众的大数据分析,通过精准定位实现"云传播"平台的分众传播,提高传播精准度。

二是突出天津优秀传统文化和风土人情魅力。突出传统元素在现代空间环境和社会场合中的运用,实现传统元素的"场景化"和"生活化"。通过对传统文化的个性化解读和表达,呈现对现代生活的新态度;通过复活传统,强调传统文化精神,引起情感共鸣。

三是深度挖掘津沽大地人、事、情、景的文化内涵。突出特色化和异质性，避免与其他城市的同质化，打造有影响力的天津形象符号。集中推出传统小吃、茶楼文化等为代表的民间饮食；相声、大鼓等为代表的民间曲艺；杨柳青年画、泥人张等为代表的民间艺术；风筝制作、葫芦制作等为代表的民间技艺；妈祖祭典等为代表的民间信仰；汉沽飞镲、永良飞叉、花毽等为代表的民间体育等，通过弘扬优秀民俗文化，让城市形象立起来、活起来。

四、拓展"你好，天津"网络短视频外语翻译与传播

一是加大国际传播力建设。将对外传播推广作为一项系统工程来抓，通过政府扶持鼓励、专业人员参与、媒体指导、传播平台支持等方式，推动各类传播主体互助合作、优势互补，引领对相关话题和内容的策划推广。

二是做好国际化传播的二次加工创作。遴选优秀作品，组织专业力量，开展翻译及后期再创作，以服务外包形式委托专业机构进行国内外推介。

三是用好身边的"国际社会"。充分发挥国际友人、国外留学生，以及来津旅游观光和有商贸往来的外国人在宣传推广天津城市形象中独特作用，可在"你好，天津"短视频大赛中设置"国际友人看天津"专题板块，鼓励他们积极参与，共同见证城市的繁荣与美好。

本文作者：王晓波、何云

加快天津跨境电商发展的对策建议

自 2015 年我市成为跨境电商试点城市以来,凭借特有的区位、产业等优势,实现了跨境电商行业的快速发展。借鉴其他省市跨境电商综合试验区的经验做法,对发挥跨境电商对经济高质量发展的引领作用提出以下建议。

一、提升便利化服务水平,促进跨境物流体系提质增效

一是夯实国家级物流枢纽和京津冀区域物流中心地位。充分利用双港优势,与环渤海地区"空港与海港共生"城市建立伙伴关系,支持天津机场在周边地区设立远程或异地货站;加快推进天津航空口岸大通关基地项目、北方物流基地项目等综合服务型物流园区建设;加密现有国际航线网络,总结天津开辟直达韩国、日本临时邮路的成功经验,积极开拓国际物流新线路;加强跨境电商海外仓建设,开拓"一带一路"沿线和 RCEP 成员国海外仓网络。

二是提升物流效率。进一步完善"津贸通""北贸通""自贸通"一站式外贸综合服务平台,优化进出口通关服务,提升跨境电商货物进出口效率。

二、开发跨境金融服务产品,构建完善的供应链金融机制

一是加强跨境电商金融制度建设。对跨境电商供应链融资权责尚不明晰之处,如电子订单融资中因不可抗力因素影响贷款回收、电子仓单融资中质押物的物权归属等,加强规章制度和行业规范建设。

二是提升融资便利化水平。鼓励银行贷款政策向跨境电商倾斜,下放贷款审批权限,简化贷款流程和手续,提供相对较低的贷款利率和进出口保险费率。

三是加快金融科技创新,推出新的融资产品。复制推广"政银保"融资模式;利用 FT 账户打通跨境融资通道,降低融资成本;加大东疆数字金融一体化平台等应收账款融资服务平台推广力度,通过预付款融资和货物质押融资业务模式为跨境电商企业提供资金支持;完善"津心融"对接融资平台功能,为跨境电商提供新的融资渠道。

三、营造良好营商环境,持续推动制度创新

一是优化跨境电商司法环境。积极争取天津互联网法院落地,提升审理效率;搭建跨境电商纠纷处理网络服务平台;健全跨境电商相关制度和权益保护法规,规范跨境电商经营者行为,加强知识产权保护。

二是提升监管效率。加强数字法治信息化体系建设,依托京津冀海关通关一体化建设,利用关港集疏港智慧平台等集合数据,深化海关、检验检疫、工商、公安等部门之间的统筹协调、协同监管,规范跨境电商统一监管规程;推动区块链技术应用,实现跨境电商进出口全链条溯源机制。

三是加强电商诚信体系建设。完善诚信数据档案,实现跨部门间诚信信息共享互联;积极发挥市中小企业融资综合信用服务平台作用,在保证企业

资金安全的同时提升行业自律。

四、统筹推进数字化建设,赋能跨境电商产业发展

一是加快形成大数据管理模式。围绕智慧天津"1+5+3"的总体架构,借力中国电信京津冀大数据智能算力中心等资源,推进天津跨境电商大数据和监测数据系统建设,统筹管理各跨境电商平台、物流平台以及政府部门等接入方。

二是利用数字技术赋能新兴产业。充分发挥天津经济技术开发区跨境电子商务示范园区等的作用,推广自贸环球购海外旗舰店经验,推进线上于家堡选品中心等建设,整合自媒体流量平台、直播电商机构、品牌商家企业等跨境电商资源,提升数字化营销能力。

三是推进配套服务数字化升级。复制推广天津港 5G 智慧港口建设经验,加快推进配送、仓储效率提升;借力天津国家会展经济片区建设与发展,鼓励跨境电商企业与数字化专业技术服务商开展合作,推动线上线下融合办展,提升跨境电商对新兴商业模式的应用水平;深耕电商售后生态链建设,抓好"一键代发"、云仓储等中间环节。

五、优化人才培养环境,构建多层次跨境电商人才培养体系

一是充分发挥南开大学、天津大学等高校的教育优势。培育电子商务、物流管理、数字经济等专业人才,推动校企合作实践教学,搭建头部跨境电商平台或数字新媒体企业的就业直通工程。

二是大力促进产教融合。推动天津开放大学跨境电商产业园建设;支持阿里巴巴、eBay、亚马逊、京东等国内外跨境电商平台与天津商务职业学院等天津市属高职院校开展多层次的跨境电商人才培养培训合作;支持各类培训

机构增加跨境电商技能培训项目,多方面壮大跨境电商行业队伍。

三是完善专业人才引进和激励机制。依托"海河英才"计划,支持符合条件的跨境电商创业人才落户天津。

本文作者:胡昭玲、高晓彤、逯洋

关于在社区治理中提升社区党组织引领物业管理能力的对策建议

近年来,我市通过实施党建引领基层治理,物业建设管理取得了积极成效。但是,在社区治理中基层业主大会决策难、业主委员会运转不畅、物业企业服务不规范、党建引领提升物业管理缺乏刚性约束、物业管理体制机制不完善等问题仍不同程度存在。为更好发挥社区党组织领导轴心作用,提升社区物业管理水平,建议如下。

一、提升社区党组织对物业管理的监督把控能力

一是积极转变物业管理思路,推动融入基层治理体系。结合"战区制、主官上、权下放"工作机制,推动物业监管职能和管理重心下移,压紧压实街道(乡镇)、社区对物业管理活动尤其是业主大会、业主委员会和物业服务企业的指导监督职能,推动物业管理工作从行业管理向社会治理转变,构建形成党委领导、政府主导、居民自治、多方参与、协商共建的物业管理工作机制。

二是健全物业星级评定制度,强化社区党组织监督制约。结合村社区评星定级,积极推动对物业服务企业(项目)开展星级评定,制定业主委员会运

转和物业服务企业综合评价标准,强化社区党组织对于物业管理活动的考评权和打分权,适当平衡社区党组织、居民委员会与业主委员会的打分比重;健全完善街道(乡镇)、社区党组织对物业服务企业的日常监督评价体系,强化物业联席会、定期述职评议、物业重大事项报备等常态化监管机制,推动建立物业服务企业"红黑榜",定期开展评比考核、亮榜公示,并对于排名靠前的物业企业给予相应奖励。

三是压实物业管理双向责任,提升社区治理融合度。在物业服务企业实行"双培养"机制,积极推动把优秀的物业经理发展为党员,把党员培养成物业经理和骨干;鼓励党员人数不足 3 人的物业项目建立功能型党支部或与社区党委、业委会联合组建党组织,推动社区党组织和业主委员会、物业服务企业双向进入、交叉任职;鼓励物业企业中的党员将组织关系转接到所服务社区,强化社区党组织在物业企业(项目)中发展党员的力度。

二、强化社区党组织有效破解物业管理问题的能力

一是设立物业管理委员会,解决业委会组建难题。对于尚不具备成立业主委员会条件的小区,建议组建由街道(乡镇)工作人员、社区居民委员会、业主代表等组成的物业管理委员会,暂时代行业主委员会职权,负责业主委员会的组建、换届等事宜,但是物业管理委员会的任期不宜超过 2 年;在选举业主委员会委员时应同步选举部分候补委员,在委员出现空缺时及时递补,保证业主委员会正常运转。

二是建立应急物业服务机制,有效应对物业跑路。推广建立应急物业服务机制,确定一批资质良好的物业企业作为应急物业服务人,一旦物业管理区域突发失管脱管、物业跑路等问题,由街道(乡镇)启动应急服务机制,组织应急物业服务企业提供垃圾清运、电梯运行、供水供气、安全管理等基本物业服务。

三是借鉴成熟经验做法,提高物业管理信息化水平。参考广州、杭州等城

市做法,建立我市物业管理综合信息平台,打通不同部门之间的数据信息壁垒,实现分级分类管理、部门数据共享,依法依规向社会公众开放物业信用评级、服务内容、收费标准等数据资源。推动建立全市业主决策电子投票信息系统,鼓励业主大会和业主代表大会采用电子投票系统进行表决,建立完善电子投票数据库,做好相关信息监测预警。

三、增强社区党组织推动物业管理企业良性发展的能力

一是加强物业管理政策普及,强化物业合同审核把关。充分发挥在职党员、入列轮值党员和共建单位作用,加强民法典、物业管理条例和我市有关物业管理政策的宣传普及,帮助居民正确认识业主与物业服务企业的责任边界;充分发挥社区法律顾问、公检法和律师在职党员作用,加强对物业服务合同的审核把关,减少因合同问题导致的物业纠纷。

二是加强综合执法工作力度,推动物业管理问题化解。用好"吹哨报到"工作机制,依托街道(乡镇)综合执法力量,加强对住宅小区内违法行为的巡查、检查和处理力度,推动协调解决群众反映强烈的物业管理问题。积极扩展党群服务中心功能定位,鼓励社区两委、业主委员会和物业服务企业"合署办公",推行物业管理问题"一口受理""接诉即办"工作机制,确保物业问题不过夜、不上交。

三是实行物业费收缴三级预警,鼓励物业企业多样化经营。针对物业费收缴率低导致物业服务质量下降的问题,建议在街道(乡镇)、社区两个层面分别建立物业费收缴预警机制,实行红黄绿三级预警,明确不同预警等级中居民委员会、业主委员会和物业服务企业的职责内容及应对措施;拓宽物业企业经营模式,鼓励引导物业企业开展日间照料、养老助残、家政服务、社区食堂、儿童托管等多样化经营,推动城乡社区服务体系不断完善。

四、健全社区党组织引领物业管理企业发展的保障机制

一是适时修订《天津市物业管理条例》和相关管理办法。旗帜鲜明加强党对物业管理活动的全面领导,进一步明确行业监管部门、基层治理主体和物业活动参与人的职责范围、权利义务等内容;加快制定完善物业管理委员会组建、应急物业服务机制管理、物业服务企业星级评定、物业小区共有收益管理规范等制度文件和示范文本,逐步形成相互衔接、互为支撑的政策体系;在全市组织开展"物业服务水平提升三年专项行动",集中突破一批物业管理重点难点问题。

二是.深化物业管理信用评价体系运用和激励惩戒。完善物业服务企业信用评价指标体系,建立分级管理、分类奖惩制度,将物业企业信用信息纳入公共信用信息管理系统;建立优质物业服务企业发展激励机制,对于信用评价好的物业企业优先纳入政府购买服务范围,赋予其参与政府项目和开展多样化经营的优先权;对于信用评价较低的物业企业,加大监管力度和执法频次,建立完善信用惩戒和失信退出机制,区别不同情况予以从业限制。

三是推动物业管理服务供需匹配和服务效能提升。分级分类确定物业企业服务等级和收费标准,制定住宅小区物业服务项目清单、成本信息清单和收支公示规则等,鼓励双方平等协商、合理议价;加快完善住宅专项维修资金管理政策,简化专项维修资金申请程序,适当调整专项维修资金和应急解危资金适用范围,开展将专项维修资金划转业主大会工作试点,推动常见急需维修项目纳入简易程序范围,提高专项维修资金使用效能。

本文作者:贾锡萍、谢忠平、张国亚、崔玥。执笔人:张国亚。

进一步发挥世界智能大会资源集聚效应提升辐射能力的对策与建议

2017 年以来,我市已成功举办 5 届世界智能大会。为持续提升世界智能大会资源集聚和辐射能力,提出以下对策建议:

一、引入"揭榜挂帅"机制,激发市场活力

一是以重大需求为引导,公开选拔"揭榜"英雄。面向制造业企业设计、生产、管理、服务等制造全过程,结合各大行业领域的相关基础技术、先进工艺技术和共性技术、适用性技术、系统集成技术需求,通过世界智能大会的平台,以"揭榜挂帅""赛马"等形式公开选拔"揭榜"英雄,补齐产业链供应链薄弱环节,强化优势环节,着力做大产业规模、做优产业布局、做高产业能级、做强产业竞争力,增强大会的可持续发展性,为建设制造强市提供坚实产业支撑。

二是以破解"卡脖子"难题为目的,科学构建"评榜"机制。针对感知、控制、决策、执行等环节的短板弱项,鼓励产学研联合"揭榜",突破一批"卡脖子"基础零部件和装置,全面提升工业基础能力。依托世界智能大会发布"评榜"机制,以奖补结合的资金支持机制和项目分类评价制度,赋予科研单位和科研人员更大自主权,建立主要由市场决定的科技项目遴选机制,深入推进

产业链、创新链融合发展。

三是做好"揭榜挂帅"机制体制推广,推动重大项目落地。遴选一批优秀的"揭榜挂帅"案例,整理成《"揭榜挂帅"案例集》,在世界智能大会上发布推广。发挥世界智能大会平台作用,引导金融机构为揭榜挂帅提供中长期贷款支持,开发符合智能制造特点的供应链金融、融资租赁等金融产品,鼓励符合条件的企业通过股权、债权等方式开展直接融资,推动重大项目落地,带动地方经济发展。

二、加强供需对接,以场景展示带动推广应用

一是以"龙头 + 配套"为组合,打造产业链应用场景。坚持重大项目引领、龙头企业带动,支持龙头企业联合上下游配套企业打造一批高技术含量、高附加值、低消耗、低排放产品,通过世界智能大会平台进行推广展示。依托龙头企业打造产业链应用场景,推动生产过程智能化、生产模式绿色化,推动产业链迈向高端。通过"龙头"牵引,壮大产业规模,完善产业链条,最终形成"龙头"带"配套""配套"引"龙头"的良性互动格局,助推产业链供应链高水平融入全球产业链、价值链,提升产业国际化水平。

二是以"系统集成商 + 制造业企业"为组合,打造系统集成应用场景。鼓励智能制造系统解决方案供应商与制造业企业加强供需互动、联合创新,推进工艺、装备、软件、网络的系统集成和深度融合,开发面向典型场景和细分行业的解决方案,并在世界智能大会平台上展示和宣讲,推动系统解决方案供应商规范发展,引导提供专业化、高水平、一站式的集成服务,为做大产业规模、做优产业布局、做高产业能级、做强产业竞争力赋能。

三是以"技术供给 + 产业需求"为组合,打造供需对接应用场景。聚焦重点产业和关键领域,以产业链为抓手,以供给侧结构性改革为主线,依托世界智能大会平台,面向制造业企业提出的具体技术需求,精准匹配解决方案和技术供给方,加快推动科技成果转化,全力塑造发展新优势。借助平台的力

量,大力提升自主创新和原始创新能力,打好关键核心技术攻坚战,优化创新生态系统和科技成果转化能力,促进制造业迈向全球价值链中高端。

三、推广公共服务平台,加强市场资源集聚

一是建立公共服务机构名录,精准实施宣传推广。面向本市乃至全国公共服务机构,建立公共服务机构名录和公共信用信息同金融信息共享整合机制,完善以信用为基础的新型监管机制,推行信用报告,开展公共服务机构信用综合评价。依托世界智能大会平台,发布公共服务机构信用综合评价标准和信用评价结果,对评价结果良好的公共服务机构进行精准宣传贯彻和推广。深度激发信用服务需求,引进和培育信用服务机构,繁荣信用服务市场。

二是搭建公共服务平台场景,提供公共服务新体验。鼓励行业组织、地方政府、产业园区、高校、科研院所、龙头企业等建设公共服务平台,支持标准试验验证平台和现有服务机构提升检验检测、咨询诊断、计量测试、安全评估、培训推广等服务能力。通过世界智能大会进行平台展示,发布公共服务平台规范和评价机制,发布行业和区域产业发展指数,推进产业基础高级化、产业链现代化,加快制造业高端化、智能化、绿色化、服务化发展。

三是推广产业化促进组织,推动产业协同创新。依托产业化促进组织,搭建"基础研究—核心技术—核心装备—企业应用—行业模式"的全链条创新协同创新体系,征集一批产业协同创新典型案例,并通过世界智能大会发布《产业协同创新案例集》,从创新链和产业链的源头上为我市乃至全国制造业提供基础研究支撑,从协同创新的方法上进行推广复制,有效解决我市制造业产业基础研究能力薄弱问题,助力天津市形成具有强创新力、更高附加值、更安全可靠的产业链供应链。

本文作者:郑奇、李凤岐、赵静

抢抓"东数西算"政策窗口期
加快发展我市大数据产业

"东数西算"是党中央继西气东输、西电东送、南水北调之后,面向数字经济时代区域协调发展需求推出的又一重大国家工程。"东数西算"为我市抢抓数字产业发展重大战略机遇打开新的窗口期。我市应及时谋篇布局数据产业发展,推动全国一体化算力网络京津冀国家枢纽节点建设,通过"津数六用"构建"一轴—双核—中心—多点支撑"数据产业发展空间布局,打造"3+2"现代化数据产业体系,集中攻坚算力、信创两条优质数据产业链,推广"算力 + 数据"双核驱动和"数据产业 +"新业态两大数据产业模式,发挥我市数字产业比较优势,推动东西数据产业合作,抢占发展制高点,推动我市高质量发展。

一、津数敢用:尽快启动数据产业发展顶层设计

一是协同推进数据产业发展与新动能引育,全方位构建数据产业新动能引育目标体系、产业体系与政策体系。

二是协同推进数据产业发展与制造业立市。一方面,积极推进制造业数据开发利用,培育制造业数据产业,推动制造业数据交易,形成全国重要制造

业大数据基地;另一方面,壮大高端信息设备制造业,抢占数据产业上游产业链制高点。

三是协同推进数据产业发展与重大生态工程建设,利用好"871"重大生态工程成果,推进产业发展与生态空间有机协调。

二、津数善用:完善"一轴–双核–两中心–多点支撑"数据产业空间布局

一是立足我市数据产业发展优势、结合京津冀国家数据中心枢纽建设和非首都功能疏解,全力打造以武清–中心城区–滨海新区为轴线的数据产业带。

二是充分发挥中心城区总部经济优势和滨海新区创新发展优势,推进中心城区数据产业管理总部区域中心建设和滨海新区数据产业研发总部集聚区建设。

三是依托中新生态城"北方大数据交易中心"和津南区国家会展中心,建设大数据交易产业集聚发展基地和大数据应用创新示范基地。四是优化数据中心建设布局,坚持分级分区管理,打造高质量数据产业载体,推动数据中心向集约化、规模化、绿色化发展,打造计算科学研究枢纽、重点领域超算应用高地。

三、津数精用:全力打造五大数据产业体系

围绕数据"挖掘—存储—管理—分析—交换—安全"核心环节及上下游产业环节,积极打造包括三大数据核心产业和两大数据关联配套产业的"3+2"现代化数据产业体系。

一是三大数据核心产业,包括以海量数据应用及其场景建设为核心的

"云计算"产业,以维护信息安全和数据交易安全为核心的数据安全产业,以数据交易服务为核心的数据金融和数据科技(软件开发和应用)产业。

二是两大数据产业关联配套产业,包括数据产业关联的供配电系统、交换器、服务器、动环监控系统等数据设备制造业,数据产业关联的动力供给产业,如新能源产业、海陆风电产业、太阳能光伏发电产业等。

四、津数妙用:集中攻坚两条优质数据产业链

立足我市新一代信息技术产业优势,围绕天河超级计算机相关产业和信创产业两大产业集群开展串链、补链、强链行动,全力打造"数据超算"和数据安全两大优势数据产业链。

一是"数据超算"产业链,加速形成完善且具有地方特色的超算产业生态环境,鼓励核心技术自主研发和应用,加快完善超算市场管理机制,形成多批次、多维度的超算产业生态,探索产业商业发展新模式,围绕产业创新和生态构建,开展领域标准研究与应用实践,推动超算产业科学发展。

二是数据安全产业链,夯实数据安全产业基础,加强数据中心、内容分发网络等新型应用基础设施建设,拓展芯片、安全服务等基层环节,加紧突破一批对外高度依赖的"卡脖子"技术产品,重点发展下一代防火墙、VPN/加密机等安全网关产品,推动"城市安全大脑"等项目建设,完善全生命周期安全可控生态体系。

五、津数实用:推广两大数据产业模式

总结前期数据产业发展经验,推广成功产业模式,带动形成数据产业创新发展规模优势。

一是推广天河超算"算力＋数据"双核驱动发展模式,加快数据产业化

进程。

二是推广华为大数据应用场景模式,推动"数据产业+"新业态新模式快速发展,提升数据产业发展系统合力。

六、津数致用:推动构建数据产业区域协作新格局

一是提升数据产业服务京津冀高质量协同发展、尤其是区域产业一体化发展的能力,积极承接北京算力疏解,高质量打造集中承载地;强化与雄安新区国家数字经济创新发展试验区产业合作;推进与北京、张家口、雄安新区等地的数据传输基础设施共建共联共享;依托京津冀对外开放高平台优势,高水平建设数据港,服务京津冀对外开放。

二是促进数据产业发展东西合作,克服我市数据产业发展空间制约、动力制约,拓展数据产业发展边界,最大化数据产业发展潜能,积极与贵州、内蒙古、甘肃、宁夏等数据产业发展潜力巨大、条件良好的地区签订数据产业发展战略合作协议,加快在西部地区布局建设大数据中心和能源供应基地等前端产业及热循环利用等衍生产业,在我市布局云计算、大数据处理交易分配中心,资源整合中心、数据安全保障中心等核心产业。

三是加强数据产业国际合作,在维护数据产业安全的基础上,充分利用国际消费中心城市、"一带一路"重要桥头堡等优势,积极推进数据产业国际化发展。

本文作者:龚艳、王坤岩、季雅婷

以创新思维讲好天津新故事的建议

市第十二次党代会在总结过去五年各项事业历史性成就基础上,对未来五年天津发展提出了一系列新的战略任务、重大举措和重要要求。站在新起点上,以创新思维、系统谋划,向国内外讲好新时代天津故事,对于内增信心和动力,外塑形象与态势,助力天津发展和实现宏伟蓝图,非常重要。为此,提出建议如下。

一、发现更多体现天津发展大势的事实

一是认识、把握、传播好天津发展面临的大势。党代会报告中以大有可为的战略机遇期等四个"期",概括了天津所拥有的"赢得主动、开创新局的机遇和优势",并有一系列重要事实和数据支撑。人们对这四个"期"的重要战略判断的认可与认同,影响着一系列政策部署与资源配置的实施成效。建议通过宣讲、宣传等各种传播途径,引导广大干部群众,也向海内外关心关注天津发展的人们进行传播,从战略高度深刻认识、把握这四个"期"的重要战略判断,挖掘、分析更多体现天津发展大势的事实、数据,把对天津发展大势的判断转

化为推动天津高质量发展的势能。

二是认识、把握、传播好新时代天津发展的机遇和优势。党代会报告中的重大计划、重大安排是基于中央全局的战略安排，着眼于更高层次、更宽领域参与世界竞争。诸如加快建设国际消费中心城市和区域商贸中心城市，使天津成为国际消费目的地、全球消费资源聚集地、全国消费者向往地；建设国际一流国家租赁创新示范区；加快构建与国际通行规则相衔接的制度体系，全力打造市场化、法治化、国际化的营商环境；打造区域航空枢纽和国际航空物流中心；深化国际友好城市合作；高标准建设世界一流智慧港口、绿色港口；扶植一批冲击国内顶尖、世界一流的学科等。这些发展目标与重要部署，都有背后的故事和鲜活的案例，建议进行深度挖掘整理，精准传播出去，增强信心，鼓足干劲，以精彩动人的故事和事实，以人们特别是年轻人们爱看爱听的手段，从世界的视角讲好天津发展的优势，描绘天津的美好蓝图，提升天津城市的美誉度和吸引力。

三是认识、把握、传播好天津新时代的发展格局和战略抉择。把天津的追求和发展成就，放在全国层面、世界范围观察，发掘价值、放大效应、传递力量，坚持筑牢首都政治"护城河"，体现天津之"特""卫"城之责，体现天津的独特贡献。新一代超级计算机、大型地震工程模拟研究设施、组分中药国家重点实验室、国家合成生物技术创新中心等重大创新平台取得突破，体现的则是对综合国力的战略支撑。即使是人们熟悉的天津港，2021年集装箱吞吐量位列全球第八，也仍然需要深度挖掘建设世界重要枢纽港的新实践、新故事。这些都可挖掘背后和现实中的新故事，制作高品质的音视频、电子图书等产品，借助大数据平台，利用抖音、快手、好看视频、小红书等渠道进行传播。

二、发掘更多既有温度又有硬度的天津新故事

一是体现"温度"和"硬度"的高度统一。宣传传播好故事，既要讲温度还要有硬度，既要挖掘细节还要体现格局，不仅要展现天津人的奋斗与担当，还

要传递天津人积极乐观的情感、温暖豁达的力量。有"温度"的故事包含事件和结果,体现人的情感和温暖人、激励人的力量。有"硬度"主要是从新故事中体现价值观、思想性,在传播中统一思想、凝聚共识。建议以系统观念全面把握天津发展愿景、发展战略和使命追求,打造体现主流价值观和思想追求的精品力作。总结"你好,天津"短视频大赛,以及天津抗疫、防汛等工作中涌现出的好作品好经验,积极引导民间传播高手,汇聚各方力量,在温度和硬度并重中展示天津人的乐观和豁达。

二是充分体现为民思想和使命追求。党代会报告中"坚持以人民为中心的发展思想",聚焦"衣食住行、业教保医"做出了多项部署,提出的"着眼普惠、面向普通、惠泽普遍",体现了未来五年天津市委市政府如何"用心用情用力保障和改善民生",如何"一件事情接着一件事情办、一年接着一年干,在共同富裕道路上不懈奋斗"的决心信心和以人民为中心的发展理念。讲今天和未来天津的故事,就要在故事中体现出这样的使命追求,以价值观共振与思想性共识来凝心聚力,营造更有利于天津发展的内外环境。

三是着眼小细节,体现大格局。党代会报告中提出,过去五年深入推进京津冀协同发展,服务重大国家战略取得丰硕成果;未来五年牢记"国之大者",以深入推进京津冀协同发展为战略牵引,加快实现"一基地三区"功能定位,奋力开创全面建设社会主义现代化大都市新局面。无论是回顾过去还是展望未来,都是基于大局、全局确定本地的发展战略。要在事实发展、故事重现、细节刻画中体现格局意识,努力引导人们既看到大格局,从大格局评判自己的努力与进展,又促使人们以己之力为全局、为大局做出贡献,为建设美好天津、美好中国做出贡献。

三、让使命感、生命力和鲜活气在天津新故事中奔涌

一是讲好新故事,让表达更具感染力。党代会报告中建设四"高"大都市

目标,既包括立足"一基地三区"功能定位,推动区域生产力布局和功能重构取得更大进展;也包括大力实施制造业立市战略,推动全国先进制造研发基地建设提质增效升级;还包括建设宜居、韧性、创新、智慧、绿色、人文城市,打造兴业、宜居、文明、幸福之乡的具体举措。这些重大部署的重要意义和实施过程,都会蕴藏许多精彩的天津故事。把好故事讲好的境界是让人们被故事所感染。感染是影响、说服的先导。把天津新故事讲好,就要仔细揣摩处在新起点天津发展的新使命、新动力,并与人民群众福祉紧密相联,使人民群众在感受故事魅力的同时,增加幸福感、获得感。这不仅要运用新媒体传播规律,更重要的是以感同身受为先导,让使命感、生命力和鲜活气融入天津新故事感染身心。

二是"借嘴说话",发挥智库机构在塑造和传播城市形象中的独特作用。就天津城市形象传播来说,党委政府和专业部门起着重要作用,但智库机构、各类型企业主体在其中发挥作用相对缺失,形不成呼应,有时导致公信力不够,甚至是自说自话。建议有针对性深化和国内知名智库机构的沟通合作,形成自己的"亲友团",加强前瞻性策划,主动投放经典案例,扩大对外影响。与此同时,注重发挥各类企业包括文化类企业在城市形象传播中的独特优势。近年来,成都聚集了一大批音乐企业和年轻音乐人,各种音乐产品和元素都体现了鲜明的成都特色,有力促进了成都这座"网红"城市形象的传播。

本文作者:陆小华

治理学习类 APP 乱象的建议

　　线上教学的学习类 APP 层出不穷,但是一些学习类 APP 在运营过程中,被插入大量广告,甚至出现了涉黄、涉暴等内容。网络并非法外之地,学习类 APP 也必须在法治框架内运行。依法整治学习类 APP 乱象,需要发挥多方合力,多管齐下,净化青少年的学习空间,营造良好的网络环境。

一、对娱乐化的治理

　　一些学习类 APP 打开后有不少娱乐性、交互性功能。有的设有网络小游戏,有的可以在活动区聊天,有的留言墙可以设置自己的形象,造成个别学生在留言墙上公开对骂。整治建议如下:

　　一是依法规范学习类 APP。依法细化相关规定,明细相关标准规范。依据已有的法律法规,严格执法,对学习类 APP 的责任主体进行规范。相关平台要履职尽责,去除学习类 APP 娱乐化的氛围,注重对未成年人使用各类 APP 时的保护。

　　二是实施"负面清单",禁止学习类 APP 非学习类功能。出台相关规范性文件,明确禁止学习类 APP 设置与学习无关的功能和事项,如禁止设置网络游戏、弹窗广告等。同时,引导开发者聚焦主体功能,回归学习类 APP 辅助学习的初心。

二、对商业化的治理

诱导消费,一直是学习类 APP 被不断诟病的问题之一。学习类 APP 中被渗入不堪内容与广告,诱导消费,堂而皇之入驻应用商店,并被学生下载使用,不仅妨碍学生学习,也违背了公平交易原则,可能产生各类消费纠纷,学习类 APP 的商业风气亟待整治。在第三方投诉平台上,许多消费者称自己在学习类 APP 上被"免费领取课程""一元抢课"等宣传语吸引,点击报名后,发现却是无休止的推销。整治建议如下:

一是加大监管及处罚力度。紧盯对学习类 APP 的监管和惩治,对于内置或者隐藏相关不良信息的 APP 要依法严厉处罚,如果在线学习 APP 公司发布虚假广告、欺骗、误导消费者,使购买商品或者接受服务消费者的合法权益受到损害的,应当依法承担民事责任;对于涉及中小学生的不良信息,对学生产生不良影响的,要加大处罚力度,承担相应刑事责任;对于幕后运营公司的具体情况进行网站公示,发布具体警示信息,以有效避免监管不力导致学习类 APP 功能被滥用。

二是加强对不良信息的监测。有些学习类 APP 开发者以辅助学习为幌子,根本目的是吸引流量、诱使消费,实现商家利益最大化。应用商店和平台也应该加强把关,对于消费者反映强烈、投诉频繁的 APP,建立相应的处理机制。对于良莠不齐的学习类 APP 市场,亟需纳入更规范的制度轨道。加强对不良信息的监测,通过技术手段进行有效屏蔽与过滤,发现问题及时下架处理,保障未成年人健康成长。

三是建立准入制度,实行"工商监管 + 备案制"。规范学习类 APP 网络商品交易和服务行为的管理办法,实行网上登记注册、网上备案,维护消费者的合法权益。所有营利性学习类 APP 进行工商注册时,实行实名备案制,从质量和内容上进行把关。

三、对低俗化的治理

有些平台方将 APP 的商业性放在第一位,严重影响未成年人身心健康。学习类 APP 涉黄涉暴内容的传播,在部分 APP 运营商看来却是流量"密码"。从媒体调查看,以未成年人为主要受众的学习类 APP 涉黄涉暴等乱象,至今没有得到根治。整治建议如下:

一是加大合法合规的审查力度,整顿、规范学习类 APP。对 APP 的市场资质、使用功能、内容合格水平,出台具体标准。对于违反法律、违背教育准则的不合格运营开发者,依法依规加以惩处,将其所开发的学习类 APP 产品列入黑名单。

二是加强监管,推荐可靠的学习类 APP。加强对学习类 APP 的监管,对存在涉黄、危害未成年人身心健康和内置游戏等问题,及时发现并纠正,杜绝有害 APP 侵蚀校园。在加强把关的基础上,设立学习类 APP 推荐名单,向广大师生和家长推荐内容扎实、运营稳健、功能适当的 APP。在确定推荐名单过程中,要多倾听教育专家和一线教师的意见。

本文作者:佟德志、张赟媛

加快我市河湖生态水量保障工作的对策建议

2022 年 7 月全国水生态环境保护工作会议指出,要深刻把握"十四五"水生态环境保护的总体策略,着力推动水生态环境保护由污染治理为主向水资源、水生态、水环境协同治理推进转变,促进水生态环境保护工作迈上新台阶。水利部《关于做好河湖生态流量确定和保障工作的指导意见》指出:"保障河湖生态流量、事关江河湖泊健康、事关生态文明建设、事关高质量发展。"并提出"到 2025 年,海河流域被挤占的河湖生态用水逐步得到退还。"近 5 年,市委、市政府高度重视生态环境保护,天津的水质越来越好。在稳固水质保障的同时,提升"鱼逐水草而居"的生态获得感成为"十四五"天津水生态环境保护的重点方向。借鉴国内外经验,对加快天津河湖生态水量保障工作提出以下建议。

一、制度保障,突出生态用水保障的重要地位

2022 年生态环境部、水利部在工作会议中多次指出:"一定要把'三水统筹'的格局立起来。这是我们'十四五'的一个重要工作使命。"《中华人民共和

国长江保护法》更明确把生态用水列为仅次于生活用水的第二位,优先满足城乡居民生活用水,保障基本生态用水,并统筹农业、工业等生产用水。这是在基础制度上的很大突破。因此,建议本市把生态用水保障放在更加突出的位置,特别是在近年白洋淀及上游河道生态补水常态化,本市上游来水增加的情况下,明确年生态补水总量占上游生态补水以及引滦水、南水北调水、再生水等不同水源的份额,坚守份额底线;严把再生水作为生态用水的水质指标,多样化水源共同保障生态用水总量。这不仅可为解决生态补水"无水可用"问题提供制度保障,也是"三水统筹"格局建立的基础,有利于推动本市水资源管理基础制度的完善。

二、规章支持,细化《天津市"一河(湖)一策"方案编制大纲(试行)》

建议在《天津市"一河(湖)一策"方案编制大纲(试行)》中细化补充河湖生态水量相关内容的具体编制要求,并在下一阶段"一河(湖)一策"方案的修编工作中予以推进实施。

一是明确各级河湖生态保护对象,制定从河湖生态保护对象出发的河湖生态水量保障量化指标及目标值,实现特色化管理。该量化指标不限于生态流量、生态水位,也可是冲刷频率等。

二是明确各级河湖生态水量的缺口,"一河(湖)一数",做到心中有数。

三是明确各级河湖生态流量控制断面,保障精准化监管。四是明确各级河湖可能的补水来源,有的放矢推动生态水量保障工作。

三、目标策略，制定从河湖生态保护对象出发的河湖生态水量保障动态指标

借鉴荷兰、加拿大等国的做法和经验，增补以满足生态保护对象用水需求为目标的河湖生态水量保障量化指标，并加强指标及其目标值的"针对性"和"动态性"。这对于生态来水受上游直接影响的本市而言尤为重要。

一是强化"针对性"。面上，对本市各级河湖的生态保护对象进行识别。典型保护对象涉及河湖基本形态、鸟类、鱼类栖息地、重要植物群落、河湖自净能力等。点上，对同一河流上的特殊区段、重要区段进行生态保护对象识别，如入海口区段、生态脆弱区段、断流区段等。根据不同河湖、不同段落生态保护对象的差异，制定针对性强的河湖生态水量保障量化指标及目标值。

二是注重"动态性"。生态保护对象的用水需求是动态的，受气候季节、人为干扰影响而不同。建议综合考虑自然环境特点和人为干扰规律，随时间变化对河湖的生态水量保障量化指标进行细化，制定动态化的河湖生态水量保障量化指标及目标值。这既能高效地保障河湖的生态健康安全，促进地域特色形成，又能将有限的水资源用在刀刃上，显著提升我市生态水量保障工作的实操性。

四、统筹兼顾，在总量控制的基础上制定生态用水调度的优先级

从本市"一基地三区"的城市功能定位出发，在生态补水总量占比份额明确的前提下，建议立足水安全、水环境、水生态、水经济统筹兼顾的多元价值观，在总量控制的基础上制定本市生态用水调度的优先级，以此保障跨河系、跨区域水量调度的合理性，增强时效性。

综合分析"水文基底—生态保护—经济发展"三个方面耦合作用对河湖绿色发展产生的影响,从发展适宜性的角度,明确不同来水条件下本市各级河湖生态用水调度的优先等级。统筹生态保护和经济发展,合理优先地保障高危、重要河湖的生态需水,以整体观出发优化水资源分配模式,构建流域下游资源型缺水城市生态补水的特色模式。生态用水调度优先级的评定结果应与国土空间规划、水功能区划、相关生态环境规划相衔接。随着今年京杭大运河全线通水、永定河全线通水的逐步常态化,建议本市将生态用水调度纳入日常运行调度规程,建立常规生态调度机制。

五、精准防控,建立河湖生态水量保障工作预警机制和反馈闭环

借鉴本市在七里海湿地、大黄堡湿地生态保护及监管中取得的宝贵经验,参照现有的水文监测断面布局,根据河湖生态保护对象、生态用水调度优先级,补充设置河湖生态控制断面,并与现行的生态环境规划、水利规划确定的控制断面相衔接。对河湖生态保护对象及其对应的生态控制断面情况进行同步监测。对照河湖生态水量保障工作量化指标要求,确定河湖生态水量保障预警等级和预警临界值,及时发布预警信息。明确预警信息从发布到响应的信息传递和指令执行路径。明确补水实施后,多目标效果的评价和反馈路径,构建监管—反馈—防控管理闭环。

鉴于生态水量保障工作在我国尚处于起步阶段,建议根据不同的生态保护对象,分别选取相应的典型河湖(或河段)作为生态水量保障试点样地。在生态补水前后进行详细的情况监测、健康评估,以为全市预警等级和预警临界值的确定提供一手资料。

本文作者:杨冬冬、赵新、王佰伟

加快废旧物资循环利用体系建设的建议

2022 年 1 月,国家发展改革委联合六部委下发了《关于组织开展废旧物资循环利用体系示范城市建设的通知》,选择 60 个左右大中型城市开展废旧物资循环利用体系示范建设。天津作为试点城市之一,可因地制宜发挥自身优势,率先建成基本完善的废旧物资循环利用体系。通过调研,并借鉴其他省市废旧物资循环利用的经验做法,为推动资源循环利用促进经济高质量发展,全面提升全社会资源利用效率,助力碳达峰碳中和目标实现,提出以下建议。

一、顶层设计统筹规划,形成全市废旧物资循环利用体系一盘棋

一是因地制宜分区域规划管理。天津子牙经济技术开发区作为国家级"城市矿产"示范基地,可继续发挥再生资源加工利用产业链聚集优势,开展废钢铁、废弃电子电器产品、报废汽车、废旧塑料等重型大宗废弃物的循环利用;环城四区土地资源相对充足,可建立绿色分拣中心,进行废旧物资初分粗分(初级分拣和粗略分拣)和压缩打包;中心城区人员密集、空间紧张,可建立

移动交投点(投放点)和回收站,方便社区内废旧物资回收转运。

二是充分发挥区位优势。依托子牙"城市矿产"示范基地,发挥一肩两翼的区位优势,辐射京津冀,在区域间建立固体废物转移联单机制,提升废旧物资跨区转运效率,构建区域性再生资源协同加工利用产业生态圈。同时发挥天津作为北方经济中心和联通内外的港口优势,延伸上下游产业链,实现再生资源产业的高质量发展。

三是将废旧物资循环利用与城市生活垃圾分类、产业废弃物及城市各类固体废物资源化利用串联起来、规范管理。统筹规划再生资源回收与生活垃圾分类、工业园区产业废弃物的协同利用,建立系统联结管理,延伸互补循环利用上下游产业链,探索循环利用产业的协同发展和深度合作。

二、推进废旧物资基础设施与回收网络建设,提升循环利用水平

一是深入推进废旧物资回收网点与垃圾分类网点"两网融合"。坚持政府推动、市场运作、社会参与相结合,因地制宜合理布局废旧商品交投点、移动回收站、中转站和绿色分拣中心。打造"点、站、场"三级回收枢纽体系,推动形成符合行业建设标准、覆盖9大主要回收品类,实现初分粗分、压缩打包、数字化管理、绿色运营,智能化、规范化、标准化体系。

二是推进智能化废旧物资回收装备应用与创新。依托重点行业企业应用智能车载系统,采用统一服务标准,实现线下服务标准化,线上回收管理数据化的标准管理体系。逐步加快回收运输环节新能源智能化车辆替代,尝试回收、运输、中转、分拣、再利用全链条智能化跟踪互联和在线实时定位监测调控。

三是充分发挥专业再生资源回收企业的行业领先作用。通过特许经营和连锁经营等方式,整合中小企业和个体经营户,充分利用社区居委会、物业公司等多方力量,形成稳定、高效、安全、便捷的回收渠道。发挥天津邮政集团、

顺丰、京东等物流递送企业的物流网点优势,使废旧物资回收网络与物流递送网络贯通联结,龙头企业带动整合赋能,织密织牢基层回收网络体系和智能高效运行体系。

三、发展二手交易,数字化智能化赋能城市综合回收服务,提升循环利用信息化水平

一是依托天津旧物交易的民间基础,探索二手交易的新模式和新渠道。天津曾有沈阳道古物市场、图书二手交易市场等多个二手交易市场运营经验,城市更新改造后可开拓线上交易平台、跳蚤市场、闲置市集等新型交易模式和渠道,让"线上 + 线下"结合的新型二手交易焕发新的生机活力。

二是积极推行"互联网 + 回收"模式。铺设智能回收终端设备,进一步提高居民投放废旧物资便利化水平。推动回收行为向分类前端延伸,实现精细化全品类回收。采取固定回收、流动回收、智能回收等多元化方式相结合,不断健全城市废旧物资回收体系。

三是强化废旧物资数据收集和处理能力建设。利用人工智能、互联网、物联网、大数据等现代信息技术手段,推进建立再生资源交易信息平台,打造智慧城市废旧物资服务回收体系,并将其他城市综合服务体系一同融入智慧"城市大脑",为政府在政务、交通、环保、能源、医疗、物流等方面提供更科学的决策,促进城市健康、安全和可持续发展。

四、加强废旧物资循环利用政策保障,维护行业健康有序发展

一是完善数据统计体系。建立废旧物资转移联单制度,形成收集、运输、分拣、再利用的全过程数据链,实现可回收物备案管理和信息统计,推动解决

行业长期存在的数据范围不明晰、指标不完善、口径不一致、统计核算方法不完整等问题。

二是保障合理路权和合理用地需求。对废旧物资回收行业车辆配备、通行区域、上路时段等予以支持和规范。保障废旧物资回收网络建设、再生资源加工利用产业基地和二手交易市场的合理用地需求。

三是加强行业监管。加强对再生资源回收加工利用行业的环境监管,严厉打击非法拆解、非法交易、假冒伪劣、信息泄露等违法违规行为。

五、发挥科技优势,构建绿色循环关键技术联合创新攻关体系

一是继续发挥南开大学、天津大学等普通高校和众多职业院校的人才培养优势。培育资源循环科学与工程的高端专业人才和职业技术人才,打造校企合作实践教学基地,搭建与子牙经济技术开发区及再生资源利用龙头企业等就业直通渠道。

二是依托科研院所聚力突破关键共性技术。推动天津再生资源研究所、物质绿色创造与制造海河实验室等创新载体平台开展技术攻坚,促进再生资源领域科研院所和信息服务机构补链研发、协同发展,着力破解制约再生资源加工利用水平提升的瓶颈问题,实现整体提质升级。

三是科技赋能城市管理。通过智能化数字化实现多要素的深度集成和场景应用,建立一种集成、精准、高效的废旧物资循环利用模式,实现智慧城市综合回收服务体系,提高资源循环利用效率和水平。

本文作者:张墨

新发展格局下以创新驱动
激发天津经济新动能的对策与建议

市第十二次党代会报告明确提出：以高质量发展、高水平改革开放、高效能治理、高品质生活为目标导向，奋力开创全面建设社会主义现代化大都市新局面。在新发展格局之下，落实党代会对实现经济高质量发展提出的新要求，首当其冲就是要坚持以创新作为经济发展的核心动力、以创新作为激发新动能的关键源泉，这既是天津实现高质量发展的必然选择，也是天津服务新发展格局和国家重大战略决策的重要举措。本文重点围绕以创新驱动激发天津经济新动能提出对策建议。

一、以建设技术交易市场为突破口，通过市场化手段激活城市创新活力与创新动力

借鉴深圳以企业为主体、以技术交易市场为依托的创新模式，建设中国北方技术交易市场的高地，以活跃的技术市场交易促进创新资源集聚与辐射，同时为本市产业升级提供源源不断的技术供给。

一是充分发挥毗邻北京国际科技创新中心的独特区位，通过优化技术交

易的政策体系与法律法规、打造具有影响力的技术成果交易展会等措施,借力北京所具有的大院大所和高水平创新基础设施平台集聚优势,吸引北京面向国家战略需求的基础前沿和高技术研究的原始性创新在我市进行供需对接和市场交易。

二是充分利用现代化信息技术与大数据对技术交易市场进行赋能增效,采取线上与线下相结合的形式,构建集交易、转让、融资、孵化等功能于一体的综合性技术交易服务平台,更好地实现科研机构技术成果与企业群体技术需求的匹配。线下建立涵盖技术转移、成果评价、知识产权、工商财税、法律服务等全流程的技术服务产业链,线上探索自媒体等多元化路径进行创新资源推广及特色科创服务,加速技术创新资源和技术创新要素的流通效率,建立良好的技术转移体系。

三是加快高质量的技术经理人队伍建设,打破高校院所科技成果转化的渠道困局,让技术经理人真正成为促进成果转化的助推力。规范技术经理人的考核评估,激励技术经理人优胜劣汰,真正吸引和留住具有市场调研、匹配专家、技术对接、商业谈判等复合能力的技术经理人。

二、以赋能产业升级为创新关键导向,形成"创新链网络化—创新成果产业化—产业链升级扩容"的高效模式

进一步向服务制造业立市及先进制造研发基地建设的本质内核进行聚焦,使创新驱动发展与现代产业体系建设紧密结合,尽快形成"原始技术创新—创新链网络化—创新成果产业化—产业链升级扩容"的畅通模式,促进由技术创新向实际生产力的高效转化。

一是以本市创新资源挖掘与北京创新资源协同为双轮驱动,以产业链技术需求识别为基础,以打造与先进制造研发基地相适应的创新链为导向,加速原始技术创新与创新链网络化进程。一方面,利用南开大学、天津大学以及

落户天津的大院大所等优质科学研究资源,围绕我市重点产业关键核心技术进行有组织的攻关,以本市资源整合为原始技术创新提供支撑。另一方面,积极借力北京科技创新中心优势,与北京大院大所建立紧密的战略合作,推进我市创新链实现更大空间尺度的网络化,以跨市资源外取为原始技术创新注入动力活力。

二是充分发挥企业主体在创新链网络化中的积极作用。借鉴深圳市以企业作为识别技术创新需求重要窗口和参与创新活动重要主体的成功经验,鼓励企业加大研发投入,激励企业通过自设研发平台、与国内外知名企业联合设立研发平台、与科研院所共建研发中心等多元化形式,推进企业在创新链网络化过程中的参与深度与参与广度,真正让企业成为创新链要素。

三是着力推进基础技术科学知识的原始创新与技术商品化集成创新相结合,加速技术创新的产业化进程。拓宽原始创新与技术商品化产业化之间的技术转移渠道,在做好本市技术创新产业化的同时,密切京津两市"原始创新–创新成果产业化"分工模式,以更宽广的原始创新和更高效的技术转化相互叠加,为先进制造研发基地建设提供高质量技术供给。

三、加快培育与大力引进创新型领军企业,建立以"引擎"企业为核心的创新产业集群

聚焦我市"1+3+4"现代工业产业体系,围绕信息技术应用创新、生物医药、新能源、高端装备、汽车和新能源汽车、新材料、航空航天等重点产业链,着力培育与引进具有较大的研发投入和产出能力、拥有核心技术并主导行业发展的创新型领军企业,以此为引擎加速对配套大中小企业的快速集聚,形成网络化的创新产业集群。

一是围绕我市重点产业链绘制创新企业招商地图和潜在目标企业清单,广泛利用海内外资源网络,通过签订委托协议等方式与国际知名投资招商机

构及海外商会协会等在实现产业导入及促进经济合作等方面进行战略合作，重点促进具有影响力以及发展潜力的创新型领军企业落户。

二是强化企业创新主体地位和主导作用，实施创新型领军企业培育与引进计划，采用后补助、贷款贴息、以购买制替代"项目制＋补助制"等方式加大对创新型企业扶持力度，建立首购、订购装备的示范项目，鼓励签订远期采购合约，壮大以高新技术企业为骨干的创新型企业集群。

三是增强创新型企业活力，培育壮大科技服务市场主体，建立涵盖技术预测、测试、信息服务、知识产权等功能的科技服务体系，以专业化分工促进创新型企业效率提升。充分发挥行业协会以及中介服务机构等作用，为企业提供互动沟通、战略规划、寻求市场机会、助力融资、技术商业化等服务，营造创新型企业发展的良好生态环境。

四、完善创新治理模式与治理机制，以有为政府为有效市场提供富有活力的创新环境

"有为政府＋有效市场"是我市增强创新驱动能力进而激发新动能迫切需要形成的动力模式，其中有为政府具有基础性作用，是形成有效市场的关键性保障。因此，需要大胆地以创新性思维进行机制体制创新，为创新主体和创新要素提供稳定良好的预期，增强对创新活动的激励，减少对创新活动的束缚，提供适宜于创新活动成长的制度环境。

一是合理应用税收等经济杠杆激发企业的创新主体作用。借鉴美国、法国、中国台湾等国家和地区的经验，允许企业以一定比例的研发经费用于抵税，聘请外部机构的研发费用抵扣比率可略高于内部研发经费支出比率，鼓励企业与大学、科研机构等进行研发合作。

二是建立弹性的"引智市场"。积极借鉴长三角等地的"星期日工程师"经验做法，鼓励企业通过项目引进、兼职引进等柔性方式，建立起工程师与引进

单位之间的常态化合作关系,鼓励探索多点执业、带土移植、远程会诊等多重形式,助推"星期日工程师"和企业顺利"牵手"。

三是推进完善京津冀协同创新机制,推进建设科技行业联盟以及公共服务平台等,建立精准对接北京大院大所的科技创新成果的机制,加强高新技术园区、自主创新示范区等科技创新活动密集地区的合作交流,针对跨地区创新活动探索建立跨区域投入共担、利益共享的财税分享管理制度。

本文作者:李兰冰

提高我市"专精特新"企业
参与制定企业技术标准能力的策略建议

市第十二次党代会报告明确,大力实施制造业立市战略,培育一批制造业单项冠军企业和"专精特新"企业。"专精特新"企业是优质中小企业梯度培育中的重要一环,在增强我市经济韧性,激发社会创新活力,完善我市产业生态中发挥着不可或缺的重要作用。"专精特新"企业的灵魂是科技创新,而技术标准是科技创新通向实践活动的基石和桥梁,也是企业走向国际市场,参与海外竞争的必经之路。针对我市"专精特新"企业在技术标准方面存在意识薄弱、数量不足、布局落后、竞争力不强等问题,为深入贯彻落实我市"制造业立市"战略,推动高质量发展,提高我市"专精特新"企业技术标准参与和制定能力,提出以下建议。

一、从企业层面,提高技术标准意识,掌握技术标准趋势,加大科技创新与技术标准统筹力度

一是提高技术标准意识,结合自身发展制定企业战略。技术标准的全面布局已成为全球大型企业开拓海外市场的重要手段,我市部分"专精特新"企

业管理层充分认识到参与、制定技术标准的重要意义,开始参与、制定、引领行业内标准,如云账户参与共享经济国际标准制定等。但是多数"专精特新"企业尚未有足够的标准意识,第一批"专精特新"小巨人企业的平均标准数量仅为4。"专精特新"企业需要站在国际引领、行业引领的高度,结合企业自身发展制定工作标准战略,开展企业顶层设计,坚持从上至下推动企业对技术标准的重视和布局。

二是及时掌握技术标准发展趋势,积极参与技术标准制定。我市"专精特新"企业的管理者、技术人员可在政府支持下、行业组织的推荐下积极谋求技术标准组织中的特定职务,积极组织参与技术标准相关国际国内会议,担任所属领域技术委员会的工作组召集人,及时掌握国际、国内、行业前沿技术标准发展趋势,带动企业跟踪技术标准活动,围绕企业优势参与技术标准制定。

三是与高校、科研院所等单位开展合作,充分利用人才资源提高企业技术标准话语权。建议我市"专精特新"企业围绕主营业务对口领域开展技术标准研究工作,积极与高校、科研院所等单位开展合作,积极与相关科技智库、专业智库开展合作,及时跟踪国内外行业技术标准发展态势和市场现状,精准研判未来技术标准发展前景,寻找空白领域开展技术标准提案准备,快速占领高地,提高企业的技术话语权。

二、从政府层面,提升公共服务水平,支持专精特新企业参与技术标准制定

一是借助新媒体加大宣传力度。相关政府部门可利用标准化重大活动,如落实《国家标准化发展纲要》研讨会等,充分借助微博、微信、客户端等新型媒体,大力宣传"专精特新"企业技术标准发展的重要意义及有关政策要求,促使"专精特新"企业及时了解掌握工作动态,营造良好氛围。

二是加快成立公益性服务机构。建议在工信领域、高校、学会等非营利组

织下成立技术标准发展公益性服务机构,精准对接"专精特新"企业需求,打造覆盖全面的服务体系,引导专精特新企业积极参与国际标准、国家标准、行业标准制定。

三是建设技术标准信息服务平台。以服务"专精特新"企业技术标准发展为宗旨,以提供前沿信息为主线,以发展"专精特新"企业为导向,建立大型集成数据库,发布行业技术标准相关信息,对技术标准资源进一步整合与分析,建立技术标准案例库,举办前沿技术标准学术研讨会、学术沙龙等,为"专精特新"企业提供创新资源和网络支持。

四是建立技术标准参与、制定综合评分系统。依据我市"专精特新"企业参与制定国际标准、国家标准、行业标准的活动,建立自动评分系统,依据评分结果,对积极参与技术标准制定的"专精特新"企业,给予资格评审加分等激励。

五是鼓励建立联盟,开展技术标准领航工程。引导"专精特新"企业与龙头企业建立联盟,在生产同类性质产品企业之间形成产业联盟,在供应链上下游形成供应链联盟。利用不同企业资源优势,带动"专精特新"企业参与联盟技术标准制定,利用团体力量,实现"专精特新"企业技术标准贡献意识的全面提升。

六是加快培育、引入技术标准领域专业人才。充分利用天津大学、南开大学、河北工业大学等高校资源,开设企业技术标准课程,培育技术标准领域专业人才;拓宽"专精特新"企业技术标准人才引进"绿色通道",开辟引才引智渠道,灵活多样的人才引进政策,大力引进在"专精特新"企业技术标准领域有深入研究的专业人才。

本文作者:张俊艳、李琼华、张芸苓

加快推进商事制度改革
提升天津产业转移承载能力的建议

多年来,北京科技资源和企业项目往往首选向东南沿海省市转移。就天津如何发挥"近水楼台先得月"的优势,课题组近期对我市重点承接平台和核心企业进行深入调研,组织京津相关专家和职能部门领导座谈研讨,在充分借鉴长三角和粤港澳等地区成功经验做法的基础上,从"一照多址"、京企在津工商注册、企业信息互通互认三个小切口入手,就加快推进商事制度改革,降低市场准入门槛,进一步提升天津产业转移承载能力,按照行政管辖权限从天津市、京津冀、国家三个层面提出如下建议。

一、继续深化商事制度改革

天津作为全国开展"一照多址"改革的先行区,改革成果显著,未来可聚焦以下方面精准加力。

第一,积极探索商事登记新模式。一是在全市范围内深入推广行业综合许可证。在滨海新区试点的基础上,通过优化审批流程和集中审批程序,将一个行业经营涉及的多项行政许可事项,整合为一张载明相关行政许可信息的行业综合许可证,实现从单一到集成的升级,进一步提升政务服务效能。二是简化辖区企业间跨区域"一照多址"业务流转手续。简化企业在迁入地和迁出地之间的流转程序,分类压缩办理时限,高效精准助力企业实行跨区域"一照多址"。三是加大对互联网企业和新零售等行业"一照多址"改革扶持力度。积极探索我市对"线上+线下"新业态的商事登记新模式,优化新型消费发展环境,提升改革创新整体效能。

第二,强化精准智能监管。一是健全完善监管制度。建立覆盖企业准入、业务开展、清算退出等全生命周期的便利化服务监管制度。做好经营范围规范化登记、企业登记信息"双告知"等工作,完善市场主体信用信息公示系统。二是加大摸排检查执行力度。鉴于各类市场主体的住所(经营场所)登记实行自主申报承诺制,我市商事监管部门应由"守门员"转变为"侦察兵"。借鉴长三角的做法,创新事中事后监管方式,依托智慧监管平台,对全市进行"一照多址"备案的市场主体进行摸排并建立基础台账,丰富监管手段。三是对京冀企业登记范围实施"扩容"。对已经在京冀拥有实体的企业,允许其将电子商务平台提供的在津网络经营场所作为经营场所,并由市场监管部门进行该类业务的全程电子化网上登记,进一步扩大企业登记范围。

第三,进一步放宽来津企业名称核准行政审批限制。一是允许来津企业继续使用原名称。尽快调整相关行政审批要求,允许从京冀迁入的企业继续使用其原名,对其他同意来津发展的企业也可给予一定的"缓冲期",允许其保持一定时间内公司原名不变。二是鼓励使用"京津冀"区域特色字号。允许行政区划为北京或河北的企业在名称中使用"京津冀"作为区域特色字号或者行业限定语,将"京津冀"作为字号的一部分与其他字、词共同组成字号,这将对企业原有品牌及供应链上下游的保持和延续起到积极作用。

第四,对京冀迁入企业已有政务服务和资料给予认定。在现有认定工作的基础上,公布涉及京冀迁入企业的政务审批服务认定事项,整合形成认定事项清单。清单以服务通勤人员和疏解承接为重点,不仅包括已经给予直接认定的工业产品和医疗器械生产许可证,还可进一步扩展至行政机关所出具的其他许可证、执照,资格证、资质证或者其他合格证书,行政机关的批准文件或者证明文件,法律、法规规定的其他行政许可证件等,最大限度提高办事效率,降低办事成本,加速迁入企业的落地速度,增强天津对迁移企业和外来人员的吸引力。

二、推动京津冀三地商事制度改革

破除企业迁移、工商登记、异地招投标等隐性壁垒,强化企业信用信息资源整合,推动京津冀深度协同发展。

第一,妥善处理企业迁移后原注册地遗留问题。企业在京津冀三地迁移后,原注册地可以对其进行销户处理,但应当允许企业申请禁止相同产业、相同字号的企业在三地重复注册其原有名称,确保企业无须担心原注册地有第三方注册占有其名称。同时,建议由京津冀三地政府部门发起,推动政府和企业部分信息共享。对于微信、抖音、微博等网络平台,政府应积极配合其认证需求,并共享部分企业登记信息以提升认证效率。可由政府部门推动,允许企业以合理理由向平台申请冻结原有企业用户名,以保证在企业重新认证后原有名称不会被其他用户注册并认证。

第二,推动企业相关资质和认证结果的三地互认。借鉴京津冀三地人才资质互认互准的经验做法,尽快探索企业生产经营高频办理的许可证件和资质资格的三地互认,最大程度降低企业跨区域经营的经济成本和时间成本。推进电子证照、电子签章在银行开户、贷款、货物报关、项目申报等领域的全面应用和互通互认。取消对企业跨区域经营的不合理限制,实施市场准入负面清单制度。

第三,全域推广远程异地招投标活动。加快推进数字(CA)证书、电子证照等在招投标领域的全面应用和互认,推动交易综合平台同金融服务机构及具有电子担保业务的电子担保系统对接。积极推广远程异地招投标活动常态化运行,引导社会化招投标交易服务机构按照京津冀统一规则、技术标准、数据规范建设和运营电子招标投标交易平台,提供全流程电子化招投标交易服务,满足不同行业电子招标采购需求。

第四,统一京津冀企业信用数据标准。在制度设计层面,京津冀信用协同制度不仅需要确定体制机制、发展重点的宏观性文件,也需要规范数据归集、使用流程的标准性文件。建议编制京津冀区域信用"数据清单",统一其信用信息归集标准和范围,解决三地数据差异与标准不一问题,形成相对一致的信息类别和数据格式。先行归集国家层面已经统一标准的司法判决、行政许可、行政处罚等领域的信用数据,再加强沟通,破除跨省市的体制壁垒,逐步统一三地个性化信息标准,建立三地共享的信用信息数据库,并共同研究数据归集的联审和共享制度。

第五,推进企业信用信息三地互认共享。探索建立统一的信用信息公示管理制度,探索实施信用信息公示三地互查机制,加强京津冀三地信用信息的互联共享。建立健全企业信用评价和信用报告的三地互认制度,规范"信用京津冀"信息共享平台与"京津冀企信"平台。备案京津冀区域内信用服务机构以便统一管理,鼓励跨区经营,支持企业流转信用资本。开展信用评级标准趋同研究,推动信用产品实现互查互认,加快形成行业规范。

第六,进一步扩大政务服务事项"同事同标"的办理范围。在京津冀自由贸易试验区内"同事同标"政务服务事项试点的基础上,携手京津冀三地的市场监督管理委(局)、政务服务办公室(行政审批局)等部门,共同推动市场主体登记事项的"跨域通办",推进"证照联办"、"全程网办"快捷办、"异地窗口"帮代办、"综窗互认"授权办等事项改革,实现跨地区市场主体登记审批材料的一次性提交、"零见面"办理,尽快让办事人享受到跨地区市场主体登记"同事同标"所带来的便利。

三、积极争取国家层面有关政策支持

第一，在京津冀推行跨省市"一照多址"改革试点，提升区域协同效应。建议申请由国家市场监督管理总局作为牵头单位，在京津冀范围内推出跨省市"一照多址"改革试点，允许企业在京津冀区域内增设一个或多个经营场所时，可以在一张营业执照上登记本区内多个经营场所。以北京中关村、天津滨海中关村、宝坻京津中关村科技城、保定中关村等京津冀共建创新产业园区为试点，破除三省市间因制度壁垒导致的市场准入壁垒，引导资金、技术、信息等要素资源高效合理化配置。推动京津冀城市群内企业积极实施"一照多址"改革，打造京津冀更高质量协同发展的重要引擎。

第二，在京津冀推行跨省市市场标准和市场监管体系改革试点，共同打造"京津冀标杆"。建立三地统一的市场主体登记注册数据标准，搭建企业名称自主申报行业字词库，实现经营范围登记的统一表述。根据京津冀试点情况形成可复制、可推广经验，制定全国通用性资格清单，统一规范评价程序及管理办法，加快资质审核结果的全国互通、互认、互用，推动全国统一大市场建设。

本文作者： 张贵、孙晨晨、赵一恒、李慧祥、赵勇冠

新时代高技术技能人才培养的对策建议

"十四五"时期是天津职业教育大显身手、支撑发展的重大机遇期。市第十二次党代会提出要打造新时代职业教育创新发展高地,但在教育部先后与山东、甘肃、江西、江苏等多省推进职业教育综合改革的背景下,如何抓住当前职业教育的重大发展机遇,培养出更多以"海河工匠"为代表的高技术技能人才,保持天津职业教育领先优势和发展特色,是天津职教亟待破解的现实问题,可以尝试通过以下三个方面来解决。

一、从推进职教体制改革、深化产教融合校企合作等方面助力人才赋能

第一,推进符合类型特点的区域职业教育体制改革。一是探索行业办学,支持国企混改战略投资者参与职业院校股份制和混合所有制改革。对参与改制的职业院校,取消行政级别、试行校董事会制度、企业化管理。二是发布职业院校专业设置引导指南,特别是针对智能制造等多学科融合的新型制造模式,高职院校设置专业应基于相关企业的岗位能力需求,实现传统专业升级

与新专业开设并举。三是加大经费支持力度。在财政经费、项目费用拨款中，加大师资培训经费占比，并对培训效果进行考核。对参加校企合作的职业院校，实行绩效工资政策倾斜，按不超过公务员可比收入的 1 倍，增加绩效工资总量，所需资金通过培训收入解决。加大职业院校生均拨款力度，考虑职业院校实训设备和耗材支出的需要，按照不低于本科院校水平确定生均经费。出台职业院校从事培训、科研等收入二次分配管理办法，赋予职业院校更大的收入分配自主权，让经费活起来。

第二，推动产教融合校企合作走向深入。一是综合运用经济、法律、行政手段，推动校企"双向"发力。建议参照外省市做法，提请市人大制定《天津市职业教育校企合作促进条例》，明确校企合作双方的法律地位和行为约束，提出组织实施的办法，制定扶持和保障的措施，做好校企双方合作的指导和监督检查。对参加校企合作的企业，对建设公共实训中心、开展特色培训、培养引进高技能人才、参加竞赛表彰等活动给予奖励资助。二是建设市场化、专业化、开放共享的产教融合信息服务平台。依托平台汇聚区域和行业人才供需、校企合作、项目开发、技术服务等供求信息。拓宽企业参与职业教育的途径。鼓励企业以独资、合资、合作等方式举办职业教育，降低准入门槛、简化审批手续，实行"一制三化"。三是给予政策扶持，开办前三年，财政按公办职业学校生均经费50%给予支持，房租、煤、水、电、气与公办职业学校一视同仁，允许按照市场价格收取学费。鼓励企业深度参与职业教育，对借助职业院校的师资资源、课程项目，开展合作培训的企业，按照本市职业培训成本目录标准，给予相应的培训补贴。

第三，打造支撑职业教育高质量发展的"工匠之师"。一是分层分类制定职业院校教师专业标准体系，支持高校、高职院校、产教融合型企业联合试点培养职业技术教育硕士，支持职业技术师范大学、市属理工类院校、优质高职院校开展本科职业教育师资培养，形成"工匠之师"一体化培养体系。二是出台《职业院校兼职教师聘任与管理指导意见》，从行业中的专家中选拔人才引进学校。明确职业学校专业领军人物遴选标准,设立专项人才经费,引进具有创新实践经验的企业家、高科技人才、高技能人才在职业学校兼职任教。三是坚持凸显职业教育特征的评价导向,实行面向不同学科、岗位教师的分类评价,注重师德、能力、实绩、贡献、潜力等,创新过程评价、增值评价等方式,牵引教师队伍建设持续高质量发展。制定天津市职业院校"双师型"教师认定办法和标准。探索建立教师"传帮带"制度,以及贯穿"新入职教师、胜任型教师、骨干型教师、专家型教师"四个层级的培训体系,逐步建立起教师专业化发展机制。

二、从深化科学管理、完善资源共享机制等方面发挥公共实训基地作用

第一,改革管理模式,释放市场活力。在此前国务院办公厅转发的《关于在公共服务领域推广政府和社会资本合作模式指导意见》中,鼓励通过合同、委托等方式向社会购买公共服务。对于公共实训基地而言,可以充分发挥其作为技能人才公共服务平台的功能,通过政府和社会资本合作(PPP)共建模式,为自身融资和运营中面临的诸多问题提供新的解决办法。吸引社会资源,盘活各类社会投资,释放市场活力。吸引社会资本投入公共实训基地的建设和运营工作,一方面可以减轻中央和地方的财政负担,另一方面可以最大限度地释放市场活力。强化政府的监督职责,优化运行模式,提高实训基地运营效率。创新管理模式,增强各个层次、各种类别的公共实训基地的创造力。可以扩大与其他社会组织的合作,提升整合社会培训资源的力度,提高公共服务能力。

第二,构建智能网络服务及评价机制。一是构建政府主导、社会力量参与的多中心供给体制,形成公共实训基地服务网络。地方政府作为构建公共实训基地服务网络的关键,承担主要的构建责任,按照统一部署、统筹管理、合

理布局、资源共享、功能互补原则,整合协调现有区域的公共资源,建立以企业、各类职业院校等为核心主体的公共实训基地网络。二是做好引导监督工作,重点扶植区域内的特色行业企业深度参与公共实训基地建设,并且注意监督职业院校、行业企业等相关主体在公共实训基地建设方面的责任落实。三是关注制度设计和完善工作,日常负责解决院校、企业、地方政府各个部门之间分化发展的问题,充分发挥公共实训基地网络的作用,实现整体性管理、治理和评价工作,进一步完善以实训场地设备、师资队伍、年培训量、公共服务功能、管理运作机制等为具体指标的综合考评工作,从而为基地的长远发展及技能人才培养质量的进一步提升提供科学参考。

三、从专业职业耦合对接、高质量开发职业技能等级标准方面用好 1+X 证书制度

第一,专业与职业(工种)耦合对接,促进 1 与 X 有机融合。职业院校作为 1+X 证书制度实施主体,要认清职业教育专业与职业(工种)耦合对接问题。专业为职业(行业和产业)服务,每个职业都有专业来支撑职业。从专业对接职业、服务就业的要求考虑,比较直接的办法是出台与专业目录耦合对接的职业技能等级证书目录,体现一个专业与多个职业(岗位群)对接。专业目录中的专业类别和专业划分都是参考国民经济行业分类、国家职业分类大典,按照职业岗位群与技术业务领域同一性划分,专业大类对应的产业,专业类对应行业,专业对应技术领域。若在此基础上再细化出专业与多个职业岗位(工种)的对应细目,即可成为院校人才培养方案制定,选择职业技能等级证书类型的依据,同时解决专业与职业紧密对接,学历证书与培训证书落脚点一致性问题。

第二,开发高质量职业技能等级标准,保障 1+X 证书制度顺利实施。X 职业技能等级证书培训作为职业教育的补充,职业技能等级标准也会成为职业

教育教学标准体系的重要组成部分。开发高质量的职业技能等级标准是实施1+X 证书制度的根本保障。培训评价机构要从专业教育角度和国家教学标准角度考虑职业技能标准,坚持职业与专业不能脱离,以此作为基本质量的保证。将国家职业标准作为开发依据。做好与国家教学标准的衔接,从职业教育强调专业与职业的耦合角度分析职业技能等级标准必须与国家教学标准紧密衔接,这一点是保证 1 和 X 融合的关键。结合职业岗位或职业岗位群工作任务,客观、准确地确定标准的范围、等级及职业技能要求。职业技能等级标准至少在一定区域范围是适用的,必须考虑职业领域是否有代表性,工作岗位任务是否覆盖全面。第三方培训评价机构肩负的工作是系统工程,需要从服务国家战略,契合产业发展,体现产教融合,促进就业创业上与职业院校保持高度一致和紧密合作。

本文作者:顾红

天津自贸试验区抢抓 RCEP 发展机遇的对策与建议

2022 年 1 月 1 日,《区域全面经济合作伙伴关系》(RCEP)正式启动实施。天津自贸试验区与 RCEP 其他成员国经贸往来密切,RCEP 对天津自贸试验区的建设影响深远。通过调研,并借鉴其他自贸试验区的经验做法,对天津自贸试验区抢抓 RCEP 发展机遇提出以下建议。

一、深化制度创新,主动对接 RCEP 规则

第一,加快海关程序和贸易便利化。加快开展国际贸易"单一窗口"互联互通试点,在"单一窗口"的系统集成上,以数据元标准为切入点,对标国际贸易便利化标准,加快各个职能部门的协同创新,将贸易许可的程序纳入"单一窗口"平台,逐步推进由程序链接式向内嵌式的转变。拓展国际贸易"单一窗口"覆盖范围,全面涵盖货物全程供应链,拓展出口退税、货权转移、转口贸易、金融外汇等特色功能。与此同时,推动与 RCEP 其他成员国建设经认证的经营者(AEO)互认机制,通过创新简化 AEO 认证企业的各种通关手续,降低企业通关成本。积极探索对抵达海关监管作业场所且完整提交相关信息的

RCEP 缔约国原产易腐货物和快件、空运货物与物品,实现 6 小时内放行的便利。深化与 RCEP 其他成员国海关合作,建立商品检验检疫互认机制。

第二,推动投资便利化改革。建立 RCEP 成员国外商投资一站式服务联络点,完善外商投资"单一窗口"服务平台,借鉴外资企业服务"一专员两清单制"的经验做法,切实提升引入各种资源要素的高效便捷性。

第三,积极用活用好原产地规则。加强对天津自贸试验区的企业进行原产地规则宣介培训、专题辅导,帮助企业了解 RCEP 的特定原产地规则和经核准出口商制度,指导企业将原产地规则纳入企业产品的生产管理,并根据原产地规则选择符合规则的产品供应商,实现原产地合规与管理。加强原产地自主声明和原产地预裁定的联合使用。

二、构建 RCEP 区域产业链,促进产业转型升级

第一,以 RCEP 成员为合作对象,促成产业链的区域网络。充分利用自由贸易试验区的飞地优势,先行先试,形成 RCEP 贸易自由化条款基础上的自由贸易区,构造中日韩三国循环贸易环境,以汽车装配制造、电子信息产业、生物制药产业为重点,建立万亿级企业合作模式和平台。在此基础上,拓展合作领域,为天津制造业的产业转型和升级,特别是围绕高科技产业、信息产业、数字化产业的深度合作与投资创出一条路子来。根据各自优势和可能的合作领域,进一步关注和探讨在人工智能、生物医药、健康医疗、美容保健、生物科技、现代消费等产业升级和新兴产业领域的合作探索。按照市场经济原则与政府导向相结合的方式明确支持政策,引导企业开展具有战略意义的合作,为企业创造合作的氛围、场所、营商环境、制度保障。通过主持贸易与投资巡演、洽谈会、商会交流、承接类似"夏季达沃斯论坛"等形式为企业创造交流沟通、深入落实合作的便利环境。此外,天津自贸试验区与东盟可以围绕农业、热带水果种植,中草药开发,金融创新、旅游服务业的一体化"一条龙"创

造适合双方具体情况的合作模式。

第二，抓住数字经济带来的新机遇，推动区域产业数字化的发展。一是大力支持与数字经济发展相关联的产业数字化，包括"优惠定向贷款""支持数字化企业扩大规模与升级的政策性补贴"，在反不正当竞争的前提下，支持企业合并，造就头部企业，形成类似腾讯、阿里等大型平台企业。二是自贸试验区利用在人工智能研发等方面的先行优势，瞄准"数字技术＋电商平台＋金融科技"的第三方平台，积极参与 RCEP 区域内数字贸易技术创新合作，采取战略投资、平台开放、应用场景拓展、技术合作、项目引进等组合手段，抢占数字贸易制高点，加速推动传统产业转型升级。

三、推动服务业开放发展，完善跨境服务链

第一，创新跨境物流服务。一是提升天津港国内国际中转功能，扩大自日韩海上转口、过境运输。发展对日韩双向对流的海运快线。依托天津在中蒙俄经济走廊通道和大陆桥运输中的优势，紧抓日韩地区货源，引导铁路、港口、航运企业强化协作，共同参与大陆桥运输组织。深化推广实施"港场直通"作业，将中欧班列承运的海铁联运过境货物纳入"船边直提"作业范围，有关海铁联运货物可以在卸船过程中顺势送至铁路堆场等待装车发运，压缩班列货物转运时间。逐步完善东盟地区的航运网络，实现天津对东盟主要国家航线网络覆盖。二是大力发展智慧物流。加速开发"关港集疏港智慧平台"，优化智能算法，完善运力池、运价池的数据资源，强化平台与场桥、岸桥、闸口、堆场的联动调度功能，提升车、箱调度智能水平，进一步升级平台的功能设置，构建"互联网＋物流＋金融"的服务模式。

第二，大力发展跨境金融服务。一是天津自贸试验区应加强金融产品设计和数字金融体系建设，开展适应多种贸易业态的结算便利化试点和跨境融资业务，支持符合条件的 RCEP 成员国金融机构互设经营机构。扩大人民币

跨境使用,加强与人民币跨境支付系统(CIPS)运营机构合作,推动数字化人民币清算网络建设。二是深化自由贸易账户(FT 账户)的建设,借鉴上海自贸试验区经验,逐步在自贸区账户内部及自贸区账户及境外账户之间、本外币兑换、跨境投融资等方面对接国际惯例完全放开,在自贸区账户与境内其他账户之间遵循跨境业务管理。提供经常项和直接投资项下跨境大额存单、跨境汇兑、跨境同业拆解等业务支持,启动自贸区分账核算单元机构理财业务,拓宽全球化资产配置功能。支持区内自由贸易账户开展跨境人民币业务,推动人民币国际化进程。三是加强跨境金融监管。完善自贸试验区跨境资金流动的监测分析平台,建设基于信用的企业跨境融资管理体系,推动与 RCEP成员国跨境金融风险防范的监管互认。运用大数据、区块链等技术,发展监管科技。探索"沙盒监管"模式,设置观察期和过渡期,建立金融创新容错机制。

本文作者:王伟

加强知识产权保护
优化蔬菜种业市场环境的建议

2021 年 7 月 9 日，中央全面深化改革委员会第二十次会议审议通过了《种业振兴行动方案》，明确提出包括市场净化行动在内的五大行动。为落实种业振兴行动方案部署，2022 年 3 月 25 日，农业农村部等七部门联合印发了《关于保护种业知识产权打击假冒伪劣套牌侵权营造种业振兴良好环境的指导意见》，立足全国种业模仿育种、修饰改良等知识产权突出问题，进一步强化种业知识产权保护。天津蔬菜种业在全国占有重要市场地位，存在蔬菜种业侵权行为的重大隐患。为维护本市蔬菜种业知识产权，优化蔬菜种业市场环境，提出以下建议。

一、加强种质资源管理，提高知识产权保护意识

一是加强组织管理。建立蔬菜种业知识产权保护工作领导小组，由主管市领导任组长，市农业农村委牵头，公检法、市场监管总局等相关部门参与，负责蔬菜种业知识产权保护各项工作。建立联席会议制度，定期召开蔬菜种业知识产权保护专题会议。

二是提早申请保护。提高育种科技人员知识产权保护意识，对育种创新形成的重要种质资源、亲本材料，以及育成的新品种、新品系，提早进入植物新品种权申请程序。

三是做好重点保护。建立蔬菜种子知识产权重点保护名录，将本市具有自主知识产权且在国内有较强影响力和市场竞争力的优势蔬菜品种，如黄瓜、菜花、西甜瓜等，列入重点知识产权保护名录，实施重点保护。

四是扩大保护范围。按照《种子法》要求，扩大本市蔬菜新品种保护范围，将蔬菜种子保护范围由授权品种的繁殖材料延伸到收获材料，并按照种子生产、繁殖、销售、进口、出口、储存等整个链条的关键环节实施知识产权保护，实现全产业链的知识产权保护无缝衔接。

二、做强蔬菜种业产业，提高蔬菜种业市场竞争力

一是加强蔬菜种业企业整合。对本市蔬菜种子企业进行摸底调查，对规模不大、实力不强的弱小企业进行整顿，鼓励市场竞争能力较强的企业采取收购、并购、入股等方式，实现弱小企业的关停并转，改变当前蔬菜种子企业"小、弱、散、乱"的状态，提高蔬菜种业行业资源集中度。

二是培育"育、繁、推"一体化企业。加强领军型"育、繁、推"一体化蔬菜种业龙头企业培育，支持龙头企业建立健全商业化育种体系，从蔬菜新品种培育、扩繁到市场推广，在平台搭建、人才培育、品牌宣传等方面实施全方位扶持，逐步壮大企业实力，扩大市场占有率，提高品牌种子的市场知名度。

三是建立知识产权保护体系。鼓励有实力的蔬菜种业企业设立知识产权保护部门，并建立本企业知识产权保护体系，按照"育、繁、推"一体化方案，从研发、繁育到推广的整个链条，细化知识产权保护内容，健全知识产权保护制度，实现知识产权全过程管理。

三、提高管理技术水平，严格新品种市场准入标准

一是提高品种检测标准。建立蔬菜新品种登记绿色通道及联合体试验监管制度，规范实验主体对登记品种的实验行为。适当提高 DNA 指纹差异位点数、产量指标、营养指标和抗性指标，解决新上市品种"一品多名"套牌侵权问题。

二是建立品种清理制度。以黄瓜、菜花等本市重要蔬菜品种为突破口，充分利用分子检测技术手段，以具有植物新品种权的蔬菜品种作为重点进行检测，持续开展已登记品种清理，并逐步拓展到其他非主要蔬菜品种，对违法登记品种依法撤销。

三是探索实施"身份证"管理制度。制定蔬菜种子标准样品管理办法，实现登记和保护样品统一管理。建立蔬菜种子大数据平台，整合品种试验、测试、管理和生产经营等信息，做到"一品种、一名称、一标样、一指纹"，实现蔬菜种子全过程可追溯管理。

四、加大种业执法力度，提高知识产权保护效率

一是完善法律法规制度。围绕《种子法》规定的植物新品种权保护范围及保护环节，开展蔬菜种子知识产权基础性法律研究，推进蔬菜新品种保护条例修订，研究制定蔬菜种子实质性派生品种制度的实施步骤和方法，建立完善蔬菜种子知识产权保护制度体系。

二是开展专项整治行动。由执法部门对全市制种基地进行摸底调查，重点开展中小企业生产资质核查、制种基地苗期转基因成分检查，加强苗场育苗监管。对各区蔬菜种子经营门店开展执法检查，打击假冒伪劣套牌侵权，规范蔬菜种子市场经营。

三是落实侵权惩罚性赔偿制度。建立健全符合蔬菜种子知识产权审判规律的特别程序和法律制度,实现蔬菜种子侵权保护有法可依、有法必依。细化蔬菜种子知识产权惩罚性赔偿适用标准,加大对生产经营假冒伪劣种子的处罚力度。

五、加强社会公共监管,推进社会监管共治共享

一是强化行业自律。建立蔬菜种业协会,充分发挥协会的协调、服务、维权和自律的作用,指导种业企业安全生产和知识产权保护,引导规范育种企业生产行为,对发生的侵权事件积极配合企业采取维权措施。

二是加强信用监管。建立信用监管机制,实施蔬菜种业企业信用风险分类监管,对蔬菜种子生产和经营企业、市场销售门市等失信主体和有严重违法和犯罪等行为的企业、门市纳入信用"黑名单",定期向社会公布。

三是鼓励社会监督。建立社会监督机制,充分发挥群众监督作用,在本市蔬菜种子销售市场和蔬菜生产基地,设立投诉举报电话,及时收集侵权行为线索。建立举报有奖机制,对实名举报真实且处理完毕的侵权行为,从处罚额度中抽取一定比例作为举报人的奖励。

四是强化普法宣传。执法部门深入育种单位、种业企业了解需求,提高执法水平。加强普法宣传,教育引导市场主体综合运用植物新品种权、专利权、商标权等多种知识产权保护手段,提高知识产权保护水平。加大侵权案件查处曝光力度,通过天津卫视、法制专刊、津云等媒体发布典型案例,全面优化蔬菜种业市场环境。

本文作者:贾凤伶、李英杰、胡文星、王晓蓉、程文娟、信丽媛

加快推进我市高水平大学科技园建设的对策建议

大学科技园是国家创新体系的重要组成部分,建设高水平大学科技园对于推动创新资源集成、科技成果转化、科技创业孵化、创新人才培养等具有重要的现实意义。目前我市仅有 1 家国家级大学科技园——天津大学大学科技园,从整体建设规模和发展水平上看,与我市"一基地三区"的功能定位和"以科技创新推动制造业立市"的战略目标存在差距,而且天津在用好用足大学科技园政策资源和探索科技金融创新模式方面与北京和上海相比还有较大差距。为加快推进我市高水平大学科技园建设步伐、提升我市科技创新与经济高质量发展水平,提出以下对策建议。

一、依托高校学科优势,聚焦所在区产业特色

第一,发挥大学科技园高校和所在区"双主体"作用。围绕"一基地三区"的功能定位和"1+3+4"的产业布局,建议做好我市大学科技园发展的顶层设计,依托高校学科优势,承接一批旨在推动产业发展的重要研究项目,促进产业之间深度融合,提升产业链发展能级和整体竞争力。同时建议所在区政府

将大学科技园建设纳入整体发展规划,预留充足空间载体,整合区域产业资源、大学科技园所依托高校的研发和校友资源,推进高校和所在区的人才、技术、资本、信息等创新要素集聚,培育创新集群和高新技术产业群,依托强势领域打造特色学科链、创新链、产业链,打造天津自主创新重要源头和原始创新主要策源地。

第二,加快形成学科、产业互促格局。统筹推进"双一流"建设,凝练学科特色,打造优势学科(群)开展科研攻关和成果转化,实现学校科教智力资源与市场优势产业资源的紧密结合。校企共建协同创新联合体,依托联合研发平台,引育科技领军人才,共同组建校企产学研用合作的技术协同创新团队;聚焦产业链关键领域、薄弱环节,联合攻关具有标志性、引领性的重要科技项目,做好基础积累、科研成果的凝练提升及推广应用工作,联合开展行业关键领域标准化、体系化建设工作。

二、优化园区运营管理体系,探索可持续建设模式

第一,构建市场化多层级运管体系。建立符合现代企业要求的管理体制和运行机制。一是采用市场化运营方式,科技园出资注册投资有限公司,负责园区的规划、建设、开发与经营,通过探索实践"混合制经济"在园区层面的应用,按市场化运作实现可持续发展。二是建立多层级管理体系,科技园需根据自身建设现状和管理需要,可构建政府引导、学校决策、园区运作的三级管理体制,也可建立宏观指导、领导决策、日常管理、运作执行四个管理层次,亦或采用"管委会 + 运营公司"的"两块牌子、一套人马"的管理方式。

第二,因地制宜打造建园模式。国内知名国家级大学科技园的建园模式主要有 "一园多区""一区多园""一园多基地""一园多校""一校一园",以及"政府支持、大学依托、企业运作"的"多方参与"等类型。我市大学科技园可借鉴成熟建园模式,逐步形成与政府部门、科研院所、龙头企业、金融机构的协

同合作关系,在"大学校区、科技园区、城市社区"三区联动的思想指导下,因地制宜地将科技园打造成为有特色、有实效、有品牌、有前景的高科技成果原创地、高素质人才聚集地、高品质文化引领地和高技术成果转化示范地。

三、健全科技成果转化机制,增强科技成果转化能力

第一,健全科技成果转化基础设施。建立科技成果转化专业服务机构,培育和发展技术交易市场和枢纽型技术交易网络平台,深化产业共性技术创新服务平台建设,加强科技成果产业化情报系统和科技成果转化信息数据平台建设,搭建技术成果与信息的供需对接、发布与交流平台。围绕"1+3+4"产业体系,建设科技成果转化基地和产业技术研究院,推行技术转移示范基地挂牌制度,培育技术经纪人队伍,集中力量、整体推动一批具有内在技术经济关联性的"科技成果群"转化应用。建立健全专业服务标准体系,引导成果转化服务机构规范化、专业化、网络化发展。

第二,完善成果转化关键机制。构建园区产学研联合体,充分发挥行业协会、学会、研究会等社会组织优势,形成优势互补、利益共享、风险分担的市场化协同创新机制。利用股权出售、股权奖励、股票期权、项目收益分红、岗位分红等方式激励园区科技人员开展科技成果转化,完善科技成果转化奖励和收益分配机制。不断更新并定期发布园区企业需求信息与科技成果目录,促进各方信息的公开化与透明化,健全与完善企业需求信息库、科技成果项目库、行业技术专家库和职务科技成果披露机制。

四、强化服务体系建设,营造创新创业良好氛围

第一建立多元化投融资渠道。园区成立投融资服务管理机构,专注"1+3+4"产业领域的创新项目,提供创业投资、融资顾问、三板挂牌、企业并购

等类型服务;设立专项孵化基金,以"孵化 + 创投"的形式对园区高成长型企业直接进行投资,带动政府创业投资引导资金的联合投入。依托科技园有限公司,搭建具有园区特色的投融资平台,引入社会资金、风险投资,建立自有融资体系,与金融机构合作协助企业申报各级各类项目资助。此外,不断丰富科技金融平台服务项目、拓宽服务范围,提升为科技园企业提供科技贷款、股权融资、资本市场、科技保险、政府专项资金等方面的信息查询和申请服务质量,充分发挥科技与金融投资资源有效对接作用。

第二,开展"双创"体系全面建设。建设创业培训服务平台和"双创"实习基地,不断吸纳具有丰富经验的专兼职培训教师,采用视频授课与现场互动的方式进行培训活动。建立信息互动网络,组建"企业家沙龙",为园区创业人员提供交流沟通渠道。成立创投种子资金,为创业企业和师生提供创业指导和资金支持,建立"创业服务 + 创业投资 + 创业导师"为核心的全方位、全流程、全链条、立体化的综合孵化服务体系。通过课程平台、训练平台、竞赛平台,形成创新创业教育金字塔架构,建立并完善大学生自主创业专项服务体系。

本文作者:毛文娟、周楠

社会资本参与街区商圈改造升级面临的四类难题及应对之策

高品质商圈是天津市建设国际消费中心城市的"定盘星"与"风向标"。《天津市城市更新行动计划(2022—2025年)》明确提出,要实施商圈复兴行动,提升历史文化街区活力、盘活利用传统商圈。目前,以街区作为基本单元的商圈改造升级面临着"钱从哪来?建设主体从哪来?稳定运营如何实现?"的现实问题。社会资本作为具备市场化投资与运营管理能力的重要力量,能够针对性地回应以上问题,助力商圈升级"降本增效"。然而调研发现社会资本在实际参与我市商圈改造项目的过程中面临参与主体融资难、文化资源活化难、多元格局联动难、商居矛盾协调难四类难题,严重阻碍其功能发挥。基于对天津市柳林街区、鼓楼街区、杨柳青古镇等典型案例的跟踪调查与比较研究,提出以下几点建议。

一、推动投资渠道基金化升级,化解项目主体融资难题

高昂的资金使用成本是制约社会资本参与街区商圈更新的"无形壁垒"。调研发现,与北京等其他城市不同,社会资本参与天津市街区商圈更新的主

要方式仍以代理经营为主,重资产投资模式(如滨海新区洋货市场改造)尚处于起步阶段。由于近年来城市更新板块的信托和私募基金"暴雷"频发,国内操作城市更新前期融资的民间机构数量锐减。目前,城市更新板块的银行贷款年化利率维持在 8%—9%之间,民间纯债及股加债等常规渠道年化更是高达 15%—20%左右。在复杂市场环境、疫情冲击等风险因素作用下,维持现金流或被动持有现金成为社会资本方进行金融避险的倾向性选择。

基于此,一是应创新市域范围内微利项目的金融信贷支持模式。鼓励国家政策性银行、商业银行参与,并针对街区更新类型的微利长期项目适当降低利率。尤其是要调整过度依赖产权抵押的融资模式,完善以项目运营权作为质押的创新路径。二是政府部门应根据项目实际提前构建资金平衡路径。针对街区土地整备阶段、产品开发阶段、运营阶段做出分时序利用社会资本的金融路径计划,以对冲当前经济不确定性所带来的长期风险隐患,并牢固树立街区更新项目"微利可持续"的投资品牌印象。三是扩大天津城市更新基金"母子架构"模式。参考上海、成都等其他城市经验做法,以现有"天津城市更新基金"作为基础,分别下设一级开发子基金与自持商业运营子基金,广泛吸引城市更新全流程主体参与投融资。

二、以不动产投资信托基金(REITs)助力历史街区活化,化解文化资源商业化难题

社会资本"赶得走、引不来"是历史文化街区更新面临的困难之一。历史文化街区需严格控制其内部建筑风貌、高度及可利用空间,而社会资本的直接目的是将文化历史价值转化为商业资源,因此更新改造需要相对更高的行政成本及资金成本。调研发现,杨柳青古镇等街区在更新改造过程中长期遵循"房企 + 银行"的传统合作模式,资产多元化程度低、流动性差,尤其是产权真实转移难度高,在清退高噪音、高污染、风貌不符的商业类型之后,难以通

过城市空间个性化升级带动物业价值提升。

基于此，可引入流动性高、资产组合多元、经营管理公开的 REITs，推动先天具备优质资产特质的历史文化街区实现证券化运营。一是以合理划分街区内部各片区功能为基础，规避"街区整体商业化"带来的高空置风险。可根据居住人口规模、不可移动文物数量、路幅宽度等细化指标进行商业价值测算，分别划定历史教育区、文商旅综合服务区、传统宜居区等差异化片区。重点吸引 REITs 券商聚焦"文商旅综合服务区"，在其他片区则进行文化场景货币化、景观带营造等多功能活化利用。二是由政府对带有历史文化属性的标的物业进行专门化政策引导。历史建筑的 REITs 与证券化运作需要创新资产定价模式，因此政府部门应明确历史文化街区底层资产的权属定性，作为其持有期限、退出期限、收益模式与退出模式的确定依据。三是在对划定片区升级改造与重新定位的基础上，鼓励 REITs 专业运营机构自持运营。瞄准历史文化街区底层标的物业，对流动性差的基础资产构造稳定现金流，推动街区租金提升。探索将历史文化街区纳入天津市 REITs 项目储备库，并加大 REITs 三方对接平台对相关项目的推介力度。

三、提升商圈内部治理能级，化解多元主体联动难题

街区更新参与主体沟通不畅、分工模糊是制约社会资本能动性发挥的关键因素。调研发现，个别街道基层政府部门在矛盾疏解、基层力量动员等方面存在"甩手掌柜"思维，部分项目参与方面临沟通平台缺乏、各主体目标分歧较大、职能存在盲区等困境，亟须确立更为清晰的组织协调机制以统筹资源。一是推动区域党建以凝聚多主体合力。始终坚定"党建引领、政社合作"，发挥党组织对街区更新全过程的坚强领导。可建立区域党建联盟，广泛吸纳街区相关校、企、政、商、住等多类型基层党组织。在此基础上，做实街区党建协调委员会，定期召开例会协调解决涉及街区建设和居民利益的重大问题，促成

街区主体间资源共享。二是在商圈内部完善常态化沟通协调机制。可在更新项目落地区域建立以街区自治委员会为主体、以商户自治联盟为补充的内部沟通协调平台,实行自管自治自驱动模式。街区自治委员会可纳入社会资本方代表作为常任理事,产权人代表、小业主代表等作为席位理事灵活调整,政府部门发挥兜底保障与强力监督职能,以定期会商、活动审议和监管机制保障各主体协调常态化。三是在各商圈推广"主动治理"模式,避免由分工盲区带来的矛盾升级。依托街区自治委员会、商户联盟等实体平台,由街道统筹建立常态化"问需问计"机制,通过对社会资本方、街区住户、内部商户开展多渠道走访调查,提前瞄准区域共性问题、周期频发问题、潜在萌芽问题,避免"小事变大事",将问题提前解决在街区内部,降低政府部门行政成本。

四、抓住公共空间优化"牛鼻子",化解商居矛盾协调难题

商业空间对街区公共空间的过度侵蚀是诱发传统商圈内部商住矛盾的关键因素。调研发现,中心城区部分商圈在社区服务"最后一公里""一店多能"行动过程中表现出"市场先行、倒逼监管"的差异化特征。资本主导的商业服务主体脱离监管,自行开展各类商业化改造,代理商户无限制占用原住民公共空间,使得部分街区住户面临"门前变后厨、道路变货仓"问题困扰。"商家要赚钱、居民要生活",商住矛盾凸显。

基于以上教训,应优化街区多主体利益分配格局,引导社会资本在公共空间维护和利润最大化之间找到平衡。一是在街区公共空间腾退后提供新的收益增长点,保障社会资本"有利可图"。应健全利益分配和责任落实机制,建立完善街区运营公共收益"动态资金池";适当让渡市属公共设施收益,将商亭、外摆、广告灯箱等经营收益用于日常管理维护及运营策划服务;在街区风貌特色设计的基础上,适度放开非收储商户外摆管理,弥补企业前期投入、反哺建设和运营支出;对便民市场、充电桩等有一定盈利的改造内容,鼓励社会

资本专业承包单项或多项。二是为街区原住民开拓"智慧公共空间"。在街区更新过程中推动科技化改造、规范化管理、智能化管控三位一体的街区治理体系,重点规划共享智慧停车、绿色节能管理、垃圾可视化、公共空间物业管理、街区环境安防等运营场景,以高质量公共产品最大程度惠及街区原住民。三是规避"监管真空"现象,为公共空间商业化划定红线。基于街区运营管理公约,以文本协议形式明确消防通道、电梯运行通道、停车区域等生活空间的具体边界及用途。

本文作者: 昌硕、吴军

加大引育"灯塔企业"
切实推动我市制造业立市战略的建议

在全球产业链重构和竞争加剧背景下,"灯塔企业"作为数字化转型领跑者,成为制造业高质量发展的典型代表和产业链现代化的"定海神针"。由此,一场制造业的"灯塔"风潮席卷全球企业。为更好地推进我市制造业立市战略,从容应对"断链"风险和挑战,建立韧性智能制造系统,打造且柔且韧的产业链供应链,建议如下。

一、充分认识"灯塔企业"在我市打造全国先进制造研发基地中的关键

第一,"灯塔企业"是我市巩固壮大实体经济的根基。"灯塔企业"能够带领中小制造业企业突破在数字化转型中"不会转""不能转""不敢转"难题,打破制造业企业数字化转型"梗阻",建立行业数字化转型路线图,成为我市制造业各细分行业"数字化"和"全球4.0"的示范者和工业表率。

第二,"灯塔企业"是我市打造先进制造等新业态的领头羊。工业互联网、智慧工厂等先进制造业态需要推进产业资本、金融资本和"互联网+"的深度融合发展。天津借助华为、腾讯、京东、360、联想等互联网企业在津布局契机,

打造一批诸如"滨海云商"的"互联网＋制造业＋金融"模式的"灯塔企业",为天津制造业注入新动力。

第三,"灯塔企业"是促进天津制造业实现全产业链变革的中流砥柱。柔性供应链、敏捷工作模式等成为先进工业、包装消费品、医药产品和流程工业领域的"灯塔企业"成功扩展的核心特质,也为天津打造信创、高端装备、生物医药、汽车和石油化工等行业的"灯塔企业"指明方向。

第四,"灯塔企业"是天津制造业立市持续发力的战略支撑点。"灯塔企业"能够最大程度提升整个行业可持续发展能力,巩固壮大实体经济根基。如丹佛斯(天津)经过商用压缩机流程再造,提高了整体效率,降低了能耗,为制造业立市树立了"天津标杆"。

二、加大引育"灯塔企业",夯实制造业立市基础

第一,做好统筹布局和顶层设计。借鉴国内外"灯塔企业"的实践与经验,立足天津制造业和数字经济优势,打造一批"未来工厂"。一是制定扶持企业成长为"灯塔企业"的成长路线图。在《制造强市建设三年行动计划》和《产业链"链长制"工作方案》基础上,把"灯塔企业"建设纳入制造业高质量发展的重点工程。与"链长制"工作方案相结合,明确培育目标和计划,谋划实施"一链一灯塔"的工作方案和成长路线图。二是多措并举开展先行先试。在行业上,以电子设备、汽车和消费品、服饰、光电设备、农业设备、采矿等细分行业为重点,打造"灯塔企业"。在企业规模上,以跨国集团为主力,重点是制造业头部企业,但也要有少量中小企业及初创型技术公司。在发展模式上,"灯塔企业"遵循"生产制造创新"和"端到端价值链创新"两种发展模式,发力重点集中在业务流程、管理系统、人员系统、工业物联网及数据系统四个方面。在区域一体化发展方面,引导"灯塔企业"加速整合产业链上下游,促进产业链区域化集群发展,实现"灯塔企业(单厂域、系统)-灯塔企业(灯塔+平台)-产

业、区域集群("智造谷")"的规模化发展路径。

第二,支持一批"未来工厂"试点项目。一是建立"灯塔企业库"。"灯塔企业"的建立不仅在"引",更要"育"。以丹佛斯(天津)、海尔集团(天津)等已入选的"灯塔企业"为标杆,面向12条重点产业链,遴选一批数字化基础较好、应用效果较为典型、企业意愿较为强烈的企业,进入"灯塔企业库",率先开展"未来工厂"项目实施,聘请专业第三方服务机构研究制定对标行业一流水平的解决方案,推动关键领域技术装备和软件系统达到国际国内先进水平,从技术、人才、项目等层面进行统筹规划和集中扶持,力争三年培育形成数十家"未来工厂"。二是以"对赌协议"为突破口,创新引育"灯塔企业"招法。改变以往招商引资方式,借鉴上海与特斯拉的"对赌"做法及合肥市三次"豪赌"经验,招引目标锁定在数字化、智能化、网联化企业。政府建立市场化运作的产业投资基金,以"对赌协议"成立企业与政府的合资公司,以协议目标为导向,导入市场竞争压力,最大限度地激发引入企业的生产运营积极性。三是推进全业务场景应用,构建数字化灯塔企业生态集群。在信创产业全链布局(飞腾—麒麟—长城—曙光)的基础上,加大鼓励长荣、天锻等龙头企业自建或合作建立网络平台,积极开展全业务场景应用,实施"龙头企业 + 产业项目"战略,不断增强高端资源要素的配置能力,赋能中小企业实现对工业软件的应用和掌握,推动产业链上下游企业接入平台,促进企业构建线上线下相结合的新型产业生态集群,对标"灯塔"建立全球一流标准的企业。

第三,提升"灯塔企业"的实施能力。一是推动制造资源和能力的全网布局利用。扶持曙光、荣程等建立行业级别的工业互联网平台,先行破解企业数字化转型的"痛点",构建"市场快速响应—要素动态配置—业务高效协同—能力开放共享"网络化的制造体系,打造智能制造系统方案解决供应商,形成细分行业数字经济的"灯塔标准"。二是推动制造资源和能力的全网布局利用。借鉴博世、纬创、西门子等"灯塔企业"的基于IT架构打造数字化制造平台经验,支持"1+3+4"行业细分领域的红日康仁堂、天士力、力神、凯莱英等潜在

"灯塔企业"加快数字化、智能化建设,搭建资源和能力共享平台,在重点领域实现设备共享、产能对接、生产协同;支持建设供应链对接平台,促进中小企业深度融入大企业的供应链、创新链。支持平台与制造企业开展战略投资、品牌培育、网上销售、物流配送等领域合作,整合线上线下资源,实现全要素互联互通互动。三是推动企业平台化生态化创新。以"天津智港"为引领,以天河产业园、信创谷、生物制造谷、细胞谷、北方声谷等科技创新标志区、集聚区为依托,围绕曙光、中芯国际、联想超融合、浪潮、经纬恒润、康希诺等标杆企业形成集研究开发、智能制造、人才培养、应用示范、教育科普为一体的灯塔企业群。

第四,探索"灯塔企业"系统培育模式。借鉴浙江"未来工厂"和"江苏灯塔"典型做法,总结"灯塔效应",探索建立"灯塔企业"培育模式,系统谋划,复制推广,示范引领,放大天津智造影响力。一是强化技术赋能,促进企业增效和降耗。在增效上下功夫,鼓励汽车、电子信息领域龙头企业实施数字化转型,以营销、采购、研发、制造、服务等环节作为"智改数转"切入点,逐步拓展至整个企业运营管理。二是面向行业需求,增强产业韧性和活力。着眼产业链的韧性,鼓励"灯塔企业"及潜在"灯塔企业"将其数字化技术、智能化生产能力开放给上中下游的企业和制造工厂,降低中小企业数字化转型的技术门槛,带动产业链、供应链关联企业复制经验,推动整体产业智能化进程。三是主动营造生态,推动行业发展聚势和增能。鼓励企业沉淀技术,深挖垂直领域,主动参与建设本行业领域互联网平台,用数字新技术倒逼新应用,用新模式培育新业态,为城市发展提供新动能。引育行业互联网平台,为中小企业数字化转型赋能,鼓励产业互联网企业利用场景孵化落地产品、解决方案、创新模式,帮助企业实现从一次性用户思维到终身用户思维的转型。研究产业基金运营方式,发挥产业基金特别是天使投资引导基金早期领投作用,挖掘一批优质数字经济项目,给予专项基金支持。

本文作者:张贵、李兰冰

进一步加强数字人才队伍建设的建议

数字经济已成为实现高质量发展的关键力量。为抢占数字经济发展时机,积极贯彻落实党的二十大精神和市第十二次党代会精神,全力建设人才强市,提出以下建议,以进一步加强数字人才队伍建设、推动天津社会主义现代化大都市建设。

一、完善数字人才建设顶层设计

一是制定数字人才培育规划。在大力推进数字化发展行动方案基础上,围绕数字经济发展重点领域,特别制定数字经济领域的人才培育规划,优化数字人才公共服务环境,引导各类资源向数字人才引育聚集,为数字人才队伍建设提供制度保障,有效助力数字经济健康发展。

二是编制紧缺数字人才图谱。成立由高校、科研院所、民间智库、研究机构等相关领域专家组成的研究团队,对数字经济领域人才培养进行多维度的深入研究,明确当前亟需的专业领域,拟定各阶段重点培养方向、内容与人群,探寻优先培养方向与路径,为重点领域发展提前布局提供强大的人力资源保障。

三是营造人才成长良好氛围。将数字人才发展实绩、技术创新贡献等作为主要评价标准,健全数字人才职称制度,构建分类评价标准体系,实现专技人才与技能人才评价的双向贯通,加大人才评比表彰力度,在各类人才工程中加大对数字人才的关注与倾斜,为数字人才高质量发展营造有利环境。

二、构建本地数字人才培育体系

一是加快高校在数字专业的学位学科设置。进一步落实高校专业设置自主权,鼓励开设数字经济、集成电路、人工智能、大数据等前沿学科专业和课程,推动学科间交叉融合,以学科建设、基础研究布局形成数字人才队伍建设架构,充分发挥高校、科研院所的积极牵引作用。

二是引导职业教育加强对数字人才的培育力度。提高职业教育中数字领域的课程安排,支持企业与职业院校共同探索数字技能教学与实践基地建设,打造数字人才订单式、定制化培养平台,建立校企人才对接机制,加快重点领域的数字技术人才培养,有计划、有步骤地形成数字人才梯队。

三是鼓励企业提高对数字技能培训的投入。授权正规单位进行数字专业技能培训并颁发结业证书或技术认证,对于积极参与的各类机构给予相应的政策补贴,对参与培训的企业给予专项补贴和税收优惠。鼓励企业开展新型学徒制培训,建立数字人才内部培育体系,积极与普通高校、职业院校等教学机构共建人才培养基地。

三、加大高端数字人才引入力度

一是"栽好梧桐树"。加强数字平台建设,争取在我市建设数字经济领域国家级重大科技基础设施和国家技术创新中心、国家工程研究中心,打造数字经济最强大脑,并积极吸引海内外顶尖团队来津开展数字经济基础研究、应用研发和成果转化等活动,形成我市数字经济研发基地品牌。

二是"梧桐引凤来"。通过引进高能级平台、打造优势产业来吸引国内外数字经济产业高层次人才来津就业。建立高端数字人才服务中心,健全数字人才政府补贴制度,落实配套保障政策,努力做好子女入学、住房保障、税收优惠等公共服务,为数字人才高质量发展提供广阔空间与舒适环境,留住人才。

三是"助凤翔九天"。启动"数字工匠"培养工程,全方位加大对高端数字人才的政策扶持力度,深化体制机制改革,为数字人才在科研经费使用、申报科研项目、科研成果转化等方面提供支持,营造宽松积极的创新创业环境,助力数字人才充分发挥才智、施展抱负,将天津打造为数字人才聚集地。

四、建立柔性引智引才政策制度

一是充分发挥"揭榜挂帅"科研作用。围绕我市数字发展重点领域,有计划、有步骤地分阶段向全国乃至全球征集重点攻坚科研课题,积极利用"外脑"为天津发展实际需要提供智力支持。同时,广泛传播天津的数字影响,将天津打造为数字经济高端示范区与数字技术研发先锋城市。

二是大力引入兼职数字专家与技能大师。鼓励本地高校、科研院所、职业院校积极聘请数字领域的顶级专家作为兼职教授(研究员),尽快解决在数字专业学科建设、课程设置、技能培训等方面的师资短板。建设数字人才实训基地与数字技能领军人才大师工作室,培养一批"数字工匠"与"数字尖兵",为数字发展提供坚实人才基础。

五、多措并举提高全民数字素养

一是普及数字知识和提升数字技能。在各类职业技能培训中增加有关数字知识的培训内容,加强对所有劳动者的数字技能培训,提升就业者的数字水平。在乡村、社区安排信息技术宣传员或志愿者负责本地区的数字知识宣传教育,特别是为老年人及弱势群体使用智能设备、适应数字时代提供帮助服务,提高全民数字素养。

二是加大数字素养和数据意识培训。鼓励非营利性组织积极宣传数字理论与相关技术,定期开展数字论坛活动,普及数字知识,特别是信息基础设施建设、数字安全和保护、数字化监管、防止数据垄断、数字化和传统业态协同发展等方面的内容,营造良好的数字发展社会环境。

三是加强对数字理论的追踪研究。随着数字经济的快速发展,相关理论基础与构架会逐步搭建与完善,应引导理论工作者对此进行持续深入的追踪研究,并结合发展需要,及时调整紧缺人才目录,进一步强化数字人才的集聚度、活跃度与贡献度,完善数字人才队伍建设体制机制。

本文作者:王芳

推动我市中药全产业链高质量发展的建议

我市中医药国家级创新平台资源集聚，拥有 18 家中医药产业链规上企业。达仁堂、乐仁堂、隆顺榕等中药老字号，13 个过亿元的中药大品种。2021年营收和利润两项指标均高于全国中药行业上市企业平均水平，产业基础雄厚，科研实力和人才优势明显。市委、市政府也将中医药产业链强链补链作为高质量发展主攻方向之一。

在取得良好发展态势的同时，也存在中药材种植总体规模较小、组织化及产业化水平较低、中药质量均一性和稳定性不可控、产业链有待进一步升级延伸和特色品牌打造不足等问题。基于以上问题，对照《天津市中医药产业链工作方案》《天津市中医药强市行动计划（2022—2025 年）》的目标，提出以下推动我市中药全产业链高质量发展的对策建议。

一、选取适宜种植的中药材品类，加强中药材种植基地建设

依据地方志、市场需求、现有种植基础等，选取适宜我市种植的中药材种类，优先发展抗疫核心中药材的种植、存储及加工。从小型科研种植开始，避

免盲目推广种植造成的资源、资金浪费;将分散生产经营逐步引导到"公司＋科研单位＋种植专业合作社＋农户"式规模化基地建设,在种子种苗、种植(养殖)管理、采收与产地加工、质量检验等方面推进规范化管理,加强优质高效中药材集约化种植及加工基地建设。

二、依托丰富的创新资源,为中药质量控制与评价提供基础支撑

以天津市组分中药国家重点实验室、现代中药产业创新中心、中医针灸国家临床医学研究中心等国家级平台为核心,依托重点实验室、工程技术中心、企业技术中心、临床医学研究中心等科技创新平台,进行现代中药领域高水平共性关键技术研发,挖掘经典名方,开发复方、有效部位及有效成分中药新药。制定具有地方特色的"天津标准",联合推动中药材种子种源、种植、初加工和饮片炮制、仓储、检验检测等系列标准全面升级,以标准引领企业全产业链发展。

三、培育龙头企业,提升"卫药"品牌,推动产业链提质升级

一是培育以大型骨干企业和创新型小微企业为主体的两大梯队。支持天士力、红日药业、中新药业等企业提升发展能级,更好地发挥"业界巨头"作用;支持新兴企业加快创新产品上市,形成一大批"小巨人"企业。鼓励中医药企业通过海外投资、品牌收购、兼并重组等方式,在共建"一带一路"国家建立分公司、子公司,聘用当地员工,融入当地文化,加快培育产业链条完备的跨国公司和知名国际品牌。

二是通过技术革新研发和培育具有国际竞争力的大品种,提升天津"卫药"科技内涵,支撑天津和京津冀中药产业升级、可持续发展。发挥达仁堂、乐

仁堂、隆顺榕等老字号的带动作用,提升"卫药"品牌影响力。

三是形成更加集约的产业发展格局。选择滨海新区、北辰经济技术开发区等产业基础较好的板块重点培育,形成核心区域引领、特色板块支撑的良性发展格局。

四是推进京津冀中医药产业合作,吸纳北京溢出资源,与河北省中医药产业形成联动互补,支持京津冀权威第三方检验机构,为种子、种苗、饮片的真伪鉴定提供数字化标准服务,提高区域产业链整合水平,促进产业由价值链低端向中高端迈进。

四、促进产业融合,实现中药产业链拓宽延伸

一方面,在巩固提升现有产业的基础上,进一步打通中药产业"上下游",延伸产业链条,提高产品附加值。引导龙头企业组建集研发、生产、销售为一体的中医药产业集团,鼓励其与产业上游融合,布局各大中药材产区的道地中药材基地;在产业中游,在全国主要各大交易属地,建立中药材、中药饮片仓储基地设施和物流配送与分销渠道;在产业下游终端与医疗机构和药店建立长期合作,覆盖重要节点城市中心的智能药房。另一方面,推进中药材与乡村旅游、生态建设、健康养老等产业深度融合,加快中医药特色旅游、中药园艺观光休闲、药妆、药膳、药茶等服务项目建设,打造集中药种植园、中药加工、中药体验馆、中医药健康产品、特色中医诊所于一体的全链条中药产业发展模式。

五、借助"互联网+中医药"促进产业链纵向深化、横向扩展

运用大数据、人工智能等"互联网 + 中医药"技术重构产业链发展模式,促进中药产业现代化转型。通过建设中医药电商平台、智能配送中心等进行

渠道拓展,压缩冗余环节,保留高附加值环节;通过中药材价格指数大数据分析,实现中药材价格的市场行情监测,进行未来预测、决策支持;通过健康医疗大数据分析助力消费者行为挖掘、指导健康行为、监测病情等;加强质量追溯体系建设,做到大宗药材来源可追、过程可溯、质量可查、责任可究等。打通中药材电子交易系统、第三方检验检测系统、全程质量追溯系统等,完善数字化、专业化公共服务平台,实现了种药人、寻药人、买药人、卖药人和用药人等客户群体的互联互通互信。

六、深化医药卫生体制改革,助推中药产业链发展

近年来,在医保药品谈判、集中采购政策引导下,中成药价格呈下降趋势。与单一成分的化学药不同,中成药原料来源于田间种植的中药材,不同企业的药材等级、生产工艺、质量标准不同,在制造各个环节使用的创新技术也不同,其成品质量和疗效也不相同。在药品采购中,应避免简单地把相同通用名中药产品放在一起比价,否则可能会导致名优品种被淘汰的局面。建议医保部门药品采购中遵循中医药发展特点,建立科学、合理的质量和疗效评价标准,支持优质优价。在完善中成药、中药饮片及配方颗粒质量评价标准的基础上,从价高量大的品种入手,科学稳妥推进中成药、中药饮片及配方颗粒集中采购改革。可以借鉴北京模式,进行分类治理,对于竞争充分的药品,采用带量采购的形式;对于竞争不充分的,只有一两家企业供应的品种,采用带量谈判的形式进行集中采购。随着集采进一步继续,行业规范程度的提升,行业龙头企业及下游上市企业加强对药材的掌控,将加速中药企业并购重组速度,倒逼企业提升质量等级,提升行业集中度。

本文作者:马蔚姝

以经典汽车展示为切入点
打造天津汽车生产消费价值链的建议

2017 年在东疆海关的监管支持下,中国(天津)自由贸易试验区内的企业率先利用国家给予天津自贸区的保税展示政策,成功实现了 92 台经典汽车(以下简称"老爷车")出区保税展示。2018 年完成了首单以"艺术品"形式"老爷车"进口通关业务,开始了天津口岸为起点的国内"老爷车"展示。2022 年初,为配合我市建设汽车大流通城市的目标,东疆综合保税区率先成立了东疆汽车文化艺术中心,向全国征集收藏"老爷车"160 余台。天津港现已成为国内"老爷车"进口首选口岸,其展示业务成为继平行进口汽车后又一"蓝海"产业。

建议我市围绕国际消费中心城市建设,在"老爷车"展览、修复、再制造上先行先试,推动"老爷车"新能源化的设计、零配件生产、组装等各产业环节再造,构造齐备的生产、消费、修复和国际市场营销等现代汽车制造业全价值链。

一是明确"老爷车"进口的"二手汽车"地位。目前"老爷车"是在海关进口商品分类的"艺术品"商品分类目录下进口的。但按照此类进口,规模或数量不大,且难以实现加工修复(或再制造"'老爷车'保税修复")。早在 1993 年建立欧洲统一大市场时,二手车贸易特别是经典汽车的进出口就作为扩展贸易的对象。建议国家海关税则管理部门参照欧盟的有关规定,确定保有年限在30年以上且仍然具备行驶功能的著名品牌进口二手汽车为"经典汽车",将经典汽车进口归在"二手汽车"项目下。这样有利于"老爷车"保税修复业务的顺利开展,推动进口"老爷车"对天津汽车消费和汽车产业链的扩展作用。

二是先行先试"老爷车"的进口、修复和再出口("老爷车"保税修复)。"老爷车"的收藏在欧美,特别是欧洲大陆和英伦非常普遍。一些中产家庭将家庭财产的一部分以"老爷车"的形式收藏起来,即所谓"艺术品"收藏。名牌"老爷车"的保护、修复、再造成为欧美的一个产业形式。但是伴随欧美技术工人工资水平的提高,这部分产业日趋转移到其他国家或地区。如果争取开放"老爷车"的进口、再制造和出口,无疑会为中国二手汽车的贸易创造新的机会,为天津汽车行业创造更多的国际业务,巩固和加强天津汽车产业的业务地位和服务国际市场的能力。2021年市商务局印发的我市商务发展"十四五"规划将"'老爷车'等保税维修"列入规划产业之内。建议通过先行先试,为我市争取更加便利的政策,打造天津"老爷车"修造国际中心。

三是促进我市汽车产业链的拉伸和再造。改革开放40多年以来,我市通过与丰田汽车公司及一些西方公司汽车售后服务部门的合作,汇聚了大量的汽车维修、再造的技术工人队伍,在日韩产业链中的汽车设计、制造、零部件生产、整车装配等方面有良好的基础。新形势下,在现代高新技术产业发展中推动汽车产业链的发展,有利于带动整个经济发展。伴随汽车行业的转型升级,为新能源汽车的设计和生产提供了巨大的空间。仿造"老爷车"制造新能源汽车,为天津汽车制造及其零部件生产、设计提供了新的思路,将成为经济起飞的一个新增长点。建议尽快组织团队,以"老爷车"的进口、展示、修复为契机,在新能源汽车外观设计时仿造"老爷车",推动天津汽车产业链建设。

四是推动打造北方国际汽车消费中心。2020年国内首个"老爷车"专业自媒体节目"老马聊车"在抖音、快手、西瓜视频等自媒体平台正式上线,截至2021年8月访问量已突破百万。2021年7月上海合谷拍卖会中,从天津口岸进口的两台百年"老爷车"首次参加拍卖,并以溢价100%成功拍出。据调查,在我市中青年人群中,特别是中高收入家庭群体中,对汽车文化具有强烈的兴趣。在天津自贸区组织的几次"老爷车"展示中,参观的人流络绎不绝;同样,天津拥有的这批"老爷车"在外埠展示时,也吸引了大量的观众。建议提供更加便利的条件,更优惠的政策支持,以天津为基地或中心扩大"老爷车"的国内展示。通过展示活动,在天津乃至中国北方兴起汽车消费文化热,推动国际消费中心城市建设。

本文作者:佟家栋

推进我市现代农作物种业
高质量发展的建议

种子是农业现代化的基础,种业安全是粮食安全的前提。党的二十大提出,全方位夯实粮食安全根基,深入实施种业振兴行动,确保中国人的饭碗端在自己手中。天津农作物种业尤其是蔬菜种业在全国具有较高的地位,黄瓜、花椰菜、小站稻等育种技术全国领先。其中,黄瓜单倍体育种技术达到国际先进水平。但对标发达国家、国内先进地区及种业高质量发展要求,种业对都市农业转型升级的推动作用尚未充分释放,影响现代都市农业的高水平发展。

一、现代农作物种业发展存在的突出问题

第一,种业基础研究滞后,制约优质高端农作物新品种的开发。由于农作物新品种培育周期长、投资高,成果具有一定的不确定性,在政策支持有限的情况下,追求短平快产出效益的市场主体不愿长期从事育种基础性研究和新品种选育,市场缺乏具有竞争力的优质品种。由于杂交育种目标和亲本选配标准不明确,杂交后代的选拔体系不完善,品种之间品质差别不大,新品种推向市场后3—5年即被替代,难以培育出诸如日本月光稻米那样具有长期市

场竞争力的优良品种。

第二,投融资机制不健全,制约种业科技研发水平提升。从种子研发来看,农业科技企业难以从银行等获得贷款支持,而财政对种子研发补贴较少。由于投资大、风险高,种业企业杂交育种动力不足,许多优良品种难以得到开发。如天津宝坻"三辣",品种选育更新跟不上,难以大面积推广。从种业科技创新看,我市2015—2019年种业科技重大专项总投资3675万元,但2020年以后没有立项。从成果转化推广来看,近年来财政支持资金少,2020年为0,2021年为607万元,与北京、内蒙古等相邻省(自治区、直辖市)相比差距悬殊。掌握着人才、资金、育种材料等大量资源的科研院所具有基础研究优势,但却热衷于常规育种,获取经济收益;而真正具有育繁推能力的种业企业获得的项目经费支持有限,影响研发能力提升。

第三,育繁推专业人才队伍建设不强,种业创新发展后劲不足。由于北京虹吸效应和天津引育不足叠加,我市育种人才短缺,专业化水平不高,如一些作物遗传育种人员不熟悉栽培技术,品种选育的理念滞后、杂交后代的筛选不精准,杂交育种效率较低。行政执法类事业单位参公改革后,一部分农技推广人员转到执法大队工作,街镇农技推广人员队伍出现断层。

第四,育种领域知识产权保护力度不够,降低了种业科技创新动力。农作物品种的同质化严重,特色化不足,使育种领域知识产权保护困难,实践中经常出现种子技术泄密问题。种子技术侵权认定困难,违法惩戒力度不够,一定程度上影响了企业种子技术研发的积极性。

二、加快推进现代农作物种业高质量发展的建议

第一,加强基础研究支持,构建农作物种业全产业链创新体系。一是强化种业发展顶层设计。制定种业高质量发展规划,明确种业全产业链创新的总体思路、目标定位、重点任务,引导农业科研机构充分利用各种种质资源开展

理论基础和应用基础研究。加快培育育繁推一体化种业企业,高效培育在品质、产量、抗病虫、抗除草剂和抗逆境等方面具有优势性状的新品种。二是构建种业全产业链创新体系。发挥种子育种和计算机超算优势,规划建设生物种业超算中心海河实验室;鼓励开展基因编辑、全基因组选择和人工智能设计育种,创建国家水稻和蔬菜分子育种中心以及种质创新国家重点实验室;完善科企合作和利益分享机制,完善公共研究成果共享机制,加快推动高校科研院所种质资源向育种企业流动,形成从种质资源创制、新品种培育到繁育推广的种业全产业链创新体系。三是推动建立京津冀种业协同创新共同体。充分发挥北京种业创新和市场优势、天津产业优势、河北空间优势,建立京津冀种业分工协作、资源共享、优势互补的协同创新共同体和育种服务共享平台。

第二,加快建立农业种质资源库和公共服务平台,推动育种产业市场化发展。一是加快种质资源收集和精准鉴定,加强种质资源保护利用。对主要农作物种质资源长期库、中期库和短期库建设做好总体规划,加快种质资源普查、抢救性收集和精准鉴定,注重挖掘特异性状、特异基因,加快作物新种质创制。建立京津冀农作物种质资源保护和共享利用平台,实现入库种源共享利用。二是创新种质资源收集管理,优化"入口"和"出口"。建议由相关部门牵头搜集农业科研机构、国有企业的种质资源,相关行业协会负责搜集民营科技企业种质资源。汇集由各级财政资金支持的种质资源研究成果,首先进入农业种质资源库;对自筹经费研发的优质种质资源可通过赎买的办法入库。对企业和个人协助搜集的种质资源,可以给予奖励积分和奖金等,凭积分可优先利用入库种质资源。

第三,探索建立公益性与市场性相结合的研发转化体制机制,促进种业创新发展。根据种子技术的公益性特征,建立种业上游、中游、下游差别化的技术研发转化体制机制。种源研发采用公益性原则,财政全额支持基础性研究和关键共性技术研发;常规育种采用公益性与市场性相结合原则,种子企业有偿利用育种材料自主开展杂交育种，财政可以后期补助方式给予支持；种子繁育、推广和服务采取完全市场化原则，发挥工程技术中心、农业园区、企业特派员、农技推广中心的作用，采取种子售卖与技术服务绑定的农业技术推广模式，推进种业科技成果应用转化和产业化。

第四，加强专业人才引育和激励，调动种业创新主体的能动性。柔性引进北京大院大所的种业高端人才及其创新团队，实现人才共享使用。按照京津冀人才错位配置和我市种业高质量发展需求，研究出台股权激励、合法节税、住房安置、子女就学等更精准、更积极、更具竞争力的人才政策，定向吸纳京冀等地种业创新人才。建立引才专班，责任到人，健全引前、引中、引后全过程服务，帮助人才解决棘手难题，保障人才引得来、干成事、扎下根。依托大学科技园和种业科技企业，建设种业创新人才孵化器，加快培育种质资源创新和育种全产业链人才。

第五，加强现代种业发展政策支持，激发种业技术创新活力。一是加大种业财政支持力度。设立种子种业专项发展资金，重点支持种质资源保护利用与配套设施建设，良种创新平台及新品种权保护；完善种业企业税收金融扶持政策，对符合条件的种业企业在信贷、融资、税收方面给予优惠政策；鼓励和支持政策性银行提高种业贷款规模，引导风险投资基金加大对种业科技创新投入力度。二是加强农业知识产权保护力度。建议人大依据《中华人民共和国种子法》制订《天津市种子管理条例》，合理规定种子专利保护年限。健全品种测试、审定、保护和退出制度，制订品种鉴别认定细则，增强侵权认定能力，加大技术泄密或窃取者的惩处力度。

本文作者:刘洪银

加快培育建设国际消费中心城市的对策建议

党的二十大指出，要着力扩大内需，增强消费对经济发展的基础性作用。中央经济工作会议进一步提出，要把恢复和扩大消费摆在优先位置。增强消费能力，改善消费条件，创新消费场景。我市正处于培育发展新动能的跃升期和塑造发展新优势的关键期。市第十二次党代会将培育建设国际消费中心城市列为重点工作。培育建设好国际消费中心城市，是天津市率先融入国家战略的使命担当，更是在新发展格局下实现"弯道超车"的难得历史机遇。本文围绕培育建设国际消费中心城市，分析天津自身机遇优势和客观差距，提出对策建议。

一、我市消费市场面临的机遇

第一，消费拉动经济增长的作用持续增强。一方面，消费对经济增长的贡献率稳中有升，逐渐成为我市经济增长主引擎。另一方面，天津坚定实施制造业立市战略，生产—流通—消费的循环更加畅通，服务业和工业增加值分别占经济总量的 63% 和 35%。

第二,消费市场潜力空间巨大。2008年后我市社零额增速逐步放缓,2014年以来始终低于城乡居民收入增速,但2021年,社零额增速与城乡人均可支配收入增速的差距大幅收窄。随着优化疫情防控"新十条"的公布,消费需求将逐步复苏,疫情期间消费滞后于收入增长所累积的消费能力,有望逐渐得到释放。

第三,多重政策利好叠加,区位优势尽显。天津地处"一带一路"海丝路和陆丝路的交汇点,区位优势明显;深入推进京津冀协同发展,正加速京津双城打造世界级城市群进程。叠加天津自贸试验区和服务业扩大开放综合试点政策,更加有助于促进我市消费市场发展和消费结构升级。

第四,消费赋能引领作用显著提升。近年来,政府引导推动的海河国际消费季、世界智能大会、投放政府消费券等商务活动,以及国家(天津)会展中心建成并举办系列大型展会,多家大型商业综合体、跨境电商综试区等消费平台的建设,为天津消费活力的进一步激发,创造了重要的基础性条件。

二、国内部分重要城市消费力比较

通过选取和天津同批率先开展国际消费中心城市培育建设的北京、上海、重庆、广州四地,以及深圳、成都、青岛等国内代表性城市的相关指标进行比较,具体情况如下。

第一,消费吸引物优势明显,但"新消费"竞争力不强。相比而言,我市在中华老字号企业数量、国家级非物质文化遗产项目数量等传统文化消费吸引物指标方面有一定优势,但在奢侈品等国际消费品、直播电商、时尚消费、年轻商业等"新消费"方面布局不足,在5A级景区、到店消费潜力上挖掘不够。

第二,消费规模中等偏下,消费国际化短板明显。我市社零额总规模在北方城市中居于前列,但不足北京、上海的1/2;国内旅游收入规模在八个城市中位居第六,而国际旅游收入不足上海的1/7、广州的1/6,北京、深圳的1/4。

第三,消费实现能力整体处于中等水平。天津城市经济实力和居民支付能力相对较低;人均消费支出低于北上广深,但差距相对较小;与消费市场规模直接相关的常住人口密度指标位列第三,具备较强的潜在购买力。

第四,消费服务支撑力不够强。城市轨道交通运营线路长度、国内外通航城市数量所代表的"城市内部"交通便捷度和"城市间"交通连接度均处于较低水平。星级饭店数量不足京沪穗三地的 1/2,人均公园绿地面积相当于北京的 56%,餐饮和人居环境仍需优化。同时,我市消费者满意度调查得分位于中等水平,消费服务竞争力整体上处于中等偏上水平。

三、我市建设国际消费中心城市的对策建议

建议我市充分发挥特色资源优势,依托自贸区等国家政策强势,顺应多元化消费发展趋势,加强宣传营造声势,在建设国际消费中心城市中体现天津特色、打造"天津样本"。

第一,整合资源优势,打好特色牌。一是立足"海港""空港"双枢纽强化商贸服务辐射功能,建设多式联运交通综合口岸,打造天津港国际中转货物集散地。构建面向"三北"地区、联通中蒙俄经济走廊的商品供应链基地,鼓励发展网格高速物流平台。二是提升老字号和特色品牌认知度,打造具有津沽韵味的消费项目。推进瑞蚨祥、老美华、狗不理等传统品牌向新场景发展,支持天士力、郁美净等天津重点品牌向市外、国外发展。三是发挥古今中外文化交融的特点,促进天津特色文商旅融合消费。突出我市抗日战争、平津战役等重要"红色旅游"资源,打造精品文化博览、红色旅游产品。充分挖掘"五大道"等天津洋楼文化资源,建设海外商业文化街。整合生态人文资源,加强对古文化街等开发改造,推动具有津沽韵味的民俗旅游升级加力。

第二,依托政策强势,打好政策牌。一是充分释放自贸区政策红利,促进外贸、物流、加工、仓储、旅游、购物、商务等综合发展。做强平行车进口、汽配等特色专业市场,支持采购分销、展览展销、金融担保等服务业。鼓励融资租

赁、商务保理、法律财务、商标专利等业务拓展,做优"通道 + 贸易 + 服务链"的发展模式。二是紧抓服务业扩大开放综合试点机遇,不断增强服务业发展水平和层次。主动谋划线上线下即时性消费,支持优化社区商业新供给,积极引进新零售业态。三是加快激活跨境电商综试区,开辟消费国际化新通道。以中国(天津)跨境电子商务综合实验区、京津电子商务产业园等为核心载体,搭建数字商圈服务平台,引导商品流、信息流等汇集天津。支持保税仓直播、独立站、线上展会、DTC(直连消费者)品牌等新型跨境电商进出口模式快速发展,打造全国跨境电商发展新高地。

第三,顺应消费趋势,打好差异牌。一是面向 Z 世代(95 后)消费群体,鼓励供给数字化、多元化消费产品。建设智能导航购物、虚拟化妆间购物、数字橱窗等丰富立体的无边界零售场景。大力引进大型文化旅游项目,丰富旅游产品。二是面向银发群体(56 岁以上)消费群体,壮大健康养老服务新生态。拓展悠闲娱乐、体育健身等消费场景,打造综合性医疗健康产业聚集区,高标准建设一批"医疗 +"模式老年人服务社区。三是面向中高收入群体,积极布局高品质品牌消费。做优做精商业流通载体,丰富健康服务、生活旅行、个人成长等领域国际知名中高端产品和服务供给。加强消费维权保护、消费安全保护,注重依法改善城市消费环境。

第四,营造培育声势,打好宣传牌。一是完善消费配套软硬件服务,进一步优化消费环境。加快以轨道交通为主导的重点商圈客流交通网络建设,增强地面交通路网的承载能力,推进对外联动交通项目建设。改善景区景点、餐饮、百货、出租车等窗口行业服务质量,提升消费者满意度。二是结合赛事、会展、节庆等活动加快开展城市整体营销。对我市的消费相关政策、消费亮点,多渠道、多形式进行宣传推广,增强外埠消费吸引力,进一步增强城市影响力。充分发挥国家(天津)会展中心、世界智能大会等有影响力的平台资源聚集和辐射作用,策划全球性会展、文体赛事、时尚演出等活动,吸引全球优质商品和服务。

本文作者:黄凤羽、辛宇、李海伟、陆洲

❖**2023 年**

"数字 +"赋能中心城区更新提升的路径

我市中心城区富集的商业空间载体、历史文化和公共服务资源,为发展高端现代服务业提供了良好基础和条件。但在新发展阶段也面临诸多挑战:产业发展空间亟待挖掘,历史文化资源保护利用方式急需创新,片区整体价值和城市活力有待提升等。如何改变传统的"摊大饼、拼规模"发展模式,破解产业"空心化"现状,打造高质量发展新引擎,成为当前和今后一段时期中心城区发展面临的主要任务。

面对新一轮信息技术革命与产业变革机遇,瞄准中心城区功能定位,构筑以数字经济为主攻方向的特色产业体系,在新产业新业态融合发展、城市空间布局调整、历史文化保护和风貌塑造、公共基础设施建设中注入数字新动能,成为打破要素资源时空地域限制、重构生产形态和生活形态、拓展竞争优势和培育内生动力的重要战略选择。围绕市委提出的"十项行动"中的"实施中心城区更新提升行动",从产业实力、城市软实力、公共服务能力和城市治理能力等方面指出中心城区更新提升的具体方向,为实践数字化多维赋能中心城区提升发展能级、实现价值回归明确了行动路径。本文提出以下建议:

一、"数字+"赋能产业实力提升

一是推动楼宇经济智变升级。发挥人工智能、大数据、物联网等数字技术在空间嫁接、资源整合、功能提升等方面的优势,重塑商业地产开发建设和运营管理模式,促进闲置园区、厂房、楼宇向智慧型商务载体、商业载体转化。围绕需求端对空间智能化、生态化和人性化要求进行数字化技术渗透,在楼宇园区管理、企业员工生活、办公、产业场景生态上逐步实施智能化改造,建立统一管理平台,打造产品、数据、技术、应用联结融合的全场景智能楼宇和园区。

二是促进产业数字化转型。推动中心城区传统服务业向现代服务业升级,大力发展数字商贸、数字金融、数字会展等高端服务产业。加快数字经济和实体经济深度融合的应用场景建设,利用大数据头部平台为商户优化运营策略、实现客源导流、进行内容创作等提供技术支持。

三是发挥数字产业载体支撑作用。联合"天开高教科技园""启航科技城"和数字经济产业创新中心等数字经济产业重点聚集区,借助数字技术整合高校、企业、园区资源,打造产业创新联盟数字化升级版,搭建以数字经济产业为切入点的服务支撑体系,助力数字经济融通传统产业发展。

四是强化数字产业政策集成。依托南开区"科创中国"试点城区打造数字特区,整合市、区两级产业扶持政策,盘活市、区两级公共资源向数字特区赋能,支持数字经济新业态更好成长,为中心城区产业能级提升注入更多新动能。

二、"数字+"赋能城市软实力提升

一是数字化重塑城市形象。加快数字技术对中心城区形象建构和宣传的介入与融合,丰富数字城市体验场景,运用3D虚拟现实技术打造中心城区特色人文风情沉浸式体验数字博物馆。以数字应用为载体架构城市形象空间，统一数字化规范管理城市符号，借鉴"你好，天津"网络短视频大赛等活动经验，以故事化的动线、数字化的人物，打造更多城市形象新名片。

二是数字化激活历史文化。围绕老城厢历史文化街区、五大道、意风区等优质小洋楼集聚区进行历史风貌建筑与数字技术结合的改造工程，生动再现历史文脉，促进历史文物活化利用和永续传承。

三是数字化助力文、商、旅、展融合。整合中心城区的商圈、步行街、展馆、景区、酒店等资源，植入 XR 拓展显示、AR 增强现实、全息投影等创新技术，打造"文化溯源 + 电竞赛事 + 全场景沉浸体验"等多元模式的云游玩、云展览等新型文旅服务新业态，让传统商业变化出潮流化"新玩法"，形成中心城区具有较高曝光度和流量的数字文旅新地标。

三、"数字+"赋能公共服务能力提升

一是扩大社会服务资源数字化供给。充分挖掘、深化利用、共享中心城区的优质教育、医疗等公共服务资源，扩大智慧教育、互联网医疗、数字健康、智能养老等服务资源数字化供给和网络化服务创新。加大就业、养老、托育、家政等民生领域的数字化渗透力度，强化各城区之间的供需对接，加快远程供给水平和覆盖水平，优化社会资源配置。

二是丰富大众数字生活服务内容。结合旧城有机更新、社区微改造和品质生活圈打造工程，推动智能家居、可穿戴设备、汽车联网设备等新型消费类数字生活产品供给，增建智慧停车等民生项目，改善中心城区人均公共空间不足导致的居民生活和出行不便。创新发展"云生活"服务，整合、拓展社交、购物、阅读、娱乐、健身、展览等领域的服务内容，丰富智能应用场景，提升人口密集区域群众消费体验。

三是创新智慧社区数字化解决方案。以服务"一老一小"、建设"15 分钟

生活圈"为重点,加快推进既有老旧片区住宅和社区设施的数字化改造,对各类社区生活场景和便民服务事项进行全方位捕捉、智能化应用,系统接入"津心办""津治通"等大数据平台和便民服务 App,助力提升智慧社区的少儿友好和适老化宜居水平。

四、"数字+"赋能城市治理能力提升

一是全面推动政府治理数字化转型。将中心城区作为建设高水平数字政府的试点区域,围绕"高效办成一件事"目标,推动数据跨系统、跨部门、跨业务协同共治,打破"数据孤岛",打造政务服务全面"一网通办"的天津样板。

二是筑牢城市安全数字底座。针对中心城区内部人口密度高、老旧建筑密集、交通设施拥堵等存在高度安全隐患的区域,加快数字技术在社会稳定、安全生产、防汛防涝、疫情防控等领域的推广应用,聚焦"看不见、不好管、难预料"的痛点堵点组合打造应用场景,建立常态化预警研判、调度指挥、应急管理体系,提升动态感知、监测预警和敏捷响应能力。

本文作者: 王双、施美程

发挥超大城市集聚优势 激发本地消费市场增加第三产业比重的对策建议

按照市委提出的"十项行动"要求,我市围绕进一步稳增长扩投资、促进消费提质扩容、扶持现代产业等出台九方面 33 条政策,推动经济运行一季度良好开局全年整体好转。落实高品质生活创造行动,精心打造区域商贸中心城市,将消费提质扩容作为扩大内需、激发市场主体活力的重要一环,不断推进延伸消费链条,进一步发挥超大城市资源集聚优势,增加第三产业比重,让消费市场"暖"起来,有利于引领经济增长,提振发展信心,加快培育建设国际消费中心城市。经调研,现提出如下建议。

一、完善中心城区五公里休闲服务圈

城市中心城区以区为单位,打造"五公里休闲服务圈"。进一步规划加密市民休闲场所,如公园、市民广场等,使得市民出行 5 公里以内可达休闲场所,在休闲场所周边及休闲场所内合理布局商业机构、餐饮影院等服务机构,促进服务业发展的同时,提升城市居民生活质量和便捷度。

二、打造环城"乡村度假圈"

利用环城区位优势,利用这些区域现有的农地、林地、海滨打造环城"乡村度假圈"。不改变农地与林地的所有权,对环城四区具有旅游开发潜力的农地、林地和滩涂等进行统计,由各区政府对游客线路按驾车、自行车及步行线路分类规划,改善基础设施条件,增加沿途服务设施。引导相关经营主体提升服务质量。制定农家乐、民宿的建设、服务和收费标准,鼓励沿途村镇居民开设农家乐、民宿服务。加大农家乐、民宿信息发布和宣传力度。打造环城"乡村度假圈"。

三、打造周末度假区

利用旅游资源丰富的地区,打造"周末度假区"。滨海、蓟州等远区旅游资源丰富,但存在旅游开发不够精细、一些地区旅游点较为分散、旅游高峰交通不便等问题。建议织密远区与中心城区之间轨道交通,在高铁站、轻轨站、地铁站和各旅游景点之间增开旅游大巴。鼓励围绕重点景区景点资源,结合当地文化特色,开发精品线路和特色度假目的地。鼓励海滩、滩涂地区的村镇开展以海洋旅游、水网休闲为卖点的乡村游,如赶海、出海、观鸟等。

四、持续培育"夜经济"

结合夜市需求,融入传统文化,使夜经济更加"接地气"。夜市不仅要开在景点或繁华步行街,根据市场需求多点开花,增加夜市便民度。完善"生活便民综合市场",如利用现有综合菜市场增设夜间经营点,有效提升现有市场资源利用率。对兼营夜市的摊主进行相应政策补贴,鼓励更多经营者开展夜市经营,助力文明、有序、活力的夜经济。有效治理临街门店外扩占道经营,实现让"市场忙起来""马路通起来"的文明特色的夜经济。鼓励逐步打造城市夜经济特色品牌,壮大夜经济增长点,引领夜消费。

五、发展"演唱会经济"

通过举办演唱会、相声大会可以有效吸引大量异地"粉丝",特别是年轻消费者,激活周边的潜在消费者和游客,拓宽原有传统客源市场。在演唱会结束后,异地"粉丝"群体还可能转至周边的餐饮、购物、住宿等消费。建设以剧场、公园为中心的休闲娱乐区,打造集餐饮、购物、休闲、娱乐等"一站式"休闲消费区。充分挖掘"90 后"、"00 后"夜间消费潜力,将地方特色的美食、特色民宿和建筑等与现代社会环境、消费结合起来,增加城市吸引力。

六、利用"直播带货"创新消费方式

后疫情时代,通过直播带货等多种"宅经济"特征明显的商业模式,为本地品牌产品、传统特色产品、老字号、文旅精品线路等做推介。抓住"网红经济",运用短视频和直播的形式,针对优质景点景区进行打卡,精心打造特色IP,丰富直播运用场景,发挥其强大的示范带动作用,有利于推动本地特色产品的推广及品牌塑造。完善网络直播等市场监管制度,保护直播经济的良好生态,提升消费者的购物体验。

七、优化消费券带动消费作用

目前发放的消费券主要靠"手快",先到先得,而不少拿到消费券的民众无法将其全部使用,导致过期浪费。事实上,边际消费倾向最高的往往是抢不到券的消费者,有违促进消费的初衷。鼓励按需分配消费券,通过发放多种类型的消费券促进民众提高消费水平,增强消费欲望,如增加农家乐、民宿等文旅行业的相关消费券等。利用大数据等新手段,创新消费券发放方式,探索采用发放给消费者与发放给商家相结合的方式,有效抑制持券多而消费少的现象,提高消费券实际使用率。坚持价格打折而服务与商品质量决不打折的理念,相关部门强化市场监督教育功能,让民众享受实惠,让消费券既"中看"又"中用",充分释放"消费红利",将"及时雨"转变成"绵绵细雨"不断渗透。

八、探索推行"两天半休息日"

旅游既需要钱也需要时间。为破解旅游经济"淡季吃不饱,旺季吃不消"的不对称现象,建议鼓励弹性作息,尝试一周休假两天半。出台相关文件,引导各企事业单位根据自己的实际情况,采取相对灵活的休假安排,实现错峰休假。各类单位可依据实际情况,在尽可能保证双休的前提下,试行轮休和加班调休,促使短途休闲旅游消费得到刺激。完善一些特殊行业和部门一周不能休假两天半的补偿机制。对于周五需要全天办公的单位可试行下午轮休。

本文作者: 滑冬玲、温志强、李永俊

加快我市新能源产业布局的建议

国家"十四五"规划中新能源系统项目清单,包括建设 9 个大型清洁能源中心、沿海核电、输电线路、重塑电力系统的灵活性以及能源储存等。国内部分地区在新能源领域加大投入,加紧布局新能源产业。我市正处于进一步推动传统产业转型升级的攻坚克难阶段。抓牢新能源领域变轨超车的发展机遇,大力发展新能源中的绿色能源产业,有利于巩固拓展我市绿色发展成果,带动我市在新能源领域的整体提升,使新能源产业成为落实"十项行动"的有力抓手。具体建议如下。

一、准确定位我市发展新能源产业模式

一是增强产业创新策源能力,打造引领高质量发展增长极,明确以开发绿色、高效能、高性价比的复合型新型能源体系为目标的新型能源发展战略;二是加大科技创新投入,加快成果转化速度,通过技术引进、技术合作、技术创新,加大对高效、环保能源开发力度,形成层级合理,产销均衡的新能源产业结构;三是把加速发展优质新能源实体产业作为首要任务,大胆采用颠覆

性技术,提高其核心竞争力,在产能模式、储能模式、能量传输、能量消耗方面统筹发展,使新能源产业成为以产兴城、以城促产、产城一体的核心要素,力争在"十四五"期间我市新能源能耗占比居全国城市前列,确保在该领域的国内、国际领先地位。

二、建立适合我市新型能源发展的布局

一是充分利用我市现有的环境资源,打造高效、低碳的新型能源产业实验、研发基地与产业示范区。二是进行新能源产业、产能的嵌入,开发高效环保能源,优化科技成果转化流程,加大投资融资力度,积极促成高品质项目落地。三是加快新型能源供给网络、生产基地建设,加紧安全智能管控下的能源陆路、航空港的传输,储运站点建设。四是充分利用天津现有的产业资源及科技创新领域的科研优势、科研成果助力新能源产业,融汇国内、外能源领域的新产能、新技术,进行能源领域高质量的产业规划。五是优化新能源产业地理布局,结合渤海湾盆地岐口凹陷区中东部大港探区油气资源开发,充分发挥我市南疆港天然气储能、转运的优势,未来可结合俄罗斯远东天津输送管道的建设,优先发展天然气二氧化碳分离制氢、制氦项目。六是大力发展可控核聚变核电技术、近海与轨道空间高效能光伏技术、积极探索激光无线输电、钠离子电池与液态氢储能技术。七是加快我市的绿能产业投放、扩大与周边省市在新能源领域在土地开发、生产、供给、能源传送、能源储运等领域的合作,充分利用外省市地域、物资与人力资源,进行风电、光电、页岩气等新能源的产业合作。

三、推进优质新能源与传统产业有机融合

一是在国家新能源领域的发展总体格局下,利用我市在新材料、化工、光电技术领域的科研优势,形成集成化产业。二是进行多类型新型能源的价值

论证,对新能源领域中的优质能源的制造、安全、传输、能耗进行有效的数据分析与实验,合理进行新能源利用为目标的多层次、多类型的技术创新。三是通过新能源产品与高效能设备的生产,打造立体化的能源生产、使用与技术服务相结合的能源产业发展新格局,拓展能源贸易、输出、储能设施、运输等方面的国内外市场空间。四是瞄准新能源领域衍生的行业机遇,大力开发围绕新能源领域的教育、金融、地产、交通与技术输出等多方面的服务创新项目,形成相互支撑、结构合理的产业闭环。五是加速我市产业格局的突破与整合,不断拓展新能源的应用领域,积极提升我市在城市轨道交通、民用设施、军工制造、航天、市政工程机械的应用型新能源设备研发与制造能力。六是不断提升新能源设备制造、安全生产方面的智能化水平、促成新能源领域的供应、服务、销售智慧管理与物联体系形成,同时完善相关知识产权保护法律法规,将新能源发展成果融入全球产业链。

四、积极推进国家级新能源实验室的建设

努力促成国内、国外新能源领域的头部企业在科研、生产方面的广泛合作,积极派驻人员进行定期交流、学习与合作,积极引进新技术、借鉴先进的管理经验。引进新能源的顶尖人才加入我市新能源领域的建设,鼓励中青年人才揭榜挂帅,攻坚克难,补齐新能源科研技术领域的短板。加快新能源科研机构与新能源产能企业的融合,加大力度改革股权制度,为探索全新的新能源企业的发展模式扫除障碍。创造良好的投资、创业环境,吸引企业投资。

五、在智慧城市建设中强化对碳排放和绿色能源利用的数据开发

注重能源领域的创造性模式的开发与绿能产业生产与应用城市模型数

据分析与运用,开发与智慧城市 CIM 虚拟环境的绿色能源使用建筑、碳排放数据与绿色能源产能、资产区块链的数据软件研发及应用服务,形成数字化资源,逐步实现我市在能源领域发展与创新的智慧引擎,动态掌握我国新能源领域的发展状况,动态调整项目建设。

六、加快新能源领域的人才培养与人才储备建设

内培与外引相结合,着力补充技术人才缺口。打造围绕新能源领域的能源开发、生产技术、新材料创新为核心内容的人才培养与人才使用的教学、科研、就业联动的新型人才培养机制,促成新能源领域的国内领军科研团队建设。建立新能源、绿色能源科普基地,对社会公众开放,继续新型能源、绿色能源科普,使绿色发展理念深入民心,增加公众对于新能源的开发与合理利用的认知,形成绿色发展的良好氛围。

本文作者:王哲生

加快打造我市制造业知名品牌的对策建议

制造业高质量发展是我市组织实施的"十项行动"之一,而打造制造业知名品牌是实现制造业高质量发展的关键一环。我市作为中国北方重要工业城市,历史上曾产生过许多名扬四海的知名品牌,如"飞鸽"自行车、"海鸥"手表、"可耐"冰箱、"梅花"运动服、"红三角"纯碱等。为更好组织实施制造业高质量发展行动,加快建设全国先进制造研发基地,建议采取切实有效措施,加快打造我市制造业知名品牌。

一、强化战略规划引导

着眼制造业高质量发展行动的组织实施,从我市制造业实际出发,制定制造业知名品牌打造的总体战略及专项规划。按照"巩固壮大一批全市一流品牌、发展提升一批国内知名品牌、培育助推一批国际知名品牌"的目标导向,围绕"4+3+3"现代化产业体系的打造,重点在支柱产业、战略性新兴产业、未来产业中打造一批知名品牌,激活提升传统制造业品牌。顺应我市制造业融合化、链群化、协同化发展要求,形成我市制造业知名品牌打造的梯次推进、集聚成长发展路径。鼓励引导制造企业围绕研发创新、创意设计、生产制造、质量管理和营销服务全过程,制定企业品牌提升战略。

二、围绕重点优势产业和智能制造加快培育知名品牌

一是深入挖掘传统制造业知名品牌内涵。统筹开展天津制造业老字号认定,完善老字号名录体系,加快推动老字号传承与创新,重点支持老字号企业提高品牌附加值;以市场需求为导向,加大技术改造力度,提升传统工艺流程及机器设备,引进新生产工艺,增加产品新功能;采用现代营销和流通方式加大对老字号的宣传,拓展国内外市场,在新形势下使传统制造业品牌焕发新生机。二是围绕我市现代化工业体系的构建打造制造业知名品牌。重点结合12条产业链,选择技术水平高、产业基础好、市场竞争力强的产业及产品,通过数字化、智能化、服务化、绿色化途径打造制造业知名品牌。数字经济时代,天津制造业知名品牌的打造必须与制造业数字化、智能化、服务化相结合,对传统制造业生产、服务、产品实施数字化改造升级,实行跨界经营,促进制造与服务深度融合,采取个性化定制、网络化协同、服务型制造等新模式。

三、以创新能力、新制造模式和国际化方式打造知名品牌

一是强化制造业技术创新。借助京津冀协同创新共同体建设,打造一批拥有核心技术和自主知识产权、具有较强竞争力的拳头产品和知名品牌。推进组织创新、商业模式创新、生产方式创新,以高水平技术、高质量产品、高素质服务,为我市制造业知名品牌打造提供强大驱动力。二是大力发展新制造模式。顺应新一轮工业革命发展潮流,发展网络众包、异地协同设计、云制造、大规模个性化定制、精准供应链管理等新型制造业生产方式和商业模式;发展制造业分享经济、产品全生命周期管理、总集成总承包等,提高我市制造业在产业价

值链体系中的地位。三是加快推进我市制造业"走出去"。借助京津冀协同发展战略、共建"一带一路"等，在国内外建设一批生产加工基地和产业聚集区，设立知名品牌产品销售网点、展示中心及售后服务网点，以知名产品和服务品牌拓展国际国内营销网络。支持我市品牌企业以参股、换股、并购等形式与国际品牌企业合作，提高我市知名品牌的国际化运营能力。支持有实力的制造企业收购国外品牌，鼓励自主品牌进行商标国际注册。借助 RCEP 实施、天津自贸试验区建设、跨境电商等机遇与途径，促进我市制造业品牌产品出口。

四、弘扬工匠精神，提升产品质量

一是大力倡导精益求精、追求卓越的工匠精神。依托天津作为国家现代职业教育改革创新示范区的优势，加快发展高水平职业技能教育，强化高端技能型人才培养，造就一支知识渊博、经验丰富、精明能干的复合型、创新型中高级技能人才队伍，推动我市制造企业做细做精做优每道工序和产品。二是注重产品质量标准建设。实施制造业产品质量提升行动计划，借鉴丰田精益制造等先进管理经验，创新质量管理技术方法，组织攻克一批关键共性技术，推进重点产品全生命周期质量追溯体系建设，培育一批质量标杆和行业领军企业。三是加强企业家队伍建设。创新是知名品牌打造的根本推动力，企业家是创新主体，也是打造知名品牌的第一责任人，提高企业经营者创新意识和品牌意识，加大资金支持力度，完善对优秀企业家及品牌建设成绩突出的制造业企业的嘉奖制度。

五、完善知名品牌的保护措施和推广营销机制

一是提升品牌知识产权保护意识。加大对制造业知名商标特有名称、发明专利、认证标识、商业秘密等知识产权的保护力度，严厉打击制售假冒伪劣商

品和侵犯知识产权等违法行为。建立品牌管理、评价、认证体系,推出"天津制造""天津设计"等系列评价标准、认定程序和保护制度。二是加大品牌运营宣传力度。近年我市制造业总量和效益已经迈上了一个新的台阶,但"津产"名牌产品较少,具有自主知识产权的独创产品少,缺少知名品牌领军企业,在品牌营销和市场推广时面临困境,无法充分发挥品牌整体效应。要鼓励企业积极实施质量品牌战略,建立品牌培育管理体系,提高品牌全生命周期管理运营能力。扶持一批品牌运营专业服务机构,开展品牌管理咨询、市场推广等服务。采取"品牌创新券"等举措,鼓励制造业企业对接品牌战略第三方机构,提升品牌孵化运营集聚能力。积极组织参加国内外博览会、展销会等,建立一批品牌展示平台、体验中心,积极做好对外宣传,提升我市制造业品牌的知名度、信誉度。

六、营造知名品牌健康成长的良好环境

一是推进质量品牌文化建设。引导企业塑造良好质量品牌形象,提高人民群众质量获得感、满意度。二是为我市制造业品牌培育壮大提供强有力的政策保障。围绕企业创新能力培育、高端人才培养、品牌环境建设等出台一系列扶持政策和措施。三是建立政府指导下的市场化、社会化品牌建设服务体系。充分发挥行业协会在品牌研究、咨询、宣传、维权等方面的作用,鼓励社会组织发起设立品牌培育基金,实行市场化运作。四是积极打造重商文化。弘扬天津作为我国北方著名工商业城市所具有的商业文化精神,培育形成浓厚的亲商、敬商、重商环境和竞争性、开放性、契约性的城市文化,催生出更多具有天津特色的知名品牌,在全社会形成精心培育品牌、用心呵护品牌、放心共享品牌的良好氛围。

本文作者:杜传忠、李钰葳

以元宇宙为新支撑点推进
"天津制造"向"天津智造"转型升级的建议

目前元宇宙通过人工智能、区块链、数字孪生等系列技术的创造性连接、聚变,为制造业进行数字化转型提供新的发展思路,将成为天津智能制造新的支撑点。借鉴国内外元宇宙企业的实践与经验,结合天津市制造业和数字经济的优势,提出以下建议。

一、元宇宙为全球制造业智能化转型提供新思路

在新一轮科技革命和产业变革深入发展背景下,让制造业加速数字化转型,建立韧性智能制造系统,已成为制造业高质量发展的关键。工业元宇宙是数字经济与实体经济融合发展的新型载体,其应用将重塑供应链与产业链在内的整个工业形态,为制造业数字化转型提供全新路径。2022年全球元宇宙市场规模将达到2800亿美元,并有望将在2030年进一步增长至63900多亿美元。工信部等印发《虚拟现实与行业应用融合发展行动计划(2022—2026年)》提出,到2026年我国虚拟现实产业总体规模将超过3500亿元。2022年以来我国已有15个省(自治区、直辖市)政府出台了29项元宇宙专项扶持政策。

第一,从分布区域来看,现关注元宇宙的主要是粤港澳大湾区的深圳、广州和珠海,长三角的上海、浙江和江苏部分,西南地区的成都和重庆,西北地区的西安,未来很可能形成大湾区、长三角、北京、西南和西北5个元宇宙未来发展中心,以点带面在全国范围内赋能制造业实现数字化转型。

第二,从企业规模来看,以高新技术企业和互联网企业为主导,元宇宙领域中企业价值大多在10亿美元以上,虽然部分企业尚未达到上述规模,但在元宇宙领域中也有了一定布局,发展潜力较大。

第三,从经济效益来看,元宇宙将现实生产流程搬进虚拟工厂,大大降低实体运营费用,带来降本增效的效果。如,宝马集团引进英伟达元宇宙平台,规划高度复杂的宝马虚拟工厂,协调了全球31家工厂生产,将提高30%生产效率。

第四,从区域一体化发展来看,支持元宇宙企业发展将有助于加快产业链上下游协同发展,促进区域化集群发展。如,江苏中车数字科技公司构建了轨道交通装备制造工业元宇宙平台,实现轨道车辆设计的远程协同、用户定制、工艺设计、生产流程仿真等多项应用,从而有效支撑轨道交通装备设计、制造和运维环节的全生命周期协同优化和提质增效。

由此,元宇宙通过数字孪生、虚实结合、物联网等技术手段帮助制造业企业打破时空局限,将现实中研发、生产、销售等场景转移到虚拟空间,在减少成本支出的同时提高运营效率,为制造业数字化转型提供了新思路与新方向。

二、让元宇宙为我市制造业数字化转型提供新引擎

第一,元宇宙是天津制造提质增效的新型之路。元宇宙搭建网络化、可视化的应用场景,通过虚拟空间与现实空间的协同联动,进行数字化、信息化技术改造,将大大促进制造企业提质增效。目前,部分制造企业已将现实工业环境中研发设计、生产制造、售后服务等在虚拟空间实现部署,实现了设备级、产线级、工厂级、产业链级的元宇宙应用,形成全新的制造和服务体系,对于

天津贯彻落实"制造业立市"发展战略,具有重要的示范和引领意义。

第二,元宇宙是打造先进制造新业态的新兴动力。元宇宙推动建设虚拟空间与现实工厂深度融合的制造业生产体系,提高生产质量与效率。如,天津绿水园电缆隧道结合元宇宙虚实共生的特性,克服了维护费用高、监管难度大、信息传递慢和信息烟囱效应四大痛点,在元宇宙平台以数字孪生可视化的方式规划全周期制造流程,通过模拟优化工业生产环节中的设备工艺和流程,实现降本增效,绿色低碳的可持续发展。

第三,元宇宙是构建现代化制造业体系的新"支撑点"。在元宇宙科技加持下,催动智能制造相关技术加速开发,高端芯片、存储、通信、元宇宙消费端设备和软件等新产业、新业态将逐步涌现。如,航天宏图元宇宙业务中心项目落户天津,遥感行业将迎来新一轮发展。同时,人工智能和5G等尖端技术应用充分整合,赋能数字经济与实体经济深度融合。2023年,我市将与华为一网通团队合作,打造基于鸿蒙生态国产自主可控的城市智能体,成立城市鸿蒙研究院、鸿蒙生态联盟,建立鸿蒙产业链,推动产业链现代化,为我市构建现代化制造业体系增添动力。

三、加大培育元宇宙企业力度,加速"天津制造"向"天津智造"转变

第一,加强统筹规划和顶层设计。一是制定扶持元宇宙企业成长路线图。建立元宇宙独角兽企业数据库并实时追踪更新,针对我市处于滋生期的独角兽企业,实施"一企一策"的孵化育成资助。对市场开拓型企业要通过开放大数据、提供应用场景、对接平台企业等途径使其步入速成轨道。对于发展快、潜力大的企业给予以科技类相关项目的优先合作权,并给予持续的支持与合作。二是加快制定元宇宙企业项目试点方案。聚焦装备制造、生物医药、新能源、新材料和节能环保等领域,培育一批市级"元宇宙+制造产业"试点示范

项目,支持打造元宇宙数字孪生工厂,将关键核心技术转化为技术标准,形成行业领先的解决方案和软硬件产品,加快制定统一的元宇宙平台标准,助力元宇宙进一步赋能天津制造业。

第二,提升元宇宙对制造产业的赋能力度。一是搭建制造资源虚拟协作的共享平台。将元宇宙应用与我市 12 条重要产业链和制造业价值链提升行动对接,开发面向典型场景和细分行业的解决方案,从数据流通、智能控制和数字孪生等方面,搭建虚拟协作与仿真开放式共享平台,发挥生产效率的倍增效应。二是推动元宇宙对制造产业绿色赋能。聚焦我市钢铁、建材、机械等传统产业链与经营模式,借助云计算、大数据形成正反馈机制,实时同步获取资源消耗信息,通过数据模拟技术提高环境监测,对生产全过程进行立体化动态监管,消除传统制造环节中的资源高能耗,为做高产业能级、做强绿色经济赋能。

第三,以场景化推动元宇宙应用能力。一是打造元宇宙与制造业融合的应用场景。推进"制造业立市"战略,构建数字孪生工厂,聚焦大数据、云计算、物联网、区块链、人工智能等未来产业领域,打造研发设计、生产优化、产品销售等试点示范场景,推动天津制造业实现数字化转型。二是围绕供需两个层面编制元宇宙应用场景清单。一方面,制定元宇宙产业场景机会清单。围绕我市制造产业场景构建解决方案、基础设施建设、产品(服务)采购等需求信息,各行业主管部门、行业运营单位,以及相关国有企事业单位等应积极探索,统筹整理形成以场景构建为核心的可感知、可参与的场景机会。另一方面,元宇宙应用场景能力清单。围绕各行业场景需求,面向场景入口、底层技术和第三方配套等,采用集中发布和专题发布相结合的方式,线上线下同步发布信创应用场景清单,向企业广泛征集解决方案,深入遴选优秀解决方案,加强多维度多层次应用场景供给。

第四,完善元宇宙产业发展生态。一是推动元宇宙基础设施建设。打造算力、算法、数据、工业互联等新平台,从交互层、传输层、数据层为元宇宙夯实基础设施,搭建融合场景、经济系统和生产交互机制等,加快关键底层支撑技术攻关。二是融合制造业产业链与元宇宙产业链。借鉴浙江和成都元宇宙产业发展典型做法,面向制造业企业设计、生产、管理、服务等制造全过程场景应用,加快培育"链主"企业,探索建立"元宇宙 + 制造"新模式,放大天津智造影响力。三是提高资源整合效率。鼓励元宇宙交易服务平台、技术服务平台、中介服务平台的发展,提供元宇宙产业差异化的孵化及监管策略,促进技术应用与商业模式创新的有机结合,开辟绿色通道为其汇聚人才和 IPO 上市助力。

第五,优化元宇宙企业引育政策环境。一是以重大需求为引导,公开选拔"揭榜"英雄。面向制造业企业设计、生产、管理、服务等全过程场景应用,以"揭榜挂帅""赛马"等形式公开选拔"揭榜"英雄,以奖补结合的资金支持和项目分类评价制度,做大元宇宙产业规模、做优产业布局。二是有针对性地编制和谋划元宇宙产业招商引资举措,借鉴成都、浙江模式,强化元宇宙产业组织领导,建立统筹协调、协同联动机制,聚力我市人工智能、云计算、大数据等集聚高地,依托龙头企业打造产业链应用场景,集聚和拓展创新业务。三是通过智能大会、智慧城市大会、投资贸易洽谈会等平台招引元宇宙科技企业。通过开放大数据、提供应用场景、对接产业基地或服务领域、赋予其集成功能等途径,吸引更多元宇宙生态链子公司及集成商子公司入津拓展业务或建立平台和基地,围绕我市不同制造产业构建可感知、可参与的场景机会,培育元宇宙产业和制造业新生态。

本文作者:李峰、张贵、李君冉

多措并举推进天津绿色低碳高质量发展的建议

　　绿色低碳是天津实现高质量发展的必由之路，是天津持续深入打好蓝天、碧水、净土保卫战的重要战略支撑，是贯彻落实市委市政府"十项行动"的重要内容。为协同推进降碳、减污、扩绿、增长，推动天津经济社会发展全面绿色转型，提升生态环境治理建设水平，实现高质量发展，现提出如下建议。

一、对标增绿降碳，探索天津高质量发展"新模式"

　　第一，持续优化能源结构。一是以建成能源革命先锋城市为目标，超前谋划，积极开展可再生能源开发利用的关键环节、重点领域专项行动，摸清可再生能源底数，为天津"双碳"转型提供详实可靠的底层数据支撑。二是贯彻强制性能耗标准，研究制定严于国家标准的高耗能产品能耗限额地方标准，推动天津重点行业低碳转型。三是推动落实资源综合利用、节能节水及环保（专用）装备等领域财税支持政策，对基础薄弱的中小企业开展节能诊断及改造服务。

　　第二，搞好多方协同。一是贯彻"政府主导，企业参与，公众践行"理念，引导企业优化绿色低碳发展战略，推动天津一批重点企业达到国际领先水平。

二是鼓励天津企业、高校和科研机构等加强国际交流与合作,积极为天津绿色低碳发展献计献策。三是根据《国务院关于加快建立健全绿色低碳循环发展经济体系的指导意见》,建议相关部门进一步强化目标责任评价考核,加强监督检查,保障各项任务完成。

第三,加强企业 ESG 评价体系建设。建议相关部门立足"双碳"背景下长远发展需求,兼顾技术可行、经济合理、环境可承受等多方面要求,引导天津企业因地制宜,提前谋划,形成具有天津特色的绿色低碳转型长远规划和对策措施,制定企业绿色转型相关的信息披露指南,纳入环境、社会伦理与公司治理(ESG)政策体系,为金融机构、投资者和其他市场参与方支持天津企业绿色转型提供明确和全面的信息。

二、加快发展绿色金融服务,提升天津高质量发展"新势能"

第一,统筹推进绿色金融发展。一是加大绿色金融对天津传统制造业绿色改造升级、新技术和新产品产业化应用、绿色制造体系建设等重点领域的支持力度。二是加快绿色保险、绿色发展基金、碳金融等市场发展与产品创新,补齐天津绿色股权融资市场发展短板。三是完善金融产品标准,加快发展绿色金融服务,建议天津金融机构以市场化原则引导更多社会资本进入绿色低碳领域,不断提高天津绿色金融供给水平。

第二,完善丰富绿色金融产品与政策体系。一是根据天津企业发展的实际需求,设计推出多样化的绿色金融产品,重点倾向高碳行业,充分发挥绿色金融的导向作用。二是由地方金融监督管理等相关部门确定科学的绿色金融发展标准,统一具体业务细节和实施内容,加强对金融领域的约束和激励。三是拓宽发行绿色债券的抵质押物渠道,推行"绿色债券 + 绿色保险"的 1+1 联动机制,促进天津多样化绿色金融产品整合协同发展。

第三,重点关注直接融资绿色金融服务。一是建议相关部门持续做好绿色产业上市、挂牌后备企业挖掘培育工作。二是充分发挥全口径跨境融资宏观审慎管理政策和自由贸易(FT)账户的优势,为天津相关企业及绿色低碳项目跨境融资提供更加便利化的金融服务,支持募集人民币资金调回境内使用。三是提高天津低碳发展与绿色供应链服务中心绿色债券/项目认证服务质量,侧重对绿色债券/项目的环境效益测算,为天津绿色行业金融资源配置提供基础。

三、数字化赋能,打开天津绿色发展"新空间"

第一,把握数字化与绿色化协同发展的内在关联性。一是积极探索数字化助力天津"双碳"目标的现实路径,从顶层设计、技术创新到产业协同,再到以数字化技术应用促进节能减排。二是积极探索"互联网+"绿色发展模式,引导天津企业加快人工智能、物联网、云计算、数字孪生、区块链等新一代信息技术应用,优化供应链资源配置,减少资源消耗。

第二,加快能源行业数字化转型。一是将数字化手段融入天津能源行业发展各个环节,既涉及能源脱碳、转型管理、流程优化,也涉及太阳能、风能、氢能等清洁能源的开发和利用。二是引导天津企业优化依托数字信息技术的能源管理系统,利用数字技术赋能,推动天津传统高耗能、高排放行业全链条清洁化、节能化改造,优化调度,逐步实现新旧能源转换、替代。

第三,推动智能科技与企业发展融合。一是引导天津企业借助智能科技实现统筹和分析,解决数字化技术供给与低碳转型需求之间有效衔接的问题。二是支持数字产业与天津传统产业牵头组建创新联合体,进一步完善天津低碳(近零碳排放)示范区等平台载体建设,充分发挥桥梁纽带作用。

四、培育绿色低碳领域创新主体,点燃天津绿色发展"新引擎"

第一,积极搭建创新主体集聚平台。一是通过建设天津绿色低碳技术创新人才培养基地,加强绿色低碳技术创新人才引进与培育力度,积极培育有核心技术的专精特新"小巨人"企业。二是瞄准国内外绿色科技和产业发展新方向,充分利用天津市先进制造研发基地等优势和海外人才驿站,吸引顶尖研发资源和先进技术向天津市转移。三是充分发挥媒体、行业协会、绿色公益组织、产业联盟等社会组织的积极作用,加强绿色理念宣传,广泛开展绿色制造咨询服务。

第二,积极开展科技人才"双碳"素养提升行动。一是建立"双碳"重点领域全球高层次人才动态监测机制,为天津"双碳"科技人才靶向引进和自主培养提供决策参考。二是努力实现天津绿色低碳型技能人才培养与专业课程育人模式相通。建议天津普通高校与职业教育院校将绿色低碳型技能人才培养模式纳入课程体系,深入挖掘各门课程中的绿色低碳元素。

第三,鼓励绿色低碳技术研发。一是推动北辰区、津南区、静海区打造京津微创新中心。深化海河教育园区体制机制创新,加快产学研用深度融合,打造"天津智谷"。二是支持南开区与天津大学、南开大学合力打造启航创新产业区。围绕西青大学城、东丽科研机构聚集区等科教资源密集区,培育研发产业聚集区。三是建议相关部门遵照国家高新技术企业倍增行动计划,建立"雏鹰—瞪羚—领军"梯度培育机制等措施。

作者简介:卜美文、张霁星、张俊民

促进我市乡村旅游高质量发展的建议

围绕实施乡村振兴全面推进行动,推动乡村旅游提质增效,将我市乡村打造成国内外闻名的文化旅游目的地、"打卡地",有利于促进消费升级扩容。课题组深入静海、蓟州、武清、西青、宝坻等乡村旅游示范区开展调研,针对目前乡村旅游存在的景区同质化、产品单一化、经济效益低等问题,提出以下建议。

一、统筹资源规划,精心打造乡村旅游特色品牌

一是按照"一村一品一特色"和"一镇一景一项目"的原则科学编制天津乡村旅游发展规划,综合利用各地资源优势,突出地域风格。例如,充分发挥以蓟州区为核心的山野名胜优势,打造精品线路和民宿;充分利用西青区、武清区、静海区的田园风光优势,通过合理布置和美学组合着力开发旅游体验产品,充分诠释美丽乡村;结合东丽区和津南区民俗资源和演艺活动较为丰富的特点,开展文化体验和农业科普采摘,串联城郊乡村旅游过渡带;充分开发宝坻区和宁河区生态旅游资源,推进亲近大自然、探险猎奇、科学研究等参与性活动主题游;进一步合理开发滨海新区的滨海渔乐、水上资源,丰富旅游

业态等。

二是深入挖掘、提炼乡村文化的"地方性"精神内核和表征符号,构建演绎乡村文化的主题形象。通过发挥各区特色与优势,培育特色旅游品牌,讲好品牌故事。设置与主题 IP 有关的地点和设施,将 IP 形象与农产品、游乐活动、文创商品结合,利用互动体验化的方式打造景区核心吸引力和独特卖点,给消费者带来独具特色的"沉浸式"体验。在规避旅游产品同质化的同时,提升增值空间,促进农文旅协同发展。

三是完善规划布局,优化资源开发。走"先规划、后开发"的路子,优化村庄布局,明确重点村、中心村、一般村,加快村落风貌设计改造,优化生态环境治理,形成更多公共空间和公共活动场所。结合我市乡村旅游地当地风土人情和文化特点,在景观和建筑打造中融合乡土符号,提升旅游设施美感,突出基础设施建设的艺术性和乡土性原则。

二、推进乡村基础设施建设和公共服务布局

一是推进服务系统便捷化。根据休闲园区的等级及类型设定高标准的配套设施及评定标准,对外形成连接各主要旅游客源地的交通网络,完善主要旅游通道沿线引导标识系统设置,加快构建主要景区点、重点旅游乡村交通标识;对内形成便捷式预订、导航、导览等一系列服务网络,设置智慧导览系统,全方位展现乡村道路、景点、公共设施、服务点等,为游客提供直观化旅游导览体验。引入科技手段管理,构建数字管理平台,开通问题反馈渠道,及时了解游客需求,提升游客对我市乡村旅游公共服务的体验感和满意度。

二是在"双碳"目标引导下,充分考虑当地环境承载力,鼓励生态厕所等环保设施建设,完善景区停车场、观光道、给排水等服务设施建设,科学规划民宿建设,深度融合农业农村产业特点、空间要素、民俗文化,打造出符合当地特色的精品民宿。在满足旅游者吃、住、行、游、购、娱基本要素需求的基础

上,进一步增强个性化需求体验,提升乡村公共服务水平。

三是保障居民生活多元化。按照公共服务与城乡均等、居所适应农村特点的要求,在保证原真性基础上有序推进农房风貌改造,建设老龄食堂、医疗教育机构、文化礼堂、民俗中心、咖啡厅等社区居民生活服务中心。充分调动当地居民积极性,健全村民自治机制,提高生态环保意识,鼓励群众积极参与旅游经营开发,积极投身人居环境整治和优化提升,全力推进和美乡村建设。

三、延长乡村旅游全产业链条,提升企业价值

一是采取旅游一站式场景体验模式,形成个性化消费承载空间。建设农产品、文创商品生产加工基地,促进当地居民就业;打造特色产品购物中心,扩大游客消费需求;与固有节庆相结合,举办一系列全时段、全季候的特色农文旅节庆活动及多样化主题活动,开展乡村夜景景观、夜表演、民俗体验等娱乐项目,吸引游客留宿,促进经济消费。

二是开发休闲农业旅游新模式,以农事体验、康养休憩、农耕研学、手工制作等休闲活动为亮点,结合乡村露营、露天音乐会、旅拍等户外活动,满足游客多方面需求,吸引更多流量。

三是建立健全知识产权保护体系,激发农业、餐饮、娱乐、民宿等产业创新发展,将乡村旅游特色 IP 延伸至各业态,持续完善乡村旅游路线,实现"旅游+"模式发展,从而取得综合性收益。

四、加大乡村旅游宣传力度,增强客户粘性

一是利用抖音、快手、微博、微信公众号、B 站等网络平台加大宣传力度,发布和推荐关于乡村旅游景区景点介绍、景点路线及特色产品等信息,还可与电视台和新闻媒体进行合作,拍摄宣传片,对当地特色农旅、文旅项目进行

专题报道,让游客能够及时、便捷地了解到相关信息,并前来观光游玩,以提升客流量。

二是借助名人效应,邀请网红、明星前来打卡体验,举办大型展会、娱乐等活动实现引流,与游客共创共建社群,通过社群组织链接,增强游客与地区粘性。还可利用品牌营销、事件营销等方式吸引外地和国际游客,通过有效宣传大力度促进消费,打造国内外闻名的文化旅游目的地,促进国际消费中心城市的培育建设。

三是研究开发天津市旅游专属App,搭建乡村旅游综合服务平台,在平台中定制精细化旅游线路,销售特色产品,提供相关信息等服务,可与携程、美团等合作,使云旅游和线下旅游两者相互补充,为游客提供一体化服务。

五、推动乡村振兴人才培育和引进

一是对参与乡村旅游的当地从业者进行定期培训,普及文化和旅游产业知识,加强对乡村文化和旅游从业者专业技能、服务意识及经营理念的培养,提升农民综合从业素养,鼓励村民积极参与旅游发展,调动村民主体意识。

二是利用区位、环境优势,立足产教融合,加强与旅游企业、天津旅游相关院校及研究机构等开展合作,构建集政府部门、高校和企业三位一体的培训体系。定期邀请文旅产业专家走进乡村,积极搭建产教研沟通交流平台,为我市乡村旅游发展出谋划策。

三是厘清乡村差异化发展需求,根据我市乡村旅游地各地实际情况,关注所需人才差异性,优化乡村人才结构,合理引进农业生产经营人才、农村二三产业发展人才、乡村公共服务人才、乡村治理人才、农业农村科技人才,拓宽引才机制,畅通引才渠道,提高人才匹配度。

四是加大返乡就业创业扶持力度。设计长期、合理、稳定的工作机制以及人才发展规划,提高从业人员和技术专家的福利待遇水平,优化人才激励保障措施,加大人文关怀力度,吸引更多在外致富能手、退役军人、产业顶尖人才和领军人才返乡就业创业,为我市打造优秀乡村旅游人才队伍做出贡献。

本文作者:刘萍、马一帆、刘祥琪、张海林、汪雨雨

推动沉浸式体验型文化消费
嵌入公共文化空间的建议

　　沉浸式文化旅游体验从春节的网络热词到现今在旅游景区的全面应用，已成为文旅消费的新趋势。根据中国文化娱乐行业协会统计数据，从 2018 到 2021 年，沉浸式消费场景经营场所总体数量增长幅度超过 400%。即使受疫情影响，沉浸式体验型文化消费市场规模仍在增长，其沉浸感、角色扮演、任务驱动及社交属性吸引了众多消费者。文旅行业复苏后，沉浸式体验带动各地的文旅消费持续升温。课题组通过调研，提出推动探索在公共文化服务领域发展新型文化业态，依托公共文化空间培育沉浸式体验型文化消费，鼓励公共文化服务与市场进行有效衔接，推进公共文化服务高质量发展，助力高品质生活创造行动的七点建议。

　　一是依托公共文化场馆的空间布局和特色场景，营造沉浸式文化消费体验环境。沉浸式文化产品轻资产、重运营的特点，非常便于植入公共文化服务场景。各类公共文化场馆可以开展市场调研，对沉浸式文化消费场景营造的成本投入、安全标准、预期效益等进行充分论证，借鉴各地沉浸式景区文化体验的成功案例，制定可行的实景体验方案，将公共文化新场景嵌入我市公共文化机构"津牌"文旅项目打造工程中。公共文化场馆的设施建设具有先天优势,博物馆、纪念馆等场馆自带流量,市、区两级场馆功能空间完备,不需要过多改造。通过配置沉浸式体验设施设备融入空间,就可营造各具特色的沉浸式环境,带给观众生动逼真的代入感和沉浸感。

二是依托公共文化机构专业优势,创作优秀沉浸式剧本,传承弘扬中华优秀传统文化和红色文化,讲好天津文化故事。沉浸式体验是从剧本娱乐业发展而来的。针对当前沉浸式娱乐行业在剧本内容、环境安全、未成年人保护等方面存在的问题,可发挥公共文化活动空间特色宣传教育平台优势,创作生产反映本场馆的文化积淀和资源优势的优秀剧本,合理引导服务群体的文化审美,弘扬主旋律、传递正能量、塑造文化新风尚。建议文化主管部门开展沉浸式剧本创意的征集评选活动,鼓励文化机构通过剧本的创作挖掘自身特色,做好本场馆文化的传承与创新。例如,文化馆将艺术普及、非遗传承等内容写入剧本;图书馆讲述文献典籍的保护与津沽文化;博物馆围绕藏品进行文物活化的创新;纪念馆、名人故居以人物、事件为主题还原历史;街镇文化服务中心则以家风家训故事、文明行为倡导、科学与法律普及为主线创作贴近百姓生活的情景体验剧本。

三是吸引不同类型消费群体走入公共文化空间进行新型文化体验。沉浸式体验通过多元的创意内容和沉浸式的表现方式成为文旅行业复苏后线下消费的新热点。中高收入群体、青年人是沉浸式体验的主要客户群,其文化需求多元、消费潜力巨大、消费升级需求旺盛。针对公共文化场馆年轻化服务短缺的固有模式,引入沉浸式体验可以进一步拓宽服务边界,圈定新的受众群体,成为激发文化活力的聚集地。公共文化场馆可以针对机关、企事业单位开展党建、团建活动,针对学生开展研学教育,针对家庭开展亲子活动、旅行体验等。以沉浸式的文化体验为突破口,以美的文化体验培养美的生活习惯,以特色鲜明的惠民服务培育新型文化消费模式,对不同群体产生更大的文化影响力。

四是培育第三方运营机构参与沉浸式剧本创作与服务提供,促进公共文化服务社会化、专业化发展。针对我市社会力量参与公共文化服务缺少合适切入点的问题,可以通过政府购买的方式,引入第三方运营机构参与沉浸式体验的设计与服务,最大限度聚拢政府和社会力量的资源优势。实际上,一些富有创意的文化产品和业态,由于商业营利能力有限且抗风险能力较弱,往往持续性不足,其可及性也有限。如果以政府为主导运营这类项目,前期给予适当经费资助,后期允许运营机构以优惠价格收取费用,或将沉浸式产品进入市场流通,既可以激发各类社会主体参与公共文化服务的积极性,又可以赋予新型公共文化空间高品质内涵,丰富公共文化服务内容,增强公共文化服务的发展活力。

五是加强科技与公共文化的融合,推动数字化沉浸体验的新消费模式。沉浸式文化体验与数字文化的结合是必然趋势,一些区级、街镇级公共文化场馆的数字文化建设目标不明确,跟风购置一些设施,但资源更新和设施维护难以持续,致使数字化服务效能低,逐步成了"迎检"的摆设。在公共文化场馆建设数字文化体验厅,要充分发挥公共文化云平台的支撑作用,整合汇聚具有天津地方特色的文化艺术资源,搭建互动式、沉浸式、智慧化的服务场景,提升公共文化空间线上线下资源利用率,形成科技、文化、商业的强聚合效应,持续扩大城市消费的聚集力、吸引力和影响力。为解决公共文化机构数字化建设的资金问题,建议借助国家文化大数据建设的契机,积极探索公益性文化机构将文化资源数据分享和开发取得的收入用于事业发展和收入分配的机制改革办法,以促进公共文化机构资金来源的多样化。

六是以区级公共文化场馆的沉浸式文化消费为试点,探索优惠的文化消费运营模式。由于受到疫情影响,各公共文化场馆不同程度地压缩或减少了线下服务。面对疫情开放之后市民对文化服务需求的快速反弹,需要加快推进服务理念、服务业态和管理方式的创新,转变传统服务模式。一方面在"保基本"经费投入的前提下,按照《天津市基本公共文化服务实施标准》提供基本服务;另一方面,试点通过提供优惠的文化消费服务,探索非基本服务的新型文化业态所获收益的分享机制,拓宽公共文化发展资金来源渠道。建议对已具备开展沉浸式体验的博物馆、纪念馆等,经专业评估认定后,明确免费和收费的活动场次;在全市范围内选取区级图书馆、文化馆、纪念馆各一个,鼓励有条件的街镇综合性文化服务中心,尤其是委托第三方运营的公共文化空间,在提供基本公共文化服务以外,开展文化消费嵌入的试点运营,由试点区文化主管部门加强与同级财政、人社、纪检等相关部门的沟通协调,使试点政策在基层加快落实。

七是对公共文化机构引入文化消费的改革提供政策保障。一些个性化的沉浸式文化体验已经超越了基本公共文化服务的保障公众"基本"权益、满足"基本"需求的服务。从体现公平正义角度而言,公共文化服务是不能全部免费的,受公共财政支撑能力限制,公共文化服务也无法做到完全免费。公共文化机构引入文化消费,一要解决工作人员对"收费服务"在未有明确政策细则下的风险顾虑,尽快制定配套政策制度,在明确各级各类公共文化设施提供的免费服务基础上,增加公共文化服务总量,不断扩大优惠公共文化服务类型和范围,明确"优惠"服务的内容、方式及经营所得资金的用途;二要对公众开展公共文化服务相关法律普及和政策宣传,公示免费服务项目、收费服务项目及收费标准、服务规范、开放时间等内容,积极引导公众合理选择免费或优惠服务,通过形态各异的沉浸式文化体验,培育公众对新型文化业态的消费需求,以政策引领沉浸式文化产品更新,借助现代公共文化空间使公众获得充沛的高品质生活认同感。

本文作者:王瑞文、刘文花、曹承怡、王雪丽

进一步优化我市营商环境
推动民营经济高质量发展的建议

当前,迅速恢复经济发展是各地的首要任务。民营经济作为最具活力的市场元素,对于短期集聚资源、拓展市场、刺激经济增长发挥着至关重要的作用。市委市政府高度重视民营经济发展,专门召开大会,出台一系列政策措施,成效明显,一季度实现开门红,民营经济功不可没。课题组对我市民营经济发展状况进行了长期跟踪研究,开展了市内外实地调研,特别是对民营经济发展的营商环境进行了深入考察,针对当前推动我市民营经济高质量发展亟待解决的问题提出对策建议。

一、完善民营经济高质量发展的战略规划

一是深刻认识毫不动摇鼓励、支持、引导非公有制经济发展的战略意义,在"十项行动"施工图中加强民营经济高质量发展顶层设计。在推进京津冀协同发展走深走实、制造业高质量发展、港产城融合发展等行动中有针对性地制定民营经济参与各项行动的具体实施举措,如《民营经济参与和支持京津冀协同发展走深走实行动若干措施》。二是制定并实施新一轮促进民营经济

高质量发展专项行动方案。明确民营经济发展的行动纲领、重点任务、实施方略,比如着力培育全国和天津市民营企业500强,培育行业领军企业,培养具有地方特点的民营企业家人才队伍等。三是优化民营经济产业布局。抢抓大数据智能化发展机遇,全力支持"专精特新"型民营企业发展壮大。抢抓疫情后大规模投资建设、消费复苏、全国旅游回暖等重要窗口期,鼓励基础设施建设、娱乐餐饮、文化旅游等民营企业快速进入市场,推进服务类民营企业标准化、规范化、集聚化发展。

二、优化融资环境,拓展融资渠道

一是创新政府对民营经济高质量发展资金支持机制。完善以项目落地、税收贡献、吸纳就业、可持续经营等高质量发展目标为导向的帮扶资金分阶段、分等级的奖励性支持机制。在资金总额不变的情况下,体现差异化,奖优罚劣。二是鼓励国有和大中型金融机构加大对民营企业融资支持力度。引导金融机构逐步推进民营企业信用评价、抵押物评价等共享互认,建立跨金融机构联合授信机制。三是拓展民营企业融资渠道。鼓励国有金融机构通过集合信托、定投基金等形式成立民营企业专项资金池,如高技术产业基金、战略性新兴产业基金、数字产业基金等;引导产业联盟、企业联盟等共同建立高质量发展资金池,由行业协会或商会发起,有条件地为民营企业提供融资扶持。四是净化融资环境,加强合法融资平台建设。对民间金融活动进行分类治理,严重违规违法的坚决取缔,不规范发展的严令整改。建立统一规范的民间金融运行和监管平台,整合民间金融服务在合法合规平台开展活动。

三、推进"放管服"改革走深走细走实,持续提高政务服务效能

一是创新"一企一策"帮扶机制。对民营企业实施分类指导、精准服务,为

发展潜力好的企业提供定制服务,实现全生命周期政务服务。加强民营企业生产经营情况和政策诉求的日常走访、调研和常态化反馈,加大用钱、用地、用电、用人等各方面服务保障,力推优质企业优质项目本地化发展。二是完善营商环境全过程考核评价体系。对标世界银行和国家营商环境评价指标,重点聚焦企业和群众反映强烈的突出问题,制定营商环境"红黑榜"考评指标体系,充分利用大数据平台完善政务服务"好差评"结果公示—反馈—督办—追评机制,实施奖惩结果公开评价机制。敦促相关部门切实落实相关政策,改变工作方式,支持民企发展。三是强化部门间协同联动。明确管理边界,创新监管服务模式,充分利用大数据平台加强跨部门、跨领域执法信息共享与联动协作,完善"事前协调 + 事中沟通 + 事后对账"协同管理模式,提升行政管理系统性、协同性和高效性,避免多头执法。四是创新政务服务体制机制。建立专业化民营企业政策服务平台,实现惠企政策"一口发布、一口受理、一口咨询"。创新差异化政策精准对接服务,充分利用信息化、大数据分析、人工智能等工具,精准定位企业发展需求、精准推送政策服务、精准对接服务部门,打通营商政策落地"最后一公里"。充分利用三级矛调中心,完善涉民企矛盾调处机制,积极妥善解决企业关切问题,保障国家和我市纾困惠企红利有效传导。

四、充分发挥政府和市场双重作用,保障民营市场主体权益

一是充分发挥政府在保障民营企业发展权益方面的协调作用。促进国企民企积极合作、依法合作,规范民营企业权益最低保障标准,强化政府在国有企业改革中的最后保障人角色,在债务清缴、人员安置等方面充分考虑相关民营企业合理诉求。二是建立健全民营企业涉案纠纷法律援助机制。建立由政府、法院、行业协会、律所、仲裁机构共同参与的民营企业法律援助机制,为民营企业提供法律咨询、诉讼代理、案件催办、信息递送、沟通协调等法律援助。三是充分发挥工商联、行业协会、商会、校友会等在沟通政府、企业、市场

中的桥梁纽带作用。鼓励行业协会参与民营企业技术、产品、人才等相关行业标准制定,强化行业协会监督、协商职能,完善涉民营企业在重组、破产、资质认定、企业家权益保障等重大事项中,行业协会的有效参与机制。

五、强化党建引领,坚定民营企业发展信心

一是做好民营企业基层党组织建设工作。积极吸收进步的民营企业家及民营企业工作人员加入党组织,加强对民营企业党员思想政治教育和引导。二是鼓励民营企业创新基层党建形式。建立健全政企党组织建设结对帮扶机制,鼓励民营企业党组织与国有企业或相关管理部门开展联合共建。鼓励民营企业党组织建立和加入行业、楼宇、社区等党建联盟,充分发挥党建联盟在推动民营企业链式发展、融合发展、抱团发展中的作用。三是通过校企共建、专家指导、外聘辅导员、挂职培养思政专员等方式,构建民营企业思想政治教育常态化机制。充分利用各级各类党校、行政学院、社会主义学院对民企广泛开展思想政治教育,通过义务宣讲、调研等形式推动党的路线方针政策进民企,让民营企业和民营企业家消除顾虑,放下包袱,大胆发展。

本文作者:臧学英、刘学敏、王坤岩、李玉洁、张玉庆。**执笔人:**刘学敏、王坤岩、李玉洁。

构建航运物流生态建设组合拳
打造北方国际航运核心区升级版

围绕高标准建设北方国际航运核心区及实施港产城融合发展行动,落实好中央部署和市委要求,调研发现,受周边港口群竞争影响,当前天津在国际航运核心区建设中仍然存在着"堵点、断链、残网"三方面困境,与上海、宁波、青岛等地国际航运中心在顶层设计与政策支持、港产城建设与深度融合、港口综合服务效率等方面仍有差距,亟须以生态圈建设为目标,以货源组织为抓手,以协同高效运作为根本,通过航运要素之间的协同整合,构建航运核心区建设的组合拳,推动核心区高质量发展。

一、以货源组织为抓手,全面优化国际航运核心区服务体系

第一,以上游货源组织能力建设为核心,优化航运核心区的顶层设计。一是重视发挥货代物流企业的货源组织和物流集成商的作用,吸引货代物流企业组织货源通过天津港进出港转运,增加天津港货运吞吐量,增强港口货源规模。二是建议政府设立货代物流企业的专项资金,加大资金激励力度,分级分类为一定排名内的天津市货代物流企业提供资金奖励支持,推动货代物流

企业将更多货源在津集聚。三是制定出台新发展格局下的北方国际航运核心区提质增效方案,通过顶层设计,充分考虑北方港口群资源整合与协同发展,明确新的战略方向和政策聚焦方向,实现国际航运核心区提质升级。

第二,吸引外地货代物流企业入驻,改进国际航运核心区招商引资环境。一方面,要积极支持天津市国际货代协会、中国货代协会、中国物流与采购联合会等行业协会在天津举办货代物流相关会议,凝聚发展共识,发出天津声音。另一方面,加快内陆无水港建设步伐,利用相关会议在山西、陕西、新疆、内蒙古、宁夏、河南等地积极宣传天津港的基础设施运作优势,鼓励内陆地区在北方航运核心区设立相关代理联络机构,以"请进来"和"走出去"的方式,提升港口招商引资力度,吸引更多外地货代物流企业入驻天津。

第三,推动货代物流业与制造业深度融合,培育壮大港口优势配套产业。一方面,响应天津市推动制造业高质量发展若干政策措施的通知,推动服务型制造加快发展,加快提升天津市货代物流企业的供应链服务设计能力,满足天津及其周边制造业物流需求,加快推动先进制造业在天津集聚。要大力发展地方标志性的港口优势配套制造产业,利用物流服务成本优势和效率优势,促进新兴的优势产业加快崛起。对现有的物流服务特色品类如汽车、PVC和冷链,相关部门要加强创新力度,为优势产业打造护城河。另一方面,通过货代物流与制造业的深度融合,促进产业链供应链韧性体系建设。特别是着眼于天津市"链长制""供应链创新与应用"等政策背景,要加快打造港产城融合的软硬平台,大天津临港制造企业物流业务外包和综合解决方案能力提升,助力天津经济发展。

二、以协同高效为根本,增强航运服务生态圈共创共赢发展机制

第一,构建航运服务生态圈政企交流机制,实现航运服务"有求必应"。一

是改进天津港口岸管理部门工作作风，形成"不推诿、不拖延、不怠慢、不失信、不松懈"的工作氛围，密切天津港管理人员与货主和承运人的联系，对于货运中出现的单据不符等问题，设计必要的容错机制，实现以人为本、以货为本的发展目标。二是建立天津港口岸联动协调部门，建议该部门由分管市领导负责，细化部门管理责任。定期召开涉企政策征求意见调研座谈会，认真履行市委"优化政务环境，加大简政放权力度，大力推行马上办、一次办、网上办、集成办"的要求，成立专门的企业咨询组对接航运政企交流业务。三是依托口岸服务平台，开设"政企会客厅"专栏和留言板，为企业提供实时、便捷的在线交流功能，同时成立企业服务专班，实现全方位、全覆盖、全流程、全天候的常态化服务，做到"有求必应"，切实解决企业的实际困难。

第二，推动天津港服务数字化体系建设，提升港口航运服务协同效率。一是完善天津港智慧口岸数字化基础设施。围绕国际贸易、口岸监管、航运服务等应用场景，有针对性地进行基础设施智能化改造，夯实智慧港口物流生态圈数字底座，建设功能强大的航运大数据中心。二是推动不同业务系统的融合衔接与公共信息透明开放。制定统一的数据标准、接口规范、调用规则，将港口集疏运系统、口岸大通关系统、堆场拆装箱系统和船公司的船舶动态系统等进行融合和开放，实现跨系统、跨部门的数据信息共享和功能对接，构建一站式航运物流公共服务平台。同时，建议以数据驱动航运物流服务模式创新，推动公共信息的透明化与可追溯，提升航运物流服务效率。

第三，学习其他国际航运核心区的物流生态体系建设经验，实现港产城融合发展。一是对标宁波港港口城市，学习模式创新和政务服务机制，创新航运核心区区域辐射能级新定位。要积极深化京津冀航运物流生态体系合作共建，以天津枢纽和京津冀区域节点为核心，深入调研，推动航运核心区与"三北"地区港航联动发展模式创新。二是对标上海港航运物流服务生态圈。借鉴上海港航运物流生态圈成员的共享、共建和共创方法，切实解决港、产、城三个子系统联动发展动力不足问题，创新航运物流多要素深度融合机制，有效带动港产城融合。三是推动完善天津市港产城融合发展顶层规划设计。在实施港产城融合发展行动规划中及港航业总体发展规划中强化港产城理念，在城市发展专项规划中融入推动港产城融合的实施内容、实施计划、保障措施及反馈机制，为港产城融合发展提供顶层引领与制度保障。

本文作者:刘伟华、于世平、刘春爽

创新高校青年教师思想教育引导方式的建议

习近平在党的二十大报告中指出,全党要把青年工作作为战略性工作来抓。高校青年教师不仅是党和国家宝贵的人才资源,还同时承担着"为党育人、为国育才"的重要使命。做好青年教师的思想政治工作,提升他们的思想政治素质意义十分重大。当前,全党正在深入开展学习贯彻习近平新时代中国特色社会主义思想主题教育,结合创新高校青年教师思想教育引导方式,提出如下建议。

一、加强党的创新理论武装

一是组织实施专题教育。建议相关部门组织专家力量,就如何面向高校青年教师群体把党的创新理论讲深、讲实、讲透开展专题研究,完善与教师的职责使命、学科特点、个人发展等相融合的内容体系,重点结合教育、科技、人才等专题建设 20 堂左右精品课,依托各级党校和各高校教师发展中心等开展培训,引领青年教师真学真懂真信真用,帮助他们在政治上思想上不断提高,深刻领悟"两个确立"的决定性意义,增强"四个意识",坚定"四个自信",

做到"两个维护"。

二是统筹利用社会资源。建议发挥天津红色教育资源丰富、处于改革开放前沿等一系列优势,对青年教师讲好"大思政课"。设立相应的高校青年教师实践教育基地,把深入学习贯彻习近平新时代中国特色社会主义思想和感受新时代改革发展实践有机结合起来,为青年教师结合实际深学细悟创造条件。

三是促进教育成果转化。高校通过课程思政、师生交流等方式组织青年教师把学习成果转化为育人的方法和育人的实践,融入教书育人的各个环节,做到融会贯通,真正学会用科学的理论和方法认识问题、分析问题、解决问题,教育学生、引导学生、启发学生,把真理的力量传递给每一位学生。

二、创新教育引导方法

一是建立校内外联动机制。针对青年教师关注国内国际大势大事的特点,围绕重要政策、热点问题有效加强思想引导。发挥地方和各部门党政领导的作用,进一步拓展联系高校的工作机制,通过深入高校为青年教师做形势任务报告、开展面对面交流等方式,及时回应青年教师的关心关切,让他们明确自身的工作任务和社会责任,确保中央重大决策部署在高校落实。

二是搭建实践锻炼平台。针对青年教师从"校门"到"校门"的特点,建议统筹设立面向青年教师的挂职锻炼等专门计划,依托各级政府部门、企业事业单位设立青年教师实践锻炼岗位,为青年人才了解和服务天津、丰富阅历经历搭建平台。建议高校建立青年教师"导师制",组织优秀老教师担任导师,对青年教师进行一对一指导,发挥青年教师身边先进典型的作用,加强对优良师德校风的传承。

三是加强新技术运用。结合互联网的特点,强化互联网思维,建议宣传、教育两委及有关部门牵头,与相关高校合作,建立集成教育引导功能、服务功能等于一体的新媒体平台,加大对青年教师思想教育类公众号的建设支持力度,打造 10 个左右有影响力的新媒体公众号,形成有效的宣传引导矩阵,切实发挥新媒体平台在教育引导方面的重要作用。

三、增强教育引导精准性

一是建立研判分析机制。实施"精准思政",建议通过定期调研和大数据分析等方式加强对青年教师整体思想动态的研判,及时调整完善思想政治工作部署。结合青年教师学科专业背景、个人成长经历、性格爱好特点等,建立和完善融入日常的经常性联系交流机制等方式,更有针对性地做好思想政治工作。

二是完善发展支持措施。针对青年教师在职业初期、上升期、稳定期等不同发展阶段的需要,通过有效思想引导,逐步深化个人的自我认知和职业认同,强化职业道德和职业素养的养成。及时有效支持,完善科学的评价体系,激发其职业发展的动力,促进快速成长。

三是解决急难愁盼问题。既讲道理,又办实事。帮助青年教师解决急难愁盼的实际问题和困难,特别是当前较为关注的住房保障问题、子女教育问题等等。关注青年教师身心健康,凸显思想教育过程中的人文关怀,把党对人才的关心关爱落实到暖人心、稳人心的实际行动和工作举措上。

四、落实教育引导责任

一是压实党组织责任。建议地方各级党委把做好高校青年教师的思想教育引导作为人才队伍建设工作的重要内容,统筹谋划、一体推进。高校党委作为履行管党治党、办学治校主体责任的重要内容,完善工作体系、细化工作职责、明确工作要求。高校院系党组织和基层党支部通过不断增强政治功能、组织功能,系统研究提升"三会一课"、主题党日等组织生活的质量成效,在加强青年教师思想政治引领方面创新思路和招法,提升工作成效。

二是抓实监督考核。把党组织责任落实情况纳入巡视巡察的重要内容,作为党组织书记抓基层党建述职评议考核、全面从严治党主体责任考核的重要内容。高校党组织把好青年教师发展成长的政治关,探索政治素质评价方法途径,作为考核评价的首要标准,强化师德的一票否决权,注重加强正面典型的引导作用和反面典型的警示和教育作用。

三是夯实工作基础。高校要配齐建强力量,特别是要加强专兼结合的教师思政工作队伍建设,加强对工作队伍在思想政治工作方法、教育学、心理学等方面的专业化职业化培训。建好用好各类党员活动之家、教工活动之家,增强和发挥教育阵地的功能和作用。

本文为教育部高校思想政治工作中青年骨干项目。

本文作者: 贾启君、张巍、朱胜利、刘宝珑、康丽琼

借鉴"淄博烧烤"模式
繁荣我市文旅业和假日经济的对策建议

近日,"淄博烧烤"火爆出圈,多条相关话题占据各大社交平台热搜榜,央视新闻、新华社等官方媒体纷纷报道。"淄博烧烤"的火爆带动了当地和山东全省文旅行业繁荣,据途家民宿网统计数据显示,五一期间山东省民宿预定量与2019年同期增长3倍,淄博民宿预订同比增长12倍,山东省民宿预订首次全国第一。据文旅部数据中心统计,预计2023年,我国国内旅游人数将达45.5亿人次,同比增长约80%,将实现国内旅游收入约4万亿元,同比增长约95%。与淄博这样传统的北方工业化城市相比,天津同样有深厚的文化历史底蕴和丰富旅游资源,近年来如"西北角"早点等特色美食在网络人气高涨。本文借鉴"淄博烧烤"模式,借助今年全国旅游业强劲复苏和发展势头,特别是借助五一和端午两节"引流"入津,提出繁荣我市文旅业和假日经济的以下建议。

一、宣传发力,借助"流量经济"助推品牌营销

第一,抓住"流量"热点,主打"拳头品牌"建设。据"巨量数据"统计,我市

相关搜索词中,"天津美食探店"排名榜首。近年多位有着千万粉丝的知名美食博主如"真探唐仁杰""二百者也""盗月社食遇记"等到我市传统早点铺和清真饭馆探店,且网络热度较高。我市应顺势打造"北方早餐之都""老牌清真菜"等特色品牌,以此发力形成"拳头品牌",向外界推送。同时,研发精品游线路以承接"拳头品牌"带来的传导收益,市区可深耕历史人文游、曲艺文化游、海河夜游等项目;近远郊可组织生态资源游、海洋资源游、温泉度假游等线路;利用小长假举办津门特色餐饮品牌系列旅游节、度假日活动,让我市丰富的旅游资源能够在"拳头品牌"的带动下活跃起来。

第二,抓住"网红"红利,加强数字化赋能文旅融合发展。推进大数据智能化创新运用,提高我市旅游美誉度和吸引力。运用好社交平台经济运营,抓住"网红"红利,加强政府与知名自媒体人合作,推广我市旅游品牌形象;加强智慧旅游场景创建,设计沉浸式旅游体验宣传视角,打造数字化文旅新产品;推广代表性 IP 形象人物,比如"哪吒"神话传说 IP,"杨柳青年画"民俗形象 IP等,运用虚拟数字人技术,在网络进行推广宣传,吸引更多游客;注意网络特别是本市"网红"对我市旅游品牌的评价,从提质增效入手,从宣传引领把关,扭转不良舆论导向,增强来津旅游信心。

二、扩大格局,延伸旅游全产业链条发展

第一,加强全方位消费,注重全产业发展。淄博政府已经在推动以烧烤为核心的延展旅游业发展,如以"留住人才、留住年轻人"而采取的多种优惠政策,以保障五一旅游品质而劝导游客去山东全省旅游等,都展现了淄博既重视眼前、又谋取长远的"大格局"。我市也应围绕"吃、住、行、游、购、娱,商、养、学、闲、情、奇"等要素,加强"文学旅""文商旅""产学研旅"融合,吸引年轻群体。以创建品牌为点,连点成面,延伸旅游全产业链发展,如选取西北角等回民聚居地打造成西安回坊样的美食街;结合我市建卫历史,打造"燕王南巡

街",展现我市商贾云集、产业发达的历史风貌,带动周边文娱建设。同时,要以追求长远收益为目标,宁可只赚好评,不搞"一锤子买卖",从而促进旅游全产业健康发展。

第二,开发衍生产品,提升旅游产品附加值。结合天津"哏都""历史名城""海洋生态"等多个对外宣传标志特色,开发特色文创产品及经营项目,进一步诠释好天津故事,助力国际消费中心城市建设。比如"天津之眼"卡通形象IP已于2022年7月通过网络海选征集成功,下一步不仅可开发生产实体产品,也可开发如动漫、VR网游、3D裸眼短片等衍生文创产品,并把文创产品与本土老字号品牌相结合,发挥合力优势,提升纪念价值和旅游产品附加值;增开一些特色文创产品经营实体店,注重打造文创品牌系列,如天津怀旧系列、天津饮食系列、天津科技创新系列等等,同时应避免同质化产品过度带来审美降低。

三、健全大旅游综合服务管理机制

第一,强化多部门联动,推动文化旅游和假日经济发展。旅游城市的打造需要长期谋划、深耕细作。淄博能够经得起时间考验,最重要的是做好了城市长效管理。加强行政专班建设和分工协作,促进旅游经济发展;提高反应速度和行政效能,积极回应处理网络恶意舆情。当前网络传播速度之快增加了旅游中的"小毛病"演变成"大问题"的概率。比如淄博烧烤火爆之初,出现出租车拒载、小摊贩涨价等问题,淄博政府快速处置,不但纠正了问题,而且又为淄博赚取一波好评。我市"西北角早点"火爆后,网络舆情也出现负面评价指向"价格涨了量少了""排队久了味差了""顾客乱停车辆影响居民出行""垃圾变多环境变差"等问题,因此需要市场监管、环保、公安交管等多部门积极响应及时处置,以保障当地居民民生权益为前提,让长效管理机制成为一个旅游品牌"走红"并"长红"的基础,以成功承接即将到来的"五一""端午"及以后更大的客流量。

第二,加强"流量"承接力,构建精细化服务体系。一方面,注重全方位服务,动员全社会共同参与。淄博的成功在于同心共赴营造"好口碑",在共同努力下接住了暴增"流量",否则旅游"正流量"可能会演变成城市名片"负能量"。这提示在即将到来的小长假,政府应做好调度和激发工作,"监督和引导""管理和促进"同向发力,要以燃动基层发展信心为目标,使全市上下,特别是窗口单位、服务业者重视和维护城市声誉,让"谁砸了我们的锅就砸谁的碗,谁也不能坏了城市名声"成为全体共识。另一方面,注重精细化服务,发展完善"快旅慢游"服务体系。借鉴淄博从高铁到烧烤摊的无缝对接服务模式及"乘坐高铁专列可免门票参观淄博部分旅游景点"的优惠政策,细化我市旅游接驳服务措施,让细微之处见服务,从服务当中见品质;深入挖掘我市在京津冀经济圈的优势地理位置,深化京津冀文旅合作,与周边省市文旅部门签订合作协议,开展旅游政策互研,旅游客源互送,共享公共文化服务。

本文作者:吴迪

多措并举推动我市社工站
高质量发展的建议

社工站建设是基层治理的重要组成部分,是落实党建引领基层治理与高品质生活创造行动的重要抓手。目前我市社工站建设已取得初步成效,但与民政部统一要求的2023年底实现乡镇(街道)社工站100%全覆盖还有差距。多措并举推动社工站的建设,以撬动其在社会救助服务、社区残障服务、社区居民服务及社区社会组织孵化等方面的专业化支撑作用,有利于打造共建共治共享的治理格局,增强基层人民群众的幸福感、获得感、安全感。为此,本文提出以下建议。

一、加强党对社会工作的领导,以党建引领社工站高质量发展

结合学习贯彻习近平新时代中国特色社会主义思想主题教育,建议以区为单位,在区级民政部门和乡镇(街道)党组织的双重领导下,探索建立乡镇(街道)社工功能型党组织(党支部)或联系协调机制。按照市区统一要求,定期组织社工学习掌握党和国家的方针政策,使广大社工在政治上、思想上与党中央保持高度一致,坚持和践行党的群众路线。探索"党建+"的社会工作服

务模式,推进社区党员担任社区社会组织、志愿服务团队负责人,使党建与社会工作专业服务深度融合。

二、强化规范化与标准化建设,提升基层社会工作专业化水平

一是明确三级社工类服务机构运行规则。借鉴河北省促进社会工作中的先进经验,并结合我市的实际情况,适时出台《天津市乡镇(街道)社工站三级体系建设管理规范》地方标准。建立区级社工站指导中心、乡镇(街道)社工站、社区(村)社工室三级社会工作服务体系;规定三级体系在场地设施、人员配备、岗位设置等方面的具体要求;制定三级体系实施项目化运行的项目预估、项目计划、项目实施、项目监测与管理及项目评估标准。

二是明确三级社工类服务机构的职责。区级指导中心统筹指导推进全乡镇(街道)社工站建设运营工作,为社工站提供培训、监测、督导、评估等服务。乡镇(街道)社工站为社会工作综合服务平台,指导社工室开展服务,承接来自党政机关、事业单位和群团组织的各类购买性任务。社区(村)社工室为辖区居民开展具体服务,参与社会救助、为老养老、儿童关爱保护、社区治理、社会事务等服务。

三是明确三级服务机构各自日常管理制度和监督评价要求。由乡镇(街道)社工站指导和统筹社区、社工、社区社会组织、社区志愿者、社会慈善资源,参与基层治理和服务;对承接运营社工站企业或社会组织的资质及能力要求;社工站的工作场地、设施、标识等的标准;明确社工站运行过程中的协调联动机制;对社工站和社工的监督考核标准和奖惩要求等。

三、发挥社工站专业优势,激发社区(村)共建共治内生活力

一是为社区(村)社工室发挥作用提供指导与支持。建立社工站面向社工室

的督导机制,定期深入到社区(村)社工室督导检查社工室项目活动完成情况。

二是为社区(村)社会组织孵化提供指导与支持。社工站要指导社工室通过实施"筑巢"行动(为社会组织提供场地支持、资源对接、人才培养等服务)、"培育"行动(面向社区骨干开展专业技能培训)、"共筑"行动(根据社区实际需求,联合社区两委培育服务型、公益性、互助性社会组织)、"多彩"行动(开展丰富多彩、贴近居民的社会组织活动)等,为社区治理与服务培育具有较强组织活力的社区社会组织。

三是为社区(村)志愿者队伍建设提供指导与支持。社工站要在所涉区域内建立志愿者招募与登记、管理与培训、激励与表彰等机制,搭建志愿者宣传、培育、展示、管理等平台,创建宣传型、支持型、惠民型志愿者服务队伍,发挥志愿服务经验交流、先进评选、精神激励等示范作用,指导社工室不断壮大社区志愿服务力量。

四是为社区(村)链接社会慈善资源提供专业支持。社工站作为联结救助服务的加油站、中转站,一方面要积极拓展政府、商业企业、慈善公益组织、个人中的慈善资源,另一方面要采取政策找人、情形找人、事件找人等方式,精准识别困难对象,摸清致困原因,梳理出"需求""资源"两张清单,并制定服务目标、计划,同时将汇聚起来的助医、助困、助学、助孤、助残、助老等资源,链接到每一个有需要的社区居民手中,做好困难及特殊群众的救助与帮扶。

四、建强基层社会工作专业人才队伍,引领社会工作专业化发展

一是开发社会工作培训课程。可采取"揭榜挂帅"等方式,面向高校、科研院所等,征集研发团队,结合我市社工队伍建设对社会工作基本专业知识、专业技能的需求,开发基于线上线下相结合的培训课程。

二是推动社校融合发展。南开大学、天津师范大学、天津理工大学、天津

职业大学、天津城市职业学院、天津公安警官职业学院等均设有相关专业。利用我市高等教育中社会工作相关教育教学资源比较丰富的优势,在社工站建设高校师生科研基地及实习实训基地,在社会服务实践中锻炼师生的技术技能。同时,选聘业内有一定影响力的高校教师,开展"校社""师社"结对帮扶。将高校的师资、科研、实训、培训、学生等资源汇聚到社工站,为社工站高质量运行提供科研及专业的人才支撑。

三是推进社工人才队伍建设。对我市持有社会工作者职业资格证书的社工进行全面摸排,建立社工人才信息库。培育基层社会工作创新团队,选树"头雁"队伍。同时还可尝试组建社会工作专家库,成立社工专家工作室。

五、深化社工类社会服务机构考核评估,打造社工服务创新高地

组建与社工站指导中心、社工站、社工室相对应的三级考核评估组织或聘任第三方服务机构,按照合同规定的服务年限,于合同期满前1—2个月内,对以上三级服务机构的工作开展情况、工作成效及街道、社区、居民代表、困难群众、特殊群体等的满意度等进行考核。考核可分为优、良、合格、较差、差五个等级。考核评估结果作为奖惩及下一个年度是否签约的依据。对于考核成绩优良者,可在现有额度上适当提高下一个年度的服务费用;对于考核成绩较差者,立即提出整改意见,下达整改通知书,委派专人监督其落实整改措施;对于考核成绩为差者,不再签订下一个年度的服务合同。

本文作者:韩剑颖、武晓乐

增强沉浸式旅游体验消费
解决"客多钱少"发展困境的建议

2023 年"五一黄金周"数据显示,天津全市接待游客量 1103.85 万人次,在主要城市中仅次于成都、上海位列第三位。但旅游收入仅为 57.58 亿元人民币,仅相当于上海的三分之一,排在主要城市的第七位。这一成绩的取得实属来之不易,是近年天津旅游交出的难得的优秀答卷。但还需注意的是,旅游接待人次优势没有能够很好地转化为旅游收入优势,限制了旅游业对建设国际消费中心城市的贡献。其主要原因在于我市接待游客以北京、河北等近程观光型游客为主,受腹地不足限制,旅游产品供给链条不长,游程较短,柔性花费较低,目的地粘性不强。为把游客接待人次优势转化为过夜消费经济优势,解决"客多钱少"困境,参考国内旅游热点城市做法,提出如下建议。

一、提升旅游产品粘性,用沉浸式内容置换更多消费体验

一是研究将现有单项旅游产品串成一日游、多日游等系列产品,推动泰达航母主题公园、国家海洋博物馆、滨海新区科技馆和图书馆等优势观光旅游产品向休闲度假产品转型,探索滨海新区航空航天产业集群与旅游业的融

合路径,打造国内首个航空主题滨海旅游度假区,研发海滨度假与航空航天旅游体验相结合的产品。

二是创造性开发工业文化、相声文化、武术文化等独特地方文化旅游品牌,推出天钢工业研学、伊利酸奶制作营、古文化街相声互动表演、精武门武术研修班等参与性、互动性、传播性兼具的新型文化体验产品。

三是围绕国字号景区,重新整合以盘山地区为代表的蓟州山野资源,培育森林沐浴、山间禅修、养生武术、民俗体验等康养产品,加快蓟州传统农家乐向休闲民宿转型,依托蓟州特色农产品开发养生食谱,面向中高端游客打造高消费、长周期的康养旅居目的地。

四是针对"Z世代"群体策划精品旅游节事活动,参考盛唐密盒、淄博烧烤等网红案例,在意式风情区、五大道、天津之眼等本身具有网络热度的景区,创新设计民国时装秀、津味小吃节、青年音乐会等喜闻乐见、体验互动性强的网红打卡旅游产品。

二、促进产业深度融合,打造精品线路延长游客停留时间

一是打造龙头支点,活化金街文化旅游区、小白楼等特色街区内的历史文化遗产,不断丰富文化创意、工业遗产展示、特色商业活动等内容,创建国家级旅游休闲街区、国家级夜间文化和旅游消费集聚区,打造一批有影响力的国字号品牌。

二是夯实精品线路,沿海河、大运河等线性城市遗产道,丰富沿线特色餐饮、文创礼物供给,串联沿线知名景区和商业综合体,打造"沿海河品现代天津""依运河观千年之变"等具有世界级影响力的旅游精品线路,延长旅游消费链条。

三是打造主题片区,推进"旅游+"与不同产业园区融合。建设茶淀葡萄科技园、津南小站稻田等农业旅游园区,海鸥表博物馆、天士力大健康等工业

旅游园区,V1汽车世界、奥体中心等体育旅游园区,天津音乐厅、天津音乐艺术街等音乐旅游园区,推动形成文商旅产业集群。

四是旅游全域推进,以点带面丰富全市各区的旅游供给。根据各区各自产业基础,强化顶层设计和整体规划,拓展体验式、参与式、见学式文娱型集吃、住、娱、学一体化旅游产品体系,丰富旅游配套设施,实现全域处处有景点,时时有活动,拓展天津旅游腹地,调节旅游供给的空间失衡,延长游客在津游览时长。

三、借助 6G、元宇宙等现代技术手段创新沉浸式消费场景

一是围绕东疆港沙滩、航母主题公园等资源打造夜景婆娑的度假海岸。利用人工智能等科技手段,增强海滨景观的体验程度,融合现代艺术风格,立体化重塑新区海岸夜环境,丰富自助餐饮、水上娱乐等新业态。

二是围绕海河、大运河、永定河等资源打造流光溢彩的休闲河滨。运用6G、VR、AR等技术手段建设虚拟水世界,身临其境地体验各类水上运动,引进最新灯光技术,改善沿河灯光装饰,打造不同主题的梦幻游船系列产品。

三是围绕小洋楼、古建筑、名人故居等资源打造风情万种近代建筑博览园。利用云计算、元宇宙等技术,创新开发"虚拟数字建筑"系统,利用全息技术开发基于建筑内部的"穿越时空"互动产品,创造虚拟沉浸式的文旅体验空间。

四是围绕天津之眼、大沽桥、奥体中心、电视塔等资源打造现代匠心的不夜城。通过多彩灯控、全息投影等技术,以历史故事为主线,以"光影"为媒介,打造独特的夜间游览场景。

四、完善公共服务系统,增强城市休闲度假属性和服务能力

一是统一全市旅游交通标识系统。出台天津城市旅游交通标识系统导则,规范旅游交通标识的图形符号、文字、色彩、尺寸、位置等要素,统一各区交通指示牌、路名牌设置,体现津味特色,为游客提供便捷化、人性化的交通指示。

二是统一旅游移动消费支付系统。建设全市统一票务系统,实现景区线上购票、线上预约、扫码进景区,推广旅游年卡、景点套票服务,实现全市主要景区全覆盖,提升文化和旅游消费支付便利化水平。

三是统一旅游休闲度假氛围营造。将旅游作为重要部分纳入上位规划,转变天津工业城市的固有形象,朝着打造旅游休闲城市形象努力,在城市基础设施、公共服务设施建设中考虑游客需求,在街道美化、消费场所等体现休闲元素。

四是建立现代旅游业服务培训体系。学习国际先进旅游行业服务标准,面向旅游服务人员开展长期固定的培训,营造国内一流的旅游服务氛围,树立北方旅游业服务的标杆,将优质旅游服务打造成重要旅游吸引物。

本文作者:马晓龙、贾文通、郭嘉欣、李亚妮

助推大学科技园高质量发展的对策建议

目前,正值以天开园建设为抓手,加快推进科教兴市人才强市等"十项行动"的关键时期。高校是科技创新和人才培养的结合点,而大学科技园依托高校的科研优势、人才优势和创新优势,是引领我国基础创新和前沿科技创新的重要载体,也是中国特色高等教育体系的重要环节。高标准高质量建设我市大学科技园,需要充分发挥各高校的主导和支撑作用,着力打通高校与科技园之间的发展壁垒。为此,课题组选取我国18家不同层次不同模式的大学科技园进行深入调研,查找现存主要问题,从进一步发挥高校作用的视角提出对策建议。

一、大学科技园建设现存的问题

第一,高校人才培养体系构建与大学科技园发展联系不够紧密。囿于教育部、科技部对科技创新、成果孵化转化等方面评价标准有别,大多数高校人才培养方案未能与大学科技园人才需求精准对接、相互适配,缺乏人才共育共享思维。比如,大部分高校更加侧重理论指导,尽管设置了创新创业课程,但该课程均由校内专业课教师讲授,对大学生创新创业教育及创业辅导等方面的专业性明显不强。在校期间,学生的知识转化与应用能力得不到充分培养,难以符合科技园高层次人才需求,高校创新创业教育与创新人才培养两个主体作用发挥不足。

第二,基于"四个面向"的科技创新能力有待提升,高校科研工作"顶天立地"的发展目标尚不明晰。一方面,高校创新成果的有效供给数量不多、质量不高,科技创业孵化"首站"功能偏弱。高校科研工作往往出现专利多、论文多但"不接地气"、难以与园区结合的困境,对原始技术和核心技术的创新明显不足。此外,还存在研发周期过长、忽视小试中试阶段而急于追求现成产品等问题,使企业很难获得有效高质的技术支持。另一方面,对高科技项目精准孵化和增值化孵化的有效招法不足,一体化孵化链条尚未形成,致使对接产业技术革新需求、产出可转化易转化科技成果的能力和水平较低。总体来看,2004 年至 2020 年,国家大学科技园共 115 家,累计毕业企业和孵化企业共 22295 家,平均每个园区每年毕业企业和在孵企业 12 家,体量相比其他科技成果转化平台还有较大扩容空间。

第三,把握国家和地方建设"兴奋点"能力不足,发挥服务地方经济社会发展的智库作用有待升级。一方面,高校普遍依托自身学科优势,未能及时将学科建设发展规划与国家高新技术产业发展战略、属地高新区建设规划及地方特色产业发展目标全面接轨,特别是面对后疫情时代加速创业孵化业态优化调整的新形势、新挑战,仍存在研究重点偏离国家发展目标的情况,难以跳出自说自话的"深井"。另一方面,高校借助科技园开展社会服务的积极性不高。受当前学科评估体系限制,科技园内教师的科研成果不能用于高校学科评估,制约了高校对于科技园品牌建设和双方融合的积极性和主动性。

第四,相关配套制度仍需进一步健全完善和细化落实。一方面,部分高校尚未将大学科技园建设发展纳入学校整体规划,将其与"双一流"建设统筹考虑,科技园评价目标与学校发展目标仍存有"两张皮"情况。部分高校虽将大学科技园建设发展写入学校整体规划,却没有依据自身特色和优势做好目标细化分解,也并未制定对相关二级职能部门的考核要求,致使大学科技园建设"千人一面"。调研发现,出现上述问题的主要原因是个别高校持股占比偏低、参与度不高,如某市大学科技园校方合计持股仅为 21%,高校主体依托作用严重不足。另一方面,人事分配管理体制仍有较多制约。在技术人才岗位保障和等级晋升方面,因岗位总量、最高等级和结构比例限制,引进高层次技术转移服务人才的需求无法得到满足。在激励机制方面,对技术开发、技术咨询、技术服务以及奖励政策比较保守,奖励办法需参照学校分配办法,奖酬支出受核定的绩效工资总量限制,不能有效调动技术成果持有人的创业积极性。此外,对高校设立基金公司管理规定还较为严苛,仅有少数部属院校尝试设立母基金、直投基金支持学校科技成果转化与校友创业,以市场化手段进行融资并发挥其杠杆作用和乘数效应尚未得到广泛运用。

二、助推我市大学科技园高质量发展的对策建议

第一,提升人才自主培养质量,激活人才"源动力"。一是将高校与科技园的联合培养纳入人才培养方案,从课程体系建设、实习实践平台、教学教材制定等方面与科技园建立密切联系,围绕"四新"建设,联合科技园打造拔尖人才培养的专属通道。二是建立交叉学科人才在科技园的沟通和合作机制,特别是在未来技术学院、现代产业学院、专业特色学院的建设中强化大学科技园的平台角色,深度推进产教融合、科教融汇。此外,可借鉴南京工业大学着力弘扬创新创业文化精神的好做法,充分发挥"互联网+"大学生创新创业大赛、思维盛宴大赛、研究生科研创新项目等各级各类创新创业活动的引导作用,培养造就一大批创新型、复合型、应用型人才。

第二,深度参与创新驱动发展战略,加强高校科技创新策源能力建设。以"双一流"评价体系和高校科研评价体系改革为牵引,依托高校新建整合专业

技术服务平台和共性技术研发平台,进一步推动高校科研设施、科研仪器、科技数据等向大学科技园开放,为科创火花提供"对撞机",不断产出支持和引领经济社会发展的高水平科研成果。同时,持续完善孵化链条,加快载体培育。可借鉴合肥大学科技园关于精准孵化、双孵发展模式以及孵化链条"资源场"建设经验,开展创业导师、企业联络员、代理高企资质申报三位一体服务,着力打造"众创空间—孵化器—加速器—产业园区"的全链条孵化载体平台,助力科技企业"孵"出创新力。

第三,坚持功能定位,主动发挥高校综合智力资源优势特色。巩固联席会议制度和工作专班机制,围绕大学科技园功能,与高校周边区域联动融合,建立资源共享的跨区域信息服务平台,实现高校校区、科技园区、区域社区协同发展。与此同时,充分运用大数据、云计算和人工智能等技术,联合科技园开展重大技术创新需求挖掘、科技成果供给和需求发榜揭榜,组织前期有基础的高水平研究团队与各行业"种子""领头雁""尖兵"企业聚焦国家地方重大战略需求和关键领域的核心技术开展攻关进行校区园区订单式项目合作,搭建高校科研成果转化绿色通道,让成果从高校产生后,第一时间被专业机构知晓,第一时间获得撮合交易机会,第一时间实现落地转化,通过科技成果和人才溢出为区域高科技产业发展提供源源不断的动力。

第四,建强体制机制,大力激发科研创新创业活力。一是强化高校对大学科技园的主体依托作用。要将大学科技园建设作为高校一把手工程进行考核,纳入高校整体规划,与"双一流"建设统筹考虑,尽快从主体、基地、平台、中介体系、项目等子系统细化出台各具特色的大学科技园建设发展规划,精准定位、打出品牌,规避科技园同质化发展问题。二是大胆去除政策制约细绳子,优化配套成果转化和创新创业的政策措施。可借鉴北京、上海等地深化经济专业人员职称制度改革的好经验好做法,按照研究型和运行服务型标准为从事科技成果转移转化的专业人才建立职称评审绿色通道,增设技术经纪专业职称序列,切实疏通科技成果转移转化过程中的"堵点",促进技术与产业、研发、人才和资本等要素资源有机融合与高效配置。同时,可借鉴南京工业大学、哈尔滨工程大学修订职称评审办法的尝试探索,加快将教师在科技园内取得的技术成果纳入职称评审的评价指标,并在校内考核、学科评估、专业建设等工作中逐步予以认定。借鉴同济大学、兰州理工大学等多所高校建立的包括现金奖励、股权奖励等在内的奖励制度和政策,以提高奖励额度、设置就业直通车等多种方式紧贴师生需求,最大限度将成果奖励让利给创业师生。三是加强学校专门机构、专职队伍和专项经费建设。借鉴上海电力大学、燕山大学等经验,进一步理顺关系,在校内设立技术转移中心、成果转化办公室,探索推动科技园管委会和科技园运营公司联动治理模型。此外,积极探索投孵联动机制,充分发挥各类产业基金、天使基金、成果转化和创业投资等引导基金作用,完善覆盖成果孵化转化全周期创新创业投资体系,引导支持多元化社会资本参与大学科技园建设。

本文作者:李君、陈旭东、阴晓雨

壮大我市科技中介力量
助力天开高教科创园高质量建设的建议

国内外发达地区经验表明,高水平的科技园区往往要走"政府搭台、市场唱戏"的发展模式。我市高质量建设天开高教科创园,除了政府有效推动外,更需要市场的参与。科技中介作为科技市场的主力军,可以为科技成果的转化提供专业的服务和支持,帮助科技成果转化为实际的产品和服务,促进科技成果的商业化和产业化。然而目前我市的科技中介与北京、上海、深圳等城市相比,还存在规模小、种类单一和服务能力欠缺等问题。要高质量建设天开高教科创园,迫切需要引育壮大科技中介力量,提升科技成果转化服务水平。为此,课题组在调研的基础上,提出对策建议。

一、国内外先进科技园区科技中介机构建设的经验

美国硅谷是全球高新技术和创新创业的发源地,除了世界著名大学和科研机构坐落其中之外,引以为傲的风险投资机构和中介服务机构也是其成功的秘诀之一。以色列政府大力支持科技创新与创业,实行优惠的税收政策,同时建立了最活跃的风险投资体系,便利的融资渠道使得特拉维夫周边地区成

为著名的创新创业之都。日本早在 1989 年就开始普及孵化器,培育了大量科技中介企业,这些市场化的科技中介机构对日本科技迅速发展起到了重要作用。

党的二十大以来,国内各大城市加快科技创新园区的建设步伐,一些城市密集出台各种措施,加快科技中介机构建设。北京中关村在今年 1 月底出台《标杆孵化器培育行动方案(2022—2025 年)》,大力培育包括科技中介在内的综合性科技孵化器。杭州市 1 月份出台《构筑科技成果转移转化首选地实施方案(2022—2026 年)》,支持发展研究开发、创业孵化、知识产权、科技咨询、检验检测认证等领域科技服务。武汉东湖新技术开发区 2 月份出台《东湖高新区进一步推动科创金融高质量发展的若干措施》,多措并举推动科创金融高质量发展,为建设"世界光谷"和武汉具有全国影响力的科技创新中心提供金融支撑。深圳市 3 月底制定《深圳市技术转移和成果转化项目资助管理办法》,进一步加强技术转移机构分类指导,培育一批专业性强、特色明显的技术转移机构,助力国家技术转移南方中心建设。

合肥市早在 2022 年就印发《进一步加强科技成果转化若干措施》,强调支持发展科技服务机构,鼓励引进行业影响力较强、服务能力突出的科技服务机构在本市设立企业总部、地区总部,按其年度投入规模、营业收入、地方税收贡献度、服务我市企业数量等绩效,给予最高 1000 万元奖励,特别重大的项目实行"一事一议"。同时开展科技服务机构入库培育工作,入库机构培育有效期 3 年,每年组织专家对入库机构运行情况进行绩效评估,给予绩效评估结果优良的机构最高 100 万元奖励。

二、壮大我市科技中介力量助力天开园高质量建设的建议

在市委、市政府的精心谋划和部署下,天开高教科创园即将开园。4 月底,市政府制定了支持天开园高质量发展的 34 条政策措施,包括认定金牌技术转移机构、金牌技术经理人等支持专业化技术转移机构服务天开园的实施

细则,对金牌技术转移机构给予年度服务收入的 50%、年度最高 50 万元的补贴。下一步,在现有政策支持措施的基础上,建议针对科技中介机构建设,细化目标和任务,聚合各方力量,全力引育壮大一批科技中介服务机构。

(一)加快政策引导和服务支持,引进一批科技中介机构进驻

一是加快引进综合性科技中介服务机构。除了一些由政府创建的科技中介机构外,目前,国内已有很多面向政府园区、高校、企业提供综合性服务的科技中介机构,一些资深的科技服务公司如 SGS 公司也在力图扩展业务板块,利用客户资源建立协同创新联盟、协调科技成果资源、帮助地方政府招商引资。建议尽快出台资金支持、商业合作、业务拓展等一系列配套服务政策,迅速吸引一批国内外知名科技中介机构落户天津。特别是引进一批具备孵化器、工程技术研究、科技咨询与评估、技术交易、创业投资服务、知识产权服务、情报信息服务、人才中介服务、科技金融与投融资、保险等功能的综合性科技中介服务机构,从而建立开放协作、功能完备、高效运行的综合性科技中介服务体系。

二是进一步完善支持科技中介机构发展壮大的措施。在已制定的激励政策基础上,多措并举支持科技中介机构发展壮大。建议在天开高教科创园区集中划定或分区域划定若干科技中介服务机构办公区,享受租金、税收、物业等优惠和便利。为科技中介机构和企业开辟市场监管、人力社保、环境保护等政务服务绿色通道,方便来津创业的外籍人才申办来华工作许可。政府充分调动金融机构的力量,鼓励科技中介联合保险机构,开发科技成果转化险种。加强对中小微企业的信贷支持,让中小微企业尤其是初创企业也能享受到基金支持、贷款利率优惠等政策措施。同时依托"海河英才"计划,为企业员工落户天津提供最大便利。

(二)挖掘与利用丰富科教资源,吸纳一批高校中介机构落地

一是引导高校科技中介机构集中入驻天开高教科创园。高校作为科技成

果转化的主要媒介机构,建设高质量的天开高教科创园,迫切需要发挥高校科技中介机构的力量。建议在天开高教科创园开辟空间,支持在津高校、北京及其他地区高校在天开园设立科技中介机构。支持天开园组建研究型导师团队,加强与入驻的高校科技中介机构的交流合作。通过搭建高校科技中介机构工作平台,为入驻的高校科技中介机构提供业务开拓与市场推广等一站式服务。

二是借助高校资源和优势,吸引国内外中介机构落户天津。我市高校与国内外知名大学、机构已建立密切的联系,在推进科技成果国际转移转化方面积累了丰富的经验。为此,建议依靠我市丰富的高教资源,积极推动各高校充分和国内外大学、科研组织共同建立科技中介机构,入驻我市天开高教科创园。对以我市高校为主体,吸纳国内外知名中介机构联合建立的中介机构,给予一定数量的奖励和补贴,有效提升我市科技成果转化的水平。

(三)汇聚与协同多方主体力量,创建一个功能完备的综合科技服务体系

一是尽快建立一个综合科技服务平台。通过协调我市高校技术转移机构、行业协会、金融机构、保险机构、人力资源机构等,积极参与综合性服务体系的建设。借鉴北京中关村、上海张江高新技术开发区、武汉东湖新技术开发区等地经验,尽快建立专业化的天开高教科创园综合性服务网站和招商平台,将各类中介服务机构纳入其中,以便更广泛地提供政策解读、行业动态、招商引资、中介服务等服务信息。

二是积极吸纳战略咨询类中介机构入驻。园区发展、政策研究、产业对接,这些战略规划仅仅依靠政府力量难以高质量完成。建议积极吸纳有关产业研究、政策研究的咨询公司或研究院入驻科创园,鼓励其围绕园区发展,及时发布最新产业动态,承担诸如园区发展规划、产业发展前沿、科技成果转化报告等战略咨询类研究报告,为天开高教科创园高质量发展注入"软"力量。

（四）加强人才支持和制度建设，建立一个规范有序的科技中介体系

一是加快科技中介机构人才队伍建设与培养。依托我市高等院校、科研院所、专业培训机构等主体，引进和培养一批具有科技中介服务丰富经验的专业人才。建议在我市高校尽快开设技术转移专业，在公共管理学科招收培养相关方向专业学位研究生等专业人才，鼓励建设科技成果转化研究的高校智库。鼓励兴办科技中介人才培训机构，推进科技中介服务人员培养基地建设。支持依托国有企业设立一批技术经纪人事务所，实施技术经纪人职业佣金制度，推动各单位落实技术经纪人专业职称申报评定。组织相关培训和交流活动，组织技术经纪人职业技能大赛，选拔一批拥有科技创新领域知识，同时具备市场开发能力和人际协调能力的技术经纪人队伍，为天开高教科创园的科技中介机构提供可持续的人才支持。

二是完善科技服务行业协会，保障科技市场秩序规范。进一步完善我市科技中介服务行业协会，健全与优化协会顶层设计与内部规章制度，强化信用体系建设，促进科技中介机构自我约束，使其自觉遵守法律法规、行规行约，逐步形成行业自律与政府监管有机结合的发展体系。建立天开高教科创园科技中介机构信用评级制度，对信用良好的中介机构给予表扬和一定额度的奖励。同时建立园区科技中介机构"黑名单"制度，加大对于抄袭剽窃、数据操纵等科技成果转化侵权行为的惩处力度。

本文作者：毛文娟、周楠、张杰

活化工业文旅资源 提升高品质生活的建议

　　进一步深入挖掘天津市近现代厂房空间载体,厚植工业历史文化,创造高品质生活,是工业文旅发展的重要方向。围绕我市工业文旅资源活化实践,课题组深入调研棉三创意街区等项目,提出治痛点、塑亮点,多措并举盘活存量、优化增量,带动文旅消费转向实体消费新升级的建议。

一、赋新高品质生活:打造兼具艺术独特性与场景实用性的工业文旅景观

　　1.主打工业记忆与现代科技新旧共生。作为近代中国工业文明的先驱城市,坚持制造业立市,构筑现代产业体系与工业遗址焕新错落有序的新空间,已构成津门的独特印记。一是依托现代产业技术开发生产体验型基地。坚持原真性、趣味性原则,盘活工业元素,释放融合价值。利用大尺度空间特色,实景复现新天钢炼钢、长芦盐场制盐、"红三角"工厂提碱、"抵羊"毛线纺织等技术工艺,利用厂区空地聚焦工业属性,依据功能配置划分工业史展览区、工艺体验区、艺术设施区、服务中心区等区域,推广新天钢工业旅游 3A 景区"厂区

景区化、景区全域化、景区链条贯通、景观元素随处见"做法,鼓励对厂区留白进行文旅设计延展。二是依托高新技术开发观光研学型基地。展现智能制造技术魅力,引导对科技的深度思考,以空客、一汽大众、天津市人工智能计算中心等智制工序为立体教材,开设教育板块,实现旅游学习方式和成长方式的功能定位。三是依托工业遗址资源开发创意休闲基地。借力外脑培育创意、科技、演艺等产业业态,连线带面,以区域群落有机更新为路径,打造"工业发源地"文旅品牌。以棉三创意街区为例,洽谈引入新兴企业落户,构建低密度现代服务业集聚区,借力亲水商业进一步谋划沿河公共空间,丰富时尚文化场景。

2. 推进文化艺术与商业体验互嵌共融。围绕实业精神打造工业文旅 IP,形成文艺化、商业化品牌,发展与工业景观深度契合的商业业态,创建新型消费空间。一是丰富文创消费空间层次。引入文创街区概念,制作今昔对比影像,感受工业情怀魅力,并依托餐饮、零售店、剧场、展览、夜市等载体增强吸引力,再现市井风情;上线数字藏品,参考《仕女游春》《海河绘》等藏品样板,对油田、手表、毛制品等津门独特标识进行数字化设计,融入游客个体要素,拓展工业文化的时代新表达,形成游客的独特记忆和消费热点。二是玩转捆绑式"影视营销"。石炭井文旅小镇就是"一部剧带火一个景点"的典型案例。凭借现代化工业痕迹还原完整场景特征,小镇成为《万里归途》《山海情》等30 多部影视的取景地,并随热播剧话题讨论被带火,成为网红打卡地。滨海机场、汉沽盐场、大港油田、棉三创意街区、天津港等"天然摄影棚"是津门独特的文化符号,为布局"影视 + 工业文旅"新赛道提供样板。三是推进沉浸式体验型文化消费。引入第三方运营机构,以沉浸式手法提供"全沉浸、低延时、强交互"场景,打造诸如"邮轮剧场""废墟演唱会""工业遗址数字艺术馆"等津门标志性场所,迎合大众多元文化需求。

二、赋能高品质生活：搭建兼容智能服务与数字管理的大数据平台

1.推进"地图＋票务＋娱乐"全流程智能服务。一是开发天津工业文脉电子地图。依托大模型构架，采集遗址、博物馆、园区、产业信息，标记工业类别标签，添加图片、视频简介，以及再现历史生产技艺的 AR 场景体验，地理位置导航等可视化功能，将历史与当下融合在一起，使得工业点位变为身边可及的地理锚点，引导、分流游客关注。二是打造集成工业点位的电子票务中心。开通官网、OTA、微信公众号、自助服务终端、窗口等线上线下多渠道购票端口，对接智能核验设备，支持无接触式扫码入园，提高通行效率，降低时间成本，提升安全系数。三是加强工业点位智慧化建设。引入科技力量，以人工智能算法支撑统筹协调能力，提升服务效能。通过"导览＋讲解"赋码服务、构建元宇宙园区、开设互动型数字体验乐园等多种模式，适应团体游、亲子游、个人游等不同需求，提升舒适度与好感度。

2.深化"客流＋画像＋反馈"一体化数字管理。一是实施客流监测。接入票务系统或区域旅游大数据，显示点位客流变化，有效提升统计效率，并对游客端同步开放，帮助游客合理安排时间、路线和行程。同时增强对车辆安全检测、区域景观保护等隐患的智慧化管控。二是分析游客行为画像。通过对游客到访次数、场景消费等信息的统计分析，绘制游客画像，精准掌握游客偏好，有针对性地引入适量娱乐、科普、特色性服务设施，为多样性供给与个性化推荐提供决策依据。三是重视游客满意度调查分析。从设施、环境、活动等维度进行量表设计，开通满意度调查电子问卷，邀请利益相关方、文旅领域专家学者、游客进行批量测试，为点位引进项目、投入资金、整合资源提供动力支撑。四是做好基础数据的统计工作。明确统计调查范围与统计指标，涉及接待、消费、资源、行业、产业等多个内容，健全旅游消费、产出、固定资本形成总额等

价值类指标,完善相关行业就业人数等劳动就业指标,利用大数据集成统一指标数据口径,更好服务文旅产业发展。

三、赋彩高品质生活:助力兼有珠链开发与强势引流的并联推进

1.做实基础工作,打造供需匹配的特色线路。一是多元开发新点位。基于工业结构分布、位置环境,把握新消费群体,依靠政府部门引导,培育专业机构力量,明晰运营权属,设计开发新工业点位,打通周边交通路网,带动周边设施完善,增强厂区通达能级,推进产城融合发展。同时充分调动工业单位、青年创客、手工艺人积极性,自发投入工业文旅蓄能发展的事业中,展示津门工业文化内核与工匠精神。二是借力主题串珠成链。借助和平、河北、红桥、滨海新区工业聚集区位的优势,系统性串联开发和中心城区更新提升,可按照类别主题开发智能科研、生物医学、轻工业品牌等线路;可按照研学主题开发工业遗产科普、爱国主义教育等线路。此外,增加与康养、休闲、绿色等文旅产品融合,强化与海河沿线、五大道、金街等载体协同联动,打出文旅"组合拳"。三是精准客源对接,激发供需两旺。由专业团队对接客源需求进行针对性路线设计,或依据客源类别设置,比如针对学生设计海河乳品—利民公司—海鸥表博物馆一日研学路线;或依据游览时长设置,比如天堰医学模拟中心1小时体验,大港油田厂史厅—港5井—人工岛的2小时游览,进一步发展到两日游或多日游等项目。四是完善相关配套举措。按照主题游、街区游、全域游等不同类型线路,利用节庆、相声、美食等活动,引导旅游平台上线联合套票、推行折扣补贴、延长参观时段有效期,切实践行文化消费普惠理念。

2.强化强势引流,打造立体宣传矩阵。一是利用新媒介优势。除主流纸媒宣传外,依托短视频、政务新媒体的互动优势,加大政府官员、文旅推介官、本土网红宣传造势,加速津牌工业符号、故事、产品出圈。同时,加快通过 Tik-

Tok、Twitter、Facebook 对外传播,提升天津工业品牌的国际影响力,促进文旅宣传与城市更新之间的良性循环。二是增加曝光力度。以街区、闹市、地铁口、电梯为背景板,采取投放广告位、张贴公益海报等形式,增加圈内知名度,强化品牌记忆,采取分众化传播模式,实现针对不同群体的精准引流。三是借势"大事件"宣推。借助世界智能大会、达沃斯、国际工业博览会、数字创新创业技能大赛等论坛、赛事在天津市举办的契机,深挖工业资源禀赋,做足、做实"工业"文旅消费服务大文章。

本文作者: 王伟华、王鑫

依法盘活国有性质房地产充实财政提振经济的建议

2022 年国务院《关于进一步盘活存量资产扩大有效投资的意见》和市政府《天津市进一步盘活存量资产扩大有效投资若干措施》等文件提出"盘活存量、吸引流量、创造增量"的提振经济思路,适合于天津当下的实际情况。"盘活存量"中,国有性质房地产的量很大,有深入挖潜与激活变现的空间,但操作中仍然急需协调细化,破解堵点。在深入调研的基础上,提出以下对策建议。

一、现有国有性质房产处置或盘活的堵点与难点

(一)公产房资产盘活难

国有企业及政府部门拥有大量公产房,虽拥有产权,却难以从中获取经济利益。由于大部分属于长期维持使用的老房、旧房,各种修缮费用和人工费都在持续增长,但计划经济时代的"福利制"租金标准,使其租金收益难以覆盖维护成本,同时管理单位还面临安全责任。其中的公产非住宅类闲置房屋,由于出租受限,绝大多数已成为不赚反亏的"负资产"。而公产住宅类房屋(主

要是单位产共有住房)租金低、维修费与安全责任高,已经成为"鸡肋";以持有面积 5000 平米以上的小区为重点进行统计,全市范围内有近 300 个,涉及面积占全部单位公有住房总面积的三分之二。

同时,公产房在面临拆迁时,就货币补偿或产权调换无选择权,且其作为产权单位只能收到象征性的补偿款,极大地低估了资产价值;在混改转让时,极容易触发公房承租方(个人)与有关购买方的矛盾,引起大量信访与上访。

(二)瑕疵不动产处置的效率与效益低

根据某央企天津公司的统计,瑕疵不动产占到其存量不动产的 50%以上。部分资产存在产权不清晰,或不规范的确权问题,或资产所有权分散的问题,或摸不清的资产担保、质押情况。受制于权属存在瑕疵,国有企业难以将其处置变现或抵押融资,故国企瑕疵不动产价值被严重低估。有关瑕疵不动产的确权已成为盘活存量资产、解决国企债务困境和融资困境的关键堵点。虽然已有《天津市规划和自然资源局关于加快解决我市历史遗留项目不动产登记问题的意见》(津规资登记发〔2022〕126 号),但在实际操作过程中,仍然存在沟通环节多、效率低、效果差的问题;而且需要经多部门而非一站式地论证审核,增加了时间与程序成本,降低了国企瑕疵不动产的盘活效率。

(三)保障性租赁住房政策未用好用足

2020 年,天津市入选中央财政支持住房租赁市场发展试点;2020 年 1 月 1 日至 2022 年 12 月 31 日,财政部安排天津市中央财政奖补资金 30 亿元,专项用于支持住房租赁市场发展,但截至 2023 年 4 月,仍有相当高比例的奖补资金未发放。可见在盘活存量国有资产方面,保障性租赁住房政策尚未用好用尽。究其原因,可能是政策宣传力度不足,项目建设资金不够及政策确定性存在欠缺等。

二、分类型盘活国有性质房产的建议

（一）依法盘活公产房资产的建议

为解决公产房盘活，有以下两个思路：一是适时调整资本范围和结构，政府放松管制，允许合法的社会资本依法进入；二是提高政府配置资源的效率，加强信息平台建设以及政府政策激励。具体对策如下：

第一，缩小公产房认定范围，减少新建房产落入公产房难流通的怪圈。对国有企业、国家机关投资建设或者购置的房屋，以及小区内除业主共有的配套公建，应不再纳入公产房范畴，而直接作为国有资产市场化出租，从源头上解决公产房的盘活障碍。宜改善目前权责利严重不一致的尴尬处境，盘活这一类国有性质房地产经济利益，实现政府、管理部门、承租人、消费者的多方共赢。

第二，畅通公产非住宅房屋流通渠道。一方面，调整对受让主体的限制，建议将直管公产非住宅房屋纳入津房置换或试点企事业单位的非住宅公产房流入市场，在保障承租人优先购买权的前提下允许交易；另一方面，建议市住房城乡建设行政主管部门组织熟悉非住宅公产房政策的相关人员成立专班，下放审批权，进一步促进非住宅公产房交易流通。

第三，加强信息平台建设及政府政策激励以提高资源配置效率。建议建立专门的信息收集、整理和发布机构，多渠道及时披露尤其是非住宅类公产房交易市场的真实情况。同时，可与部分信誉好的房产中介机构寻求合作，予以适当激励，以促进信息不对称的改善和公产房的进一步盘活流通。

第四，对于住宅类公产房，从保障和改善民生的高度，由管理单位加强此类房屋的管理和维护，并主动对接城市更新实施主体，借助城市更新项目进行改造提升，有利于促进交易与激活房地产市场。

(二)依法打通瑕疵不动产盘活堵点的建议

第一,由市区规划资源管理部门牵头,做好市域内国有历史遗留不动产项目登记,协调解决历史遗留问题不动产登记办证工作。

第二,制定历史遗留问题不动产登记实施方案,明确"申请上报—初审核实—集中会审—综合审批—登记办证"具体工作程序,规范办证流程,提高办证效率。

第三,推动国有企业盘清"家底",借助优质中介机构力量做好尽职调查工作,形成资产台账及完整底档,争取做到"一房一策";同时就国有企业因改革改制、重组整合原因多次转移登记可能涉及高额税费的,利用税收优惠政策做好税收筹划,增强与政府专班的工作对接。通过相关主体缴纳土地出让金和相关税,增加政府收入。

(三)依法打通保障性住房运行堵点的建议

第一,加大现有政策宣传及政府服务力度,使企业深入了解政策,在相关部门的督促下,促使其主动结合自身条件,盘活既有资产。市住建委市财政局印发了《市中央财政支持住房租赁市场发展试点资金使用管理办法》,明确了新建、改建租赁住房的奖补标准。以某国有单位下属三产企业自有闲置酒店为例,可用好相关政策,改建为宿舍型保障性租赁住房,在盘活存量资产的同时解决原有职工宿舍占用土地的问题。

第二,积极联络新的政策性银行或金融资源,在严格尽职调查摸清风险的情况下,充分利用金融支持政策,推动有关金融单位向保障性租赁住房项目发放贷款。

第三,明确保障性租赁住房租金标准,消除企业经营顾虑。当前保障性租赁住房的租金标准低于定期公布的同地段同品质市场租赁住房租金,导致企业积极性不足,建议由住建部门会同市场监督管理部门等就租金标准等出台更为明确细致的指导意见。

本文作者：陈灿平、来云鹏、郑欣、刘一彤

推进天津乡村振兴创新实践的对策建议

党的十九大以来,天津在实施乡村振兴战略中取得明显成效。2023 后五年是天津全面建设社会主义现代化大都市的关键时期,需要进一步加快推进乡村振兴步伐。课题组对标《天津市实施乡村振兴全面推进行动方案》部署,在深入调研了解天津有关情况的同时,还调研了浙江、上海、北京、山东等地乡村建设情况。通过分析比较发现,近年来天津乡村变化明显,但仍存在农民收入来源较为单一,公共服务均等化水平与群众期盼有一定差距,产业振兴内生动力不足,投入与产出存在不平衡等现象,现建议如下:

一、联动推进城镇化与乡村建设

一是把城镇化与乡村发展建设密切结合起来,通过构建新型城乡关系,联动推进良性互动。从"生产协调、生活等值、生态互补、社会共治、文化共荣"入手,瞄准"农村基本具备现代生活条件"目标,以乡镇、特色小镇为依托,重点推动农村数字基础设施和信息服务设施建设,赋能城乡各种要素回乡发展,为乡村全面振兴带来新契机。

二是结合产业发展需求,搭建城乡协同发展平台,激发创业致富的活力。加大技术创新类、成果转化类培训,支持更多科技成果在乡村转化、创收。引导更多资本下乡,做好引入、使用、退出的全过程监管服务,以规范的制度建设保障提升下乡资本投资收益,有效激发社会资本支农助农兴农的动力与活力。深入实施更为有效的人才引育工程,选优配强村党组织书记,把有专业能力和奉献精神的人才及时用起来,带动群众创业就业增收致富。

三是提高领导和推动乡村振兴的能力,以涉农龙头企业合作为城乡融合纽带,形成投资经营者与劳动者共创共富机制。统筹考虑效率和公平,注重整合政企农三方资源,建立符合城乡时代特点的组织制度、分配激励机制。发挥党政主导作用,构建政民企共创共富机制,提升乡村振兴质效。

二、深化土地和其他自然资源产权改革

一是进一步深化农村农用土地产权制度改革,全面破解农村土地权力交叉缺位等问题。鼓励农民以承包地入股,会同社会资本探索组建各种类型的产前、产中、产后农业合作社,通过招商引资加以提升、扩大,大力发展农业规模化、集约化经营体制,高效推动现代农业产业体系建设。

二是全面加快推进集体建设用地改革步伐。适应天津市农村二三产业融合发展的需要,加快出台乡(镇)土地利用总体规划预留少量(不超过 5%)规划建设用地保障的具体实施办法。在市委市政府领导下,有序推进实施宅基地所有权、资格权、使用权三权分置改革,逐步实现农民财产权的市场化。

三是着力创新自然资源产权制度。加快探索构建覆盖全市的农村产权交易大数据平台,利用大数据研究农村产权流转模式、交易趋势、市场供求、投入产出,逐步推动农村产权交易工作,逐步增强村集体经济规模,释放更多的改革红利。

三、进一步健全乡村科技服务体制机制

一是健全农业科技资源投入机制。建议构建"高校科研机构＋地方政府＋经营主体"的科技下沉机制,鼓励有条件的乡村设立若干有区域特色的科技涉农服务站,鼓励硕士博士专家定期驻村工作,精准对接农业科技企业技术需求,加快科技成果向现实农业生产力转化。

二是完善农村科技推广服务机制。可依托天津智慧农业云平台,整合科技推广资源,将农技推广服务与当地特色产业紧密衔接,鼓励科技人员与农民合作社、龙头企业、家庭农场等结成农业产业联合体,推行农技人员包村联户服务机制,加大良种良法良机推广力度。

三是加快建立共赢共享机制。鼓励科技人员下乡,探索建立乡村振兴合伙人机制,面向各类人才招募乡村振兴合伙人,允许到农民合作社和农业企业任兼职、领取相应劳动报酬等,逐步构建"集体＋农户＋合伙人＋企业"利益连接模式,提升推动乡村振兴战略的综合能力。

四、聚焦金融要素优化生产供销信用环境

一是构建现代农业社会化服务体系,提升农业经营的集约化、规模化、组织化、社会化、产业化水平。整合供销社的流通优势、农民合作社的生产优势、信用社的资金优势,以及农业科技推广机构的技术优势等要素,努力打造服务乡村振兴事业的大平台,提高农业现代化水平。

二是引导涉农金融服务对接新型农业经营主体,推动涉农金融服务全面参与农业农村生产供销信用服务。建议逐步拓展农信机构授信贷款服务,建立健全与农民合作基金为依托、资产经营公司为引领、村社组织为主体的新型合作经济发展机制,开发农民急需、具有区域特色的农业保险产品。

三是强化农村金融服务供给与创新,调动支农积极性。发挥好农业发展银行的政策性银行优势,将信用证抵押贷款的支持范围进一步扩大,探索创设"三农"转贷基金,逐步推进金融要素供给侧结构性改革。

五、聚焦乡村公共服务难点加快补齐短板

一是加快补齐乡村配套设施。全域统筹,加快补齐基础设施和公共服务短板,以及相关的建设机制和管护机制。按照"抓两头、促中间"思路,聚焦"五增五提升"目标,对全市乡村进行精准分类,加快分批创建乡村振兴示范村。示范村可分批集群推进,增强整体实力。

二是推进创业就业政策向农村延伸。完善创业孵化平台功能,面向农户和返乡创业就业者,实现信息资源和项目便捷对接,为返乡下乡创业就业群体提供精准高效的政策咨询、证照办理等服务。

三是注重优质医疗教育资源下沉。积极运用信息化手段服务医疗教学,探索城乡共享的在线医疗教育模式,通过线上咨询、线下辅助的方式为乡村提供对标城市的智慧公共医疗卫生服务。

课题组成员:秦静、刘洪银、刘奇勇、丁新军、朱守银、崔凯

优化法治营商环境
助推民营经济高质量发展的建议

法治是最好的营商环境。根据全国工商联 2022 年度万家民企评营商环境的数据分析,天津市法治营商环境排名相对靠后,存在着惠企政策"制定多、宣传少、落地难",对政府部门执法缺乏更加有力的监督机制,柔性执法方式和精神贯彻实施不到位,维权时间和资金成本高等问题。为优化法治营商环境助推民营经济高质量发展,课题组在深入调研的基础上,提出以下建议:

一、统筹政策法规的制定和更新

一是对现有政策法规进行全面梳理,不再重复制定已有政策,同时对已落后于现实需求的政策法规, 如 2014 年版的《天津市促进中小企业发展条例》,及时进行修订。二是以"奖"代"返",在一段时期的招商引资中承诺企业的"税收返还"政策已逐渐取缔,可制定以纳税额为主要参数的企业综合评价体系,对重点企业给予相关奖励。三是充分利用好目前已经建立的协调机制,如优化营商环境工作联席会议制度等,在政策法规制定中加强部门之间的横向和纵向协作、条块配合,实现一件涉民企事项相关的多个管理部门在规定上达成一致。四是提高法规政策制定精细度和精准度,坚持问题导向,在务实有效、便于执行上下功夫,如针对依赖高电能生产型的新能源、医药研发等特种行业企业制定电价让利或补贴、断停电防范保障等政策。五是深入了解民营经济活跃地区现行惠企政策及实践操作,借鉴落地对天津市具有适用性的相关政策,为企业发展注入更多活力。

二、实现惠企政策法规的精准推送

一是创新开展常态化民营企业"法治体检"和法律服务工作,扩大"法治体检"的主体,保证"一对一法治体检"方式的推进效果,实现在"法治体检"中法规政策咨询的有效滴灌,让惠企政策"摸得着、用得上"。二是在"四个走进"活动中将相关惠企政策编印成手册,印发给民营企业,实现"一图读懂"、快速申报、快速获惠。三是进一步通过互联网科技手段加强法律、政策宣传的覆盖面,可通过与字节跳动等企业合作,运用抖音、今日头条等平台的大数据算法向相关企业精准投放惠企政策信息。四是各级领导和部门的调研中,多关注中小微民营企业的实际需求,重点关注和督查稳进提质政策,以及企业税费优惠、用工社保、贷款贴息、研发投入支持等方面政策落实情况,推动政策直达快享。

三、完善"无感"执法模式

一是执法完善"首违不罚、轻微免罚"柔性执法机制,推进划转至综合执法部门的建设、人防、自然资源等领域不予行政处罚事项清单梳理工作,做到行政处罚"有尺有度"。二是完善跨部门"综合查一次"机制,扩大集成度,对检查清单、检查标准、实施流程和应用场景各环节进行统一规范,实现"进一次门、查多件事、一次到位"。三是形成企业信用评价或分级分类体系,根据信用等级高低对企业采取差异化监管措施,减少重复检查,切实减少执法扰企、扰民,更好激发市场主体活力。四是加强基层执法人员法治学习培训,提升法治精神和执法素养,避免"以罚代管"倾向。

四、打造"全周期"司法服务链

一是发挥审判职能,运用好"示范诉讼""信用修复"等方式加强企业"全生命周期"司法保护。二是完善小微企业开展法律维权援助的工作机制,设立多元高效的涉小微企业法律纠纷的快速化解通道。三是对诚信度高、经营暂时困难的中小微企业,法院对其厂房、机器设备等生产性资料尽可能采取"活封"措施,让查封财产保持运营价值。四是司法部门要加强对涉营商环境法律问题的预判研究,善于在末端处理社会矛盾的过程中发现前端治理带有普遍性、趋势性的问题。五是创新司法延伸服务的方式方法,加大司法公开透明度,推动典型优化法治化营商环境案例发布常态化,营造以公正、高效、权威的司法激发市场主体活力和内生动力的社会氛围。

五、加快推进政务诚信体系建设

一是充分发挥政府在社会信用体系建设中的表率和引领作用,将改善营商环境作为工作实绩考核和党风廉政建设责任制检查考核内容。二是邀请更多民营企业参与各区、各部门的政务诚信建设评价,用政府部门的"诚信指数""担当指数",换企业的"信心指数""发展指数"。三是在企业家参与涉企政策法规制定相关议程安排中邀请人大代表、政协委员担任监督员,避免主管部门意见征询形式化、走过场。四是以"硬监督"优化提升营商环境"软实力",总结推广营商环境监测点的实践经验,发挥监测点企业服务直通车的作用,加大对破坏法治化营商环境主体的纪检监察和法律监督。五是完善领导干部服务企业创新发展"容错机制",营造让各种创新元素竞相迸发的社会氛围。

本文作者:张安冬、陈维、李明

党的二十大以来理论界
关于"中国式现代化"的研究动态分析

概括提出并深入阐述中国式现代化理论,是党的二十大的一个重大理论创新,是科学社会主义的最新重大成果。一段时间以来,理论界围绕中国式现代化兴起学习热潮,产出了一系列多角度、多层次的研究成果。本报告对这些成果进行了较为全面系统的梳理,对研究现状进行了较为客观的分析,旨在为推动天津市中国式现代化研究往深里走、往实里走,提出具有针对性、实效性、可行性的对策建议。

一、当前理论界关于"中国式现代化"研究的总体情况

党的二十大报告对中国式现代化作出深刻阐释,包括中国特色、本质要求和必须牢牢把握的重大原则。理论界围绕党的二十大报告及习近平总书记关于中国式现代化的重要论述,从哲学、政治学、经济学、历史学、社会学等学科视角;从理论与实践、历史与现实、国内与国际等方面进行了广泛、深入、详实的研究,丰富和发展了中国式现代化的研究成果。

从发文数量看,据不完全统计,在中国知网,以中国式现代化为主题共发

表论文 26381 篇。其中,在学术期刊上发表的文章 19649 篇;在《人民日报》《光明日报》《经济日报》等报纸上发表文章 5805 篇;在会议中发表文章 927 篇。从发文机构看,中国人民大学、中央党校(国家行政学院)、北京大学、中国社会科学院大学和南开大学名列前茅。从科研立项方面看,2023 年 6 月 5 日,全国哲学社会科学工作办公室公布的研究阐释党的二十大精神的国家社科基金重大项目立项时 135 个获批立项项目中,有 17 项的题目出现中国式现代化。总体来看,关于中国式现代化的研究成果主要集中在以下几个方面:

1.从内涵本质和必须牢牢把握的重大原则的角度,对中国式现代化进行了学理阐释。党的二十大以来,理论界紧紧围绕中国式现代化的中国特色、本质要求和重大原则等党的二十大报告提出的新观点、新论断,进行了比较广泛的解读和阐释。武汉大学马克思主义学院骆郁廷教授认为,中国式现代化的共同特征与中国特色,即现代化是科学技术的现代化,是生产力发展的现代化,是生活方式的现代化,是社会制度的现代化。中国式现代化具有制度特色、国情特色、价值特色、发展特色、生态特色及和平特色。天津大学马克思主义学院院长颜晓峰教授认为,中国式现代化的本质要求,是党深刻总结中国和世界其他国家现代化建设的历史经验得出的,体现了各国现代化的共同特征和基于自己国情的中国特色的统一,是实现新时代新征程党的中心任务的规律体系,反映了中国特色社会主义进入新时代成功推进和拓展中国式现代化的实践逻辑。南开大学原副校长王新生教授聚焦丰富人民精神世界是中国式现代化的本质要求认为,新时代十年来社会主义文化建设为丰富人民精神世界奠定了坚实基础。天津师范大学副校长秦龙教授、管理学院教师李维光认为,牢牢把握全面建设社会主义现代化国家,必须坚持的五大原则是对中国式现代化"由谁领导""走什么道路""坚持什么立场""活力来自哪里""保持什么精神风貌"等基本问题的系统明确回答。

2.从国际比较的角度,对中西方现代化进行了多维比较研究。理论界普遍认为,中西方现代化具有不同的逻辑起点、模式选择与价值追求,中国式现代化是对世界现代化理论和实践的重大创新,为广大发展中国家提供了全新选择。通过比较研究,中国式现代化的基本特征和制度优越性更加凸显。北京大学哲学系丰子义教授认为,从世界现代化来看,中国式现代化所显示的意义和价值是多方面的,尤其是在现代化的普遍与特殊、"外源"与"内生"、自主与依附、学习与创新等关系问题上,独特价值尤其凸显。北京外国语大学国际关系学院王明进教授认为,中国式现代化打破了"现代化 = 西方化"的迷思,对广大发展中国家摆脱"中心 – 外围"的"依附性结构"实现现代化具有很强的借鉴价值,从而成为世界现代化的增长极。清华大学公共管理学院蓝志勇教授认为,中国和西方国家从传统走向现代都经历了艰苦历程。在现代化、城市化、信息化、全球化和第四次工业革命风起云涌的新时代,总结历史经验,深刻认识现代化的挑战,对比借鉴世界不同文明发展的成就,对于我们全面建设社会主义现代化国家,实现中华民族伟大复兴具有重要意义。对外经济贸易大学国家安全与治理研究院院长戴长征教授,通过对以阿根廷为代表的拉丁美洲的"钟摆式"发展、以伊朗为代表的伊斯兰世界的变革和以越南为代表的后发型发展中国家的崛起等典型案例的分析,阐明了发展中国家走向现代化的现实状况与模式。

3.从理论的角度,对中国式现代化理论体系进行了深入系统研究。理论界普遍认为,中国式现代化理论蕴含着丰富而深刻的思想内涵、时代内涵、文明内涵,是世界现代化理论的重大创新。在中西比较中彰显了中国式现代化理论的世界意义具有重要价值。北京大学马克思主义学院顾海良教授认为,中国式现代化理论体系不仅体现了三个重大时代课题的旨向和意蕴,而且拓展了三个重大时代课题的视野和境界,丰富了习近平新时代中国特色社会主义思想的核心要义和科学内涵。中国社会科学院大学哲学院院长王立胜教授认为,中国式现代化理论的世界性维度就在于其凸显了现代化道路的中国特色,丰富了世界历史发展的解释模式。清华大学马克思主义学院杨金海教授认为,深化对中国式现代化理论体系的认识,需要从世界潮流发展的高度分析这一理论体系形成的历史必然性。南开大学马克思主义学院院长刘凤义教授、博士研究生赵夫鑫认为，当前亟须深刻理解和深入研究中国式现代化理论体系，要坚持在党的全面领导下推进中国式现代化，坚持以人民为中心的发展思想推进中国式现代化，坚持在高质量发展中推进中国式现代化，坚持在促进共同富裕中推进中国式现代化。

4.从历史的角度，对中国式现代化的历史渊源及蕴含的历史观进行了历史考察。理论界普遍认为，从历史视角看，中国式现代化绝非无源之水、无本之木，而自有其历史来源和自身演化逻辑。从历史角度看，成功走出中国式现代化道路是党团结带领中国人民长期探索的过程。清华大学马克思主义学院郭建宁教授认为，中国式现代化蕴含的历史观，在普遍性与特殊性的统一中体现独立自主性，在历史规律性和人的活动的主体性结合中彰显开拓创新性，在中华民族伟大复兴的征程中凸显高度的历史自信和历史主动。中国人民大学哲学院院长臧峰宇教授认为，以历史自觉和文化自信研究中国式现代化的文明底蕴，展现了超越西方现代性危机的一种实现现代文明转型的探索。北京大学马克思主义学院博士研究生杨玉文认为，深入地理解中国式现代化何以可能，必须要对历史语境下的中国式现代化启动要件进行追溯，并从历史前提、思想基础、政治保障、动力源泉四方面来把握。

5.从文化的角度，对中国式现代化的文化基因及蕴含的文明观进行了深入研究。北京师范大学哲学学院沈湘平教授认为，作为中国传统文化精髓之一的"中和位育、安所遂生"理念与实践正是中国式现代化道路的内在底蕴和传统文化基因。中国社科院经济研究所裴长洪研究员认为，中国式现代化践行和发展了马克思主义的人类文明理论，丰富了人类文明的内涵，展示了中国式现代化文明形态的独特性和实现全人类共同价值的最终目标。湖南师范大学公共管理学院王泽应教授认为，从中国式现代化的和平发展特质及伦理蕴意的角度认为，中国式现代化的和平发展特质是对五千年中华伦理文明所形成的"以和为贵""协和万邦""和而不同""人心和善"等伦理美德的创新性发展和全面继承,凸显了中华伦理文明新形态的价值特质和精神要义。南开大学原副校长逄锦聚教授认为,马克思在创立马克思主义政治经济学的过程中创立了唯物史观。今天,中国特色社会主义政治经济学在研究中国式现代化时也应该加强对人类社会文明形态的研究。

6.从经济的角度,对中国式现代化与高质量发展、共同富裕的关系进行了深化研究。中国社会科学院经济研究所所长黄群慧教授认为,成功推进和拓展中国式现代化,必须坚持把发展经济的着力点放在实体经济上,推进实体经济高质量发展。南开大学经济与社会发展研究院白雪洁教授,从中国式现代化对现代化产业体系建设的新要求、我国建设现代化产业体系面临的新挑战出发,提出以数字经济助推现代化产业体系建设的作用机制和主要路径。天津师范大学马克思主义学院沈文玮教授、博士研究生李昱,从中国式现代化、数字经济和共同富裕之间的内在逻辑出发,阐明了数字经济助力实现共同富裕的思路,即数字经济赋能社会经济高质量发展是实现共同富裕的物质基础,数字经济赋能经济社会文化均衡发展是实现共同富裕的重要路径。南开大学经济与社会发展研究院刘秉镰教授、经济学院博士生研究生汪旭,从中国式现代化与京津冀协同发展的角度,指出中国式现代化下京津冀协同发展的五个理论逻辑,并在此基础上提出京津冀协同发展水平优化的六个路径。

7.从国际传播的角度,对讲好中国式现代化故事的重要意义和方式方法进行了多角度研究。理论界普遍认为,随着中国日益走近世界舞台的中央,加强国际传播,开创性做好中国式现代化的对外宣介,加快构建融通中外的中国式现代化话语体系,持续提升中国式现代化在国际上的影响力、吸引力、感召力,已经成为迫切需要解决的重大现实问题。中国人民大学马克思主义学院秦宣教授认为,在用中国话语讲述中国故事时,社会主义、民族复兴和现代化是3条并行又有交叉的主线。复旦大学马克思主义学院院长李冉教授认为,讲好中国式现代化的故事,既需要在宣传阐释的层面讲好中国式现代化的目标、规划、战略,也需要在学术创新的层面建构起关于中国式现代化的自主知识体系,把思想力量和学术力量汇聚起来。中国人民大学新闻学院钟新教授认为,在国际传播中,可充分挖掘中国和平发展历史、参与全球安全治理的实践和中西方和平发展价值观的对话,从共利共赢、共商共建、共享共话维度理解走和平发展道路如何促成共同现代化发展格局。

此外,理论界还围绕中国式现代化与人类文明新形态、中国式现代化与共同富裕、中国式现代化与全过程人民民主、中国式现代化与中华民族共同体建设、中国式现代化与法治建设、中国式现代化与民生保障工作、中国式现代化与促进人的全面发展、中国式现代化的口述史等方面进行了研究和阐释。

二、当前关于"中国式现代化"研究的主要不足

当前,理论界对中国式现代化的研究虽处于起步阶段,但已初具规模,成果丰富,为理论界开展进一步的研究提供较为坚实的学理支撑和现实依据。但也要看到现有研究在深度、广度、创新性、系统性等方面还具有较大的提升空间。

一是研究内容的学理性、思想性亟待加强。尽管"中国式的现代化"与"中国式的现代化道路"早在20世纪七八十年代提出,但从学术研究来看,真正兴起是在2021年,即习近平总书记在庆祝中国共产党成立100周年大会上提出中国式现代化之后。由于中国式现代化这个概念提出时间较短,目前部分研究还浮于表面,具体表现为宣传阐释性成果多,理论研究性成果少;综合判断与要素解读多,理性追溯和逻辑分析少;"跟着讲""照着讲"多,在此基础上"接着讲"少;浅层化、同质化、碎片化研究多,精细化、差异化、系统化研究少。

二是研究视角的开阔性、丰富性亟待拓展。目前关于中国式现代化的研究主要集中在哲学、政治学、历史学领域,从经济学、法学、社会学等学科视角研究的成果还略显不足,从综合多学科或跨学科视角研究的成果更是少之又少。当前,在交叉学科日益兴起并大受欢迎的背景下,中国式现代化研究的学

科宽度亟待拓展,研究思路和研究路径亟待丰富。

三是研究问题的实效性、实践性亟待完善。关于中国式现代化的研究不仅是理论建设的需求,而且是实践发展的需要。然而现有研究,多停留在经验总结、理论概括或内涵阐释等层面,对中国式现代化现实问题的回应还很不够。亟待根据新时代新征程中出现的新情况新变化,将中国式现代化从学术研究进一步拓展到实践层面,聚焦解决现实问题。

三、推动我市"中国式现代化"研究走向深入的对策建议

1.进一步深化研究内容,加强基础理论研究,提升中国式现代化研究的学理性。中国式现代化这一话语背后蕴涵着深刻的思想理论。天津市理论界应深入学习马克思主义经典作家关于现代化的相关论述,习近平新时代中国特色社会主义思想中关于中国式现代化的重要论述,从理论的维度阐明中国式现代化不同于其他现代化的内在根源;从历史的维度阐明中国式现代化何以可能;从话语的维度阐明中国式现代化的话语叙事、中国式现代化与中国特色哲学社会科学话语体系的构建。建议通过课题立项、揭榜挂帅、发表高水平成果等方式,为理论界加强中国式现代化理论的体系化研究和学理化阐释,充分展现"理论津军"的优势和作为提供高质量服务。

2.进一步拓宽研究视野,加强整体性、协同性、跨学科研究,提升中国式现代化研究的综合性。当前,中国式现代化已不仅限于经济领域的传统现代化,而是更为复杂的系统性现代化,涉及政治、经济、文化、社会、生态、国防等各个领域,所以其研究不仅仅是哲学、政治学、历史学上的问题,更是经济学、社会学、法学、生态学等方面的问题。建议天津市相关部门增强全局意识和系统思维,以系统观念推进中国式现代化理论和实践创新,不断提升学科之间的联动力度、协同力度和互动力度,进一步完善相应的联系机制、长效机制和保障机制,形成中国式现代化研究的"联合矩阵"。

3.进一步聚焦现实问题,加强实证研究、应用研究,提升中国式现代化研究的实践性。中国式现代化研究不能仅局限于会议精神和政策解读,还应紧密结合新时代新征程上天津市发展面临的重大现实问题。调查研究是理论联系实际的桥梁和纽带。当前,天津市社科联聚焦"十项行动",实施社科应用研究"百项课题",推动"千名学者服务基层"大调研走深走实的"十百千"主题调研活动效果突出。建议天津市社科管理部门多搭建平台,继续为社科理论工作者走出书斋、走进基层,把成果运用在中国式现代化的生动实践中,提供更多机会。

本文作者:李丽

关于加快天津市充电基础设施网络建设的对策建议

近年来，天津市新能源汽车进入全面市场拓展期，预计"十四五"末新能源汽车保有量将实现翻番。充电基础设施作为新型城市基础设施，是新能源智能网联汽车产业发展的重要基础和保障。为助力天津市绿色低碳高质量发展，扎实有序推进"绿色低碳发展行动"落地落实，加快提升我市充电基础设施服务保障能力，课题组对我市充电基础设施网络建设情况进行了调研分析，提出对策建议。

一、天津市充电基础设施网络存在的问题

1.个人充电设施建设"堵点多"。一是泊位建设资源稀缺。据数据统计，到2022年底，天津市全口径停车泊位约200万个，车均泊位数约0.5个，低于住建部规划的1.1–1.3个泊位标准。路内停车泊位占总泊位数8.2%，高于住建部（5%）和公安部（8%）上限，占道停车已达极限。多数小区停车位密集，泊位配建已无潜力。二是车桩比低于全国平均水平。截至2022年底，天津市拥有新能源车36.7万辆、私人充电桩7.3万台，私桩随车配建比例为5:1，低于全

国 3:1 水平,车桩数严重不足。三是多数老旧小区问题突出。老旧小区地下管网敷设年代久远,配电设备老化严重,供电改造难度大、供电能力严重不足。楼龄 15 年以上的存量社区未开展电力统一改造,零散报装模式接入点不足,长距离拉线、上下层穿孔、跨防火分区穿孔等问题不同程度存在。

2.公共充电经营设施"闲置多"。受电费、服务费和停车费等综合费用影响,天津市公共充电桩的平均利用率相对较低。部分中小服务商在高峰时段收取服务费 0.95 元 / 千瓦时(我市电动汽车充换电服务收费标准规定上限 1.0 元 / 千瓦时),服务费占充电总费用近 50%,费用过高直接造成公共充电设施闲置,限制了新能源汽车的推广与应用。

3.充电网络布局管理"盲点多"。从布局上看,近年来,天津市充电设施网络快速发展,但与城市基础设施规划协同性不高,部分热点区域排队充电,部分社区充电桩长时间闲置,部分社区无桩可充。充电设施点多面广,停运比例高,运维难度大,高速充电站发挥作用不明显。政府监管平台建设有待加强,充电桩接入率不高,对充电设施规划、补贴发放等支撑作用未充分发挥。

4.充电市场恶性竞争"乱象多"。部分充电运营企业出于上市等需要,以补贴、让利等"烧钱"模式恶性竞争,抢桩、抢用户资源,忽视设施运维和充电服务。部分生产企业极力压降制造成本,整机设计不合理、材料选择不合格,政府缺乏有效监管,设备质量良莠不齐,存在一定安全隐患。

5.充电技术标准规范"空白多"。近年来,天津市陆续出台了电动汽车充电相关标准规范,但现行标准难以完全适应电动汽车规模化发展和日益增长的高电压、大电流快充需求。例如,大规模电动汽车无序充电,将对电网安全稳定运行带来较大冲击;缺少充电身份识别、信息安全等标准,难以支撑即插即充、自动充电等新模式。

二、加快天津市充电基础设施网络建设的对策建议

1.强化充电设施网络规划布局。一是加快公共充电基础设施规划落地。突出规划引导作用,加快建立"市级统筹指导、各区具体实施"的规划责任体系,以行政区为基本单元编制公共充电基础设施布局规划,并做好与城市用地、电网、交通、市政等规划的有序衔接,保障建设条件。二是强化高速公路充电设施布局规划。进一步落实交通运输部印发的《加快推进公路沿线充电基础设施建设行动方案》要求,交通主管部门出台落实细则,推动出台土地租金减免政策,吸引社会主体参与投资。建立由交通、能源主管部门牵头,公路、电网、充电运营等企业共同参与的会商机制,协调推进公路沿线充电基础设施建设。将充电服务纳入节假日高速公路出行保障方案,做好应急保障服务。

2.强化充电设施建设管理。一是搭建充电基础设施发展产业链。加快建立完善的标准规范和市场监管体系,加快充换电设施"互联网+"支撑体系和车联网平台建设,构建充电基础设施产业链生态布局,培育具有国际竞争力的充电服务企业,营造可持续发展的"互联网+充电基础设施"产业生态体系,打造统一开放、竞争有序的建设、运营、管理市场。二是主管部门与运营商同向发力降低充电费用。建议市发改委根据现阶段新能源汽车的发展现状,充分发挥价格杠杆作用,动态调整充电服务收费标准。同时,综合运用政策支持和优惠措施等手段,降低运营商建设及运营成本,将优惠政策直达消费者。鼓励运营商利用数字化手段创新商业模式。例如,探索利用充电桩主体位置或液晶显示屏,开辟户外广告等商业用途,用盈利综合补贴服务费用,以定制充电套餐等形式,让利于消费者,提升充电桩的运营效率,从而促进行业的可持续发展。三是拓宽多元融资渠道。《国务院办公厅关于加快电动汽车充电基础设施建设的指导意见》,针对拓宽多元融资渠道提出,各地要为社会资本参与充电基础设施建设运营创造条件。建议天津市积极争取国家充电基础设施

建设补助资金支持,统筹市级相关专项资金补助充电基础设施建设,探索设立充电基础设施发展专项基金,积极引导社会资本参与充电基础设施体系建设运营。鼓励金融机构在商业可持续原则下,创新金融产品和保险品种,支持符合条件的充电设施企业按照市场化原则通过发行企业债券、公司债券、非金融企业债券等融资方式,拓宽充电基础设施投资运营企业与设备厂商的融资渠道。四是健全充电设施监管体系。研究制定政府监管平台建设运行规范,实施充电设施统计、充电运营服务监测和车网互动交易监管。开展天津市新能源汽车参与各类电力市场的能力评估、数据验证等,促进充电设施规划与配电网规划有效衔接。

3. 强化居民充电设施保障。一是高效利用长期闲置用地建设临时停车场。高效利用中心城区长期闲置用地(边角地块)等公共空间,大规模改造临时停车场。研究制定企事业单位大院、路边停车便道、临时停车场所法定节假日、夜间等时段免费停车管理规定,有效缓解停车难问题。二是最大限度满足存量社区充电需求。借鉴成都经信局等7部门印发的《成都市居民小区电动汽车充电设施建设管理实施细则》,"针对既有小区,现有配电设施无法满足充电桩用电需求的,产权为电网企业的,由供电企业提出解决方案;产权为用电用户的,由用电用户提供解决方案",研究出台存量小区充电基础设施建设改造标准规范,推动配套政策落地。结合老旧小区改造,落实固定车位应装尽装,合理布局公共车位充电桩。三是明确新建居住区建设标准。根据国家发改委印发的《关于进一步提升电动汽车充电基础设施服务保障能力的实施意见》相关要求,由市发改委、市住建委等部门联合出台相关配套政策,将新建居住区充电设施配套建设纳入项目整体开发规划和工程验收范畴,确保新建居住社区固定车位100%建设充电设施或预留安装条件。四是推广共享式居民充电新模式。鼓励电动汽车行业企业探索建设社区公共充电桩,试点推广个人充电桩"共建共享""临近车位共享""多车一桩"等新模式,优先采用低功率直流充电桩建设和更新,提高设备利用率、节省社会投资成本。

4.强化充电设施技术和标准升级。一是升级充电技术。鼓励市场主体加强充电技术创新,研制新一代快速充电设备,强化充电信息安全防护,升级用户服务保障。组织开展车网互动关键技术研究与示范工程建设,打造高效互动的智慧充电网络。二是健全充电标准。进一步完善智能充电系统技术标准,扩充有序充电、车网互动的设备选型和建设标准。推广私人充电桩有序充电标准,通过"分时电价政策""阶梯电价政策"等市场价格机制,引导客户峰谷段充放电。三是推广有序用电。可借鉴深圳市出台电动汽车充换电地方标准的做法,制订天津市居民社区有序充电配套标准和执行细则,推广居住区有序充电技术应用,推动有序充电功能纳入居住区新建充电桩必备条件,引导存量居住区充电设施开展有序充电改造。

本文作者:季雅婷、张亚勇

数智"黑科技"助力
文博场馆"炫"起来的建议

课题组紧扣"高品质生活创造行动",立足天津市文化资源优势,深入调研世界智能大会、数字艺术博物馆、棉三创意街区等项目,提出借力"互联网+"、新媒体工具等新兴技术的迭代应用,推动展陈布局从"以物为中心"向"以人为中心"转移,是助力文艺场馆"炫"起来的必然选择。利用虚拟现实技术(以下称"黑科技")构建智慧场馆运营大脑,增续场馆文化维度,以契合人民对美好生活的多层次需求。

一、解锁"黑科技"炫智元素

一是玩转 AR/VR 等增强现实技术。推广"VR 天博"、天津数字艺术博物馆"博物馆+"等发展新模式,利用数智影像转码展馆资料,如数字化拆解独乐寺、小洋楼等建筑原件,实现高清化、立体化呈现,带来视觉复刻的现代化沉浸体验。同时完善数字导览服务,基于现有展馆资讯、地理方位、多语言讲解等功能,添加手语导览、AR 云展、触屏互动等功能选项,提升受众参与度。二是构筑视听全息空间。强化视觉数智空间,利用折幕、环幕、球幕等异型幕布打造 CAVE 沉浸空间,将投影画面投射到大型或者多面的投影幕上,营造出 1∶1 仿真的缤纷立体影像。适用于和平区梵高星空艺术馆、西青区敦煌数字艺术馆等中小型场馆,以小空间大作为提升裸眼 3D 沉浸层次,拉满"创意网红打卡地"的氛围感。此外,强化声音数智空间,可借鉴上海"四维全息声"展示空间经验,嵌入音乐厅、大剧院等音乐、戏剧类场馆,真实还原多样化的声场环境,使听众身临其境于不同场景,实现空间"穿越"。三是激活人工智能新动能。基于科技类、工业类等场馆特色,加大引入仿生人定制技术,创设机器人剧场,展现人工仿生、智慧制造等创造性集成品。除展示应用外,依托新一代多模态人机交互技术合成的国博"艾雯雯"、杭州文旅 IDOL"杭小忆"等虚拟数智人实力"出圈",为津门场馆品牌数字化营销提供定制"虚拟数字人"新思路。

二、借助"黑科技"炫活场景

一是创新古代场景。利用三维建模,将历史场景在虚拟空间中复刻,打造虚实交互的"博物奇妙游",近距离感受古代文明。比如创建耕种狩猎、考古遗址、文物修复、与名人对话等三维虚拟仿真情境,添加虚拟操作、虚拟互动等实操功能,以媒介艺术多维诠释中华文化之美。二是再现革命场景。在现有多媒体应用的基础上,搭载开拓红色基因传承新维度的数字技术,引进圆弧式倒角技术画屏,搭建多角度传感升降平台,再现平津战役场景的沉浸空间,拓展红色教育数字化场景。三是赋新工业场景。采集棉三纺织、新天钢炼钢、大港炼油等工艺传统制造工序,进行动态模拟还原并导入 VR 眼镜,增强对工业文明的深度体验。四是活化非遗场景。提取杨柳青年画、风筝魏、剪纸、狗不理包子等非遗 IP,注入现代化表达,以制作虚拟皮肤、数字动画等形式进行活态传承,引发契合现代人休闲方式的趣味性共鸣。五是重构美学场景。以数字艺术博物馆为例,通过光影幻像构图,打造融合视听感官的巨幕沉浸效果,并运用 AR、VR、AI 等技术,开启参观者与画作的触摸互动、识别互动,对传统美学进行个性化、品质化的意境表达。六是打造潮玩场景。运用沉浸式"全息 + 模拟"互动,打造射击、网球、高尔夫、滑雪、滑板等数字运动馆,设置单人或多人模式,为年轻人提供全新的运动方式。

三、强化"黑科技"炫酷联动

一是创新元宇宙应用体验。利用人工智能扫描技术为游客制定专属虚拟人形象,并赋予展品故事化与人物化场景,带动游客以虚拟身份解锁任务、获得购物体验,增进游客与展品的深度互动。依托实体场馆类型,以大数据为牵引,打造"棉三""梁启超""李叔同"等主题式文旅元宇宙虚实场景,置入可交互、可消费模块,激发消费新活力。二是嵌入游戏模式。利用扫码传输功能,以手机为互动载体,开通游戏端口,利用 3D 体感导入影像进行人机互动,增强用户体验感。可参照郑州古荥汉代冶铁遗址分馆研发的数字漫游系统,切身体验伐木烧炭、敲打矿石、上料鼓风、浇注铁水、锻造铁器等汉代冶铁流程。在天津机床总厂城市更新项目中,也可开发近现代工业互动体验式展示。三是推出数字藏品。深挖馆藏资源,利用区块链技术上架津味数字藏品。继自然博物馆、杨柳青木版年画博物馆、金融博物馆分别推出"亚洲象米杜拉""仕女游春""湖广铁路债券"等数字藏品后,加大盘活民俗文化、饮食文化等津沽文化特有标识,开辟场馆 IP 商业化的数字路径。四是赋能舞台艺术。参照巧用"5G+AR"技术构建《唐宫夜宴》虚实交汇舞台的范例,对历史文物、非遗等影像进行数字化处理,与舞台剧、创意舞蹈、音乐会等实景演出相互交织叠加,促进沉浸式体验型文化与旅游消费的可持续增长。

四、焕新"黑科技"炫彩生活

一是紧抓京津冀文旅协同契机,深化三地场馆资源共享共建。依托三地场馆的数字化建设,打通元宇宙共享端口,统筹三地共有资源,比如历史博物馆、长城博物馆、大运河国家文化公园等,开发数字文旅、数字藏品等联动系列。同时通过线上联动带动线下消费,撬动交通设施、品牌建设一体化。二是研发"指尖"上的沉浸式文化体验,以情境故事串联本土场馆。以家国情怀、悬疑推理、亲子研学为主题,基于情境序列串联相关主题场馆,使游客通过手机端接收虚拟任务的方式,在实景中完成打卡闯关,延展互动空间。比如在五大道场馆集群绘制"打卡地图",可在历史博物馆——非遗展览馆——体育博物馆——乘马车游名人故居——先农大院展览馆——北疆博物馆一日游数字闯关路线的基础上,增设或缩减场馆,提供多样玩法。三是紧扣群众文化需求,推动数字触角向社区延伸。通过与企业结对共建,完善社区文化活动中心的数字化建设,引入人体感应"移步异景"视屏、体感控制代入式"戏曲"变装、交互式数字书法临摹台等,构建全民艺术普及大数据体系。此外,鼓励各场馆与居委会党建联建,开展文艺惠民活动。比如借助"七一""博物馆日"等节庆日,在各社区网格通过数字票码的形式发放折扣套票等。

五、优化"黑科技"炫艺举措

一是推动多元投资合作运营。积极探索挖掘天津市文化市场潜力,形成完整的技术开发体系,惠及更多的企业和个人。一方面加快与天开高教科创园对接合作,借力策源地外脑,为发展持续注入创新活力;另一方面加快与数字科技型企业协同合作,构建数创业态布局,探索展品"活化"新路径,为文博场馆提质升级。二是善用宣传平台。为相关专业人才展现多元化技术提供平台,以技术惠及企业和个人的成功案例,形成宣传推广的良性循环。借助抖音、微信视频号等新媒体传播优势,加大投放多样数字玩法的艺术视角宣传片,精准推送到本地社群。三是扩展专业人才就业渠道。向技术型企业输送人才的同时,扩展高校相关专业学生的视野,为相关专业人才提供技术指导和创业支持,形成企业出平台、学生出技术或新方案的不断迭代的良性循环,提升就业率和专业人才水平。四是完善周边配套设施。加快场馆周边商业服务载体空间更新提升,通过旧址新建、商场内嵌、发掘地缘潜力等形式,助力场馆焕发新彩,比如在法国公议局旧址重建的天津数字艺术博物馆,集小吃夜市、创意市集于一体的 TUK 途克体育运动馆,搭载棉三街区改造快车的各类艺术场馆等。可借鉴推广成功模式,为城市更新添彩。

本文作者:李馨同、王鑫、高皓月、蒋旎、张锰、岳明慧、宁润之

打造"北方会展之都"的五大抓手

国家级大展作为推动国家战略落地的有效载体，是促进产业发展和推动中外经贸合作交流的重要平台，对举办地的经济发展具有极强的带动作用。"大力发展会展经济，全力打造北方会展之都"是市委市政府贯彻落实党的二十大精神的重要举措，也是推进"十项行动"的重要着力点。随着国家会展中心（天津）全面建成，"如何充分发挥其作用，对标国际最优水平，创办一批与广交会、进博会、服贸会类似的、服务重大国家战略的国家级大展"成为当前急需解决的首要问题。课题组在充分调研基础上，提出如下五方面建议。

一、服务重大国家战略，加快形成"南有广交会、北有天交会"的国家级大展格局

一是进一步加强与商务部的沟通磋商，加快推进筹备中的中国国际"双碳"经济博览会落地见效。该展会打造中国最具影响力的、以"碳达峰碳中和"主题的国际性品牌会展，服务国家"双碳"战略目标的实现，向世界展示我国在应对全球气候变化，促进绿色可持续发展的大国担当，在天津建设具有全

国影响力的"双碳"产业综合发展引领区和技术创新策源地。

二是贯彻落实习近平总书记关于抓紧布局未来产业的重要指示,创办新的国家级大展"世界未来产业博览会"。抢抓目前国内还没有未来产业国家级大展的市场机遇,依托天津在先进制造业研发方面的资源和人工智能等未来产业的先发优势,与国家商务部门共同筹划创办新的国家级大展,名称可考虑叫"世界未来产业博览会"。该博览会定位为全球最具有影响力的,以人工智能、web3.0、先进计算、6G等"未来产业"为主题的,集商品展览、技术交流、贸易洽谈、投资合作为一体的国际性工业博览会,旨在向世界展示中国制造强国战略的发展成就,助力中国争夺在未来产业领域国际竞争中的话语权,助力天津吸纳国内外的创新要素资源,促进未来产业发展所需的人才、企业、机构集聚,加快打造未来产业先锋城市。

二、建议设立天津博览机构,补强会展管理薄弱环节

天津市现行会展管理体制存在多头管理、协调成本高、难度大的突出问题。会展业管理机构在市商务局会展处,重大活动协调在市政府办公厅大型活动工作处,智能大会、职教大会、津洽会、旅博会等分别由工信局、教委、商务局、文旅局等下设的秘书处、办公室等机构负责具体执行,各部门之间的协调难度很大,通常采用"一事一议"的方式,由市领导牵头解决。而且,这些政府部门有大量的本职工作,办会往往摆不到重要日程。据了解,一些会展业发展较快的城市多采用成立专门会展机构的办法,"让专业的人做专业的事",例如,成都成立了博览局,海南成立会展局,重庆、长沙均设立了会展办。

建议参考成都市会展博览局等组织架构模式,成立天津市博览协调管理机构。具体操作上,可由市政府统一部署,由市商务部门牵头,在不增加机构的情况下,利用现有市级机构,如市贸促会、合作交流办、天津全国商品交易会办公室、天津商务促进中心等,整合市政府办公厅大型活动工作处和现有

各机构中有关活动秘书处、办公室等机构人员,加挂市博览机构,如博览局的牌子,理顺政府部门会展业行政管理和市场职能的关系。市商务主管部门按照国家商务部门职责要求,履行行业管理职能,指导博览局承担统筹协调、引进培育、促进服务、统计评估、培育宣传等具体会展职能业务,形成合力,强化政府在全市会展业发展的领导力量。

三、组建天津展览企业,推动政府主办展会市场化转型

近年来,会展集团已经成为各省市推动会展经济快速发展的有力抓手,从 2021 年北京成立首都会展(集团)、杭州成立国际会展博览集团,到 2022 年上海成立上海国际展览集团,全国各省市正在陆续成立地方会展国企,旨在整合资源,推动会展经济高质量发展。天津市属国企无会展骨干企业,民营会展企业小、散,会展产业链不发达,亟须龙头企业带动。而且,天津会展业市场化不足,世界智能大会、津洽会、台博会、旅博会等政府主导型展会长期需要财政性资金输血维持,本身造血功能不足。

建议借鉴北京、上海等地的成功经验,成立天津展览企业(集团)来整合全市会展资源,打造会展龙头企业,并推动智能大会、津洽会等政府主导型展会市场化转型。

一是参考首都展览集团、上海国际展览集团模式,组建天津展览集团。以筹备航运展、筹划双碳国家级展会为契机,建议由市政府的统一部署,市国资委、市商务局牵头,整合天津城投集团、矿博展览公司等市属国有性质的展览公司,有效整合国资委系统内的会展产业资源,加快建立健全市场化运营机制。重点谋划和举办支撑天津重点产业的大型展会,作为策展、引展、办展的战略支撑,带动会展产业链上下游企业加快聚集,推动天津市会展产业高质量发展。

二是加快政府主导型展会市场化改革步伐。通过政府购买服务等方式,

由展览集团负责夏季达沃斯论坛、世界智能大会、职教大会、津洽会、旅博会等所有市政府主办展会的承办工作,相关委办局都不再具体承担办展办会的执行工作,重点负责行业资源的整合对接。通过展览集团的专业化运营和市场化运作,努力提升政府主导型展会的造血功能,逐步减少财政输血,推动政府主导型展会市场化改革,培育会展产业龙头企业,树立国资国企改革发展的新标杆。

四、设立天津会展股权投资引导基金,借助资本力量推动会展产业做大做强

当前天津市的会展经济还处于起步阶段,需要大量的资金投入。但政府财政资金支持相对不足,还不得不将有限资金主要用于会展场馆周边基础设施建设,真正用于招展引展、推动会展产业聚集的资金严重匮乏。建议借鉴上海等地发展会展经济的成功经验,设立聚焦会展产业领域的投资基金,借助资本力量推动天津市会展产业做大做强。

建议设立天津会展股权投资引导基金。根据我国对基金业的管理办法,借鉴上海会展股权投资基金设立情况和特点,建议在海河产业基金等政府引导基金下设立天津会展产业股权投资引导基金,基金可以有限合伙企业的组织形式,可考虑由天津国资委、海河产业基金、津南区政府引导基金、国家会展中心(天津)有限公司、天津梅江国际会展中心有限公司,还可邀请国内知名的会展基金管理公司等共同出资,力争总规模在 20 亿元以上,首期到位不少于 10 亿元。引导基金重点投资规模在 3 万平米以上的成熟期展会项目、运营成熟的展会运作团队、会展行业细分领域的高成长型企业、新技术与会展行业结合应用的成熟型企业、与会展模式和服务创新相关的企业等,并涵盖会议展览、活动赛事、商贸旅游、文化创意、体育健康、科技应用等会展产业集群和相关现代服务业。鼓励该基金通过并购、投资等方式加速会展项目向天

津聚集,运用市场手段、资本力量、平台优势推动产业发展,更好地引进一批国际知名主办单位、会展服务机构来津设企兴业,促进会展产业做大做强。

五、优化会展业营商环境,提升参展办展体验

调研发现,天津市部分参展商反映世界智能大会、国展中心首展期间周边中、低档酒店涨价严重。与在其他城市办展相比,天津市政务服务不够便捷,缺乏一站式政务服务平台,主办方需要向公安、城管、应急(消防)、卫生、交运、市场监管等部门单独申报,报批所需文件近20项,最快需要两星期。建议如下:

一是搭建一站式服务平台。依照相关法律法规,针对会展举办方需求,由市、区两级政府相关部门进行许可或审批的事项或内容,由活动主办方(或委托方)通过一站式服务平台一次性提交所需申报许可或审批的材料,受理后在法定时限内进行内部流转,商务、公安、消防、市场监管、综合执法等部门分别拿出许可意见,集中汇总后由平台作出许可或不予许可决定,告知理由,出具相应决定书或告知书。

二是强化服务商监管。加强酒店、出租车、网约车统筹调度,从严从重打击黑出租和出租车议价、绕路、拒载等行为,对服务态度差、坑骗客商的行为重拳出击,提升服务水平。同时,建立临时价格干预机制,在重大展会期间,对我市具有行业许可证的酒店旅馆企业、网约车、会展场地10千米里范围内的公共停车场(库)实行价格监管,在合理溢价基础上提升会展参与者的消费体验。

本文作者:孙德升、赵云峰、贾玉成、崔寅

用好天开高教科创园布局时机积极抢占产业新赛道的建议

2020 年以来,习近平总书记多次提出抓紧布局、培育发展未来产业。未来产业一般指当前尚处于孕育孵化阶段的具有高成长性、战略性、先导性的产业。我国"十四五"规划和 2035 年远景目标纲要明确提出,在类脑智能、量子信息、基因技术、未来网络、深海空天开发、氢能与储能等前沿科技和产业变革领域,组织实施未来产业孵化与加速计划,谋划布局一批未来产业。当前,国家部委、各个省市纷纷出台政策,制定举措支持未来产业发展。天津市发展未来产业具有明显的比较优势,特别是天开园在合成生物、类脑智能、深海空天等领域同全国相比,具有明显的学科优势和人才优势,因此以天开园率先开展未来产业布局,抢占未来产业科技高点,持续提升园区发展后劲,建成具有全国影响力的创新策源地意义重大。

一、提升科创成果孵化实效,为布局未来产业奠定基础

一是打造"载体 + 云平台"双驱动孵化体系,缩短成果转化距离。建议布局双子座楼宇,探索建设"左手研发、右手转化"的天开园创新孵化基地。引入

国际化专业运营机构,打造"一园尽转"的高效孵化生态圈;依托综合服务中心,谋划天开园科创服务云平台,提供集人才服务、产业落地服务、创业服务、政策服务、共享设备服务、媒体宣传等为一体的"一键式"数字服务体系,逐步形成"载体 + 云平台"双驱动的孵化模式,加大"一核"与"两翼"的协同力度,加速成果转化落地。

二是搭建场景供需服务平台,拓展成果转化新路径。围绕人工智能、车联网等重点前沿领域的场景需求,开启专业化、市场化、生态化的场景设计和安排。可通过世界智能大会等平台发布"场景机会清单"和"揭榜"邀约,为科创企业提供"比武台",加速科技成果迭代;联合建设一批高标准的天开园场景实验室,推动多元主体开放合作,搭建一批科技展示中心、技术中试场地、科技产品秀场等跨场景应用项目,形成"初期验证—融合试验—综合推广"场景应用推广体系,以场景建设带动创新成果转化,为发展未来产业探路。

三是探索设立天开科技商事教研机构,打造"政产学研金"协同赋能创新主体的生态圈。2022年安徽省、中国科大、合肥市三方合力共建的科技商学院,苏州市政府牵头建设的苏州科技商学院,均作为一项市政府的制度性安排,帮助科创企业、科创人才等搭建朋友圈,已成为富有成效的项目孵化平台。建议可由市政府牵头,联合南开区政府、相关高校等资源,共建天开科技商事教研机构,搭建产业创新集群各要素主体高浓度集聚、高质量互动的生态平台,把人才培养、成果转化、创业孵化、产业培育联为一体,形成国际化影响力的文化地标。

二、搭建高效能扶持试点,为科创成果落地加速示范

一是建立"先投后股"试点,确保研发项目顺利落地。建议鼓励天开园管委会与第三方担保机构设立"科技成果转化风险基金"。依托高成长初创科技型企业专项投资基金,聚焦前沿引领性、颠覆性技术,投资前移,探索以"政府

+ 企业 + 保险机构"三方主体共担科研风险的科技成果转化保险合作新模式,在天开园推进"以先投后股方式支持科技成果转化"试点,重点支持高层次人才团队项目、高校及重点(大)科研院所在津转化项目、天津重点科创项目等落地天开园,为项目研发和转化活动保驾护航,并确保财政资金形成有效闭环。

二是建立"先使用后付费"试点,打通校企成果转化链条堵点。在天津大学、南开大学、中国医学科学生物医学工程研究所、海河实验室等高校、科研机构,设立"先使用后付费"试点,尝试将技术成果以"零门槛 + 里程碑式支付 + 提成"或延迟支付的形式投入企业,逐步形成企、校"向前一步"的互信机制,打消"一次性买断"的"先付后用"模式下校企间的信任顾虑问题,以促进育苗期企业的健康成长。

三是建立"拨转股、股转债"新模式,促进创新成果从"无中生有"到"跨越发展"。借鉴合肥"科大硅谷"的成果转化投融资新模式,天津市可采取财政资金补助与股权投资相结合的支持方法。根据科技成果转化项目的不同阶段,灵活采取财政资金拨转股、股转债等方式进行投入和变更。项目启动时,政府以补助方式进行支持;社会资本进入时,财政补助则变成股权,与社会资本同股同权。可有效发挥市场机制的决定性作用,将财政资金更加集中地扶持前瞻性的科技成果转化,有利于形成财政资金循环运行的长效机制。

三、增强高韧性创新链条,为科创成果转化赋能

一是探索设立概念验证平台,搭建成果转化首站。目前全国概念验证中心建设已呈快速升温态势。杭州举全市之力打造全球成果概念验证之都,首批认定了 15 家概念验证中心。北京采取事前立项支持的方式,首批支持了 12 家概念验证平台。建议加大天开园概念验证平台培育力度,发挥签约资本群和服务机构群作用,逐步拓展并做强概念验证平台;以天开园为窗口,面向

全市征集科技成果概念验证任务,面向全球公开张榜,对成功揭榜方以事前补助方式给予资金支持,后期落地天开园孵化。

二是构建组团发展模式,承接京津冀科创成果。加强产业功能区建设,聚焦具有比较优势的创新赛道和细分领域,打造创新联合体。建议以"同链不同位"错位划分产业(创新)互补功能区,构建多个未来产业创新地标,促进创新要素汇聚与融合发展。推进天开园与北京中关村、清华科技园等在合成生物、类脑智能等领域开展组团联动,"核心区"可承接北京大院大所研发项目落地,以研发、转化、配套等形式组团互动,"两翼"可对接北京先进产业转移,努力打造京津创新优势与研发制造互补的"产业共链"发展模式。

四、布局未来产业研究,为科创成果厚植土壤

一是搭建基础学科研究中心,加速重大成果孵化。借鉴上海"基础研究特区"建设经验,依托天津大学、南开大学等高校学科优势和科研平台资源,聚焦生物、医学等领域,逐步搭建一批基础学科研究中心,推出一批跨学科、跨领域的交叉融合研究项目,探索推行首席科学家负责制、长周期评价机制、"稳定+竞争"双重资助机制等鼓励政策,加速孵化重大创新成果,提升创新策源能力和原始创新动力。

二是绑定优势学科与园区,孵化下一代创新科技产业。围绕人工智能、新材料、类脑芯片、6G 等未来产业领域,可采取"前校后企"的模式,利用一个优势学科锁定一个新产业领域,培育一批新产业创新创业人才,超前谋划布局世界级"灯塔产业园",链接出一条"学科—成果—企业—集群"完整且能形成循环的产业链,蓄势聚力,孵化一批具有下一代产业特征的高成长性科技型中小企业,逐步形成下一代产业创新创业生态。

三是探索设立未来产业研究机构,推进新型创新主体建设。为促进从基础、应用研究到新技术产业化的创新链全流程整合,上海、杭州、北京、广东等

地以不同的方式正在建设未来产业研究院。天开园可借鉴美国未来产业研究所模式,探索组建由多部门参与、公私共建、多元投资、市场化运营的未来产业研究机构,并可考虑成立未来产业培育专家咨询机构(委员会),进而搭建"未来产业"智库研究平台、权威发布平台、交流合作平台,努力打造京津冀未来产业研发体系的先导区。

本文作者:王丽平、张萍萍、赵绘存、盖婧卫、方山杉、宋乐乐

以"土特产"引领乡村特色产业发展的建议

着力做好"土特产"文章,是做大做强天津市乡村特色产业,持续打造现代都市型农业升级版,实施乡村振兴全面推进行动的重要抓手。针对天津市"土特产"发展面临的产品标准化程度低、产业链条不完整、产品附加值低、品牌打造不足、土地等要素保障有待加强、数字化水平不高等问题,提出以下建议。

一、瞄准优化外部发展环境,健全服务保障机制

一是做好规划编制。编制《"土特产"引领乡村特色产业发展规划》和实施方案,将以"土特产"引领乡村特色产业发展进行任务指标分解,纳入相关考核内容,持续打造小站稻、蔬菜、畜牧、水产4条农业全产业链。

二是完善部门协同。着眼于龙头企业培育、品牌打造、数字化转型等关键环节和重点领域,由农业、规划与自然资源、市场监管等部门围绕做好"土特产",制定完善特色产业发展用地保障、科技创新、财税金融支持等方面的扶持政策。

三是持续深化"放管服"改革。围绕"直接取消审批、审批改备案、实行告

知承诺、优化审批服务"四个方面,推动涉企经营许可事项"证照分离"改革。做深做实涉农行政许可事项、公共服务及其他事项线下"一窗受理"、线上"一网通办",加强各级政务服务部门综合窗口工作人员涉农服务事项业务培训。在农产品质量安全等领域探索信用分级分类管理,在市级龙头企业、市级示范合作社评选等事项中运用信用报告,构建以信用为基础的新型监管机制。

二、瞄准"土特产"多元价值挖掘,优化乡村特色产业体系

一是深入挖掘"土特产"背后的历史故事、乡愁记忆、民俗风情、生态优势等多重价值,将其转化为乡土文化优势,推动农文旅深度融合。

二是以"土特产"主产区为核心,依托自贸试验区优势和农产品物流中心区建设的基础,"内培""外引"并举,重点扶持一批特色鲜明、溢出效应明显的"土特产"龙头企业,发挥其带动作用,引导产业集聚。出台专门的乡村特色产业项目投资和招商引资奖励办法,借力京津冀协同发展走深走实东风,与京冀头部农业企业开展多种形式合作,可引进京冀农业企业来天津市建立特色产业种养基地,开办"土特产"深加工企业,借助京冀农业企业的授权和市场网络进行"土特产"营销等。

三是加强以"土特产"为主导的现代农业产业园建设。支持各产业园按照"生产 + 加工 + 科技"一体化要求,重点发展 1~2 个特色主导产业。发挥中央奖补资金的撬动作用,加快引进融资能力和社会责任感强的农业企业进园,鼓励园区龙头企业有机整合上下游产业链,成立农业产业化联合体。以创建国家级现代农业产业园为抓手,建立完善国家级、市级、区级梯次培育体系。

四是依据不同区域资源禀赋,优化特色产业布局,构建差异化发展、分工协作的特色产业体系。比如,滨海新区以渔业和畜牧业为主,北辰区以食用菌为主,东丽区以花卉为主,西青区以萝卜为主,宝坻区以"三辣"、强筋麦和蛋鸡为主,宁河区以种猪、水稻为主等。

三、瞄准"土特产"全链条升级，强化要素支撑保障

一是探索建立多元化乡村特色产业发展投入机制。引导设立乡村特色产业发展基金，支持重点项目建设。按照项目资金性质不变、渠道不乱的原则，将涉农项目整合安排，加大财政资金对乡村特色产业基础设施的投入力度。加大政策性农担业务担保费用补助和业务奖补力度，构建"财政＋金融＋担保"机制，鼓励和引导金融机构开发针对"土特产"的金融产品、推广定制化金融服务。

二是配置人才链。建议将乡村产业人才纳入各级党委人才工作总体部署，秉持"但求所用、不求所在"的引才理念，充分利用"三院两校"等国内外农业科技创新资源，整合全市农业科技创新力量，选聘首席专家、组建科研团队，围绕特色产业成立技术与产品开发研究院、特色产品质量监督检验中心等科研机构。依托科研平台进一步吸引人才，建立专门智库，培育和引进专家型、科技型、实用型多元人才，成立"乡村振兴产业人才创新创业联盟'土特产'专门委员会"。切实发挥农民在特色产业发展中的主体作用，持续推进"耕耘者振兴计划"，加快培育一批种养殖能手、加工销售能人、经营管理人才和特色产业带头人。

三是加强用地保障。加快推进天津市村庄规划编制，进一步完善《关于支持乡村振兴规范"点状用地"管理的通知》《关于保障和规范农村一二三产业融合发展用地有关工作的通知》等政策的配套实施细则。由规划与自然资源、农业、住建等部门制定《农村"点状供地"后建设工程竣工验收办法》，解决"点状供地"上建设工程的验收问题。多渠道加大乡村产业用地政策宣传力度，建议编制"用地明白纸"，深入企业宣讲，使用地需求主体能够周知、吃透用好政策，真正释放政策红利。

四是充分发挥科技创新在特色产业优化升级中的关键支撑作用。紧紧围

绕天津市特色产业转型升级,开展工艺改进、装备更新和产品研发。充分发挥京津冀农业科技创新联盟机制的作用,大力吸引北京的相关科研成果来天津市落地转化。

四、瞄准"土特产"提档升级,加强品质品牌建设

一是构建突出地域特征的"土特产"标准体系,制定完善产业标准、生产基地(园区)标准和产品质量标准,实现特色产业有标可依,提升标准化生产程度。加快建立农产品追溯和"身份证"管理体系,逐步实现品牌"土特产"赋码标识管理全覆盖。

二是积极组织申报"两品一标"等农产品质量认证,推动通过申请国家地理标志证明商标、国家地理标志保护产品、农产品地理标志登记保护、全国名特优新农产品名录等进行品牌加持。将"土特产"与预制菜相结合,制定出台天津市推动预制菜高质量发展的政策措施,加快推进"宁河区京津冀预制菜产业先导区"建设,推动成立预制菜产业联盟,推动各区、各行业制定出台预制菜加工技术规程。

三是持续推进特色农业的"津农精品"品牌建设,借助天津食品集团的品牌优势,深度打造有地方特色、有影响力的特色农业品牌"领跑者",打造地域特色突出、产品特性鲜明的区域公用品牌。通过品牌授权,将"小散乱"非标化"土特产"组织起来,提高"小农生产"水平。持续推进"津菜进京"工程,积极组织"土特产"企业参与中国农民丰收节系列活动,推动天津市更多优质"土特产"进入全国高端市场。

五、瞄准"土特产"数字化转型,强化科技赋能

一是加强规划引导。出台《数字技术赋能"土特产"高质量发展规划》和实

施方案,突出重点区域和领域,突出企业带动和平台支撑,发挥好引领示范作用。要制定出台激励农业龙头企业和新型经营主体进行数字化转型的财政补贴、金融服务、技术研发等方面的激励措施。大力支持有条件的乡村特色产业园进行数字化转型,特别是在将农业物联网技术纳入全市农业重大技术推广计划时,重点支持乡村特色产业园建设农业物联网应用示范基地。

二是加强"土特产"数字化转型技术研发和协同攻关。发挥本市各有关专项资金作用,以"揭榜挂帅"方式加强核心软件、大型行业应用软件等关键产品,以及智能物联、区块链等应用技术研发。鼓励以领军企业为主体,建设一批市场导向、技术领先的工程研究中心和数字化转型促进中心,建立领军企业和高校、科研院所深度合作的协同攻关机制。

三是加强冷链物流基础设施建设。积极引进阿里巴巴、京东等在天津市重要的"土特产"产地建立数字农业产地仓,加快农产品冷藏库等仓储保鲜冷链设施建设。聚力互联网新型数字化物流供应链建设,搭建起覆盖京津冀、辐射全国的智慧物流网络。促进中央厨房等加工物流新业态发展。

四是多策并举,助力"土特产"数字化营销。探索构建"政府—电商平台—企业"协作机制,引导本市电商企业到天猫、京东等平台开设天津"土特产"店,积极打造"农鲜生活"等本土电商平台,实施"土特产原产地 + 直播、社区团购"等策略,为电商上下游企业搭建项目对接、资源共享平台。

本文作者:吴云青

对天津城市文化特质的认识和建议

天津市社会科学界联合会课题组

习近平总书记在中央城市工作会议上指出："一个民族需要有民族精神，一个城市同样需要有城市精神。城市精神彰显着一个城市的特色风貌。要结合自己的历史传承、区域文化、时代要求，打造自己的城市精神，对外树立形象，对内凝聚人心。"近日，市社科联在市委宣传部的指导下，聚焦"提炼天津城市文化特质"课题，广泛征集专家学者意见，7月13日组织召开专题座谈会。综合多方意见，现提出对天津城市文化特质的认识和建议。

一、梳理天津城市文化渊源和文化形态

天津有619年的建城史，是国务院认定的历史文化名城，有"近代百年看天津"的美誉，南北通达、东西交融，文化底蕴深厚。古代及近现代天津文化主要包括九个方面：一是河海文化。天津自古为退海之地，曾是黄河入海口，海河水系、海洋文明发达，是我国重要的滨海城市。二是卫戍文化。天津城市因首都而生，拱卫京畿，为首都北京的海上门户，是我国四大直辖市之一，地位显要，使命特殊。三是漕运文化。天津是我国近代重要的开埠城市，河运、海运

发达、漕运、码头文化兴盛，"开放"是天津的核心资源。四是红色文化。天津是中国共产党北方局所在地，周恩来、刘少奇、邓颖超、张太雷等革命前辈在天津探索革命道路，觉悟社等一批革命遗迹保存完好。五是工业文化。天津是我国近代北方工业摇篮，第一台电视机、第一块手表、第一辆自行车等，有着100多个全国第一。六是名人文化。孙中山、严复、梁启超、张伯苓、侯德榜、曹禺、李叔同、霍元甲、陈省身、马三立、朱宪彝等名家咸集、名人辈出。七是建筑文化。天津现保存完好的近现代风貌建筑近 3000 栋，素有"万国建筑博览会"之称。天津曾有九国租界，在全国各城市中是租界国别最多的。八是军事文化。黄崖关长城屹立津北，大沽炮台、大沽船坞等海防设施拱卫京都，武备学堂、小站练兵园等培训了大批军事人才，诸多军工产业肇始于天津。九是市俗文化。天津城市因卫而设、因河而生，上至达官贵人、社会名流，下至贩夫走卒、社会底层，南北交融、五方杂处，形成了天津独有的市俗文化。此外，还有武侠文化、寓公文化、宗教文化、租界文化等，都是天津文化组成部分。

新中国成立后，天津完成了从半殖民地半封建社会的城市向社会主义人民城市的转型，实现了历史性的进步和跨越。1949 年 1 月 15 日，天津解放。第二天，《人民日报》在头版介绍天津："拥有二百余万人口的天津市，是华北第一个工商业城市，与上海、广州、汉口合称为中国四大商港，在全国的地位仅次于上海。"在党的领导下，城市规模、基础设施、社会结构、城市文化等都发生了深刻变化，爱国主义、集体主义、社会主义等深度融入天津城市文脉中，提升了新的天津的城市文化。2011 年，天津组织城市精神征集活动，提炼了"爱国诚信、务实创新、开放包容"的天津精神。

进入新时代，追寻天津城市的发展脉络，从天津城市文化基础的多源性、内涵的兼容性、表现形式的大众性来诠释天津城市文化特质，归纳总结出具有明显文化特色的城市文化标识，对于团结引领广大市民按照习近平总书记对天津工作一系列重要指示批示精神，对外树立形象，对内凝聚人心，大力实施高质量发展"十项行动"，具有重要意义。

二、提炼天津城市文化特质的主要内容

一是在地理上"河海通津,京畿门户"。天津城市因首都而设,因河而生、因海而长,素有"九河下梢天津卫、三道浮桥两道关"之说,是首都北京的海上门户,具有特殊的地理位置和重要的区位优势。近现代,水陆交通发达,连江达海,河运海运兴盛,水系纵横,商贾云集,百姓繁衍生息,到目前是拥有近1400万人口的工商业重镇、超大城市,天津城市的文化个性和这些特殊的环境紧密相连。天津拱卫京畿的作用自古就有,进入新时代,肩负着首都北京"护城河"的重要使命,这是天津之"特",必须展现天津之为。

二是在历史上"南北交融,中西合璧"。作为近代成长起来的通商口岸城市,天津市民由移民构成,来源广泛、文化构成多元。市民性格是来自四面八方的移民性格在新的城市空间里的重构,主要来自中国东部广大地区的移民,使各地的文化汇入天津,形成了多源文化的交汇。天津是受南方文化影响最大的北方城市,又因地处京畿而深受京城文化的熏陶,南北文化的交汇十分突出。近代以来,天津遭列强侵占,大片租界的出现给天津文化带来深刻变化和影响,造成天津不同国别异域文化风俗相互浸染,城中有国、隔道变异,是天津区别于其他城市的一大特点。

三是在品格上"海纳百川,开放包容"。因天津河海交汇,人员五方杂处,渐渐形成了海纳百川、开放包容的城市品格。天津人不排外、不好高,平实、务实、求实,兼融并蓄。纵观天津的历史成因和文化发展过程,大致可以看到天津城市文化特质的表现是基础多源性、内涵兼容性、表现形式大众性的鲜明特点,也为汇聚各路精英,进一步深化改革、扩大开放,实施京津冀协同发展重大国家战略,建设社会主义现代化大都市奠定了深厚的城市性格和人文素养。

四是在文化上"兼收并蓄,荟萃共生"。天津文化不同于建立在自然经济

基础之上的城邑文化,而是来自五湖四海,风俗不甚统一。天津文化源于军事需要,在中西交互渗透的社会环境中形成,基于五方杂糅的特点,经济、政治、社会等各方面的文化荟萃共生。天津文化的优势正在于它的宽容性,吸收外来文化多元。在文化性征和市民性格方面,租界文化更多地表现为时髦和洋化,对西方文明和南北文化的易于接受,华界文化则更多地表现为对传统文化的沿袭和固守。不同城区间市民受教育的程度差异也很大。但这些并不影响市民间的交往、交易和联姻。

五是在经济上"务实创新,工商并重"。近代天津工业在制盐制碱、交通邮传、毛纺金融等诸多领域领风气之先,涌现大批实业报国的杰出人才。新中国成立后,天津工业得到高度发展,手表、电视机等许多"新中国第一"从天津的工厂产出,在轻工业领域有"上青天"的美称。改革开放以来,天津陆续创立经开区、天津港、保税区、天津自贸区等,积极探索新机制新业态新领域新模式,现正按照"一基地三区"的城市功能定位,建设国际消费中心城市和区域商贸中心城市,努力建成社会主义现代化大都市。天津人讲求"实诚",讲求契约精神、敬业精神、职业道德、时效概念等,也为经济发展提供了良好的人文精神和社会环境。

六是在生活上"乐观豁达、各美其美"。天津人在行为方式上表现出许多鲜明的特征,最突出的性格是为人热心、重孝道、讲义气;在价值观念上乐观旷达,安贫乐道而又好面子。天津素有"曲艺之乡""戏曲码头"的美誉,以曲艺、戏曲为代表的天津文化具有俗中见雅、大雅若俗的美学特点。天津人对生活的乐观态度形成了幽默的人文环境,给了相声艺术以丰富、鲜活的营养。天津的饮食文化以加工精细、种类繁多、风格多样而为人津津乐道,名扬海内外。"天津三绝""锅巴菜""煎饼果子"等都是独具特色的大众食品,也成为全国人民喜爱的"网红"食品,具有很强的人民性。

三、将天津城市文化特质转化为高质量发展的动力

1.传承弘扬城市文化脉络,构筑文化地标。以标志性文化设施、历史文化事件、重大非遗文化品牌、有重要影响的历史文化遗址等为文化地标,精心设计地标标识,多元立体展示推介。以全球城市网络为坐标系,加快整合天津市已有的世界级、国家级的城市文化名片;对标国际知名城市的成功经验与做法,推动以大运河、黄崖关长城、唐寺辽塔、海门炮台等为主要代表的文化遗产进一步走向世界;打造以红色文化、河海文化等为内涵的文化地标,进一步提升城市文化的全球影响力。

2.实施城市空间赋能工程,优化文化载体。城市空间形态作为文化载体和传播平台,承载着城市文化的生命力和灵魂。城市记忆与城市活力在很大程度上取决于城市空间与城市人的互动。从改善城市形态和空间定位出发,按照中心城区更新提升行动方案,推动历史文化街区形象、功能升级,拓展文化空间形态。利用现代科技手段,创新展陈方式,增强传统文化"双创"效能,建设天津大运河博物馆、天津近代工业博物馆等文化场馆,提高文化载体的整体能级。

3.加速文旅融合步伐,彰显文化市场功能。与实施中心城区更新提升行动、港产城融合发展行动等结合,在推进文化强市建设中,加快文化和旅游业融合发展步伐,提升文旅产业能级。建议构建以南北运河、海河干流、滨海黄金海岸为骨架,精品文旅线路为脉络,以地标性文化设施为基点,以网红打卡地为亮点,建设观光建筑、工业旅游点星罗棋布,布局合理、城乡一体的全域文旅新格局。以漕运、建筑、海洋、军事、工业文化为重点,整合天津文化形态,加大文化旅游资源保护利用力度,推动文旅事业和文旅产业行稳致远。

4.提升城市"善治"效能,建设开放包容典范城市。全面推进城市文化软实力建设,不断提升城市的善治效能,着力在社区营建上下功夫,深化"邻里

社区关系"建设,共建共享、共鸣共情,强化普通市民的心理归属感和安全感。注重把以人为本具体化、具象化、细节化,在城市空间设计、公共服务供给、社区环境共建、群体社会交往等方面体现出城市对各个年龄群体的尊重、包容和温度。持续优化人才精准服务,突出人才公共服务标准化、提升便捷性,聚焦解决人才及家庭在住房、教育等方面的痛点问题,实施海外与本土联动的引才、育才、留才工程,打造"天下英才汇天津"的强磁场。

5.深化文明卫生城市创建,提炼推广城市精神品格。天津自古就有精卫填海、叱咤闹海、海神护海等美丽传说,近有抵抗外侮、洋务图强、实业救国等奋发精神,现有引滦入津、危改抗疫、女排拼搏等时代精神,共同绘就了天津人民团结向上、攻坚排难、永争第一的精神品格。要坚持"植根历史、聚焦现实、引领未来"的原则,在争创全国文明、卫生城市过程中,展现新天津人的时代追求、彰显人文特质、弘扬城市品格。将建设文明卫生城市的合力,转化为践行城市精神的动力。

6.讲好天津故事,提升对外传播效能。通过建构高度开放、创新驱动、文化包容、生活舒适的城市形象,以生动的"天津故事"展现中国式现代化进程中天津的担当作为。面向全球、全国、全市征集天津城市人文和发展典型案例,用国际视野和世界眼光讲好天津故事,通过开展征集活动,促进多方位参与,激发市民活力,形成城市文化自觉。通过面向海内外寻找城市发展"合伙人",携手创业创造,共享发展红利,激活城市软实力的载体场域,从城市国际化营销的战略高度,实施国际传播计划,持续提升天津城市形象。着重从构建城市发展传播品牌,推动城市对外友好交流,全面提升城市叙事能力等角度为城市软实力提质赋能。

本文作者:王立文、张再生、江立云、宁厚圃、沈丽妹、尹彦、周博文、李琳、张杰

顺应数字化变革趋势 大力发展平台经济

近日,浙江发布《促进平台经济高质量发展的实施意见》,从增强创新发展动能,着力构建更具活力的创新体系等五个方面,部署支持平台经济高质量发展的 25 条举措。天津借力夏季达沃斯论坛重新举办之际,一大批企业家汇聚津门,展现了中国经济新的活力和全球合作新的合力。随后,天津举办GPT 产业发展计划启动大会暨 360 科创园开园等与平台经济发展的相关活动。平台经济是数字化时代的科技与产业变革的重要变量,是数字经济的关键环节,已成为继政府、社会组织、公司之后的第四类组织,是大数据的主要拥有者,是未来经济发展与治理的关键枢纽。平台有无、平台运行效率对天开高教科创园、信创等重大产业发展、金融改革先行区建设等对天津市重大经济社会发展举措的落实有重要影响。为此,提出以下对策建议。

一、优化平台布局,促进各类平台聚集发展

目前,天津市平台经济发展形成了滨海新区、河西、南开、武清等数字化平台经济集聚区,但与北京、浙江、上海等先进地区相比,天津市数字经济平

台企业发展,以及大型企业平台化转型亟待加强。建议通过优化平台区域布局,打通引进一批、培育一批和转型一批三种路径,打造各类平台聚集发展的品牌。一是结合武清京津科技新城规划,面向北京乃至全球,建设世界级电商与现代物流平台聚集区。

二是结合"天开高教科创园"规划,面向硬科技创业、前沿技术创新、原创成果转化,建设双创平台聚集区,引进聚集全国大企业和平台企业建立天津双创基地、各种开源开放创新平台组织、网络孵育平台等。

三是结合滨海新区融资租赁、科技金融、产业金融等特色,建设一批金融小镇,聚集更多金融平台企业。

四是结合河西等区或功能区规划,建设专业的智能科技等数字产业集聚区,聚集一批高科技领域的数字经济平台和创新平台(如 360 的 GPT 产业平台)。

五是结合国际消费中心城市建设,用好国家跨境贸易电子商务服务试点、跨境电子商务综合试验区、首批跨境电商 B2B 出口监管试点的政策优势,进一步在政策上、改革上先行先试,聚集更多跨境电商平台。大力推广"直播 + 电商""线上下单 + 线下展示"等跨境销售新模式,创新销售方式,为国内外消费者带来更多更好的"买全球""卖全球"新体验,拓展海内外市场。

二、加大对平台引育的支持力度,壮大平台经济规模

一是发挥中央驻津科研院所、转制企业、中央企业天津分支机构的行业龙头地位及行业功能,加强与国务院、国资委、有关部委办的合作,共建建筑材料(依托水泥院)、新能源汽车(依托中汽中心)等一批面向制造业的工业互联网平台,共建一批双创示范基地。

二是支持天津市大型企业走在平台化转型和传统产业数字化转型的前列,充分发挥天津市制造业和实体经济优势,抓住工业互联网、行业大模型和

智能化工厂发展新机遇,通过试点,联合知名平台企业,尽快培育几个跨行业跨领域工业互联网平台企业,并打造成为开放创新创业基地,带动一批工业APP开发、更多工业企业上云等。

三是继续加强与腾讯、阿里巴巴、抖音、百度、京东等知名平台型科技公司,以及与华为、海尔、联想等平台化制造大型平台型企业的合作,共建天津分平台、新业务中心等。

四是结合天津市信创、合成生物、现代医药、新材料、新能源等产业创新需要,支持专业智能化创新公共平台建设,提高重点行业研发转化、中试与概念验证、产业化工具与方法平台的服务能力与服务水平。

三、借鉴苏州经验,大力培育独角兽企业

平台企业是独角兽的重要孵育平台,反过来独角兽也是平台企业、平台经济重要组成部分,因此,大力培育独角兽企业,是发展平台经济的重要内容之一。近年来,苏州市通过启动独角兽企业培育工程、整合成立苏州创新投资集团、大力支持培育潜在独角兽等措施,独角兽企业培育相当成功。根据《中国独角兽企业研究报告2023》,截至2022年底,苏州共有17家独角兽企业,数量位列全国第六,整体估值超300亿美元,成长态势强劲。

学习借鉴苏州经验,建议天津市从以下四个方面着力发展独角兽企业:一是加强顶层设计,制定独角兽企业培育规划,启动独角兽企业培育工程。二是加强全市产业基金与创投基金的力量整合,充分发挥天津市科技创新投资机构联盟的作用,通过内联外引,为全市独角兽、瞪羚等高成长企业引育提供全面融资支持,加快推动高成长企业的上市。三是加强梯队建设,大力支持培育潜在独角兽,发布年度独角兽与潜在独角兽企业榜单,对上榜企业做好服务。四是优化天开高教科创园及天津高新区、开发区、保税区等重点载体生态功能,发挥国家高新区等天津重点创新载体等区域创新高地的优势,培育新

赛道,为加快独角兽企业培育提供场景创新支持。

四、发挥平台经济带动作用,助力"十项行动"

一是支持平台创新发展,发挥好平台在科技创新、模式创新、场景创新等方面的引领作用,培育更多国家高新技术企业、高成长型企业,带动天津市科教强市、人才强市、知识产权强市建设,增强综合创新实力。同时,发挥好各类平台在科技创业孵化、成果转移转化中的桥梁纽带作用,加速天开高教科创园创新要素聚集。

二是支持平台企业依托数据等优势,赋能生产制造环节,培育智能制造等新增长点;鼓励平台企业与园区、产业人才联盟合作,共同推动智能制造、服务型制造等新模式;支持中央驻津机构与平台企业合作,争创国家级跨行业跨领域工业互联网平台,服务大中小企业融通发展,支撑制造业高质量发展。

三是借鉴海尔集团发展平台经济的经验,大力鼓励天津市大型企业、大院大所的平台化转型,特别是建设一批大企业、大院大所"双创"基地,充分发挥大型企业、科研院所双创平台对创新创业的带动作用,充分发挥大型企业双创平台在培育独角兽等高成长企业中的积极作用。

四是发挥好电商平台在消费经济中的引领作用,为实体企业打通销售渠道。支持各区结合自身品牌优势,加强与各大电商平台合作,多渠道建设本地产品频道,促进商品流通,扩大销售规模。

本文作者:李春成

做足"天开"文化文章
推动高教科创园"四力"提升的建议

天开高教科创园区域汇集南开、天大两所百年名校和一批高等院校、科研院所,是数据挖掘、智能制造、生物医药、新能源化工等天津当代科技创新与文化教育的中心。科教优势、历史底蕴和文化生活在这个区域范围内得到了最好见证。参考北京市中关村科技产业园区、苏州市高新技术产业园区的做法和经验,在天开高教科创园建设过程中,做足"天开"文化文章,把"天开"地区文化的包容性、开放性、时代性特征纳入园区建设,有助于打造百年园区、全面提升天开高教科创园的综合实力。为此,提出如下建议。

一、用好科教文化,培育创意产业,壮大科创园竞争力

一是积极吸引并扶持文化型企业做大做强。参照国家级文化产业园区建设有关政策,制定天津市文化产业园区招商引资、税收减免、人才引进以及土地使用等优惠政策,吸引更多优质文化创意类企业入驻园区。做强文化产业发展公共服务平台,为园区内文化企业政务事项提供"一站式"办理服务。推动园区内文化创意类企业集聚分布,发挥产业链聚合效应,为文化创意类企

业规模增长营造优质营商环境。

二是多手段展示现有科技型企业文化内涵。针对航空航天、装备制造、汽车和石油化工等传统科技型产业，积极探索与工业旅游、科技研学旅游融合发展的新模式，推动企业文化内涵的多渠道表达。积极引入元宇宙、6G、VR和 AR 等新技术，对生物医药、新能源、新材料等领域的现代科技型企业进行文化包装和文化呈现，全面提升这些企业的文化形象与知名度，增强品牌影响力和文化软实力。

三是孵化一批创意型文化产业和文化企业。对接南开大学、天津大学艺术院系及天津市艺术研究所等科研机构，挂牌设立一批天津市文化创意产业合作与孵化基地。面向数字出版、动漫设计、演艺娱乐、创意广告等文化类型，孵化文化艺术众创空间，培育具备较强市场竞争力的创意文化企业，促进创意成果转化，助推科教园区文化产业竞争力迈入全国同类园区的第一梯队。

二、活化市井文化，营造休闲氛围，增强科创园吸引力

一是建设一个彰显"天开"精神内涵的文化地标。围绕天开地区创新、包容、乐观、豁达的精神内核，面向全社会开展文化地标设计方案征集活动，遴选出能够彰显策源转化与协同开放理念的天开园文化地标方案。在天开园园区范围内，选择合适地点落地文化地标，配套建设供市民和外地游客城市休闲和文化体验的家具设备，增强体验感和舒适度，提升科创园的对外辨识度与影响力。

二是打造一套富有生活特色的标志性文化景观体系。以杨柳青木版年画、京东大鼓、天津时调、梅花大鼓、泥人张、京剧、相声、津门法鼓、回族重刀武术、京韵大鼓等民族属性特征显著的非物质文化遗产为素材，在对园区不同区域功能特色与环境特征全面分析的基础上，选择合适的场域空间，打造以雕塑、文化墙、文化小品、景观构筑物等为表现形式的景观体系，营造文化休闲和文化创意的园区氛围。

三是配套一组符合市民日常生活需要的"文化家具"。根据市民休闲和外地游客实际需要,在园区内布设休息座椅、休憩廊亭、智能自助机、自助供水机、网红打卡点、垃圾箱等城市家具。配套建设交通标志、公交站台、旅游厕所等基础设施。以天津市民的日常生活为素材,对这些"家具"进行色彩、形态、组合方式等设计,表达天津市民幸福、乐观、积极向上的地方文化特色,提升园区融入感与幸福感。

三、挖掘历史文化,推动文旅融合,扩大科创园影响力

一是打造一批以历史文化为主题的文化休闲景点。以园区内的老城文化、工业文化、民俗文化为资源载体,融入科技、创意元素,谋划布局数字城市文化展厅、智创空间、工业博物馆、创意民俗小镇等彰显城市底色的文化休闲景点。引入津味美食、相声剧场、活力街区、文娱文创、艺术商店等业态。鼓励街头艺人、非遗传承人入驻园区,增强园区文化属性,将科创园打造成为网红打卡地、文化消费新地标。

二是打造园区与城市历史文化衔接的主题旅游线路。整合古文化街、杨柳青古镇、水上公园、海河、国家会展中心等经典文旅资源,联动园区重点文化商业载体、地标建筑、网红打卡点等景观,打造"古文化街—天开园—杨柳青古镇城市文化游""海河—水上公园—天开园水上观光游""天开园—国家会展中心商务会展游"等特色游线,依托园区高校资源,推出涵盖科普、文化、艺术等主题的研学旅游线路。

三是推动智慧智能、旅游休闲与研学教育的深度融合。推动产业间深度融合,鼓励以攸信智能科技为代表的科技企业结合天津非遗民俗推出 AR 非遗文创、虚拟人非遗体验官等科创非遗产品,发展智慧旅游。鼓励以信达和众为代表的生物医药企业发展医药康养旅游,促进医药产业与旅游休闲、研学教育的融合发展。打造参与程度广、融合程度高的复合型产业,提升园区文化

产业渗透力和影响力。

四、创新开埠文化，提升服务水平，提高科创园凝聚力

一是开展园区文化资源普查与利用评价工作。参考《旅游资源分类、调查与评价》国家标准,开展天开高教科创园内文化资源分类调查,摸清园区文化资源底色,建立文化资源数据库。根据园区发展定位、环境保护、产业发展和文化建设的实际需要，对入库文化资源单体进行开发利用的适宜性评价,确定优先开发次序和开发利用的可能方式与手段,夯实天开园文化软实力建设的文脉基础。

二是编制《天开园文化软实力建设总体规划》。以建设中华民族现代文明高科创新园区为目标,对园区内科教文化、市井文化、历史文化、开埠文化、科技文化等进行系统包装和顶层设计,采用夜景灯影、虚拟体验、元宇宙等技术手段实现科技成果、文化产业要素向现代消费场景的转化。构建系统化、目标化、体系化的天开园文化软实力建设目标和路线图,实现与《天开高教科创园建设规划方案》的有效衔接。

三是加大对天开园文化产业发展的政策支持力度。鼓励文化企业申报文化产业发展专项资金,引导商业银行推出符合文化企业需求的专项贷款。对从事电影、广播电视、文化创意和设计服务、出版、动漫、文物保护利用、非物质文化遗产等的文化企业实施增值税优惠、按规定全额退还增值税留抵税额等税费优惠政策。加强用地保障,鼓励利用闲置设施、盘活存量建设用地发展文化产业和旅游业。

本文作者:马晓龙、郭嘉欣、贾文通、李亚妮、张丽甜

激活工业遗存助力中心城区更新的对策建议

在实施中心城区更新提升行动中,如何利用工业遗存,将"工业锈带"建设成为"产业秀带"和"生活秀带"已成为当前天津城市建设中重要的课题。调研发现,中心城区及滨海新区等工业遗存资源丰富,仅河东区现存的可开发利用的工业遗存总占地面积就达到了 1.21 平方千米,约占河东区行政区划面积的 3%。这些工业遗存整体分布较均衡,具有显著的工业文化价值,且质量保存较好,具有较好的功能适应性。但也存在部分产业低效、大量闲置、再利用功能单一、价值挖掘不充分、产权不明晰等问题。由此,参考国内外工业遗存更新做法提出如下建议。

一、产业先行,通过新兴产业驱动提升空间利用效率

1.关注发展前景,积极引进高端业态。以建设"一基地三区"的目标为指引,充分利用当前工业遗存建筑质量好、空间适应性强的特征,挑选适宜的新兴业态,如人工智能、新能源新材料、生物医药等优质产业项目进入。同时,针对工业文化价值突出的遗存,鼓励结合入驻产业发展工业旅游,形成"产业 +

旅游"的复合业态,让工业遗存能够留得住、用得好,从而使城市更新与产业结构调整共同发展。

2.立足生活需求,布局新兴服务业。充分利用工业遗存分布较为均匀的特征,依托工业遗存建立公共服务设施网络,以形成完整的15分钟生活圈。据此,对于与居住区结合紧密的工业遗存,可在对居民需求进行深入调研的基础上,重点发展附加值高于工业的居民服务业、社会福利业、体育业、娱乐业等新兴服务业。以工业遗存产业升级引导个体经济发展和城市生活服务空间升级,借助工业遗存解决相应基础设施需求问题,在提升空间利用效率的同时创造高品质生活。

3.接驳重大活动,借势提升工业遗存影响力。天津已经定期成功举办世界智能大会、天津夏季达沃斯论坛和中国天津工业博览会等工业经济相关重量级展会,正在筹备第二届全国职业技能大赛。可利用部分工业遗存,特别是整体规模较大、建筑特色明显的厂区,如天津市第一机床厂、天钢中板厂等接驳部分展会功能,提升承接运营能力,打造标签化活动,以展促更,以展促产,在塑造"津牌"展会特色的同时,提升工业遗存影响力和招商吸引力。

二、文化助力,通过深挖工业精神提升社会凝聚力

1.提倡深度挖掘,立体留存工业文化。针对当前工业遗存工业文化价值挖掘不深入的问题,可利用全市各高校和各级文化机构形成深挖工业文化与工业精神的网络,发挥其宣传教育平台优势,从文物纪念物、历史影像、口述历史、地名解释等方面全面搜集整理工业相关物质与非物质文化遗产资源,并通过现代影像技术,新媒体技术进行记录、加工,形成相关工业文化档案以及影视作品。通过工业记忆碎片的整理不仅能够保证工业遗产整体保护的完整性,同时其工作过程能够唤起整体的老工业记忆,提升社会整体凝聚力并传承工匠精神。

2.鼓励二次创作,数字化赋能工业遗存。梁启超纪念馆推出的实景沉浸式体验——《少年强》和金茂汇(原天津第一热电厂改造)的光影秀成为热门打卡项目。全面利用工业遗存的可塑空间,顺势打造一系列体验项目,用元宇宙概念和3D投影、MR虚实交互等数字技术,打造沉浸式体验项目。如在原天津市第一机床厂策划"主席视察的那一日",在蓝·飞鸽创意产业园推出"新中国第一台自行车的诞生"等"夜经济"体验活动,在提升工业遗存空间全时段人气的同时,有效宣传工业故事,弘扬中国工业精神,践行社会主义核心价值观。

3.结合思政教育,创建新时代城市记忆。积极鼓励、推动大中小学思政教育与工业遗存、工业文化的结合。可将工业遗存作为附近大中小学劳动教育的实践基地,创新工业文化研学课程设计,开展各项劳动教育;同时聘请老劳模作为思政讲解员,进校园、进社区讲授老工业故事,弘扬奉献精神、创新精神、工匠精神、劳模精神等,传承工业记忆、时代记忆和城市记忆。通过不断的教育来提升学子们就地就业创业的积极性,通过传承工业精神创建并传承新时代的城市文化记忆。

三、政策保障,通过全方位设计确保实施效益

1.优化规划政策,平衡产权归属及运营管理。根据工业遗存特征,积极推动工业遗存价值评定及城市更新指导性意见的制定,为相应项目的落地提供指南。逐步完善存量土地使用权、增值收益等相关规则的制定。在当前开发模式的基础上,针对不同规模工业遗存,探索更新单元统筹规划的不同模式,推进土地治理模式和政策向让渡空间治理权转变,从而实现多元共治发展。其中,大型工业遗存(占地面积10万平方米以上)适宜采用"政府引导、市场跟进"的形式,而规模较小的工业遗存则更适用"市场主导、社会参与"的模式。

2.创新投资体系,培育多元主体参与开发。当前天津市工业遗存更新项

目普遍存在前期投资较大且投资回报周期较长的问题。鉴于此,可在当前体制下,根据项目定位培育由工业遗存原业主、金融投资机构、专业运营机构、地产公司、新兴科技企业、文化创意企业等多种类型机构共同组成的多元化投资主体,同时鼓励更新项目证券化,从而丰富资金来源,提升项目整体的抗风险能力,拓宽资金回笼的渠道,以此整体提升工业遗存更新项目的投资吸引力,促进城市更新稳定健康的开展。

3.结合策划评估,营造多样化的更新项目。对于不同类型的工业遗存进一步深入调查,切实将"前策划后评估"落实到每一个项目。针对当前我市工业遗存再利用模式单一的问题,拓宽传统建筑策划与评价调研的范围。不仅就工业遗存本身,也要对城市周边建设条件、产业及市场支撑条件、居民生活需求和公众接受能力等方面进行全方位的深入调研和评价。在依托专业人员的基础上,结合公众参与的方式让居民参与到工业遗存更新项目全过程的策划和评估中来,以便做到"一地一策",避免形成短效同质化的项目,同时有效提升社区活力和凝聚力,做到真正有内核的城市更新。

本文作者:陈立镜、刘力、徐蕾

打造具有"天津气质"虚拟数字人物城市 IP 形象的建议

近年来,随着新媒体技术的兴起,打造虚拟数字城市 IP(Intellectual Property)形象成为了各地推动旅游和文化发展的重要手段,如西安唐妞、四川眉山苏小妹。课题组按照习近平总书记关于打造城市精神的重要要求,对标《天津高品质生活创造行动方案》进行调研,拟通过打造一个符合天津城市独特形象,具有天津气质的虚拟数字人物,作为城市 IP 形象(以下简称 IP 形象),为宣传推广天津赋能。

一、传承特质:对百年天津气质形象深入挖掘和定位

一是挖掘 IP 形象特色气质。IP 形象要把天津的人文历史底蕴体现出来,并融入到现代生活中,给人以亲切、幽默的感觉,契合天津曲艺之乡的特点,体现追求幸福生活的气质、开放包容的城市精神;IP 形象的造型和服饰要符合当前时尚潮流,以传统文化再生的形式打造"国潮津味";IP 形象还需彰显天津的传统文化,自带津城烟火气,能够嵌入不同场景以至不断衍生,传播中国文化,讲好"天津故事"。

二是突出 IP 形象特征定位。IP 形象可定位为宣传和弘扬天津工业文化、曲艺文化、海洋文化、民俗文化等特色文化大使形象。考虑天津的洋楼文化、海河风情、名人故居、特色美食、经济发展等宣传需要,IP 语言可选择天津方言,提炼天津非遗传承文化、地标建筑特征和"老天津"的回忆等元素融入 IP 形象之中,形成具有鲜明辨识度的人物形象,塑造富有天津特色城市符号,为天津"引流、吸粉"。

三是确定 IP 形象代言功能。通过向全球发布的方式,重磅推出天津城市 IP 形象,明确其介绍天津、推广天津的代言作用,赋予其幽默的语言和才艺展示能力,增加城市宣传的娱乐性和吸引力;强化 IP 形象在社交媒体平台的互动功能,回答问题,倾听意见,传递城市的最新动态和政策,提升公众的认同感;努力把 IP 人物形象打造为城市文化的传承者和推广者,推介天津文化品牌,促进文化产业发展。

二、集思广益:向全球征集 IP 形象高质量作品

一是就塑造 IP 形象进行分析论证。可由宣传、文旅部门牵头,开展天津 IP 形象设计的调研,收集和分析人口特征、旅游资源、经济发展状况等相关数据;组织文旅产业和新闻传播等领域专家学者考察热门城市 IP 形象设计的成功案例;广泛听取政府、商界、艺术院所等的意见和建议,通过线上问卷调查、线下座谈会等方式,了解天津市民和来津游客对 IP 形象的认知和期待。

二是向全球发布征集 IP 形象公告。可由宣传、文旅部门组织天津城市形象 IP 征集大赛活动,诚邀全球设计师和创意机构参与包括 IP 形象和创意理念的设计征集。具体可以通过官方网站和社交媒体账号,发布征集 IP 形象的宣传资料、照片和视频等,吸引更广泛的关注和讨论;邀请知名博主和网红来天津参与活动,提高 IP 形象设计大赛的传播力度。同时,把此次 IP 形象征集活动,打造成一次向全球宣传天津、推广天津,提升知名度、美誉度的活动。

三是政企合作联合打造 IP 形象。可由宣传、文旅部门组织专家评审团队，对 IP 形象设计大赛入围作品进行评审，论证确定天津 IP 形象最优方案，设立专项资金，并征集筛选具备虚拟数字人物创作实力的数字科技企业，与作品创作团队合作，打造出高质量的 IP 形象产品。IP 形象生成后，由宣传、文旅、新闻媒体及各区与选定的数字企业合作，统一使用天津 IP 形象，共同制作主题鲜明、质量高、效果好的文化旅游宣传短视频、海报及衍生产品，全方位展示天津美景、美食等建卫 600 多年的城市魅力。

三、多点开花:传播使用 IP 形象形成经济效益

一是借助各类媒体渠道加大传播力度。充分利用官方网站和微博、微信公众号、手机 APP 等社交媒体，及时发布 IP 形象的相关内容;与时尚杂志、电视台等传统媒体合作，进行专题报道、拍摄纪录片;与热门网红、大 V 等合作，利用抖音、快手、小红书等平台等发布相关视频内容，吸引游客和文化爱好者关注;充分利用虚拟现实技术为 IP 形象构建天津城市故事背景，通过游戏、动画或微电影等方式开发 IP 形象的互动功能。

二是与国内外知名品牌合作提升使用价值。充分发挥 IP 形象宣传优势，建立企业品牌推介矩阵，例如，与中国(天津)国际汽车展览会合作举办汽车展览，培育"流量"和"热点";与国际知名艺术家合作举办艺术展览，推出展现天津文化底蕴和城市特点的文艺作品;与天津餐饮食品企业狗不理、桂发祥等合作，开发 IP 形象授权的"天津伴手礼";创新运用"IP+ 旅游"的新型模式，利用元宇宙技术创设沉浸式文旅空间，开发 IP 形象导览的名人故居、民俗体验等精品旅游线路，深化多场景应用功能，进一步提升 IP 形象的经济效应。

三是加强与各类文化机构合作提高影响力。与天津博物馆、滨海图书馆、天津美术馆、天津大剧院等文化机构合作，共同举办 IP 形象展览、讲座等活动。把 IP 形象置入各类创意产业园，产宣有效结合，对 IP 形象的人物形态和

特征进一步改编升级，可制作成公共雕塑、文艺作品、文创礼物等，形成更大范围、更高频次的二次、三次传播，不断优化 IP 形象与时间共生长的能力，成为天津经久不衰、常写常新的创意汇聚点，更好的服务于津城未来的发展和推广。

本文作者：姜丽娟、庄雪阳、薛义、杨迁、刘宝顺、汤娜、董丽娜

生成性人工智能 ChatGPT 应用风险及对策建议

2022 年 11 月底和 2023 年 3 月中旬,美国 OpenAI 公司相继推出轰动全球的、基于强化学习的大语言模型 ChatGPT（GPT3.5）和多模态大模型 GPT-4。对此,不少计算机领域专家表示,"ChatGPT 虽然在概念上被炒作和高估,但其在应用层面被严重低估"。目前来看,ChatGPT 存在社会安全风险和意识形态安全风险,已经引起相关部门的重视,具体的对策措施有待细化。通过调研,现提如下建议。

一、应用风险分析

1.ChatGPT 隐藏舆论操纵和意识形态渗透风险。美国 OpenAI 公司先后于 2019 年、2023 年两次接受微软商业性投资,分别为 10 亿美元、100 亿美元,从一个非营利性机构转变为美国科技巨头的重要商业板块。在此背景下,美国敌对势力利用 ChatGPT 作为"新一代操作系统平台",进行舆论操纵和意识形态渗透的风险就陡然上升了。

2.ChatGPT 存在用户个人数据安全与隐私风险。基于 ChatGPT 的"进化"

原则,其在与用户"聊天"互动时,可能将用户个人数据和隐私内容、用户输入有关他人的个人敏感信息内容和商业秘密等纳入其"强化学习"的内容范畴,进而形成对用户个人数据、商业秘密数据的滥用,增加了数据泄露风险。

3.ChatGPT可能带来新型网络犯罪形式。一是ChatGPT能够生成高度拟真的文本,以模仿特定个人或群体的发言风格,能使其成为网络诈骗的有效工具;二是ChatGPT还能够快速大规模地生成看起来很逼真的文本,使其成为在互联网上散布虚假信息的理想工具;三是犯罪分子可能利用ChatGPT来快速编写大量恶意代码,从事网络犯罪活动。

4.ChatGPT自身存在"知识性偏见",造成文化伦理和价值观缺失。ChatGPT是一个概率模型,其所做出的回答往往是人类的主流观点,这实际上有可能加剧信息茧房现象;ChatGPT只知语言、不知事实的技术特征带来一些事实性错误问题;ChatGPT很难做到临时接受新的知识更新,因此会误导人类对理性知识的生产与科学真理的探求。

二、对策建议

1.引导推动中文类AIGC应用发展,"在发展中求安全"。内容生成性人工智能(AIGC)是一种通用型智能技术,对经济社会发展具有广泛的推动作用,我们应统筹发展与安全,引导推动中文类AIGC应用有序发展。一方面,建议产业部门适当鼓励阿里、华为等有实力的互联网平台企业积极发展中文类AIGC应用,甚至针对全球用户的AIGC应用开发,积极抢占全球人工智能产业竞争高地;另一方面,根据《互联网新闻信息服务新技术新应用安全评估管理规定》《互联网信息服务算法推荐管理规定》等,加大对AIGC类应用程序的安全评估,确保相关技术和应用的安全性。

2.对AIGC应用实施分层治理。2023年4月,国家网信办发布《生成式人工智能服务管理办法(征求意见稿)》,拟对AIGC应用进行规范。需要指出的是,AIGC 作为通用型智能技术,对我国各行业领域转型发展具有重要的技术支撑作用。因此建议以"技术—行业—应用"三维度分层治理。技术层的模型基座治理应以发展为导向,关注科技伦理、公共数据池训练、算力的分配;专业模型层治理应秉持审慎包容的理念,注重遵循行业规范,在此领域可引入分级分类治理;服务应用层应关注内容安全、市场竞争秩序与用户权益保护,沿用原有评估备案审计等监管工具,并适时引入新型监管工具,细化合规免责制度,给新兴技术发展留下试错空间。

3.加强优化境内意识形态领域网络内容的预警预置机制。一方面,应加强对涉意识形态领域规模性网络内容的巡查与审查力度,确保及时发现相关有害内容,高效率对其进行预警预置;另一方面,应投资开发用于检测由 AI 自动生成内容(包括图片、音频和视频等)的工具,确保可以实时监测和精准识别我国境内海量的意识形态领域网络内容,保障意识形态领域网络内容预警预置机制的高效运行。

4.完善细化针对 AI 技术应用的监管路径。一方面,提升算法透明度。通过算法备案制度为算法风险监测和事后问责提供依据,建议借助"互联网信息服务算法备案系统"等途径公示算法推荐服务的基本原理、目的意图、主要运行机制等,提升算法透明度。另一方面,强化技术治理。正如斯坦福大学专门开发了 DetectGPT 用来检测文章是否由 AI 生成一样,政府监管部门应试图从技术治理层面,针对 ChatGPT 等 AIGC 应用找到技术性管控的可能路径,以确保对其进行有效监管。

5.切实强化互联网平台主体责任与义务。建议相关部门督促相关责任主体将法律法规要求和安全保障义务嵌入 AI 技术与应用研发、运营、服务提供等环节,如深度合成服务提供者应当加强训练数据管理,采取必要措施保障训练数据安全;训练数据包含个人信息的,应当遵守个人信息保护的有关规定。深度合成服务提供者提供"智能对话、智能写作等模拟自然人进行文本的生成或者编辑服务",可能导致公众混淆或者误认的,应当在生成或者编辑的信息内容的合理位置、区域进行显著标识,向公众提示深度合成情况等。

6.培养和提升网民对 AI 算法与应用的使用素养。一方面,应利用传统媒体和新媒体平台等多渠道推进精准宣传,帮助公众认识算法可能带来的风险,对算法带来的歧视、操纵、隐私侵犯、电信诈骗等风险具有足够的警觉意识和识别能力;另一方面,应建立涉 ChatGPT 技术与概念性诈骗的知识防范体系和安全可靠的反诈骗技术防范体系,并加强对未成年人、老年人等特殊群体的防骗宣传与教育。

本文作者:赵雅文、赖星星

注重实践探索 强化理论研究
推动我市志愿服务高质量发展的建议

今年是毛泽东等老一辈革命家为雷锋同志题词 60 周年，习近平总书记作出了"新征程上，要深刻把握雷锋精神的时代内涵""加强志愿服务保障和支持，不断发展壮大学雷锋志愿服务队伍""让学雷锋活动融入日常、化作经常，让雷锋精神在新时代绽放更加璀璨的光芒"等重要指示。和平区朝阳里社区是习近平总书记调研走访过的社区，是民政部命名的"全国志愿服务发祥地"。为了落实好习近平总书记关于志愿服务的一系列重要要求，推动天津市志愿服务高质量发展，提出以下建议。

一、运用整体性思维，强化天津志愿服务全域化特色

针对中心城区如和平区、优势社区如朝阳里社区志愿服务整体水平较高，其他社区多数志愿服务整体发展"平平"的"等第化"现象，建议以整体性思维打破区域壁垒，充分发挥新时代文明实践中心尤其是 5 个全国试点区的作用，以全域志愿服务文明实践提升天津市民百姓生活幸福度。一是发挥好天津志愿服务全市一盘棋的优势，充分发挥天津志愿服务联合会和各区新时

代文明实践中心的联动作用,加强不同行政区、不同社区、不同组织之间的学习交流。二是引导不同区域、不同社区、不同组织结合自身区位、历史、文化实际打造符合各自特点的志愿服务项目和模式。三是建立起符合不同区域百姓需求的志愿服务供需对接模式,同时探索不同区、街、社区志愿者共享机制,鼓励志愿者跨区域开展志愿服务。力争做到天津市百姓无论身处何处都能参与和享受到高质量志愿服务,以志愿服务推进城市治理向背街里巷延伸,向"细枝末节"聚焦,提升城市温度。

二、依托新技术,提升天津志愿服务信息化水平

一是整合目前运营中的多重志愿服务平台,进一步完善"津云志愿服务平台"这一全市统一志愿服务平台的信息化建设和应用普及。在全域范围内推行津云志愿统一平台发布、报名、时长计入、星级评定等模式,完善平台供需对接功能,优化平台"志愿服务地图"等功能,打破目前的不同社区、学校、单位、志愿组织多平台多头注册多头管理而造成的平台记录重复、遗漏的局面。二是运用数字化、智能化手段提升志愿服务能力。加强对乐于志愿但又处于"数字鸿沟"中的老年志愿者等人群的智能化培训,同时依托新技术平台开发一些志愿者居家在线就可参与的"虚拟"志愿服务项目,实现线下志愿服务项目与线上志愿服务项目融合发展,满足一些人群乐于志愿却因身在异地、行动不便等原因无法实地参与而希望线上从事志愿服务的愿望,构建从"指尖"到"身边"的志愿服务新生态。

三、以新发展理念为指导,加大志愿服务创新力度

一是创新志愿服务自选动作、协调用好用足天津港口、河道、文旅、红色地标等优势资源、大力发展特色志愿服务。如以全面推行河(湖)长制为契机,

做好"河湖保护志愿者"招募工作,并可以学习昆明在保护滇池志愿者中招募"市民河长"的做法,招募一批责任心强又热爱海河、子牙河、永定河的各类"市民河长";又如以"碳达峰""碳中和"为契机推动节能减排志愿服务;再如以五大道海棠节为契机在文旅志愿服务中讲好天津故事、探索京津冀志愿服务协同发展模式等。二是拓宽志愿者积分兑换的渠道,统筹资源,丰富志愿服务兑换选择种类,兼顾志愿服务积分物质类和精神类产品兑换。可以学习襄阳市推出一本属于天津志愿者的"时间存折",时长达到一定数量的志愿者可以自愿换领,既是荣誉也是纪念,以全方位提升百姓参与志愿服务的获得感。三是提升志愿服务新项目新品牌的培育孵化能力,各级新时代文明实践中心(所、站)以及各级志愿服务主管部门可以不定期开展志愿服务项目大赛,以竞赛促培育,做到可持续孵化出新项目,促进志愿服务品牌化发展。

四、依托地方行业优势,促进志愿服务专业化发展

一是学习借鉴扬州、广州等地的志愿者学院化培育模式,依托海河教育园或者西青大学城的大中专院校群集效应优势,建立天津市自己的志愿者学院,提升心理、教育、医疗卫生、法律咨询、应急救援等专业志愿者培育水平,建设专业志愿服务课程体系和师资库。二是支持引导鼓励各行各业专业人才在八小时之外利用业余时间走入社会提供专业化志愿服务,将专业优势融入日常生活,发挥各自专长,让更专业的人做更专业的事,促进志愿服务专业化发展。

五、以优势实践为基础,提升天津志愿服务理论化水平

立足"打造学雷锋志愿之城"发展目标,天津在志愿服务实践方面已经交出了一张亮眼的答卷,但在志愿服务理论研究方面,天津还缺乏在全国志愿

服务研究领域有影响力的大咖级专家和标志性理论研究成果。建议一是充分挖掘天津志愿服务的优良传统和光荣历史,充分运用天津志愿服务的强大优势资源,依托新成立的天津市新时代文明实践暨志愿服务研究中心,充分发挥高校、研究机构云集的优势,引导、鼓励社科学者以各高校智库、天津市社科联、天津市中特中心为平台,广泛开展志愿服务理论研究,形成一批具有天津特色的志愿服务理论研究成果。二是有关部门在编制年度研究课题指南时,对鼓励引导天津志愿服务理论研究有所考量,规划一系列高水平具有天津风格的志愿服务研究项目。三是在研究中,引导学者们打破学科藩篱,鼓励不同学科的学者合作开展跨学科研究,并注重和志愿服务领域国内有影响力的机构、专家、学者交流,尽可能多出"津派"志愿服务高质量研究成果。

本文作者:杨新莹、徐靖楠

借鉴国内外科技园发展规律
促进天开园构建创新创业生态体系的建议

天开高教科创园在初期建设工作中集聚了诸多创新发展要素,建立了高校、政府、产业、金融等常态化"握手通道",在国家新一轮创新布局中展现了天津之为,也为促进天津市以至京津冀经济高质量发展起到了一定的辐射带动作用。课题组通过对国内外科技园创新创业规律的研究,提出在天开园建设中着重打造创新创业生态体系的建议。

一、国内外科技园创新创业发展的主要规律

1.创新创业生态系统四阶段

一是创新创业生态系统的形成期。中介服务发挥其孵化器作用,政府则主要发挥引导者的作用,进行政策制定与监督;二是创新创业生态系统的成长期。中介服务发挥帮扶作用,帮助提升创新学习能力,政府则成为创新创业生态系统的投入主体;三是创新创业生态系统成熟期。中介服务承担桥梁作用,构建各种关系网络。政府充分发挥协调作用,建立健全相关创业制度,调节企业创新创业的风险和成本;四是创新创业生态系统的饱和期。中介服务机

构帮助解决快速增长所带来的调整增长与运营管理不匹配性问题。政府发挥资源优化配置作用,弥补创新创业市场的外部性和信息不对称所带来的问题。

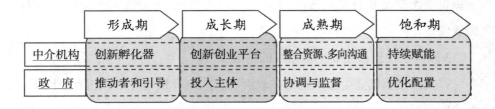

2.科技园创新创业生态系统的主要类型

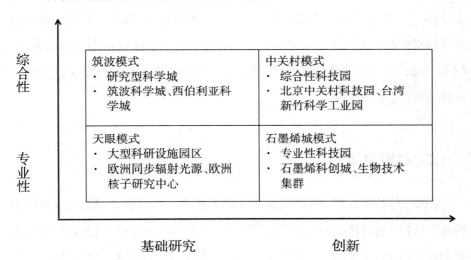

基础研究　　　　　　创新

　　科技园创新创业生态系统按照基础研究/创新、专业性/综合性的二维标准可划分为四种类型的科技园区。其中,"筑波模式"是指,自上而下地推动研究型科学城建设,以综合性独立城市为建设目标,重视基础研究的作用,科学城为科研活动提供资源和环境,还承担着城市基础设施和公共服务的建设工作;"中关村模式"是指,规模较大的综合性科技创新园,不仅重视基础研究,还重视私营企业和地方政府的作用,为多个技术部门的创新活动提供土壤,以形成集聚效应和协同效应;"天眼模式"则是指,专门建有特定专用大型科研设施区域,往往选址于偏远地区,开展专业的基础研究活动,比如开展天体观察以及高能粒子碰撞实验等；"石墨烯城模式"则往往指，专注某专业领域创新的科技园区，园区内聚集创新活跃的高技术产业群，为专业领域的企业提供资源交流和分享的场地，不断进行产业创新，充分发挥专业创新的集聚效应。

3.园区创建创新创业生态系统的构成

科技园创新创业生态系统是在政府、企业、中介机构等主体相互协同下，形成以领军企业、高校院所、高端人才、天使投资和创业金融等为主导，以新型孵化器为特色的有机整体。科技园区双创局面打造必备要素包括：创新创业主体——高校、企业、科研院所、政府，以及提供信息、资金等资源的科技中介和投资机构；创新创业资源——创新主体实施创新活动所需具备的人才、技术、知识、资金等软硬件资源；创新创业环境——政府政策环境、经济环境、科技环境、文化环境等。

二、对策建议

1.做好科技园区的双创生态系统的机制保障。一是搞好创新创业环境中的政策扶持。通过建立有效的机制及框架，指导园区的良性机制构建，形成创新创业自组织生态体系。为园区中小企业、创客团队及在校大学生提供实践机会、学习样板和有效的创业指导与服务。保持科技园对创业政策的高度敏感性，通过研究工商、税收、科技金融、知识产权等多方面内容，全方位为创业者解读创新创业相关政策。二是营造创新创业环境。借力现有城市基础设施，重点打造无形的科研合作网络和优化创新生态体系。结合自身的区位、交通、物流运输等资源优势，充分发挥地区资源的最优作用，不断孕育创新型企业的能力。除为创业者提供基础设施、办公场地等硬环境，以及制度支持、金融支持、创业教育等软环境外，搭建"双创"实践平台，为创业者提供保障；积极开展各类创新创业活动，营建能够激发人才创新创业活力的浓厚氛围。三是做好创新创业案例示范。聚集较多的创新创业要素和资源,孵化一大批科技型中小企业,不断加强与优秀创业者的联系,将创业者和创业企业的成长历程总结、凝练形成的典型案例,为创业早期的企业家做出示范、树立榜样,进而培养和提高他们的创业自我效能感,促进他们积极开展创业活动,打造"双创"新引擎。

2.打造校企及科技园三方联动效果。一是促进科技园与高校、企业合作,形成螺旋加速。发挥天开园的平台优势、企业的技术优势和高校的人才优势的联动作用,促进资源的高效流动和利用,达到螺旋加速的效果。积极加强校企政深度合作,促进科研活动的交流,提高科研创新的效率。二是对标启动孵化项目,提供精准服务。重视民营企业在科技创新中的作用,充分发掘创新创业培训机构的智力资源,在政策辅导、创业培训、技术交易、投融资,以及人力资源等方面提供全方位的服务措施,进行产业化研究成果的发掘、评估和挑选,向企业提供特定研究成果相关的技术信息等。三是联动京津冀地区的发展,发展优势产业,以产业集聚带动区域发展。园区产业布置参考"1+3+4"为重点的现代化产业体系布局,以智能科技产业为引领,巩固提升绿色石化、汽车、装备制造 3 个优势产业,发展壮大生物医药、新能源、新材料、航空航天 4 个新兴产业,形成集聚效应和协同效应。以科技产业带动园区不断升级发展,促进园区创新活动的开展,加快科技园创新升级。以构建密植社会知识网络而非兴建基础设施为重点,以科技创新为抓手带动区域科技振兴。

3.进一步优化制度以提升大型科研设施的资源共享和利用效率。一是做好兴建科研设施的准备,同时提升科研管理能力和大型设施的科学管理。在天开园建设相应的开放式研究设施,从基础设备到专业设备,帮助实现从学术研究到产业技术的发展。可以在园区建构相应的研究设施数据库,帮助用户更加高效、方便使用既有研究成果。二是提升创新创业主体的知识共享能力。建立有效实现知识共享的方式,加快知识传播的流动性,从而提高生态系统内的自主创新水平。三是可以吸引国内外研发机构入园或与大学联合建立研发机构和工程中心。通过与他们合作，甚至组建新公司，把大学的原创性技术成果转移到企业中，迅速实现产业化与商品化。

4.丰富园区文化，集聚更多青年团体。一是重视人才的培养。积极通过政策引导，加强对科技研发人才的培养，优化大学科技园科研场域，为创新型人才提供及时、稳定、周期性的供给机制。二是积极提供相应的服务保障措施。基础设施和服务设施建设建议体现现代化、以人为本等理念，提升信息化、智能化水平，打造良好的园区文化氛围。三是积极加强国际交流合作。在招商引智方面，委托国外各级政府和企业开展多元化的招商引智服务。同时园区可以帮助海外城市开展相关服务，与国外科技园建立产业联系，共建沟通交流平台。

本文作者：李晓梅、孙平

近期天津市蓄滞洪区灾后重建的几点建议

近期,随着洪水逐渐退去,我市受灾地区在进行抢险救灾的同时,积极展开灾后重建。各地通信、交通、供水、供电等正在逐步恢复,受灾群众的生产生活秩序正在有序恢复。但从近期舆论热点来看,关于灾后重建工作仍然存在诸多难题,灾后如何恢复生产与正常生活、如何防止疫情流行、如何做好受灾群众补偿救助等工作仍十分重要和紧迫,为此提出以下建议。

一、采取有效措施尽快有序恢复蓄滞洪区的正常生产与生活

一是把做好灾后重建工作作为重要政治任务和重要民生工程。迅速成立各蓄滞洪区灾后重建领导小组和相应机构,加强组织领导与宣传引导,层层压实责任,凝聚社会各界力量参与灾后重建,齐心协力重建美好家园。做到水退人进、分类施策,因地制宜、分类指导,尽快有序恢复蓄滞洪区正常生产生活秩序,把党委政府的关心关爱传递到受灾群众的心坎里,切实维护社会和谐稳定。

二是抓紧抢修基础设施,广泛动员干部群众开展生产自救。加紧抢修受损道路、供水、供电、通信等基础设施,抓紧恢复受灾群众住房、学校、医院等公共服务设施。切实加强受灾群众生活生活保障,用心用情用力解决群众急难愁盼问题,全力推进各项救灾和复工复产工作有序开展,帮助其早日恢复正常生产生活。

三是加紧对受损房屋进行检查与修缮,加快城乡清淤泥力度。组织力量排查房屋建筑的风险隐患,根据情况对受损房屋及时进行修缮、翻建和迁建,确保受灾居民的住房安全。组织社会力量清理道路淤泥,加快恢复道路通行,加强物流调度,有序清运积存生活垃圾,做好公厕等特殊区域卫生消杀。

四是加快独流减河行洪力度,尽快修复防洪排涝设施。千方百计调剂调度排涝机具,帮助受淹地尽快排水泄洪。对行洪过程暴露出的缺陷、短板进行针对性的整改和补强,不断提升防洪排涝能力。持续加强蓄滞洪区科学合理、精细化的规划、建设与管理,按照高质量发展要求,谋划实施一批重点项目与重点工程,全面提高防灾减灾救灾能力,系统性解决海河流域水患问题。

二、全力做好受灾群众补偿救助,加强灾后重建资金管理与监管

一是尽快全面摸清灾情,依法补偿蓄滞洪区造成的损失。对我市蓄滞洪区开展全方位拉网式摸排,精准掌握承包土地上的农作物、专业养殖和经济林水毁损失,住房水毁损失,无法转移的家庭农业生产机械、疫畜和家庭主要耐用消费品水毁损失等。规范补偿地核查,实事求是统计评估,严格把关确保数据的真实性和准确性,依法依规给予补偿到位,确保补偿全覆盖、无遗漏。特别是注意在以前明确不能种植、养殖的区域内从事农业生产的,此次补偿应有所区别。

二是加快调度排涝机具与农机装备,抓紧修复灾毁田块和农业设施。加

快灾后田间积水排涝降渍,做好村庄清理及农业生产生活恢复提供农机装备支撑;做好保险理赔和金融扶持,重点支持受灾地区重建一批现代设施,促进设施农业提档升级;指导农户积极补种补救,研究制定补偿救助措施,把救助工作落实到田间地头、农户家中。

三是对蓄滞洪区其他特殊受损者进行相应补偿。对高附加值养殖或种植产业的补偿标准进行明确,增加对农业生产机械及家庭耐用消费品的补偿范围,对个体工商户、农产品储备点给予适当补偿。对通过投亲靠友方式转移的受灾群众,要按一定标准进行生活补偿。

四是加强灾后重建资金管理与监管。加强对灾后重建资金拨付的宣传,提高群众的知晓度和参与度,强化部门之间的协作,细化拨付审批流程,彼此监督。定期公布资金使用情况,供群众时刻关注、参与并监督。审计部门进行复核审计,对发现问题及时落实整改与追责,确保重建资金拨付公平公正,监管到位。

三、全力做好灾后防疫工作,筑牢百姓健康屏障

一是加强灾后疾病预防的知识宣传。洪涝灾害之后极易引起饮水、食品卫生安全恶化,环境污染和病媒生物孳生等,可能带来肠道传染病、虫媒传染病等疾病流行风险。需要安排专业医护人员或医学专家,对受灾群众开展疾病预防知识宣传,让群众了解灾后常见疾病及其应对措施,确保灾后无大疫。

二是提供及时有效的疾病咨询与救治。针对灾后常见的疾病,迅速调集人员和设备开展灾后卫生防疫和医疗救治,耐心解答就诊群众的各种问题,提出治疗方案和建议,向群众普及健康知识,叮嘱群众如何养成正确的、健康的生活习惯,坚决防止洪涝灾害引发疫病灾害。

三是切实做好灾后卫生防疫工作。持续强化饮用水、食品及公共场所卫生监督监测,确保饮用水的卫生和质量。加强灾区粪便管理,防止污染水源,

及时做好防蚊、灭蚊和灭鼠的工作;抓好病毒消杀、垃圾清运、河面漂流物清理、死亡畜禽无害化处理。对种植土壤进行检测,做好消毒和酸碱平衡的调节。

四是开展健康管理培训。面向当地的部分医疗从业者、志愿者及村民等,针对性开展清洁与消毒、饮水安全、防蚊避虫等方面培训,使其能够更好地理解和应对可能出现的各类健康问题。

四、关注我市灾后重建舆论热点,帮助受灾群众渡难关

一是关注我市灾后重建的舆论热点。对涉及我市当前灾后重建、救灾物资发放、生活秩序恢复等网上热点信息加强关注,发现问题及时反馈,确保灾后重建工作顺利进行,让受灾群众早日恢复正常生活。

二是重点关注救济资金与重建资金的舆情风险。对所有接收到的救助类资金物资和灾后重建资金的使用,提高管理和监督的透明度,确保资金真正用于受灾地区和重建项目。警惕灾害救助和灾后重建的负面舆情信息、舆论关注和质疑的问题,及时做出回应,避免次生舆情的发生。

三是做好受灾困难群众的救助帮扶工作。统筹各类资源力量,认真做好政策解读,及时回应群众诉求,主动帮助解决实际困难,切实兜住兜牢民生底线。动员社会多方参与,强化受灾群众基本生活保障。

四是关注受灾群众的心理健康问题。由于洪涝灾害的危害给民众造成的巨大损失,特别是东淀蓄滞洪区地形狭长退洪较慢,易引发群众焦虑与不满情绪。建议有关部门及时了解重点人群的心理状况,及早为他们开展心理干预,帮助他们尽快走出阴影,早日回归正常生活。

本文作者: 王建明

扶持和监管并重
加快天津市大模型研发和推广应用的建议

发展大模型对利用有限的资源环境,创造更多社会价值,提升综合效率具有战略意义。例如,去年横空出世的 ChatGPT 就创下了"2 个月收获 1 亿用户"的纪录。这种颠覆性创新得益于深度学习算法的突破、算力设备性能不断提升与海量数据的持续积累。"大模型热"并非只是市场浪潮,更亟需政府的扶持和监管。2023 年 5 月,北上深三地同时发布人工智能产业支持政策,AI 赛道的竞争已然开始。我市正处于向智能制造转型突破和高质量发展的关键时期,如何抓住重大机遇,发挥制造和研发优势、港口优势、平台优势和场景优势,快速布局"换道超车"产业,依托蓝海"数据"和人工智能"大脑中枢",开拓高质量发展新路径。为此,提出以下建议。

一、加强对国产大模型的研发和应用

一是加大对类 ChatGPT 国产大模型研发力度。国产大模型的优势在于通过高实用性、强易用性实现提质降本增效,进而提高企业的智能化水平和竞争力。但其落地过程需多方参与,且对平台和算法的要求较高。建议采用系统思维，充分整合研发主体。天津既有科研实力强劲的天津大学和南开大学，也有提供强大算力支持的国家超级计算天津中心和天津市人工智能计算中心。建议设立大模型专项引导基金，进一步支持天津大学开展人工智能理论、算法和架构研究，支持南开大学开展示范研究。采用"揭榜挂帅"等方式，鼓励各创新主体合作攻关，支持科研团队使用超算中心、智算中心开展大模型研发，并给予经费补贴。

二是支持头部人工智能企业开展研究。平台企业是大模型的开发应用的主力军。以华为、百度为代表的平台企业在数据、算法、算力和应用场景方面积累了大量优势，为大模型开发和应用创造了条件。目前，天津与百度、360和华为已签订战略合作协议，助力提升天津自主创新能力和核心产业竞争力。结合天津市数字经济发展重点，继续与头部企业进行分领域合作，这些企业包括第一方阵的阿里"通义大模型"、京东"言犀大模型"，以及第二梯队的腾讯、字节跳动、科大讯飞等公司。大模型的研发需要政府提供审慎包容的研发环境，开放更多数据和应用场景，便于大模型的不断矫正和验证。

三是推进人工智能技术成果转化应用。采用"走出去、引进来"等方式，支持科技成果就地转化，围绕天津市的国家新一代人工智能创新发展试验区，以及优势应用场景示范，发挥政府科技创投引导基金作用，创设孵化容错机制，推动应用成果的商业化转化。继续支持培育"海河·谛听"大模型，支持360集团在天津拓展企业级大数据模型市场，支持天大智能与计算学部在政、产、学、研、用的重要尝试。

二、推动大模型技术融入天津市产业布局

一是赋能传统产业。目前，天津已形成以人工智能为核心、以场景为驱动，各领域深度融合、蓬勃发展的产业格局。作为传统老工业基地，我市应重点突破一批人工智能与传统产业融合发展所需的感知、学习、推理、执行技术

瓶颈等共性技术。推动大模型技术与工业、金融、医疗和文旅的融合。重点研发一批人机交互场景专题,如"ChatGPT+ 车间技能问答"专题,解决工人信息技术知识获取的困难,极大地优化生产流程和提高产品质量;再如服务旅游景点的"ChatGPT+ 知识问答"专题,发展沉浸式、体验型的消费服务,降低数字经济技术对产业赋能的行业门槛,带动传统产业升级及其与数字经济的融合。

二是引导本土企业融入。"大模型"技术应用重点在于与市场变化之间的联系与创造,需要大量人工、行业的信息输入后形成大样本,再通过算法纠错对信息进行消化、整理和再输出。因此,需发挥本土优势行业力量,构建多层次、分阶段、递进式人工智能企业成长体系。建立多层次领军企业培育库,集聚高端团队,鼓励骨干企业向产业链上下游延伸。分阶段加强对各类企业宣传培训力度,让企业充分了解、接触、意识到大模型对于创新、设计、生产、流通、售后的重大意义,促使企业思考如何将人工智能主导的创新研发、内容创作、知识问答,与公司核心战略、产品和业务相结合,借助人工智能,实现企业创新和效率提升。

三是促进区域互通融合。加强京津冀区域政产学研合作,尤其重视与北京的政府部门和在京科研机构的合作。比如,与清华的自然语言处理与社会人文计算实验室、北京智源人工智能研究院等单位在人才共享、联合研发、技术算法等方面开展合作。借助科技合作平台,举办国际人工智能论坛、研讨会等主题交流活动。强化"一带一路"联合实验室和国际科技合作基地的建设。加大在算法、人工智能应用以及我市重点关注的智能网联汽车等领域开展区域联合科技攻关。

三、以审慎安全监管促进大模型健康发展

一是设置"AI 生成"明确标识。针对在多媒体等媒介刊发的"AI 生成"产品,需要明确加注"AI 生成"水印标志。针对图片、视频等合成信息,在进行网

络传播过程中,需要在媒体明显区域提示类似"AI生成"等水印标志,便于其他用户区分虚拟与现实,特别是易混淆场景。发布者需对人工智能生成内容产生的相应后果负责,无论内容是如何生成的。

二是针对专业领域建议需要明确提示操作风险。梳理相关专业领域,对医疗、金融等具有明显认知门槛的领域进行广泛筛查,需要限制人工智能模型向普通用户提供"专业"建议。人工智能所提出的专业领域建议,需要专业人士审查后,才能开放给普通用户,以便进行风险控制和追责。

三是接入ChatGPT等人工智能应用进行管理提示。ChatGPT等大模型存在触及人类社会伦理和法律底线的风险,对其应用进行限制和明确已成为社会共识。为平衡科技和伦理冲突,有必要开展试点监管。天津是国家级新一代人工智能创新发展试验区,建议先行先试。从科技伦理层面加强监管,并建立"沙箱管理"模式。出台审慎包容的监管政策,允许经过备案的大模型在限定范围内应用推广,吸引更多的创新团队来津研发,将天津市建成北方"模"都。

本文作者:康伟、姜宝、牛世鹏

解码津门"人文经济学"
推动文旅融合释放发展新动能的建议

习近平总书记 7 月 5 日在苏州考察时指出:"文化很发达的地方,经济照样走在前面。可以研究一下这里面的人文经济学。"提炼天津的城市文化特质,推进津门"人文经济学",以经济"活化"津门文旅,以文化人拉动经济增长,有利于将汇聚的文化赋能发展动力,转化为推动天津高质量发展的新动能。

一、构建"文旅+"多元消费场景

一是聚焦"工业 +"文旅新动力。盘活新天钢、汉沽盐场等园区的工业资源,加快棉三创意街区的升级改造,推进津龙湾、原第一机床厂、井冈山路三大体量城市更新项目,打造创意生活聚集地与休闲娱乐聚集地。通过二次开发、腾笼换鸟延展工业产业链条、焕活产城融合现代化魅力。二是提档"商业 +"文旅新能级。一方面,加快建设和提升商业综合体、文化中心等地标商圈,带动品牌组合升级与店铺消费热度;另一方面,培育"酒吧演艺""夜游博物馆""集装箱市集""微醺码头""小吃夜市""球幕影院" 等聚集区主题活动,以差异化业态点亮夜经济。三是瞄准"农业+"文旅新需求。促进农家乐、乡村民宿、休闲农庄、手工作坊、科普教育基地等多业态发展,增加特色农产品售卖、采摘等产品营销与体验服务,提高农业附加值。同时强化线上线下联动,通过数字村庄、数字剧本等新型文旅沉浸式体验方式增大推介力度,打开农产品、农家院订购等乡村消费新销路。四是升级"红色+"文旅新模式。深挖天津的红色旅游资源,基于已采集的红色旧址数据信息,引入 AR\MR 等新技术手段进行实景再现、展览内容拓展、交互体验等沉浸式观展,夯实"故居联盟系列展"等协同发力的技术基础,让红色文化场景从"单兵作战"走向交互、串联,激发育人效能。

二、构筑人文空间品质格局

一是建设"15 分钟品质文化圈"。以网格化嵌入的形式,通过文化沙龙、艺术展览、数字阅读等丰富周边图书馆、文化馆、体育馆、社区综合文化服务中心等公共文化空间,还可通过"政府搭台、街社管理、组织运营"模式,引入社会组织管理运营,开展健身锻炼、影视播映、插花茶艺等商业活动,并在社区公众号内开设"身边文化圈"功能,提升查询便捷度,实现文化生活的一站式链接。二是创新书城运营模式。利用图书大厦、国图津湾等书城大空间优势,增设国学、投壶、围棋等文化体验区,咖啡、鲜花、文创、音乐茶吧等休闲阅读区;完善智能 WIFI、3D 导购、自助购书、刷脸支付等科技服务;并通过举办"漫谈会""分享会""名家谈""书单推介"等系列品牌活动,扩容引流。三是打造津味文化标签。以节庆、假日为节点,以非遗体验、民俗展演、冰雪游园等特色项目作为支撑,持续征集、丰富"天津礼物"品牌系列内容,抓好优质旅游产品供给。在丰富津味项目之余,再添津味新地标,持续推动建设大运河文化博物馆等公益设施、中华传统曲艺研习社等商业实体落户大运河国家文化公园,开辟新文化空间与新消费场景。四是持续推进惠民实践。利用名家经典惠民演出季、市民文化艺术节等活动宣传契机,引入戏曲、歌舞、儿童剧、音乐会等优质演出剧目,加大"惠民卡"办理频次,发放折扣消费券,拓展文化惠民,刺激文化活动消费。

三、打造智慧文旅多功能平台

一是创设数字文旅应用平台。通过现代科技手段与中华优秀传统文化融合发展,为"第二个结合"赋能,用"区块链"技术聚合文旅大数据分析平台、旅游产业监测平台、旅游应急指挥调度平台、游客公共服务平台、旅游一体化营销平台等功能板块。针对旅游一体化营销平台,鼓励引进社会资本搭建线上直销、元宇宙、小程序闯关等消费场景,不断丰富涵盖线上预订、销售、支付等环节的在线文旅超市产品,撬动电商经济增长点。二是搭建城乡文旅资源交易平台。以《天津市全面落实〈中共中央国务院关于加快建设全国统一大市场的意见〉工作方案》为依据,借鉴北京、广州搭建文旅资源交易平台经验,通过联网、建模,利用区块链标识资产确权,提供规划、政策、金融"三位一体"的文化旅游投融资服务,助力资源盘活。三是完善电子地图功能。依托现有 GIS 技术描绘的"天津旅游电子地图",增设云展览、AR 体验、语音讲解等付费解锁版本的游览内容,贯穿游客线上消费全过程。此外,实现与游客公共服务平台的数据共享功能,通过"一键链接"实时提供路况监测、车位预约、票务查询、游客迁移动态等服务信息,提升出行品质。

四、挖掘京津冀资源禀赋优势

一是健全交通系统。依托三地"一小时通勤圈",构建"轨道上的京津冀""京津冀定制快巴""邮轮经济"等大交通体系,建立载入景区承载、路况出行、特产导览等信息的"自驾游"小交通系统,完善"Citywalk""文旅骑行"慢行交通网络,通过交通脉络整合碎片化文化资源。同时提升游览路线的周边服务设施,沿线建设生态公园与旅游目的地,营造自然山水、人文景观、高档餐饮、零售、旅游休闲相融合的商业系统,增大消费带动力。二是串联主题场景。定位不同群体进行路线设计,围绕小型文化景点集群联动,串联沿线的地理、历史、民风民俗等文化素材,制定历史文化、红色经典、山野名胜、冬奥、运河等个性化游览路线。同时提取三地共有的"网红图书馆""长城""大运河""历史博物馆""山海""影视基地""冬奥"等特色文旅资源的"核心 IP",开发具有共性的文旅产品,并打造垂直类"津字号"系列产品。三是协同发展机制。通过深化市场信息融合、加大综合执法协作、搭建三地电商平台等举措,推进开放、包容、创新、多元的制度协同、工作协同,加快供应协同,将更多的优质景区纳入京津冀旅游一卡通,全面推行京津冀公交一卡通,并逐步扩大辐射范围,接洽国内更多城市景区。

本文作者:王鑫、徐娜、王宇

促进天津市"地铁文旅"融合发展擦亮津城文化新名片的建议

围绕实施交通强国、旅游强国建设,最大程度发挥地铁资源优势,深化地铁与文旅的融合发展,有利于扩充津城旅游"网—线—点"的商圈布局,擦亮津城文化新名片,塑造津城文旅新形象。课题组运用多源数据筛选天津市 8个典型地铁站点开展实地调研,对其中 6个重点站点进行问卷调研,发现目前主要存在地铁站与文化资源联动不足、特色文旅线路待挖掘、站内媒体利用效率低、旅游服务设施匮乏、宣传力度弱等问题,由此提出以下建议。

一、完善顶层设计,着力优化地铁旅游布局

一是推进地铁与文旅相关企事业单位战略合作。天津市地铁集团可与文旅部门签署《战略合作备忘录》,在资源开发、科技创新、文旅宣传方面建立长期合作关系;明确既有线网更新策略,规划新建线网旅游特色,编制《* 号线旅游带策划方案》,制定有的放矢、有据可依的顶层设计。

二是运用多种投融资方式,给予资金政策支持。探索公私合作 PPP 模式,同民营企业承担旅游设施的投资和运营,政府提供政策支持和资源;建立地

铁文旅补助金制度,划定专项经费,对既有线路周边实施再开发项目,项目中调查和规划设计、施工、开放空间等费用均可获得补助金,补助金可达项目总开支的20%。

三是设置地铁与文旅统筹职能部门,厘清发展思路。可建立地铁文旅专班,作为有关单位协调工作的纽带,推进行业规范与标准,将文旅纳入地铁全生命周期,提高地铁站域文旅建设、运营与维护的资金支持,调动设计、运营和民间资本,实现全链条管理。

二、新旧媒体融合,打造沉浸式特色地铁景点

一是打造"一站一故事"地铁文旅特色站。如,营口道站(西开教堂、五大道)——历史印记,鼓楼站——寻味老城厢,建国道站(意式风情区)——建筑风貌,周邓纪念馆站(水上公园、周邓纪念馆)——红色之旅,西北角站(美食、茶馆)——哏儿都生活,文化中心站(博物馆、美术馆)——当代文化等。

二是重点站定期开展艺术展览、文化节庆等活动,提升沉浸氛围。联合文博单位举办"地铁遇见博物馆"活动,在地铁站内陈列文物复刻品、展卖文创产品,全方位展示津城文化。同时,增强与乘客互动,如人们走出车厢时,工作人员穿戴特色服饰或运用AR,展现近代津韵百年。

三是发挥地铁百万级人流量的优势,运用数字艺术营造文旅场域。地铁站内依托科技化、智能化的多媒体数字交互技术,将超大LED与艺术装置相结合,根据站点文化设计多样主题,打造数字艺术馆,构建沉浸式场景,激发市民和游客地铁游的热情。

三、加强资源统筹,推出地铁特色旅游线路

一是按照"一线一题一特色"原则编制地铁旅游发展规划。挖掘地铁线路

周边文化资源,按照"文脉 – 站点 – 景点"原则,梳理我市特色文脉、文化资源与线路规划耦合关联,结合天津市"古代 + 近代 + 当代"不同时期的文化定位,统筹"重点线 – 次要线"地铁文旅体验差异化,凸显地铁文旅特色。

二是制定地铁线路特色旅游主题与专项方案。基于海河文化、津沽历史、民族工业、哏儿都文化、近代教育等文化主题,委托艺术家、设计师整体设计地铁旅游形象、文化符号等,逐渐形成天津地铁文化品牌;选择代表性地铁线路作为重点示范线,制定地铁重点线路专项方案。

三是统筹文化资源,挖掘既有和规划线路旅游特色。发挥 1、2、4 号线优势,依托海河、五大道、意式风情区、古文化街,塑造东南角、津湾广场、小白楼为文旅站,打造海河观光带;规划 7、8 号线,依托鼓楼、天南大、天塔等旅游地,塑造鼓楼、八里台、天塔作为文旅站,打造津门风貌线;规划 10 号线,依托桥园、洞庭、南翠屏等公园,打造地铁生态休闲游。

四、完善服务系统,提升都市地铁旅游满意度

一是完善地铁站内旅游服务设施与精细化设计。拓宽闸机通道,方便乘客携带大件行李、轮椅和婴童车通行;在站内完善轮椅升降、无障碍卫生间等设施,方便残疾乘客使用;夜班车在站台层设置敬老和妇女候车区,满足出行安全感;整体设计津城地铁标识系统,完善人文出行环境。

二是提升站内员工旅游服务意识与水平。在文旅重点站提供同声翻译器,实现与国外游客的无障碍交流;考虑儿童等游客特点,提供"糖果换气球"服务,用糖果交换景区购买的气球;微信小程序提供线上实物招领、应急物品供应等服务;站内提供景区、历史街区游玩指南服务。

三是完善机场、高铁、地铁与景区交通的无缝换乘服务。开发津城漫游观光线,打造一体化交通服务;开通旅游专线,支持公交延伸至景点;推出涂鸦艺术站、旅游宣传巴士等交通文化景观;重点站提供智慧游租赁服务,借助便

携终端可主动感知旅游资源、活动等信息。

五、强化宣传推介，擦亮"坐地铁游津城"的新名片

一是多措并举加大"坐地铁游津城"宣传力度。利用地铁站内外、公交站亭、火车站、机场灯箱、LED大屏等线下实体，展现津城特色；利用抖音、快手、微博、B站、小红书等线上平台，制作"坐地铁游津城"视频，推介特色线路；与电视台合作，拍摄津城地铁文旅宣传片，在官媒和街边电子广告屏滚动播放。

二是提升"坐地铁游津城"影响力，实现地铁与旅游产业双赢。在文旅重点站可免费发放标识景点和交通的地铁游手绘地图（实物或者二维码）；在站内设置文创展示区，销售地铁文旅产品，为游客提供纪念品、文化衍生品；加强地铁文旅融合产业的品牌营销工作，通过网络宣传、合作推广等方式，提升津城地铁文旅知名度。

三是加强津城地铁文旅的线上服务高质量发展。在"天津地铁APP"、微信小程序设置"坐地铁游津城"专属板块，搭建地铁文旅综合平台，提供多语言导览、站域景点、站内设施等信息，销售线上文创产品；与携程、去哪儿、飞猪等合作，实景展现津城地铁云游，提升"坐地铁游津城"全国知名度，推动高质量发展。

本文作者：孙响、刘韦伟、安从工、张晓阳

落实侨代会精神
助力天津市侨资企业高质量发展的对策建议

最近,第十一次全国归侨侨眷代表大会和市第十次归侨侨眷代表大会相继举行,提出带领广大归侨侨眷和海外侨胞积极响应党和人民的号召,在助力构建新发展格局、推动高质量发展中展现更大作为。据不完全统计,天津市侨资企业约有4000家,是天津高质量发展的重要力量。围绕落实全国、全市侨代会精神,课题组深入有关部门和部分侨资企业开展调研,针对侨资企业面临的主要问题,提出以下建议。

一、促进京津冀三地侨商交流,积极拓展侨资企业做大"朋友圈"

以京津冀统战部门签署京津冀统一战线助力京津冀协同发展合作协议为重要契机,为三地侨资企业发展营造良好环境。一是举办三地联合的侨商投资交流大会,汇聚三地港澳台侨和海外统战资源,搭建华北地区乃至整个中国北方最大的侨商交流平台。二是形成京津冀侨商常态化经贸交流机制,定期举办京津冀侨资企业沙龙,搭建商业合作平台。三是推动政府部门制定三地互认、互通政策,做好京津冀政策一体化的跨省衔接。四是加强三地统战部门侨务工作交流,分享三地"暖侨行动"经验做法,分享研判海外统战工作情况。五是进一步落实京津冀三地"侨梦苑"战略合作协议,加强协同联动,提升品牌影响,聚力打造侨务资源对接平台。

二、挖掘侨资企业创新研发需求,打通产学研深度融合"最后一公里"

一是协调有关部门不定期向侨资企业介绍最新市场动态,分享服务侨商信息,鼓励助推企业实现转型升级。二是收集侨资企业科研需求,建立与相关高校和科研院所沟通渠道,共同设立课题,开展攻关研究,让前沿技术更接地气。三是建立天开高教科创园科研技术与侨资企业对接机制,鼓励侨资企业投资天开园科技成果,共同研发科技成果的产业化路径。四是邀请海外高层次人才携带经济科技项目回国参观考察、项目路演、对接洽谈等,引导支持更多海外高层次人才回国投资创业。

三、强化侨资企业国际贸易优势,助力"天下港口、津通世界"国际枢纽港地位

一是精准对接重点企业和重点项目,问其所需、知其所盼、解其所难,特别是解决好侨资企业在国际贸易、跨境电子商贸中的堵点、痛点。二是实行积极的进口政策,在一些弹性政策中给与支持,形成天津市在政策上的比较优势。三是开展涉国际贸易侨资企业与天津港集团的座谈会,鼓励在津侨资企业通过天津港开展国际贸易,既促进地方经济发展,亦带动一流智慧港口、零碳码头建设。四是鼓励侨资企业共同设立海外仓、分享海外仓,形成优势互补、责任共担,为侨资企业参与国际贸易提供必要条件。

四、以侨为桥为媒,发挥侨资企业优势打造引资引智新高地

一是在侨资企业具有比较优势的生物医药、康旅健身、高端服务等领域引进更多国际一流商贸企业和品牌运营商,推进全球消费品牌集聚计划,努力形成"买全国、卖全国,买全球、卖全球"的局面。二是聘任海外侨团、校友会、专业人才协会负责人为天津市引资引智顾问,带动更多华侨华人参与天津市的新业态新体验新场景高端项目建设。三是充分发挥侨联、工商联、侨商会、津商会、侨菁会、欧美同学会(留学人员联谊会)、致公党侨海委员会等组织优势,擦亮投资天津的"金字招牌",引育平台经济、数字消费领军企业和拥有核心技术、用户流量的新消费领域头部企业在天津市落户。四是结合天津市"海河英才"计划,根据津籍海外人才在科研、商业管理等方面的专业优势,采取小团组、多批次的模式邀请海外人才来津考察,重点培养引进具有国际视野的品牌运营、营销管理、时尚设计、经纪公关、专业买手等高端专业人才。五是学习借鉴兄弟省区市"引凤工程"经验,完善一站式人才服务中心,对创意经济、绿色经济、海洋经济、数字经济等前沿领域创新团队、领军人才给予重点扶持。

五、"点对点"实现政企对接零距离,以"组合拳"优化支侨护侨高水平服务。一是加强政策服务,充分利用《天津市优化营商环境三年行动计划》《关于加快科技型中小企业发展的扶持办法》等政策扶持侨资企业发展,及时开展送政策进企业、政策解读会等相关活动,协调相关职能部门指导企业精准对接各项扶持政策,帮助侨资企业充分享受政策红利。二是通过召开恳谈会、圆桌会、工作坊、沙龙等形式,建立健全常态化沟通机制,将党委政府的工作思路、发展方向向侨资企业进行通报,以政府公信力消除侨资企业的发展顾虑,引导侨资企业将更多产业、产品首例留在我市,抢占新赛道、培育新动能。三是建立"项目管家"帮办代办台账,将与侨资企业联系的职责明确到人,精准

对接企业需求,做到"面对面"沟通、"实打实"服务。针对优质项目,责成专人全方位跟踪服务,从项目对接到建成落地,提供一对一、一条龙"保姆式"服务。四是结合"双万双服促发展"活动,定期深入侨资企业开展调查研究,不仅重视龙头企业,还要重点关注"专精特新"企业,"一企一策"有针对性地解决侨资企业发展中存在的问题。五是着力推进为侨公共服务体系建设,持续推进《天津市华侨权益保护条例》宣传贯彻走深走实,将"爱侨、护侨、暖侨"落到实处。

本文作者: 李雯、杨嬿琳、付婕

传播妈祖文化　弘扬妈祖精神
助力天津高质量发展的建议

习近平总书记在文化传承发展座谈会上强调,"传承发展中华优秀传统文化""要坚持守正创新,以守正创新的正气和锐气,赓续历史文脉、谱写当代华章。"根据文旅产业指数实验室发布的《妈祖文化和旅游国际传播影响力调查报告》显示,妈祖文化在各省的综合影响力排名中天津位居第7;从妈祖设施的传播影响力来看,天津天后宫位居第6,天津妈祖文化品牌的影响力较强。经过深入调研,如何通过妈祖文化的传播、妈祖精神的弘扬,助力天津经济社会高质量发展,现提出以下建议:

一、推进妈祖文化融入海洋强国战略,释放妈祖精神张力

妈祖文化等海洋文化遗产是海洋重要文旅资源,具有转化成海洋经济的巨大潜力。一是将传播妈祖文化纳入海洋战略顶层设计,润泽天津海洋经济发展。加大天津海洋文化遗产保护传承力度,更好传承妈祖文化,延续历史文脉,进一步彰显天津海洋文化在中国乃至世界海洋文明的地位与作用。二是挖掘妈祖精神内涵,弘扬妈祖精神时代价值。深入挖掘妈祖精神的历史渊源、

价值观念等,通过创新传播方式,讲好新时代妈祖故事,将妈祖的英勇事迹、智慧和胸怀传承下去,让更多人了解和感受妈祖精神的时代价值。三是将妈祖精神融入思政教育体系,助力海洋文化传承与发展。妈祖精神的核心内涵是"立德、行善、大爱"等,始终与时代发展同频共振。将爱国爱民、勤劳勇敢、见义勇为、无私无畏、甘于奉献的妈祖文化故事,融入大中小学思政教育,用中华民族传统文化滋养学生心灵,丰富社会主义核心价值观。

二、优化天津现有妈祖文化资源,夯实妈祖文化品牌基石

以文塑旅,以旅彰文,妈祖文化品牌的建设与天津旅游经济的发展息息相关。一是做细做实遗产调查,优化天津妈祖文化遗产保护与利用。深入挖掘天津妈祖文化遗产资源,丰富天津海洋文化遗产基础数据库,完善天津妈祖乃至海洋文化遗产保护体系,以保护带动开发,以开发促进保护。二是整合现有妈祖旅游景点,打造"古文化街天后宫—大直沽天妃宫遗址博物馆—葛沽天后宫—滨海新区妈祖文化园"妈祖文化主题特色文旅线路。结合天津2023年计划新建和改建的海河沿岸码头(意风区码头、直沽码头、棉三码头、柳林码头、国家会展中心码头、古文化街码头等),突出天津妈祖文化以漕运而兴的地方特色。三是打造天津妈祖文化IP,推进妈祖文化旅游与天津本土农业、工业、生态等领域融合互促。将妈祖文化IP植入天津传统艺术剧目,如相声曲艺、音乐舞蹈、本土工艺美术等多个领域,丰富妈祖文化表现形式。联合天津本土老字号品牌,推进产学研合作,借此活络天津本土产业,以文创赋能天津特色文旅产业发展。

三、精准定位受众群体,以妈祖文化传播壮大文旅消费活力

越来越多的年轻群体开始关注传统文化价值,妈祖庙等传统文化阵地正

成为年轻人的热门打卡地。根据在线票务平台的数据显示,2023 年全国妈祖文化相关景区门票订单量同比增长近 50%,其中 80 后和 90 后占比超过六成。一是聚焦年轻群体,以妈祖文化为主题举办特色活动。如举办妈祖文化创意设计大赛,深化海峡两岸青年文化交流。邀请两岸青年艺术家、艺术院校师生赴津,创作具有妈祖文化元素的艺术作品和设计产品,推动妈祖文化的时尚化和多样化,同时带动旅游消费。二是提升妈祖旅游产品的体验感、科技感、互动感。满足青年游客多样化、个性化需求,营造多元化、沉浸式妈祖文化消费氛围,景区可将数字化 + 云化 +AI 化等数字技术与互动体验相结合,将线上线下的体验无缝连接,为游览者提供身临其境的旅游体验。三是满足年轻群体对于自我疗愈、解压、仪式感的消费需求。如举办妈祖非遗制作体验活动,将妈祖精神融入其中,在传承妈祖文化的同时,得以释放内心压力。

四、强化天津妈祖文化沉浸式旅游体验,提升游客参与度

发挥"天津皇会"历史优势,通过多种体验交叉式的互动模式,增强游客的参与感,强化沉浸式妈祖文化旅游体验。一是结合巡游路线,促进体验式文旅消费。除特定日期外,建议在寒暑假、法定节假日等增加传统仪式庆典表演场次;依托表演巡游路线街道空间,定点定位设置最佳观演区域,售卖相关文创产品,强化妈祖文化氛围,便于游客打卡拍照的同时,促进文旅衍生消费。二是结合皇会传统技艺的传习,打造特色体验项目。如体验天津皇会传统表演服饰、妆面,打卡拍照;学习皇会技艺等体验项目,提升游客参与感。三是打造"元宇宙 + 演艺"数字文旅项目,沉浸式复刻《天津天后宫行会图》场景体验。运用人工智能、虚拟引擎、数字孪生建模、VR/AR、区块链等数字技术,游客可在古文化街周边根据手机提示进行实景扫描,选择代表自己个性的虚拟形象和角色,全天 24 小时免费观赏和体验"天津皇会"的全部内容,领略超沉浸式数字演绎大秀。

五、发挥新媒体优势,提升天津妈祖文化传播效能

一是借力网络媒体与自媒体共促天津妈祖文化传播,提升知名度与影响力。可邀请网络媒体平台和自媒体博主,参与天津妈祖文化庆典等活动,以科普、攻略等形式,用生活化的表述方式,借助互联网平台提升互动、加深了解,让更多的民众全方位、近距离地感受天津妈祖文化。二是策划创意短视频打卡研学活动,促进文化交流与知识传播。鼓励利用大众社交媒体平台(微信、微博、抖音、快手、小红书等),参与创意短视频打卡研学活动,定期评选极具创意和价值的短视频通过官方媒体进行推送。三是非遗传承人与自媒体共同传承展示妈祖文化,宣传传统技艺与文化魅力。邀请自媒体博主与非遗传承人共同通过讲故事、展现妈祖非遗产品、妈祖手艺人直播非遗制作场景、工艺流程等方式,有效扩大妈祖文化传播,促进传统技艺的传承和延续。

本文作者:刘芳、谭立峰

激活天津市文旅资源存量
助力城市更新的对策建议

在城市更新中，需要关注城市发展中的人文、环境和规模的有机统一，注重城市发展的整体性、系统性和可持续性。课题组在考察重庆、长沙、成都、西安、淄博等城市更新项目后发现，以文旅项目为抓手实现城市更新具有引流能力强、商业价值高、文化卖点多的特点，符合新时代城市高质量发展方向。为更好落实《天津市城市更新行动计划》，课题组提出以盘活我市文旅资源存量为切入点，激发我市城市更新的文化内涵和商业价值，实现商旅文融合发展的建议如下。

一、强化需求导向，制定科学规划，打造城市更新示范项目

一是摸清家底分类分步推进城市街区更新改造。按照"集聚集约、优化功能、提升品质、突出特色、坚守底线"的原则，将天津市需要提升改造的重点历史文化街区、特色厂区、商圈、文旅项目纳入市国土空间和城市发展规划，整理成册，依法依规给予用地安排和政策支持，分批适度加快审批流程。

二是因区施策打造特色文旅街区更新示范项目。在现有基础上，重点打

造"每区一重点、一区一特色"集吃、住、行、游、购、娱于一体的多业态并存、辐射带动能力强的城市有机更新示范项目,以引流为重点、以品质为基础,凸显各区特色。

三是换位思考推进新消费场景的更新改造。着眼于市场需求,关注区域内"能用什么、用好什么",而不是"我有什么、就用什么"。尤其要借鉴学习外省市以文旅项目为依托的城市更新成功经验,如,重庆洪崖洞项目、十八梯项目,成都宽窄巷子项目,长沙潮宗街项目等,都是有效满足当前居民接触型、体验型消费需求的城市更新典范。

二、突出地域特色,加强宣传推介,勇于塑造引流磁极

一是集中塑造特有商旅文消费地标。千方百计增强天津市文旅消费的体验感、品质感和回味感,吸引资本,助力城市更新。按照《天津市城市更新行动计划(2023—2027)》《中心城区更新提升行动方案》,在现有文旅资源中整合改造数个具有标识度、融合性的消费地标,实现"打卡也刷卡、过路也过夜"。如联动津湾广场、海河游船、意风区,形成"津门不夜城"夜经济主题展示区;联动西北角餐饮、老字号美食,将西北角打造成为"早安·天津"特色美食平台;联动津滨双城,打造国家、市、区三级博物馆游学联盟……

二是多渠道开展特色化城市宣推。鼓励景区周边餐饮企业、品牌便利店、特色小店、老字号店在国家级媒体、外省市媒体、自媒体、新媒体等多平台、全渠道开设"地标化"延时宣推,鼓励市、区依托现有高人气、高口碑品牌推出"吃住行游购娱"联名产品,塑造磁极,推高片区商业价值。

三是集成打造"一站式"消费服务活跃区。按照"布局合理、功能完善、管理规范、考核严格"原则,提升改造现有文旅街区、商圈、小镇,补齐缺失项,实现优势互补、全链条服务。西安城市更新项目"永兴坊",坐落于城墙景区中山门北侧,集中展示了百余项地方非遗美食及技艺,弥补了城墙景区餐饮、购物

方面的不足,极大激发了区域活跃度和引流力,借鉴其商旅文融合发展的有益经验,打造天津市消费服务新样板。

三、培育文旅品牌,以名赋能,实现城市更新价值转化

一是深挖城市文化内涵赋能城市更新。出台"天津市品牌建设工程三年行动计划",纳入城市更新专项规划,明确项目实施中对历史文化街区、风貌建筑、文化符号和地方特色标识的保护和传承。加大对老字号品牌、非遗技艺等特色文化资源在宣传、传承和转化方面的支持力度,将城市更新品牌塑造同产业升级、区域发展统筹起来。

二是突出文化符号打响独特品牌。围绕天津市特色景观、物种、灯光和"一河(海河)五道(五大道)三街(意式风情街、古文化街、金街)",推出"慢游海河""品味五大道""漫步金街"等精品文化研学游,实现城市"日有所观、夜有所游、行有所处、食有所味、离有所思。"

三是互荣共通形成城市群品牌合力。借助京津冀协同发展、国际消费中心城市建设等国家和区域重大发展战略,强化天津市区位优势,形成差异化"时尚哏都"城市标签;依托会展、演出、比赛等引流活动唱响"快乐哏都"文化特色;联动京津冀三地各级博物馆、图书馆、美术馆、科技馆、体育馆做强"文化哏都"品牌实力。如,定期举办民间相声大会、民国故事演绎大会、津产动漫、电竞、盲盒、cosplay 等。

四、完善综合配套,强化政策支持,变"输血"式更新为"造血"式赋能

一是政策赋能激发市场主体活力。统筹利用国家和地方历史文化保护、文旅产业发展、存量资产盘活、城市更新改造等系列税收减免政策和专项资

金支持计划,鼓励市场主体通过盘活存量推动城市更新。对于参与城市更新的市场主体给予包括但不限于用水、用电、用气等优惠及人才政策支持。健全城市更新多元投融资机制,实现多元主体参与,并在坚持依法依规的前提下降低准入门槛、简化审批手续,强化事中事后监管。

二是技术赋能协同推进城市更新与城市治理。优化智能监控系统和信息服务平台,分时段、分区域、分业态科学统计客流、物流、消费等相关数据,深度挖掘,循证决策。充分发挥交通枢纽、公园等"平急两用"资源优势,完善便民休闲、环卫、通讯、交通等配套公共基础设施,增强城市更新体验。

三是人才赋能壮大城市更新人力资本。围绕城市立法、城市规划、城市更新,在土地、财政、投融资等领域吸引并留住用好专业化人才,与相关高校合作建立城市更新研究院,开展长效服务。加大对本地大学生、下岗失业者和外来人口等群体的政策扶持和技能培训,鼓励围绕城市特色文旅资源开展自主创业。

五、坚守行业底线,统一标准,实现城市更新共享共赢

一是处理好城市更新和城市建设关系。不搞非必要的大拆大建,从盘活群众身边的小微资源入手,注重提升现有文旅产品的品质和服务质量。用好近年来备受追捧的博物馆资源,开发利用南开大学校史馆、北疆博物院、萨马兰奇纪念馆等特色馆院;深度开发人无我有的地方特色资源,如熊出没主题游乐园、1946创意产业园、天津造币总厂旧址等等。

二是处理好业态创新与标准统一关系。注重城市更新过程中行业标准、质量标准、监管标准统一之下的百花齐放、百家争鸣。调研发现,淄博之所以能通过烧烤引流实现城市发展,并非烧烤之味,而是依托统一标准构建起的良好市场秩序和优质服务。口碑使流量迅速变现。以此为基础,淄博糖酒站仓库改建的"唐库文创园"成为新晋网红打卡地;海岱楼上的钟书阁日均客流量

为 1.8 万人左右;古窑、老厂房改建的颜神古镇暑假日均客流量为 1~2 千人,民宿入住率为 70%,借鉴其政府助力高标准业态创新的有益做法,实现高质量城市更新。

三是处理好城市更新主体间的利益关系。盘活资源存量同城市更新之间不是零和博弈,市与市之间、区与区之间的更新改造也不是零和博弈,要严格杜绝恶性竞争和低端重复,突出产业、技术、场景、品质的升级,在创新创造中实现共同发展共创共赢。

本文作者:李玉洁、刘学敏、王坤岩、臧学英

进一步提升天津市网格化管理和服务效能的对策建议

基层治理是国家治理的基石。党的二十大报告提出，要"完善网格化管理、精细化服务、信息化支撑的基层治理平台，健全城乡社区治理体系"。当前天津市正大力实施党建引领基层治理行动，不断提升市域治理现代化水平，其中网格化管理和服务是推进党建引领基层治理的重要手段。课题组通过对东丽、静海等区的调研发现，目前基层治理中仍不同程度存在网格中心运行不畅、"吹哨报到"效果欠佳、网格员队伍参差不齐、智慧网格赋能不够等突出问题，为进一步提升我市网格化管理和服务效能，推进党建引领基层治理提质升级，提出如下建议。

一、加强统筹谋划，优化完善网格化管理运行机制

一是加强市级层面宏观统筹指导。目前由于市级层面没有成立网格中心，全市网格化管理缺乏实际牵头抓总单位，相关工作存在多头管理、重复对接等问题，建议从市级层面加大工作统筹力度，明确牵头抓总单位，按照"一类事项原则上由一个部门统筹"的思路，结合机构改革调整优化网格化管理

机构职责,厘清组织、政法、社工等市级部门职责权限,加强对全市网格化管理的指导统筹,充分发挥网格中心枢纽作用,强化对市级部门职权事项的组织协调、联动处置,有效解决区级网格中心多头对接、反复请示等问题。

二是理顺区级网格中心运行机制。区级网格中心作为事业单位,普遍存在能级偏低协调难、多头管理汇报难、职能部门调动难等突出问题,建议尽快出台全市统一的网格化运行标准,理顺区级网格中心和12345便民热线管理体制,明确隶属关系和功能定位,逐步改变过去以信息传导为主的工作模式,加强网格中心与组织、政法、社工、应急等部门协调联动,推动网格中心运行与绩效考评有机融合,有效提升区级网格化管理质效。

三是优化街镇网格中心运行模式。街镇层面虽已建立实体化网格中心,但是作用发挥参差不齐,普遍存在人手不足、职责不清、功能虚置等问题,建议加快推进街镇网格中心标准化规范化建设,及时出台基层网格中心运行规范和职责清单,推动街镇网格中心与基层警务、综治、矛调、应急、综合执法等力量有机融合、协调联动,强化各类网格的差异化管理和分类考核,有效提升基层网格中心问题发现和资源整合能力。

二、突出务实管用,不断提升"吹哨报到"整体效能

一是完善职能部门权责清单。围绕解决"向谁吹哨"问题,加强职能部门权责清单和服务事项细化梳理,进一步明确基层治理事项的权责边界和响应主体,依托各级网格中心,推动部门职责清单有序纳入网格化治理平台,为群众和基层单位提供模糊检索服务,确保基层治理事项均可通过关键词检索确定主责部门、明确关联主体,有效解决基层"吹哨报到"职责不清、推诿扯皮等问题。进一步畅通群众诉求反映渠道,依托12345便民热线为群众提供部门职责事项查询,不断提升群众诉求反映精准性针对性。

二是优化"吹哨报到"工作流程。针对"吹哨报到"中存在的人到心不到、

哨响事难办等突出问题,建议在明确部门权责清单基础上,按照"属事大于属地"原则,优先派单至职能部门解决,探索推行"首问负责制""末位淘汰制"和"现场办公日"等工作模式,明确首先被吹哨的主责部门牵头解决,考核排名靠后的部门要进行严肃问责,推动区属职能部门定期到街道社区开展"现场办公日",集中研究解决基层治理突出问题。

三是推动执法重心和力量下移。借鉴浙江、深圳等地做法,按照"大综合一体化"执法理念,探索建立社区综合治理队伍,整合城管、安监、住建、消防、市场监管等街镇和区属执法力量,推动基层执法从单打独斗向联勤联动转变。依托街镇网格中心数据支撑,推动执法单位进小区开展常态化执法活动,加强对基层社区内违法行为的巡查、检查和处理力度,不断提升城市管理响应速度和执法效率。

三、立足基层实际,大力加强专兼职网格员队伍建设

一是适时修订天津市社工管理办法。针对社工招聘要求高、女性多、流失率大等问题,建议尽快修订天津市社区工作者管理办法,放宽社工招录年龄、学历限制,适当平衡男女性别比例,尽量招录本行政区域内人员。积极拓展专兼职网格员来源渠道,逐步推行社区工作者和网格员分类管理,有序减少社区"两委"和网格员相互兼任情况,综合考虑编制、财政等因素,稳步推进专职网格员队伍建设,有效解决基层社工条口工作多、人员下不去等问题。

二是梳理细化网格员职责清单。疫情过后随着治理重心转移,出现了部分网格员出现职责不清、职业迷茫,以及为完成任务而虚假上报等问题,建议按照"巡办分离"原则,理清网格员工作职责和任务清单,优化网格员工作量化考评机制,明确收集报送信息范围,切实提高上报问题质量。加强社工和网格员职业技能培训,鼓励考取社会工作、应急救护、心理咨询、安全管理等职业证书,推广应用"师带徒""分类培养""书记工作室孵化"等培养模式。

三是畅通晋升渠道和退出机制。针对网格员队伍人员稳定性差、流失率高，年轻社工不安心工作、有进口没出口等问题，建议进一步完善网格员薪酬制度设计和激励机制，提高网格员政治待遇和社会地位，不断提升社区工作年限权重占比；定期开展金牌网格员评选，推动完善优秀网格员晋升、转编和考公等激励举措；严格执行网格员日常管理制度，畅通社工和网格员退出机制，对于工作不在状态、经常迟到早退、无故长期缺岗等人员要坚决清退。

四、强化智能支撑，持续推进智慧网格建设升级加力

一是加快推进数据资源整合利用。针对部门数据壁垒多、信息共享难等问题，建议以智慧治理云平台建设为基础，全面整合现有政务服务渠道和数据信息资源，加快推进社会面基础数据分类采集，弥合政府、企业、社会之间数据鸿沟，尽快搭建人房信息、商户信息、风险信息、流动人口信息等数据库，推动网格信息数据一网采集、分级授权、多元共享。

二是不断加强网格数据分析运用。针对基层治理中普遍存在的重采集轻分析、重传导轻运用的问题，建议充分发挥12345便民服务热线晴雨表作用，加强信息过滤和数据分析，强化网格中心系统画像、决策参谋、后台分析、风险研判等功能，推动网格数据向深度分析、结果运用转变。比如网格中心可以对涉及营商环境的工单进行专项梳理，实现营商环境动态实时监测。

三是积极推动智慧物联网格建设。大力推广投入少、技术简单、实用管用的"小快灵"设施，加快重点关爱人群智能服务平台建设，推动将居民水电气热等生活数据和房屋产权人信息纳入网格平台，强化业务信息数据、居民生活数据、视频监控数据有机融合，通过智能烟雾电感报警器、红外人体探测器、SOS一键报警器等前端感知设备实时预警，注重加强一线智慧感应装置维护保养，防止智能感知设备因缺电少网、无人维修而荒废，不断丰富城市社区智慧应用场景。

（本文系天津市哲学社会科学青年项目"习近平总书记关于基层党建重要论述研究"（TJDJQN22-006）阶段性成果）

本文作者：张国亚、崔玥、贾锡萍

附件

天津智库联盟成员一览表

（排名不分先后）

序号	所在单位	智库机构（大部分未冠单位名）	智库负责人
1	国家海洋信息中心	国家海洋信息中心	石绥祥
2	中共天津市委党校	中共天津市委党校	徐　瑛
3	中共天津市委党校	新时代创新型与服务型政府建设研究中心	王晓霞
4	中共天津市委党校	现代化经济体系建设研究中心	李　勇
5	中共天津市委党校	新时代天津党的建设决策研究中心	贾锡萍
6	中共天津市委党校	新时代意识形态研究中心	范玉秋
7	中共天津市委党校	新时代法治政府建设研究中心	张红侠
8	中共天津市委党校	新时代津台合作研究中心	张亚勇
9	天津社会科学院	天津社会科学院	蔡玉胜
10	天津社会科学院	东北亚区域合作研究中心	程永明
11	天津社会科学院	舆情研究中心	于家琦
12	天津市教育科学研究院	天津市教育科学研究院	李剑萍
13	天津市社会主义学院	统一战线智库	石　刚
14	南开大学	经济与社会发展研究院（京津冀协同发展研究院）	刘秉镰
15	南开大学	中国特色社会主义经济建设协同创新中心	逄锦聚
16	南开大学	亚太经济合作组织（APEC）研究中心	刘晨阳
17	南开大学	中国公司治理研究院	李维安
18	南开大学	政治经济学研究中心	逄锦聚
19	南开大学	现代旅游业发展省部共建协同创新中心	石培华
20	南开大学	日本研究中心	宋志勇
21	南开大学	滨海开发研究院	刘　刚
22	南开大学	中国政府发展联合研究中心	朱光磊
23	南开大学	循环经济与低碳发展研究中心	王军锋
24	南开大学	当代中国问题研究院	龚　克
25	南开大学	希腊研究中心	陈志强
26	南开大学	经济一体化与全球治理研究中心	佟家栋
27	南开大学	跨国公司研究中心	冼国明
28	南开大学	台湾经济研究所	曹小衡
29	南开大学	中国新一代人工智能发展战略研究院	龚　克
30	南开大学	数字经济交叉科学中心	佟家栋
31	南开大学	南开大学·中国社会科学院大学21世纪马克思主义研究院	王伟光
32	南开大学	东北亚金融合作研究中心	刘澜飚

续表

序号	所在单位	智库机构（大部分未冠单位名）	智库负责人
33	南开大学	中国自由贸易试验区研究中心	佟家栋
34	天津大学	生物安全战略研究中心	张卫文
35	天津大学	中国绿色发展研究院	孙佑海
36	天津大学	中国文化遗产保护国际研究中心	青木信夫
37	天津大学	国家知识产权战略实施（天津大学）研究基地	张 维
38	天津大学	亚太经合组织可持续能源中心	朱 丽
39	天津大学	中国传统村落与建筑文化传承协同创新中心	张玉坤
40	天津大学	教育科学研究中心	闫广芬
41	天津大学	人民法院环境损害司法鉴定研究基地	孙佑海
42	天津大学	中国智慧法治研究院	孙佑海
43	天津大学	灾难医学研究院	侯世科
44	天津大学	社会科学调查与数据中心	傅利平
45	天津大学	城市更新与发展研究院	宋 昆
46	天津大学	"一带一路"人文与人才发展研究中心	颜晓峰
47	天津大学	中国社会计算研究中心	张 维
48	天津师范大学	国家治理研究院	佟德志
49	天津师范大学	心理健康与社会治理研究中心	白学军
50	天津师范大学	天津市基础教育决策战略研究中心	吴立宝
51	天津师范大学	风险治理与应急管理研究中心	温志强
52	天津师范大学	区域发展战略与改革研究中心	易志云
53	天津师范大学	乡土文化教育研究中心	纪德奎
54	天津师范大学	京津冀新兴产业发展研究中心	吕 波
55	天津师范大学	天津公共部门信息服务评价与治理中心	刘 冰
56	天津师范大学	自由经济区研究所	孟广文
57	天津师范大学	新时代意识形态建设研究院	杨仁忠
58	天津师范大学	乡村振兴战略研究院	刘祥琪
59	天津师范大学	国家发展与总体安全研究中心	秦 龙
60	天津师范大学	舆情与社会治理研究中心	张传香
61	天津师范大学	天津海岸带生态环境保护研究中心	王中良
62	天津师范大学	科技创新法制研究中心	王春梅
63	天津师范大学	行政法治发展与评价研究中心	魏建新
64	天津师范大学	中国外交与天津对外开放研究中心	高文胜
65	天津财经大学	中国滨海金融协同创新中心	王爱俭
66	天津财经大学	公共经济与公共管理研究中心	陈旭东
67	天津财经大学	工商管理研究中心	罗永泰
68	天津财经大学	金融与保险研究中心	任碧云
69	天津财经大学	法律经济分析与政策评价中心	于 立
70	天津财经大学	天津市自由贸易区研究院	刘恩专
71	天津财经大学	无形资产评价协同创新中心	苑泽明
72	天津财经大学	中国经济统计研究中心	肖红叶
73	天津财经大学	组织创新与治理研究中心	彭正银

序号	所在单位	智库机构（大部分未冠单位名）	智库负责人
74	天津财经大学	立法与司法协同研究中心	陈灿平
75	天津财经大学	老龄化与社会治理研究中心	曹景林
76	天津财经大学	经济与社会发展研究中心	张健华
77	天津财经大学	中国共产党早期教育家思想研究中心	张健华
78	天津财经大学	科技法治战略研究中心	王 瑞
79	天津科技大学	"三农"问题与食品政策研究中心（天津市食品安全战略与管理研究中心）	华 欣
80	天津科技大学	能源环境与绿色发展研究中心	朱建民
81	天津科技大学	天津市中国特色社会主义理论体系研究中心科技大学基地	韩金玉
82	天津科技大学	碳中和研究院	孙振清
83	天津科技大学	天津市大中小学思政课一体化教学研究中心	朱新华
84	天津外国语大学	天津市应急外语服务研究院	刘宏伟
85	天津外国语大学	中共中央编译局中央文献翻译研究基地	王铭玉
86	天津外国语大学	东北亚研究中心	姜龙范
87	天津外国语大学	"一带一路"天津战略研究院	冯雷鸣
88	天津外国语大学	语言符号应用传播研究中心	王铭玉
89	天津外国语大学	中国特色社会主义理论体系国际传播外译中心	汪淳波
90	天津外国语大学	拉丁美洲研究中心	李江春
91	天津理工大学	中国重大工程技术"走出去"投资模式与管控智库	尹贻林
92	天津理工大学	循环经济与绿色发展研究中心	李 健
93	天津理工大学	天津市智能制造与智慧安全科技创新智库	石 娟
94	天津商业大学	现代服务业发展研究中心	梁学平
95	天津商业大学	中国融资租赁研究与教育中心	李海伟
96	天津城建大学	城乡治理与绿色发展研究中心	何继新
97	天津城建大学	城乡建设与发展研究中心	王振坡
98	天津工业大学	天津法治信访研究基地	肖 强
99	天津工业大学	公共危机管理研究所	张春颜
100	天津工业大学	现代纺织产业创新研究中心	朱春红
101	天津工业大学	环境经济与可持续发展研究所	张雪花
102	天津医科大学	临终关怀研究中心	史宝欣
103	天津医科大学	突发公共卫生事件应急研究中心	张万起
104	天津中医药大学	中医药发展战略研究中心	张伯礼
105	天津中医药大学	健康促进与健康传播研究中心	毛国强
106	天津中医药大学	天津市中医药文化研究与传播中心	毛国强
107	中国民航大学	临空经济研究中心	曹允春
108	中国民航大学	中国民航环境与可持续发展研究中心	韩 博
109	中国民航大学	天津市第一批新型交通智库	欧阳杰
110	中国民航大学	中国民航高质量发展研究中心	李国栋
111	河北工业大学	京津冀发展研究中心	李子彪
112	河北工业大学	企业信息化与管理创新研究中心	康 凯

序号	所在单位	智库机构（大部分未冠单位名）	智库负责人
113	河北工业大学	廉育研究所	孟祥群
114	天津职业技术师范大学	职业教育教师研究院	曹晔
115	天津职业技术师范大学	非盟研究中心	吕景泉
116	天津职业技术师范大学	世界技能大赛中国（天津）研究中心	徐国胜
117	天津职业技术师范大学	职业教育发展研究中心	米靖
118	天津职业技术师范大学	鲁班工坊国际发展研究中心	吕景泉
119	天津农学院	天津乡村振兴研究院	刘洪银
120	天津农学院	农村现代化研究中心	张淑荣
121	天津农学院	旅游规划与景观设计研究中心	张瑞英
122	天津体育学院	学生体质与身心健康促进研究中心	谭思洁
123	天津体育学院	全民健身研究智库	王旭光
124	天津财经大学珠江学院	城乡融合发展研究中心	魏丽芳
125	天津中德应用技术大学	"大思政课"教育发展研究中心	邢媛
126	天津市经济发展研究院	天津市经济发展研究院	刘福强
127	天津市科学技术发展战略研究院	天津市科学技术发展战略研究院	王华峰
128	天津渤海国有资本研究院有限公司	天津渤海国有资本研究院有限公司	李晓广
129	天津滨海综合发展研究院	天津滨海综合发展研究院	史继平
130	天津国际工程咨询集团有限公司	风险评估中心	赵心田
131	天津市工业和信息化研究院	天津市工业和信息化研究院	周鹏
132	天津市艺术研究所	天津文化和旅游智库	钱玲
133	天津市城市国际化研究中心	天津市城市国际化研究中心	曹汉军
134	天津港（集团）有限公司	北方国际航运研究院	封云
135	曼德产业协同创新设计院（天津）有限公司	曼德产业协同创新设计院（天津）有限公司	郑奇
136	天津市三方现代职业教育发展研究院	天津市三方现代职业教育发展研究院	赵丽敏
137	天津市行政管理学会	天津市行政管理学会	张霁星
138	天津市环渤海经济研究会	天津市环渤海经济研究会	李亚力
139	天津市道特企业管理咨询有限公司	道特智库	韩连胜
140	浙江大学滨海产业技术研究院	养老健康创新服务智库	毛义华
141	天津海河传媒中心	海河传媒大数据调研中心	邵洁

后　记

　　本文库坚持以习近平新时代中国特色社会主义思想为指导,坚持理论与实践相结合,围绕市委市政府"十项行动",反映了天津市社科界智库在政治、经济、社会、文化、生态、党建和国际化等领域开展调研和咨政等工作所取得的成果,既有存在问题和原因的分析,也提出了今后进一步发展的思路及对策建议。其中不少成果获得市领导的批示和有关市级部门、区的采用。

　　本文库编写过程中,得到全市各部委办局、各区,以及有关单位的大力支持,相关高校、科研院所、智库机构的专家学者倾力付出。市社科联智库工作部承担了具体推进和本书的编校工作,宁厚圃同志对全书进行了审修,天津智库联盟秘书处的部分同志参与了编纂工作,参与编校的人员还有:天津师范大学教授宋林霖、天津社会科学院副研究员许爱萍、天津财经大学副教授尹彦、天津外国语大学高级工程师王妃、天津美术学院副教授李馨同、天津大学副教授田亦尧、天津科技大学副教授张杰、天津工业大学讲师李琳、天津师范大学讲师苏长好、天津农学院助理研究员王小琼、天津财经大学珠江学院讲师张鹏、中共天津市委党校助理研究员王鑫等。在此,对关心支持和参与本文库出版的领导、专家和朋友们一并表示衷心感谢!

因时间和水平所限,本文库中还会有一些瑕疵和不妥之处,敬请读者批评指正,我们将在今后的工作中不断改进。

本书编委会

2023 年 10 月